中華古籍保護計劃

ZHONG HUA GU JI BAO HU JI HUA CHENG GUO

·成 果·

山東省濟南市圖書館古籍普查登記目錄

全國古籍普查登記目錄

國家圖書館出版社
National Library of China Publishing House

圖書在版編目（CIP）數據

山東省濟南市圖書館古籍普查登記目録／《山東省濟南市圖書館古籍普查登記目録》編委會編. —北京：國家圖書館出版社，2024.11
（全國古籍普查登記目録）
ISBN 978 - 7 - 5013 - 7142 - 6

Ⅰ.①山… Ⅱ.①山… Ⅲ.①公共圖書館—古籍—圖書館目録—濟南 Ⅳ.①Z838

中國版本圖書館 CIP 數據核字（2020）第 263016 號

書　　名　山東省濟南市圖書館古籍普查登記目録
著　　者　《山東省濟南市圖書館古籍普查登記目録》編委會　編
責任編輯　陳　卓

出版發行　國家圖書館出版社（北京市西城區文津街 7 號　　100034）
　　　　　（原書目文獻出版社 北京圖書館出版社）
　　　　　010 - 66114536　63802249　nlcpress@ nlc. cn（郵購）
網　　址　http://www. nlcpress. com
排　　版　京荷（北京）科技有限公司
印　　裝　河北三河弘翰印務有限公司
版次印次　2024 年 11 月第 1 版　2024 年 11 月第 1 次印刷

開　　本　787 × 1092　1/16
印　　張　29
字　　數　685 千字
書　　號　ISBN 978 - 7 - 5013 - 7142 - 6
定　　價　320.00 圓

《全國古籍普查登記目録》

序　言

全國古籍普查登記工作是"中華古籍保護計劃"的首要任務,是全面開展古籍搶救、保護和利用工作的基礎,也是有史以來第一次由政府組織、參加收藏單位最多的全國性古籍普查登記工作。

2007 年國務院辦公廳發布《關於進一步加强古籍保護工作的意見》(國辦發〔2007〕6 號),明確了古籍保護工作的首要任務是對全國公共圖書館、博物館和教育、宗教、民族、文物等系統的古籍收藏和保護狀況進行全面普查,建立中華古籍聯合目録和古籍數字資源庫。2011 年 12 月,文化部下發《文化部辦公廳關於加快推進全國古籍普查登記工作的通知》(文辦發〔2011〕518 號),進一步落實了全國古籍普查登記工作。根據文化部 2011 年 518 號文件精神,國家古籍保護中心擬訂了《全國古籍普查登記工作方案》,進一步規範了古籍普查登記工作的範圍、内容、原則、步驟、辦法、成果和經費。目前進行的全國古籍普查登記工作的中心任務是通過每部古籍的身份證——"古籍普查登記編號"和相關信息,建立古籍總臺賬,全面瞭解全國古籍存藏情況,開展全國古籍保護的基礎性工作,加强各級政府對古籍的管理、保護和利用。

《全國古籍普查登記工作方案》規定了全國古籍普查登記工作的三個主要步驟:一、開展古籍普查登記工作;二、在古籍普查登記基礎上,編纂出版館藏古籍普查登記目録,形成《全國古籍普查登記目録》;三、在古籍普查登記工作基本完成的前提下,由省級古籍保護中心負責編纂出版本省古籍分類聯合目録《中華古籍總目》分省卷,由國家古籍保護中心負責編纂出版《中華古籍總目》統編卷。

在黨和政府領導下,在各地區、各有關部門和全社會共同努力下,古籍普查登記工作得以扎實推進。古籍普查已在除臺、港、澳之外的全國各省級行政區域開展,普查内容除漢文古籍外,還包括各少數民族文字古籍,特別是於 2010 年分別啓動了新疆古籍保護和西藏古籍保護專項,因地制宜,開展古籍普查登記工作;國家古籍保護中心研製的"全國古籍普查登記平臺"已覆蓋到全國各省級古籍保護中心,并進一步研發了"中華古籍索引庫",爲及時展現古籍普查成果提供有力支持;截至目前,已有11375 部古籍進入《國家珍貴古籍名録》,浙江、江蘇、山東、河北等省公布了省級《珍貴古籍名録》,古籍分級保護機制初步形成。

《全國古籍普查登記目録》是古籍普查工作的階段性成果,旨在摸清家底,揭示館藏,反映古籍的基本信息。原則上每申報單位獨立成册,館藏量少不能獨立成册者,則在本省範圍内幾個館目合并成册。無論獨立成册還是合并成册,均編製獨立的書名筆畫索引附於書後。著録的必填基本項目有:古籍普查登記編號、索書號、題名卷數、著者(含著作方式)、版本、册數及存缺卷數。其他擴展項目有:分類、批校題跋、版式、裝幀形式、叢書子目、書影、破損狀況等。有條件的收藏單位多著録的一些擴展項目,也反映在《全國古籍普查登記目録》上。目録編排按古籍普查登記編號排序,内在順序給予各古籍收藏單位較大自由度,可按分類排列古籍普查登記編號,也可按排架號、按同書名等排列古籍普查登記編號,以反映各館特色。

此次全國古籍普查登記工作,克服了古籍數量多、普查人員少、普查難度大等各種困難,也得到了全國古籍保護工作者的極大支持。在古籍普查登記過程中,國家古籍保護中心、各省古籍保護中心爲此舉辦了多期古籍普查、古籍鑒定、古籍普查目録審校等培訓班,全國共 1600 餘家單位參加了培訓,爲古籍普查登記工作培養了大量人才。同時在古籍普查登記工作中,也鍛煉了普查員的實踐能力,爲將來古籍保護事業發展奠定了良好的基礎。

《全國古籍普查登記目録》的出版,將摸清我國古籍家底,爲古籍保護和利用工作提供依據,也將是古籍保護長期工作的一個里程碑。

國家古籍保護中心

2013 年 10 月

《全國古籍普查登記目録》

編纂凡例

一、收録範圍爲我國境内各收藏機構或個人所藏,産生於 1912 年以前,具有文物價值、學術價值和藝術價值的文獻典籍,包括漢文古籍和少數民族文字古籍以及甲骨、簡帛、敦煌遺書、碑帖拓本、古地圖等文獻。其中,部分文獻的收録年限適當延伸。

二、以各收藏機構爲分册依據,篇幅較小者,適當合并出版。

三、一部古籍一條款目,複本亦單獨著録。

四、著録基本要求爲客觀登記、規範描述。

五、著録款目包括古籍普查登記編號、索書號、題名卷數、著者、版本、册數、存缺卷等。古籍普查登記編號的組成方式是:省級行政區劃代碼—單位代碼—古籍普查登記順序號。

六、以古籍普查登記編號順序排序。

《山東省濟南市圖書館古籍普查登記目錄》

編委會

主　編：郭秀海

副主編：吴　偉　牛漢武　王　海

編　委：普武勝　裴文玲　曹衛清　郭啓程

　　　　武元磊　高　軍　柴　靖

《山東省濟南市圖書館古籍普查登記目録》

前　言

　　濟南市圖書館是國家一級圖書館、全國古籍重點保護單位,爲綜合性的公共圖書館,始建於 1953 年 7 月 1 日。

　　自 1953 年開館以來,古籍文獻就是濟南市圖書館文獻資源建設的一個重要構成部分。濟南市圖書館所藏的古籍主要來源於政府轉交、圖書館購買和民間人士的捐贈等渠道。至 20 世紀 60 年代後期,濟南市圖書館的古籍收藏已形成規模。經過幾代人的不斷努力,至今已收藏有古籍 1.5 萬餘部、11 萬餘件冊。濟南市圖書館館藏古籍最早存放於濟南市護城河東南隅城牆内的浙閩會館,由於館舍十分簡陋,加之管理制度不够完善,致使部分古籍受到一定損失。1986 年濟南市圖書館老館建成後,即將古籍搬至老館。館領導和古籍部工作人員曾多次下決心對館藏古籍進行徹底全面的整理,但由於人員、資金有限等各方面的原因,此項工作時斷時續,一直未能堅持下去。直到 2007 年,“中華古籍保護計劃”正式啓動,濟南市圖書館以此爲契機,全面鋪開對館藏古籍的普查工作。在古籍普查登記工作進行的同時,濟南市圖書館爲保護古籍,近年來積極爭取財政支持,先後投入保護經費 600 餘萬元。這些經費主要用於對古籍的原生性保護及古籍再造兩個方面。原生性保護主要包括爲古籍書庫安裝了保證恒溫恒濕的精密空調等古籍保護設施,建成了古籍修復室,購買了嵌樟木板的書橱存放古籍,爲館藏一半以上的古籍做了函套,使圖書館古籍保護達到國内一流水平。古籍再造工作是濟南市圖書館將讀者利用頻率高的館藏古籍進行影印再版,近十年來,已再版古籍近 20 部,解决了圖書館古籍藏與用的矛盾。

　　濟南市圖書館館藏古籍以明、清版本爲主,其中不乏珍善本。最早的版本爲元刻本《纂圖互注揚子法言》。古籍地方志和歷代碑帖拓片的收藏是另一特色,現藏山東省地方志 226 部、歷代碑帖拓片 2000 餘種。

　　2007 年,“中華古籍保護計劃”啓動。自 2008 年開始我館將該項工作列入全館重點工作之一,積極做好古籍普查各種申報及著録工作。爲有效開展我市的古籍普查與保護工作,濟南市古籍保護中心設在濟南市圖書館,負責全市古籍普查保護的日常工作,彙總全市的古籍普查成果,對全市各普查單位的普查資料進行檢查,并向山東省古籍保護中心上報,溝通相關事宜。2009年濟南市圖書館被評爲"全國古籍保護重點單位"。隨着"中華古籍保護計劃"的推進,濟南市圖書館共有7部古籍入選前四批《國家珍貴古籍名録》,312部古籍入選《山東省珍貴古籍名録》。

編纂出版《全國古籍普查登記目録》是"中華古籍保護計劃"的重點工作之一。在古籍普查工作全面開展之初,濟南市圖書館制定了先登記善本,後登記普通古籍的工作程序。善本古籍按照高標準的原則著録,每一部善本都填寫索書號、書名、卷數、著者、版本、行款、册數、存(缺)卷、批校題跋、牌記、刻工、印章、破損情況、分類等十餘個項目。2011年以後,隨着國家古籍保護中心對全國古籍普查登記編纂工作要求的變化,濟南市圖書館加快了古籍普查登記速度,將普通古籍登記簡化爲祇著録索書號、書名卷數、著者、版本、册數、存(缺)卷等六個基本項。按照這一規定,至2014年底古籍部工作人員將館藏古籍初步登記完成。此時恰逢濟南市圖書館新館建成,古籍也於2015年4至5月进行搬運等工作。雖然我們對古籍搬家的各個環節,如測量古籍及新館書庫尺寸、訂製專門的古籍托運箱、裝箱、運送、開箱、上架等都做了非常詳細而周到的準備,但十餘萬册古籍集中搬至新館古籍書庫,其狀況也不能和其在老館書庫存放一樣。爲此,2015年下半年至2016年初,古籍部工作人員進書庫對古籍進行整理,一方面順架,另一方面將民國時期出版的綫裝書與進入普查登記目録的古籍分開。書架順好後,我們再次進入書庫,開始初次審核登記好的古籍,至2016年底,編目人員已對數據進行了再次審核,最後完成了全部數據的編纂與審核。

《濟南市圖書館古籍普查登記目録》按古籍普查登記編號由小到大的順序排列,古籍普查登記編號則基本遵循古籍在書庫中的排列順序。由於《全國古籍普查登記目録》要求統一體例,濟南市圖書館將許多已登記的項目割捨,已普查登記的民國時期綫裝書6176部也未收入。本書共收録濟南市圖書館所藏古籍7515部,編纂體例基本按照國家古籍保護中心制定的《全國古籍普查登記手册》,每條數據著録古籍普查登記編號、索書號、書名卷數、著者、版本、册數、存(缺)卷等內容。

此書目的編纂是濟南市圖書館古籍部所有工作人員共同努力的成果,是大家不分寒暑,不怕髒、不怕累對古籍進行整理、登記,并進行認真仔細審核的成果。其中,也凝聚着古籍部前輩們的心血。此書的出版,也是對他們工作的肯定與激勵。

古籍普查登記工作難度大,書中的疏漏之處難以避免,敬請方家批評指正,以期更加完善。

編　者
2017年2月

目　　録

370000－1502－0000001　jnt02000

明季稗史彙編二十七卷　（清）留雲居士輯
清光緒上海圖書集成印書局鉛印本　六冊

370000－1502－0000002　jnt02001

御批歷代通鑑輯覽一百二十卷　（清）傅恒等
奉敕撰　清光緒二十年（1894）上海書局石印
本　二十四冊　存四十五卷（一至四十五）

370000－1502－0000003　jnt02002

欽定續通志六百四十卷欽定續通典一百五十
卷欽定續文獻通考二百五十卷　（清）嵇璜等
纂　清光緒二十七年（1901）上海圖書集成印
書局石印本　九十三冊　缺一百七十一卷
（欽定續文獻通考一至十一、十八至二十、二
十五至二十九、四十七至七十九、一百二十一
到二百二十五、一百三十五至一百四十、二百
二十九至二百三十六）

370000－1502－0000004　jnt02003

博物志十卷　（晉）張華撰　桂海虞衡志一卷
（宋）范成大紀　清刻本　一冊

370000－1502－0000005　jnt02004

博物志十卷　（晉）張華撰　桂海虞衡志一卷
（宋）范成大紀　清刻本　一冊

370000－1502－0000006　jnt02005

通典二百卷附欽定通典考證一卷　（唐）杜佑
纂　清光緒二十七年（1901）上海圖書集成印
書局石印本　十六冊

370000－1502－0000007　jnt02008

尺木堂綱鑑易知錄一百七卷尺木堂明鑑易知
錄十五卷　（清）吳乘權輯　清光緒三十年
（1904）上海圖書集成印書局鉛印本　十六冊

370000－1502－0000008　jnt02009

尺木堂綱鑑易知錄一百七卷尺木堂明鑑易知
錄十五卷　（清）吳乘權　（清）周之燦
（清）周之炯輯　清光緒二十四年（1898）鉛印
本　十六冊

370000－1502－0000009　jnt02010

廿二史紀事提要八卷　（清）吳綏纂　清光緒
鉛印本　四冊

370000－1502－0000010　jnt02011

鑄史駢言十二卷　（清）孫玉田編　清光緒二
年（1876）刻本　四冊

370000－1502－0000011　jnt02012

廿四史約編八卷　（清）鄭元慶述　清光緒二
十二年（1896）煥文書局石印本　八冊

370000－1502－0000012　jnt02013

二十四史論贊七十八卷　（清）陳闡編輯　清
光緒二十八年（1902）文淵山房石印本　十二冊

370000－1502－0000013　jnt02014

路史十六卷　（宋）羅泌著　清光緒二十二年
（1896）石印本　六冊

370000－1502－0000014　jnt02015

聖武記十卷附武事餘記四卷　（清）魏源撰
清道光二十六年（1846）石印本　八冊

370000－1502－0000015　jnt02016

增廣尚友錄統編二十二卷　（清）應祖錫編輯
清光緒二十八年（1902）鴻寶齋石印本　十
二冊

370000－1502－0000016　jnt02017

通鑑紀事本末二百三十九卷　（宋）袁樞編輯
清光緒二十四年（1898）上海文瀾書局石印
本　二十四冊

370000－1502－0000017　jnt02019

御批歷代通鑑輯覽一百二十卷　（清）傅恒等
奉敕撰　清光緒二十九年（1903）上海通元書
局石印本　二十四冊

370000－1502－0000018　jnt02020

綱鑑會纂三十九卷御撰資治通鑑綱目三編六
卷　（明）王世貞撰　清光緒二十八年（1902）
山東書業德石印本　十二冊

370000－1502－0000019　jnt02021

正續資治通鑑纂要二十七卷　（清）魏裔介纂
清兩浙新書翻譯書局石印本　八冊

370000－1502－0000020　jnt02022

貳臣傳十二卷　（清）國史館編　清刻本　十
冊

370000－1502－0000021　jnt02035

八家四六文注八卷首一卷　（清）許貞幹注
清光緒十八年(1892)石印本　八冊

370000－1502－0000022　jnt02036

四家印譜（寒樅古桂齋印譜一卷十鍾山房藏
印一卷薛景稼印譜一卷景古堂印譜二卷）
（□）□□輯　清鈐印剪貼本　五冊

370000－1502－0000023　jnt02092

繡像東周列國志二十七卷一百八回　（明）馮
夢龍撰　（清）蔡昇評點　清光緒三十年
(1904)上海商務印書館鉛印本　十二冊

370000－1502－0000024　jnt02096

東周列國全志八卷一百八回　（明）馮夢龍撰
　（清）蔡昇評點　清光緒二十五年(1899)上
海久敬齋石印本　四冊

370000－1502－0000025　jnt02103

三通序不分卷　蔣德鈞録　清道光十年
(1830)刻本　一冊

370000－1502－0000026　jnt02105

説文釋例二十卷釋例補正二十卷説文繫傳校
録三十卷　（清）王筠撰　清同治四年(1865)
刻本　二十冊

370000－1502－0000027　jnt02106

説文釋例二十卷釋例補正二十卷説文繫傳校
録三十卷　（清）王筠撰　清同治四年(1865)
刻本　二十冊

370000－1502－0000028　jnt02107

説文釋例二十卷句讀補正二十卷説文繫傳校
録三十卷　（清）王筠撰　清同治四年(1865)
刻本　十三冊

370000－1502－0000029　jnt02108

説文釋例二十卷　（清）王筠撰　清同治四年
(1865)刻本　十冊

370000－1502－0000030　jnt02109

説文釋例二十卷　（清）王筠撰　清同治四年
(1865)刻本　十冊

370000－1502－0000031　jnt02110

説文解字句讀三十卷句讀補正三十卷　（清）
王筠撰　清同治四年(1865)王氏刻本　十六
冊

370000－1502－0000032　jnt02111

説文解字句讀三十卷句讀補正三十卷　（清）
王筠撰　清同治四年(1865)王氏刻本　十六
冊

370000－1502－0000033　jnt02112

説文解字句讀三十卷句讀補正三十卷　（清）
王筠撰　清同治四年(1865)王氏刻本　十六
冊

370000－1502－0000034　jnt02113

説文解字句讀三十卷句讀補正三十卷　（清）
王筠撰　清同治四年(1865)王氏刻本　十六
冊

370000－1502－0000035　jnt02115

詩考不分卷　（宋）王應麟撰　清刻本　一冊

370000－1502－0000036　jnt02117

東周列國全志二十三卷一百八回　（明）馮夢
龍撰　（清）蔡昇評點　清光緒十三年(1887)
東昌書業德刻本　十六冊

370000－1502－0000037　jnt02118

東周列國全志二十三卷一百八回　（明）馮夢
龍撰　（清）蔡昇評點　清光緒十三年(1887)
東昌書業德刻本　十六冊

370000－1502－0000038　jnt02119

史略八十七卷　（清）朱坤輯　清光緒二十八
年(1902)上海書局石印本　六冊

370000－1502－0000039　jnt02125

古文辭類纂七十五卷　（清）姚鼐纂輯　清同
治八年(1869)刻本　十六冊

370000－1502－0000040　jnt02126

説文聲讀表七卷　（清）苗夔纂　清道光二十
二年(1842)理董居刻本　二冊

370000－1502－0000041　jnt02127

説文建首字讀一卷　（清）苗夔點定　清咸豐
元年(1851)刻本　一冊

370000－1502－0000042　jnt02128

述異記三卷　（南朝梁)任昉撰　清刻本　一冊

370000－1502－0000043　jnt02129

培遠堂手札節存三卷　（清)陳宏謀著　清同治十一年(1872)江蘇書局刻本　一冊

370000－1502－0000044　jnt02131

韓詩外傳十卷　（漢)韓嬰著　清光緒二十年(1894)湖南藝文書局刻本　一冊

370000－1502－0000045　jnt02132

蔚水詩鈔四卷　（清)余日龢著　清刻本　一冊

370000－1502－0000046　jnt02133

借閒生詩三卷詞一卷　（清)汪遠孫撰　清道光二十年(1840)錢塘振綺堂刻本　一冊

370000－1502－0000047　jnt02134

借閒生詩三卷詞一卷　（清)汪遠孫撰　清道光二十年(1840)錢塘振綺堂刻本　一冊

370000－1502－0000048　jnt02136

卻掃齋詩鈔一卷卻掃齋詩草一卷　（清)楊潾著　清同治四年(1865)刻本　一冊

370000－1502－0000049　jnt02139

儷白妃黃册八卷　（清)董恂輯　清同治刻本　一冊

370000－1502－0000050　jnt02142

石堂近稿一卷岱嶽祖珍禪師金台隨筆一卷（清)釋元玉撰　清道光刻本　一冊

370000－1502－0000051　jnt02143

字學蒙求一卷　（清)王筠撰　清道光十八年(1838)刻本　一冊

370000－1502－0000052　jnt02144

篤素堂集鈔一卷　（清)張英撰　清光緒蔣氏求實齋刻本　一冊

370000－1502－0000053　jnt02146

古韻發明不分卷　（清)張畊撰　清道光刻本　一冊

370000－1502－0000054　jnt02149

竹如意二卷　（清)馬國翰著　清刻本　一冊

370000－1502－0000055　jnt02150

雪中人不分卷　（清)李士珠正譜　（清)蔣士銓填詞　（清)錢世錫評點　清紅雪樓刻本　一冊

370000－1502－0000056　jnt02155

歸樸齋詩鈔二卷　（清)曾紀澤撰　清光緒十九年(1893)江南製造總局刻本　一冊

370000－1502－0000057　jnt02156

續詞選二卷附錄一卷　（清)董毅錄　清道光十七年(1837)刻本　一冊

370000－1502－0000058　jnt02157

孔易闡真二卷　（清)劉一明體述　清刻本　一冊

370000－1502－0000059　jnt02159

十子詩略樂圃集七卷　（清)顏光敏撰　清刻本　一冊

370000－1502－0000060　jnt02164

含光堂試律二卷　（清)繆潤紱著　清光緒十七年(1891)刻本　一冊

370000－1502－0000061　jnt02166

左忠毅公集二卷　（明)左光斗撰　清刻本　四冊

370000－1502－0000062　jnt02167

御選語錄十九卷　（清)世宗胤禛選　清光緒十一年(1885)金陵刻經處刻本　一冊　存二卷(三、八)

370000－1502－0000063　jnt02168

一片石一卷　（清)蔣士銓填詞　（清)吳承緒正譜　（清)王興吾評定　清紅雪樓刻本　一冊

370000－1502－0000064　jnt02169

讀書續錄十二卷　（明)薛瑄撰　清刻本　三冊

370000－1502－0000065　jnt02170

訄書不分卷　章炳麟撰　清光緒刻本　一

册

370000 – 1502 – 0000066　jnt02172

東萊博議四卷　（宋）呂祖謙撰　清光緒二十七年(1901)李鴻才刻本　四冊

370000 – 1502 – 0000067　jnt02173

東萊博議四卷附備考一卷　（宋）呂祖謙撰　清致中堂刻本　四冊

370000 – 1502 – 0000068　jnt02176

續古文辭類纂二十八卷　（清）黎庶昌纂　清光緒二十一年(1895)金陵狀元閣刻本　十二冊

370000 – 1502 – 0000069　jnt02178

李文忠公全書一百六十五卷首一卷　（清）李鴻章撰　（清）吳汝綸編録　清光緒三十年(1904)刻本　一百冊

370000 – 1502 – 0000070　jnt02185

唐詩別裁集引典備注二十卷　（清）沈德潛選　清道光大文堂刻本　十二冊

370000 – 1502 – 0000071　jnt02186

古文辭類纂七十四卷　（清）姚鼐纂輯　清同治八年(1869)江蘇書局刻本　十二冊

370000 – 1502 – 0000072　jnt02192

兩般秋雨盦隨筆四卷　（清）梁紹壬纂　清道光十七年(1837)刻本　六冊

370000 – 1502 – 0000073　jnt02201

説文聲訂二十八卷　（清）苗夔編　清道光二十一年(1841)漢學亭刻本　二冊

370000 – 1502 – 0000074　jnt02202

汲古閣説文訂一卷　（清）段玉裁編　清同治十一年(1872)湖北崇文書局刻本　一冊

370000 – 1502 – 0000075　jnt02203

酉陽雜俎二十卷續集十卷　（唐）段成式撰　清光緒三年(1877)湖北崇文書局刻本　六冊

370000 – 1502 – 0000076　jnt02204

文選六十卷　（南朝梁）蕭統輯　（唐）李善注　清刻本　十六冊

370000 – 1502 – 0000077　jnt02209

説文解字句讀三十卷句讀補正三十卷　（清）王筠撰　清同治四年(1865)刻本　十六冊

370000 – 1502 – 0000078　jnt02210

説文解字句讀三十卷句讀補正三十卷　（清）王筠撰　清同治四年(1865)刻本　十六冊

370000 – 1502 – 0000079　jnt02211

説文古籀補十四卷附録一卷　（清）吳大澂撰　清光緒二十四年(1898)刻本　二冊

370000 – 1502 – 0000080　jnt02212

説文通檢十四卷末一卷　（清）黎永椿編　清光緒二年(1876)崇文書局刻本　二冊

370000 – 1502 – 0000081　jnts02213

讀杜心解六卷首二卷　（唐）杜甫撰　（清）浦起龍解　清雍正二年至三年(1724 – 1725)前碉浦氏寧我齋刻本　十冊

370000 – 1502 – 0000082　jnt02214

汲古閣説文訂一卷　（清）段玉裁編　清嘉慶歸安姚氏刻本　一冊

370000 – 1502 – 0000083　jnt02216

説文解字十五卷　（漢）許慎記　（宋）徐鉉校　清同治十年(1871)刻本　八冊

370000 – 1502 – 0000084　jnt02217

詳注聊齋志異圖詠十六卷　（清）蒲松齡撰　（清）呂湛恩注　清光緒十二年(1886)上海同文書局石印本　八冊

370000 – 1502 – 0000085　jnt02221

詳注聊齋志異圖詠十六卷　（清）蒲松齡撰　（清）呂湛恩注　清宣統元年(1909)上海久敬齋石印本　四冊

370000 – 1502 – 0000086　jnt02223

説文解字句讀三十卷句讀補正三十卷　（清）王筠撰　清同治四年(1865)王氏刻本　十六冊

370000 – 1502 – 0000087　jnt02223 復冊

説文解字句讀三十卷補正三十卷　（清）王筠撰　清同治四年(1865)王氏刻本　十六冊

370000－1502－0000088　jnt02224

説文釋例二十卷説文繫傳校録三十卷　（清）
王筠撰　清同治四年(1865)王氏刻本　十二
册

370000－1502－0000089　jnt02225

節本泰西新史攬要八卷　（英國）馬懇西撰
(英國)李提摩太譯　（清）周慶雲節録　清光
緒二十八年(1902)北洋官報局鉛印本　一册

370000－1502－0000090　jnt02226

春秋世族譜二卷　（清）陳厚耀撰　清刻本
一册

370000－1502－0000091　jnt02232

繡像後西游記六卷四十回　（清）□□撰　清
光緒十年(1884)石印本　四册

370000－1502－0000092　jnt02233

繡像繪圖後西游記四卷四十回　（清）□□撰
清末上海書局石印本　四册

370000－1502－0000093　jnt02243

評論出像水滸傳二十卷七十回　（元）施耐庵
著　清刻本　二十册

370000－1502－0000094　jnt02243

欽定明史三百三十二卷　（清）張廷玉等撰
清刻本　九册　存二十八卷(一百六至一百
三十三)

370000－1502－0000095　jnt02246

紅樓夢一百二十回　（清）曹雪芹撰　清刻本
三十二册

370000－1502－0000096　jnt02247

增評補圖石頭記一百二十回　（清）曹雪芹撰
清刻本　十六册

370000－1502－0000097　jnt02248

增評補像全圖金玉緣一百二十回　（清）曹雪
芹著　清光緒三十四年(1908)求不負齋石印
本　十六册

370000－1502－0000098　jnt02249

增評補像全圖金玉緣一百二十回　（清）曹雪
芹著　清光緒三十四年(1908)求不負齋石印

本　十六册

370000－1502－0000099　jnt02251

增評補圖石頭記十六卷　（清）曹雪芹撰　清
光緒二十五年(1899)上海書局石印本　八册

370000－1502－0000100　jnt02252

四大奇書第一種五十一卷一百二十回　（明）
羅貫中撰　清東昌書業德刻本　十六册

370000－1502－0000101　jnt02253

四大奇書第一種五十一卷一百二十回　（明）
羅貫中撰　清東昌書業德刻本　十六册

370000－1502－0000102　jnt02254

四大奇書第一種十九卷　（明）羅貫中撰　清
掃葉山房刻本　二十册

370000－1502－0000103　jnt02265

增評補像全圖金玉緣一百二十回　（清）曹雪
芹著　清光緒三十四年(1908)求不負齋石印
本　十六册

370000－1502－0000104　jnt02266

增評補像全圖金玉緣一百二十回　（清）曹雪
芹著　清光緒三十四年(1908)求不負齋石印
本　十六册

370000－1502－0000105　jnt02268

續紅樓夢三十卷　（清）秦子忱著　清末東瀛
書館石印本　六册

370000－1502－0000106　jnt02270

詳注聊齋志異圖詠十六卷　（清）蒲松齡撰
(清)吕湛恩注　清光緒十二年(1886)上海同
文書局石印本　八册

370000－1502－0000107　jnt02271

詳注聊齋志異圖詠十六卷　（清）蒲松齡撰
(清)吕湛恩注　清光緒十四年(1888)上海鴻
寶齋石印本　八册

370000－1502－0000108　jnt02280

池北偶談二十六卷　（清）王士禛撰　清光緒
二十二年(1896)上海慎記書莊石印本　八册

370000－1502－0000109　jnt02281

兩般秋雨盦隨筆八卷　（清）梁紹壬纂　清宣

統二年(1910)上海掃葉山房石印本　四冊

370000－1502－0000110　jnt02285
游記十卷補編一卷　（明）徐宏祖撰　清嘉慶
十三年(1808)刻本　十冊

370000－1502－0000111　jnt02290
古唐詩合解十二卷附古詩四卷　（清）王堯衢
注　清道光十七年(1837)三益堂刻本　六冊

370000－1502－0000112　jnt02292
潛庵先生疏稿不分卷　（清）湯斌撰　（清）湯
溥　（清）湯之旭編次　清刻本　一冊

370000－1502－0000113　jnt02294
字彙十二卷首一卷末一卷　（明）梅膺祚音釋
清同文堂刻本　十四冊

370000－1502－0000114　jnt02296
枕經堂金石書畫題跋二卷　（清）方朔著　清
刻本　一冊

370000－1502－0000115　jnt02297
繡像京本雲合奇踪玉茗英烈全傳十卷八十回
（明）徐渭編　清刻本　五冊

370000－1502－0000116　jnt02300
評注圖像水滸傳七十五卷　（元）施耐庵著
清光緒十二年(1886)上海同文書局石印本
十二冊

370000－1502－0000117　jnt02303
繪圖增像第五才子書水滸全傳　（元）施耐庵
撰　清光緒十三年(1887)上海同文書局鉛印
本　五冊　存二十八回(一至二、九至三十
四)

370000－1502－0000118　jnt02311
繪像結水滸全傳八卷七十回末一卷　（清）俞
萬春撰　清光緒三十四年(1908)上海書局石
印本　八冊

370000－1502－0000119　jnt02315
金閨傑十六回　（清）香葉閣主人撰　清道光
四年(1824)刻本　四冊　存四回(一至四)

370000－1502－0000120　jnt02316
長生殿傳奇四卷　（清）洪昇撰　清光緒十六

年(1890)上海文瑞樓鉛印本　二冊

370000－1502－0000121　jnt02318
天雨花三十回　（清）陶貞懷撰　清同治八年
(1869)文富堂刻本　三十冊

370000－1502－0000122　jnt02321
應酬尺牘彙選八卷　（清）陸九如纂輯　清道
光二十八年(1848)刻本　四冊

370000－1502－0000123　jnt02322
大清律講義十七卷首一卷　吉同鈞撰　清宣統
二年(1910)上海朝記書莊石印本　八冊

370000－1502－0000124　jnt02325
雙鳳奇緣傳二十卷　（清）雪樵主人撰　清刻
本　五冊　缺三卷(一至三)

370000－1502－0000125　jnt02326
繡像宋史奇書十二卷六十六回　（清）□□著
清光緒三十二年(1906)上海書局石印本
六冊

370000－1502－0000126　jnt02327
改良今古奇觀六卷四十回　（清）抱瓮老人輯
清上海群學書社石印本　六冊

370000－1502－0000127　jnt02328
繡像繪圖今古奇觀六卷四十回　（清）抱瓮老
人輯　清上海進步書局石印本　六冊

370000－1502－0000128　jnt02329
繪圖說唐演義前傳三卷說唐薛家府傳二卷繡
像說唐小英雄傳一卷　（清）六宜山農撰　清
上海天寶書局石印本　六冊

370000－1502－0000129　jnt02332
吳吳山三婦合評牡丹亭還魂記二卷　（明）湯
義仍撰　（清）陳同評點　（清）談則　（清）
錢宜參評　清同治九年(1870)清芬閣刻本
二冊

370000－1502－0000130　jnt02335
詳注聊齋志異圖詠十六卷　（清）蒲松齡撰
(清)呂湛恩注　清上海同文書局石印本　八冊

370000－1502－0000131　jnt02336
聊齋志異新評十六卷　（清）蒲松齡撰　（清）

王士正評 （清）但明倫新評 （清）呂湛恩注
釋 清光緒十一年(1885)刻本 十五冊 缺
一卷(十一)

370000 – 1502 – 0000132 jnt02342
明史撃要八卷通鑑撃要續編八卷 （清）姚培
謙 （清）孫景星同錄 （清）王永祺等參閱
清嘉慶二十三年(1818)寶寧堂刻本 六冊
存十卷(明史撃要八卷、續編七至八)

370000 – 1502 – 0000133 jnt02345
九朝野記四卷 （明）祝允明纂 清宣統三年
(1911)時中書局鉛印本 二冊

370000 – 1502 – 0000134 jnt02348
顧氏四十家小説不分卷 （明）顧元慶編 清
宣統三年(1911)上海扶輪社鉛印本 八冊

370000 – 1502 – 0000135 jnt02352
戰國策三十三卷重刻剡川姚氏本戰國策札記
三卷 （漢）高誘注 清光緒三年(1877)永康
退補齋刻本 六冊

370000 – 1502 – 0000136 jnt02353
綱鑑擇言十卷 （清）司徒修撰 清光緒二十
八年(1902)濟南雙和堂刻本 六冊

370000 – 1502 – 0000137 jnt02357
完白山人篆刻偶存二卷 （清）鄧石如存 清
上海有正書局石印本 二冊

370000 – 1502 – 0000138 jnt02358
慎思堂印譜二卷 （清）黃鵷篆 （清）張學宗
輯 清咸豐五年(1855)石印本 二冊

370000 – 1502 – 0000139 jnt02361
疇人傳五十二卷 （清）阮元撰 疇人傳三編
七卷 （清）諸可寶纂 清光緒二十二年
(1896)上海璣衡堂石印本 六冊

370000 – 1502 – 0000140 jnt02362
皇朝通典一百卷皇朝通志一百二十六卷皇朝
文獻通考三百卷 （清）嵇璜等纂 清光緒二
十七年(1901)上海圖書集成印書局石印本
六十四冊

370000 – 1502 – 0000141 jnt02363

列仙印翫不分卷 （□）□□撰 清鈐印本
二冊

370000 – 1502 – 0000142 jnt02364
逸園印翫不分卷 （□）□□撰 清光緒二十
九年(1903)石印本 二冊

370000 – 1502 – 0000143 jnt02365
陶齋藏印不分卷 （清）翁大年藏 清石印本
六冊

370000 – 1502 – 0000144 jnt02369
史記菁華録六卷 （清）苄田氏撰 清光緒二
十四年(1898)上海書局石印本 六冊

370000 – 1502 – 0000145 jnt02372
清史攬要六卷 （日本）增田貢撰 清末鉛印
本 二冊

370000 – 1502 – 0000146 jnt02373
續紅樓夢三十卷 （清）秦子忱撰 清光緒十
四年(1888)善成堂刻本 十二冊

370000 – 1502 – 0000147 jnt02379
三國志六十五卷 （晋）陳壽撰 （南朝宋）裴
松之注 清光緒十八年(1892)武林竹簡齋石
印本 四冊

370000 – 1502 – 0000148 jnt03381
遼史一百十六卷 （元）脱脱修 清光緒二十
八年(1902)石印本 三冊

370000 – 1502 – 0000149 jnt02382
史論正鵠初集四卷二編三卷 （清）王樹敏評
點 清光緒二十七年(1901)上海久敬齋石印
本 八冊

370000 – 1502 – 0000150 jnt02383
歷代史事論斷三卷讀史小論一卷 （清）仲弘
道著 清光緒二十四年(1898)時宜書局石印
本 四冊

370000 – 1502 – 0000151 jnt02384
兩漢策要十二卷 （宋）陶叔獻等輯 （清）張
朝樂校閱 清光緒十三年(1887)上海同文書
局石印本 八冊

370000 – 1502 – 0000152 jnt02389

史記菁華録六卷 （清）姚苧田録 清光緒二十八年（1902）濟南雙和堂刻本 六册

370000－1502－0000153 jnt02393

武昌紀事二卷附録一卷 （清）陳徽言撰 清咸豐七年（1857）刻本 一册

370000－1502－0000154 jnt02397

史通削繁四卷 （清）紀昀撰 清光緒元年（1875）湖北崇文書局刻本 四册

370000－1502－0000155 jnt02398

讀史方輿紀要序二卷 （清）顧祖禹撰 清光緒二十九年（1903）成都志古堂刻本 二册

370000－1502－0000156 jnt02402

唐義渠從征圖記不分卷 （清）唐訓方撰 清同治六年（1867）西山草堂刻本 一册

370000－1502－0000157 jnt02403

後漢書一百二十卷 （南朝宋）范曄撰 （唐）李賢注 （晋）司馬彪續志 （南朝梁）劉昭注續志 清光緒十八年（1892）武林竹簡齋石印本 八册

370000－1502－0000158 jnt02404

後漢書一百二十卷 （南朝宋）范曄撰 （唐）李賢注 （晋）司馬彪續志 （南朝梁）劉昭注續志 清光緒十八年（1892）武林竹簡齋石印本 八册

370000－1502－0000159 jnt02405

後漢書一百二十卷 （南朝宋）范曄撰 （唐）李賢注 （晋）司馬彪撰 （南朝梁）劉昭注 清光緒十四年（1888）上海蜚英館石印本 十二册

370000－1502－0000160 jnt02407

後漢書一百二十卷 （南朝宋）范曄撰 （唐）李賢注 （晋）司馬彪撰 （南朝梁）劉昭注 清光緒十四年（1888）上海圖書集成印書局石印本 八册 存六十九卷（一至六十九）

370000－1502－0000161 jnt02409

後漢書一百二十卷 （南朝宋）范曄撰 （唐）李賢注 （晋）司馬彪撰 （南朝梁）劉昭注

續志 清光緒三十一年（1905）上海久敬齋石印本 八册

370000－1502－0000162 jnt02417

史記一百三十卷 （漢）司馬遷撰 （南朝宋）裴駰集解 （唐）司馬貞索隱 （唐）張守節正義 清光緒十四年（1888）上海圖書集成印書局鉛印本 十六册 存十八卷（一至十八）

370000－1502－0000163 jnt02418

史記一百三十卷 （漢）司馬遷撰 （南朝宋）裴駰集解 （唐）司馬貞索隱 （唐）張守節正義 清光緒三十一年（1905）上海久敬齋石印本 八册

370000－1502－0000164 jnt02419

史記一百三十卷 （漢）司馬遷撰 （南朝宋）裴駰集解 （唐）司馬貞索隱 （唐）張守節正義 清光緒三十一年（1905）上海久敬齋石印本 八册

370000－1502－0000165 jnt02420

三國志六十五卷 （晋）陳壽撰 （南朝宋）裴松之注 清光緒三十一年（1905）上海久敬齋石印本 四册

370000－1502－0000166 jnt02421

前漢書菁華録四卷後漢書菁華録二卷 （清）高塘撰 清光緒二十五年（1899）慎記書莊石印本 六册

370000－1502－0000167 jnt02422

三國志六十五卷 （晋）陳壽撰 （南朝宋）裴松之注 清光緒二十九年（1903）上海點石齋石印本 四册

370000－1502－0000168 jnt02430

新刊繡像評講濟公傳四卷繡像評演接續後部濟公傳四卷 （□）□□撰 清末石印本 八册

370000－1502－0000169 jnt02436

重訂王鳳洲先生綱鑑會纂四十六卷續宋元綱鑑會纂二十三卷通鑑綱目三編二十卷 （明）王世貞撰 （明）陳仁錫訂 清光緒二十六年（1900）善成堂刻本 四十八册

370000－1502－0000170　jnt02440

三國志六十五卷　（晋）陳壽撰　（南朝宋）裴松之注　清光緒十年(1884)上海同文書局影印本　十四册

370000－1502－0000171　jnt02441

前漢書一百二十卷　（漢）班固撰　（漢）班昭續　（唐）顏師古注　清光緒十四年(1888)上海蜚英館石印本　十六册

370000－1502－0000172　jnt02442

後漢書一百二十卷　（南朝宋）范曄撰　（唐）李賢注　（晋）司馬彪續志　（南朝梁）劉昭注續志　清光緒三十一年(1905)上海久敬齋石印本　八册

370000－1502－0000173　jnt02443

二十四史　（清）□□輯　清光緒十年(1884)影印本　七百册

370000－1502－0000174　jnt02444

史記一百三十卷　（漢）司馬遷撰　（南朝宋）裴駰集解　（唐）司馬貞索隱　（唐）張守節正義　清光緒十年(1884)上海同文書局石印本　二十六册

370000－1502－0000175　jnt02446

三國志六十五卷　（晋）陳壽撰　（南朝宋）裴松之注　清光緒十年(1884)上海同文書局石印本　十四册

370000－1502－0000176　jnt02448

宋書一百卷　（南朝梁）沈約撰　清光緒十年(1884)上海同文書局石印本　二十四册

370000－1502－0000177　jnt02449

後漢書一百二十卷　（南朝宋）范曄撰　（唐）李賢注　（晋）司馬彪續志　（南朝梁）劉昭注續志　清光緒十年(1884)上海同文書局石印本　二十八册

370000－1502－0000178　jnt02450

梁書五十六卷　（唐）姚思廉撰　清光緒十年(1884)上海同文書局石印本　八册

370000－1502－0000179　jnt02451

陳書三十六卷　（唐）姚思廉撰　清光緒十年(1884)上海同文書局石印本　六册

370000－1502－0000180　jnt02452

隋書八十五卷　（唐）長孫無忌撰　清光緒十年(1884)上海同文書局石印本　二十四册

370000－1502－0000181　jnt02453

遼史一百十六卷　（元）脱脱修　清光緒十年(1884)上海同文書局石印本　八册

370000－1502－0000182　jnt02454

唐書二百二十五卷　（宋）歐陽修撰　清光緒十年(1884)上海同文書局石印本　五十册　缺六卷(九十二至九十七)

370000－1502－0000183　jnt02455

元史二百十卷　（明）宋濂等修　清光緒十年(1884)上海同文書局石印本　五十一册

370000－1502－0000184　jnt02457

評鑑闡要十二卷　（清）劉統勛編　清抄本　六册

370000－1502－0000185　jnt02460

治河五説一卷　（清）劉鶚撰　清末刻本　一册

370000－1502－0000186　jnt02464

三國志六十五卷　（晋）陳壽撰　（南朝宋）裴松之注　清光緒十三年(1887)江南書局刻本　八册

370000－1502－0000187　jnt02465

三國志六十五卷　（晋）陳壽撰　（南朝宋）裴松之注　清同治九年(1870)金陵書局刻本　八册

370000－1502－0000188　jnt02467

宋書一百卷　（南朝梁）沈約撰　清同治十一年(1872)金陵書局刻本　十六册

370000－1502－0000189　jnt02468

後漢書一百卷　（南朝宋）范曄撰　（唐）李賢注　（晋）司馬彪撰　（南朝梁）劉昭注　清光緒十三年(1887)金陵書局刻本　十六册

370000－1502－0000190　jnt02477

御撰資治通鑑綱目三編二十卷 （清）張廷玉等奉敕編 清刻本 六冊

370000－1502－0000191 jnt02478
説文解字斠詮十四卷 （清）錢坫撰 清光緒九年(1883)淮南書局刻本 六冊

370000－1502－0000192 jnt02480
舊五代史一百五十卷 （宋）薛居正等撰 清同治十一年(1872)刻本 十六冊

370000－1502－0000193 jnt02481
遼史一百十五卷 （元）托克托等修 清同治十二年(1873)江蘇書局刻本 十二冊

370000－1502－0000194 jnt02482
金史百三十五卷 （元）托克托等修 清同治十三年(1874)江蘇書局刻本 二十冊

370000－1502－0000195 jnt02483
隋書八十五卷 （唐）魏徵撰 清同治十年(1871)淮南書局刻本 十六冊

370000－1502－0000196 jnt02484
史記一百三十卷 （漢）司馬遷撰 清同治五年(1866)刻本 二十冊

370000－1502－0000197 jnt02486
通鑑綱目前編二十五卷 （明）陳仁錫評閱 清春明堂刻本 十二冊

370000－1502－0000198 jnt02487
明史紀事本末八十卷 （清）谷應泰編輯 清同治十三年(1874)江西書局刻本 二十冊

370000－1502－0000199 jnt02488
綱鑑會纂三十九卷首一卷 （明）王世貞編
綱鑑會通明紀十五卷 （清）陳志襄輯 清書業德刻本 三十冊

370000－1502－0000200 jnt02489
史記一百三十卷 （漢）司馬遷撰 （南朝宋）裴駰集解 （唐）司馬貞索隱 （唐）張守節正義 清刻本 三十二冊

370000－1502－0000201 jnt02490
漢書一百卷 （漢）班固撰 （唐）顏師古注 清光緒十三年(1887)刻本 四十冊

370000－1502－0000202 jnt02491
三國志六十五卷 （晋）陳壽撰 （南朝宋）裴松之注 清光緒十三年(1887)江南書局刻本 十六冊

370000－1502－0000203 jnt02492
前漢書一百二十卷 （漢）班固撰 （唐）顏師古注 清光緒十四年(1888)石印本 十六冊

370000－1502－0000204 jnt02493
後漢書一百三十卷 （南朝宋）范曄撰 清光緒十四年(1888)石印本 十冊

370000－1502－0000205 jnt02495
史記評林一百三十卷 （明）凌稚隆輯 清光緒十年(1884)佩蘭堂刻本 三十二冊

370000－1502－0000206 jnt02497
資治通鑑綱目前編舉要十八卷 （宋）金履祥撰 清光緒七年(1881)刻本 十六冊

370000－1502－0000207 jnt02498
御撰資治通鑑綱目三編四十卷 （清）張廷玉等奉敕編 清光緒六年(1880)刻本 十二冊

370000－1502－0000208 jnt02499
資治通鑑綱目校勘記五十九卷 （清）溫嘉鈺校錄 清同治六年(1867)刻本 七冊

370000－1502－0000209 jnt02501
續資治通鑑綱目二十七卷 （明）商輅撰 清光緒七年(1881)刻本 二十八冊

370000－1502－0000210 jnt02502
資治通鑑綱目五十九卷 （宋）朱熹撰 清光緒五年(1879)刻本 七十七冊

370000－1502－0000211 jnt02503
舊五代史一百五十卷 （宋）薛居正等撰 清同治十一年(1872)湖北崇文書局刻本 十六冊

370000－1502－0000212 jnt02505
增訂漢魏叢書九十六種四百七十五卷 （清）王謨增訂 清宣統三年(1911)上海大通書局石印本 三十二冊

370000－1502－0000213 jnt02508

續資治通鑑長編五百二十卷　（宋）李燾撰
清光緒七年(1881)刻本　一百二十册

370000－1502－0000214　jnt02510
五代史七十四卷　（宋）歐陽修撰　（宋）徐無
黨注　清同治十一年(1872)湖北崇文書局重
雕汲古閣刻本　八册

370000－1502－0000215　jnt02511
詞律二十卷首一卷　（清）萬樹撰　清光緒十
二年(1886)吳下刻本　十一册　缺二卷(九
至十)

370000－1502－0000216　jnt02512
詞律拾遺八卷　（清）徐本立撰　清光緒二年
(1876)吳下刻本　四册

370000－1502－0000217　jnt02513
元遺山先生全集四十卷　（金）元好問撰　清
光緒八年(1882)京都翰文齋書坊刻本　十六
册

370000－1502－0000218　jnt02514
宋黃文節公全集正集三十二卷首四卷外集二
十四卷別集十九卷續集十卷詞一卷　（宋）黃
庭堅撰　附黃青社先生伐檀集二卷　（宋）黃
庶撰　清光緒二十年(1894)刻本　十八册
缺三十四卷(外集二十一至二十四卷、別集十
九卷、續集十卷、詞一卷)

370000－1502－0000219　jnt02518
梅村詩集箋注十八卷　（清）吳偉業撰　（清）
吳翌鳳箋注　清嘉慶十九年(1814)滄浪吟榭
刻本　十二册

370000－1502－0000220　jnt02519
震川先生集三十卷別集十卷　（明）歸有光著
　清光緒元年(1875)刻本　十二册

370000－1502－0000221　jnt02520
張三豐先生全集八卷　（明）張三豐撰　（清）
李西月重編　清空青洞天刻本　七册

370000－1502－0000222　jnt02523
古唐詩合解十二卷附古詩四卷　（清）王堯衢
注　清光緒七年(1881)墨林堂刻本　六册

370000－1502－0000223　jnt02524
蘇文忠詩合注五十卷首一卷　（宋）蘇軾撰
（清）馮應榴輯訂　清同治九年(1870)踵息齋
刻本　二十三册

370000－1502－0000224　jnt02525
新刻重校增補圓機活法詩學全書二十四卷新
刊校正增補圓機韻學活法全書十四卷　（明）
王世貞校正　清立本堂刻本　二十册

370000－1502－0000225　jnt02528
唐詩三百首補注八卷　（清）陳婉俊輯　清咸
豐六年(1856)燦花閣刻本　二册

370000－1502－0000226　jnt02529
唐陸宣公集二十二卷　（唐）陸贄撰　清咸豐
九年(1859)閬中縣署刻本　八册

370000－1502－0000227　jnt02530
庚子山集十六卷　（北周）庚信撰　（清）倪璠
注　清道光十九年(1839)大文堂刻本　十二
册　存十六卷(一至三、四至十六殘)

370000－1502－0000228　jnt02531
六朝唐賦讀本不分卷　（清）馬傳庚選注　清
同治十三年(1874)京都玉燕書巢馬氏刻本
二册

370000－1502－0000229　jnt02532
汪龍莊先生遺書八種十五卷　（清）汪輝祖纂
　清光緒八年(1882)山東書局刻本　六册

370000－1502－0000230　jnt02535
佩文韻府一百六卷拾遺一百六卷　（清）聖祖
玄燁敕撰　清光緒八年(1882)上海點石齋石
印本　十册

370000－1502－0000231　jnt02536
陶靖節集輯注九卷首一卷　（晉）陶潛撰　清
嘉慶二十三年(1818)章氏掌草山房刻本　三
册

370000－1502－0000232　jnt02537
重訂古文釋義新編八卷　（清）余誠評注　清
光緒五年(1879)文會堂刻本　七册

370000－1502－0000233　jnt02538

國朝駢體正宗十二卷 （清）曾燠輯 清刻本
六册

370000－1502－0000234 jnt02539
國朝駢體正宗十二卷 （清）曾燠輯 清嘉慶
十一年(1806)賞雨茅屋刻本 六册

370000－1502－0000235 jnt02540
嘯亭雜録十卷續録三卷 （清）昭槤撰 清宣
統元年(1909)中國圖書公司鉛印本 四册

370000－1502－0000236 jnt02540
育正堂重訂幼學須知句解四卷 （清）程允升
原編 （清）錢元龍重訂 清光緒十四年
(1888)東昌寶興堂刻本 四册

370000－1502－0000237 jnt02541
徐氏一家詞六卷 （清）徐琪編 清光緒石印
本 四册

370000－1502－0000238 jnt02541
寶興堂重訂幼學須知句解四卷 （清）程允升
原編 （清）錢元龍重訂 清東昌寶興堂刻本
四册

370000－1502－0000239 jnt02542
寄傲山房塾課新增幼學故事瓊林四卷首一卷
（清）程允升原本 （清）鄒聖脈增補 清青
雲樓刻本 二册

370000－1502－0000240 jnt02543
船山詩草補遺六卷 （清）張問陶撰 清刻本
十二册

370000－1502－0000241 jnt02543
古文釋義新編八卷 （清）余誠評注 清同治
九年(1870)江寧崇文堂刻本 六册

370000－1502－0000242 jnt02544
秋根書室詩文集十四卷西行紀程二卷西征集
一卷 （清）孟傳鑄撰 清宣統二年(1910)綠
野堂鉛印本 八册

370000－1502－0000243 jnt02545
新刊繡像評講濟公前傳四卷一百二十回繡像
評演接續後部濟公傳四卷一百二十回 （清）
郭小亭撰 清光緒三十二年(1906)簡青齋書

局石印本 八册

370000－1502－0000244 jnt02546
第一才子書繡像三國志演義六十卷一百二十
回 （明）羅貫中撰 （清）毛宗崗評 清光緒
三十年(1904)上海商務印書館鉛印本 十二
册

370000－1502－0000245 jnt02546
歷朝詩約選九十三卷 （清）劉大櫆纂 清光
緒二十一年(1895)文徵閣刻本 二十二册
缺一卷(九十三)

370000－1502－0000246 jnt02547
杜工部集二十卷 （唐）杜甫撰 （清）錢謙益
箋注 清宣統三年(1911)時中書局石印本
八册

370000－1502－0000247 jnt02547
唐詩三百首補注八卷 （清）陳婉俊輯 唐詩
三百首續選二册 （清）于慶元續編 清光緒
十九年(1893)書業德刻本 六册

370000－1502－0000248 jnt02548
古文喈鳳新編八卷 （清）汪基鈔輯 （清）于
慶元編 清刻本 五册

370000－1502－0000249 jnt02550
經史百家雜鈔二十六卷 （清）曾國藩輯 清
光緒三十二年(1906)上海商務印書館鉛印本
十二册

370000－1502－0000250 jnt02551
經史百家雜鈔二十六卷 （清）曾國藩輯 清
光緒三十二年(1906)上海商務印書館鉛印本
十二册

370000－1502－0000251 jnt02552
廣金石韻府五卷附玉篇字略一卷 （清）林尚
葵撰 清咸豐七年(1857)巴郡張鳳藻理董軒
刻本 六册

370000－1502－0000252 jnt02552
六朝唐賦讀本不分卷 （清）馬傳庚選注 清
同治十三年(1874)京都玉燕書巢馬氏刻本
二册

370000－1502－0000253　jnt02556

音學五書五種三十八卷　（清）顧炎武撰　清光緒十六年(1890)思賢講舍刻本　十二册

370000－1502－0000254　jnt02561

惜抱軒文集十六卷文後集十卷詩集十卷詩後集一卷詩外集一卷法帖題跋三卷筆記八卷九經説十七卷五言今體詩鈔九卷七言今體詩鈔九卷　（清）姚鼐撰　清光緒三十三年(1907)上海校經山房刻本　十六册

370000－1502－0000255　jnt02562

漁洋山人古詩選三十二卷　（清）王士禎選　清同治七年(1868)湘鄉曾氏刻本　六册

370000－1502－0000256　jnt02563

音注小倉山房尺牘八卷　（清）袁枚著　（清）胡光斗箋釋　清宣統三年(1911)掃葉山房石印本　四册

370000－1502－0000257　jnt02563

雨亭尺牘六卷　（清）林欽潤著　清道光二十三年(1843)品蓮堂刻本　六册

370000－1502－0000258　jnt02564

分韻試帖青雲集合注四卷　（清）楊逢春輯　清光緒書業德刻本　四册

370000－1502－0000259　jnt02564

卷施閣駢體文八卷續編一卷更生齋駢體文四卷　（清）洪亮吉著　清光緒上海鴻章書局石印本　四册

370000－1502－0000260　jnt02567

御選唐宋詩醇四十七卷首一卷　（清）高宗弘曆敕撰　清光緒三年(1877)公益會刻本　二十四册

370000－1502－0000261　jnt02570

陶詩彙評四卷東坡和陶合箋四卷　（清）溫汝能纂訂　清宣統二年(1910)上海掃葉山房石印本　四册

370000－1502－0000262　jnt02574

呻吟語六卷　（明）呂坤撰　清道光十七年(1837)刻本　六册

370000－1502－0000263　jnt02576

歐陽文忠公全集一百五十三卷附錄五卷　（宋）歐陽修撰　清嘉慶二十四年(1819)刻本　三十二册

370000－1502－0000264　jnt02577

顏魯公文集十五卷補遺一卷　（唐）顏真卿著　清嘉慶七年(1802)曲阜顏氏刻本　四册

370000－1502－0000265　jnt02580

古唐詩合解十二卷附古詩四卷　（清）王堯衢注　清務本堂刻本　四册

370000－1502－0000266　jnt02582

唐詩三百首補注八卷　（清）陳婉俊輯　清咸豐六年(1856)燦花閣刻本　二册

370000－1502－0000267　jnt02583

全人矩矱五卷首一卷　（清）孫念劬纂輯　清道光二十三年(1843)秀義齋刻本　四册

370000－1502－0000268　jnt02585

慎文堂文稿四卷　（清）許新堂撰　日山文集四卷　（清）許雨田著　清末鉛印本　三册

370000－1502－0000269　jnt02586

樨華館文集六卷褋錄一卷駢體文一卷　（清）路德撰　清光緒七年(1881)年刻本　十册

370000－1502－0000270　jnt02587

注釋唐詩三百首不分卷　（清）孫洙編　清李光明莊刻本　二册

370000－1502－0000271　jnt02589

青草堂集十二卷　（清）趙國華撰　清同治十一年(1872)刻　四册

370000－1502－0000272　jnt02590

杜工部集二十卷　（唐）杜甫撰　（清）錢謙益箋注　清宣統二年(1910)鉛印本　四册

370000－1502－0000273　jnt02594

詳注聊齋志異圖詠十六卷　（清）蒲松齡撰　（清）呂湛恩注　清光緒十九年(1893)上海同文書局石印本　八册

370000－1502－0000274　jnt02594

詳注聊齋志異圖詠十六卷　（清）蒲松齡撰

（清）吕湛恩注　清光緒十九年(1893)上海鴻
文書局石印本　八册

370000－1502－0000275　jnt02596

海右集八卷　（清）徐子威著　清環翠山房刻
本　四册

370000－1502－0000276　jnt02598

賞奇軒合編不分卷　（□）□□輯　清光緒十
二年(1886)上海同文書局石印本　五册

370000－1502－0000277　jnt02613

聊齋志異新評十六卷　（清）蒲松齡撰　（清）
王士禎評　（清）但明倫新評　清光緒三十三
年(1907)書業德石印本　十六册

370000－1502－0000278　jnt02617

兩當軒全集二十二卷附錄四卷考異二卷
（清）黃景仁著　清宣統二年(1910)掃葉山房
石印本　六册

370000－1502－0000279　jnt02618

六慎齋文存二卷詩存一卷　（清）徐金銘著
清刻本　三册

370000－1502－0000280　jnt02619

温飛卿詩集九卷　（唐）温庭筠撰　清宣統二
年(1910)上海國學扶輪社刻本　四册

370000－1502－0000281　jnt02620

第一才子書六十卷一百二十回　（明）羅貫中
撰　（清）毛宗崗評　清光緒三十二年(1906)
上海同文升記書局鉛印本　十六册

370000－1502－0000282　jnt02621

試帖掃撝集稿四卷　（清）喜麟著　清光緒十
四年(1888)盛京同文山房刻本　四册

370000－1502－0000283　jnt02669

聊齋志異注十六卷　（清）吕湛恩輯　清道光
五年(1825)刻本　四册

370000－1502－0000284　jnt02671

昭代名人尺牘小傳二十四卷　（清）吳修輯
清道光六年(1826)刻本　二册

370000－1502－0000285　jnt02680

元遺山詩集箋注十四卷首一卷末一卷　（金）

元好問撰　清宣統三年(1911)掃葉山房石印
本　八册

370000－1502－0000286　jnt02686

古詩源四卷　（清）沈德潛選　清光緒十八年
(1892)湘南謝文盛堂刻本　四册

370000－1502－0000287　jnt02687

檉華館試帖輯注二卷　（清）路德著　清道光
十一年(1831)敬文堂刻本　二册

370000－1502－0000288　jnt02689

古文辭類纂七十四卷　（清）姚鼐纂輯　清光
緒二十年(1894)湖南書局刻本　十六册

370000－1502－0000289　jnt02690

杜詩鏡銓二十卷　（唐）杜甫撰　（清）楊倫輯
　讀書堂杜工部文集注解二卷　（清）張潛評
注　清光緒十八年(1892)上海著易堂書局鉛
印本　六册

370000－1502－0000290　jnt02691

二南詩鈔二卷續鈔三卷續鈔二卷附曉嵐試帖
一卷穀人試帖一卷　（清）周樂撰　清道光九
年(1829)刻本　八册

370000－1502－0000291　jnt02694

古夫于亭雜錄六卷　（清）王士禎著　清光緒
三年(1877)年交通圖書館石印本　一册

370000－1502－0000292　jnt02695

盛世危言三編六卷　鄭觀應撰　清光緒二十
四年(1898)圖書集成局鉛印本　二册

370000－1502－0000293　jnt02697

古文析義十六卷　（清）林雲銘評注　清光緒
二十七年(1901)刻本　二十四册

370000－1502－0000294　jnt02698

唐詩繹律初集六卷　（清）朱曾武選注　清嘉
慶十一年(1806)刻本　五册

370000－1502－0000295　jnt02699

庸吏庸言不分卷　（清）劉衡著　清道光三十
年(1850)刻本　二册

370000－1502－0000296　jnt02703

西塘集耆舊續聞十卷　（宋）陳鵠著　山房隨

筆一卷　（元）蔣正子撰　清知不足齋叢書本
　二冊

370000－1502－0000297　jnt02704
學規舉隅二卷首一卷　尹銘綬述　清光緒二
十七年(1901)濟南使院刻本　三冊

370000－1502－0000298　jnt02706
徐氏三種　（清）徐士葉校刊　清光緒二十三
年(1897)書業德刻本　二冊　存二卷(字經
訓詁一卷、千字文釋義一卷)

370000－1502－0000299　jnt02708
子午鍼不分卷　（清）涵谷子著　清咸豐元年
(1851)刻本　一冊

370000－1502－0000300　jnt02710
隸篇十五卷續十五卷再續十五卷　（清）翟雲
升撰　清道光十八年(1838)刻本　十冊

370000－1502－0000301　jnt02711
剔弊廣增分韻五方元音二卷首一卷　（清）樊
騰鳳撰　清參益堂刻本　二冊

370000－1502－0000302　jnt02712
三賢文集三種十三卷　（清）張斐然等輯　清
道光十六年(1836)容城正義書院刻本　十二
冊

370000－1502－0000303　jnt02726
旭陽贈別一卷　（清）王培荀輯　清道光二十
九年(1849)刻本　一冊

370000－1502－0000304　jnt02727
浙使紀程詩錄不分卷　吳樹梅撰　清光緒二
十五年(1899)刻奉鞠齋叢書本　一冊

370000－1502－0000305　jnt02731
鳧睡堂詩鈔初集四卷二集四卷　（清）劉傳經
著　疊刪吟草初集一卷二集一卷　（清）姚憲
之撰　清道光七年(1827)存笥園刻本　四冊

370000－1502－0000306　jnt02732
東周列國志二十七卷一百八回　（清）蔡昇評
點　清光緒十八年(1892)五彩公司石印本
八冊

370000－1502－0000307　jnt02734

古詩源十四卷　（清）沈德潛選　清光緒善成
堂刻本　三冊

370000－1502－0000308　jnt02735
湘南吟草一卷　（清）薩龍田著　清宣統二年
(1910)刻本　一冊

370000－1502－0000309　jnt02737
人譜正篇一卷人譜類記增訂六卷　（明）劉宗
周撰　清同治七年(1868)濟南公廨刻本　二
冊

370000－1502－0000310　jnt02738
品芳錄六卷　（清）徐壽基撰　清光緒十二年
(1886)桓台官舍刻本　一冊

370000－1502－0000311　jnt02740
得未曾有齋詩鈔二卷　（清）張九鼎撰　清咸
豐二年(1852)耳園刻本　一冊

370000－1502－0000312　jnt02741
蠶桑備要不分卷　盛宣懷輯　清光緒二年
(1876)思補樓刻本　一冊

370000－1502－0000313　jnt02742
火攻挈要三卷　（明）焦勗述　清道光二十七
年(1847)海山仙館叢書本　一冊

370000－1502－0000314　jnt02743
菜根譚一卷　（明）洪應明著　娑羅館清言二
卷續一卷　（明）屠隆撰　清光緒元年(1875)
楊州藏經禪院刻本　一冊

370000－1502－0000315　jnt02745
作義要訣一卷宋人約經義約鈔一卷　（元）倪
士毅撰　清晚期刻本　一冊

370000－1502－0000316　jnt02747
篤素堂雜著四卷　（清）張英著　清上海聚珍
仿宋印書局印本　一冊

370000－1502－0000317　jnt02748
峴傭說詩不分卷　（清）施補華口述　清光緒
刻本　一冊

370000－1502－0000318　jnt02749
唐律賦鈔不分卷　（清）潘遵祁輯　清晚期刻
本　一冊

370000－1502－0000319　jnt02750

唐律賦鈔不分卷　（清）潘遵祁輯　清同治八年(1869)景賢書院刻本　一册

370000－1502－0000320　jnt02753

廣川攀轅集不分卷　（清）陳嗣良撰　清光緒八年(1882)刻本　一册

370000－1502－0000321　jnt02755

怡怡齋詩集一卷　（清）趙允撰　清光緒十八年(1892)刻本　一册

370000－1502－0000322　jnt02757

讀書鏡二卷　（明）陳繼儒撰　（清）宮本昂校刊　清光緒六年(1880)泰州宮氏春雨草堂刻本　二册

370000－1502－0000323　jnt02759

曝書亭集詩注二十二卷年譜一卷　（清）楊謙注　清刻本　八册

370000－1502－0000324　jnt02762

懷人堂繪像第六才子書八卷附六才子西廂文一卷　（清）金人瑞評　清光緒十三年(1887)汲修山館刻本　六册

370000－1502－0000325　jnt02768

李鴻章十二章　梁啓超著　清光緒二十七年(1901)石印本　一册

370000－1502－0000326　jnt02770

莫愁湖志四卷首一卷　（清）馬士圖輯著　清光緒八年(1882)刻本　一册

370000－1502－0000327　jnt02772

珍埶宧詩鈔二卷　（清）莊述祖撰　清光緒十八年(1892)鉛印本　一册

370000－1502－0000328　jnt02773

沖虛經發隱不分卷　（戰國）列禦寇撰　清光緒三十年(1904)刻本　一册

370000－1502－0000329　jnt02774

養蒙金鑑二卷　（清）林之望編輯　（清）沈錫慶删訂　清光緒元年(1875)刻本　二册

370000－1502－0000330　jnt02778

繡像精忠演義説岳全傳二十卷八十四回

（清）錢彩編　清光緒十七年(1891)上海珍藝書局鉛印本　六册　存二十卷（一至二十（二十缺頁））

370000－1502－0000331　jnt02779

春秋左傳集解三十卷　（晋）杜預撰　（唐）陸德明音釋　（宋）林堯叟注　清同人堂刻本　十二册

370000－1502－0000332　jnt02780

唐五代詞選三卷　（清）成肇麐選　清光緒十三年(1887)旌德湯明林刻本　一册

370000－1502－0000333　jnt02782

王文成公全書三十八卷　（明）王守仁撰　清刻本　三十册

370000－1502－0000334　jnt02783

廣雅疏證十卷博雅音十卷　（清）王念孫撰　清光緒五年(1879)淮南書局刻本　八册

370000－1502－0000335　jnt02789

曲品二卷附傳奇品二卷　（明）郁藍生撰　清宣統鉛印本　一册

370000－1502－0000336　jnt02791

薛文清公讀書録鈔四卷　（明）薛瑄撰　清光緒七年(1881)嘯園刻本　一册

370000－1502－0000337　jnt02792

名原二卷　（清）孫詒讓記　清光緒刻本　一册

370000－1502－0000338　jnt02793

人倫大統賦二卷　（金）張行簡撰　（元）薛延年注　清光緒三年(1877)吳興陸氏刻本　一册

370000－1502－0000339　jnt02794

庶人禮略類編一卷　江鍾秀編　清光緒二十九年(1903)濟南同會齋刻本　一册

370000－1502－0000340　jnt02796

樗繭譜一卷　（清）鄭珍撰　（清）莫友芝注　清道光十七年(1837)刻本　一册

370000－1502－0000341　jnt02797

指測瑣言三卷　（清）瞿方梅撰　清光緒二十

三年(1897)刻本　一册

370000－1502－0000342　jnt02799

羅經差一卷　（清）余思詒著　清光緒三十二年(1906)鉛印本　一册

370000－1502－0000343　jnt02800

佐治藥言一卷續一卷　（清）汪輝祖纂　清光緒八年(1882)山東書局刻本　一册

370000－1502－0000344　jnt02801

唱道真言五卷　（清）許昭然撰　清宣統元年(1909)濟南刻本　一册

370000－1502－0000345　jnt02803

天演論二卷　（英國）赫胥黎撰　嚴復譯　清光緒上海商務印書館鉛印本　一册

370000－1502－0000346　jnt02805

代數備旨二十四章　（美國）狄考文譯　清光緒三十年(1904)上海美華圖書館鉛印本補配光緒二十八年(1902)上海會文編譯社鉛印本　二册

370000－1502－0000347　jnt02806

女兒書輯八種八卷　（清）張承燮輯　清光緒二十六年(1900)膠州聽雨堂刻本　三册

370000－1502－0000348　jnt02808

家蔭堂省心録不分卷　（清）周際華撰　清道光十九年(1839)刻本　一册

370000－1502－0000349　jnt02809

念佛鏡一卷　（清）釋道鏡撰　清同治九年(1870)刻本　一册

370000－1502－0000350　jnt02810

徑中徑又徑徵義三卷　（清）張師誠輯　（清）徐槐廷徵義　清刻本　一册

370000－1502－0000351　jnt02811

朱子語類日鈔五卷　（清）陳澧編　清咸豐鍾山別業叢書刻本　一册

370000－1502－0000352　jnt02814

槍法準繩一卷　（□）□□撰　清刻本　一册

370000－1502－0000353　jnt02816

疇人傳四十六卷　（清）阮元撰　**疇人傳續六卷**　（清）羅士琳撰　**疇人傳三編七卷**　（清）諸可寶撰　清光緒二十二年(1896)石印本　三册　存四十卷(疇人傳六至三十二、四十一至四十六,三編一至七)

370000－1502－0000354　jnt02817

棉業叢書彙譯新編六卷　（清）張振勛編　清廣州翰華閣鉛印本　一册

370000－1502－0000355　jnt02818

小學人子禮一卷　（清）戴汝舟撰　清光緒二十八年(1902)沙堤琴鶴堂刻本　一册

370000－1502－0000356　jnt02820

小學集解四卷　（宋）張伯行纂輯　清咸豐元年(1851)刻本　一册

370000－1502－0000357　jnt02821

雁門集四卷　（元）薩都剌撰　清宣統元年(1909)鉛印　二册

370000－1502－0000358　jnt02822

修習止觀坐禪法要二卷　（隋）釋智顗述　清上海佛學書局影印本　一册

370000－1502－0000359　jnt02826

法界宗五祖略記一卷賢首五教義開蒙一卷　（清）釋續法輯　清光緒二十二年(1896)金陵刻經處刻本　一册

370000－1502－0000360　jnt02828

人譜正篇一卷人譜類記增訂六卷　（明）劉宗周撰　清同治七年(1868)濟南公廨刻本　二册　存三卷(人譜正篇一卷、譜類記增訂五至六)

370000－1502－0000361　jnt02829

經義約選一卷　（清）王錫蕃選輯　清山東書局鉛印本　一册

370000－1502－0000362　jnt02833

小學集注三卷小學體注不分卷　（清）謝荀彩等輯　清刻本　一册

370000－1502－0000363　jnt02835

我法集注釋四卷　（清）紀昀撰　（清）魏景文

注釋　清嘉慶九年(1804)文錦堂刻本　一册

370000－1502－0000364　jnt02836

金光斗臨經不分卷　(清)張慶瑗鑒定　清光緒六年(1880)掃葉山房刻本　一册

370000－1502－0000365　jnt02838

格言聯璧不分卷　(清)金蘭生輯　清光緒四年(1878)刻本　一册

370000－1502－0000366　jnt02839

群書治要子鈔二卷　(唐)魏徵撰　蔣德鈞輯　清光緒湘鄉蔣氏龍安郡署刻本　一册

370000－1502－0000367　jnt02840

二十四孝圖詩合刊　(清)蕭培元撰　(清)李錫彤繪圖　清光緒十四年(1888)濟南鴻文堂刻本　一册

370000－1502－0000368　jnt02841

孫子十三篇直講一卷　(清)陳任暘注　清光緒三十一年(1905)月圓人壽室刻本　一册

370000－1502－0000369　jnt02844

天文啓蒙七卷首一卷　(□)□□撰　清光緒十二年(1886)刻本　一册

370000－1502－0000370　jnt02848

臨陣心法不分卷　(清)劉連捷著　清光緒十六年(1890)刻本　一册

370000－1502－0000371　jnt02852

蠶桑輯要合編不分卷　(清)河南蠶桑局編　清光緒六年(1880)刻本　一册

370000－1502－0000372　jnt02853

代形合參三卷附一卷　(美國)羅密士撰　清光緒二十四年(1898)上海美華書館石印本　一册

370000－1502－0000373　jnt02860

格言聯璧不分卷　(清)金纓輯　清同治二年(1863)刻本　一册

370000－1502－0000374　jnt02863

薲華屋蛻稿六卷　(清)吳卿弼著　清光緒十六年(1890)刻本　一册

370000－1502－0000375　jnt02862

齊物論釋一卷　章炳麟著　清宣統三年(1911)右文社章氏叢書本　一册

370000－1502－0000376　jnt02865

心算啓蒙十五章　(美國)那夏禮撰　清光緒二十三年(1897)上海美華書館鉛印本　一册

370000－1502－0000377　jnt02866

世史淘金不分卷　(清)陳陞謨撰　清光緒八年(1882)濟南府廨刻本　一册

370000－1502－0000378　jnt02870

國朝名人書札二卷　吳曾祺編纂　清宣統元年(1909)上海商務印書館鉛印本　四册

370000－1502－0000379　jnt02879

中西匯通醫書五種二十八卷　(清)唐宗海輯　清光緒三十四年(1908)千頃堂書局石印本　十二册

370000－1502－0000380　jnt02880

杜詩詳注二十五卷首一卷附錄二卷　(清)仇兆鰲輯注　清刻本　二十四册

370000－1502－0000381　jnt02882

杜詩鏡銓二十卷　(唐)杜甫撰　(清)楊倫輯　讀書堂杜工部文集注解二卷　(清)張潽評注　清光緒鉛印本　六册

370000－1502－0000382　jnt02883

增像全圖加批西游記十卷一百回　(明)吳承恩著　清宣統二年(1910)上海章福記石印本　十册

370000－1502－0000383　jnt02885

古唐詩合解十二卷附古詩四卷　(清)王堯衢注　清寶興堂刻本　六册

370000－1502－0000384　jnt02888

杜工部集二十卷　(唐)杜甫撰　(清)錢謙益箋注　清宣統三年(1911)時中書局石印本　八册

370000－1502－0000385　jnt02889

閟莒草堂遺草四卷　(清)王柘著　清同治刻本　二册

370000－1502－0000386　jnt02896

昌黎先生集四十卷外集十卷朱子校昌黎先生集傳一卷遺文一卷　（唐）韓愈撰　（唐）李漢編　韓集點勘四卷　（清）陳景雲撰　清宣統二年(1910)上海掃葉山房石印本　十二册

370000－1502－0000387　jnt02897

長洲沙山春先生畫譜不分卷　（清）沙馥繪　清光緒十六年(1890)繪古今齋石印本　二册

370000－1502－0000388　jnt02898

歸雲別集七十四卷　（明）陳士元著　清道光十三年(1833)寶善堂刻本　二十六册

370000－1502－0000389　jnt02899

古文觀止六卷　（清）吳乘權選　清善成堂刻本　六册

370000－1502－0000390　jnt02900

文選錦字録二十一卷　（清）凌迪知輯　清光緒二十年(1894)上海寶文書局石印本　一册

370000－1502－0000391　jnt02910

古唐詩選七卷　（明）李攀龍原本　（清）吳吳山注　清刻本　四册

370000－1502－0000392　jnt02911

蝶仙小史彙編六卷首一卷附蝶史楹聯一卷鐵樓楹帖一卷來蝶軒詩一卷　（清）延清輯　清光緒二十五年(1899)刻本　四册

370000－1502－0000393　jnt02913

龍文鞭影初集二卷二集二卷　（明）蕭良有撰　（明）楊臣諍增訂　三集（續龍鞭影）三卷（清）賀鳴鸞撰　清光緒十九年(1893)書業德刻本　六册

370000－1502－0000394　jnt02915

重編紅雨樓題跋二卷　（明）徐𤊹撰　繆荃孫重輯　清宣統三年(1911)趙詒琛峭帆樓叢書本　一册

370000－1502－0000395　jnt02916

唐陸宣公集二十二卷　（唐）陸贄撰　（清）年羹堯重訂　清光緒十三年(1887)上海積山書局石印本　四册

370000－1502－0000396　jnt02918

世説新語三卷　（南朝宋）劉義慶撰　（南朝梁）劉孝標注　清李錫齡惜陰軒叢書本　六册

370000－1502－0000397　jnt02920

壯悔堂文集十卷文集遺稿一卷四憶堂詩集六卷遺稿一卷　（清）侯方域撰　清宣統二年(1910)上海掃葉山房石印本　六册

370000－1502－0000398　jnt02922

龍文鞭影二卷二集二卷　（明）蕭良有著　（明）楊臣諍增訂　清光緒二十五年(1899)藝德堂刻本　四册

370000－1502－0000399　jnts02924

讀杜心解六卷首二卷　（唐）杜甫撰　（清）浦起龍解　清雍正二年至三年(1724－1725)前碉浦氏寧我齋刻本　十二册

370000－1502－0000400　jnt02925

杜詩鏡銓二十卷　（唐）杜甫撰　（清）楊倫輯　讀書堂杜工部文集注解二卷　（清）張溍評注　清同治十一年(1872)望三益齋刻本　六册

370000－1502－0000401　jnt02926

困學紀聞注二十卷首一卷　（宋）王應麟撰　（清）翁元圻輯注　清光緒十三年(1887)上海同文書局石印本　六册

370000－1502－0000402　jnt02931

昌黎先生集四十卷外集十卷遺文一卷　（唐）韓愈撰　（唐）李漢編　韓集點勘四卷　（清）陳景雲撰　清宣統三年(1911)石印本　十册

370000－1502－0000403　jnt02933

小題正鵠全集不分卷　（清）李元度撰　清光緒八年(1882)文昌書局刻本　五册

370000－1502－0000404　jnt02938

兩般秋雨盦隨筆八卷　（清）梁紹壬纂　清道光十七年(1837)同文堂刻本　八册

370000－1502－0000405　jnt02939

紅樓夢一百二十回　（清）曹雪芹撰　清同治

十三年(1874)濟南聚和堂刻本 二十三册
缺五回(九十一至九十五)

370000－1502－0000406 jnt02940
唐詩別裁集引典備注二十卷 （清）沈德潛選
（清）俞汝昌增注 清道光十八年(1838)富
春堂刻本 十四册

370000－1502－0000407 jnt02941
清儀閣題跋不分卷 （清）張廷濟輯 清光緒
刻本 四册

370000－1502－0000408 jnt02942
有正味齋駢體文二十四卷首一卷 （清）吳錫
麒撰 （清）王廣業箋 （清）葉聯芬注 清光
緒十五年(1889)上海蜚英館石印本 四册

370000－1502－0000409 jnt02943
箕裘集詩鈔二十四卷 （清）繆之鎔輯 清光
緒三十一年(1905)刻本 八册

370000－1502－0000410 jnt02944
古文楷鳳新編八卷 （清）汪基鈔輯 清光緒
書業德刻本 八册

370000－1502－0000411 jnt02945
厚岡文集二十卷 （清）李榮陞著 清刻本
六册 存八卷(一至八)

370000－1502－0000412 jnt02948
聽松盧詩略二卷 （清）張維屏撰 （清）陳澧
編 清同治學海堂叢書本 一册

370000－1502－0000413 jnt02952
景椿山房詩文稿一卷 （清）方鉞著 清光緒
十年(1884)同文齋刻本 一册

370000－1502－0000414 jnt02958
含光堂試律二卷 （清）繆潤紱著 清光緒刻
本 一册

370000－1502－0000415 jnt02959
元城語錄解三卷 （宋）馬永卿輯 **附行錄解
一卷** （明）崔銑編 （明）王崇慶解 清刻畿
輔叢書本 一册

370000－1502－0000416 jnt02960
詞選二卷 （清）張惠言錄 **茗柯詞一卷**

（清）張惠言撰 **立山詞一卷** （清）張琦撰
清官書處刻本 一册

370000－1502－0000417 jnt02961
椽筆樓初集二卷 （清）胡鉉撰 清光緒十三
年(1887)刻本 一册 存一卷(下)

370000－1502－0000418 jnt02964
漪香山館文集不分卷 吳曾祺著 清宣統三
年(1911)商務印書館鉛印本 一册

370000－1502－0000419 jnt02965
八家四六文注八卷附補注一卷 （清）孫星衍
著 （清）許貞幹注 清光緒十八年(1892)上
海圖書集成印書局鉛印本 八册

370000－1502－0000420 jnt02966
蒙冤受學準繩五千字課圖說讀本四卷 （清）
養正主人輯 清上海會文學社裕後堂石印本
四册

370000－1502－0000421 jnt02967
詩葉考不分卷 （清）陳天道輯 清嘉慶二十
年(1815)貽穀堂刻本 四册

370000－1502－0000422 jnt02980
二南詩續鈔一卷 （清）周樂著 清道光二十
九年(1849)紫藤書屋刻本 一册

370000－1502－0000423 jnt02982
水經四十卷 （漢）桑欽撰 （北魏）酈道元注
清刻本 八册

370000－1502－0000424 jnt02984
籬花軒詩鈔初集一卷 （清）陳汝庚撰 清道
光八年(1828)綠野堂刻本 一册

370000－1502－0000425 jnt02990
音注小倉山房尺牘八卷 （清）袁枚著 （清）
胡光斗箋釋 清宣統三年(1911)掃葉山房石
印本 四册

370000－1502－0000426 jnt02997
五朝詩別裁集八十卷 （清）沈德潛選 清上
海掃葉山房石印本 二十三册

370000－1502－0000427 jnt03001
碑版文廣例十卷 （清）王芑孫輯 清道光二

十一年(1841)刻本　六册

370000－1502－0000428　jnt03002

古唐詩合解十二卷附古詩四卷　(清)王堯衢注　清光緒七年(1881)書業德刻本　六册

370000－1502－0000429　jnt03010

陶靖節先生詩四卷　(晋)陶潛撰　清嘉慶元年(1796)刻本　一册

370000－1502－0000430　jnt03014

笠翁對韻二卷　(清)李漁撰　清光緒十八年(1892)瑯環閣刻本　一册

370000－1502－0000431　jnt03015

增廣詩韻全璧五卷附初學檢韻袖珍一卷
(清)湯祥瑟輯　清上海章福記書局石印本
六册

370000－1502－0000432　jnt03018

老子道德經解二卷首一卷　(明)釋德清撰
清光緒十二年(1886)金陵刻經處刻本　二册

370000－1502－0000433　jnt03023

蒿庵集三卷拾遺一卷附錄一卷　(清)張爾岐著　清光緒十五年(1889)山東書院刻本　一册　存二卷(一至二)

370000－1502－0000434　jnt03037

濂亭文集八卷　(清)張裕釗撰　清宣統三年(1911)上海掃葉山房石印本　一册

370000－1502－0000435　jnt03067

無礙雲齋詩集不分卷　(清)哈達納景賢撰
清抄本　一册

370000－1502－0000436　jnt03068

仁在堂時藝向十二卷仁在堂時藝開十二卷
(清)路德輯　清光緒十二年(1886)解梁書院
刻本　十二册

370000－1502－0000437　jnt03074

評注圖像水滸傳七十五卷七十回　(元)施耐庵著　清光緒十二年(1886)石印本　八册

370000－1502－0000438　jnt03077

寄傲山房塾課新增幼學故事瓊林四卷　(清)
程登吉撰　(清)鄒聖脈增補　清光緒二十六

年(1900)書業德刻本　四册

370000－1502－0000439　jnt03080

枕善堂尺牘一隅二十卷　(清)陳大溶著　清
道光十六年(1836)刻本　十册

370000－1502－0000440　jnt03084

尺牘初桄二卷附二卷　(清)南窗侍者編　清
光緒十四年(1888)有益堂刻本　四册

370000－1502－0000441　jnt03085

留芇盦尺牘叢殘四卷　(清)嚴籟撰　清咸豐
六年(1856)刻本　二册

370000－1502－0000442　jnt03086

六梅書屋尺牘四卷　(清)凌丹陛著　清末上
海申報館鉛印本　二册

370000－1502－0000443　jnt03087

留芇盦尺牘叢殘四卷　(清)嚴籟撰　清光緒
八年(1882)刻本　四册

370000－1502－0000444　jnt03103

屈原賦不分卷　(戰國)屈原撰　清光緒十六
年(1890)退想齋石印本　二册

370000－1502－0000445　jnt03104

續古文辭類纂三十四卷　王先謙纂集　清光
緒八年(1882)刻本　八册

370000－1502－0000446　jnt03105

道祖真傳輯要不分卷　(清)陸輿輯撰　清光
緒三年(1877)味腴齋刻本　二册

370000－1502－0000447　jnt03106

**占察善惡業報經玄義一卷占察善惡業報經疏
一卷**　(明)釋智旭述　清同治刻本　二册

370000－1502－0000448　jnt03107

道德經解二卷　(漢)魯史篆　清宣統三年
(1911)馨德草堂叢書本　二册

370000－1502－0000449　jnt03108

[道光]長清縣志十六卷首四卷末二卷　(清)
舒化民等修　(清)徐德城纂　清道光十五年
(1835)刻本　八册

370000－1502－0000450　jnt03114

船司空雅集録不分卷　（清）黃嘉爾輯　清光緒十一年（1885）刻本　一册

370000－1502－0000451　jnt03115
話雲軒詠史詩二卷　（清）曹振鏞撰　清嘉慶五年（1800）刻本　一册

370000－1502－0000452　jnt03122
性命圭旨四卷　（明）尹真人授　清刻本　四册

370000－1502－0000453　jnt03125
古微書三十六卷　（明）孫瑴編　清光緒二十一年（1895）石印本　四册

370000－1502－0000454　jnt03126
日知録集釋三十二卷刊誤二卷續刊誤二卷　（清）顧炎武撰　（清）黃汝成集釋　清光緒二十九年（1903）石印本　六册

370000－1502－0000455　jnt03127
日知録集釋三十二卷刊誤二卷續刊誤二卷　（清）顧炎武撰　（清）黃汝成集釋　清光緒二十一年（1895）上海點石齋石印本　六册

370000－1502－0000456　jnt03128
紫栢老人集二十九卷首一卷　（明）釋真可撰　（明）釋德清閱　清刻本　十册

370000－1502－0000457　jnt03130
初級蒙學歌不分卷　（清）賈思綏輯　清光緒二十八年（1902）濟南雪庵學社刻本　三册

370000－1502－0000458　jnt03131
初學行文語類三卷　（清）孫埏編輯　清嘉慶二年（1797）書業堂刻本　四册

370000－1502－0000459　jnt03132
六如畫譜三卷　（明）唐寅輯　清惜陰軒叢書刻本　二册

370000－1502－0000460　jnt03133
象言破疑二卷　（清）劉一明撰　清嘉慶二十一年（1816）丹陽樓刻本　二册

370000－1502－0000461　jnt03136
西堂全集六十一卷　（清）尤侗撰　清刻本　十四册　缺二卷（性理吟一卷、後性理吟一卷）

370000－1502－0000462　jnt03137
九數通考十一卷首一卷末一卷　（清）屈曾發輯　清光緒十四年（1888）上海點石齋石印本　五册

370000－1502－0000463　jnt03138
研香齋四六類腋二十四卷　（清）研香齋主人編　清道光二十八年（1848）研香齋刻本　六册

370000－1502－0000464　jnt03141
歷代史論十二卷　（明）張溥撰　清光緒二十四年（1898）善成堂刻本　六册

370000－1502－0000465　jnt03142
章太炎文鈔四卷譚復生文鈔二卷　章太炎著　（清）譚嗣同著　清宣統二年（1910）國學扶輪社鉛印本　五册

370000－1502－0000466　jnt03143
地球韻言四卷　（清）張士瀛編　清光緒二十四年（1898）鄂垣務急書館刻本　二册

370000－1502－0000467　jnt03147
御撰資治通鑑綱目三編二十卷　（清）張廷玉等奉敕編　清刻本　八册

370000－1502－0000468　jnt03148
御撰資治通鑑綱目三編二十卷　（清）張廷玉等奉敕編　清刻本　八册

370000－1502－0000469　jnt03152
新訂王氏羅經透解二卷　（清）王道亨輯　清道光三年（1823）刻本　四册

370000－1502－0000470　jnt03156
近思録十四卷　（宋）朱熹　（宋）呂祖謙編選　（清）江永集注　清光緒二十七年（1901）書業德刻本　六册

370000－1502－0000471　jnt03157
程氏家塾讀書分年日程三卷　（元）程端禮撰　清咸豐十年（1860）山東尚志堂刻本　一册

370000－1502－0000472　jnt03158
縮本增選多寶船不分卷　（清）點石齋主人增

選　清光緒八年(1882)上海點石齋石印本
八册

370000－1502－0000473　jnt03160
呂氏四禮翼不分卷　(明)呂坤撰　(清)朱軾
評點　清光緒九年(1883)刻本　一册

370000－1502－0000474　jnt03162
韓非子二十卷　(戰國)韓非撰　清嘉慶九年
(1804)姑蘇聚文堂刻本　六册

370000－1502－0000475　jnt03166
金剛般若波羅密經直解二卷　(唐)釋純陽子
直解　清咸豐十年(1860)文華堂刻本　二册

370000－1502－0000476　jnt03168
陰宅集要四卷　(清)姚廷鑾輯　清刻本　四
册

370000－1502－0000477　jnt03174
鄂宰四稿四卷　(清)王筠撰　清咸豐二年
(1852)刻本　二册

370000－1502－0000478　jnt03175
四書説略四卷附教童子法一卷　(清)王筠撰
　清咸豐元年(1851)刻本　二册

370000－1502－0000479　jnt03182
月令粹編二十四卷首一卷　(清)秦嘉謨編
清嘉慶十七年(1812)刻本　六册

370000－1502－0000480　jnt03183
福惠全書三十二卷　(清)黄六鴻著　清懷德
堂刻本　十册

370000－1502－0000481　jnt03184
十子全書一百十八卷　(清)王子興輯　清嘉
慶九年(1804)姑蘇王氏聚文堂刻本　三十册

370000－1502－0000482　jnt03185
十子全書一百十八卷　(清)王子興輯　清嘉
慶九年(1804)姑蘇王氏聚文堂刻本　二十四
册

370000－1502－0000483　jnt03187
聖賢像贊不分卷　(明)冠洋子修輯　清光緒
四年(1878)曲阜會文堂刻本　四册

370000－1502－0000484　jnt03191
皇朝謚法表十卷　(清)楊樹編　清光緒二十
八年(1902)刻本　二册

370000－1502－0000485　jnt03194
洗冤録詳義四卷首一卷　(宋)宋慈著　(清)
許槤編校　洗冤録撫遺二卷　(宋)宋慈著
(清)葛元煦輯　清光緒三十四年(1908)刻本
　五册

370000－1502－0000486　jnt03196
日知録集釋三十二卷首一卷刊誤二卷續刊誤
二卷　(清)顧炎武撰　(清)黄汝成集釋　清
光緒十二年(1886)上海點石齋石印本　四册

370000－1502－0000487　jnt03204
相理衡真十卷首一卷　(清)陳釗著　清道光
十三年(1833)樵雲居刻本　六册

370000－1502－0000488　jnt03206
爐唱先聲七卷首一卷　(清)知不足室主人輯
　清光緒十五年(1889)刻本　六册

370000－1502－0000489　jnt03207
暗室燈四卷　(清)王若虚著　重刻暗室燈二
卷附一卷　(清)關守鎮輯　清咸豐九年
(1859)刻本　五册

370000－1502－0000490　jnt03209
近思録十四卷附校勘記一卷考訂朱子世家一
卷　(宋)朱熹　(宋)呂祖謙編選　(清)江
永集注　清光緒二十七年(1901)書業德刻本
　六册

370000－1502－0000491　jnt03211
新鐫神峰張先生通考闢謬命理正宗大全六卷
　(明)張楠撰　清郁文堂刻本　六册

370000－1502－0000492　jnt03213
四明人鑑不分卷　(清)虞謹薰撰　清光緒十
二年(1886)石印本　四册

370000－1502－0000493　jnt03214
增補星平會海命學全書十卷首一卷　(清)金
山人編　清道光八年(1828)大文堂刻本　六
册

370000 – 1502 – 0000494　jnt03216

新刊校正增釋合并麻衣先生人相編五卷
(清)丘宗孔編輯　(明)陸位崇校編　清咸豐
十年(1860)書業德刻本　二册

370000 – 1502 – 0000495　jnt03217

干支便覽四卷　(清)聶銑編輯　清寄嶽雲齋
刻本　四册

370000 – 1502 – 0000496　jnt03218

欽定協記辨方書三十六卷首一卷　(清)允禄
等編　清光緒二十四年(1898)常熟天禄閣石
印本　八册

370000 – 1502 – 0000497　jnt03220

學算筆談十二卷　(清)華蘅芳撰　清光緒二
十二年(1896)上海文瑞樓石印本　四册

370000 – 1502 – 0000498　jnt03221

天文地球圖説三卷續編二卷　(清)華蘅芳筆
述　清光緒二十四年(1898)上海石印本　四
册

370000 – 1502 – 0000499　jnt03222

地理唉蓙録八卷　(清)袁守定撰　清光緒六
年(1880)寶慶仁記刻本　六册

370000 – 1502 – 0000500　jnt03223

地理直指原真三卷首一卷　(清)釋徹瑩撰
清善成堂刻本　八册

370000 – 1502 – 0000501　jnt03224

四注悟真篇三卷　(宋)張伯端撰　(清)傅金
銓注　清善成堂刻本　六册

370000 – 1502 – 0000502　jnt03226

增删卜易六卷　(清)野鶴老人著　清有益堂
刻本　三册

370000 – 1502 – 0000503　jnt03229

重訂教乘法數十二卷　(清)釋超海等校訂
清末刻本　六册

370000 – 1502 – 0000504　jnt03230

札迻十二卷　(清)孫詒讓撰　清光緒二十年
(1894)刻本　四册

370000 – 1502 – 0000505　jnt03231

中西算學大成一百卷　陳維祺纂輯　清光
緒十五年(1889)上海同文書局石印本　二十
册

370000 – 1502 – 0000506　jnt03233

孔氏家語十卷　(三國魏)王肅注　清敬儀堂
刻本　四册

370000 – 1502 – 0000507　jnt03234

書畫鑑影二十四卷首一卷　(清)李佐賢編輯
清同治十年(1871)利津李氏刻本　八册

370000 – 1502 – 0000508　jnt03240

桐陰論畫六卷附桐陰論畫訣一卷　(清)秦祖
永著　清宣統二年(1910)上海中國書畫會石
印本　六册

370000 – 1502 – 0000509　jnt03241

人範須知六卷　(清)盛隆編輯　清光緒二十
六年(1900)夔州研思館刻本　六册

370000 – 1502 – 0000510　jnt03246

新刊合并官板音義評注淵海子平五卷　(宋)
徐升編　清藜光閣刻本　二册

370000 – 1502 – 0000511　jnt03247

新鐫神峰張先生通考闢謬命理正宗大全六卷
(明)張楠撰　清道光元年(1821)兩儀堂刻
本　六册

370000 – 1502 – 0000512　jnt03248

地理三會集三卷張宗道先生地理全書二卷
(明)張亘著　清道光十四年(1834)華西草堂
刻本　五册

370000 – 1502 – 0000513　jnt03251

平陽全書十五卷　(清)葉泰撰　清三德堂刻
本　八册

370000 – 1502 – 0000514　jnt03252

賦學正鵠十卷　(清)李元度評選　清同治十
二年(1873)晋豐書屋刻本　六册

370000 – 1502 – 0000515　jnt03253

小學纂注六卷附朱子年譜一卷　(宋)朱熹著
(清)高愈編訂　清歙西豐芑堂刻本　四册

370000 – 1502 – 0000516　jnt03254

小石山房印譜六卷　（清）顧湘等編輯　清道光八年(1828)鈐印刻本　六册

370000－1502－0000517　jnt03256

永寧通書十一卷首一卷末一卷　（清）王維德箋輯　清上海廣益書局石印本　四册

370000－1502－0000518　jnt03261

增删算法統宗十一卷首一卷　（明）程大位集　（清）梅穀成增删　清光緒二十四年(1898)上海江左書局石印本　四册

370000－1502－0000519　jnt03263

增删算法統宗十一卷首一卷　（明）程大位集　（清）梅穀成增删　清石印本　一册

370000－1502－0000520　jnt03266

六壬粹言六卷首一卷　（清）劉赤江編　清道光六年(1826)知止齋刻本　七册

370000－1502－0000521　jnt03267

藥師琉璃光如來本願功德經玄義一卷義疏三卷　（唐）釋玄奘譯　清嘉慶七年(1802)刻本　二册

370000－1502－0000522　jnt03268

千金裘二集二十六卷　（清）蔣義彬輯　（清）徐元麟纂　清嘉慶二十三年(1818)三徑山房刻本　四册　缺六卷(三至八)

370000－1502－0000523　jnt03269

暗室燈二卷　（清）深山居士撰　傳家至寶十卷　（清）與善堂輯　清嘉慶二十年(1815)掃葉山房刻本　四册

370000－1502－0000524　jnt03270

神課金口訣七卷　（明）適適子撰　清金陵經正堂刻本　四册

370000－1502－0000525　jnt03272

西學啓蒙十六種　（英國）艾約瑟譯　清光緒二十二年(1896)上海著易堂書局鉛印本　十六册

370000－1502－0000526　jnt03273

大事記十二卷通釋三卷解題十二卷　（宋）呂祖謙撰　清同治十年(1871)退補齋刻本　十

二册

370000－1502－0000527　jnt03274

百孝圖四卷　（清）俞葆真編　清光緒上海點石齋石印本　一册

370000－1502－0000528　jnt03277

山左校士文新編不分卷　（清）□□撰　清末聚和堂刻本　一册

370000－1502－0000529　jnt03284

蜀抱軒文雜鈔不分卷　（清）吳蔭培撰　清光緒鉛印本　二册

370000－1502－0000530　jnt03289

天文圖説四卷　（英國）柯雅各撰　清光緒九年(1883)益智書會刻本　一册

370000－1502－0000531　jnt03295

洗冤録詳義四卷首一卷　（宋）宋慈著　（清）許槤編校　洗冤録摭遺二卷　（宋）宋慈著　（清）葛元煦輯　清光緒刻本　五册

370000－1502－0000532　jnt03296

論衡三十卷　（漢）王充撰　清刻本　六册

370000－1502－0000533　jnt03297

荆園小語一卷　（清）申涵光著　清抄本　一册

370000－1502－0000534　jnt03301

史記一百三十卷　（漢）司馬遷撰　（南朝宋）裴駰集解　（唐）司馬貞索隱　（唐）張守節正義　清光緒四年(1878)刻本　十九册　缺五卷(一至五)

370000－1502－0000535　jnt03302

後漢書一百三十卷　（南朝宋）范曄撰　（唐）李賢注　（晋）司馬彪續纂　（南朝梁）劉昭續注　清同治八年(1869)金陵書局刻本　十五册　缺六卷(四十至四十五)

370000－1502－0000536　jnt03303

前漢書一百卷　（漢）班固撰　清同治八年(1869)金陵書局刻本　十五册　缺九卷(八十三至九十一)

370000－1502－0000537　jnt03304

新刻萬法歸宗五卷　（唐）李淳風撰　清刻本
五冊

370000－1502－0000538　jnt03305
澄衷蒙學堂字課圖説四卷　劉樹屏撰　清光
緒三十一年(1905)石印本　八冊

370000－1502－0000539　jnt03307
異方淨土傳燈歸元鏡三祖實録二卷　（清）釋
智達拈頌　清刻本　二冊

370000－1502－0000540　jnt03313
關聖帝君萬應靈籤二卷　（明）張九法撰　清
道光六年(1826)刻本　二冊

370000－1502－0000541　jnt03319
翠薇山房數學三十八卷　（清）張作楠撰　清
息園刻本　十冊　存十九卷(量倉通法五卷,
方田通法補例六卷,弧角設如中、下,弧三角
舉隅一卷,揣籥小録一卷,揣籥續録三卷,高
弧細草一卷)

370000－1502－0000542　jnt03325
格致鏡原一百卷　（清）陳元龍撰　清光緒十
四年(1888)上海大同書局石印本　十六冊

370000－1502－0000543　jnt03331
草廬經略十二卷　（明）□□撰　清道光粤雅
堂叢書刻本　六冊

370000－1502－0000544　jnt03332
重訂王鳳洲先生綱鑑會纂四十六卷　（明）王
世貞撰　（明）陳仁錫訂　清光緒二十年
(1894)益友堂刻本　十二冊　存二十一卷
(一至十二、二十九至三十七)

370000－1502－0000545　jnt03335
呂紀畫冊　（明）呂紀繪　清繪本　一冊

370000－1502－0000546　jnt03336
古詩十九首説一卷　（清）朱筠口授　（清）徐
昆筆述　説詩晬語二卷　（清）沈德潛撰　**梅
道人遺墨一卷**　（元）吳鎮書　（清）葛元煦校
訂　清光緒刻本　一冊

370000－1502－0000547　jnt03339
虞初新志二十卷　（清）張潮輯　清咸豐元年

(1851)小嬛嬛山館刻本　七冊

370000－1502－0000548　jnt03343
六家弈譜六卷　（清）王彥侗輯　清咸豐七年
(1857)刻本　二冊

370000－1502－0000549　jnt03345
汲冢周書十卷　（晋）孔晁注　清嘉慶刻本
一冊

370000－1502－0000550　jnt03348
女兒書輯八卷　（清）張承燮輯　清光緒二十
六年(1900)聽雨堂刻本　三冊

370000－1502－0000551　jnt03350
雙楳景闇叢書十三種二十一卷　葉德輝輯
清末葉氏觀古堂刻本　三冊　存六種十五卷
(乾嘉詩壇點將録四卷、燕蘭小譜五卷、海漚
小譜一卷、木皮散人鼓詞一卷、檜門觀劇詩三
卷、秦雲擷英小譜一卷)

370000－1502－0000552　jnt03352
續古文辭類纂三十四卷　王先謙纂集　清席
氏掃葉山房刻本　八冊

370000－1502－0000553　jnt03353
續古文辭類纂三十四卷　王先謙纂集　清光
緒八年(1882)王氏刻本　十冊

370000－1502－0000554　jnt03354
新刊校正增釋合并麻衣先生神相編五卷
（清）陸位崇撰　清光緒二十一年(1895)刻本
四冊

370000－1502－0000555　jnt03355
入地眼全書十卷　（宋）釋靜道著　清光緒十
三年(1887)上海掃葉山房刻本　四冊

370000－1502－0000556　jnt03359
新刻搜集諸家卜筮源流斷易大全四卷　（清）
余興國編輯　清上海掃葉山房刻本　四冊

370000－1502－0000557　jnt03360
相理衡真十卷首一卷　（清）陳釗著　清咸豐
十一年(1861)樵雲居刻本　六冊

370000－1502－0000558　jnt03363
重校陽宅愛衆篇四卷附全圖望門斷一卷

（清）張覺正撰　清光緒二十一年（1895）書業德刻本　四冊

370000－1502－0000559　jnt03365

道書集真□□卷　（□）□□輯　清末濟南同善書局刻本　四冊　存八卷（無生經一卷、通無經一卷、傳真詞一卷、中九轉一卷、妙丹經一卷、北斗新經一卷、南斗仙經一卷、除痰妙法一卷）

370000－1502－0000560　jnt03366

公法會通十卷　（瑞士）步倫撰　清光緒二十八年（1902）山東書局鉛印本　四冊

370000－1502－0000561　jnt03367

夢筆生花初編八卷二編八卷三編八卷四編八卷　（清）繆艮選　清光緒二十年（1894）上海石經書局石印本　六冊

370000－1502－0000562　jnt03374

唐詩三百首續選不分卷　（清）于慶元編　清末刻本　一冊

370000－1502－0000563　jnt03376

聖諭像解二十卷　（清）梁延年輯　清末北洋官報局石印本　九冊　缺二卷（十九至二十）

370000－1502－0000564　jnt03377

音韻舉偶一卷　（清）程繩武撰　清同治刻本　一冊

370000－1502－0000565　jnt03379

御纂性理精義十二卷　（清）李光地撰　清道光刻本　六冊

370000－1502－0000566　jnts03380

御纂性理精義十二卷　（清）李光地撰　清康熙刻本　六冊

370000－1502－0000567　jnt03383

分類尺牘備覽三十卷　（清）王虎榜輯　清光緒二十一年（1895）積山書局石印本　八冊

370000－1502－0000568　jnt03384

千金裘二十七卷　（清）蔣義彬纂　清道光二十六年（1846）書業德刻本　六冊

370000－1502－0000569　jnt03385

增廣尺牘句解四卷　（清）寄鴻軒主編　清光緒二十三年（1897）煥文書局石印本　四冊

370000－1502－0000570　jnt03388

增廣詩句題解彙編四卷　（清）文選局輯　清光緒十三年（1887）上海文選局石印本　四冊

370000－1502－0000571　jnt03388

新編詩句題解續集五卷　（清）東閣主人編　清光緒上海五彩石印本　二冊

370000－1502－0000572　jnt03389

增廣詩句題解彙編四卷　（清）上海同文書局編　清光緒十年（1884）上海同文書局石印本　四冊

370000－1502－0000573　jnt03390

新刊合并官板音義評注淵海子平五卷　（宋）徐升編　清上洋校經山房刻本　二冊

370000－1502－0000574　jnt03394

尺牘初桄二卷附二卷　（清）南窗侍者編　清光緒十四年（1888）有益堂刻本　二冊　存兩卷（上，附下）

370000－1502－0000575　jnt03396

留荔盦尺牘叢殘四卷　（清）嚴籀撰　清咸豐六年（1856）刻本　四冊

370000－1502－0000576　jnt03397

留荔盦尺牘叢殘四卷　（清）嚴籀撰　清咸豐六年（1856）刻本　四冊

370000－1502－0000577　jnt03399

稟啓零紈四卷　（清）姜士堯繕　清鉛印本　一冊

370000－1502－0000578　jnt03399

尺牘集錦三種三卷　（清）申報館輯　清申報館鉛印本　一冊

370000－1502－0000579　jnt03402

前漢書一百二十卷　（漢）班固撰　（漢）班昭續　（唐）顏師古注　清光緒十八年（1892）上海中華書局影印本　八冊

370000－1502－0000580　jnt03404

晉書一百三十卷　（唐）太宗李世民撰　清光

緒三十四年(1908)上海集成圖書公司石印本
十六冊

370000－1502－0000581　jnt03420
鴻雪軒尺牘四卷　(清)瞿澄撰　清道光二十
二年(1842)海粟山房刻本　四冊

370000－1502－0000582　jnt03422
雨亭尺牘八卷　(清)林欽潤著　清道光十二
年(1832)詒燕堂刻本　十五冊

370000－1502－0000583　jnt03425
管注秋水軒尺牘四卷　(清)許思湄著　(清)
管斯駿注　清光緒十年(1884)文聚堂刻本
二冊

370000－1502－0000584　jnt03431
守柔齋甲午北游草四卷　(清)蘇廷魁撰　清
同治刻本　一冊

370000－1502－0000585　jnt03432
千字文釋義不分卷　(清)汪嘯尹纂輯　清南
京李光明莊刻本　一冊

370000－1502－0000586　jnt03435
剡錄十卷　(宋)高似孫著　清同治九年
(1870)刻本　二冊

370000－1502－0000587　jnt03436
邵武徐氏叢書十八種　(清)徐幹輯　清刻本
二十冊

370000－1502－0000588　jnt03438
康熙幾暇格物編三卷　(清)聖祖玄燁編　清
末石印本　一冊　存一卷(下)

370000－1502－0000589　jnt03439
松陽講義十二卷　(清)陸隴其著　(清)侯銓
等編次　清刻本　三冊　存七卷(三至九)

370000－1502－0000590　jnt03441
懷星堂全集三十卷　(明)祝允明著　清宣統
三年(1911)中國書畫會鉛印本　七冊　缺五
卷(十七至二十一)

370000－1502－0000591　jnt03448
文廟從祀位次考不分卷附鄒縣孟廟從祀位次
考一卷　(清)陳錦考　清光緒十二年(1886)

橘蔭軒刻本　一冊

370000－1502－0000592　jnt03451
顓頊曆考二卷附紅崖碑釋文　(清)鄒漢勛撰
清光緒刻本　一冊

370000－1502－0000593　jnt03453
歷朝統系圖一卷附歷朝統系歌略一卷　(清)
潘清蔭撰　清光緒二十七年(1901)刻本　一
冊

370000－1502－0000594　jnt03453
積古齋藏器目一卷　(清)阮元輯　清師許室
刻本　一冊

370000－1502－0000595　jnt03454
汧陽述古編二卷　(清)李嘉績輯　清光緒十
五年(1889)青門寓廬刻本　一冊

370000－1502－0000596　jnt03456
讀史論略一卷　(清)杜詔撰　清同治元年
(1862)濟南雙和堂刻本　一冊

370000－1502－0000597　jnt03457
讀史論略一卷　(清)杜詔撰　清同治元年
(1862)濟南雙和堂刻本　一冊

370000－1502－0000598　jnt03459
讀史方輿紀要序一卷　(清)顧祖禹撰　清光
緒二十八年(1902)山東書局鉛印本　一冊

370000－1502－0000599　jnt03460
讀史方輿紀要序一卷　(清)顧祖禹撰　清光
緒二十八年(1902)山東書局鉛印本　一冊

370000－1502－0000600　jnt03461
海東逸史十八卷　(清)翁洲老民撰　清邵武
徐氏刻本　一冊

370000－1502－0000601　jnt03462
韻史二卷補一卷　(清)許遯翁撰　(清)朱玉
岑補　清光緒十五年(1889)上海廣百宋齋鉛
印本　一冊

370000－1502－0000602　jnt03463
綱鑑擇言十卷　(清)司徒修撰　清同治九年
(1870)書業德刻本　六冊

370000－1502－0000603　jnt03465

笠翁詩韻五卷　（清）李漁輯　清刻本　一冊

370000－1502－0000604　jnt03466

山谷詞一卷　（宋）黃庭堅撰　清宣統元年（1909）二友堂石印本　一冊

370000－1502－0000605　jnt03468

簠齋傳古別錄手稿一卷　（清）陳介祺撰　清與石居影印本　一冊

370000－1502－0000606　jnt03472

書啓合璧二卷　（清）汪孝鍾等纂輯　清刻本　一冊

370000－1502－0000607　jnt03473

金石續編二十一卷首一卷　（清）陸耀遹撰　清光緒十九年（1893）上海醉六堂鉛印本　六冊

370000－1502－0000608　jnt03475

世史淘金二卷　（清）陳陛謨編　清光緒八年（1882）濟南同會齋刻本　一冊

370000－1502－0000609　jnt03479

詩鍾錄一卷　（清）王蔭昌輯　清同治三年（1864）刻本　一冊

370000－1502－0000610　jnt03485

先正讀書訣一卷　（清）周永年輯　清光緒四年（1878）刻本　一冊

370000－1502－0000611　jnt03488

三蘇策論十二卷　（宋）蘇洵等著　清光緒二十七年（1901）石印本　五冊　缺二卷（一至二）

370000－1502－0000612　jnt03490

略識編一卷　（清）劉召揚編　清嘉慶五年（1800）刻本　一冊

370000－1502－0000613　jnt03491

匡山叢話五卷　（清）王曉堂撰　清光緒十七年（1891）濟南鵲華館刻本　一冊

370000－1502－0000614　jnt03493

簠齋傳古別錄手稿一卷　（清）陳介祺撰　清與石居影印本　一冊

370000－1502－0000615　jnt03494

家藏貫珍錄不分卷　（清）張潛輯　清道光二年（1822）刻本　一冊

370000－1502－0000616　jnt03495

秋橋詩續選四卷　（清）王德容著　清道光三十年（1850）刻本　一冊

370000－1502－0000617　jnt03498

三字經注解備要二卷　（宋）王應麟撰　（清）賀興思注解　清光緒二十三年（1897）書業德刻本　二冊

370000－1502－0000618　jnt03499

澤雅堂文集十卷　（清）施補華著　清光緒十九年（1893）刻本　二冊

370000－1502－0000619　jnt03500

三事忠告不分卷　（元）張養浩撰　清光緒三十二年（1906）刻本　一冊

370000－1502－0000620　jnt03501

臨症經驗各種雜病方不分卷　（清）胡大中撰　清光緒刻本　一冊

370000－1502－0000621　jnt03502

呂祖省心寶訓二卷　（唐）呂嵒撰　清抄本　二冊

370000－1502－0000622　jnt03503

呂祖省心寶訓二卷　（唐）呂嵒撰　清抄本　一冊　存一卷（上）

370000－1502－0000623　jnt03507

四書典制類聯音注三十三卷　（清）閻其淵編輯　清務本堂刻本　十二冊

370000－1502－0000624　jnt03509

漱芳軒合纂禮記體注四卷　（清）范翔參訂　清刻本　四冊

370000－1502－0000625　jnt03513

唐詩三百首補注八卷　（清）陳婉俊輯　清光緒十七年（1891）文英堂刻本　五冊　缺一卷（六）

370000－1502－0000626　jnt03514

唐詩三百首注疏六卷　（清）孫洙編　清光緒

十七年(1891)上海掃葉山房刻本　六册

370000－1502－0000627　jnt03515
唐詩三百首注疏六卷　（清）孫洙編　清道光
二十二年(1842)文錦堂刻本　六册

370000－1502－0000628　jnt03516
唐詩三百首注疏六卷　（清）孫洙編　清道光
二十二年(1842)崇德堂刻本　六册

370000－1502－0000629　jnt03517
音韻同異辨八卷　（清）單可琪撰　清嘉慶八
年(1803)師古堂刻本　四册

370000－1502－0000630　jnt03520
新刊校正增補圓機詩韻活法全書十四卷
（明）王世貞校　清文錦堂刻本　七册　缺一
卷(九)

370000－1502－0000631　jnt03522
王臨川全集一百卷　（宋）王安石撰　清光緒
九年(1883)聽香館刻本　十四册　缺十三卷
(三十八至三十九、五十三至五十七、七十至
七十五)

370000－1502－0000632　jnt03523
群經平議三十五卷　（清）俞樾撰　清同治五
年(1866)杭州刻本　十四册　缺四卷(六至
七、二十七至二十八)

370000－1502－0000633　jnt03524
理學宗傳二十六卷　（清）孫奇逢輯　清光緒
六年(1880)浙江書局刻本　十二册

370000－1502－0000634　jnt03525
農政全書六十卷　（明）徐光啓纂輯　清道光
十八年(1838)刻本　六册　存二十三卷(八
至三十)

370000－1502－0000635　jnt03526
續廣事類賦三十卷　（清）王鳳喈撰注　清刻
本　八册

370000－1502－0000636　jnt03528
華不注山房詩二卷華不注山房文二卷範墅詩
草一卷　（清）尹廷蘭著　真研齋詩一卷
（清）翟凝撰　清道光刻本　二册

370000－1502－0000637　jnt03529
崔文敏公洹詞十二卷　（明）崔銑著　清同治
二年(1863)修補本　五册　存十卷(一至十)

370000－1502－0000638　jnt03531
申端愍公文集二卷首一卷末一卷　（明）申佳
允著　清刻本　一册

370000－1502－0000639　jnt03534
中東戰紀本末八卷　（美國）林樂知撰　清光
緒二十二年(1896)上海集成圖書局鉛印本
八册

370000－1502－0000640　jnt03536
皇朝政典挈要八卷　（日本）增田貢原著　清
光緒二十八年(1902)上海書局石印本　四册

370000－1502－0000641　jnt03542
新刊宣和遺事前集一卷後集一卷　（清）□□
著　百宋一廛賦一卷　（清）顧廣圻撰　（清）
黃丕烈注　清刻本　一册

370000－1502－0000642　jnt03544
前漢書菁華録四卷後漢書菁華録二卷　（清）
高塘著　清光緒二十五年(1899)上海慎記書
莊石印本　三册

370000－1502－0000643　jnt03545
兩般秋雨盦隨筆八卷　（清）梁紹壬纂　清道
光同文堂刻本　七册　存七卷(一至七)

370000－1502－0000644　jnt03546
翻譯名義集二十卷　（宋）釋法雲編　清刻本
六册

370000－1502－0000645　jnt03551
文選六十卷　（南朝梁）蕭統撰　（唐）李善注
清光緒二十二年(1896)書業德刻本　二十
四册

370000－1502－0000646　jnt03557
弦雪居重訂遵生八牋二十卷　（清）高濂撰
清光緒十年(1884)刻本　十八册　缺三卷
(一、十三、二十)

370000－1502－0000647　jnt03558
王船山遺書七十七種二百八十八卷附王船山

叢書校勘記二卷　（清）王夫之撰　清同治四年(1865)刻本　七十二册　存一百五十五卷（周易内傳六卷發例一卷、周易大象解一卷、周易稗疏四卷、周易考異一卷、周易外傳七卷、書經稗疏四卷、尚書引義六卷、詩經稗疏四卷、詩經考異一卷、詩經葉韻辨一卷、詩廣傳五卷、説文廣義三卷、讀通鑑論三十卷末一卷、宋論十五卷、思問録内篇一卷外篇一卷、俟解一卷、噩夢一卷、黄書一卷、識小録一卷、老子衍一卷、莊子解三十三卷、莊子通一卷、愚鼓辭一卷、薑齋七十自定稿一卷、柳岸吟一卷、落花詩一卷、遣興詩一卷、和梅花百詠一卷、洞庭秋一卷、雁字詩一卷、仿體一卷、嶽餘集一卷附薑齋詩剩稿一卷、船山鼓棹初集一卷、船山鼓棹二集一卷、瀟湘怨一卷、詩譯一卷、夕堂永日緒論内編一卷、夕堂永日緒論外編一卷、南窗漫記一卷、龍舟會雜劇二卷、船山經義一卷、薑齋詩剩稿一卷、王船山叢書校勘記二卷）

370000－1502－0000648　jnt03560

弟子箴言十六卷　（清）胡達源撰　清光緒二十四年(1898)京都官書局刻本　四册

370000－1502－0000649　jnt03562

紀慎齋先生祈雨書二卷附木郎祈雨咒一卷　（清）紀大奎輯　清光緒二年(1876)直隸藩署刻本　一册

370000－1502－0000650　jnt03564

輶軒語不分卷　（清）張之洞著　清鉛印本　一册

370000－1502－0000651　jnt03570

歷朝名媛尺牘二卷　（清）水鏡山房輯　清刻本　二册

370000－1502－0000652　jnt03571

水月齋指月録三十二卷　（明）瞿汝稷集　清同治十一年(1872)刻本　九册　缺三卷（二十八至三十）

370000－1502－0000653　jnt03573

培遠堂手札節存三卷　（清）陳宏謀著　清同治十一年(1872)江蘇書局刻本　一册

370000－1502－0000654　jnt03576

王摩詰集六卷　（唐）王維著　岑嘉州集八卷（唐）岑參著　高常侍集十卷　（唐）高適著　清石印本　六册

370000－1502－0000655　jnt03583

蠶桑捷效一卷　（清）吳炬撰　清光緒二十二年(1896)江陰學古山房刻本　一册

370000－1502－0000656　jnt03585

四印齋所刻詞　（清）王鵬運輯　清光緒四印齋刻本　二册　存二十五卷（雙白詞八卷、白石道人詩集三卷、别集一卷、山中白雲詞二卷、補録二卷、續補一卷，漱玉詞一卷、補遺一卷、附録一卷，詞林正韻三卷、發凡一卷，詞旨一卷）

370000－1502－0000657　jnt03588

南華真經十卷　（晋）郭象注　（唐）陸德明音義　清金閶聚文堂刻本　四册

370000－1502－0000658　jnt03590

大方廣佛華嚴經八十卷　（唐）釋實叉難陀譯　清同治九年(1870)昭慶慧經空房刻本　二十八册

370000－1502－0000659　jnt03598

濟南金石志四卷　（清）王鎮等撰　清道光二十年(1840)郡齋刻本　四册

370000－1502－0000660　jnt03600

輶軒語一卷　（清）張之洞著　清光緒三年(1877)濠上書齋刻本　一册

370000－1502－0000661　jnt03603

題蘭稿一卷　（清）繆公恩著　清光緒十二年(1886)刻本　一册

370000－1502－0000662　jnt03604

果園詩鈔十卷　（清）郭恩孚撰　清光緒三十三年(1907)京都松華齋刻本　一册

370000－1502－0000663　jnt03605

果園詩鈔十卷　（清）郭恩孚撰　清光緒三十三年(1907)京都松華齋刻本　二册

370000－1502－0000664　jnt03607

詩韻集成十卷 （清）余照輯 清南京狀元閣李光明莊刻本 四冊

370000－1502－0000665 jnt03608
閱微草堂筆記二十四卷 （清）紀昀撰 清光緒十五年(1889)上海廣百宋齋鉛印本 四冊

370000－1502－0000666 jnt03610
六書通十卷 （明）閔齊伋撰 （清）畢弘述篆訂 清刻本 五冊

370000－1502－0000667 jnt03612
廣事類賦四十卷 （清）華希閔撰 清嘉慶四年(1799)劍光閣刻本 九冊 缺四卷(二十七至三十)

370000－1502－0000668 jnt03614
二南外集三卷二南制義二卷二南試律擬一卷 （清）周樂撰 清道光二十二年(1842)枕湖書屋刻本 四冊

370000－1502－0000669 jnt03615
參同契分節解三卷參同契箋注分節解三卷 （漢）魏伯陽撰 清道光二十年(1840)刻本 二冊

370000－1502－0000670 jnt03617
江西鄉試闈墨不分卷 （清）熊元鍔等作 清光緒二十九年(1903)奎宿堂刻本 一冊

370000－1502－0000671 jnt03618
江西鄉試闈墨不分卷 （清）熊元鍔等作 清光緒二十九年(1903)奎宿堂朱刻本 一冊

370000－1502－0000672 jnt03619
感應篇引經箋注不分卷 （清）惠棟箋注 清同治六年(1867)北京龍文齋刻本 一冊

370000－1502－0000673 jnt03622
馬氏家譜不分卷 （清）馬庚乙編輯 清道光三年(1823)刻本 六冊

370000－1502－0000674 jnt03623
新城李氏家譜不分卷 （清）李廣生纂修 清光緒二十六年(1900)刻本 四冊

370000－1502－0000675 jnt03624
曾文正公文鈔四卷 （清）曾國藩著 清同治

十二年(1873)刻本 四冊

370000－1502－0000676 jnt03628
分氣陽宅指南四卷 （清）薛文質選注 清宣統三年(1911)商河潤德堂刻本 二冊

370000－1502－0000677 jnt03631
佩文詩韻釋要五卷 （清）周兆基撰 陸潤庠校 清光緒十三年(1887)刻本 一冊

370000－1502－0000678 jnt03632
臨川夢二卷 （清）蔣士銓撰 （清）明新正譜 （清）錢世錫評 清刻本 一冊

370000－1502－0000679 jnt03634
玉屑詞三卷 （清）朱寯瀛撰 清光緒三十年(1904)刻本 一冊

370000－1502－0000680 jnt03635
佛岡宦轍詩一卷 （清）朱寯瀛撰 清光緒三十年(1904)刻本 一冊

370000－1502－0000681 jnt03636
崇蘭堂駢體文初存二卷 （清）張預著 清宣統元年(1909)鉛印本 一冊

370000－1502－0000682 jnt03637
培遠堂手札節存三卷 （清）陳宏謀著 清同治十一年(1872)江蘇書局刻本 一冊

370000－1502－0000683 jnt03638
讀孟質疑三卷 （清）施彥士緝 清嘉慶二十四年(1819)求己堂刻本 一冊

370000－1502－0000684 jnt03639
讀易質疑二卷 （清）金谷春撰 清光緒二十七年(1901)刻本 二冊

370000－1502－0000685 jnt03647
培遠堂手札節存三卷 （清）陳宏謀著 清同治十一年(1872)江蘇書局刻本 一冊

370000－1502－0000686 jnt03648
培遠堂手札節存三卷 （清）陳宏謀著 清同治十一年(1872)江蘇書局刻本 一冊

370000－1502－0000687 jnt03651
六書説一卷 （清）江聲著 轉注古義考一卷

（清）曹仁虎撰　清光緒十五年(1889)蔣氏求實齋刻本　一冊

370000－1502－0000688　jnt03652

怡怡齋詩集一卷　（清）趙允著　清光緒十八年(1892)刻本　一冊

370000－1502－0000689　jnt03653

海鷗小譜一卷　（清）趙執信撰　清道光刻本　一冊

370000－1502－0000690　jnt03654

綠秋草堂詞一卷　（清）顧翰撰　清光緒十八年(1892)上海圖書集成印書局鉛印本　一冊

370000－1502－0000691　jnt03655

粤西詞見二卷　（清）況周儀輯　清光緒二十二年(1896)刻本　一冊

370000－1502－0000692　jnt03656

詳批注釋寄嶽雲齋試帖四卷　（清）聶銑敏稿　清光緒十四年(1888)書業德刻本　四冊

370000－1502－0000693　jnt03661

聲調譜説不分卷　（清）吳紹濚撰　清光緒十八年(1892)崇川酉山堂刻本　一冊

370000－1502－0000694　jnt03667

念堂詩草五卷　（清）崔旭撰　清道光刻本　一冊

370000－1502－0000695　jnt03668

鑄鐵詞一卷　（清）董受祺撰　清光緒二十五年(1899)刻本　一冊

370000－1502－0000696　jnt03669

鑄鐵詞一卷　（清）董受祺撰　清光緒二十五年(1899)刻本　一冊

370000－1502－0000697　jnt03670

增訂金壺字考一卷附古體假借字一卷　（清）郝在田輯　清同治十三年(1874)北京龍雲齋刻本　一冊

370000－1502－0000698　jnt03671

孔氏三出辯一卷　（清）沈畏堂著　清光緒二十九年(1903)山東書局刻本　一冊

370000－1502－0000699　jnt03672

重刻四庫全書辨正通俗文字一卷　（清）陸丹叔輯　清嘉慶二十一年(1816)經國堂書坊刻本　一冊

370000－1502－0000700　jnt03673

飯山堂詩集不分卷　（清）李清濂著　清光緒三十二年(1906)山東官印書局鉛印本　二冊

370000－1502－0000701　jnt03674

劍芝閣詩鈔二卷續選五卷　（清）李娛撰　清光緒刻本　二冊

370000－1502－0000702　jnt03675

白雲草詩八卷詩餘一卷　（清）王彬著　清光緒二十五年(1899)刻本　三冊

370000－1502－0000703　jnt03676

樗園文稿一卷　（清）王彬著　清光緒二十五年(1899)師愚齋刻本　一冊

370000－1502－0000704　jnt03677

青園詩草四卷　（清）劉玉書著　清光緒十八年(1892)刻本　四冊

370000－1502－0000705　jnt03678

常談四卷　（清）劉玉書著　（清）劉亨慶編次　清光緒二十五年(1899)豫章刻本　四冊

370000－1502－0000706　jnt03679

魏三體石經遺字考一卷　（清）孫星衍撰　琴操二卷　（漢）蔡邕撰　清嘉慶十一年(1806)金陵五松書屋刻本　一冊

370000－1502－0000707　jnt03680

詩賦標準一卷　（清）倚雲書屋主人輯　清光緒十一年(1885)刻本　一冊

370000－1502－0000708　jnt03681

明僮合録一卷　（清）余不釣徒撰　（清）殿春生續　清同治六年(1867)擷芷館刻本　一冊

370000－1502－0000709　jnt03683

雪樵遺稿五卷　（清）王乃新撰　（清）繆潤紱選　清光緒十年(1884)含光堂刻本　二冊

370000－1502－0000710　jnt03684

金粟齋詩賦一卷　（清）徐晋鎔著　清光緒二

十四年(1898)刻本　一册

370000－1502－0000711　jnt03685

崇蘭堂詩集初存十卷　(清)張預撰　清光緒
二十年(1894)刻本　二册

370000－1502－0000712　jnt03686

閱音山館詩鈔一卷　(清)徐啟謨撰　清刻本
　一册

370000－1502－0000713　jnt03687

海運芻言一卷　(清)施彦士撰　清道光求己
堂刻本　一册

370000－1502－0000714　jnt03688

佩文詩韻釋要五卷　(清)周兆基撰　陸潤庠
校　清宣統三年(1911)上海商務印書館影印
本　二册

370000－1502－0000715　jnt03689

平陽息肩雜錄一卷　奎光輯　清光緒三十二
年(1906)濟南大公石印館石印本　一册

370000－1502－0000716　jnt03691

啓秀軒詩鈔二卷附浣青吟稿一卷　(清)劉之
來著　清光緒四年(1878)大興朱氏刻本　一
册

370000－1502－0000717　jnt03693

莫愁湖楹聯便覽一卷　(清)釋壽安輯錄　清
光緒五年(1879)刻本　一册

370000－1502－0000718　jnt03694

平陽息肩雜錄一卷　奎光輯　清光緒三十二
年(1906)濟南大公石印館石印本　一册

370000－1502－0000719　jnt03695

平陽息肩雜錄一卷　奎光輯　清光緒三十二
年(1906)濟南大公石印館石印本　一册

370000－1502－0000720　jnt03698

雲臥堂詩集六卷　(清)邵承照撰　清光緒八
年(1882)刻本　二册

370000－1502－0000721　jnt03699

歷亭秋唱一卷　(清)□□著　清宣統二年
(1910)石印本　一册

370000－1502－0000722　jnt03700

陳文恭公手札節要三卷　(清)陳宏謀撰　清
道光二十六年(1846)刻本　一册

370000－1502－0000723　jnt03702

味蓼軒詩鈔五卷　(清)高宅暘著　清同治七
年(1868)刻本　一册

370000－1502－0000724　jnt03703

杜天使册封琉球真記奇觀一卷　(明)胡靖撰
　清印本　一册

370000－1502－0000725　jnt03704

金粟齋詩賦一卷　(清)徐晋鎔撰　清光緒二
十四年(1898)刻本　一册

370000－1502－0000726　jnt03706

雙桂堂稿一卷續編一卷詩稿一卷　(清)紀大
奎撰　清同治十一年(1872)刻本　二册

370000－1502－0000727　jnt03707

徐園題詠一卷　徐世光輯　清光緒三十三年
(1907)鉛印本　一册

370000－1502－0000728　jnt03708

徐園題詠一卷　徐世光輯　清光緒三十三年
(1907)鉛印本　一册

370000－1502－0000729　jnt03712

大佛頂首楞嚴經十卷　(唐)釋般刺密帝譯
清宣統元年(1909)小萬柳堂影印本　二册

370000－1502－0000730　jnt03721

士禮居黃氏叢書一百三十卷　(清)黃丕烈輯
　清光緒十三年(1887)上海蜚英館石印本
二十三册

370000－1502－0000731　jnt03722

聲調譜一卷　(清)趙執信纂　清光緒十六年
(1890)蔣氏求實齋抄本　一册

370000－1502－0000732　jnt03724

清異錄二卷　(宋)陶穀撰　清惜陰軒叢書本
　一册

370000－1502－0000733　jnt03724

校經室文集六卷　(清)孫葆田撰　清劉氏求
恕齋叢書本　六册

370000 – 1502 – 0000734　jnt03726

古唐詩合解十二卷附古詩四卷　（清）王堯衢
注　清敬文堂刻本　六册

370000 – 1502 – 0000735　jnt03731

大佛頂首楞嚴經十卷　（唐）釋般刺密帝譯
清宣統元年（1909）小萬柳堂影印本　二册

370000 – 1502 – 0000736　jnt03732

選注六朝唐賦四卷　（清）馬傳庚注　清光緒
十九年（1893）上海寶善堂石印本　二册

370000 – 1502 – 0000737　jnt03736

東萊博議四卷　（宋）呂祖謙撰　清光緒二十
九年（1903）書業德刻本　四册

370000 – 1502 – 0000738　jnt03737

東萊博議四卷　（宋）呂祖謙撰　清光緒二十
九年（1903）書業德刻本　四册

370000 – 1502 – 0000739　jnt03738

東萊博議四卷　（宋）呂祖謙撰　清光緒二十
三年（1897）書業德刻本　四册

370000 – 1502 – 0000740　jnt03739

東萊博議四卷　（宋）呂祖謙撰　清光緒二十
九年（1903）書業德刻本　四册

370000 – 1502 – 0000741　jnt03740

日知錄集釋三十二卷刊誤二卷續刊誤二卷
（清）顧炎武撰　（清）黃汝成集釋　清光緒十
三年（1887）上海大同書局石印本　四册

370000 – 1502 – 0000742　jnt03744

詩義問對串珠二卷　（清）石澐著　清光緒十
七年（1891）刻本　二册

370000 – 1502 – 0000743　jnt03750

啖蔗山房吟稿八卷　（清）張香海撰　清道光
刻本　二册

370000 – 1502 – 0000744　jnt03751

水流雲在館百哀詩鈔二卷　（清）周天麟撰
清光緒二十七年（1901）刻本　一册

370000 – 1502 – 0000745　jnt03753

北江詩話四卷　（清）洪亮吉著　（清）張祥河
訂　清刻本　一册

370000 – 1502 – 0000746　jnt03755

智囊補二十八卷　（明）馮夢龍輯　清刻本
十二册

370000 – 1502 – 0000747　jnt03760

隨園詩話十六卷補遺三卷　（清）袁枚撰　清
宣統元年（1909）上海鑄記書局石印本　四册

370000 – 1502 – 0000748　jnt03763

六朝唐賦讀本不分卷　（清）馬傳庚選注　清
同治十三年（1874）京都玉燕書巢刻本　一册

370000 – 1502 – 0000749　jnt03765

雜方方本一卷　（□）□□撰　清抄本　一册

370000 – 1502 – 0000750　jnt03773

求己録三卷　（清）蘆涇遁士編　清光緒二十
四年（1898）刻本　二册　存二卷（上、下）

370000 – 1502 – 0000751　jnt03775

南游日記□□卷　（清）李慶豐著　清光緒刻
本　三册　存三卷（三至五）

370000 – 1502 – 0000752　jnt03777

清詩別裁集三十二卷　（清）沈德潛纂評　清
末上海掃葉山房石印本　十册

370000 – 1502 – 0000753　jnt03779

亭林文集六卷餘集一卷詩集五卷　（清）顧炎
武撰　清宣統二年（1910）上海掃葉山房石印
本　四册

370000 – 1502 – 0000754　jnt03780

國朝六家詩鈔不分卷　（清）劉執玉選　清宣
統二年（1910）澄衷學堂石印本　六册

370000 – 1502 – 0000755　jnt03781

莊子十卷　（戰國）莊周著　（晋）郭象注
（唐）陸德明音義　清光緒二十三年（1897）上
海圖書集成印書局鉛印本　三册　缺二卷
（七至八）

370000 – 1502 – 0000756　jnt03784

交翠軒筆記四卷　（清）沈濤纂　清道光聚學
軒叢書本　二册

370000 – 1502 – 0000757　jnt03785

摹印傳燈二卷　（清）葉爾寬撰　**紅術軒紫泥**

法定本一卷 （清）汪鎬京撰　**琴學八則一卷**
（清）程雄撰　**裝潢志一卷** （清）周嘉冑著
桐階副墨一卷 （明）黎遂球撰　**周櫟印人
傳三卷** （清）周亮工撰　**飛鴻堂印人傳八卷**
（清）汪啓淑撰　存一至四卷　**獸經一卷**
（明）黃省曾撰　**虎苑二卷** （明）王穉登撰
陽羨茗壺系一卷 （明）周高起撰　**洞山芥茶
系一卷** （明）周高起撰　**苦瓜和尚畫語錄**
（清）釋道濟撰　**畫訣一卷** （清）龔賢撰　**雨
窗漫筆一卷東莊論畫一卷浦山論畫一卷**
（清）王原祁著　**山南論畫一卷** （清）王學浩
撰　**石村畫訣一卷** （清）孔衍栻撰　**寫竹雜
記** （清）蔣和撰　清刻本　五册

370000－1502－0000758　jnt03786
新訂目耕齋讀本不分卷 （清）徐楷評　（清）
沈叔眉選　清同治十三年（1874）刻本　七册

370000－1502－0000759　jnt03790
相宅新編二卷 （清）焦循編　清抄本　一册

370000－1502－0000760　jnt03794
范宜賓堪輿四種 （清）范宜賓輯　清刻本
五册

370000－1502－0000761　jnt03795
宋稗類鈔三十六卷 （清）潘永因編　清宣統
三年（1911）上海藜光社石印本　十二册

370000－1502－0000762　jnt03796
隨園詩話十六卷補遺十卷 （清）袁枚撰　清
光緒七年（1881）善成堂刻本　十册

370000－1502－0000763　jnt03797
蒙學六種 （清）周彤桂集　清光緒十四年至
十九年（1888－1893）刻本　六册

370000－1502－0000764　jnt03798
薛文清公從政名言三卷 （明）薛瑄撰　清道
光二年（1822）歷城毛氏刻本　一册

370000－1502－0000765　jnt03802
甌香館集十二卷補遺詩一卷蘆薈遺畫跋一卷
（清）惲格著　清光緒七年（1881）刻本　四
册

370000－1502－0000766　jnt03803
求闕齋讀書録十卷 （清）曾國藩著　清光緒
二年（1876）龍文齋刻本　六册

370000－1502－0000767　jnt03804
類聯集古四卷 （清）劉慶觀輯　清嘉慶十七
年（1812）刻本　一册

370000－1502－0000768　jnt03805
友竹草堂文集六卷友竹草堂詩二卷 （清）蔣
慶第撰　清光緒刻本　四册

370000－1502－0000769　jnt03806
支那通史全編圖表不分卷 （□）□□撰　清
石印本　一册

370000－1502－0000770　jnt03807
支那通史全編圖表不分卷 （□）□□撰　清
石印本　一册

370000－1502－0000771　jnt03809
碧梧山館詞二卷 （清）汪世泰著　清光緒十
八年（1892）上海圖書集成印書局鉛印本　一
册

370000－1502－0000772　jnt03813
莫愁湖志六卷首一卷 （清）馬士圖著　清光
緒八年（1882）刻本　二册

370000－1502－0000773　jnt03814
漚羅盦詩稿八卷 （清）法良著　清道光二十
七年（1847）刻本　二册

370000－1502－0000774　jnt03815
章實齋乙卯札記一卷 （清）章學誠撰　清宣
統三年（1911）鉛印本　一册

370000－1502－0000775　jnt03816
篤靜堂稿乙編不分卷 （清）王應孚撰　清光
緒刻本　一册

370000－1502－0000776　jnt03818
贈李景川辭官詩一卷 （清）黃作炳等撰　清
光緒二十六年（1900）刻本　一册

370000－1502－0000777　jnt03822
冷紅詞四卷 鄭文焯撰　清光緒刻本　一册

370000－1502－0000778　jnt03823

增補分部書法正傳不分卷　（清）蔣和撰　清光緒十三年（1887）酉山堂刻本　一册

370000－1502－0000779　jnt03825

幼科鐵鏡二卷　（清）夏鼎撰　清抄本　一册

370000－1502－0000780　jnt03826

聖賢像贊不分卷　（明）冠洋子修輯　清光緒四年（1878）刻本　四册

370000－1502－0000781　jnt03838

觀物博異八卷　（法國）普謝撰　（英國）季理斐譯　清光緒三十年（1904）上海廣學會鉛印本　一册

370000－1502－0000782　jnt03839

月令粹編二十四卷首一卷　（清）秦嘉謨編　清嘉慶十七年（1812）秦嘉謨琳琅仙館刻本　八册

370000－1502－0000783　jnt03841

顏氏學記十卷　（清）戴望述　清悦廬朱氏刻本　四册

370000－1502－0000784　jnt03842

牧齋初學集詩注二十卷　（清）錢謙益撰（清）錢曾箋注　清嘉慶玉詔堂刻本　八册

370000－1502－0000785　jnt03846

劍南詩鈔不分卷　（宋）陸游撰　（清）楊大鶴編　清光緒三十三年（1907）味青齋鉛印本　六册

370000－1502－0000786　jnt03848

文心雕龍十卷　（南朝梁）劉勰撰　（清）黄叔琳注　（清）紀昀評　清道光十三年（1833）兩廣節署刻本　二册

370000－1502－0000787　jnt03849

經略洪承疇奏對筆記二卷　（清）洪承疇撰　清刻本　一册

370000－1502－0000788　jnt03852

愚庵詩集一卷　（清）耿維侗撰　清光緒十五年（1889）刻本　一册

370000－1502－0000789　jnt03855

曠盧詩集十四卷　（清）白永修撰　清光緒二十九年（1903）膠東逸園刻本　三册

370000－1502－0000790　jnt03856

夜譚隨録十二卷　（清）和邦額撰　清光緒二年（1876）愛日堂刻本　四册　存八卷（一至八）

370000－1502－0000791　jnt03859

思過齋制藝六卷補編一卷試律四卷賦抄二卷　（清）蕭培元著　清同治刻本　五册　存六卷（思過齋制藝四、六,試律卷三至四,賦鈔二卷）

370000－1502－0000792　jnt03860

儲遯庵文集十二卷　（清）儲方慶撰　清光緒二年（1876）宜興儲氏家祠刻本　四册

370000－1502－0000793　jnt03861

東塾讀書記十五卷　（清）陳澧撰　清光緒二十四年（1898）上海江左書林刻本　四册

370000－1502－0000794　jnt03862

説文通檢十四卷首一卷末一卷　（清）黎永椿編　清刻本　四册

370000－1502－0000795　jnt03863

説文古籀補十四卷補遺一卷附録一卷　（清）吴大澂撰　清光緒十二年（1886）點石齋石印本　二册

370000－1502－0000796　jnt03864

汗簡三卷　（宋）郭忠恕撰　清光緒五年（1879）點石齋石印本　一册

370000－1502－0000797　jnt03865

古唐詩合解十二卷附古詩四卷　（清）王堯衢注　清中葉南京狀元閣李光明莊刻本　六册

370000－1502－0000798　jnt03870

勸學篇二卷　（清）張之洞撰　清光緒二十四年（1898）兩湖書院刻本　一册

370000－1502－0000799　jnt03872

金剛般若波羅密經直解不分卷　（唐）釋純陽子注講　清咸豐十年（1860）刻本　二册

370000－1502－0000800　jnt03875

千金裘二集二十六卷　（清）蔣義彬等纂　清道光二十七年(1847)書業德刻本　六册

370000－1502－0000801　jnt03876

詩韻集成十卷　（清）余照春輯　清光緒六年(1880)崇德堂刻本　四册

370000－1502－0000802　jnt03880

軒轅碑記醫學祝由十三科二卷　（□）□□撰　清刻套印本　一册

370000－1502－0000803　jnt03881

亭林文集六卷亭林餘集一卷　（清）顧炎武著　清宣統二年(1910)掃葉山房石印本　二册

370000－1502－0000804　jnt03882

杜工部集二十卷附年譜一卷　（唐）杜甫撰　（清）錢謙益箋注　清宣統三年(1911)時中書局石印本　八册

370000－1502－0000805　jnt03886

定香亭筆談四卷小滄浪筆談四卷　（清）阮元撰　清嘉慶揚州阮氏琅嬛仙館刻本　六册

370000－1502－0000806　jnt03890

貫華堂第六才子書西廂記八卷　（元）王實甫撰　（清）金人瑞(金聖歎)評　清貫華堂刻本　六册

370000－1502－0000807　jnt03895

晨風閣叢書集三種　（清）沈宗畸輯　清宣統元年(1909)刻本補配鉛印本　一册　存三卷(石閭集一卷、芙蓉莊紅豆録一卷、勉憙集一卷)

370000－1502－0000808　jnt03897

程氏家塾讀書分年日程三卷附綱領一卷　（元）程端禮述　清光緒二十九年(1903)刻本　一册

370000－1502－0000809　jnt03901

結水滸全傳七十卷末一卷一百四十回　（清）俞萬春著　清同治十年(1871)刻本　二十册

370000－1502－0000810　jnt03902

國朝試賦匯海前集十卷後集二卷補遺一卷　（清）黃爵滋編輯　清道光十年(1830)仙屏書屋刻本　六册

370000－1502－0000811　jnt03903

詩譜不分卷　（漢）鄭元撰　（宋）歐陽修補　（清）丁晏重編　清光緒九年(1883)清湖張氏刻本　二册

370000－1502－0000812　jnt03905

適軒尺牘八卷　（清）徐菊生著　清同治十三年(1874)刻本　六册

370000－1502－0000813　jnt03906

分類尺牘三十卷　（清）王虎榜輯　清光緒十九年(1893)上海石印本　八册

370000－1502－0000814　jnt03907

增補事類統編九十三卷首一卷　（清）黃葆真增輯　清光緒十四年(1888)上海積山書局石印本　十二册

370000－1502－0000815　jnt03908

增補事類統編九十三卷首一卷　（清）黃葆真增輯　清光緒十四年(1888)上海積山書局石印本　十二册

370000－1502－0000816　jnt03909

增廣尚友録統編二十二卷　（清）應祖錫編輯　清光緒二十八年(1902)鴻寶齋石印本　十四册

370000－1502－0000817　jnt03910

試帖詩鏡四卷　（清）定慧主人輯　清同治刻本　四册

370000－1502－0000818　jnt03911

巾箱詩萉四卷　（清）□□著　清刻本　四册

370000－1502－0000819　jnt03912

校正尚友録續集二十二卷　（清）退思主人編纂　清光緒二十四年(1898)上海鴻寶齋石印本　六册

370000－1502－0000820　jnt03914

怡柯草堂詩鈔六卷　（清）姚錫華撰　清同治八年(1869)刻本　二册

370000－1502－0000821　jnt03915

詞選二卷　（清）張惠言録　茗柯詞一卷（清）張惠言撰　立山詞一卷　（清）張琦撰

清道光刻本　一册

370000－1502－0000822　jnt03916
詞選二卷續詞選二卷附錄一卷　（清）張惠言
錄　清道光十年(1830)刻本　一册

370000－1502－0000823　jnt03917
六朝唐賦讀本不分卷　（清）馬傳庚選注　清
光緒二年(1876)松竹齋刻本　二册

370000－1502－0000824　jnt03918
漁洋詩話三卷　（清）王士禛撰　清刻本　二
册

370000－1502－0000825　jnt03920
耿氏貽謀集題跋不分卷　（清）耿瑚等撰　清
道光刻本　一册

370000－1502－0000826　jnt03922
重編留青新集二十四卷　（清）馮善長重編
清光緒十六年(1890)上海鉛印本　十二册

370000－1502－0000827　jnt03925
皇朝經世文編一百二十卷　（清）賀長齡輯
（清）魏源編次　清光緒二十五年(1899)上海
中西書局石印本　二十四册

370000－1502－0000828　jnt03926
鄉會文統不分卷附國朝貢舉年表三卷　（清）
陳國霖　（清）顧錫中編　清光緒十四年
(1888)上海積山書局石印本　十册

370000－1502－0000829　jnt03929
任兆麟述記三卷　（清）任兆麟輯　清末蒙學
堂石印本　三册

370000－1502－0000830　jnt03930
詩韻全璧五卷　（清）湯文潞輯　（清）惜陰主
人增輯　虛字韻藪一卷　（清）潘維城輯　初
學檢韻十二集　（清）錢辛楣鑒定　清光緒二
十二年(1896)上海積山書局石印本　六册
存七卷(詩韻全璧五卷、虛字韻藪一卷、初學
檢韻一卷)

370000－1502－0000831　jnt03931
分韻同館試帖精華不分卷　（清）劉海鰲編輯
清光緒六年(1880)寶珍堂刻本　十册

370000－1502－0000832　jnt03932
無邪堂答問五卷　（清）朱一新撰　清光緒二
十二年(1896)上海鴻寶齋石印本　一册

370000－1502－0000833　jnt03933
自西徂東五卷　（德國）花之安著　清光緒上
海廣學會鉛印本　一册

370000－1502－0000834　jnt03937
孫可之文集十卷　（唐）孫樵撰　清宣統二年
(1910)守政書局刻本　二册　存二卷(一至
二)

370000－1502－0000835　jnt03939
敝帚文存二卷　（清）黃來麟著　清刻本　二
册

370000－1502－0000836　jnt03940
兩當軒集二十二卷附錄四卷考異二卷　（清）
黃景仁著　清光緒二年(1876)家塾刻本　六
册

370000－1502－0000837　jnt03943
滄靜齋詩鈔六卷　（清）龔景瀚著　清同治八
年(1869)恩賜堂刻本　二册

370000－1502－0000838　jnt03944
嚴陵集九卷　（宋）董棻編　清光緒二十三年
(1897)于湖官舍刻本　二册

370000－1502－0000839　jnt03945
隸篇十五卷續十五卷再續十五卷　（清）翟雲
升輯　清道光十八年(1838)刻本　十册

370000－1502－0000840　jnt03946
隸篇十五卷續十五卷再續十五卷　（清）翟雲
升輯　清道光十八年(1838)刻本　十册

370000－1502－0000841　jnt03948
新增詩句題解彙編二十二卷　（清）朱春舫增
輯　清同治五年(1866)海陵書屋刻本　十二
册

370000－1502－0000842　jnt03952
六朝唐賦讀本不分卷　（清）馬傳庚選注　清
光緒十九年(1893)上海寶善石印本　二册

370000－1502－0000843　jnt03956

貫垣紀事一卷附提牢瑣記一卷　（清）李文安
著　清光緒刻本　一册

370000－1502－0000844　jnt03957
靖節先生集十卷首一卷末一卷　（清）陶潛撰
　（清）陶澍集注　清道光二十年（1840）刻本
　三册　存十一卷（靖節先生集十卷，首一
卷）

370000－1502－0000845　jnt03958
儒門法語輯要不分卷　（清）彭定求原編
（清）湯金釗輯要　清光緒八年（1882）山東書
局刻本　一册

370000－1502－0000846　jnt03960
鴻苞節錄十卷　（明）屠隆著　清咸豐七年
（1857）章邱縣署刻本　十册

370000－1502－0000847　jnt03962
海鷗小譜一卷　（清）趙執信著　清拜鴛樓刻
本　一册

370000－1502－0000848　jnt03965
唐陸宣公集二十二卷增輯二卷　（唐）陸贄撰
　（清）耆英重訂　（清）文晟　（清）華廷傑
校　清道光二十七年（1847）刻本　八册

370000－1502－0000849　jnt03967
文字蒙求四卷　（清）王筠撰　清光緒十三年
（1887）蒲氏刻本　一册

370000－1502－0000850　jnt03968
今世説八卷　（清）王晫撰　清咸豐粵雅堂叢
書本　二册

370000－1502－0000851　jnt03969
蓮池書院課藝不分卷　（清）耿恂等作　清道
光二十六年（1846）直隸藩署刻本　一册

370000－1502－0000852　jnt03971
詩學含英十四卷　（清）劉文蔚輯　清光緒二
十年（1894）濟南雙和堂刻本　二册

370000－1502－0000853　jnt03972
詳注歷代述史詞四卷　（清）萌陽子撰　（清）
嗜古氏釋　清咸豐九年（1859）悔讀書屋刻本
四册

370000－1502－0000854　jnt03973
庸盦海外文編四卷　（清）薛福成撰　清光緒
二十三年（1897）上海醉六堂石印本　二册

370000－1502－0000855　jnt03974
出使英法義比四國日記六卷　（清）薛福成撰
清光緒十八年（1892）石印本　三册

370000－1502－0000856　jnt03978
近思錄十四卷校勘記一卷考訂朱子世家一卷
　（宋）朱熹　（宋）呂祖謙編選　（清）江永
集注　清光緒二十七年（1901）書業德刻本
三册

370000－1502－0000857　jnt03979
詩韻合璧五卷　（清）湯文潞輯　（清）惜陰主
人增輯　虚字韻藪一卷　（清）潘維城輯　清
光緒四年（1878）上海淞隱閣鉛印本　五册

370000－1502－0000858　jnt03980
曾文正公家書十卷曾文正公大事記四卷曾文
正公家訓二卷榮哀錄一卷　（清）曾國藩著
清光緒十三年（1887）上海鴻文書局鉛印本
八册

370000－1502－0000859　jnt03984
説文解字三十二卷　（清）段玉裁注　清光緒
十二年（1886）上海點石齋石印本　八册

370000－1502－0000860　jnt03985
新鐫試帖秋香八卷　（清）許球等撰　清同治
十二年（1873）京都琉璃廠刻本　四册

370000－1502－0000861　jnt03986
校正尚友錄二十二卷　（明）廖用賢輯　清光
緒十八年（1992）上海書局石印本　六册

370000－1502－0000862　jnt03987
仁在堂全集十一集續刻三集　（清）路德評選
清光緒十八年（1892）上海積山書局石印本
七册

370000－1502－0000863　jnt03988
雪峰如幻禪師瘦松集八卷　（清）釋雪峰如幻
禪師撰　（清）釋海印重編　清末上海鴻雪齋
石印本　四册

370000－1502－0000864　　jnt03991

詩韻合璧五卷　（清）湯文潞輯　（清）惜陰主人增輯　虛字韻藪一卷　（清）潘維城輯　清光緒十一年(1885)善成堂鉛印本　五冊

370000－1502－0000865　　jnt03994

有正味齋試帖詩注八卷　（清）吳錫麒注　清道光元年(1821)刻本　八冊

370000－1502－0000866　　jnt03995

十九科同館試帖選四卷　（清）邵承照等編　清咸豐三年(1853)刻本　八冊

370000－1502－0000867　　jnt03996

曾文正公書札三十三卷首一卷　（清）曾國藩撰　（清）李瀚章編輯　清光緒十四年(1888)鉛印本　十冊

370000－1502－0000868　　jnt03999

詩韻合璧五卷　（清）湯文潞輯　清咸豐九年(1859)大文堂刻本　五冊

370000－1502－0000869　　jnt04000

陶詩彙評四卷　（晋）陶潛撰　（清）溫汝能纂訂　清宣統元年(1909)掃葉山房石印本　一冊

370000－1502－0000870　　jnt04002

古音類表九卷　（清）傅壽彤撰　清同治三年(1864)汴省郁文齋刻本　二冊

370000－1502－0000871　　jnt04004

大箎吟草六卷　（清）陳昌沂撰　清光緒六年(1880)橘蔭軒刻本　二冊

370000－1502－0000872　　jnt04005

楚辭八卷首一卷　（戰國）屈原撰　（宋）朱熹集注　清光緒三年(1877)湖北崇文書局刻本　二冊

370000－1502－0000873　　jnt04005

楚辭辯證二卷　（宋）朱熹撰　清光緒三年(1877)湖北崇文書局刻本　一冊

370000－1502－0000874　　jnt04005

離騷一卷　（宋）錢杲之集傳　清光緒三年(1877)湖北崇文書局刻本　一冊

370000－1502－0000875　　jnt04005

離騷箋二卷　（清）龔景瀚撰　清光緒三年(1877)湖北崇文書局刻本　一冊

370000－1502－0000876　　jnt04005

離騷草木疏四卷　（宋）吳仁傑撰　清光緒三年(1877)湖北崇文書局刻本　一冊

370000－1502－0000877　　jnt04005

淮南天文訓補注二卷　（清）錢塘撰　清光緒三年(1877)湖北崇文書局刻本　二冊

370000－1502－0000878　　jnt04006

三字經注解備要二卷　（宋）王應麟撰　（清）賀興思注解　清咸豐十年(1860)漁古山房刻本　二冊

370000－1502－0000879　　jnt04007

論語隨筆二十卷　（清）牛運震撰　清嘉慶空山堂刻本　四冊　缺三卷(十、十八、二十)

370000－1502－0000880　　jnt04008

養正山房文稿二卷　（清）慶恕撰　清光緒二十一年(1895)刻本　二冊

370000－1502－0000881　　jnt04019

草草草堂詩選二卷　（清）黃純嘏撰　清道光二十年(1840)揚州秋聲館刻本　一冊

370000－1502－0000882　　jnt04024

詩比興箋四卷　（清）陳沆撰　清咸豐四年(1854)刻本　二冊

370000－1502－0000883　　jnt04025

六觀樓文集拾遺不分卷　（清）許鴻磐撰　（清）李福泰編　清同治九年(1870)粵東節署刻本　一冊

370000－1502－0000884　　jnt04029

樸學齋筆記八卷　（清）盛大士撰　清咸豐十年(1860)吳興劉氏嘉業堂刻嘉業堂叢書本　二冊

370000－1502－0000885　　jnt04030

鴻雪軒尺牘六卷　（清）瞿澄撰　清道光二十二年(1842)刻本　六冊

370000－1502－0000886　　jnt04031

登瀛社稿不分卷　(清)曾之撰等撰　清同治
九年(1870)刻本　六册

370000－1502－0000887　jnt04034
式訓堂叢書三十卷　(清)章壽康輯　清光緒
四年(1878)刻本　十册

370000－1502－0000888　jnt04036
就將集不分卷　(清)邵葆槎撰　清咸豐四年
(1854)恭壽堂刻本　一册

370000－1502－0000889　jnt04041
東萊先生左氏博議二十五卷　(宋)呂祖謙撰
　清道光十八年(1838)義秀書屋刻本　六册

370000－1502－0000890　jnt04042
繡像今古奇觀十卷　(明)抱甕老人輯　清同
治二年(1863)右經堂刻本　十册

370000－1502－0000891　jnt04043
桃花扇四卷　(清)孔尚任撰　清刻本　四册

370000－1502－0000892　jnt04046
隨園三十種二百六十四卷　(清)袁枚撰　清
刻本　八册　存二十二卷(隨園詩話卷一至
二、瀆外餘言一卷、筱雲詩集二卷、素文女子
遺稿一卷、南園詩選二卷、捧月樓詞二卷、湄
君詩集二卷、過雲精舍詞二卷、碧梧山館詞二
卷、綠秋草堂詞一卷、玉山堂詞一卷、崇睦山
房詞一卷、飲水詞鈔二卷、筝船詞一卷)

370000－1502－0000893　jnt04047
唐代叢書十二集不分卷　(清)王文誥輯　清
宣統三年(1911)上海天寶書局石印本　十二
册

370000－1502－0000894　jnt04048
重訂全唐詩話八卷　(宋)尤袤輯　清宣統三
年(1911)三樂堂石印本　四册

370000－1502－0000895　jnt04053
韓詩外傳十卷　(漢)韓嬰撰　清光緒三年
(1877)湖北崇文書局刻本　二册

370000－1502－0000896　jnt04054
韓詩外傳十卷　(漢)韓嬰撰　清光緒元年
(1875)湖北崇文書局刻本　二册

370000－1502－0000897　jnt04058
留春山房集古詩鈔初集二卷二集三卷三集二
卷四集二卷　(清)龔璁撰　清道光刻本　六
册

370000－1502－0000898　jnt04060
會試闈墨(光緒甲辰恩科)不分卷　譚廷闓等
撰　清光緒三十年(1904)山東印書局鉛印本
　二册

370000－1502－0000899　jnt04064
灌亭詩鈔一卷　(清)李毓林撰　清光緒二十
五年(1899)刻本　一册

370000－1502－0000900　jnt04067
坦室雜著一卷　(清)李文桂撰　清刻本　一
册

370000－1502－0000901　jnt04069
拙齋制義不分卷　(清)高守訓撰　清道光二
十九年(1849)見山堂刻本　一册

370000－1502－0000902　jnt04070
夏小正詩一卷　(清)李廷榮撰　清道光十一
年(1831)刻本　一册

370000－1502－0000903　jnt04074
牧民忠告二卷風憲忠告一卷廟堂忠告一卷
(元)張養浩撰　清道光十一年(1831)據碧鮮
齋影抄本刻本　一册

370000－1502－0000904　jnt04075
王文簡公七古平仄論一卷　(清)王士禎撰
清刻本　一册

370000－1502－0000905　jnt04076
楹聯叢話十二卷楹聯續話四卷　(清)梁章鉅
輯　清道光二十年(1840)刻本　八册

370000－1502－0000906　jnt04077
趙子常選杜律五言注三卷虞伯生選杜律七言
注三卷　(唐)杜甫撰　(清)查弘道　(清)
金集補　清同治十二年(1873)刻本　二册

370000－1502－0000907　jnt04078
古唐詩合解十二卷　(清)王堯衢注　清道光
二十五年(1845)德華堂刻本　六册

370000－1502－0000908　jnt04079

春秋經傳集解三十卷　（晋）杜預注　（唐）陸元朗音釋　（宋）林堯叟附注　（清）馮李驊增訂　清華川書屋刻本　十册

370000－1502－0000909　jnt04082

高季迪先生大全集十八卷　（明）高啓撰　清光緒十四年(1888)刻本　六册

370000－1502－0000910　jnt04083

分類尺牘備覽三十卷　（清）王虎榜輯　清光緒十九年(1893)申江袖海山房石印本　八册

370000－1502－0000911　jnt04084

隴蜀餘聞一卷　（清）王士禎撰　清王漁洋遺書刻本　一册

370000－1502－0000912　jnt04084

剪桐載筆一卷　（明）王象晋撰　清王漁洋遺書刻本　一册

370000－1502－0000913　jnt04084

粤行三志三卷　（清）王士禎撰　清王漁洋遺書刻本　一册

370000－1502－0000914　jnt04084

國朝諡法考一卷　（清）王士禎編輯　清王漁洋遺書刻本　一册

370000－1502－0000915　jnt04084

華泉先生集選四卷　（明）邊貢撰　（清）王士禎選　睡足軒詩選一卷　（明）邊習撰　清王漁洋遺書刻本　一册

370000－1502－0000916　jnt04084

清寤齋心賞編一卷　（清）王象晋輯　清王漁洋遺書刻本　一册

370000－1502－0000917　jnt04084

浯溪考二卷　（清）王士禎撰　清王漁洋遺書刻本　一册

370000－1502－0000918　jnt04084

隴首集一卷　（清）王與胤撰　（清）王士禎校　清王漁洋遺書刻本　一册

370000－1502－0000919　jnt04084

考功集選四卷　（清）王士禄撰　（清）王士禎

批點　清王漁洋遺書刻本　二册

370000－1502－0000920　jnt04086

檗隖詩存別集（鮫拾集）五卷　（清）王以敏輯　清光緒三十一年(1905)刻本　一册

370000－1502－0000921　jnt04087

種蕉聽雨軒詩鈔二卷　（清）葛之覃撰　清光緒二十四年(1898)刻本　一册

370000－1502－0000922　jnt04088

師鄭堂駢體文存二卷　（清）孫同康撰　清光緒二十一年(1895)刻本　一册

370000－1502－0000923　jnt04090

增訂格物入門七卷首一卷　（美國）丁韙良撰　清光緒十五年(1889)京師同文館鉛印本　七册

370000－1502－0000924　jnt04094

袁文箋正十六卷附袁文補注一卷　（清）袁枚撰　（清）石韞玉箋　清光緒二十九年(1903)松壽山房刻本　六册

370000－1502－0000925　jnt04104

餘齋恥言二卷　（清）徐禎稷撰　（清）孔廣榮編　清光緒三十二年(1906)南扶山房刻本　一册

370000－1502－0000926　jnt04107

華泉先生集選四卷　（明）邊貢撰　（清）王士禎選　睡足軒詩選一卷　（明）邊習撰　清刻本　一册

370000－1502－0000927　jnt04110

從野堂存稿八卷從野堂外集五卷附錄一卷　（明）繆昌期撰　清光緒七年(1881)刻本　四册

370000－1502－0000928　jnt04117

古詩源十四卷　（清）沈德潛選　清嘉慶八年(1803)西山堂刻本　四册

370000－1502－0000929　jnt04119

文山別集四種十四卷　（宋）文天祥撰　清宣統二年(1910)東雅社鉛印本　四册

370000－1502－0000930　jnt04120

補勤詩存續編六卷　（清）陳錦撰　清光緒十年(1884)刻本　二冊

370000－1502－0000931　jnt04122
錫慶堂詩集八卷　（清）嵇璜撰　清咸豐九年(1859)刻本　二冊

370000－1502－0000932　jnt04123
韓詩外傳十卷附韓詩外傳校注拾遺一卷韓詩外傳補逸一卷　（漢）韓嬰撰　（清）周廷寀校注　清光緒元年(1875)三益齋刻本　四冊

370000－1502－0000933　jnt04125
柞蠶雜志一卷　增輯編　清光緒三十二年(1906)石印本　一冊

370000－1502－0000934　jnt04126
四禮翼不分卷　（明）呂坤撰　清光緒九年(1883)刻本　一冊

370000－1502－0000935　jnt04127
十善業道經節要一卷　（明）釋蕅益編訂　**佛説十善業道經一卷**　（唐）釋實叉難陀譯　**見聞録一卷**　（明）釋智旭撰　清刻本　一冊

370000－1502－0000936　jnt04131
學治一得編一卷　（清）何耿繩輯　**明刑管見録一卷**　（清）穆翰撰　清光緒嘯園刻本　一冊

370000－1502－0000937　jnt04132
自勉編四卷　（清）秦篤新輯　清同治九年(1870)刻本　二冊

370000－1502－0000938　jnt04133
恩錫堂家訓編二卷　（清）龔一發輯　清光緒刻本　一冊

370000－1502－0000939　jnt04134
書畫鑑影二十四卷首一卷　（清）李佐賢編輯　清同治十年(1871)利津李佐賢刻本　八冊

370000－1502－0000940　jnt04139
雙節堂庸訓四卷　（清）汪輝祖撰　清同治刻本　一冊

370000－1502－0000941　jnt04140
文字蒙求四卷　（清）王筠撰　清道光刻本　一冊

370000－1502－0000942　jnt04144
天文圖説四卷　（英國）柯雅各撰　（美國）摩嘉立　（清）薛承恩譯　清光緒九年(1883)益智書會刻本　一冊

370000－1502－0000943　jnt04145
思辨録輯要二十二卷後集十三卷　（明）陸世儀撰　清道光十七年(1837)檇李沈維鐈刻本　十冊

370000－1502－0000944　jnt04146
先聖生卒年月日考二卷　（清）孔廣牧撰　清光緒十九年(1893)浙江書局刻本　一冊

370000－1502－0000945　jnt04148
折獄便覽一卷　（□）□□撰　清道光三十年(1850)刻本　一冊

370000－1502－0000946　jnt04149
海陵從政録一卷　（清）周際華撰　清道光十九年(1839)家蔭堂刻本　一冊

370000－1502－0000947　jnt04151
六事箴言不分卷　（清）葉玉屏輯　（清）李錫瓚點注　（清）伍孚尹續輯　清沈維鈺刻本　一冊

370000－1502－0000948　jnt04157
日行事宜一卷　（清）布政使司編　清刻本　一冊

370000－1502－0000949　jnt04158
日行事宜一卷　（清）布政使司編　清刻本　一冊

370000－1502－0000950　jnt04165
清波小志二卷補一卷　（清）徐逢吉輯　（清）陳景鍾補輯　清光緒二年(1876)刻嘯園叢書本　一冊

370000－1502－0000951　jnt04166
善言纂要四卷　（清）李殿臣纂　清劉克昌刻本　四冊

370000－1502－0000952　jnt04168
三角須知一卷　（英國）傅蘭雅撰　清光緒十

四年(1888)刻本 一册

370000－1502－0000953 jnt04170

古文辭類纂十五卷 （清）姚鼐纂輯 續古文
辭類纂十卷 王先謙輯 清光緒十六年
(1890)上海文瑞樓鉛印本 十册

370000－1502－0000954 jnt04176

賴古堂尺牘新鈔二選藏弆集十六卷重刻賴古
堂尺牘新鈔三選結隣集十六卷 （清）周在浚
（清）周在梁 （清）周在延鈔 清道光十九
年(1839)刻本 十六册

370000－1502－0000955 jnt04178

天傭子集十卷首一卷 （明）艾南英撰 （明）
艾爲珖編輯 清光緒五年(1879)梯雲書屋刻
本 十册

370000－1502－0000956 jnt04180

增批古文觀止六卷 （清）吳乘權 （清）吳大
職評注 清書業德刻本 六册

370000－1502－0000957 jnt04181

女兒書輯八卷 （清）張承燮輯 清光緒二十
六年(1900)聽雨何時軒刻本 三册

370000－1502－0000958 jnt04182

小兒書輯八卷 （清）張承燮輯 清光緒二十
六年(1900)聽雨何時軒刻本 四册

370000－1502－0000959 jnt04183

儒先訓要十四卷續輯四卷 （清）張承燮輯
清光緒二十七年(1901)刻本 二册

370000－1502－0000960 jnt04184

東塾讀書記十五卷 （清）陳澧撰 清光緒二
十七年(1901)刻本 四册

370000－1502－0000961 jnt04186

隨園詩話十六卷補遺十卷 （清）袁枚撰 清
隨園刻本 十二册

370000－1502－0000962 jnt04189

鄉會翰苑須知一卷詞館儀式一卷 （□）□□
撰 清光緒三年(1877)善成堂刻本 一册

370000－1502－0000963 jnt04190

吳貞女傳一卷 （清）李元度撰 清光緒二年

(1876)刻本 一册

370000－1502－0000964 jnt04191

太上感應篇不分卷 （清）惠棟箋注 清同治
六年(1867)龍文齋刻本 二册

370000－1502－0000965 jnt04192

金壺精粹不分卷 （清）徐蔭軒編 清光緒元
年(1875)刻本 二册

370000－1502－0000966 jnt04193

臨文便覽不分卷 （清）龍啓瑞編 清光緒元
年(1875)善成堂刻本 二册

370000－1502－0000967 jnt04199

算學須知不分卷 （□）□□撰 清富記書莊
刻本 一册

370000－1502－0000968 jnt04201

館律分韻初編六卷 （清）春暉閣主人輯 清
光緒十四年(1888)上海鴻寶齋石印本 六册

370000－1502－0000969 jnt04205

乘華堂俚言十三篇不分卷 （清）劉士魁撰
清光緒二十一年(1895)濟南漢文齋刻本 一
册

370000－1502－0000970 jnt04206

梅花屋詩稿不分卷 （明）左懋第撰 清道光
六年(1826)家刻本 一册

370000－1502－0000971 jnt04207

二十四孝弟詩輯注二卷 （清）蕭培元撰 清
光緒十九年(1893)山東書局刻本 一册

370000－1502－0000972 jnt04211

續刊青城山記二卷 （清）彭洵編輯 清光緒
刻道藏輯要本 一册

370000－1502－0000973 jnt04212

異方淨土傳燈歸元鏡三祖實錄二卷 （清）釋
智達拈頌 （清）釋德日閱錄 清秀文齋刻本
一册

370000－1502－0000974 jnt04214

夜譚隨錄十二卷 （清）和邦額撰 清光緒十
三年(1887)鴻寶齋石印本 二册

370000 – 1502 – 0000975　jnt04218

三品彙刊一卷　(清)楊景曾輯　清光緒五年(1879)滋本堂刻本　一冊

370000 – 1502 – 0000976　jnt04220

海上名人畫稿不分卷　(清)張熊等繪　清光緒同文書局石印本　一冊

370000 – 1502 – 0000977　jnt04223

吳友如畫寶十三集不分卷　(清)吳友如作　民國五年(1916)中華圖書館石印本　二十六冊

370000 – 1502 – 0000978　jnt04232

洪範大義三卷　(清)唐文治撰　清刻本　一冊

370000 – 1502 – 0000979　jnt04233

興孝錄不分卷　(清)峴山居士輯　清同治八年(1869)刻本　一冊

370000 – 1502 – 0000980　jnt04235

董公擇要一卷　(明)董潛撰　清光緒十一年(1885)刻本　一冊

370000 – 1502 – 0000981　jnt04236

新著儒門靜坐法淵源一卷　(清)張知睿編解　清刻本　一冊

370000 – 1502 – 0000982　jnt04237

小兒書二種二卷　(清)張承燮輯　清光緒六年(1880)聽雨堂刻本　一冊

370000 – 1502 – 0000983　jnt04243

五種遺規十七卷　(清)陳宏謀輯　清光緒二十一年(1895)浙江書局刻本　六冊　存九卷(養正遺規二卷、養正遺規補編一卷、從政遺規二卷、在官法戒錄四卷)

370000 – 1502 – 0000984　jnt04247

菜根譚一卷　(明)洪應明撰　清同治十二年(1873)刻本　一冊

370000 – 1502 – 0000985　jnt04254

六朝唐賦讀本不分卷　(清)馬傳庚選注　清光緒十三年(1887)蜚英館石印本　一冊

370000 – 1502 – 0000986　jnt04255

江月松風集十二卷續集一卷附文一卷補遺一卷附錄一卷　(元)錢惟善撰　清光緒八年(1882)清海甯錢氏清風室刻本　一冊

370000 – 1502 – 0000987　jnt04257

那處詩鈔四卷　(清)蔣楷撰　清宣統三年(1911)刻本　一冊

370000 – 1502 – 0000988　jnt04258

聲調譜說二卷　(清)吳紹溎纂訂　清光緒二十七年(1901)刻本　一冊

370000 – 1502 – 0000989　jnt04259

南學製墨札記一卷　(清)謝崧岱撰　清光緒十年(1884)湘鄉謝氏挈經樹刻本　一冊

370000 – 1502 – 0000990　jnt04260

山東闈墨(光緒庚子辛丑恩正并科)不分卷　尹銘綬等撰　清光緒二十六年(1900)聚奎堂刻本　一冊

370000 – 1502 – 0000991　jnt04262

楊忠愍公全集四卷　(明)楊繼盛撰　清道光尚友堂刻本　四冊

370000 – 1502 – 0000992　jnt04266

算法統宗大全四卷　(清)黃錫純撰　清光緒三十年(1904)聚和堂刻本　四冊

370000 – 1502 – 0000993　jnt04267

金仙證論不分卷　(清)柳華陽撰注　清上海大成書局石印本　二冊

370000 – 1502 – 0000994　jnt04268

淳化閣帖釋文十卷　(清)徐朝弼集釋　清嘉慶十七年(1812)刻本　一冊

370000 – 1502 – 0000995　jnt04270

三統術詳說四卷　(清)陳澧撰　清刻本　一冊

370000 – 1502 – 0000996　jnt04271

秋盦詩草一卷秋盦題跋一卷　(清)黃易撰　清宣統二年(1910)石印本　一冊

370000 – 1502 – 0000997　jnt04273

聖門禮志一卷　(清)孔令貽輯　清光緒十三年(1887)闕里硯寬亭刻本　一冊

370000－1502－0000998　jnt04275

聖門樂志一卷　（清）孔尚任纂　清光緒十三年(1887)闕里硯寬亭刻本　一册

370000－1502－0000999　jnt04278

率性闡微一卷　（清）素陽子撰　清光緒三十二年(1906)徐正誠刻本　一册

370000－1502－0001000　jnt04281

虛齋名畫錄十六卷　龐元濟輯　清宣統元年(1909)烏程龐氏刻本　十六册

370000－1502－0001001　jnt04282

四書人物類典串珠四十卷　（清）臧志仁編輯　清嘉慶六年(1801)刻本　十二册

370000－1502－0001002　jnt04283

艮背閣三世遺詩三種三卷　（清）趙執瑚（清）趙恎　（清）趙貫撰　清小隱園刻本　一册

370000－1502－0001003　jnt04284

白鵠山房駢體文續鈔二卷　（清）徐熊飛撰　清嘉慶二十五年(1820)刻本　一册

370000－1502－0001004　jnt04285

地理五訣八卷　（清）趙廷棟撰　清道光十四年(1834)刻本　四册

370000－1502－0001005　jnt04286

翻譯名義集選一卷　（宋）釋法雲編　（清）□□選　清同治十二年(1873)江北刻經處刻本　一册

370000－1502－0001006　jnt04287

天文揭要二卷　（美國）赫士口譯　周文源筆述　清光緒二十五年(1899)上海美華書館鉛印本　二册

370000－1502－0001007　jnt04288

益智圖二卷末一卷　（清）童葉庚撰　清光緒四年(1878)刻本　二册

370000－1502－0001008　jnt04289

增訂傳家格言十一卷　（清）陳研樓撰　清光緒九年(1883)鉛印本　一册

370000－1502－0001009　jnt04290

增訂傳家格言十一卷　（清）陳研樓撰　清光緒九年(1883)鉛印本　一册

370000－1502－0001010　jnt04291

增訂傳家格言十一卷　（清）陳研樓撰　清光緒九年(1883)鉛印本　一册

370000－1502－0001011　jnt04292

增訂傳家格言十一卷　（清）陳研樓撰　清光緒九年(1883)鉛印本　一册

370000－1502－0001012　jnt04293

增訂傳家格言十一卷　（清）陳研樓撰　清光緒九年(1883)鉛印本　一册

370000－1502－0001013　jnt04294

養正樂歌一卷　載振撰　清光緒二十九年(1903)山東印書局刻本　一册

370000－1502－0001014　jnt04295

切問齋集十二卷首一卷　（清）陸耀撰　清光緒十八年(1892)江蘇書局刻本　四册

370000－1502－0001015　jnt04296

筆算數學三卷　（美國）狄考文輯　清光緒三十年(1904)上海美華書館鉛印本　三册

370000－1502－0001016　jnt04305

商務官報不分卷　（清）北京商務官報局輯　清光緒三十四年(1908)鉛印本　二册　存二期(戊申一、十)

370000－1502－0001017　jnt04307

鴻雪因緣圖記三集不分卷　（清）麟慶撰　清光緒十二年(1886)上海同文書局石印本　三册

370000－1502－0001018　jnt04308

曾文正公家書十卷曾文正公家訓二卷　（清）曾國藩撰　清光緒二年(1876)傳忠書局刻本　十二册

370000－1502－0001019　jnt04311

國朝畫識十七卷墨香居畫識十卷　（清）馮金伯撰輯　清抄本　六册　缺五卷(墨香居畫識六至十)

370000－1502－0001020　jnt04312

帖經舉隅四卷 （清）翁方綱撰 清刻本 一冊

370000－1502－0001021 jnt04316

板橋全集□□卷 （清）鄭燮撰 清刻本 三冊 存六卷（板橋詩鈔卷一至三、板橋詞鈔一卷、衛情一卷、板橋家書一卷）

370000－1502－0001022 jnt04317

御定歷代題畫詩類一百二十卷 （清）陳邦彥編 清嘉慶二十二年(1817)裕文堂刻本 三十二冊

370000－1502－0001023 jnt04319

花間集十卷 （五代）趙崇祚輯 清光緒四年(1878)臨桂王鵬運四印齋刻本 一冊

370000－1502－0001024 jnt04320

古韻譜二卷 （清）王念孫撰 清同治十二年(1873)渭南嚴氏成都刻本 一冊

370000－1502－0001025 jnt04324

泛槎圖不分卷 （清）張寶繪 清光緒六年(1880)上海點石齋據嘉慶年刻本石印本 二冊

370000－1502－0001026 jnt04325

百種華牋譜不分卷 （清）松小夢繪 清光緒二十八年(1902)天津文美齋石印本 一冊

370000－1502－0001027 jnt04329

詩韻集成十卷 （清）余照輯 清刻本 四冊

370000－1502－0001028 jnt04331

天外歸帆草一卷海國勝游草一卷乘查筆記一卷 （清）斌椿撰 清同治至光緒刻本 一冊

370000－1502－0001029 jnt04335

經史子集題解韻府二十卷 （清）徐柳泉編 清光緒十六年(1890)上海積山書局石印本 十冊

370000－1502－0001030 jnt04336

繡像妥注六才子書六卷首一卷 （元）王實甫撰 （清）鄒聖脈妥注 清同治十二年(1873)刻本 六冊

370000－1502－0001031 jnt04338

秋笳集八卷 （清）吳兆騫撰 清衷白堂刻本 四冊

370000－1502－0001032 jnt04344

董方立遺書九種十六卷 （清）董祐誠等撰
樛華閣駢體文二卷 （清）董基誠撰 偶存集一卷援守井研記略一卷 （清）董貽清撰 清同治八年(1869)成都陽湖董氏刻本 六冊

370000－1502－0001033 jnt04345

植物名實圖考三十八卷 （清）吳其濬撰 清道光二十八年(1848)刻本 十七冊 存十七卷（一至七、九至十、二十一至二十四、二十七至三十）

370000－1502－0001034 jnt04348

螢窗異草初編四卷二編四卷三編四卷四編四卷 （清）浩歌子撰 （清）隨園老人續評 清光緒二年(1876)上海錦章圖書局石印本 四冊

370000－1502－0001035 jnt04349

螢窗異草二編四卷三編四卷四編四卷 （清）浩歌子撰 （清）隨園老人續評 清光緒二年(1876)上海錦章圖書局石印本 一冊 缺五卷（三編二至三、四編二至四）

370000－1502－0001036 jnt04350

聖經典林不分卷 （美國）范約翰等編纂 清宣統二年(1910)中國聖教書會鉛印本 一冊

370000－1502－0001037 jnt04351

孔孟志略三卷 （清）張承燮纂 清光緒二十七年(1901)膠州聽雨何時軒刻本 三冊

370000－1502－0001038 jnt04355

政治源流二十二章不分卷 （美國）謝衛樓撰 （清）管國全筆述 清宣統二年(1910)北通州協和書院印字館鉛印本 一冊

370000－1502－0001039 jnt04356

直隸清訟章程一卷 （清）曾國藩訂 清同治十一年(1872)嘉興金吳瀾刻本 一冊

370000－1502－0001040 jnt04360

水滸畫譜二卷 （清）顓道人繪 清光緒十四

年(1888)石印本　二册

370000－1502－0001041　jnt04364
增廣留青新集二十四卷　（□）□□編　清光緒二十五年(1899)石印本　十二册

370000－1502－0001042　jnt04365
增廣留青新集二十四卷　（□）□□編　清光緒二十五年(1899)石印本　十二册

370000－1502－0001043　jnt04371
梁氏宗戚硃卷搜集不分卷　（清）梁康辰等撰　清刻本　二册

370000－1502－0001044　jnt04372
太玄闡秘十卷首一卷附編一卷外編一卷　（清）陳本禮纂述　清光緒貴池劉世珩刻聚學軒叢書本　三册

370000－1502－0001045　jnt04373
洪範宗經三卷　（清）丁裕彦纂注　清道光十五年(1835)刻本　三册

370000－1502－0001046　jnt04374
籌餉事例不分卷增修籌餉事例不分卷增修現行常例不分卷　（清）户部編　清刻本　四册

370000－1502－0001047　jnt04376
天仙正理直論增注二卷　（明）伍守陽撰并注　（明）伍守虚同注　清宣統二年(1910)善成堂刻本　二册

370000－1502－0001048　jnt04378
人譜正篇一卷人譜類記增訂六卷　（明）劉宗周撰　清同治七年(1868)吴興丁氏濟南公廨刻本　二册

370000－1502－0001049　jnt04379
人譜類記增訂不分卷　（明）劉宗周撰　清同治七年(1868)吴興丁氏濟南公廨刻本　一册

370000－1502－0001050　jnt04382
萬法歸心録三卷　（清）釋祖源撰　清同治九年(1870)刻本　一册

370000－1502－0001051　jnt04384
理財學精義四章不分卷　（日本）田尻稻次郎撰　王秀點譯　清光緒三十二年(1906)上海

商務印書館鉛印本　一册

370000－1502－0001052　jnt04385
金剛般若波羅蜜經淺説不分卷　（清）陳柱撰　清道光二十八年(1848)刻本　一册

370000－1502－0001053　jnt04388
古文雅正十四卷　（清）蔡世遠評選　清光緒二十二年(1896)上海圖書集成印書局鉛印本　四册

370000－1502－0001054　jnt04389
顔氏家訓七卷考證一卷　（北齊）顔之推撰　清咸豐七年(1857)成都志古堂刻本　二册

370000－1502－0001055　jnt04391
重鐫官板地理天機會元正篇體用括要三十五卷　（唐）卜則巍撰　（唐）顧乃德集　（明）徐之鏌重編　清末上海校經山房石印本　十册　存二十卷(一至二十)

370000－1502－0001056　jnt04395
雪樵遺稿五卷　（清）王乃新撰　（清）繆潤紱選　清光緒十年(1884)含光堂刻本　二册

370000－1502－0001057　jnt04396
雪樵遺稿五卷　（清）王乃新撰　（清）繆潤紱選　清光緒十年(1884)含光堂刻本　二册

370000－1502－0001058　jnt04397
雪樵遺稿五卷　（清）王乃新撰　（清）繆潤紱選　清光緒十年(1884)含光堂刻本　二册

370000－1502－0001059　jnt04398
雪樵遺稿五卷　（清）王乃新撰　（清）繆潤紱選　清光緒十年(1884)含光堂刻本　二册

370000－1502－0001060　jnt04399
雪樵遺稿五卷　（清）王乃新撰　（清）繆潤紱選　清光緒十年(1884)含光堂刻本　二册

370000－1502－0001061　jnt04400
删除律例不分卷　沈家本等編　清光緒三十一年(1905)京都擷華書局鉛印本　一册

370000－1502－0001062　jnt04401
删除律例不分卷　沈家本等編　清光緒三十一年(1905)京都擷華書局鉛印本　一册

370000－1502－0001063　jnt04402

武場條例八卷首一卷　（清）兵部纂　清同治刻本　二册

370000－1502－0001064　jnt04403

山洋指迷原本四卷　（明）周景一撰　（清）俞歸璞　（清）吳卿瞻增注　清咸豐七年(1857)經綸堂刻本　二册

370000－1502－0001065　jnt04404

勸學篇二卷　（清）張之洞撰　清光緒二十四年(1898)刻本　一册

370000－1502－0001066　jnt04405

勸學篇二卷　（清）張之洞撰　清光緒二十四年(1898)端方石印本　一册

370000－1502－0001067　jnt04406

梅花五星陣圖説一卷　（清）陳階平撰　清道光六年(1826)刻本　一册

370000－1502－0001068　jnt04407

蠶桑實濟六卷　（□）□□撰　**紀韓來安遺政一卷**　（清）王效成撰　清光緒四年(1878)滂喜齋刻本　一册

370000－1502－0001069　jnt04410

處分則例圖要六卷　（清）蔡逢年繪編　清同治九年(1870)江蘇書局刻本　二册

370000－1502－0001070　jnt04417

續千字文一卷　（清）龔璁撰　清咸豐五年(1855)杭州周宗隆刻字店刻本　一册

370000－1502－0001071　jnt04418

西漢會要七十卷　（宋）徐天麟撰　清光緒五年(1879)嶺南學海堂刻本　八册　缺二十五卷(二十一至二十四、三十至三十三、四十至四十六、五十五至六十、六十七至七十)

370000－1502－0001072　jnt04421

閒處光陰二卷　（清）摶沙拙老撰　清光緒二十四年(1898)石印本　一册　存一卷(上)

370000－1502－0001073　jnt04424

松陽鈔存二卷　（清）陸隴其撰　（清）楊開基編次　清同治十三年(1874)湖南省城書局刻本　一册

370000－1502－0001074　jnt04425

古文淵鑒六十四卷　（清）徐乾學等編注　清同治十二年(1873)浙江書局刻本　三十二册

370000－1502－0001075　jnt04427

新刻萬法歸宗五卷　（唐）李淳風撰　（唐）袁天罡補　清光緒三十三年(1907)上海書局石印本　四册

370000－1502－0001076　jnt04428

暗室燈四卷　（清）王崇實撰　清咸豐九年(1859)濟南文陞齋刻本　四册

370000－1502－0001077　jnt04430

訓俗遺規四卷補編一卷　（清）陳宏謀編輯　清光緒二十一年(1895)浙江書局刻本　三册

370000－1502－0001078　jnt04431

菊譜一卷　（清）王壽偉作　清光緒二十三年(1897)刻本　一册

370000－1502－0001079　jnt04432

歐美政治要義十八章不分卷　（清）戴鴻慈　（清）端方撰　清光緒三十四年(1908)上海商務印書館石印本　四册

370000－1502－0001080　jnt04435

神相全編十二卷首一卷　（宋）陳搏傳　（明）袁忠徹訂正　清道光五年(1825)經國堂刻本　六册

370000－1502－0001081　jnt04436

卜筮正宗十四卷　（清）王維德輯　清光緒三十一年(1905)上海大成書局石印本　四册

370000－1502－0001082　jnt04438

宋稗類鈔八卷　（清）潘永因輯　清宣統元年(1909)有正書局鉛印本　六册　缺二卷(三、六)

370000－1502－0001083　jnt04442

王摩詰集六卷　（唐）王維撰　清光緒十年(1884)上海文瑞樓影印本　四册

370000－1502－0001084　jnt04446

安瀾紀要二卷迴瀾紀要二卷　（清）徐端撰

清道光二十三年(1843)刻本　四册

370000－1502－0001085　jnt04448
船山詩草二十卷　（清）張問陶撰　清嘉慶刻本　十二册

370000－1502－0001086　jnt04449
紀效新書十八卷首一卷　（明）戚繼光撰　清光緒二十一年(1895)石印本　四册

370000－1502－0001087　jnt04452
悟真直指四卷　（宋）張伯端著　（清）劉一明解注　清嘉慶刻本　二册

370000－1502－0001088　jnt04454
文公家禮儀節八卷　（宋）朱熹編　（明）楊慎輯　清道光三十年(1850)刻本　四册

370000－1502－0001089　jnt04456
批點七家詩合注七卷　（清）王廷紹等撰（清）張熙宇評　（清）申珠等補注　清光緒十七年(1891)書業德刻本　八册

370000－1502－0001090　jnt04458
虞初新志二十卷　（清）張潮輯　清詒清堂刻本　十册

370000－1502－0001091　jnt04459
詩韻合璧五卷附虛字韻藪一卷　（清）湯文潞編　虛字韻藪一卷　（清）潘維城輯　清光緒四年(1878)上海淞隱閣鉛印本　五册

370000－1502－0001092　jnt04461
飲冰室文集十八卷　梁啓超撰　清光緒二十九年(1903)上海廣智書局鉛印本　十八册

370000－1502－0001093　jnt04462
藝林珠玉□□卷　（□）□□輯　清道光十九年(1839)刻本　八册　存八卷(十一至十八)

370000－1502－0001094　jnt04463
長生殿傳奇二卷　（清）洪昇填詞　（清）舒鳧論文　清同人堂刻本　四册

370000－1502－0001095　jnt04464
東坡詞一卷　（宋）蘇軾撰　清宣統元年(1909)二友堂石印本　一册

370000－1502－0001096　jnt04465
文選課虛四卷　（清）杭世駿類次　清光緒十年(1884)上海同文書局石印本　一册

370000－1502－0001097　jnt04466
廣事類賦四十卷　（清）華希閔撰　清刻本　十册

370000－1502－0001098　jnt04467
廣事類賦四十卷　（清）華希閔撰　清刻本　九册　缺四卷(二十七至三十)

370000－1502－0001099　jnt04469
戰國策三十三卷　（宋）鮑彪校注　（元）吳師道重校　清武林二餘堂刻本　八册　存十卷(一至十)

370000－1502－0001100　jnt04470
袁家三妹合稿三卷　（清）袁枚輯　清隨園刻本　一册

370000－1502－0001101　jnt04471
蕓香閣尺一書二卷　（清）朱蔭培撰　清刻本　一册

370000－1502－0001102　jnt04474
程氏家塾讀書分年日程二卷　（元）程端禮撰　清光緒十八年(1892)文英閣刻本　一册

370000－1502－0001103　jnt04480
二南詩續鈔二卷補遺一卷　（清）周樂撰　清道光二十九年(1849)紫藤書屋刻本　二册

370000－1502－0001104　jnt04483
增批輯注東萊博議四卷　（宋）呂祖謙撰（清）劉紫山輯注　清光緒三十一年(1905)上海寶善齋書莊鉛印本　四册

370000－1502－0001105　jnt04486
吳友如畫寶十三集不分卷　（清）吳友如作　民國五年(1916)中華圖書館石印本　二十七册

370000－1502－0001106　jnt04488
校訂困學紀聞三箋二十卷　（宋）王應麟撰（清）閻若璩等箋　（清）屠繼序校補　清刻本　七册　缺二卷(三至四)

370000 – 1502 – 0001107　jnt04489

賦學指南十六卷　（清）余丙照輯　清道光二十八年(1848)文質堂刻本　六冊

370000 – 1502 – 0001108　jnt04494

文選六十卷　（南朝梁）蕭統撰　（唐）李善注
文選考異十卷　（清）胡克家撰　清光緒十八年(1892)上海古香閣石印本　六冊

370000 – 1502 – 0001109　jnt04500

三賢文集十二卷　（清）張斐然等輯　清道光十六年(1836)容城刻本　十二冊

370000 – 1502 – 0001110　jnt04501

弈理指歸圖三卷　（清）施紹闇撰　清末上海文瑞樓影印弈潛齋本　七冊

370000 – 1502 – 0001111　jnt04503

東武詩存十卷　（清）王賡言纂　清嘉慶二十五年(1820)化香閣刻本　十冊

370000 – 1502 – 0001112　jnt04504

宋元明詩約鈔三百首不分卷　（清）朱梓（清）冷昌言編輯　清道光南京狀元閣刻本二冊

370000 – 1502 – 0001113　jnt04505

詩韻含英題解十卷　（清）甘蘭友輯　清嘉慶八年(1803)貴文堂刻本　四冊

370000 – 1502 – 0001114　jnt04513

憨齋詩刪六卷　（清）馬桐芳撰　（清）安日潤刪　清刻本　一冊

370000 – 1502 – 0001115　jnt04516

國朝歷下詩鈔四卷　（清）王鍾霖編輯　清光緒四年(1878)刻本　一冊　存一卷(一)

370000 – 1502 – 0001116　jnt04517

欽定三國志六十五卷　（晋）陳壽撰　（南朝宋）裴松之注　清光緒二十六年(1900)煥文書局石印本　四冊

370000 – 1502 – 0001117　jnt04519

甌北集五十三卷　（清）趙翼撰　清嘉慶十七年(1812)湛貽堂刻本　十一冊　缺五卷(六至十)

370000 – 1502 – 0001118　jnt04527

三元秘授六卷附法竅一卷　（清）□□撰　清刻本　四冊

370000 – 1502 – 0001119　jnt04534

酌雅堂駢體文集不分卷　（清）徐壽基撰　清刻本　一冊

370000 – 1502 – 0001120　jnt04535

鳳閣新裁二卷　（清）侃侃齋鈔録　清畫舫主人刻本　四冊

370000 – 1502 – 0001121　jnt04536

楹聯叢話十二卷楹聯續話四卷　（清）梁章鉅編輯　清道光二十二年至二十五年(1842 – 1845)長沙府署刻本　六冊

370000 – 1502 – 0001122　jnt04537

增廣賦海大全三十卷首一卷　（清）張承臚輯　清光緒十五年(1889)上海點石齋石印本　十二冊

370000 – 1502 – 0001123　jnt04541

家慈李太恭人七旬壽辰乞言啓二卷　（清）陳鎮等輯　清同治十二年(1873)刻本　二冊

370000 – 1502 – 0001124　jnt04542

止止堂集五卷　（明）戚繼光撰　清光緒十四年(1888)山東書局刻本　四冊

370000 – 1502 – 0001125　jnt04543

欽定狀元策不分卷　（清）吳魯年等撰　清政府刻本　二冊

370000 – 1502 – 0001126　jnt04544

秋盦遺稿不分卷　（清）黃易撰　清宣統二年(1910)石印本　一冊

370000 – 1502 – 0001127　jnt04545

秋盦遺稿不分卷　（清）黃易撰　清宣統二年(1910)石印本　一冊

370000 – 1502 – 0001128　jnt04546

秋盦遺稿不分卷　（清）黃易撰　清宣統二年(1910)石印本　一冊

370000 – 1502 – 0001129　jnt04547

秋盦遺稿不分卷　（清）黃易撰　清宣統二年

(1910)石印本　一册

370000－1502－0001130　jnt04548

秋盦遺稿不分卷　（清）黃易撰　清宣統二年
(1910)石印本　一册

370000－1502－0001131　jnt04549

李文清公遺書八卷志節編二卷　（清）李棠階
撰　清光緒八年(1882)河北道署刻本　四册

370000－1502－0001132　jnt04551

御纂周易折中二十二卷首一卷　（清）李光地
撰　清刻本　十二册

370000－1502－0001133　jnt04552

船山詩草二十卷　（清）張問陶撰　清同治十
三年(1874)刻本　六册

370000－1502－0001134　jnt04553

六朝唐賦讀本不分卷　（清）馬傳庚選注　清
光緒十三年(1887)蜚英館石印本　二册

370000－1502－0001135　jnt04555

汪氏兩園圖詠合刻□□卷　（清）汪承鏞輯
清同治十二年（1873）刻本　三册　缺一册
（四）

370000－1502－0001136　jnt04559

小山詞鈔一卷小山詞補鈔一卷　（宋）晏幾道
撰　清光緒十一年(1885)揚州刻本　一册

370000－1502－0001137　jnt04566

漁洋詩話三卷　（清）王士禎撰　清抄本　一
册

370000－1502－0001138　jnt04568

題蘭稿一卷　（清）繆公恩撰　清光緒十二年
(1886)含光閣刻本　一册

370000－1502－0001139　jnt04569

題蘭稿一卷　（清）繆公恩撰　清光緒十二年
(1886)含光閣刻本　一册

370000－1502－0001140　jnt04570

輶軒語四卷　（清）張之洞撰　清光緒二十一
年(1895)福建學署石印本　一册

370000－1502－0001141　jnt04572

龍洞詩集一卷　（清）晏蜚聲纂　清光緒二十
六年(1900)紅色鉛印本　一册

370000－1502－0001142　jnt04573

學治要言不分卷　（清）長順輯　清光緒十七
年(1891)刻本　一册

370000－1502－0001143　jnt04574

膠西鄉先生詩稿萃編八卷　（清）徐宗勉校録
清光緒二十一年(1895)膠州徐憼裕堂刻本
一册

370000－1502－0001144　jnt04576

豫乘識小録二卷　（清）朱雲錦撰　清同治十
二年(1873)豫省王郁文齋刻本　二册

370000－1502－0001145　jnt04578

澄衷蒙學堂字課圖説四卷　劉樹屏撰　清光
緒二十九年(1903)澄衷學堂印書處石印本
八册

370000－1502－0001146　jnt04584

勺湖蓮隱圖詠一卷　（清）周石君輯　清光緒
八年(1882)刻本　一册

370000－1502－0001147　jnt04585

阮步兵詠懷詩注不分卷　（三國魏）阮籍撰
黃節集注　清末鉛印本　一册

370000－1502－0001148　jnt04588

瀛海攀轅録不分卷　（清）朱道修等題　清道
光二十六年(1846)醉經樓刻本　二册

370000－1502－0001149　jnt04590

藝林類擷十六卷　（清）謝輔玷選　清咸豐五
年(1855)刻本　八册

370000－1502－0001150　jnt04591

培遠堂手札節存不分卷　（清）陳宏謀撰　清
光緒五年(1879)刻本　一册

370000－1502－0001151　jnt04592

康南海文鈔四卷　康有爲撰　清末鉛印本
四册

370000－1502－0001152　jnt04595

詩韻集成十卷　（清）余照輯　清光緒二十六
年(1900)成文堂刻本　四册

370000－1502－0001153　jnt04596

國朝六家詩鈔八卷　（清）劉執玉選　清嘉慶八年（1803）刻本　六册

370000－1502－0001154　jnt04599

重訂古文釋義新編八卷　（清）余誠評注　清光緒二十年（1894）寶書堂刻本　七册

370000－1502－0001155　jnt04600

詩料英華十四卷　（清）劉豹君撰　清同會齋刻本　四册

370000－1502－0001156　jnt04601

詩賦駢字類珠八卷　（清）蕭橫編　清聚錦堂刻本　四册

370000－1502－0001157　jnt04603

養雲山館試帖四卷　（清）許球撰　（清）王榮級注釋　清道光二十七年（1847）寶經堂刻本　四册

370000－1502－0001158　jnt04610

遏雲閣曲譜初集不分卷　（清）王錫純輯　清光緒十七年（1891）鉛印本　八册

370000－1502－0001159　jnt04611

宋六十一家詞選十二卷　（清）馮煦輯　清光緒十三年（1887）冶城山館刻本　四册

370000－1502－0001160　jnt04612

戰國策三十三卷　（宋）鮑彪校注　（元）吳師道重校　清中葉重刻明張一鯤本　八册　存十卷（一至十）

370000－1502－0001161　jnt04613

咸豐辛亥恩科直省同年全録不分卷　（□）□□編　清同治六年（1867）刻本　四册

370000－1502－0001162　jnt04619

鼎鍥幼幼集成六卷　（清）陳復正輯　清光緒三十三年（1907）上海文海閣石印本　六册

370000－1502－0001163　jnt04621

禮記十卷　（元）陳澔集説　（清）丁寶楨校刊　清刻本　十册

370000－1502－0001164　jnt04622

四書人物類典串珠十六卷首一卷　（清）臧志仁編輯　清光緒善成堂刻本　六册

370000－1502－0001165　jnt04623

宋詩別裁集八卷元詩別裁集八卷補遺一卷　（清）張景星　（清）姚培謙　（清）王永祺點閱　明詩別裁集十二卷　（清）沈德潛　（清）周準輯　清中葉務本堂刻本　八册

370000－1502－0001166　jnt04624

鑑撮四卷　（清）曠敏本編　奉使紀勝一卷　（清）陳階平撰　讀史論略一卷　（清）杜紫綸撰　清道光十九年（1839）四宜堂刻本　八册

370000－1502－0001167　jnt04628

周石鼓文一卷　（□）□□輯　清光緒三年（1877）石印本　一册

370000－1502－0001168　jnt04629

周石鼓文一卷　（□）□□輯　清光緒三年（1877）石印本　一册

370000－1502－0001169　jnt04631

中美通商行船條約一卷　（清）吕環海訂　清光緒二十九年（1903）刻本　一册

370000－1502－0001170　jnt04632

中日通商行船續約一卷　（清）吕環海訂　清光緒二十九年（1903）刻本　一册

370000－1502－0001171　jnt04634

冶梅石譜不分卷　（清）王寅繪　清光緒六年（1880）金陵王氏刻本　二册

370000－1502－0001172　jnt04635

淵鑑類函四百五十卷　（清）張英等纂　清光緒十三年（1887）上海同文書局石印本　四十三册　缺四十八卷（十九至二十七、三十八至四十七、五十五至六十一、一百二十九至一百五十）

370000－1502－0001173　jnt04636

韋蘇州集十卷　（唐）韋應物撰　清宣統三年（1911）項氏玉淵堂仿宋石印本　六册

370000－1502－0001174　jnt04637

明大司馬盧公集十二卷首一卷　（明）盧象昇撰　清光緒元年（1875）刻本　八册

370000－1502－0001175　　jnt04638

清芬録二卷　（清）陳文騄輯　清光緒十六年
(1890)湖南求志書屋鉛印本　二冊

370000－1502－0001176　　jnt04639

崇雅堂集十五卷附録一卷　（明）鍾羽正撰
清光緒三十三年(1907)鍾氏家塾刻本　四冊

370000－1502－0001177　　jnt04642

庾子山集十六卷年譜一卷　（北周）庾信撰
（清）倪璠注釋　清大文堂刻本　十二冊

370000－1502－0001178　　jnt04644

南畇詩稿十卷乙酉集二卷丙戌集二卷丁亥集
一卷戊子集一卷己丑集一卷庚寅集二卷辛卯
集二卷壬辰集一卷癸巳集一卷甲午集一卷乙
未集二卷附南畇老人自訂年譜一卷　（清）彭
定求撰　清刻本　六冊

370000－1502－0001179　　jnt04645

老學庵筆記十卷　（宋）陸游撰　清光緒三年
(1877)湖北崇文書局刻本　二冊

370000－1502－0001180　　jnt04646

朔風吟略十一卷　（清）劉秉琳撰　清光緒二
年(1876)津門道署刻本　二冊

370000－1502－0001181　　jnt04647

皇朝直省府廳州縣歌括不分卷　（清）蔣升編
　清光緒二十八年(1902)山東書局石印本
二冊

370000－1502－0001182　　jnt04648

忠雅堂詩集二十七卷補遺二卷忠雅堂詞集二
卷　（清）蔣士銓撰　清刻本　十冊

370000－1502－0001183　　jnt04651

文獻通考紀要二卷首一卷文獻通考自序一卷
　（元）馬端臨撰　清光緒二十七年(1901)聽
雨何時軒刻本　三冊

370000－1502－0001184　　jnt04652

貽經堂試體詩二卷附閒居憶舊録一卷　（清）
鄭城撰　清嘉慶十八年(1813)敬業堂刻本
一冊

370000－1502－0001185　　jnt04653

貽經堂試體詩二卷附閒居憶舊録一卷　（清）
鄭城撰　清嘉慶十八年(1813)敬業堂刻本
一冊

370000－1502－0001186　　jnt04656

絶妙好詞箋七卷附絶妙好詞續鈔二卷　（宋）
周密輯　詞選二卷　（清）張惠言録　續詞選
二卷　（清）董毅録　清同治十一年(1872)會
稽章氏刻本　四冊

370000－1502－0001187　　jnt04657

朱幹青印存一卷　（清）朱家楨篆　清鈐印本
　一冊

370000－1502－0001188　　jnt04659

環山樓印存不分卷　（清）王範金篆　清咸豐
九年(1859)印本　一冊

370000－1502－0001189　　jnt04660

宋元印譜一卷附明印一卷　（□）□□輯　清
石壽軒鈐印本　一冊

370000－1502－0001190　　jnt04662

自怡堂印存不分卷　（清）周德華作　清光緒
二十九年(1903)印本　四冊

370000－1502－0001191　　jnt04663

龔定盦全集二十卷　（清）龔自珍撰　清宣統
二年(1910)上海國學扶輪社鉛印本　七冊

370000－1502－0001192　　jnt04664

欽取朝考卷不分卷　（清）陳嘉言等撰　清光
緒內府刻本　二冊

370000－1502－0001193　　jnt04666

關中書院課士詩不分卷　（清）路德選　清光
緒二十一年(1895)書業德刻本　四冊

370000－1502－0001194　　jnt04668

王臨川全集二十四卷　（宋）王安石撰　清宣
統三年(1911)掃葉山房石印本　十二冊

370000－1502－0001195　　jnt04669

桃花扇二卷　（清）孔尚任撰　清刻本　四冊

370000－1502－0001196　　jnt04670

印文詳解□□卷　（清）劉維坊篆　清刻本
一冊

370000－1502－0001197　jnt04677

阮嗣宗集四卷　（三國魏）阮籍撰　清宣統三年(1911)上海文明書局鉛印本　一冊

370000－1502－0001198　jnt04679

長江集十卷　（唐）賈島撰　清刻畿輔叢書本　一冊

370000－1502－0001199　jnt04685

注釋少嵒賦草不分卷　（清）夏思沺撰　清光緒七年(1881)聚錦堂刻本　二冊

370000－1502－0001200　jnt04686

注釋少嵒賦草不分卷　（清）夏思沺撰　清道光三十年(1850)聚錦堂刻本　二冊

370000－1502－0001201　jnt04690

注釋唐詩三百首不分卷　（清）孫洙編　清李光明莊刻本　二冊

370000－1502－0001202　jnt04692

古文讀本十三卷　（清）吳汝綸評選　清光緒二十九年(1903)華北書局排印本　四冊

370000－1502－0001203　jnt04697

小石山房印譜六卷　（清）顧湘等編輯　清道光八年(1828)海虞顧氏小石山房鈐印本　一冊　存一卷(一)

370000－1502－0001204　jnt04697

小石山房印譜六卷　（清）顧湘等編輯　清道光八年(1828)海虞顧氏小石山房鈐印本　一冊　存一卷(六)

370000－1502－0001205　jnt04698

文忠休居樂府一卷牧民忠告二卷風憲忠告一卷廟堂忠告一卷　（元）張養浩撰　清光緒二十九年(1903)刻本　二冊

370000－1502－0001206　jnt04701

佩文詩韻釋要五卷　（清）周兆基撰　陸潤庠校　清宣統三年(1911)商務印書館石印本　二冊

370000－1502－0001207　jnt04705

詩經融注大全體要八卷詩經八卷　（清）沈世楷輯　清聚三堂刻本　四冊

370000－1502－0001208　jnt04706

詩經融注大全體要八卷詩經八卷　（清）沈世楷輯　清光緒十三年(1887)書業德刻本　四冊

370000－1502－0001209　jnt04708

尚書離句六卷　（清）錢在培輯解　清光緒十七年(1891)聚和堂刻本　二冊

370000－1502－0001210　jnt04709

四書不二字音釋不分卷　（清）楊昕輯注　清道光二十二年(1842)刻本　二冊

370000－1502－0001211　jnt04710

春秋經傳集解三十卷　（晋）杜預集解　（唐）陸元朗音釋　（宋）林堯叟附注　（清）馮李驊增訂　清光緒三十一年(1905)益友堂刻本　十六冊

370000－1502－0001212　jnt04711

退思軒詩集六卷補遺一卷　（清）張百熙撰　清末上海會文堂書局石印本　二冊

370000－1502－0001213　jnt04716

重訂七經精義　（清）黃淦纂　清嘉慶十三年(1808)刻本　十四冊

370000－1502－0001214　jnt04718

翰海十二卷　（明）沈佳允輯　清光緒二年(1876)上海申報館鉛印本　八冊

370000－1502－0001215　jnt04722

文選六十卷　（南朝梁）蕭統撰　（唐）李善注　文選考異十卷　（清）胡克家撰　清宣統三年(1911)上海會文堂影印本　十六冊

370000－1502－0001216　jnt04725

聖諭廣訓一卷　（英國）穆維良　（英國）嘉樂天注解　清光緒三十二年(1906)京都乾魚胡同鉛印本　一冊

370000－1502－0001217　jnt04726

三賢集十二卷　（清）張斐然等輯　清光緒二十四年(1898)刻本　十二冊

370000－1502－0001218　jnt04731

昭代名人尺牘續集二十四卷　（清）陶湘輯

清宣統三年(1911)天寶書局石印本　二十四
冊

370000－1502－0001219　jnt04735
昌黎先生集四十卷外集十卷遺文一卷　（唐）
韓愈撰　**韓集點勘四卷**　（清）陳景雲撰　清
宣統三年(1911)石印本　十冊

370000－1502－0001220　jnt04739
純正蒙求三卷　（元）胡炳文撰　清光緒六年
(1880)刻本　三冊

370000－1502－0001221　jnt04741
豐豫莊本書不分卷　（清）潘曾沂撰　清光緒
刻本　一冊

370000－1502－0001222　jnt04744
船山詩草二十卷　（清）張問陶撰　清宣統二
年(1910)上海掃葉山房石印本　六冊

370000－1502－0001223　jnt04746
新增七家試帖輯注彙鈔八卷　（清）張熙宇輯
評　（清）王植桂輯注　清光緒二十六年
(1900)書業德刻本　八冊

370000－1502－0001224　jnt04747
古唐詩合解十六卷　（清）王堯衢注　清光緒
七年(1881)刻本　六冊

370000－1502－0001225　jnt04766
楊忠愍公集六卷首一卷　章鈺輯　清道光三
十年(1850)刻本　四冊

370000－1502－0001226　jnt04770
學稼草堂詩草十卷　（清）陳嗣良撰　清光緒
八年(1882)刻本　四冊

370000－1502－0001227　jnt04772
潑墨軒集六卷　（清）戴鑑撰　清道光二十四
年(1844)慎餘堂刻本　二冊

370000－1502－0001228　jnt04773
敬齋古今黈八卷　（元）李冶撰　清縮刻武英
殿聚珍本　四冊

370000－1502－0001229　jnt04774
**星齋文稿塾課不分卷星齋文稿初刻不分卷星
齋文稿二刻不分卷**　（清）陳兆崙選　清光緒

二十年(1894)上海積山書局石印本　四冊

370000－1502－0001230　jnt04776
試律青雲集四卷　（清）楊逢春輯　清道光二
十年(1840)敬文堂刻本　四冊

370000－1502－0001231　jnt04777
批點七家詩合注七卷　（清）張熙宇評　（清）
王植桂等補注　清光緒十二年(1886)成文堂
刻本　八冊

370000－1502－0001232　jnt04778
六朝唐賦讀本不分卷　（清）馬傳庚選注　清
光緒十三年(1887)蜚英館石印本　二冊

370000－1502－0001233　jnt04780
天下才子必讀書十五卷　（清）金聖嘆批　清
宣統二年在(1910)上海國學進化社石印本
六冊

370000－1502－0001234　jnt04788
林和靖詩集四卷拾遺一卷　（宋）林逋撰　清
同治十二年(1873)長洲朱氏依抱經堂刻本
二冊

370000－1502－0001235　jnt04789
星命須知一卷欽定萬年書不分卷　（清）欽天
監編　清南京李光明莊刻本　二冊

370000－1502－0001236　jnt04795
鄭板橋全集六卷　（清）鄭燮撰　清宣統元年
(1909)掃葉山房石印本　四冊

370000－1502－0001237　jnt04798
吟林綴語不分卷　（清）戴文選撰　清光緒刻
本　二冊

370000－1502－0001238　jnt04799
新鐫校正詳注分類百子金丹全書十卷　（清）
郭偉選注　清光緒三十年(1904)上海澄衷蒙
學堂石印本　六冊

370000－1502－0001239　jnt04800
歷代鐘鼎彝器款識法帖二十卷　（宋）薛尚功
撰　清光緒八年(1882)上海點石齋照相縮印
本　四冊

370000－1502－0001240　jnt04803

船山詩草選六卷 （清）張問陶撰 （清）石韞
玉録 清嘉慶刻本 二册

370000－1502－0001241 jnt04807

熙朝新語十六卷 （清）余金輯 清光緒元年
(1875)如不及齋刻本 四册

370000－1502－0001242 jnt04809

菊志一卷 （清）何鼎撰 清光緒五年(1879)
蔬香小圃刻本 一册

370000－1502－0001243 jnt04810

林和靖詩集四卷拾遺一卷 （宋）林逋撰 清
同治十二年(1873)長州朱氏依抱經堂刻本
二册

370000－1502－0001244 jnt04813

陽春白雪八卷外集一卷 （宋）趙聞禮選 清
刻粵雅堂叢書本 三册

370000－1502－0001245 jnt04814

史忠正公集四卷首一卷末一卷 （明）史可法
撰 （清）史山清等輯 清咸豐二年(1852)刻
本 二册

370000－1502－0001246 jnt04818

稱謂録三十二卷 （清）梁章鉅撰 清光緒十
年(1884)刻本 八册

370000－1502－0001247 jnt04819

重訂增廣試帖玉芙蓉七卷 （清）希古室主輯
清光緒二十一年(1895)上海鴻寶齋石印本
八册

370000－1502－0001248 jnt04825

八家四六文注八卷附補注一卷 （清）許貞幹
注 清光緒十八年(1892)上海圖書集成印書
局鉛印本 八册

370000－1502－0001249 jnt04830

增訂金壺字考不分卷 （清）田普霖撰 清光
緒元年(1875)善成堂刻本 一册

370000－1502－0001250 jnt04831

名賢手札不分卷 （清）郭慶藩輯 清光緒十
三年(1887)上海鴻文書局石印本 二册

370000－1502－0001251 jnt04833

韋每齋試帖六卷 （清）徐守真撰 清光緒二
十四年(1898)嘉裕堂刻本 二册

370000－1502－0001252 jnt04834

聞妙香室試帖選注三卷 （清）徐寶善選評
（清）沈兆霖等注釋 清刻本 三册

370000－1502－0001253 jnt04836

學案初模續編不分卷 （清）伊里布編 清道
光刻本 十册

370000－1502－0001254 jnt04839

平津館叢書二百五十四卷 （清）孫星衍輯
清嘉慶十一年(1806)平津館刻本 十册 存
五十七卷(竹書紀年二卷、物理論一卷、譙周
古史考一卷、六韜六卷、六韜逸文一卷、孫子
三卷、吳子二卷、司馬灋三卷、燕丹子二卷、尸
子二卷、牟子二卷、黃帝龍首經二卷、黃帝金
匱玉衡經一卷、穆天子傳六卷附録一卷、黃帝
授三子玄女經一卷、廣黃帝本行記一卷、軒轅
黃帝傳一卷、漢禮器制度一卷、漢官一卷、漢
官解詁一卷、漢舊儀二卷、漢舊儀補遺二卷、
漢官典職儀式選用一卷、漢官儀二卷、寰宇訪
碑録三卷、渚宮舊事五卷補遺一卷)

370000－1502－0001255 jnt04841

孟志編略不分卷 （清）孫葆田抄 清光緒手
抄本 一册

370000－1502－0001256 jnt04847

壯悔堂文集十卷四憶堂詩集六卷 （清）侯方
域撰 （清）賈開宗等評點 清宣統元年
(1909)上海掃葉山房石印本 六册

370000－1502－0001257 jnt04851

切字肆考不分卷 （清）張畉撰 清道光三年
(1823)蕓心堂刻本 一册

370000－1502－0001258 jnt04853

後七家試帖選輯注七卷 （清）王禄書注釋
清光緒二年(1876)京師琉璃廠刻本 七册

370000－1502－0001259 jnt04863

金石屑不分卷 （清）鮑昌熙摹 清光緒三年
(1877)刻本 三册 存三册(二至四)

370000－1502－0001260　jnt04865

燕山外史不分卷　（清）陳球撰　清手抄本
一册

370000－1502－0001261　jnt04873

仙佛合宗語録不分卷　（明）伍守陽撰　清嘉
慶蔣元庭刻道藏輯要本　四册

370000－1502－0001262　jnt04874

雜抄不分卷　（□）□□輯　清鈔本　一册

370000－1502－0001263　jnt04875

海豐吳氏詩存四卷　（清）吳重熹輯　清光緒
十年(1884)刻本　四册

370000－1502－0001264　jnt04876

楹聯叢話十二卷　（清）梁章鉅編輯　清道光
二十二年(1842)長沙府署刻本　四册

370000－1502－0001265　jnt04877

唐音審體二十卷　（清）錢良擇編　清光緒九
年(1883)知不足齋刻本　六册

370000－1502－0001266　jnt04878

病榻夢痕録二卷夢痕録餘一卷　（清）汪輝祖
撰　清同治十一年(1872)刻本　三册

370000－1502－0001267　jnt04879

唾餘集不分卷　（清）韓步鰲纂輯　清道光十
一年(1831)修竹軒刻本　二册

370000－1502－0001268　jnt04880

勾股演代五卷　王錫恩撰　清光緒二十九年
(1903)上海美華書館鉛印本　一册

370000－1502－0001269　jnt04881

勾股演代五卷　王錫恩撰　清光緒二十九年
(1903)上海美華書館鉛印本　一册

370000－1502－0001270　jnt04883

勸學篇二卷　（清）張之洞撰　清光緒二十四
年(1898)山東書局刻本　一册

370000－1502－0001271　jnt04887

衍元小草二卷　（清）孔慶霱　（清）孔慶靄
勞綗章述　清光緒二十四年(1898)清苑官廨
刻本　二册

370000－1502－0001272　jnt04888

垛積籌法二卷　勞乃宣撰　清光緒二十六年
(1900)吳橋官廨刻本　二册

370000－1502－0001273　jnt04890

四書直解六卷　（清）李鴻章撰　清道光抄本
六册

370000－1502－0001274　jnt04891

七十二候表一卷校録一卷　（清）羅以智纂
清光緒八年(1882)海昌羊氏刻本　一册

370000－1502－0001275　jnt04892

孺思録一卷血性吟一卷　（清）慶之源撰　清
同治十三年(1874)恒陽官署刻本　二册

370000－1502－0001276　jnt04896

化學衛生論四卷　（英國）真司騰撰　（英國）
傅蘭雅口譯　清光緒十六年(1890)刻本　四
册

370000－1502－0001277　jnt04897

格言聯璧不分卷附勸毀淫書説一卷　（清）金
纓撰　清光緒二十五年(1899)刻本　一册

370000－1502－0001278　jnt04899

困學紀聞注二十卷首一卷　（宋）王應麟撰
（清）翁元圻輯注　清光緒十五年(1889)上海
積山書局石印本　六册

370000－1502－0001279　jnt04900

古事比五十二卷　（清）方中德撰　清光緒十
三年(1887)點石齋石印本　六册

370000－1502－0001280　jnt04904

劍虹居文集二卷劍虹居詩集二卷　（清）秦煥
文撰　清光緒三十一年(1905)餘杭汪樹堂刻
本　三册　缺一卷(劍虹居詩集下)

370000－1502－0001281　jnt04905

經韻集字析解二卷附拾遺補注一卷　（清）彭
良敞集注　清道光十年(1830)瀔源書院刻本
二册

370000－1502－0001282　jnt04906

先正讀書訣一卷　（清）周永年撰　清光緒二
十六年(1900)桂垣書局刻本　一册

370000 - 1502 - 0001283　jnt04907

椿壽贈言六卷　(清)史香厓輯　清光緒十九年(1893)刻本　一册

370000 - 1502 - 0001284　jnt04911

讀書日記六卷　(清)劉源淥撰　清刻本　一册　存二卷(一至二)

370000 - 1502 - 0001285　jnt04912

慶典章程五卷附萬壽慶典六十段點景奏稿一卷　(清)內務府等製　清光緒刻本　五册

370000 - 1502 - 0001286　jnt04917

唐律賦鈔不分卷　(清)潘霨編　清同治八年(1869)山東省藩署前中和堂鮑連元刻本　一册

370000 - 1502 - 0001287　jnt04917

董公選日書二卷附選擇識小語一卷　(明)董德彰撰　清光緒十一年(1885)七十二泉漚寄之齋刻本　一册

370000 - 1502 - 0001288　jnt04918

董公選日書二卷附選擇識小語一卷　(明)董德彰撰　清光緒十一年(1885)七十二泉漚寄之齋刻本　一册

370000 - 1502 - 0001289　jnt04919

董公選日書二卷附選擇識小語一卷　(明)董德彰撰　清光緒十一年(1885)七十二泉漚寄之齋刻本　一册

370000 - 1502 - 0001290　jnt04920

董公選日書二卷附選擇識小語一卷　(明)董德彰撰　清光緒十一年(1885)七十二泉漚寄之齋刻本　一册

370000 - 1502 - 0001291　jnt04921

董公選日書二卷附選擇識小語一卷　(明)董德彰撰　清光緒十一年(1885)七十二泉漚寄之齋刻本　一册

370000 - 1502 - 0001292　jnt04924

滄溟先生集三十卷附錄一卷　(明)李攀龍撰　清道光二十七年(1847)景福堂刻本　八册

370000 - 1502 - 0001293　jnt04925

370000 - 1502 - 0001293　jnt04925

來雲閣詩六卷　(清)金和撰　清光緒十八年(1892)丹陽束氏刻本　二册

370000 - 1502 - 0001294　jnt04930

陳文肅公年譜一卷　(清)陳輝祖等輯　**陳文肅公遺集一卷**　(清)陳文騄輯録　清光緒十六年(1890)排印本　二册

370000 - 1502 - 0001295　jnt04938

有正味齋駢體文二十四卷首一卷　(清)吳錫麒撰　(清)王廣業箋　(清)葉聯芬注　清咸豐十年(1860)尚友山房石印本　八册

370000 - 1502 - 0001296　jnt04939

蠶桑速效編一卷　曹偁撰　清光緒二十七年(1901)刻本　一册

370000 - 1502 - 0001297　jnt04940

賜慶堂詩稿一卷　(清)武震撰　清宣統三年(1911)刻本　一册

370000 - 1502 - 0001298　jnt04941

吳梅村詞不分卷　(清)吳偉業撰　清光緒十六年(1890)湖北官書處刻本　一册

370000 - 1502 - 0001299　jnt04945

千姓編不分卷　(清)吳玉麟撰　清宣統元年(1909)石印本　一册

370000 - 1502 - 0001300　jnt04947

古文析義十二卷　(清)林雲銘評注　清刻本　十六册

370000 - 1502 - 0001301　jnt04948

選集漢印分韻二卷　(清)袁日省撰　(清)謝雲生摹録　**續集漢印分韻二卷**　(清)謝景卿纂摹　清嘉慶二年(1797)漱藝堂刻本　四册

370000 - 1502 - 0001302　jnt04951

學算筆談十二卷　(清)華蘅芳撰　清光緒八年(1882)鉛印行素軒算稿本　六册

370000 - 1502 - 0001303　jnt04954

吕語集粹四卷首一卷　(明)吕坤撰　(清)陳宏謀評　清光緒五年(1879)綠蔭堂刻本　六册

370000 - 1502 - 0001304　jnt04957

經餘必讀八卷 （清）雷琳等輯 清嘉慶八年
(1803)大中堂刻本 四册

370000－1502－0001305 jnt04962
韞山堂時文全集四卷 （清）管世銘撰 清光
緒二十三年(1897)敬文堂刻本 四册

370000－1502－0001306 jnt04963
家言隨記四卷 （清）王賢儀撰 清同治五年
(1866)刻本 四册

370000－1502－0001307 jnt04966
天咫偶聞十卷 震鈞撰 清光緒三十三年
(1907)甘堂轉舍刻本 八册

370000－1502－0001308 jnt04967
悔蹉跎齋試帖詩初編二卷續編二卷 （清）柳
文洙撰 清光緒十四年(1888)刻本 四册

370000－1502－0001309 jnt04974
格致課藝彙編十三卷 （清）王韜輯 清光緒
二十三年(1897)上海書局石印本 十三册

370000－1502－0001310 jnt04975
增補事類統編九十三卷首一卷 （清）黃葆真
增輯 清光緒十四年(1888)上海積山書局石
印本 十二册

370000－1502－0001311 jnt04980
詩存四卷 （清）金德瑛撰 清同治五年
(1866)如心堂刻本 四册

370000－1502－0001312 jnt04994
王氏漁洋詩鈔十二卷 （清）王士禎撰 （清）
邵長蘅選 清宣統二年(1910)上海時中書局
石印本 八册

370000－1502－0001313 jnt04996
湘煙閣詩鐘彙鈔初集一卷二集一卷集蘭亭文
附錄一卷 （清）王以敏輯 清光緒十八年
(1892)鉛印本 一册

370000－1502－0001314 jnt05001
事類賦三十卷 （宋）吳淑撰并注 清嘉慶四
年(1799)劍光閣刻本 六册

370000－1502－0001315 jnt05002
孔氏家語十卷 （三國魏）王肅注 清嘉慶十

九年(1814)刻本 四册

370000－1502－0001316 jnt05003
程氏家塾讀書分年日程三卷 （元）程瑞禮述
清同治十年(1871)山東尚志堂刻本 一册

370000－1502－0001317 jnt05004
忠經一卷 （漢）鄭玄集注 孝經一卷附文公
朱子年譜一卷 （明）陳選集注 清書業德刻
本 一册

370000－1502－0001318 jnt05005
釋穀四卷 （清）劉寶楠撰 清光緒十四年
(1888)廣雅書局刻本 一册

370000－1502－0001319 jnt05011
二南詩鈔二卷 （清）周樂撰 （清）余正酉評
定 清道光九年(1829)刻本 二册

370000－1502－0001320 jnt05011
二南詩續鈔二卷 （清）周樂撰 （清）郭階平
評定 清道光九年(1829)刻本 二册

370000－1502－0001321 jnt05011
二南詩續鈔三卷附二卷 （清）周樂撰 （清）
周樂清評定 清道光九年(1829)刻本 四册

370000－1502－0001322 jnt05013
商君書五卷 （清）嚴萬里校正 清光緒三年
(1877)浙江書局刻本 一册

370000－1502－0001323 jnt05014
聖賢像贊不分卷 （明）冠洋子修輯 清光緒
四年(1878)曲阜會文堂刻本 四册

370000－1502－0001324 jnt05019
夢筆生花三十二卷 （清）繆艮選 清光緒二
十年(1894)上海積山書局石印本 四册 缺
八卷(三編一至八)

370000－1502－0001325 jnt05020
是庵尊信錄二卷 （清）蘭心素客纂輯 清同
治九年(1870)愛蓮淨室刻本 二册

370000－1502－0001326 jnt05024
愚一錄十二卷 （清）鄭獻甫撰 清光緒四年
(1878)葛元煦刻嘯園叢書本 二册 缺五卷
(五至九)

370000－1502－0001327　jnt05026

欽定書經傳説彙纂二十四卷　（清）王頊齡等撰　清刻本　十二册　存二十二卷（一至二十一，首一卷下）

370000－1502－0001328　jnt05031

種蕉聽雨軒詩鈔二卷　（清）葛之覃撰　清光緒二十四年(1898)高密縣署刻本　一册

370000－1502－0001329　jnt05037

歲華紀麗四卷　（唐）韓鄂撰　清紫藤花館蕭培元手抄本　一册

370000－1502－0001330　jnt05039

雙楳景闇叢書十七種二十六卷　葉德輝輯　清光緒三十三年(1907)鉛印本　四册　存十六卷(素女經一卷、素女方一卷、玉房指要一卷、玉房秘决一卷、洞玄子一卷、板橋雜記三卷、吳門畫舫録一卷、觀劇絶句三卷、木皮散人鼓詞一卷附萬古愁曲一卷、乾嘉詩壇點將録一卷、東林點將録一卷)

370000－1502－0001331　jnt05040

最新初等小學國文教科書不分卷　蔣維喬　莊俞編纂　清光緒三十二年(1906)上海商務印書館鉛印本　六册　存六册(一至三、七、九至十)

370000－1502－0001332　jnt05041

最新初等小學堂國文教科書教授法不分卷　蔣維喬　莊俞編纂　清光緒三十二年(1906)上海商務印書館鉛印本　五册　存五册(一至五)

370000－1502－0001333　jnt05042

人壽金鑑二十二卷　（清）程得齡輯　清嘉慶二十五年(1820)金陵刻本　六册　存十七卷(三至十、十四至二十二)

370000－1502－0001334　jnt05049

山左闈墨不分卷　（□）□□輯　清末刻本　一册

370000－1502－0001335　jnt05050

家藏貫珍録一卷　（清）張潛輯　清道光二年(1822)刻本　一册

370000－1502－0001336　jnt05052

治河論一卷　（清）田德基撰　清宣統三年(1911)石印本　一册

370000－1502－0001337　jnt05053

畏廬文集不分卷　林紓撰　清宣統二年(1910)上海商務印書館鉛印本　一册

370000－1502－0001338　jnt05055

慧田詩草一卷　（清）崔光笏撰　清刻本　一册

370000－1502－0001339　jnt05056

二百八科鄉會文統不分卷　（清）□□編　清光緒石印本　十册

370000－1502－0001340　jnt05058

學算筆談十二卷　（清）華蘅芳撰　清光緒鉛印行素軒算稿本　四册

370000－1502－0001341　jnt05059

詞源二卷　（宋）張炎編　**詞旨一卷**　（元）陸輔之述　**樂府指迷一卷**　（宋）沈義父撰　清道光八年(1828)刻本　一册

370000－1502－0001342　jnt05061

光緒甲午科山東闈墨不分卷　（清）楊傳書等撰　清光緒二十年(1894)聚奎堂刻本　一册

370000－1502－0001343　jnt05063

詩畫舫不分卷　（清）上海點石齋輯　清光緒上海點石齋石印本　一册　存一册(六)

370000－1502－0001344　jnt05067

分韻試帖青雲集合注四卷　（清）楊逢春輯　清光緒二十三年(1897)書業德刻本　四册

370000－1502－0001345　jnt05068

放翁題跋六卷附放翁家訓一卷　（宋）陸游撰　清光緒四年(1878)嘯園刻本　一册

370000－1502－0001346　jnt05071

粵西游草一卷歸田游草一卷家山游草一卷　（清）張灝撰　清刻本　一册

370000－1502－0001347　jnt05072

韞山堂時文全集不分卷　（清）管世銘撰　清光緒六年(1880)書業德刻本　六册

370000－1502－0001348　jnt05074

陶齋吉金録八卷　（清）端方輯　清光緒三十四年(1908)上海有正書局石印本　七册　存七卷(一至二、四至八)

370000－1502－0001349　jnt05075

地理正傳三卷附地理要覽一卷陽宅指南一卷　（清）王濟元纂輯　清道光二十三年(1843)李馥亭抄本　六册　缺一卷(地理正傳下)

370000－1502－0001350　jnt05079

兩般秋雨盦隨筆八卷　（清）梁紹壬纂　清宣統元年(1909)掃葉山房石印本　四册

370000－1502－0001351　jnt05080

窗課文録一卷　（□）□□輯　清抄本　一册

370000－1502－0001352　jnt05082

後漢書一百二十卷　（南朝宋）范曄撰　（唐）李賢注　（晋）司馬彪撰　（南朝梁）劉昭注　清刻本　二十册

370000－1502－0001353　jnt05084

君臣聖門傳略摘鈔一卷附應酬文及詩歌一卷　（清）□□抄　清中葉後抄本　一册

370000－1502－0001354　jnt05086

偕園吟草五卷偕園雜詠一卷　（清）許禧身撰　清光緒鉛印本　一册

370000－1502－0001355　jnt05087

曾文正公家書十卷大事記四卷家訓二卷榮哀録一卷　（清）曾國藩撰　清宣統二年(1910)上海商務印書館鉛印本　八册

370000－1502－0001356　jnt05090

墨泉先生遺稿不分卷　（清）鄭勉撰　清末抄本　一册

370000－1502－0001357　jnt05091

菰中隨筆不分卷　（清）顧炎武撰　清宣統三年(1911)上海文瑞樓石印本　二册

370000－1502－0001358　jnt05094

賦學指南十六卷　（清）余丙照輯　清道光二十八年(1848)文質堂刻本　六册

370000－1502－0001359　jnt05096

重刊補注洗冤録集證五卷　（清）王又槐增輯　（清）李觀瀾補輯　續增洗冤録辨正三卷（清）瞿中溶撰　清光緒三十三年(1907)上海文盛書局石印本　五册

370000－1502－0001360　jnt05098

胡文忠公遺集十卷首一卷　（清）胡林翼撰　清同治五年(1866)山東刻本　八册

370000－1502－0001361　jnt05104

治河方略十卷首一卷　（清）靳輔撰　清嘉慶四年(1799)安瀾堂刻本　十一册

370000－1502－0001362　jnt05108

聊攝叢談六卷　（清）須方岳撰　清光緒十二年(1886)刻本　二册　存三卷(四至六)

370000－1502－0001363　jnt05109

聊攝叢談六卷　（清）須方岳撰　清光緒十二年(1886)刻本　一册　存二卷(五至六)

370000－1502－0001364　jnt05112

三都賦鈔一卷　（晋）左思撰　清中葉後抄本　一册

370000－1502－0001365　jnt05114

緑雪堂遺集二十卷　（清）王衍梅撰　清道光刻本　八册

370000－1502－0001366　jnt05117

吟餘録二卷　（清）徐繡文撰　（清）葉湘管評　清道光刻本　二册

370000－1502－0001367　jnt05122

指南針十二種十五卷　（清）劉一明撰注　清嘉慶二十四年(1819)湖南刻本　六册　存十四卷(敲爻歌直解一卷、百字碑注一卷附黄鶴賦一卷、西游原旨二卷、修真辯難一卷、修真後辯一卷、神室八法一卷、修真九要一卷、無根樹解一卷、黄庭經解一卷、四百字解一卷、悟道録二卷)

370000－1502－0001368　jnt05126

鄭板橋全集六卷　（清）鄭燮撰　清宣統元年(1909)上海掃葉山房石印本　四册

370000－1502－0001369　jnt05129

重訂主客圖二卷　（唐）張爲撰　清末朱絲欄抄本　一册　存一卷（上）

370000－1502－0001370　jnt05130

隸篇十五卷續十五卷再續十五卷　（清）翟雲升輯　清道光十八年(1838)刻本　十册

370000－1502－0001371　jnt05131

隨園詩話十六卷補遺二卷　（清）袁枚撰　清光緒十八年(1892)著易堂鉛印本　四册

370000－1502－0001372　jnt05135

唐陸宣公集二十二卷　（唐）陸贄撰　（清）年羹堯重訂　清光緒十三年(1887)上海積山書局石印本　四册

370000－1502－0001373　jnt05141

詩韻合璧五卷　（清）湯文潞編　虛字韻藪一卷　（清）潘維城輯　清光緒七年(1881)濟南裕和堂刻本　五册

370000－1502－0001374　jnt05142

刑案匯覽六十卷末一卷拾遺備考一卷　（清）祝慶祺編　清刻本　四十八册　缺十四卷（一至十四）

370000－1502－0001375　jnt05143

刑案匯覽六十卷首一卷末一卷拾遺備考一卷續增刑案匯覽十六卷　（清）祝慶祺編　清道光上海圖書集成印書局鉛印本　三十四册缺八卷（一至四、二十六至二十八、首一卷）

370000－1502－0001376　jnt05147

郝氏四子詩鈔□□卷　（清）李玉清編訂　清末抄本　一册　存二卷（深柳堂遺詩一卷、水村詩集一卷）

370000－1502－0001377　jnt05148

浙江鄉試硃卷（道光乙酉科）一卷　（清）陳慶倈等撰　清末抄本　一册

370000－1502－0001378　jnt05152

性命圭旨四卷　（明）尹真人秘授　清善成堂刻本　四册

370000－1502－0001379　jnt05154

十種唐詩選十七卷唐賢三昧集三卷唐人萬首

絕句七卷　（清）王士禎删纂　清刻本　八册

370000－1502－0001380　jnt05158

事類賦三十卷　（宋）吳淑撰注　清中葉五柳居刻本　六册

370000－1502－0001381　jnt05159

陽宅覺元氏新書二卷　（清）元祝垚撰　（清）張蔭堂注　清抄本　一册

370000－1502－0001382　jnt05162

窗下録一卷　（清）劉喜海録　清抄本　一册

370000－1502－0001383　jnt05164

欽定四庫全書簡明目録二十卷首一卷　（清）紀昀等編　清同治七年(1868)廣東書局刻本　十册

370000－1502－0001384　jnt05168

一切經音義二十五卷　（唐）釋玄應撰　（清）孫星衍等校正　清道光二十五年(1845)刻海山仙館叢書本　六册　缺一卷（二十一）

370000－1502－0001385　jnt05170

薛子條貫篇十三卷續篇十三卷　（明）薛瑄撰　（清）戴楫撰次　清道光二十八年(1848)刻本　三册

370000－1502－0001386　jnt05172

唱道真言五卷　（清）許昭然撰　清宣統元年(1909)濟南趙家莊鏤雲齋刻字鋪刻本　一册

370000－1502－0001387　jnt05174

重刻莧元奇門遁甲句解煙波釣叟歌一卷　(宋)趙普撰歌　（明）羅通通法　（明）池紀解編　明刻清印本　一册

370000－1502－0001388　jnt05177

音注小倉山房尺牘八卷補遺一卷　（清）袁枚撰　（清）胡光斗箋釋　清光緒二十一年(1895)上海煥文書局石印本　一册

370000－1502－0001389　jnt05178

北江詩話四卷　（清）洪亮吉撰　清光緒十二年(1886)雲湘閣刻本　二册

370000－1502－0001390　jnt05179

重編留青新集二十四卷　（清）馮善長重編
清光緒十六年（1890）鉛印本　十冊

370000－1502－0001391　jnt05180
新鐫神峰張先生通考闢謬命理正宗大全六卷
　（明）張楠著集　清掃葉山房刻本　六冊

370000－1502－0001392　jnt05182
命理探原八卷補遺一卷　（清）袁阜纂述　清
刻本　三冊　缺二卷（一至二）

370000－1502－0001393　jnt05183
俚言一卷　（清）劉士魁撰　清光緒刻本　一
冊

370000－1502－0001394　jnt05184
俚言一卷　（清）劉士魁撰　清光緒刻本　一
冊

370000－1502－0001395　jnt05191
琉璃廠書肆記一卷　（清）李文藻撰　後記一
卷　繆荃孫撰　清眷初堂鉛印本　一冊

370000－1502－0001396　jnt05192
國朝歷科館選錄不分卷　（清）沈廷芳輯
（清）陸費墀　（清）陸世煒重訂　清翰林院刻
本　一冊

370000－1502－0001397　jnt05193
陰隲文圖説四卷　（清）黃正元輯　清嘉慶六
年（1801）會文齋刻本　四冊

370000－1502－0001398　jnt05194
肄業要覽一卷　（英國）史本守撰　（清）顏永
京譯　清光緒二十一年（1895）上海格致書室
鉛印本　一冊

370000－1502－0001399　jnt05196
父師善誘法二卷　（清）唐彪輯著　清刻本
一冊

370000－1502－0001400　jnt05200
程子十卷首一卷　（清）張伯行集解　清嘉慶
二十四年（1819）四箴堂刻本　二冊　缺三卷
（八至十）

370000－1502－0001401　jnt05201
大清宣統新法令不分卷　（清）上海商務印書

館編譯所輯　清宣統二年（1910）上海商務印
書館鉛印本　十八冊　存十八冊（一至六、八
至十二、十四、十六至二十、二十二）

370000－1502－0001402　jnt05202
大六壬大全十三卷　（清）郭載騋輯　清刻本
十三冊　缺一卷（三）

370000－1502－0001403　jnt05210
齊民要術十卷　（北魏）賈思勰撰　清光緒元
年（1875）湖北崇文書局刻本　三冊　缺二卷
（八至九）

370000－1502－0001404　jnt05215
儒先訓要十四卷續輯四卷　（清）張承燮輯
清光緒二十七年（1901）膠州聽雨何時軒刻本
二冊

370000－1502－0001405　jnt05220
呂氏春秋二十六卷附考一卷　（戰國）呂不韋
編　（漢）高誘注　清光緒元年（1875）浙江書
局據畢氏靈巖山館本校刻本　六冊

370000－1502－0001406　jnt05221
欽定春秋傳説彙纂三十八卷首二卷　（清）王
掞等撰　清刻本　二十四冊

370000－1502－0001407　jnt05222
姓氏急就篇二卷　（宋）王應麟撰　清道光十
八年（1838）刻本　一冊

370000－1502－0001408　jnt05224
董公選日書二卷附選擇識小語一卷　（明）董
德彰撰　清光緒十一年（1885）七十二泉漚寄
之齋刻本　一冊

370000－1502－0001409　jnt05225
光緒三十年秋季大操統裁報告一卷　（清）夏
辛酉等報告　清光緒三十年（1904）北洋武備
研究所刻本　一冊

370000－1502－0001410　jnt05226
聖諭像解二十卷　（清）梁延年編　清光緒二
十九年（1903）山東官印書局石印本　十冊

370000－1502－0001411　jnt05227
鶡冠子三卷　（宋）陸佃解　（明）王宇評　清

嘉慶九年(1804)寶慶經綸堂刻本　二冊

370000－1502－0001412　jnt05228

抱朴子外篇四卷　（晋）葛洪撰　清光緒刻本
　二冊

370000－1502－0001413　jnt05229

董公選日書二卷附選擇識小語一卷　（明）董
德彰撰　清光緒十一年(1885)七十二泉漚寄
之齋刻本　一冊

370000－1502－0001414　jnt05230

董公選日書二卷附選擇識小語一卷　（明）董
德彰撰　清光緒十一年(1885)七十二泉漚寄
之齋刻本　一冊

370000－1502－0001415　jnt05231

董公選日書二卷附選擇識小語一卷　（明）董
德彰撰　清光緒十一年(1885)七十二泉漚寄
之齋刻本　一冊

370000－1502－0001416　jnt05235

暗室燈二卷　（清）王崇實輯　清道光二十六
年(1846)濟南文陞齋刻本　一冊

370000－1502－0001417　jnt05236

林和靖省心錄一卷　（宋）林逋撰　清同治九
年(1870)尚志堂刻本　一冊

370000－1502－0001418　jnt05242

學治一得編一卷　（清）何耿繩輯　清同治十
三年(1874)湖北崇文書局刻本　一冊

370000－1502－0001419　jnt05246

仙佛合宗語錄一卷　（明）伍守陽撰　清光緒
二十三年(1897)善成堂刻本　一冊

370000－1502－0001420　jnt05247

仙佛合宗語錄一卷　（明）伍守陽撰　清光緒
二十三年(1897)善成堂刻本　一冊

370000－1502－0001421　jnt05249

胡文忠公遺集十卷首一卷　（清）胡林翼撰
清同治五年(1866)山東刻本　八冊

370000－1502－0001422　jnt05250

宦學集初編四卷二編五卷　（清）孫國楨撰
清光緒世澤堂刻本　六冊

370000－1502－0001423　jnt05251

明道文集五卷伊川先生文集八卷河南程氏外
書十二卷伊川易傳四卷　（宋）程顥　（宋）程
頤撰　清刻本　八冊　缺二卷(伊川易傳一、
三)

370000－1502－0001424　jnt05252

唐詩別裁集引典備注二十卷　（清）沈德潛選
　（清）俞汝昌增注　清道光十八年(1838)資
善堂刻本　八冊

370000－1502－0001425　jnt05253

古唐詩合解十六卷　（清）王堯衢注　清善成
堂刻本　六冊

370000－1502－0001426　jnt05254

三通序三卷　（唐）杜佑　（宋）鄭樵　（元）
馬端臨撰　清刻本　一冊

370000－1502－0001427　jnt05262

二曲集二十六卷　（清）李顒撰　清同治五年
(1866)牛樹梅刻本　六冊

370000－1502－0001428　jnt05269

雨堂偶筆四卷雨堂吟草一卷　（清）蔣慶籛撰
　清光緒二十三年(1897)刻本　二冊

370000－1502－0001429　jnt05270

適安廬詩鈔二卷適安廬詞鈔一卷　（清）王汝
鼎撰　清光緒二十三年(1897)任有容齋刻本
　二冊

370000－1502－0001430　jnt05273

牧民忠告二卷風憲忠告一卷廟堂忠告一卷
(元)張養浩撰　清道光翻刻元本　二冊

370000－1502－0001431　jnt05276

詩學含英十四卷　（清）劉文蔚輯　清同治十
二年(1873)善成堂刻本　四冊

370000－1502－0001432　jnt05278

唐人萬首絶句選七卷　（清）洪邁撰　（清）王
士禎選　清光緒二十三年(1897)金陵書局刻
本　二冊

370000－1502－0001433　jnt05279

廿二子彙函二十二種三百二十三卷　（清）浙

江書局輯　清光緒十九年(1893)上海鴻文書局據浙江書局本石印本　十六冊

370000 – 1502 – 0001434　jnt05280
白虎通四卷校勘補遺一卷　(漢)班固等撰
白虎通闕文一卷　(清)莊述祖輯　(清)盧文弨訂　清嘉慶九年(1804)成錦堂刻本　四冊

370000 – 1502 – 0001435　jnt05285
藕花吟社試帖二卷賦鈔一卷　(清)章炳蘭撰　清道光十四年(1834)刻本　一冊

370000 – 1502 – 0001436　jnt05286
明湖四客詞鈔四卷　(清)趙國華輯　清同治十三年(1874)刻本　一冊

370000 – 1502 – 0001437　jnt05287
濟上贈言集二卷　(清)蔣慶第等撰　清刻本　一冊

370000 – 1502 – 0001438　jnt05288
萬生園百詠一卷　(清)闕普通武撰　清宣統三年(1911)益森公司排印本　一冊

370000 – 1502 – 0001439　jnt05289
青草堂試律詩二卷首一卷　(清)趙國華撰　清光緒四年(1878)刻本　一冊

370000 – 1502 – 0001440　jnt05290
慈鵠文錄一卷　(清)秦澍春等撰　清光緒十八年(1892)山東鹽運使署刻本　一冊

370000 – 1502 – 0001441　jnt05292
江窗山水記一卷　(清)趙國華撰　清同治十二年(1873)刻本　一冊

370000 – 1502 – 0001442　jnt05293
趨庭遺草四卷　(清)康志儒撰　清光緒二十年(1894)刻本　三冊　存三卷(一至三)

370000 – 1502 – 0001443　jnt05295
曾南豐文集四卷　(宋)曾鞏撰　清宣統二年(1910)上海會文堂石印本　二冊

370000 – 1502 – 0001444　jnt05296
楹聯叢話十二卷續話四卷　(清)梁章鉅編輯　清道光十年(1830)懷德堂刻本　六冊

370000 – 1502 – 0001445　jnt05304
臥雲山館詩存一卷　(清)陳雲章撰　清光緒十三年(1887)遵化州署刻本　一冊

370000 – 1502 – 0001446　jnt05306
南畇先生詩錄二卷　(清)彭定求撰　清同治十二年(1873)衣言堂刻本　一冊

370000 – 1502 – 0001447　jnt05308
楚辭燈四卷　(清)林雲銘論述　清刻本　四冊

370000 – 1502 – 0001448　jnt05309
粗山帖體詩存四卷　(清)查璨撰　清光緒十年(1884)刻本　四冊

370000 – 1502 – 0001449　jnt05312
聖諭像解二十卷　(清)梁延年編輯　清光緒二十九年(1903)北洋官報局石印本　十冊

370000 – 1502 – 0001450　jnt05313
范文忠公初集十二卷　(明)范景文撰　(清)楊萃等輯　清道光五年(1825)范氏思仁堂刻本　六冊

370000 – 1502 – 0001451　jnt05318
忠雅堂文集十二卷　(清)蔣士銓撰　清同治刻本　八冊

370000 – 1502 – 0001452　jnt05320
文選六十卷　(南朝梁)蕭統撰　(唐)李善注
文選考異十卷　(清)胡克家撰　清同治八年(1869)湖北崇文書局刻本　二十四冊

370000 – 1502 – 0001453　jnt05325
曾南豐文集四卷　(宋)曾鞏撰　清宣統二年(1910)上海會文堂石印本　二冊

370000 – 1502 – 0001454　jnt05327
楊忠愍公全集四卷　(明)楊繼盛撰　章鈺重訂　清宣統二年(1910)守政書局刻本　四冊

370000 – 1502 – 0001455　jnt05328
楊忠愍公全集四卷　(明)楊繼盛撰　章鈺重訂　清宣統二年(1910)守政書局刻本　四冊

370000－1502－0001456　　jnt05329

西學富彊叢書三百八十八卷　（清）張蔭桓輯
清光緒二十二年(1896)上海鴻文書局石印本　五十八册　缺四十卷(光學二卷、視學諸器圖説一卷、談天卷一至十一、列國歲計政要卷一至四、垸縣致美一卷、製肥皂法二卷、製油燭法一卷、回特活德鋼炮一卷、克虜伯炮准心法圖一卷、克虜伯炮操法四卷、克虜伯炮説四卷、克虜伯炮表八卷)

370000－1502－0001457　　jnt05332

王右丞集四卷　（唐）王維撰　清中葉退補齋刻本　一册

370000－1502－0001458　　jnt05336

皇朝經世文三編八十卷　（清）陳忠倚輯　清光緒二十四年(1898)上海寶文書局石印本十五册　缺五卷(五十六至六十)

370000－1502－0001459　　jnt05337

文選六十卷　（南朝梁）蕭統撰　（唐）李善注
文選考異十卷　（清）胡克家撰　清末上海鴻文書局縮印胡氏仿宋本　六册

370000－1502－0001460　　jnt05340

歐陽文忠公全集一百五十三卷首一卷附錄五卷　（宋）歐陽修撰　清末上海錦章圖書局石印本　二十四册

370000－1502－0001461　　jnt05341

韻字鑑四卷　（清）翟雲升編　清咸豐二年(1852)三友堂刻本　一册

370000－1502－0001462　　jnt05343

古夫于亭雜錄六卷　（清）王士禎撰　清光緒三年(1877)嘯園刻本　一册

370000－1502－0001463　　jnt05344

説文答問疏證六卷　（清）錢大昕撰　（清）薛傳均注　清道光十七年(1837)刻本　二册

370000－1502－0001464　　jnt05345

西溪叢語二卷　（宋）姚寬輯　清光緒五年(1879)葛元煦嘯園刻本　一册

370000－1502－0001465　　jnt05347

瀛海探驪集八卷　（清）朱埏之輯　（清）毛寅初等注　清集錦堂刻本　八册

370000－1502－0001466　　jnt05349

緑野齋制藝不分卷　（清）劉鴻翱撰　清道光二十四年(1844)刻本　一册

370000－1502－0001467　　jnt05351

國朝山左詩續鈔三十二卷　（清）張鵬展纂　清嘉慶十八年(1813)四照樓刻本　十六册

370000－1502－0001468　　jnt05355

文昌帝君功過格一卷　（晋）張亞子撰　清光緒二十年(1894)彝文齋刻本　一册

370000－1502－0001469　　jnt05359

制藝簡摩集四卷末一卷　（清）路德鑒定　清東昌葉氏書林校刻本　十册

370000－1502－0001470　　jnt05361

吕書四種合刻九卷去僞齋集十卷附呻吟語疑一卷呻吟語六卷　（明）吕坤撰　清道光七年(1827)開封府署刻本　十八册

370000－1502－0001471　　jnt05364

聲韻易知四卷首一卷　（清）莊瑤編輯　清道光二十三年(1843)留有餘齋刻本　二册

370000－1502－0001472　　jnt05365

全唐詩鈔八十卷補遺十六卷　（清）吴成儀編次　清嘉慶十三年(1808)刻本　三十二册　缺四卷(七十四至七十七)

370000－1502－0001473　　jnt05367

袁文箋正十六卷補注一卷　（清）袁枚撰（清）石韞玉箋　清光緒二十九年(1903)松壽山房刻本　八册

370000－1502－0001474　　jnt05368

退密齋遺稿叢殘二卷附詩餘一卷　（清）余嘉珏撰　清光緒二十二年(1896)刻本　一册

370000－1502－0001475　　jnt05369

求是齋十六科鄉會墨醇不分卷　（清）杜聯選評　清同治六年(1867)龍威閣刻本　八册

370000－1502－0001476　　jnt05370

青草堂集十二卷二集十六卷三集十六卷補集

七卷　（清）趙國華撰　清同治至光緒刻本
十六冊

370000－1502－0001477　jnt05371
試帖仙樣集裁詩十法四卷　（清）麓峰居士輯
評　清光緒十六年（1890）貴州鴻林堂刻本
四冊

370000－1502－0001478　jnt05372
韻史便讀二卷　（清）許遜翁撰　（清）朱玉岑
增補　（清）汪漣詮釋　清光緒十八年（1892）
歷城邵書升刻本　一冊

370000－1502－0001479　jnt05373
墨林今話十八卷　（清）蔣寶齡撰　墨林今話
續編一卷　（清）蔣茝生撰　清同治十一年
（1872）映雪草廬刻本　四冊

370000－1502－0001480　jnt05375
斗南吟草四卷　（清）邵位名撰　清道光三十
年（1850）刻本　四冊

370000－1502－0001481　jnt05376
濯絳宦存稿一卷　（清）彭世襄撰　清光緒刻
本　一冊

370000－1502－0001482　jnt05378
王文簡公七古平仄論一卷　（清）王士禎撰
清刻本　一冊

370000－1502－0001483　jnt05379
紅杏山房詩存四卷　（清）項兆麟撰　清光緒
十六年（1890）項筆坤刻本　一冊

370000－1502－0001484　jnt05381
恥言二卷　（清）徐禎稷撰　（清）孔廣榮編
清光緒三十二年（1906）南扶山房刻本　一冊

370000－1502－0001485　jnt05382
經史百家雜鈔二十六卷　（清）曾國藩纂　清
光緒三十二年（1906）商務印書館鉛印本　十
二冊

370000－1502－0001486　jnt05383
荊園語錄二卷　（清）申涵光撰　聰訓齋語二
卷　（清）張英撰　清光緒三年（1877）葛元煦
刻本　一冊

370000－1502－0001487　jnt05384
光緒丁酉科山東闈墨一卷　（清）杜光斗等撰
清光緒聚奎堂刻本　一冊

370000－1502－0001488　jnt05385
光緒丁酉科山東闈墨一卷　（清）杜光斗等撰
清光緒聚奎堂刻本　一冊

370000－1502－0001489　jnt05387
違禁書籍名目一卷　（□）□□輯　清刻本
一冊

370000－1502－0001490　jnt05388
詩夢鐘聲錄一卷　（清）李嘉樂等撰　清刻本
一冊

370000－1502－0001491　jnt05389
長白先生集二卷　（明）李士翱撰　清道光二
年（1822）李氏家刻本　二冊

370000－1502－0001492　jnt05390
一家言二卷續編一卷　（清）朱士煥輯撰　清
宣統元年（1909）石印本　一冊

370000－1502－0001493　jnt05395
唐陸宣公集二十二卷　（唐）陸贄撰　（清）年
羹堯重訂　清光緒二十年（1894）上海鴻寶齋
石印本　六冊

370000－1502－0001494　jnt05397
瘦石山房筆記一卷　（清）陸向榮撰　清道光
十六年（1836）定安堂刻本　一冊

370000－1502－0001495　jnt05398
漁洋西樵批點杜詩一卷　（清）王士禎　（清）
王士禄評點　清光緒二十九年（1903）黃昱然
抄本　一冊

370000－1502－0001496　jnt05400
笠翁對韻二卷　（清）李漁撰　清光緒十八年
（1892）琅環閣刻本　一冊

370000－1502－0001497　jnt05401
景椿山房詩草一卷文稿一卷　（清）方鉞撰
清光緒十年（1884）同文齋刻本　一冊

370000－1502－0001498　jnt05402
國朝六家詩鈔八卷　（清）劉執玉選　清嘉慶

八年(1803)刻本　六册　缺二卷(三、八)

370000－1502－0001499　jnt05405

陸清獻公宰嘉訓俗一卷　(清)陸隴其撰　清
光緒二十五年(1899)鍾慶堂刻本　一册

370000－1502－0001500　jnt05406

真西山先生集八卷　(宋)真德秀撰　(清)張
伯行重訂　清同治五年(1866)福州正誼書局
刻本　二册

370000－1502－0001501　jnt05409

第二碑一卷　(清)見亭外史正譜　(清)蔣士
銓撰　清刻本　一册

370000－1502－0001502　jnt05417

共城從政録不分卷附莘原從政録一卷共城士
庶十願歌一卷　(清)周際華撰　清道光十九
年(1839)家蔭堂刻本　一册

370000－1502－0001503　jnt05422

明湖載酒集一卷補遺一卷明湖載酒二集不分
卷補遺一卷　陳琪輯録　清光緒三十四年至
宣統二年(1908－1910)鉛印本　二册

370000－1502－0001504　jnt05423

花窗夢影圖六卷　(清)程端本輯　清道光刻
本　一册

370000－1502－0001505　jnt05424

欽定篆文六經四書不分卷　(清)李光地等篆
清光緒九年(1883)上海同文書局石印本
九册　缺一册(四)

370000－1502－0001506　jnt05425

念雨堂詩鈔一卷詞鈔一卷　(清)宮昱撰
(清)趙國華選　清光緒二十八年(1902)刻本
一册

370000－1502－0001507　jnt05431

陶淵明詩一卷　(晉)陶潛撰　清光緒元年
(1875)影宋刻本　一册

370000－1502－0001508　jnt05432

陶淵明詩一卷　(晉)陶潛撰　清光緒元年
(1875)影宋刻本　一册

370000－1502－0001509　jnt05434

浣花吟館小草二卷　(清)沈葆珊撰　清光緒
十四年(1888)刻本　一册

370000－1502－0001510　jnt05436

亭林詩集五卷　(清)顧炎武撰　清光緒二年
(1876)刻本　二册

370000－1502－0001511　jnt05444

名賢手札不分卷　(清)郭慶藩輯　清光緒十
三年(1887)上海鴻文書局石印本　二册

370000－1502－0001512　jnt05446

蘇詩選評箋釋六卷　(清)汪師韓評箋　清光
緒十二年(1886)錢塘汪氏刻本　二册

370000－1502－0001513　jnt05449

經序提要合編二卷　(清)姚仲實輯　清末鉛
印本　一册

370000－1502－0001514　jnt05450

春秋小學四卷　(清)莊有可撰　清石印本
二册

370000－1502－0001515　jnt05454

醒心齋唧唧唅一卷詹詹語一卷　(清)退甫撰
清道光二十九年(1849)刻本　一册

370000－1502－0001516　jnt05456

輶軒語一卷　(清)張之洞撰　清光緒六年
(1880)文琳堂刻本　一册

370000－1502－0001517　jnt05457

秦淮八艷圖詠不分卷　(清)葉衍蘭等撰　清
光緒十八年(1892)刻本　二册

370000－1502－0001518　jnt05467

馬戲圖譜一卷　(宋)李清照撰　(明)王蘭芳
增輯　清光緒十三年(1887)觀自得齋刻本
一册

370000－1502－0001519　jnt05468

泰山圖題詞一卷　(清)李祖年等撰　清末鉛
印本　一册

370000－1502－0001520　jnt05470

鐘山艸堂文稿一卷附鄉試硃卷一卷　(清)温
肇江撰　清咸豐九年(1859)刻本　一册

370000－1502－0001521　jnt05478

小瀣草堂古文集不分卷　（清）牟願相撰　清咸豐三年(1853)牟氏刻本　一冊

370000－1502－0001522　jnt05481

陳檢討集二十卷　（清）陳維崧撰　（清）程師恭注　清同治六年(1867)古桂山房刻本　六冊

370000－1502－0001523　jnt05483

小琅玕山館詩餘一卷　（清）嚴廷珏撰　清刻本　一冊

370000－1502－0001524　jnt05484

望雲精舍詩鈔一卷　（清）薩大滋撰　清宣統二年(1910)蒔花吟館刻本　一冊

370000－1502－0001525　jnt05487

困學紀聞注二十卷　（宋）王應麟撰　（清）翁元圻輯注　清道光五年(1825)杭州愛日軒刻本　十二冊

370000－1502－0001526　jnt05488

唐陸宣公集二十二卷　（唐）陸贄撰　（清）年羹堯重訂　清光緒二十四年(1898)上海著易堂石印本　四冊

370000－1502－0001527　jnt05489

十杉亭帖體詩鈔五卷附薇雲小舍試帖詩課二卷　（清）吳楷撰　清道光十年(1830)三樂堂刻本　四冊

370000－1502－0001528　jnt05490

律賦標準四卷　（清）葉祺昌編次　清同治十二年(1873)書業德刻本　四冊

370000－1502－0001529　jnt05491

皇極經世緒言九卷首一卷　（宋）邵雍撰　（明）黃畿洲注釋　（清）劉斯組述　清嘉慶善成堂刻本　六冊　存九卷(卷一至八上,首一卷上)

370000－1502－0001530　jnt05492

有正味齋駢體文二十四卷　（清）吳錫麒撰　（清）王廣業箋　（清）葉聯芬注　清咸豐九年(1859)青箱塾刻本　八冊

370000－1502－0001531　jnt05493

草韻辨體不分卷　（□）□□輯　清刻本　一冊

370000－1502－0001532　jnt05495

就將集一卷　（清）邵葆槎撰　清咸豐恭壽堂刻本　一冊

370000－1502－0001533　jnt05496

公餘偶談四卷　（清）俞樹風撰　清咸豐五年(1855)東甌官署刻本　四冊

370000－1502－0001534　jnt05497

佩文詩韻釋要五卷　（清）周兆基撰　陸潤庠校　清宣統三年(1911)商務印書館石印本　二冊

370000－1502－0001535　jnt05500

小匡廬集一卷　（清）王樞撰　清刻本　一冊

370000－1502－0001536　jnt05501

胡文忠公集十卷首一卷　（清）胡林翼撰　（清）盛康等編輯　清同治九年(1870)富華閣刻本　八冊

370000－1502－0001537　jnt05504

化學衛生論四卷　（英國）真司騰撰　（英國）傅蘭雅譯　清光緒十六年(1890)上海格致書室校刻本　四冊

370000－1502－0001538　jnt05506

見在龕雜作存稿七卷附稿二卷　（清）濮文暹撰　清宣統三年(1911)山東藝文局鉛印本　四冊

370000－1502－0001539　jnt05509

有正味齋駢體文二十四卷首一卷　（清）吳錫麒撰　（清）王廣業箋　（清）葉聯芬注　清光緒十五年(1889)上海蜚英館石印本　四冊

370000－1502－0001540　jnt05510

陸象山先生全集三十六卷　（宋）陸九淵撰　（清）李紱點次　清宣統二年(1910)江左書林鉛印本　八冊

370000－1502－0001541　jnt05511

韞山堂時文全集不分卷　（清）管世銘撰　清

道光刻本　三册

370000－1502－0001542　jnt05516

東萊先生古文關鍵二卷　（宋）呂祖謙評選
清光緒二十四年(1898)潞灣尚友堂金記刻本
二册

370000－1502－0001543　jnt05517

仁在堂時藝引階合編不分卷　（清）葉錫鳳編
清光緒六年(1880)崇德堂刻本　一册

370000－1502－0001544　jnt05521

**石堂集十卷石堂近稿一卷岱嶽祖珍禪師金臺
隨筆一卷**　（清）釋祖珍撰　清道光十年
(1830)刻本　四册

370000－1502－0001545　jnt05524

東萊先生左氏博議二十五卷　（宋）呂祖謙撰
清道光十九年(1839)錢塘瞿氏清吟閣刻本
六册

370000－1502－0001546　jnt05527

離垢集二卷　（清）華嵒撰　清光緒十五年
(1889)鉛印本　一册

370000－1502－0001547　jnt05530

酉陽雜俎二十卷續集十卷　（唐）段成式撰
清光緒三年(1877)崇文書局刻本　六册

370000－1502－0001548　jnt05533

二曲集四十六卷　（清）李顒撰　清光緒三年
(1877)北京天華館鉛印本　六册

370000－1502－0001549　jnt05534

分韻試帖青雲集合注四卷　（清）楊逢春輯
清光緒四年(1878)書業德刻本　四册

370000－1502－0001550　jnt05535

分韻試帖青雲集合注四卷　（清）楊逢春輯
清光緒十九年(1893)刻本　四册

370000－1502－0001551　jnt05536

明文才調集不分卷國朝文才調集不分卷
（清）許振褘輯　清光緒二十年(1894)鴻文書
局石印本　五册

370000－1502－0001552　jnt05538

闕里孔氏詩鈔十四卷　（清）盛大士選訂

（清）孔憲彝纂輯　清道光曲阜劉文炳刻本
二册

370000－1502－0001553　jnt05542

許氏說文解字雙聲疊韻譜一卷　（清）鄧廷楨
撰　清光緒九年(1883)同文書局石印本　一
册

370000－1502－0001554　jnt05545

隋經籍志考證十三卷　（清）章宗源撰　清光
緒三年(1877)湖北崇文書局刻崇文書局叢書
本　四册

370000－1502－0001555　jnt05545

高士傳三卷　（晋）皇甫謐撰　清光緒三年
(1877)湖北崇文書局刻崇文書局叢書本　一
册

370000－1502－0001556　jnt05545

世說新語六卷　（南朝宋）劉義慶撰　（南朝
梁）劉孝標注　清光緒三年(1877)湖北崇文
書局刻崇文書局叢書本　四册

370000－1502－0001557　jnt05545

文心雕龍十卷　（南朝梁）劉勰撰　（清）黄叔
琳注　（清）紀昀評　清光緒三年(1877)湖北
崇文書局刻崇文書局叢書本　二册

370000－1502－0001558　jnt05545

刊謬正俗八卷　（唐）顏師古撰　清光緒三年
(1877)湖北崇文書局刻崇文書局叢書本　一
册

370000－1502－0001559　jnt05545

御覽闕史二卷　（唐）高彦休撰　清光緒三年
(1877)湖北崇文書局刻崇文書局叢書本　一
册

370000－1502－0001560　jnt05545

意林五卷　（唐）馬總撰　清光緒三年(1877)
湖北崇文書局刻崇文書局叢書本　二册

370000－1502－0001561　jnt05545

鑑誡録十卷　（五代）何光遠編　清光緒三年
(1877)湖北崇文書局刻崇文書局叢書本　二
册

370000 – 1502 – 0001562   jnt05545

涑水記聞十六卷補遺一卷 （宋）司馬光撰
清光緒三年（1877）湖北崇文書局刻崇文書局
叢書本   四冊

370000 – 1502 – 0001563   jnt05545

老學庵筆記十卷 （宋）陸游撰   清光緒三年
（1877）湖北崇文書局刻崇文書局叢書本   二
冊

370000 – 1502 – 0001564   jnt05545

古列女傳八卷 （漢）劉向撰   清光緒三年
（1877）湖北崇文書局刻崇文書局叢書本   四
冊

370000 – 1502 – 0001565   jnt05545

人譜三篇三卷 （明）劉宗周撰   清光緒三年
（1877）湖北崇文書局刻崇文書局叢書本   一
冊

370000 – 1502 – 0001566   jnt05545

人譜類記增訂六卷 （明）劉宗周撰   清光緒
三年（1877）湖北崇文書局刻崇文書局叢書本
二冊

370000 – 1502 – 0001567   jnt05545

葬經內篇一卷 （晋）郭璞撰   黃帝宅經二卷
（□）□□撰   清光緒三年（1877）湖北崇文
書局刻崇文書局叢書本   一冊

370000 – 1502 – 0001568   jnt05545

洗冤錄詳義四卷首一卷 （宋）宋慈著 （清）
許槤編校   洗冤錄撝遺二卷 （宋）宋慈著
（清）葛元煦輯   清光緒刻本   四冊

370000 – 1502 – 0001569   jnt05545

洗冤錄撝遺二卷 （清）葛元煦撰   清光緒刻
本   一冊

370000 – 1502 – 0001570   jnt05546

孫子十家注十三卷附孫子敘錄一卷 （清）孫
星衍 （清）吳人驥校   清咸豐五年（1855）淡
香齋木活字印本   六冊

370000 – 1502 – 0001571   jnt05548

女兒書輯八卷孔孟志略三卷儒先訓要十八卷

文獻通考紀要二卷首一卷自序一卷 （清）張
承燮纂   清光緒二十六年至二十七年（1900 –
1901）膠州聽雨何時軒刻本   十一冊

370000 – 1502 – 0001572   jnt05550

庸庵文編四卷外編四卷續編二卷 （清）薛福
成撰   清光緒二十三年（1897）上海醉六堂石
印本   六冊

370000 – 1502 – 0001573   jnt05551

漁洋詩話三卷 （清）王士禎撰   清嘉慶三年
（1798）刻本   二冊

370000 – 1502 – 0001574   jnt05554

樓船日記二卷 （清）余思詒撰   清光緒三十
二年（1906）山東官書局鉛印本   二冊

370000 – 1502 – 0001575   jnt05555

樓船日記二卷 （清）余思詒撰   清光緒三十
二年（1906）山東官書局鉛印本   二冊

370000 – 1502 – 0001576   jnt05558

吟林綴語不分卷 （清）戴文選撰   清光緒刻
本   二冊

370000 – 1502 – 0001577   jnt05560

溫飛卿詩集九卷 （唐）溫庭筠撰 （清）曾益
謙注 （清）顧予咸補注   清宣統二年（1910）
秀野草堂石印本   四冊

370000 – 1502 – 0001578   jnt05561

詩韻題解十卷 （清）甘蘭友輯   清嘉慶九年
（1804）文錦堂刻本   二冊

370000 – 1502 – 0001579   jnt05565

羅整庵先生困知記四卷 （明）羅欽順撰
（清）張伯行訂   清同治五年（1866）福州正誼
書院刻本   一冊

370000 – 1502 – 0001580   jnt05566

天文地球圖說三卷續編二卷 （清）華衡芳筆
述   清光緒二十四年（1898）上海石印本   四
冊

370000 – 1502 – 0001581   jnt05575

詩韻類錦十二卷 （清）郭化霖編   清刻本
六冊   存六卷（一至三、五至六、十一）

370000－1502－0001582　jnt05580

琴鶴堂印譜不分卷　（清）繼良輯　清光緒二十七年(1901)鈐印本　八冊

370000－1502－0001583　jnt05581

明夷待訪錄一卷　（清）黃宗羲撰　清光緒二十四年(1898)長沙經濟書局刻本　一冊

370000－1502－0001584　jnt05583

詩中畫二卷　（清）馬濤繪　清光緒十一年(1885)石印本　二冊

370000－1502－0001585　jnt05585

昌黎先生集四十卷外集十卷遺文一卷　（唐）韓愈撰　韓集點勘四卷　（清）陳景雲撰　清宣統三年(1911)上海鴻文書局石印本　十冊

370000－1502－0001586　jnt05591

重訂事類賦三十卷　（宋）吳淑撰注　清子雲堂刻本　六冊

370000－1502－0001587　jnt05596

比竹餘音四卷　鄭文焯撰　清光緒二十八年(1902)吳興沈氏刻本　一冊

370000－1502－0001588　jnt05598

臨文便覽不分卷　（清）龍光甸輯　清同治十三年(1874)刻本　二冊

370000－1502－0001589　jnt05599

虛受齋日錄一卷　（清）蔡鶴君撰　清光緒元年(1875)刻本　一冊

370000－1502－0001590　jnt05600

友竹草堂文集五卷　（清）蔣慶第撰　清刻本　一冊　存二卷(三至四)

370000－1502－0001591　jnt05601

板橋集六卷　（清）鄭燮撰　清宣統元年(1909)湖南刻本　一冊

370000－1502－0001592　jnt05608

適軒尺牘八卷　（清）徐菊生撰　清光緒元年(1875)皖城黃竹友齋刻本　四冊

370000－1502－0001593　jnt05616

過庭錄一卷　（清）傅宣初撰　清光緒二十七年(1901)刻本　一冊

370000－1502－0001594　jnt05618

黃氏義莊條規一卷　（清）黃仁濟錄　清光緒二十三年(1897)刻本　一冊

370000－1502－0001595　jnt05619

藝槩六卷　（清）劉熙載撰　清同治十二年(1873)刻本　二冊

370000－1502－0001596　jnt05620

淵鑑類函四百五十卷目錄四卷　（清）張英（清）王士禎等編　清光緒十三年(1887)上海同文書局石印本　四十八冊

370000－1502－0001597　jnt05621

人譜詩箋一卷　（清）石廣均撰　清刻本　一冊

370000－1502－0001598　jnt05627

儒宗心法一卷　（清）劉大紳纂　清末鉛印本　一冊

370000－1502－0001599　jnt05629

自題所畫一卷　（清）傅金銓撰　清嘉慶二十五年(1820)刻本　一冊

370000－1502－0001600　jnt05631

花甲閒談十六卷　（清）張維屏等撰　（清）葉夢草繪　清光緒十年(1884)同文書局石印本　四冊

370000－1502－0001601　jnt05633

悼紅吟一卷　（清）管秋初輯　清光緒十年(1884)蘇州管氏刻本　一冊

370000－1502－0001602　jnt05634

庚子山集十六卷附庚子山年譜一卷庚集總釋一卷　（北周）庚信撰　（清）倪璠注釋　清道光十九年(1839)同文堂刻本　十二冊

370000－1502－0001603　jnt05635

禪宗正旨三卷淺注一卷　（清）劉體恕編次　清無錫丁氏鉛印本　一冊

370000－1502－0001604　jnt05636

吳詩集覽二十卷　（清）靳榮藩輯　清中葉刻本　十六冊

370000－1502－0001605　jnt05637

韻對便蒙三卷　（清）戴淑元撰　（清）武于田重訂　清嘉慶十年(1805)德聚堂刻本　一冊

370000－1502－0001606　jnt05638

草廬經略十二卷　（明）□□撰　清末上海申報館鉛印本　一冊

370000－1502－0001607　jnt05639

融經館叢書十一種九十九卷　（清）徐友蘭輯　清光緒十一年(1885)融經館刻本　二十五冊　缺十三卷(文選錦字十六至十八、唐詩金粉十卷)

370000－1502－0001608　jnt05640

天影盦外集一卷附錄一卷　（清）李壽蓉撰　清末鉛印本　一冊

370000－1502－0001609　jnt05641

新鐫校正詳注分類百子金丹全書十卷　（清）郭偉選注　清光緒二十九年(1903)鴻寶齋石印本　六冊

370000－1502－0001610　jnt05642

應試詩法淺説詳解六卷　（清）葉葆評注　清嘉慶六年(1801)三益齋刻本　二冊

370000－1502－0001611　jnt05643

漁洋書籍跋尾二卷　（清）王士禎撰　南田畫跋一卷　（清）惲格撰　賜硯齋題畫偶録一卷　（清）戴熙撰　嘉應平寇紀略一卷　（清）謝國珍述　清光緒五年(1879)仁和葛氏刻嘯園叢書本　一冊

370000－1502－0001612　jnt05643

讀律琯朗一卷　（清）梁他山撰　吳中判牘一卷　（清）蒯德模撰　洄溪醫案不分卷　（清）徐大椿撰　（清）楊恩銘　（清）王士雄評注　清光緒五年(1879)仁和葛氏刻嘯園叢書本　一冊

370000－1502－0001613　jnt05643

説部精華十二卷　（清）王士禎撰　（清）劉堅類次　清光緒五年(1879)仁和葛氏刻嘯園叢書本　二冊

370000－1502－0001614　jnt05643

唐摭言十五卷　（唐）王定保撰　清光緒五年(1879)仁和葛氏刻嘯園叢書本　二冊

370000－1502－0001615　jnt05643

論印絶句一卷續編一卷　（清）吳騫輯　醉盦硯銘一卷　（清）王繼香撰　曼盦壺盧銘一卷　（清）葉金壽撰　（清）郭傳璞注　清光緒五年(1879)仁和葛氏刻嘯園叢書本　一冊

370000－1502－0001616　jnt05644

任兆麟述記三卷　（清）任兆麟述　清光緒二十九年(1903)鴻寶齋石印本　三冊

370000－1502－0001617　jnt05645

雪舫山人詩草三卷附一卷　（清）隗宗瀛撰　清末石印本　一冊

370000－1502－0001618　jnt05646

雪舫山人詩草三卷附一卷　（清）隗宗瀛撰　清末石印本　一冊

370000－1502－0001619　jnt05651

山谷題跋四卷黃山谷尺牘十卷　（宋）黃庭堅撰　清群玉山房刻本　六冊

370000－1502－0001620　jnt05652

詩韻集成不分卷　（清）余照輯　清光緒二十一年(1895)宏文閣石印本　四冊

370000－1502－0001621　jnt05655

困學紀聞注二十卷首一卷　（宋）王應麟撰　（清）翁元圻輯注　清光緒二十五年(1899)上海煥文書局石印本　六冊

370000－1502－0001622　jnt05656

醒睡録初集十卷　（清）鄧文濱纂輯　清末上海申報館鉛印本　五冊

370000－1502－0001623　jnt05657

重訂宣和譜牙牌彙集二卷　（清）琅槐河上漁人輯　清光緒十四年(1888)宏文齋刻本　二冊

370000－1502－0001624　jnt05664

小坡識小録四卷　（清）馬騰蛟編　（清）馬先登述　南苑一知集二卷　（清）馬魯希撰　清同治十三年(1874)敦倫堂刻本　六冊

370000－1502－0001625　　jnt05666

古今百美香閨艷詩四卷　（清）席蕙蘭輯　清末上海文華書局石印本　三册　存三卷（一至三）

370000－1502－0001626　　jnt05671

重栞明成化本東坡七集一百一十二卷　（宋）蘇軾撰　清光緒三十四年至宣統元年（1908－1909）寶華盒刻本　四十八册

370000－1502－0001627　　jnt05672

文苑集成三十三卷　（□）□□輯　清同治十二年（1873）榴紅書屋刻本　三十四册

370000－1502－0001628　　jnt05675

庸庵文編四卷續編二卷外編四卷籌洋芻議一卷　（清）薛福成撰　清光緒二十三年（1897）上海醉六堂石印本　七册

370000－1502－0001629　　jnt05687

王摩詰集六卷　（唐）王維撰　**孟浩然集四卷**　（唐）孟浩然撰　**高常侍集十卷**　（唐）高適撰　**岑嘉州集八卷**　（唐）岑參撰　清光緒十年（1884）上海同文書局石印本　八册

370000－1502－0001630　　jnt05689

紫陽正誼課藝合選不分卷　（清）雪岑氏選　清道光二十二年至二十六年（1842－1846）刻本　四册

370000－1502－0001631　　jnt05696

養一齋詩話十卷養一齋李杜詩話三卷　（清）潘德輿撰　清道光十六年（1836）刻本　四册

370000－1502－0001632　　jnt05697

曾文正公全集一百七十六卷首一卷　（清）曾國藩撰　（清）李鴻章編　清光緒三年（1877）鉛印本　七十一册　缺二卷（經史百家雜鈔七至八）

370000－1502－0001633　　jnt05698

重訂事類賦三十卷　（宋）吳淑撰注　清刻本　六册

370000－1502－0001634　　jnt05700

新鎸五言千家詩箋注二卷　（清）王相選注

370000－1502－0001635　　jnt05704

增補重訂千家詩注解二卷　（宋）謝枋得選　（清）王相注　清南京狀元閣刻本　二册

370000－1502－0001635　　jnt05704

詳批注釋寄嶽雲齋試帖四卷　（清）聶銑敏撰　（清）張學蘇箋　清光緒十四年（1888）書業德刻本　二册

370000－1502－0001636　　jnt05705

雲仙雜記十卷　（唐）馮贄編　**赤雅三卷**　（明）鄺露纂　清光緒四年（1878）葛元煦刻本　一册

370000－1502－0001637　　jnt05708

國朝駢體正宗十二卷　（清）曾燠輯　清光緒十三年（1887）上海蜚英館影印本　六册

370000－1502－0001638　　jnt05710

楚辭十七卷　（漢）劉向輯　（漢）王逸章句　（宋）洪興祖補注　清末上海文瑞樓石印本　四册

370000－1502－0001639　　jnt05711

駢體文鈔三十一卷　（清）李兆洛輯　清光緒八年（1882）上海刻本　八册

370000－1502－0001640　　jnt05713

少岳賦草不分卷　（清）夏思沺撰　清道光三十年（1850）聚錦堂刻本　二册

370000－1502－0001641　　jnt05714

事類賦三十卷　（宋）吳淑撰注　**廣事類賦四十卷**　（清）華希閔撰　清刻本　十册

370000－1502－0001642　　jnt05715

重訂事類賦三十卷　（宋）吳淑撰注　清光緒四年（1878）維經堂刻本　四册

370000－1502－0001643　　jnt05716

唐詩合選詳解十二卷　（清）劉文蔚注釋　清光緒四年（1878）維經堂刻本　六册

370000－1502－0001644　　jnt05717

重編留青新集二十四卷　（清）伊氏編　清光緒十四年（1888）宏文閣鉛印本　十二册

370000－1502－0001645　　jnt05718

重編留青新集二十四卷　（清）伊氏編　清光

緒十四年(1888)宏文閣鉛印本　十二冊

370000 – 1502 – 0001646　jnt05723

音注小倉山房尺牘八卷　（清）袁枚撰　（清）胡光斗箋釋　清宣統二年(1910)掃葉山房石印本　四冊

370000 – 1502 – 0001647　jnt05727

佩文韻府一百六卷韻府拾遺一百六卷　（清）張玉書等編　（清）張廷玉等拾遺　清光緒二十年(1894)上海點石齋石印本　五十冊　存一百三十卷(一至二十七、三十一至五十、六十至六十九、七十一至一百六、韻府拾遺卷二十三至五十九)

370000 – 1502 – 0001648　jnt05728

佩文韻府一百六卷韻府拾遺一百六卷　（清）張玉書等編　（清）張廷玉等拾遺　清嶺南潘氏海山仙館刻本　一百五十四冊　存一百八十二卷(一至十八、二十至二十四、二十八至四十四、五十三至八十九、九十三至一百六、韻府拾遺十六至一百六)

370000 – 1502 – 0001649　jnt05729

新刊宣和遺事二卷　（宋）□□撰　清山海居主人據宋本石印本　一冊

370000 – 1502 – 0001650　jnt05739

説文解字韻譜十卷　（五代）徐鍇撰　清同治三年(1864)刻本　二冊

370000 – 1502 – 0001651　jnt05740

經韻集字析解二卷　（清）彭良敞集注　清道光十年(1830)瀠源書院刻本　二冊

370000 – 1502 – 0001652　jnt05741

説文韻譜校五卷　（清）姚覲元撰　清道光姚氏刻咫進齋叢書本　四冊

370000 – 1502 – 0001653　jnt05742

韻海駕鴦十六卷　（清）尋樂居士編輯　清道光二十四年(1844)文錦堂刻本　五冊　存十三卷(一至五、九至十六)

370000 – 1502 – 0001654　jnt05742

韻海駕鴦十六卷　（清）尋樂居士編輯　清道

光二十四年(1844)文錦堂刻本　一冊　存二卷(一至二)

370000 – 1502 – 0001655　jnt05744

字學舉隅不分卷　（清）龍光甸增輯　清光緒二十三年(1897)煥文書局石印本　一冊

370000 – 1502 – 0001656　jnt05747

詩韻類英十七卷　（清）四德書房輯　清道光四年(1824)梯雲堂刻本　六冊

370000 – 1502 – 0001657　jnt05748

五方元音二卷　（清）樊騰鳳編　（清）年希堯增補　清光緒二十年(1894)書業德刻本　一冊

370000 – 1502 – 0001658　jnt05749

增訂金壺字考一卷　（清）郝在田增訂　清同治十二年(1873)刻本　一冊

370000 – 1502 – 0001659　jnt05750

詩韻集成十卷　（清）余照輯　清聚盛堂刻本　四冊

370000 – 1502 – 0001660　jnt05751

詩韻合璧五卷　（清）湯文潞校　清咸豐九年(1859)梁溪經德堂刻本　五冊

370000 – 1502 – 0001661　jnt05752

詩韻集成十卷　（清）余照輯　清光緒二十三年(1897)寶興堂刻本　四冊

370000 – 1502 – 0001662　jnt05753

四聲精辨不分卷附四聲指訛不分卷　（□）□□編　清光緒元年(1875)琉璃廠刻本　五冊

370000 – 1502 – 0001663　jnt05754

佩文韻府一百六卷韻府拾遺一百六卷　（清）張玉書等編　（清）張廷玉等拾遺　清光緒十七年(1891)上海同文書局石印本　六十冊

370000 – 1502 – 0001664　jnt05768

分類韻錦六卷　（清）郭化霖輯　清道光二十六年(1846)書業德刻本　六冊

370000 – 1502 – 0001665　jnt05769

詩韻合璧五卷附虛字韻藪一卷　（清）湯文潞

編 （清）潘維城輯　清咸豐刻本　五册

370000－1502－0001666　jnt05770

詩韻合璧五卷 （清）湯文潞編　虛字韻藪一卷 （清）潘維城輯　清光緒十一年(1885)善成堂刻本　五册

370000－1502－0001667　jnt05771

説文解字句讀三十卷補正三十卷説文繫傳校録三十卷 （清）王筠撰　清同治四年(1865)安邱王氏刻本　十八册

370000－1502－0001668　jnt05772

説文釋例二十卷句讀補正二十卷説文繫傳校録三十卷 （清）王筠撰　清同治四年(1865)安邱王氏刻本　十一册

370000－1502－0001669　jnt05773

文字蒙求四卷 （清）王筠撰　清道光刻本　一册

370000－1502－0001670　jnt05775

佩文韻府一百六卷韻府拾遺一百六卷 （清）張玉書等編 （清）張廷玉等拾遺　清光緒二十二年(1896)上海點石齋石印本　五十九册　缺二卷(五十一至五十二)

370000－1502－0001671　jnt05778

八賢手札不分卷 （清）郭慶藩輯　清光緒十一年(1885)上海同文書局石印本　二册

370000－1502－0001672　jnt05779

北洋公牘類纂二十五卷　甘厚慈輯　清光緒三十二年(1906)北京益森公司鉛印本　二十册

370000－1502－0001673　jnt05780

重訂廣事類賦四十卷 （清）華希閔撰　清刻本　七册　存三十七卷(四至四十)

370000－1502－0001674　jnt05781

爵秩全覽不分卷 （清）□□編　清宣統元年(1909)刻本　四册

370000－1502－0001675　jnt05783

增廣留青新集二十四卷 （清）伊氏編 （清）馮善長校　清光緒二十五年(1899)石印本

十二册

370000－1502－0001676　jnt05784

康熙字典不分卷 （清）凌紹雯等編　清道光七年(1827)刻本　四十四册

370000－1502－0001677　jnt05786

剔弊廣增分韻五方元音二卷首一卷 （清）樊騰鳳撰 （清）趙培梓新編　清同治十年(1871)書業德刻本　五册

370000－1502－0001678　jnt05787

詩韻集成十卷 （清）余照輯　清光緒十四年(1888)元德昌刻本　四册

370000－1502－0001679　jnt05788

目耕齋初集不分卷二集不分卷三集不分卷 （清）沈少潭選刊　清光緒十六年(1890)鉛印本　六册

370000－1502－0001680　jnt05790

寄嶽雲齋試帖詳注四卷 （清）聶銑敏撰 （清）張學蘇箋注　清嘉慶刻本　四册

370000－1502－0001681　jnt05792

圖注八十一難經辨真四卷 （戰國）秦越人述 （明）張世賢注　圖注脈訣辨真四卷 （晋）王叔和撰 （明）張世賢注　清善成堂刻本　六册

370000－1502－0001682　jnt05794

鐘鼎字源五卷 （清）汪立名輯　清光緒二年(1876)洞庭秦氏麟慶堂刻本　二册

370000－1502－0001683　jnt05796

河間試律矩二卷 （清）紀昀撰　清同治五年(1866)文雅堂刻本　二册

370000－1502－0001684　jnt05798

筆花醫鏡四卷 （清）江涵暾撰　清光緒上海文瑞樓石印本　二册

370000－1502－0001685　jnt05800

增訂本草備要四卷醫方集解二十三卷醫方湯頭歌括一卷經絡歌訣一卷續增日食菜物一卷 （清）汪昂撰輯　清刻本　六册

370000－1502－0001686　jnt05803

觀稼樓詩二卷楓香集一卷雲根清墅山房詩一卷吳船書屋詩一卷 （清）朱緗撰 倚華樓詩四卷 （清）朱琦撰 養中之塾文集一卷 （清）朱曾喆撰 蒼雪山房稿一卷 （清）朱綱撰 桐陰書屋詩二卷 （清）朱崇勛撰 湖上草堂詩一卷 （清）朱崇道撰 清道光刻本 八冊

370000－1502－0001687 jnt05804
山海經十八卷圖讚一卷訂訛一卷敘錄一卷 （晋）郭璞傳 （清）郝懿行箋疏 清嘉慶十四年(1809)刻本 四冊

370000－1502－0001688 jnt05805
聖武記十四卷 （清）魏源撰 清道光二十六年(1846)古微堂刻本 十二冊

370000－1502－0001689 jnt05806
牛空山先生全集十一種一百四十一卷 （清）牛運震撰 清嘉慶二十三年(1818)刻本 三十冊 存七十四卷(周易解九卷,詩志八卷,論語隨筆卷一至九、十一至十九,史記評注十二卷,春秋傳十二卷,讀史糾謬十五卷)

370000－1502－0001690 jnt05807
清嘉錄十二卷 （清）顧禄撰 清光緒三年(1877)葛元煦刻嘯園叢書本 二冊

370000－1502－0001691 jnt05808
增訂本草備要四卷附經絡圖説一卷經絡歌訣一卷脈訣歌一卷湯頭歌訣一卷 （清）汪昂輯 （清）汪桓參訂 清光緒十七年(1891)文成堂刻本 六冊

370000－1502－0001692 jnt05809
增訂本草備要四卷附經絡圖説一卷經絡歌訣一卷脈訣歌一卷湯頭歌訣一卷 （清）汪昂輯 （清）汪桓參訂 清光緒三十三年(1907)書業德刻本 六冊

370000－1502－0001693 jnt05810
經詁四卷 （清）任均撰 清道光十九年(1839)刻本 二冊

370000－1502－0001694 jnt05811
莊子十卷 （戰國）莊周撰 （晋）郭象注

（唐）陸德明音義 清光緒二十三年(1897)新化三味書屋刻本 四冊

370000－1502－0001695 jnt05812
莊子十卷 （戰國）莊周撰 （晋）郭象注 （唐）陸德明音義 清光緒二年(1876)浙江書局刻本 四冊

370000－1502－0001696 jnt05814
荀子二十卷首一卷 （戰國）荀況撰 （唐）楊倞注 王先謙集解 清光緒十七年(1891)刻本 六冊

370000－1502－0001697 jnt05815
汪龍莊先生遺書合刊三種九卷 （清）汪輝祖撰 清嘉慶清河龔氏刻本 四冊

370000－1502－0001698 jnt05816
詩經傳注八卷 （清）李塨撰 清道光二十四年(1844)蠧吾靜穆堂刻本 四冊

370000－1502－0001699 jnt05820
欽定吏部處分則例五十二卷 （清）吏部議定 清吏部刻本 二十冊

370000－1502－0001700 jnt05821
書經六卷 （宋）蔡沈集傳 書經體注大全合參六卷 （清）錢希祥纂輯 清光緒六年(1880)敬文堂刻本 四冊

370000－1502－0001701 jnt05823
甌鉢羅室書畫過目考四卷首一卷附一卷 （清）李玉棻編輯 清光緒二十三年(1897)北京興盛齋刻本 一冊

370000－1502－0001702 jnt05824
錫麓歸耕圖唱和詩一卷錫麓歸耕圖續唱和詩一卷附一卷 （清）趙起鵬等撰 清刻本 一冊

370000－1502－0001703 jnt05825
重增字學舉隅不分卷 （清）龍光甸輯 清道光南京李光明莊刻本 一冊

370000－1502－0001704 jnt05826
重校字學舉隅不分卷 （清）龍光甸輯 清道光刻本 一冊

370000 – 1502 – 0001705　jnt05827

重校字學舉隅不分卷　（清）龍光甸輯　清道光刻本　一册

370000 – 1502 – 0001706　jnt05828

重校字學舉隅不分卷　（清）龍光甸輯　清道光刻本　一册

370000 – 1502 – 0001707　jnt05829

重校字學舉隅不分卷　（清）龍光甸輯　清道光刻本　一册

370000 – 1502 – 0001708　jnt05830

龍山社謎一卷　（清）筍齋主人輯　清光緒刻本　一册

370000 – 1502 – 0001709　jnt05831

詩經八卷　（宋）朱熹集傳　清光緒十五年（1889）書業德刻本　四册

370000 – 1502 – 0001710　jnt05832

詩經八卷　（宋）朱熹集傳　清光緒三十四年（1908）三益堂刻本　四册

370000 – 1502 – 0001711　jnt05833

徐雨峰中丞勘語四卷　（清）徐士林撰　清光緒三十二年（1906）武進李氏聖譯樓刻本　四册

370000 – 1502 – 0001712　jnt05835

詩經八卷　（宋）朱熹集傳　清光緒六年（1880）南京狀元閣李光明莊刻本　六册

370000 – 1502 – 0001713　jnt05837

監本四書十九卷　（宋）朱熹章句　清光緒十三年（1887）文瑞樓刻本　六册

370000 – 1502 – 0001714　jnt05838

新訂四書補注備旨十卷　（清）鄧林撰　（清）杜定基增訂　清光緒二十七年（1901）東昌書業德刻本　八册

370000 – 1502 – 0001715　jnt05839

尚書離句六卷　（清）錢在培輯解　清光緒十八年（1892）成文信刻本　四册

370000 – 1502 – 0001716　jnt05840

尚書離句六卷　（清）錢在培輯解　清光緒十

七年（1891）書業德刻本　二册

370000 – 1502 – 0001717　jnt05840

尚書離句六卷　（清）錢在培輯解　清光緒十七年（1891）書業德刻本　二册

370000 – 1502 – 0001718　jnt05841

奎壁書經六卷　（宋）蔡沈集傳　清光緒十四年（1888）書業德刻本　四册

370000 – 1502 – 0001719　jnt05842

奎壁書經六卷　（宋）蔡沈集傳　清光緒十四年（1888）書業德刻本　四册

370000 – 1502 – 0001720　jnt05843

論語經正錄二十卷年譜一卷　（清）王肇晋學　（清）王用浩述　清光緒二十年（1894）刻本　十一册

370000 – 1502 – 0001721　jnt05844

周易四卷　（宋）朱熹本義　清成文堂刻本　四册

370000 – 1502 – 0001722　jnt05846

四書章句集注十九卷　（宋）朱熹撰　清光緒二十年（1894）書業德刻本　六册

370000 – 1502 – 0001723　jnt05848

易經大全會解四卷　（清）來爾繩纂輯　**周易四卷**　（宋）朱熹本義　清光緒十年（1884）成文堂刻本　四册

370000 – 1502 – 0001724　jnt05849

漢書一百卷　（漢）班固撰　（唐）顏師古注　清光緒十三年（1887）金陵書局刻本　十六册

370000 – 1502 – 0001725　jnt05850

後漢書九十卷　（南朝宋）范曄撰　（唐）李賢注　清光緒十三年（1887）金陵書局刻本　十四册

370000 – 1502 – 0001726　jnt05852

回生集二卷續回生集二卷　（清）陳傑集　清道光二十二年（1842）京都龍元齋刻本　四册

370000 – 1502 – 0001727　jnt05853

新增士材三書八卷　（清）李中梓著述　（清）尤乘增訂　清光緒三十一年（1905）善成堂刻

本　六冊

370000－1502－0001728　jnt05854

錫金識小録十二卷　（清）黃印輯　清光緒二十二年(1896)刻本　五冊　缺二卷(九至十)

370000－1502－0001729　jnt05858

[同治]泰安縣志十二卷首一卷末一卷　（清）蔣大慶等編纂　清同治六年(1867)刻本　十四冊

370000－1502－0001730　jnt05859

通天曉五卷　（清）王纕堂編　清同治二年(1863)古經閣刻本　五冊

370000－1502－0001731　jnt05860

船山師友記十七卷首一卷　羅正鈞纂　清光緒三十三年(1907)刻本　四冊

370000－1502－0001732　jnt05864

孫子十家注十三卷附孫子敘録一卷孫子遺説一卷　（戰國）孫武撰　（清）孫星衍　（清）吳人驥校　清嘉慶二年(1797)孫氏刻本　六冊

370000－1502－0001733　jnt05865

痘疹摘要二卷　（清）華春林等撰　清末山東冠縣城北趙固元善堂刻本　一冊

370000－1502－0001734　jnt05866

醫方集解三卷　（清）汪昂撰輯　清書業堂刻本　六冊

370000－1502－0001735　jnt05869

奎壁詩經八卷　（宋）朱熹集傳　清光緒三十三年(1907)寶興堂刻本　四冊

370000－1502－0001736　jnt05871

陳太僕批選八家文抄不分卷　（清）陳兆崙選　清光緒二十六年(1900)天津文美齋石印本　六冊

370000－1502－0001737　jnt05872

陳太僕批選八家文抄不分卷　（清）陳兆崙選　清光緒二十六年(1900)天津文美齋石印本　六冊

370000－1502－0001738　jnt05873

燉煌掇瑣不分卷　羅振玉輯　清刻本　一冊　存一輯(上)

370000－1502－0001739　jnt05874

燉煌掇瑣不分卷　羅振玉輯　清刻本　一冊　存一輯(上)

370000－1502－0001740　jnt05875

岳忠武王文集八卷首一卷末一卷　（宋）岳珂輯　清道光二十七年(1847)揚州刻本　四冊

370000－1502－0001741　jnt05876

沈文忠公集十卷沈文忠公自訂年譜一卷　（清）沈兆霖撰　清同治八年(1869)刻本　四冊

370000－1502－0001742　jnt05877

白雲文集五卷白雲詩集二卷白雲續集八卷　（清）陳斌撰　清道光三年(1823)刻本　六冊

370000－1502－0001743　jnt05885

增補齊省堂儒林外史六十回不分卷　（清）吳敬梓撰　清光緒十四年(1888)上海鴻寶齋石印本　四冊

370000－1502－0001744　jnt05887

黃青社先生伐檀集二卷　（宋）黃庶撰　清緝香堂刻本　一冊

370000－1502－0001745　jnt05888

讀史漫録十四卷　（明）于慎行撰　（明）郭應寵編次　清光緒二十一年(1895)刻本　六冊

370000－1502－0001746　jnt05890

西清古鑑四十卷附錢録十六卷　（清）梁詩正等奉敕編纂　清光緒三十四年(1908)集成圖書公司鉛印本　二十四冊

370000－1502－0001747　jnt05893

史鑑節要便讀六卷末一卷　（清）鮑東里編輯　清光緒二十二年(1896)書業德刻本　二冊

370000－1502－0001748　jnt05894

覆校穆天子傳六卷補遺一卷校正古今人表九卷焦氏易林校略十六卷　（清）翟雲升校　清道光十二年至二十八年(1832－1848)五經歲編齋刻本　十冊

370000－1502－0001749　jnt05896

禮記傳十六卷　（宋）呂大臨撰　清宣統三年
（1911）藍田䕶閣學舍刻本　四册

370000－1502－0001750　jnt05901

問心堂温病條辨六卷首一卷　（清）吴瑭撰
（清）朱武曹點評　清光緒三十一年（1905）掃
葉山房刻本　四册

370000－1502－0001751　jnt05903

證治彙補八卷　（清）李用粹撰　清光緒十八
年（1892）簡玉山房刻本　八册

370000－1502－0001752　jnt05911

徐氏醫書八種十九卷　（清）徐大椿釋著　清
光緒十八年（1892）湖北官書處刻本　十一册
　存十七卷（難經經釋二卷、醫學源流論二
卷、神農本草經百種録一卷、醫貫砭二卷、傷
寒論類方一卷、蘭臺軌範八卷、洄溪醫案一
卷）

370000－1502－0001753　jnt05914

易簡方論六卷　（清）程德基述　（清）石韞玉
重校　清道光二十四年（1844）文會堂刻本
十一册

370000－1502－0001754　jnt05916

本草述三十二卷首一卷　（清）劉若金撰
（清）薛恈校訂　清光緒二年（1876）還讀山房
刻本　二十册

370000－1502－0001755　jnt05923

止止堂集五卷　（明）戚繼光撰　清光緒十五
年（1889）山東書局據四庫館明本刻本　四册

370000－1502－0001756　jnt05924

[道光]濟甯直隸州志十卷首一卷末一卷
（清）徐宗幹纂修　（清）汪承鏞等續修　[道
光]濟甯直隸州續志四卷　（清）盧朝安纂修
　清咸豐九年（1859）尊經閣刻本　二十四册

370000－1502－0001757　jnt05928

奏定陸軍章制彙存不分卷　（清）東三省陸軍
教練處輯　清宣統元年（1909）東三省陸軍教
練處鉛印本　五册

370000－1502－0001758　jnt05930

新刊醫林狀元壽世保元十卷　（明）龔廷賢編
　清刻本　十册

370000－1502－0001759　jnt05931

痘科扼要不分卷　（清）陳奇生撰　清同治十
二年（1873）安樂延年室刻本　一册

370000－1502－0001760　jnt05932

霍亂論二卷　（清）王士雄述　清光緒十七年
（1891）蒲圻但氏校刻本　一册

370000－1502－0001761　jnt05934

眼科百問二卷　（清）王文之撰　清抄本　二
册

370000－1502－0001762　jnt05936

外證醫案彙編四卷　（清）余景和編輯　清光
緒二十年（1894）上海文瑞樓刻本　四册

370000－1502－0001763　jnt05937

千金寶要六卷　（唐）孫思邈撰　（宋）郭思輯
　（清）孫星衍校　清嘉慶孫星衍刻本　二册

370000－1502－0001764　jnt05939

驗方新編八卷首一卷　（清）鮑相璈編輯　痧
症全書一卷　（清）林森傳授　（清）王凱編輯
　咽喉秘集一卷　（清）海山仙館編　清光緒
十一年（1885）濟南裕和堂刻本　十册

370000－1502－0001765　jnt05940

説文解字句讀三十卷　（清）王筠撰集　清同
治四年（1865）刻本　十五册

370000－1502－0001766　jnt05941

説文釋例二十卷説文繫傳校録三十卷句讀補
正三十卷　（清）王筠撰　清同治四年（1865）
安邱王氏刻本　十三册

370000－1502－0001767　jnt05942

醫家四要四卷　（清）程曦　（清）江誠
（清）雷大震纂　清光緒十二年（1886）刻本
四册

370000－1502－0001768　jnt05943

兒女英雄傳評話四十回不分卷　（清）文康撰
　（清）還讀我書室主人評　清光緒勤裕草堂

鉛印本　六册

370000－1502－0001769　jnt05948
絳雪園古方選注不分卷　（清）王子接注　清
刻本　一册

370000－1502－0001770　jnt05950
理虛元鑑二卷附經驗胎養良方一卷　（明）汪
綺石撰　清光緒二年（1876）葛元煦刻嘯園叢
書本　一册

370000－1502－0001771　jnt05952
板橋集六卷　（清）鄭燮撰　清清暉書屋刻本
四册

370000－1502－0001772　jnt05955
人鏡集五十四卷　（清）孟雲峰輯　清咸豐元
年（1851）鶴山堂刻本　二十四册

370000－1502－0001773　jnt05956
眼科入門不分卷　（清）張存鑫撰　清抄本
一册

370000－1502－0001774　jnt05957
史記節選二卷　（清）杜宗嶽評選　清咸豐元
年（1851）寶孺堂刻本　二册

370000－1502－0001775　jnt05958
婦嬰至寶六卷　（清）亟齋居士原編　（清）潘
理齋增補　清同治五年（1866）杭州任有容刻
本　一册

370000－1502－0001776　jnt05960
疫痧草一卷　（清）陳耕道編　清光緒三十年
（1904）鉛印本　一册

370000－1502－0001777　jnt05961
四海同春脈法二卷　（清）□□撰　清抄本
一册

370000－1502－0001778　jnt05962
化學初階四卷　（美國）嘉約翰口譯　（清）何
瞭然筆述　清同治九年（1870）羊城博濟醫局
刻本　四册

370000－1502－0001779　jnt05964
痘科救劫論一卷　（清）李敷榮撰　清末濟南
後宰門英華齋刻本　一册

370000－1502－0001780　jnt05965
傷寒論後條辨五卷　（清）程應旄注　清刻本
四册

370000－1502－0001781　jnt05967
西清續鑑甲編二十卷附錄一卷　（清）王傑等
編　清宣統三年（1911）上海商務印書館影印
本　四十二册

370000－1502－0001782　jnt05970
王洪緒先生外科證治全生不分卷附金瘡鐵扇
散藥方一卷　（清）王維德撰　清刻本　一册

370000－1502－0001783　jnt05972
地理五訣八卷　（清）趙廷棟撰　（清）王庸弼
　（清）張含章參著　清光緒三十年（1904）益
友堂刻本　一册

370000－1502－0001784　jnt05973
四秘全書地理十二種大全□□卷　（清）尹有
本撰注　清上海大成書局石印本　六册　存
十五卷（地理辨正補義五卷、三字青囊經一
卷、達僧問答一卷、催官篇卷一、玉函真義天
元歌一卷、玉函真義古鏡歌一卷、陽宅指南一
卷、傳家陽宅得一錄一卷、陽宅三格辨一卷、
七十二葬法一卷、地理精語一卷）

370000－1502－0001785　jnt05976
香祖筆記十二卷　（清）王士禎撰　清宣統三
年（1911）掃葉山房石印本　四册

370000－1502－0001786　jnt05978
寓拙山房存稿四卷　（清）馬鴻翔撰　清光緒
三年（1877）刻本　四册

370000－1502－0001787　jnt05980
傷寒論七卷　（漢）張仲景撰　（晋）王叔和編
次　（金）成無己注解　清文德堂刻本　六册

370000－1502－0001788　jnt05981
傷寒論注四卷　（漢）張仲景撰　（清）柯琴編
注　傷寒附翼二卷　（清）柯琴編　清綠慎堂
刻本　六册

370000－1502－0001789　jnt05984
王洪緒先生外科證治全生不分卷　（清）王維

德撰　清同治六年(1867)常歡喜齋刻本　一
冊

370000－1502－0001790　jnt05985

注解傷寒論十卷 （漢)張仲景述　(晉)王叔
和撰次　(金)成無己注解　**傷寒明理論四卷**
（金)成無己撰　清光緒六年(1880)掃葉山
房刻本　六冊

370000－1502－0001791　jnt05986

來禽館集二十九卷 （明)邢侗撰　清光緒十
七年(1891)刻本　十二冊

370000－1502－0001792　jnt05987

國朝閨秀正始集二十卷補遺一卷附錄一卷
(清)完顏惲珠輯　清道光十一年(1831)紅香
館刻本　八冊

370000－1502－0001793　jnt05988

守汴日志一卷 （明)李光壂編　清光緒二十
四年(1898)刻本　一冊

370000－1502－0001794　jnt05989

浙使紀程詩錄一卷 吳樹梅撰　清光緒二十
五年(1899)長沙督學使署刻本　一冊

370000－1502－0001795　jnt05992

宋名臣言行錄七十五卷 （宋)朱熹撰　(宋)
李幼武補撰　清光緒十四年(1888)傳經堂刻
本　十一冊　缺六卷(前集五至十)

370000－1502－0001796　jnt05994

昌黎先生集四十卷首一卷昌黎先生外集十卷
昌黎先生集遺文一卷末一卷 （唐)韓愈撰
(宋)朱熹考異　(宋)王伯大音釋　清光緒十
八年(1892)傳經堂刻本　十二冊

370000－1502－0001797　jnt05997

活人方一卷 （清)宮本昂輯　清刻本　一冊

370000－1502－0001798　jnt08000

太平寰宇記二百卷 （宋)樂史撰　清光緒八
年(1882)金陵書局刻本　三十六冊　缺一卷
(四)

370000－1502－0001799　jnt08004

文選六十卷 （南朝梁)蕭統撰　(唐)李善注

文選考異十卷 （清)胡克家撰　清胡克家
刻本　六冊　存十八卷(十八至三十五)

370000－1502－0001800　jnt08007

重訂王鳳洲先生會纂綱鑑四十六卷 （明)王
世貞纂　清善成堂刻本　十八冊　存三十二
卷(一至二十三、二十九至三十七)

370000－1502－0001801　jnt08007

重訂王鳳洲先生綱鑑會纂四十六卷 （明)王
世貞撰　(明)陳仁錫訂　清善成堂刻本　十
二冊　存十六卷(十三至二十八)

370000－1502－0001802　jnt08007

御撰資治通鑑綱目三編二十卷末一卷 （清)
張廷玉等奉敕編　清善成堂刻本　六冊

370000－1502－0001803　jnt08009

晉書一百三十卷附晉書音義三卷 （唐)房玄
齡等奉敕撰　清同治十年(1871)金陵書局刻
本　二十冊

370000－1502－0001804　jnt08010

魏書一百十四卷 （北齊)魏收撰　清同治十
一年(1872)金陵書局刻本　二十冊

370000－1502－0001805　jnt08011

康熙字典不分卷 （清)凌紹雯等奉敕撰　清
光緒元年(1875)湖北崇文書局刻本　四十冊

370000－1502－0001806　jnt08012

文獻通考輯要二十四卷 湯壽潛編輯　清
光緒二十五年(1899)圖書集成局鉛印本　十
冊

370000－1502－0001807　jnt08013

荊駝逸史五十一種七十七卷 （清)陳湖逸士
輯　清末中國圖書館石印本　十六冊

370000－1502－0001808　jnt08014

船山詩草二十卷 （清)張問陶撰　清嘉慶二
十年(1815)刻本　七冊　存十六卷(一至五、
十至二十)

370000－1502－0001809　jnt08020

新訂四書補注備旨十卷 （明)鄧林撰　（清)
杜定基增訂　清光緒二十七年(1901)東昌書

業德刻本　八冊

370000 – 1502 – 0001810　jnt08035

六科準繩四十四卷　（明）王肯堂輯　（清）程永培校　清光緒十八年(1892)上海圖書集成印書局鉛印本　四十冊

370000 – 1502 – 0001811　jnt08037

漁洋山人古詩選十七卷　（清）王士禎選　清同治五年(1866)金陵書局刻本　三冊　缺三卷(六至八)

370000 – 1502 – 0001812　jnt08039

白芙堂算學叢書二十一種八十九卷　（清）丁取忠撰輯　清末石印本　四冊　存三十八卷(數學拾遺一卷、測圓海鏡十二卷、益古演段三卷、圜率考真一卷、算法圓理一卷、粟布演算二卷、緝古算經三卷、對數詳解五卷、綴術釋明三卷、綴術釋戴一卷、四元玉鑑三卷首一卷末一卷、格術補一卷)

370000 – 1502 – 0001813　jnt08049

三才略三卷附史鑑標目一卷　蔣德鈞輯　清光緒十九年(1893)桂林蔣存遠堂刻本　一冊

370000 – 1502 – 0001814　jnt08050

十年讀書之廬重刊韻史二卷補一卷　（清）許遯翁撰　清咸豐十一年(1861)十年讀書之廬刻本　一冊

370000 – 1502 – 0001815　jnt08051

補晋書經籍志四卷　（清）吳士鑑纂　清光緒二十一年(1895)刻本　一冊

370000 – 1502 – 0001816　jnt08055

明史三百三十二卷　（清）張廷玉等奉敕修　清光緒三年(1877)湖北崇文書局刻本　八十冊

370000 – 1502 – 0001817　jnt08056

資治通鑑綱目前編舉要三卷資治通鑑綱目前編十八卷首一卷資治通鑑綱目五十九卷首一卷續資治通鑑綱目二十七卷　（宋）朱熹撰　清光緒七年(1881)山東書局刻本　一百十七冊　缺九卷(資治通鑑綱目前編八、續資治通鑑綱目十四至二十一)

370000 – 1502 – 0001818　jnt08057

山東考古錄不分卷　（清）顧炎武撰　**續山東考古錄三十二卷首一卷**　（清）葉圭綬述　清光緒八年(1882)山東書局刻本　七冊

370000 – 1502 – 0001819　jnt08058

鐵雲藏龜不分卷　（清）劉鶚輯　清光緒二十九年(1903)抱殘守缺齋石印本　六冊

370000 – 1502 – 0001820　jnt08060

歷朝綱鑑總論不分卷　（清）楊古度撰　清光緒二十八年(1902)刻本　一冊

370000 – 1502 – 0001821　jnt08062

山海經十八卷圖讚一卷訂譌一卷　（晋）郭璞傳　（清）郝懿行箋疏　清光緒十二年(1886)上海還讀樓刻本　四冊

370000 – 1502 – 0001822　jnt08064

教務紀略四卷首一卷　李剛己編撰　魏家驊等修訂　清光緒三十年(1904)山東印書局鉛印本　五冊

370000 – 1502 – 0001823　jnt08071

廣治平略三十六卷續廣治平略八卷　（清）蔡方炳撰　清刻本　十二冊

370000 – 1502 – 0001824　jnt08072

中國歷史戰爭形勢圖説附論二卷　（清）盧彤撰　清宣統二年(1910)集文印書館鉛印本　一冊

370000 – 1502 – 0001825　jnt08073

南宋書六十八卷　（明）錢士升增削　（明）許重熙贊　清掃葉山房刻本　十冊

370000 – 1502 – 0001826　jnt08074

井田圖考二卷　（清）朱克己撰　清光緒十六年(1890)山東書局刻本　二冊

370000 – 1502 – 0001827　jnt08075

史鑑節要便讀六卷　（清）鮑東里編輯　清同治刻本　二冊

370000 – 1502 – 0001828　jnt08078

帝鑑圖説不分卷　（明）張居正等撰　清刻本

一册　存一篇(下)

370000－1502－0001829　jnt08079

説文新附考六卷附説文逸字二卷附録一卷
(清)鄭珍撰　清道光十四年(1834)刻本　四册

370000－1502－0001830　jnt08080

讀史大略六十卷　(清)沙張白撰　**小沙子史略一卷**　(清)沙晋撰　清咸豐七年(1857)恭壽堂刻本　十六册

370000－1502－0001831　jnt08081

歷代名臣言行録二十四卷　(清)朱桓編輯 (清)潘永季校定　(清)沈維堉重校　清光緒十二年(1886)上海鴻章書局石印本　十六册

370000－1502－0001832　jnt08082

賓鍇藏古鉢印集不分卷滇虹草堂藏古鉢印全集不分卷　(清)滇虹草堂藏　清鈐印本　二册

370000－1502－0001833　jnt08083

説文解字十五卷　(漢)許慎撰　(宋)徐鉉校定　清嘉慶十二年(1807)藤花樹刻本　三册

370000－1502－0001834　jnt08090

山東闈墨不分卷　(□)□□編　清光緒二十九年(1903)聚奎堂刻本　一册

370000－1502－0001835　jnt08091

易鏡十三卷　(清)何毓福注釋　清光緒九年(1883)刻本　十三册

370000－1502－0001836　jnt08092

易鏡十三卷　(清)何毓福注釋　清光緒九年(1883)刻本　十册　存十卷(序例圖説一卷、上經一卷、下經一卷、象傳二卷、爻傳二卷、文言傳一卷、學易管窺二卷)

370000－1502－0001837　jnt08097

體經輯要不分卷　(□)□□輯鈔　清抄本　四册

370000－1502－0001838　jnt08099

印集不分卷　(□)□□篆　清鈐印本　四册

370000－1502－0001839　jnt08100

河神事蹟紀略不分卷　(清)陸葆霖編　清光緒十九年(1893)山東河防總局刻本　一册

370000－1502－0001840　jnt08103

文字筌蹏不分卷　(清)宋翹編輯　清中葉宋翹手抄本　一册

370000－1502－0001841　jnt08106

犢山文選不分卷　(清)周鎬撰　清桐香館沈氏抄本　一册

370000－1502－0001842　jnt08107

蒿庵集三卷　(清)張爾岐撰　清抄本　二册 缺一卷(三)

370000－1502－0001843　jnt08111

詩聲類十二卷附詩聲分例一卷　(清)孔廣森撰　清嚴氏成都鎬樂堂刻本　二册

370000－1502－0001844　jnt08112

三國志六十五卷　(晋)陳壽撰　(南朝宋)裴松之注　清同治九年(1870)金陵書局刻本　八册

370000－1502－0001845　jnt08116

孔孟志略三卷　(清)張承燮纂　清光緒二十七年(1901)東聽雨堂刻本　三册

370000－1502－0001846　jnt08119

四書反身録八卷　(清)李顒口授　(清)王心敬録　清光緒萊州郡署刻本　四册

370000－1502－0001847　jnt08122

大學古本質言□□卷　(清)劉沅撰　清宣統元年(1909)富順縣三多塞凝善堂書局刻本 一册　存一卷(一)

370000－1502－0001848　jnt08123

四書家塾讀本句讀十九卷　(清)王賡增補 清光緒十三年(1887)羅氏宗德堂刻本　五册

370000－1502－0001849　jnt08125

四書近指十七卷　(清)孫奇逢批定　清同治三年(1864)孫世玟刻本　四册

370000－1502－0001850　jnt08126

宋十一家四書義不分卷　(清)山東書局輯 清末山東書局鉛印本　一册

370000－1502－0001851　jnt08127

四書翼注論文三十八卷 （清）張甄陶述　清嘉慶十五年(1810)浙湖竹下書堂刻本　十一冊　缺四卷(十一至十四)

370000－1502－0001852　jnt08128

孟子要略五卷 （宋）朱熹撰　（清）劉傳瑩輯　清光緒十四年(1888)山東書局仿刻漢陽劉氏刻本　一冊

370000－1502－0001853　jnt08130

四書蒙讀淺解十九卷 （宋）朱熹集注　清光緒二十六年(1900)四友堂刻本　六冊

370000－1502－0001854　jnt08132

跋闇齋纂序四書繹注講意三十九卷 （清）劉梅纂序　清刻本　十七冊　存三十四卷(論語一至十二、十五至二十,孟子三至十四,中庸一至四)

370000－1502－0001855　jnt08133

四書小參一卷附四書問答一卷 （明）朱斯行撰　清光緒三年(1877)姑蘇刻經處刻本　一冊

370000－1502－0001856　jnt08138

大學衍義輯要六卷 （宋）真德秀撰　（清）陳宏謀纂輯　**大學衍義補輯要十二卷首一卷** （明）丘濬撰　（清）陳宏謀纂輯　清道光二十二年(1842)寶恕堂刻本　十六冊

370000－1502－0001857　jnt08142

漢書一百卷 （漢）班固撰　（唐）顏師古注　清同治八年(1869)金陵書局刻本　十六冊

370000－1502－0001858　jnt08143

漢書一百卷 （漢）班固撰　（唐）顏師古注　清光緒二十三年(1897)金陵書局仿汲古閣刻本　十六冊

370000－1502－0001859　jnt08145

後漢書一百二十卷 （南朝宋）范曄撰　（唐）李賢注　（晋）司馬彪撰　（南朝梁）劉昭注　清同治八年(1869)金陵書局刻本　十六冊

370000－1502－0001860　jnt08146

後漢書一百二十卷 （南朝宋）范曄撰　（唐）李賢注　（晋）司馬彪撰　（南朝梁）劉昭注　清同治八年(1869)金陵書局刻本　十六冊

370000－1502－0001861　jnt08147

後漢書一百二十卷 （南朝宋）范曄撰　（唐）李賢注　（晋）司馬彪撰　（南朝梁）劉昭注　清光緒十三年(1887)金陵書局刻本　十六冊

370000－1502－0001862　jnt08148

四書貫珠講義十九卷 （宋）朱熹章句　（清）林虛亭輯　清同治十一年(1872)兩廣運署刻本　十冊

370000－1502－0001863　jnt08151

大學衍義輯要六卷 （宋）真德秀撰　（清）陳宏謀纂輯　清宣統元年(1909)鉛印本　三冊

370000－1502－0001864　jnt08152

金石索十二卷 （清）馮雲鵬　（清）馮雲鵷輯　清光緒三十三年(1907)上海文新書局石印本　二十四冊

370000－1502－0001865　jnt08153

文獻通考自序一卷文獻通考紀要二卷首一卷儒先訓要十四卷續輯四卷女兒書輯八卷孔孟志略三卷 （清）張承燮輯　清光緒二十七年(1901)膠州東聽雨堂刻本　十一冊

370000－1502－0001866　jnt08154

西京清麓叢書八十八種一千四百五十八卷 （清）賀瑞麟輯　清同治至民國傳經堂刻本　三百七十二冊

370000－1502－0001867　jnt08155

四書釋文十九卷 （宋）朱熹撰　（清）王賡言增補　清道光二年(1822)諸城王氏家塾刻本　六冊

370000－1502－0001868　jnt08156

四書釋文十九卷 （宋）朱熹撰　（清）王賡言增補　清道光二年(1822)諸城王氏家塾刻本　六冊

370000－1502－0001869　jnt08157

四書釋文十九卷 （宋）朱熹撰　（清）王賡言

增補　清道光二年(1822)諸城王氏家塾刻本
　　六册

370000－1502－0001870　jnt08158
四書釋文十九卷　(宋)朱熹撰　(清)王賡言
增補　清道光二年(1822)諸城王氏家塾刻本
　　六册

370000－1502－0001871　jnt08159
四書釋文十九卷　(宋)朱熹撰　(清)王賡言
增補　清道光二年(1822)諸城王氏家塾刻本
　　六册

370000－1502－0001872　jnt08160
四書釋文十九卷　(宋)朱熹撰　(清)王賡言
增補　清道光二年(1822)諸城王氏家塾刻本
　　六册

370000－1502－0001873　jnt08161
四書釋文十九卷　(宋)朱熹撰　(清)王賡言
增補　清道光二年(1822)諸城王氏家塾刻本
　　六册

370000－1502－0001874　jnt08162
四書釋文十九卷　(宋)朱熹撰　(清)王賡言
增補　清道光二年(1822)諸城王氏家塾刻本
　　六册

370000－1502－0001875　jnt08163
四書釋文十九卷　(宋)朱熹撰　(清)王賡言
增補　清道光二年(1822)諸城王氏家塾刻本
　　六册

370000－1502－0001876　jnt08164
十三經讀本附校刊記　(清)丁寶楨校刊　清
同治十一年(1872)山東書局刻民國十四年
(1925)後印本　六十九册

370000－1502－0001877　jnt08165
禮記十卷　(元)陳澔集説　(清)丁寶楨校刊
　　清同治十一年(1872)山東書局刻十三經本
　　十册

370000－1502－0001878　jnt08166
十三經讀本附校刊記　(清)丁寶楨校刊　清
同治十一年(1872)山東書局刻民國十四年

(1925)後印本　七十册

370000－1502－0001879　jnt08167
十三經讀本附校刊記　(清)丁寶楨校刊　清
同治十一年(1872)山東書局刻本　六十六册

370000－1502－0001880　jnt08168
十三經讀本附校刊記　(清)丁寶楨校刊　清
同治十一年(1872)山東書局刻本　六十六册

370000－1502－0001881　jnt08169
十三經讀本附校刊記　(清)丁寶楨校刊　清
同治十一年(1872)山東書局刻本　六十六册

370000－1502－0001882　jnt08170
十三經讀本附校刊記　(清)丁寶楨校刊　清
同治十一年(1872)山東書局刻本　六十六册
　　缺二卷(欽定春秋左傳二十至二十一)

370000－1502－0001883　jnt08171
十三經讀本附校刊記　(清)丁寶楨校刊　清
同治十一年(1872)山東書局刻本　六十八册

370000－1502－0001884　jnt08172
十三經讀本附校刊記　(清)丁寶楨校刊　清
同治十一年(1872)山東書局刻本　六十五册
　　缺一卷(書經卷三)

370000－1502－0001885　jnt08173
十三經讀本二百六十一卷　(清)施肇曾校刻
　　清刻本　七十二册　存二百三十六卷(十
三經讀本評點札記四十五卷、孟子讀本十四
卷、孟子大義十四卷、讀孟隨筆二卷、孝經讀
本四卷、孝經大義一卷、爾雅讀本十一卷、周
易讀本四卷、周易故訓訂一卷、周易注疏剩本
一卷、穀梁傳讀本十二卷附考異、公羊傳讀本
十二卷附校記、論語讀本十卷、論語大義二十
卷、詩經讀本二十卷、禮記讀本二十卷、撫本
禮記鄭注考證二卷、禮記經注校證二卷、大學
章句一卷、大學大義一卷、中庸大義一卷、周
禮讀本六卷、左傳讀本卷一至三十、儀禮讀本
卷五至六)

370000－1502－0001886　jnt08174
十三經注疏三百四十六卷　(唐)陸德明音義
　　(清)鄂爾泰　(清)張廷玉等校　清同治十

年(1871)廣東書局據武英殿本刻本　一百二十册

370000－1502－0001887　jnt08175

四書會解二十七卷　（清）綦澧輯　清咸豐元年(1851)三益堂刻本　二十四册

370000－1502－0001888　jnt08176

四書會解二十七卷　（清）綦澧輯　清咸豐元年(1851)三益堂刻本　二十四册

370000－1502－0001889　jnt08181

甌香館四書説十卷　（清）郝寧愚撰　清同治三年(1864)郝氏柘園刻本　六册

370000－1502－0001890　jnt08182

甌香館四書説十卷　（清）郝寧愚撰　清道光二十九年(1849)郝氏柘園刻本　六册

370000－1502－0001891　jnt08185

四書人物備考十七卷　（清）潘克溥輯　清刻本　五册　存十一卷（六至十三、十六至十七,首一卷）

370000－1502－0001892　jnt08186

四書會解二十七卷　（清）綦澧輯　清嘉慶五年(1800)還醇堂刻本　二十四册

370000－1502－0001893　jnt08187

四書會解二十七卷　（清）綦澧輯　清嘉慶五年(1800)還醇堂刻本　二十二册

370000－1502－0001894　jnt08188

增補四書精繡圖像人物備考十二卷　（明）陳仁錫增定　清嘉慶三年(1798)刻本　八册

370000－1502－0001895　jnt08190

四書人物類典串珠四十卷　（清）臧志仁編輯　清嘉慶九年(1804)刻本　八册　缺十五卷（八至十八、二十六至二十九）

370000－1502－0001896　jnt08191

四書典制類聯音注三十三卷　（清）閭其淵編輯　清刻本　六册　存十五卷（三至十七）

370000－1502－0001897　jnt08192

銅板四書體注合講十九卷　（清）翁復編次　清聚盛堂刻本　六册

370000－1502－0001898　jnt08193

大文堂四書體注合講十九卷　（清）翁復編次　清大文堂刻本　六册

370000－1502－0001899　jnt08194

銅板四書遵注合講十九卷　（清）翁復編次　清光緒十三年(1887)成文堂刻本　六册

370000－1502－0001900　jnt08195

銅板四書遵注合講十九卷　（清）翁復編次　清光緒十三年(1887)成文堂刻本　四册　缺十卷(論語一至十)

370000－1502－0001901　jnt08201

四書圖考集要五卷　（清）張雲會輯　清刻本　四册　存四卷(二至五)

370000－1502－0001902　jnt08203

四書釋地不分卷四書釋地續不分卷四書釋地又續不分卷附孟子生卒年月考一卷四書釋地三續不分卷　（清）閻若璩撰　清東浯王氏刻本　六册

370000－1502－0001903　jnt08204

四書引解□□卷　（清）鄧柱瀾纂輯　清嘉慶翠竹齋刻本　六册　存七卷(一、七至九、二十一至二十二、二十四)

370000－1502－0001904　jnt08207

四書集注直解説約二十七卷　（明）張居正撰　清八旗經正書院翻刻本　十一册　缺三卷(三至五)

370000－1502－0001905　jnt08209

大中講義三卷　（清）朱用純撰　清光緒二年(1876)江蘇書局刻本　三册

370000－1502－0001906　jnt08212

四書彙解四十卷　（清）司天開纂輯　清道光二十五年(1845)柳波館刻本　八册

370000－1502－0001907　jnt08213

四書彙解四十卷　（清）司天開纂輯　清道光二十五年(1845)柳波館刻本　六册　缺十卷(十一至二十)

370000－1502－0001908　jnt08214

孟子講義二卷 （清）靈峰撰　清刻本　二册

370000－1502－0001909　jnt08215

吕晚邨先生四書講義四十三卷 （清）吕留良撰　清刻本　二册　存十卷（十四至二十三）

370000－1502－0001910　jnt08219

重栞宋本十三經注疏附校勘記四百一十六卷 （清）阮元審定　清嘉慶二十年（1815）江西南昌府學刻本　一百四十册　缺二十卷（尚書正義二十卷）

370000－1502－0001911　jnt08221

四書便蒙十九卷 （宋）朱熹集注　清光緒十六年（1890）刻本　六册

370000－1502－0001912　jnt08222

四書便蒙十九卷 （宋）朱熹集注　清光緒二十五年（1899）刻本　六册

370000－1502－0001913　jnt08223

四書便蒙十九卷 （宋）朱熹集注　清光緒二十五年（1899）刻本　六册

370000－1502－0001914　jnt08224

四書便蒙十九卷 （宋）朱熹集注　清光緒二十五年（1899）刻本　六册

370000－1502－0001915　jnt08225

四書便蒙十九卷 （宋）朱熹集注　清光緒二十五年（1899）刻本　六册

370000－1502－0001916　jnt08226

類考典故四書便蒙十九卷 （宋）朱熹集注　清光緒善成堂刻本　六册

370000－1502－0001917　jnt08227

類考典故四書便蒙十九卷 （宋）朱熹集注　清光緒善成堂刻本　六册

370000－1502－0001918　jnt08228

類考典故四書便蒙十九卷 （宋）朱熹集注　清光緒善成堂刻本　六册

370000－1502－0001919　jnt08233

孟子正義三十卷 （清）焦循撰集　清刻本　六册　存十八卷（六至八、十一至二十五）

370000－1502－0001920　jnt08238

四書章句十九卷 （宋）朱熹集注　清光緒五年（1879）山西濬文書局刻本　六册

370000－1502－0001921　jnt08239

四書十九卷 （宋）朱熹集注　清光緒二十五年（1899）京師慈幼堂刻本　六册

370000－1502－0001922　jnt08242

監本四書十九卷 （宋）朱熹集注　清咸豐十年（1860）京都文成堂刻本　六册

370000－1502－0001923　jnt08243

狀元閣女四書二卷 （清）王相箋注　清光緒二十四年（1898）書業德刻本　二册

370000－1502－0001924　jnt08244

重校十三經不貳字不分卷 （清）李鴻藻輯　清光緒三年（1877）敬業堂刻本　一册

370000－1502－0001925　jnt08245

重校十三經不貳字不分卷 （清）李鴻藻輯　清光緒二年（1876）滋本堂刻本　一册

370000－1502－0001926　jnt08246

十三經集字摹本不分卷 （清）彭玉雯纂　清道光二十九年（1849）善成堂刻本　八册

370000－1502－0001927　jnt08247

四書章句十九卷 （宋）朱熹集注　（清）童棫校刊　清光緒五年（1879）山東書局據四川童氏本刻本　十册

370000－1502－0001928　jnt08248

增廣新訂四書補注備旨十卷 （清）鄧林撰　（清）杜定基增訂　清光緒二十八年（1902）寶興堂刻本　八册

370000－1502－0001929　jnt08249

增廣新訂四書補注備旨十卷 （清）鄧林撰　（清）杜定基增訂　清光緒十一年（1885）書業德記刻本　八册

370000－1502－0001930　jnt08250

新訂四書補注備旨十卷 （清）鄧林撰　（清）杜定基增訂　清光緒二十七年（1901）書業德刻本　八册

370000－1502－0001931　jnt08251

新訂四書補注備旨十卷　(清)鄧林撰　(清)杜定基增訂　清光緒二十年(1894)書業德記刻本　八册

370000－1502－0001932　jnt08253

新訂四書補注備旨十卷　(清)鄧林撰　(清)杜定基增訂　清李光明莊狀元閣刻本　六册

370000－1502－0001933　jnt08254

新訂四書補注備旨十卷　(清)鄧林撰　(清)杜定基增訂　清光緒二十三年(1897)藝德堂刻本　八册

370000－1502－0001934　jnt08255

新訂四書補注備旨十卷　(清)鄧林撰　(清)杜定基增訂　清光緒五年(1879)敬文堂刻本　六册

370000－1502－0001935　jnt08258

壽山堂易説不分卷　(□)無極吕子撰　清同治六年(1867)刻本　六册

370000－1502－0001936　jnt08259

壽山堂易説不分卷　(□)無極吕子撰　清刻本　六册

370000－1502－0001937　jnt08260

壽山堂易説不分卷　(□)無極吕子撰　清刻本　六册

370000－1502－0001938　jnt08261

易經體注會解合參四卷　(清)來爾繩纂輯　清嘉慶二十一年(1816)金閶書業堂刻本　二册

370000－1502－0001939　jnt08262

易經體注四卷　(清)來爾繩纂輯　清同治九年(1870)修文堂刻本　四册

370000－1502－0001940　jnt08263

易經體注大全會解四卷　(清)來爾繩纂輯　清光緒十年(1884)成文堂刻本　四册

370000－1502－0001941　jnt08264

易經體注大全合參四卷　(清)來爾繩纂輯　清貴文堂刻本　二册

370000－1502－0001942　jnt08265

易經體注大全會解四卷　(清)來爾繩纂輯　清光緒六年(1880)掃葉山房刻本　四册

370000－1502－0001943　jnt08266

易經體注合參四卷　(清)來爾繩纂輯　清刻本　二册

370000－1502－0001944　jnt08267

周易説略四卷　(清)張爾岐撰　(清)顧炎武鑒定　清刻本　二册　存二卷(二至三)

370000－1502－0001945　jnt08268

周易説略四卷　(清)張爾岐撰　(清)顧炎武鑒定　清嘉慶二年(1797)文錦堂刻本　五册

370000－1502－0001946　jnt08269

周易説略四卷　(清)張爾岐撰　(清)顧炎武鑒定　清嘉慶十一年(1806)敬文堂刻本　四册

370000－1502－0001947　jnt08270

周易説略四卷　(清)張爾岐撰　(清)顧炎武鑒定　清嘉慶十一年(1806)敬文堂刻本　四册

370000－1502－0001948　jnt08271

來瞿唐先生易注十五卷首一卷末一卷　(明)來知德注　清寧遠堂刻本　十二册

370000－1502－0001949　jnt08272

來瞿唐先生易注十五卷首一卷末一卷　(明)來知德注　清寧遠堂刻本　十一册

370000－1502－0001950　jnt08273

來瞿唐先生易注十五卷首一卷末一卷　(明)來知德注　清寧遠堂刻本　十册　缺二卷(十五、末一卷)

370000－1502－0001951　jnt08274

周易觀象十二卷　(清)李光地注　清刻本　三册

370000－1502－0001952　jnt08275

周易音訓一卷　(宋)吕祖謙撰　清刻本　一册

370000－1502－0001953　jnt08276

周易八卷 （宋）朱熹本義 （宋）吕祖謙音訓
清同治六年(1867)望三益齋刻本 四册
存六卷(一、四至八)

370000－1502－0001954 jnt08278
新鎸增補周易備旨一見能解六卷 （明）黄淳
耀原本 （明）嚴而寬增補 清嘉慶元年
(1796)致和堂刻本 六册

370000－1502－0001955 jnt08279
新鎸增補周易備旨一見能解六卷 （明）黄淳
耀原本 （明）嚴而寬增補 清嘉慶元年
(1796)致和堂刻本 六册

370000－1502－0001956 jnt08280
新鎸增補周易備旨一見能解六卷 （明）黄淳
耀原本 （明）嚴而寬增補 清嘉慶九年
(1804)文錦堂刻本 六册

370000－1502－0001957 jnt08281
周易口訣義六卷末一卷附周易集解序并注一
卷 （唐）史徵撰 （清）孫星衍校 清刻岱南
閣叢書本 二册

370000－1502－0001958 jnt08282
周易通論四卷 （清）李光地撰 清刻本 二
册

370000－1502－0001959 jnt08283
周易集傳八卷補遺一卷 （元）龍仁夫撰 清
同治七年(1868)刻本 二册

370000－1502－0001960 jnt08285
周易觀象十二卷 （清）李光地撰 清嘉慶九
年(1804)梅照壁刻本 三册 存六卷(一至
四、七至八)

370000－1502－0001961 jnt08286
易經精華六卷末一卷 （清）薛嘉穎撰 清光
緒九年(1883)掃葉山房刻本 四册

370000－1502－0001962 jnt08287
易經精華六卷末一卷 （清）薛嘉穎撰 清同
治五年(1866)三益堂刻本 二册

370000－1502－0001963 jnt08288
四書正本十九卷 （宋）朱熹集注 （清）童棫

校刊 清同治五年(1866)綏定府學署刻本
十二册

370000－1502－0001964 jnt08290
壽山堂易説不分卷 （□）無極吕子撰 清同
治三年(1864)悟善總社經典部刻本 六册

370000－1502－0001965 jnt08291
易説十二卷附易説便録一卷 （清）郝懿行撰
清光緒八年(1882)東路廳刻本 四册

370000－1502－0001966 jnt08292
周易虞氏義九卷附周易虞氏消息二卷 （清）
張惠言撰 清嘉慶八年(1803)阮氏琅嬛仙館
刻本 五册

370000－1502－0001967 jnt08296
焦氏易林校略十六卷 （清）翟雲升撰 清道
光刻本 八册

370000－1502－0001968 jnt08298
來瞿唐先生易注十五卷首一卷末一卷 （明）
來知德注 清朝爽堂刻本 十册

370000－1502－0001969 jnt08299
周易四卷附圖説一卷 （宋）朱熹本義 清刻
本 二册

370000－1502－0001970 jnt08302
左傳事緯前書八卷左傳事緯十二卷 （清）馬
驌編論 清刻本 二十册

370000－1502－0001971 jnt08306
校刊增注四書便蒙十九卷 （宋）朱熹章句
（清）俞長城等注 清光緒二十四年(1898)寶
興堂刻本 六册

370000－1502－0001972 jnt08308
春秋世族譜不分卷 （清）陳厚耀撰 （清）葉
琪園補鈔 清嘉慶刻本 二册

370000－1502－0001973 jnt08309
春秋經傳集解三十卷首一卷 （晉）杜預注
（唐）陸元朗音釋 （宋）林堯叟附注 （清）
馮李驊增訂 清光緒九年(1883)華川書屋刻
本 十六册

370000－1502－0001974 jnt08310

春秋經傳集解三十卷首一卷　（晉）杜預原本
（宋）林堯叟附注　（唐）陸元朗音釋
（清）馮李驊增訂　清光緒二十二年(1896)成
文堂刻本　十六冊

370000－1502－0001975　jnt08311
春秋經傳集解三十卷首一卷　（晉）杜預注
（唐）陸元朗音釋　（宋）林堯叟附注　（清）
馮李驊增訂　清光緒十年(1884)華川書屋刻
本　十六冊

370000－1502－0001976　jnt08312
春秋左傳集解三十卷首一卷　（晉）杜預原本
（宋）林堯叟附注　（唐）陸元朗音釋
（清）馮李驊增訂　清會文堂據華川書屋本刻
本　十六冊

370000－1502－0001977　jnt08315
春秋左傳五十卷　（晉）杜預　（宋）林堯叟注
釋　（唐）陸元朗音釋　（明）鍾惺　（明）韓
范評閱　清書業德刻本　十六冊

370000－1502－0001978　jnt08316
春秋左傳杜注三十卷　（清）姚培謙輯　清同
治五年(1866)金陵書局刻本　十冊

370000－1502－0001979　jnt08320
春秋左傳音訓不分卷　（清）楊國楨撰　清刻
本　五冊

370000－1502－0001980　jnt08321
易學啓蒙不分卷　（宋）朱熹撰　清望三益齋
刻本　一冊

370000－1502－0001981　jnt08322
周易不分卷　（宋）朱熹本義　清江南製造總
局刻本　一冊

370000－1502－0001982　jnt08323
易經八卷　（宋）程頤傳　清同治五年(1866)
金陵書局刻本　三冊

370000－1502－0001983　jnt08324
易經十二卷首一卷末一卷　（宋）朱熹本義
（宋）呂祖謙音訓　清同治四年(1865)金陵書
局刻本　二冊

370000－1502－0001984　jnt08325
周易四卷　（宋）朱熹本義　清光緒善成堂刻
本　二冊

370000－1502－0001985　jnt08326
周易四卷　（宋）朱熹本義　清同治八年
(1869)書業德刻本　二冊

370000－1502－0001986　jnt08327
周易四卷　（宋）朱熹本義　清聚盛堂刻本
二冊

370000－1502－0001987　jnt08328
周易四卷　（宋）朱熹本義　清濟南藝德堂刻
本　二冊

370000－1502－0001988　jnt08329
周易四卷　（宋）朱熹本義　清道光二十九年
(1849)晉祁書業德刻本　二冊

370000－1502－0001989　jnt08332
周易四卷首一卷　（宋）朱熹本義　清咸豐四
年(1854)掃葉山房刻本　二冊

370000－1502－0001990　jnt08333
周易四卷　（宋）朱熹本義　清子雲堂刻本
四冊

370000－1502－0001991　jnt08334
周易四卷　（宋）朱熹本義　清嘉慶元年
(1796)文和堂刻本　二冊

370000－1502－0001992　jnt08335
周易四卷　（宋）朱熹本義　清蘇州琴川閣刻
本　二冊

370000－1502－0001993　jnt08337
周易四卷　（宋）朱熹本義　清李光明莊狀元
閣刻本　二冊

370000－1502－0001994　jnt08338
周易四卷　（宋）朱熹本義　清同治七年
(1868)楚北崇文書局刻本　二冊

370000－1502－0001995　jnt08339
周易四卷　（宋）朱熹本義　清光緒三十二年
(1906)天津文美齋刻本　二冊

370000 – 1502 – 0001996　jnt08340

周易四卷　（宋）朱熹本義　清光緒十六年
（1890）東昌書業德刻本　二册

370000 – 1502 – 0001997　jnt08341

周易四卷　（宋）朱熹本義　清光緒十六年
（1890）東昌書業德刻本　二册

370000 – 1502 – 0001998　jnt08342

**如西所刻諸名家評點春秋綱目左傳句解彙雋
六卷**　（清）韓菼重訂　清光緒三十四年
（1908）書業德刻本　六册

370000 – 1502 – 0001999　jnt08343

春秋左傳杜注三十卷　（清）姚培謙輯　清光
緒九年（1883）江南書局刻本　九册　缺四卷
（三至六）

370000 – 1502 – 0002000　jnt08344

易經增訂旁訓三卷　（清）徐立綱撰　清刻本
　一册

370000 – 1502 – 0002001　jnt08346

春秋左傳五十卷　（晋）杜預　（宋）林堯叟注
釋　（唐）陸元朗音釋　（明）鍾惺　（明）韓
范評閱　清芥子園刻本　十二册

370000 – 1502 – 0002002　jnt08347

周易四卷　（宋）朱熹本義　清同治十一年
（1872）山東書局刻本　二册

370000 – 1502 – 0002003　jnt08349

太史張天如詳節春秋綱目左傳句解六卷
（清）韓菼重訂　清光緒三十一年（1905）益有
堂刻本　六册

370000 – 1502 – 0002004　jnt08350

太史張天如詳節春秋綱目左傳句解六卷
（清）韓菼重訂　清元德昌刻本　六册

370000 – 1502 – 0002005　jnt08351

太史張天如詳節春秋綱目左傳句解六卷
（清）韓菼重訂　清貴文堂刻本　六册

370000 – 1502 – 0002006　jnt08352

評點春秋綱目左傳句解彙雋六卷　（清）韓菼
重訂　清光緒二十一年（1895）怡翰齋刻本

六册

370000 – 1502 – 0002007　jnt08353

春秋三十卷　（宋）胡安國傳　清文盛堂刻本
　八册

370000 – 1502 – 0002008　jnt08355

左氏條貫十八卷　（清）曹基編次　清致和堂
刻本　六册　存十四卷（一至七、十至十六）

370000 – 1502 – 0002009　jnt08356

春秋指掌二十二卷　（清）儲欣　（清）蔣景祁
撰輯　清刻本　五册　缺七卷（一至四、九至
十一）

370000 – 1502 – 0002010　jnt08358

左傳選十二卷　（清）儲欣評選　清嘉慶十年
（1805）刻本　三册　存八卷（一至八）

370000 – 1502 – 0002011　jnt08360

春秋集傳十六卷首一卷末一卷　（清）汪紱撰
　（清）黃敏等編校　清栖碧山房刻本　五册

370000 – 1502 – 0002012　jnt08361

春秋經傳集解三十卷　（晋）杜預注　清官刻
本　十二册

370000 – 1502 – 0002013　jnt08362

春秋穀梁傳十二卷　（晋）范甯集解　清李光
明莊狀元閣刻本　三册　缺三卷（四至六）

370000 – 1502 – 0002014　jnt08363

左傳翼三十八卷　（清）周大璋輯評　清同治
遂初堂刻本　十五册　缺四卷（四至七）

370000 – 1502 – 0002015　jnt08364

**如西所刻諸名家評點春秋綱目左傳句解彙雋
六卷**　（清）韓菼重訂　清同治十年（1871）三
盛堂刻本　六册

370000 – 1502 – 0002016　jnt08365

**如西所刻諸名家評點春秋綱目左傳句解彙雋
六卷**　（清）韓菼重訂　清同治十年（1871）三
盛堂刻本　六册

370000 – 1502 – 0002017　jnt08366

**如西所刻諸名家評點春秋綱目左傳句解彙雋
六卷**　（清）韓菼重訂　清光緒三十四年

(1908)書業德刻本　六冊

370000－1502－0002018　jnt08367

如酉所刻諸名家評點春秋綱目左傳句解彙雋六卷　(清)韓葵重訂　清光緒三十四年(1908)書業德刻本　六冊

370000－1502－0002019　jnt08368

欽定春秋左傳讀本三十卷　(清)丁寶楨校刊　**春秋公羊傳十一卷**　(漢)何休學　(唐)陸德明音義　**春秋穀梁傳十二卷**　(晋)范甯集解　(唐)陸德明音義　清同治十一年(1872)山東書局刻本　二十三冊　缺三卷(穀梁傳一至三)

370000－1502－0002020　jnt08369

左傳易讀六卷　(清)司徒修輯　清咸豐十一年(1861)書業德刻本　六冊

370000－1502－0002021　jnt08371

左傳易讀六卷　(清)司徒修輯　清光緒十四年(1888)善成堂刻本　六冊

370000－1502－0002022　jnt08374

曲江書屋新訂批注左傳快讀十八卷首一卷　(晋)杜預原注　(唐)陸元朗音義　(宋)林堯叟　(宋)朱申參注　(清)李紹崧選訂　清同治七年(1868)緯文堂刻本　十六冊

370000－1502－0002023　jnt08375

春秋大事表五十卷　(清)顧棟高輯　清萬卷樓刻本　三冊　存三卷(一至三)

370000－1502－0002024　jnt08376

春秋大事表五十卷春秋輿圖不分卷附錄一卷　(清)顧棟高輯著　清光緒十四年(1888)陝西求友齋刻本　二十四冊

370000－1502－0002025　jnt08377

春秋傳注四卷　(清)李塨撰　清同治八年(1869)四存學會鉛印本　四冊

370000－1502－0002026　jnt08378

毛詩故訓傳鄭箋三十卷　(漢)鄭玄箋　清同治十一年(1872)五雲堂刻本　四冊

370000－1502－0002027　jnt08379

毛詩昀訂十卷　(清)苗夔輯　清咸豐元年(1851)刻本　三冊

370000－1502－0002028　jnt08380

毛詩後箋三十卷　(清)胡承珙撰　清光緒廣雅書局刻本　六冊　存十三卷(三至五、八至十七)

370000－1502－0002029　jnt08382

經學通論五卷　(清)皮錫瑞撰　清刻本　一冊　存一卷(詩經通論一卷)

370000－1502－0002030　jnt08383

詩經八卷　(宋)朱熹集傳　清同治七年(1868)楚北崇文書局刻本　四冊

370000－1502－0002031　jnt08385

御案詩經備旨八卷　(清)鄒聖脈纂輯　清光緒二十二年(1896)書業德刻本　八冊

370000－1502－0002032　jnt08386

御案詩經備旨八卷　(清)鄒聖脈纂輯　清光緒二十二年(1896)書業德刻本　八冊

370000－1502－0002033　jnt08387

御案詩經備旨八卷　(清)鄒聖脈纂輯　清光緒二十二年(1896)刻本　八冊

370000－1502－0002034　jnt08388

新增詩經補注附考備旨八卷　(清)鄒聖脈纂輯　清光緒三年(1877)友益堂刻本　四冊

370000－1502－0002035　jnt08389

詩經精華十卷　(清)薛嘉穎撰　清同治六年(1867)刻本　八冊

370000－1502－0002036　jnt08390

欽定詩經傳説彙纂二十一卷詩序二卷首二卷　(清)王頊齡等撰　清同治七年(1868)馬新貽摹刻本　十五冊　缺一卷(二十一)

370000－1502－0002037　jnt08392

詩經精義集抄四卷　(清)梁中孚編輯　清道光七年(1827)刻本　三冊　缺一卷(二)

370000－1502－0002038　jnt08393

御纂詩義折中二十卷　(清)傅恒奉敕撰　清書業德刻本　六冊

370000－1502－0002039　jnt08394

御纂詩義折中二十卷　（清）傅恒奉敕撰　清書業德刻本　六册

370000－1502－0002040　jnt08395

御纂詩義折中二十卷　（清）傅恒奉敕撰　清光緒十六年(1890)善成堂刻本　六册

370000－1502－0002041　jnt08396

御纂詩義折中二十卷　（清）傅恒奉敕撰　清周村叁益堂刻本　六册

370000－1502－0002042　jnt08397

御纂詩義折中二十卷　（清）傅恒奉敕撰　清周村叁益堂刻本　六册

370000－1502－0002043　jnt08398

詩經八卷　（宋）朱熹集注　清活字本　六册

370000－1502－0002044　jnt08399

御纂詩義折中二十卷　（清）傅恒奉敕撰　清道光十八年(1838)刻本　十册

370000－1502－0002045　jnt08402

御纂詩義折中二十卷　（清）傅恒奉敕撰　清寶興堂刻本　六册

370000－1502－0002046　jnt08403

御纂詩義折中二十卷　（清）傅恒奉敕撰　清文光堂刻本　十二册

370000－1502－0002047　jnt08404

御纂詩義折中二十卷　（清）傅恒奉敕撰　清刻本　六册

370000－1502－0002048　jnt08406

詩八卷　（宋）朱熹集傳　清刻本　四册

370000－1502－0002049　jnt08407

詩八卷　（宋）朱熹集傳　清刻本　五册

370000－1502－0002050　jnt08408

奎壁書經六卷　（宋）蔡沈集傳　清光緒益友堂刻本　四册

370000－1502－0002051　jnt08409

奎壁書經六卷　（宋）蔡沈集傳　清光緒益友堂刻本　四册

370000－1502－0002052　jnt08410

奎壁書經六卷　（宋）蔡沈集傳　清光緒十四年(1888)書業德刻本　四册

370000－1502－0002053　jnt08411

奎壁書經六卷　（宋）蔡沈集傳　清同治八年(1869)書業德刻本　四册

370000－1502－0002054　jnt08413

奎壁書經六卷　（宋）蔡沈集傳　清光緒藝德堂刻本　四册

370000－1502－0002055　jnt08414

書六卷　（宋）蔡沈集傳　清末刻本　四册

370000－1502－0002056　jnt08415

監本書經六卷　（宋）蔡沈集傳　清道光二年(1822)文盛堂刻本　四册

370000－1502－0002057　jnt08417

監本書經六卷　（宋）蔡沈集傳　清同治六年(1867)三益堂刻本　四册

370000－1502－0002058　jnt08418

監本書經六卷　（宋）蔡沈集傳　清同治六年(1867)三益堂刻本　四册

370000－1502－0002059　jnt08419

書經六卷　（宋）蔡沈集傳　清刻本　四册

370000－1502－0002060　jnt08420

書集傳六卷　（宋）蔡沈集傳　清光緒十七年(1891)據宋本刻本　六册

370000－1502－0002061　jnt08421

書經集傳六卷　（宋）蔡沈集傳　清光緒三十二年(1906)天津文美齋刻本　四册

370000－1502－0002062　jnt08422

書經集傳六卷　（宋）蔡沈集傳　清光緒三十二年(1906)天津文美齋刻本　四册

370000－1502－0002063　jnt08423

書經集傳六卷　（宋）蔡沈集傳　清光緒三十二年(1906)天津文美齋刻本　四册

370000－1502－0002064　jnt08424

書經集傳六卷　（宋）蔡沈集傳　清光緒三十

二年(1906)刻本　四册

370000－1502－0002065　jnt08425

書經集傳六卷　（宋）蔡沈集傳　清光緒三十
二年(1906)天津文美齋刻本　四册

370000－1502－0002066　jnt08426

書經集傳六卷　（宋）蔡沈集傳　清光緒三十
二年(1907)天津文美齋刻本　五册　缺一卷
（三）

370000－1502－0002067　jnt08428

書經四卷末一卷　（清）任啓運注　清光緒十
二年(1886)刻本　二册

370000－1502－0002068　jnt08429

寫定尚書不分卷　（清）吳汝綸訂　清光緒十
八年(1892)石印本　一册

370000－1502－0002069　jnt08431

書經體注大全合參六卷　（清）錢希祥纂輯
書經六卷　（宋）蔡沈集傳　清刻本　四册

370000－1502－0002070　jnt08432

書經體注大全合參六卷　（清）錢希祥纂輯
書經六卷　（宋）蔡沈集傳　清刻本　四册

370000－1502－0002071　jnt08433

書經體注大全合參六卷　（清）錢希祥纂輯
書經六卷　（宋）蔡沈集傳　清光緒十七年
(1891)書業德刻本　四册

370000－1502－0002072　jnt08434

書經體注大全合參六卷　（清）錢希祥纂輯
書經六卷　（宋）蔡沈集傳　清道光二十八年
(1848)聚三堂刻本　四册

370000－1502－0002073　jnt08435

書經體注大全合參六卷　（清）錢希祥纂輯
書經六卷　（宋）蔡沈集傳　清同治八年
(1869)刻本　四册

370000－1502－0002074　jnt08436

書經體注大全合參六卷　（清）錢希祥纂輯
書經六卷　（宋）蔡沈集傳　清光緒十年
(1884)善成堂刻本　四册

370000－1502－0002075　jnt08437

書經體注大全合參六卷　（清）錢希祥纂輯
書經六卷　（宋）蔡沈集傳　清道光二年
(1822)刻本　四册

370000－1502－0002076　jnt08438

欽定書經傳説彙纂二十一卷首二卷　（清）王
頊齡等撰　清刻本　十六册

370000－1502－0002077　jnt08439

欽定書經傳説彙纂二十一卷首二卷　（清）王
頊齡等撰　清同治七年(1868)刻本　十二册

370000－1502－0002078　jnt08440

欽定書經傳説彙纂二十一卷首二卷　（清）王
頊齡等撰　清同治七年(1868)刻本　十二册

370000－1502－0002079　jnt08441

詩經喈鳳詳解八卷　（清）陳抒孝輯著　（清）
汪基增訂　詩經繹傳八卷　（清）陳抒孝纂録
　清刻本　八册

370000－1502－0002080　jnt08442

新刻書經備旨善本輯要六卷　（清）馬大猷輯
　清文玉堂刻本　五册

370000－1502－0002081　jnt08443

新刻書經備旨善本輯要六卷　（清）馬大猷輯
　清光緒二十二年(1896)書業德刻本　五册

370000－1502－0002082　jnt08444

新刻書經備旨善本輯要六卷　（清）馬大猷輯
　清光緒三十年(1904)寶興堂刻本　四册
缺一卷(三)

370000－1502－0002083　jnt08445

書經六卷　（宋）蔡沈集傳　清同治十年
(1871)刻本　四册

370000－1502－0002084　jnt08446

芥子園重訂監本書經六卷　（宋）蔡沈集傳
清同治三年(1864)緯文堂刻本　四册

370000－1502－0002085　jnt08447

詩經二十卷附詩譜一卷　（漢）鄭玄箋　（明）
金蟠訂　清永懷堂刻本　三册

370000－1502－0002086　jnt08448

詩經集傳八卷　（宋）朱熹集傳　清光緒七年

（1881）金陵書局刻本　四册

370000－1502－0002087　jnt08449
詩經集傳八卷　（宋）朱熹集傳　詩序辨説一
卷　（宋）朱熹撰　清同治五年（1866）金陵書
局刻本　五册

370000－1502－0002088　jnt08450
詩經集傳八卷　（宋）朱熹集傳　清天津萃文
魁刻本　四册

370000－1502－0002089　jnt08451
詩經集傳八卷　（宋）朱熹集傳　清光緒七年
（1881）金陵書局刻本　四册

370000－1502－0002090　jnt08454
書經六卷首一卷末一卷　（宋）蔡沈集傳　清
李光明莊刻本　四册

370000－1502－0002091　jnt08455
書經精華六卷　（清）薛嘉穎輯　清光緒九年
（1883）光䨱堂刻本　四册

370000－1502－0002092　jnt08456
書經精華六卷　（清）薛嘉穎輯　清道光七年
（1827）光䨱堂刻本　四册

370000－1502－0002093　jnt08457
奎壁詩經八卷　（宋）朱熹集傳　清光緒濟南
志興堂刻本　四册

370000－1502－0002094　jnt08458
奎壁詩經八卷　（宋）朱熹集傳　清光緒三十
二年（1906）成文盛記刻本　四册

370000－1502－0002095　jnt08459
詩經八卷　（宋）朱熹集傳　清光緒十三年
（1887）善成堂刻本　四册

370000－1502－0002096　jnt08460
詩經八卷附詩經校刊記一卷　（宋）朱熹集傳
　清同治十一年（1872）山東書局尚志堂刻本
四册

370000－1502－0002097　jnt08462
奎壁詩經八卷　（宋）朱熹集傳　清光緒藝德
堂刻本　四册

370000－1502－0002098　jnt08463
監本詩經八卷　（宋）朱熹集傳　清光緒六年
（1880）狀元閣李光明莊刻本　六册

370000－1502－0002099　jnt08464
監本詩經八卷　（宋）朱熹集傳　清光緒四年
（1878）子雲堂刻本　四册

370000－1502－0002100　jnt08467
春秋公羊經傳解詁十二卷附重刊宋紹熙公羊
傳注附音本校記一卷　（漢）何休解詁　清同
治至光緒李光明莊狀元閣刻本　四册

370000－1502－0002101　jnt08468
參訂增補周易備旨一見能解六卷　（明）黃淳
耀原本　（明）嚴而寬增補　清光緒二十五年
（1899）書業德刻本　六册

370000－1502－0002102　jnt08469
參訂增補周易備旨一見能解六卷　（明）黃淳
耀原本　（明）嚴而寬增補　清光緒元年
（1875）書業德刻本　五册　存五卷（一至五）

370000－1502－0002103　jnt08470
寄傲山房塾課纂輯御案易經備旨七卷　（清）
鄒聖脈纂輯　清道光二年（1822）務本堂刻本
六册

370000－1502－0002104　jnt08471
詩説二卷詩經拾遺一卷　（清）郝懿行撰　清
光緒八年（1882）東路廳署刻本　三册

370000－1502－0002105　jnt08472
監本詩經八卷　（宋）朱熹集傳　清光緒五年
（1879）崇德堂刻本　四册

370000－1502－0002106　jnt08474
初刻黃維章先生詩經嬝嬛體注八卷　（明）黃
文煥輯著　（清）范翔重訂　詩經八卷　（宋）
朱熹集傳　清光緒十六年（1890）成文信刻本
四册

370000－1502－0002107　jnt08475
初刻黃維章先生詩經嬝嬛體注八卷　（明）黃
文煥輯著　（清）范翔重訂　詩經八卷　（宋）
朱熹集傳　清光緒十六年（1890）成文信刻本

四册

370000－1502－0002108　jnt08476

初刻黃維章先生詩經娜嬛體注八卷　（明）黃文煥輯著　（清）范翔重訂　**詩經八卷**　（宋）朱熹集傳　清光緒十六年（1890）成文信刻本　四册

370000－1502－0002109　jnt08477

監本詩經八卷　（宋）朱熹集傳　清嘉慶二十年（1815）連雲閣刻本　四册

370000－1502－0002110　jnt08478

御案詩經備旨八卷　（清）鄒聖脈纂輯　清光緒二十四年（1898）寶興堂刻本　六册

370000－1502－0002111　jnt08479

詩經融注大全體要八卷　（清）高朝瓔定　**詩經八卷**　（宋）朱熹集傳　清光緒六年（1880）敬文堂刻本　四册

370000－1502－0002112　jnt08480

詩經融注大全體要八卷　（清）高朝瓔定　**詩經八卷**　（宋）朱熹集傳　清光緒十三年（1887）書業德刻本　四册

370000－1502－0002113　jnt08481

孝經一卷　（唐）玄宗李隆基撰　清光緒二十三年（1897）金陵書局刻本　一册

370000－1502－0002114　jnt08482

孝經一卷　（漢）鄭玄注　（唐）陸德明音義　（清）孫季咸述　清光緒二十二年（1896）濰縣剩園刻本　一册

370000－1502－0002115　jnt08483

孝經一卷　（漢）鄭玄注　（唐）陸德明音義　（清）孫季咸述　清光緒二十二年（1896）濰縣剩園刻本　一册

370000－1502－0002116　jnt08485

爾雅直音二卷　（清）孫侷輯　清道光八年（1828）三益堂刻本　一册　存一卷（上）

370000－1502－0002117　jnt08493

詩經融注大全體要八卷　（清）高朝瓔定　**詩經八卷**　（宋）朱熹集傳　清光緒十六年

（1890）寶興堂刻本　四册

370000－1502－0002118　jnt08494

詩經融注大全體要八卷　（清）高朝瓔定　**詩經八卷**　（宋）朱熹集傳　清善成堂刻本　四册

370000－1502－0002119　jnt08495

春秋公羊經傳解詁十二卷附重刊宋紹熙公羊傳注附音本校記一卷　（漢）何休解詁　（唐）陸德明音義　清同治二年（1863）揚州汪氏問禮堂刻本　二册

370000－1502－0002120　jnt08497

春秋三十卷　（宋）胡安國傳　清刻本　八册

370000－1502－0002121　jnt08498

禮記十卷　（元）陳澔集說　（清）丁寶楨校刊　清刻本　十册

370000－1502－0002122　jnt09000

隋書八十五卷　（唐）魏徵撰　清同治十年（1871）淮南書局刻本　六册　存三十一卷（一至三十一）

370000－1502－0002123　jnt09001

明史三百三十二卷目錄四卷　（清）張廷玉等奉敕修　清刻本　二十册　存九十五卷（一至九十一、目錄四卷）

370000－1502－0002124　jnt09002

漢書一百卷　（漢）班固撰　（唐）顏師古注　清同治十二年（1873）嶺東使署仿汲古閣刻本　九册　缺三十四卷（十五、二十一至三十二、六十四至七十二、八十三至九十一、九十八至一百）

370000－1502－0002125　jnt09003

後漢書一百二十卷　（南朝宋）范曄撰　（唐）李賢注　（晉）司馬彪撰　（南朝梁）劉昭注　清同治十二年（1873）嶺東使署仿汲古閣刻本　十一册　存八十三卷（後漢書一至四、十一至十七、二十六至七十四、八十一至八十五，續漢志十三至三十）

370000－1502－0002126　jnt09004

後漢書一百二十卷 （南朝宋）范曄撰 （唐）李賢注 （晋）司馬彪撰 （南朝梁）劉昭注 清同治金陵書局仿汲古閣刻本 十二册 存八十卷（十一至九十）

370000－1502－0002127 jnt09009

舊唐書二百卷 （五代）劉昫等撰 清刻本 八册 存四十五卷（四十、四十六至四十八、九十至一百三十）

370000－1502－0002128 jnt09010

閔氏家乘一卷 （清）閔氏修 清刻本 一册

370000－1502－0002129 jnt09011

續漢志三十卷 （南朝梁）劉昭注補 清同治金陵書局仿汲古閣刻本 二册

370000－1502－0002130 jnt09012

續漢志三十卷 （南朝梁）劉昭注補 清同治金陵書局仿汲古閣刻本 二册

370000－1502－0002131 jnt09013

東華續錄六十九卷 （清）潘頤福編 清刻本 十七册 缺六卷（一至六）

370000－1502－0002132 jnt09021

史記志疑三十六卷 （清）梁玉繩撰 清光緒十三年(1887)廣雅書局刻本 三册 存七卷（一至七）

370000－1502－0002133 jnt09022

後漢書一百二十卷 （南朝宋）范曄撰 （唐）李賢注 （晋）司馬彪撰 （南朝梁）劉昭注 清光緒金陵書局仿汲古閣刻本 二十三册 缺五卷（三十五至三十九）

370000－1502－0002134 jnt09025

歷代名人年譜十卷 （清）吳榮光撰 清光緒元年(1875)南海張蔭桓刻本 四册 存四卷（二至五）

370000－1502－0002135 jnt09026

朱子年譜四卷朱子論學切要語二卷朱子年譜校勘記二卷 （清）王懋竑纂訂 清光緒九年(1883)白田草堂刻本 二册 缺二卷（朱子年譜一至二）

370000－1502－0002136 jnt09027

廿一史約編不分卷 （清）鄭元慶述 清上洋江左書林刻本 八册

370000－1502－0002137 jnt09028

廿一史約編不分卷 （清）鄭元慶述 清上洋江左書林刻本 八册

370000－1502－0002138 jnt09029

廿一史約編不分卷 （清）鄭元慶述 清上洋江左書林刻本 八册

370000－1502－0002139 jnt09031

歷代名臣傳三十五卷首一卷 （清）朱軾 （清）蔡世遠訂 清刻本 十五册 存二十一卷（一至八、十二至十三、十六、二十六至三十五）

370000－1502－0002140 jnt09032

貳臣傳十二卷 （清）國史館編 清琉璃廠半松居士木活字本 八册 缺二卷（四至五）

370000－1502－0002141 jnt09033

讀史兵略四十六卷 （清）胡林翼纂 清咸豐刻本 九册 存二十卷（二十三至二十五、三十至四十六）

370000－1502－0002142 jnt09035

明朝紀事本末八十卷 （清）谷應泰編著 清刻本 十六册 缺三十一卷（二十一至四十五、五十至五十一、五十五至五十八）

370000－1502－0002143 jnt09036

江人事四卷首一卷 （清）宋佚編 清咸豐二年(1852)乙藜齋刻本 二册

370000－1502－0002144 jnt09037

左傳紀事本末五十三卷 （清）高士奇撰 清刻本 六册 存二十四卷（三十至五十三）

370000－1502－0002145 jnt09039

廿二史札記三十六卷補遺一卷 （清）趙翼撰 清刻本 六册 存二十一卷（三至十一、十五至十九、三十一至三十六，補遺一卷）

370000－1502－0002146 jnt09040

續後漢書四十二卷附義例一卷音義四卷札記

一卷　（宋）蕭常撰　清上海郁松年刻宜稼堂叢書本　四冊　缺十七卷（一至十、二十三至二十九）

370000－1502－0002147　jnt09044

空山堂史記評注十二卷　（清）牛運震撰　清刻本　三冊　存四卷（五至六、九、十二）

370000－1502－0002148　jnt09046

資治通鑑二百九十四卷辨誤十二卷　（宋）司馬光撰　（元）胡三省音注　清同治十年(1871)湖北崇文書局刻本　八十七冊　存二百五十五卷（資治通鑑一至六、十三至十五、二十二至六十四、六十九至八十五、九十六至一百六十六、一百七十至一百八十二、一百八十五至一百九十六、二百至二百四、二百一十至二百一十二、二百一十六至二百九十四,辨誤卷一至三）

370000－1502－0002149　jnt09047

國語發正二十一卷　（清）汪遠孫撰　清刻本　三冊　缺三卷（四至六）

370000－1502－0002150　jnt09050

資治通鑑綱目前編二十五卷資治通鑑綱目五十九卷　（明）陳仁錫評閱　清嘉慶九年(1804)姑蘇聚文堂刻本　九十九冊　缺九卷（資治通鑑綱目四至十二）

370000－1502－0002151　jnt09051

綱鑑會纂三十九卷首一卷　（明）王世貞編　綱鑑會通明紀十五卷　（清）陳志襄輯　清書業德刻本　三十六冊

370000－1502－0002152　jnt09052

綱鑑會纂三十九卷首一卷　（明）王世貞編　綱鑑會通明紀十五卷　（清）陳志襄輯　清書業德刻本　二十八冊　缺七卷（六、十八至二十二、二十四）

370000－1502－0002153　jnt09055

明季南略十八卷明季北略二十四卷　（清）計六奇編輯　清都城琉璃廠半松居士木活字本　十一冊　存十四卷（明季南略一至八、明季北略十九至二十四）

370000－1502－0002154　jnt09058

讀史節要十二卷　（清）汪承鏞輯　清同治五年(1866)濟南刻本　五冊　缺二卷（七至八）

370000－1502－0002155　jnt09059

司馬温公稽古録二十卷　（宋）司馬光撰　（元）胡三省音注　清同治十一年(1872)湖北崇文書局刻本　三冊　缺二卷（十三至十四）

370000－1502－0002156　jnt09060

萬國通鑑五卷　（美國）謝衛樓編譯　清刻本　四冊　存三卷（二至四）

370000－1502－0002157　jnt09061

五代史七十四卷　（宋）歐陽修撰　（宋）徐無黨注　清光緒十五年(1889)湖南大同書局刻本　十一冊　缺五卷（五十九、七十一至七十四）

370000－1502－0002158　jnt09062

史略八十七卷　（清）朱堃輯　清刻本　十冊　缺四十二卷（一至六、二十至三十一、四十一至四十五、六十一至六十六、七十五至八十七）

370000－1502－0002159　jnt09063

御批歷代通鑑輯覽一百二十卷　（清）傅恒等奉敕纂　清光緒刻本　四十三冊　缺三十一卷（一至二、五至九、十三至十八、六十一至六十八、七十三至七十四、八十九至九十、九十三至九十六、一百九至一百一十）

370000－1502－0002160　jnt09064

御批歷代通鑑輯覽一百二十卷　（清）傅恒等奉敕纂　清光緒五年(1879)刻本　四十七冊　缺二十卷（七十五至七十六、一百三至一百二十）

370000－1502－0002161　jnt09065

資治通鑑綱目五十九卷末一卷續資治通鑑綱目二十七卷　（明）陳仁錫評閱　清刻本　七十八冊　存六十一卷（資治通鑑綱目四下至二十五上、三十一至三十六、三十八、四十、四十三下、五十至五十九、末一卷,續編八至二十六）

370000 – 1502 – 0002162　jnt09067

順天鄉試硃卷(光緒戊子科)一卷　蔣式瑆撰
　清光緒刻本　一册

370000 – 1502 – 0002163　jnt09068

雍正癸丑科闈墨不分卷　(清)戴衢亨等撰
清刻本　三册

370000 – 1502 – 0002164　jnt09069

步天歌一卷輿地略一卷括地略一卷讀史論略
一卷　(清)杜詔撰　清刻本　一册

370000 – 1502 – 0002165　jnt09070

步天歌一卷輿地略一卷括地略一卷讀史論略
一卷　(清)杜詔撰　清刻本　一册

370000 – 1502 – 0002166　jnt09071

握奇八陳集解一卷握奇集解或問四卷　(日
本)長沼宗敬集解　(日本)井上實下侍讀
清光緒十九年(1893)抄本　三册　缺二卷
(三至四)

370000 – 1502 – 0002167　jnt09077

讀史糾謬十五卷　(清)牛運震撰　清嘉慶空
山堂刻本　一册　存一卷(一)

370000 – 1502 – 0002168　jnt09078

聖賢像贊不分卷　(明)冠洋子修輯　清刻本
二册　存二卷(三至四)

370000 – 1502 – 0002169　jnt09079

名宦傳二卷　(清)韓鳳翔撰　清道光二十五
年(1845)刻本　一册

370000 – 1502 – 0002170　jnt09080

舉貢會考同年齒錄宣統庚戌科不分卷　(□)
□□編　清宣統二年(1910)京都刻本　四册
　存四册(一至四)

370000 – 1502 – 0002171　jnt09081

三遷志十二卷　(清)王特選增纂　清刻本
三册　存九卷(四至十二)

370000 – 1502 – 0002172　jnt09082

東南紀事十二卷　(清)邵廷采撰　清邵武徐
氏刻本　一册　存七卷(六至十二)

370000 – 1502 – 0002173　jnt09083

重訂路史全本四十七卷　(宋)羅泌輯　清刻
本　一册　存三卷(前紀四至六)

370000 – 1502 – 0002174　jnt09085

布路斯國暨德意志通商稅務各國合約章程一
卷美國條款稅則照會一卷法國條款照會一卷
　(清)山東書局輯　清刻本　三册

370000 – 1502 – 0002175　jnt09086

國朝先正事略六十卷　(清)李元度纂　清刻
本　八册　存二十八卷(二至三、二十七至三
十四、三十七至四十八、五十五至六十)

370000 – 1502 – 0002176　jnt09089

古品節錄六卷　(清)松筠撰　清宣統二年
(1910)守政書局刻本　五册　缺一卷(五)

370000 – 1502 – 0002177　jnt09091

雍正丁未科闈墨不分卷　(清)戴衢亨等撰
清刻本　三册

370000 – 1502 – 0002178　jnt09103

明文明二集不分卷　(清)路德評　清咸豐五
年(1855)書業成記刻本　一册

370000 – 1502 – 0002179　jnt09104

青藜書屋試藝不分卷　(清)龔錫圭等撰　清
光緒十三年(1887)刻本　一册

370000 – 1502 – 0002180　jnt09105

山東鄉試硃卷(嘉慶戊寅恩科)一卷　(清)牛
文光撰　清刻本　一册

370000 – 1502 – 0002181　jnt09106

欽取朝考卷一卷　(清)范之傑撰　清末北京
石版印刷局石印本　一册

370000 – 1502 – 0002182　jnt09107

會試硃卷(光緒壬辰科)一卷附順天鄉試硃卷
(光緒乙亥恩科)一卷　(清)繆潤紱撰　清刻
本　一册

370000 – 1502 – 0002183　jnt09108

順天鄉試硃卷(光緒丙子科)一卷　(清)馮光
元撰　清刻本　一册

370000 – 1502 – 0002184　jnt09109

順天鄉試硃卷(咸豐己未恩科)一卷　(清)馮

德瀓撰　清刻本　一册

370000－1502－0002185　jnt09110

鄉甲約五卷　（清）山西地方都察院編　清刻本　一册

370000－1502－0002186　jnt09111

山東鄉試硃卷（光緒乙亥恩科）不分卷　（清）王聯序等撰　清光緒刻本　一册

370000－1502－0002187　jnt09112

山東鄉試硃卷（咸豐戊午科）不分卷　（清）沈葆淳等撰　清刻本　一册

370000－1502－0002188　jnt09113

治經齋稿不分卷　（清）費庚吉撰　清同治二年（1863）刻本　一册

370000－1502－0002189　jnt09114

試藝光緒庚寅科案一卷　（清）徐家保撰　清刻本　一册

370000－1502－0002190　jnt09115

七家試帖輯注彙鈔不分卷　（清）王廷紹等撰（清）張熙宇輯評　（清）王植桂輯注　清光緒十四年（1888）京師文成堂刻本　一册　存澹香齋試帖輯注不分卷、修竹齋試帖輯注不分卷

370000－1502－0002191　jnt09116

鄉試硃卷（道光辛卯恩科）不分卷　（清）謝維嶺　（清）郭貞復等撰　清刻本　一册

370000－1502－0002192　jnt09117

養雲山館試帖四卷　（清）許球撰　（清）王榮紱注釋　清刻本　一册　存二卷（一至二）

370000－1502－0002193　jnt09118

七家試帖輯注彙鈔不分卷　（清）王廷紹等撰（清）張熙宇輯評　（清）王植桂輯注　清同治十年（1871）京師琉璃廠刻本　五册　存澹香齋試帖輯注不分卷、簡學齋試帖輯注不分卷、西漚試帖輯注二卷、尚絅堂試帖輯注不分卷

370000－1502－0002194　jnt09119

學治臆説二卷　（清）汪輝祖纂　清道光十七

年（1837）刻本　一册

370000－1502－0002195　jnt09120

濼源書院課藝初編不分卷　（清）匡源輯　清同治六年（1867）敬樂堂刻本　一册

370000－1502－0002196　jnt09123

資治通鑑綱目前編二十五卷　（宋）朱熹撰清光緒山東官書局刻本　十一册　存十四卷（一、四至五、七、九至十八）

370000－1502－0002197　jnt09124

資治通鑑綱目五十九卷首一卷　（宋）朱熹撰清光緒五年（1879）山東書局刻本　四十八册　存三十四卷（一至三、八至十五、十七至二十一、二十六至三十、三十四至四十四、五十六，首一卷）

370000－1502－0002198　jnt09125

續資治通鑑綱目二十七卷　（明）商輅等撰清光緒七年（1881）山東書局刻本　十九册存十八卷（一至十七、二十二）

370000－1502－0002199　jnt09126

御撰資治通鑑綱目三編四十卷　（清）張廷玉等奉敕編　清光緒七年（1881）山東書局刻本十一册　存三十七卷（四至四十）

370000－1502－0002200　jnt09127

欽定學政全書八十六卷首一卷　（清）童璜等奉敕纂　清刻本　二十三册　缺四卷（七十三至七十六）

370000－1502－0002201　jnt09128

欽定科場條例六十卷首一卷續增科場條例不分卷　（清）詹鴻謨等纂　清光緒官刻本　三十二册

370000－1502－0002202　jnt09129

欽定科場條例六十卷首一卷　（清）詹鴻謨等纂　清光緒官刻本　三十七册　缺二卷（二十四、五十九）

370000－1502－0002203　jnt09130

資治通鑑目録三十卷　（宋）司馬光撰　清同治八年（1869）江蘇書局仿宋刻本　五册　存

十六卷(十一至十二、十七至三十)

370000－1502－0002204　jnt09131
資治通鑑目錄三十卷　（宋）司馬光撰　清刻本　五册　存十五卷(十六至三十)

370000－1502－0002205　jnt09132
知不足齋課幼草一卷　（清）知不足齋主人撰　清光緒七年(1881)好友堂刻本　一册

370000－1502－0002206　jnt09133
曠視山房製藝不分卷　（清）丁守存撰　清刻本　一册

370000－1502－0002207　jnt09134
毛尚書奏稿十六卷　（清）毛鴻賓撰　清刻本　四册　存四卷(三、十四至十六)

370000－1502－0002208　jnt09135
山東科場條約不分卷　（□）□□撰　清光緒刻本　二册

370000－1502－0002209　jnt09136
求治管見一卷續增求治管見一卷附一卷　（清）戴肇辰撰　清咸豐刻本　一册

370000－1502－0002210　jnt09137
續資治通鑑二百二十卷　（清）畢沅編　清同治六年(1867)江蘇書局刻本　二十七册　存九十七卷(一至二十五、五十九至九十四、一百九至一百二十二、一百五十一至一百七十二)

370000－1502－0002211　jnt09139
綱鑑會通明紀十五卷　（清）陳志襄輯錄　清書業德刻本　四册　存九卷(四至五、八至十二、十四至十五)

370000－1502－0002212　jnt09141
尺木堂綱鑑易知錄九十二卷　（清）吳乘權（清）周之燦（清）周之炯輯　清善成堂刻本　四十册

370000－1502－0002213　jnt09142
尺木堂綱鑑易知錄九十二卷　（清）吳乘權（清）周之燦（清）周之炯輯　清松盛堂刻本　三十三册　存八十三卷(一至二、四至十

七、十九至三十三、三十九至九十)

370000－1502－0002214　jnt09143
尺木堂綱鑑易知錄九十二卷　（清）吳乘權（清）周之燦（清）周之炯輯　清善成堂刻本　三十五册　缺十六卷(四十一至五十四、六十八至六十九)

370000－1502－0002215　jnt09143
御撰資治通鑑綱目三編二十卷　（清）張廷玉等奉敕編　清善成堂刻本　六册

370000－1502－0002216　jnt09149
沈文肅公政書七卷　（清）沈葆楨撰　清光緒白紙刻本　五册　存四卷(二下至三、六上、七上)

370000－1502－0002217　jnt09150
綱鑑擇言十卷　（清）司徒修撰　清光緒十六年(1890)東昌書業德刻本　六册

370000－1502－0002218　jnt09151
山東調查局公牘錄要不分卷　（清）山東調查局撰　清光緒濟南日報館鉛印本　二册

370000－1502－0002219　jnt09152
國政貿易相關書二卷　（英國）法拉撰　（英國）傅蘭雅口譯　（清）徐家寶筆述　清光緒九年(1883)刻本　二册

370000－1502－0002220　jnt09153
林文忠公政書不分卷　（清）林則徐撰　清光緒刻本　十一册　缺一册(一)

370000－1502－0002221　jnt09154
欽定大清會典一百卷　（清）高宗弘曆敕撰　清武英殿刻本　六册　存二十九卷(一至二十九)

370000－1502－0002222　jnt09156
大清通禮五十四卷　（清）來保等撰　清刻本　五册　存三十卷(十九至四十八)

370000－1502－0002223　jnt09158
約章成案匯覽甲篇十卷乙篇四十二卷　（清）北洋洋務局纂輯　清光緒石印本　四十三册　缺二卷(甲篇一、乙篇二十五上)

370000－1502－0002224　jnt09160

律例便覽八卷　（清）刑部編　清同治刻本
三册　缺二卷(一至二)

370000－1502－0002225　jnt09161

理訟集議摘抄不分卷　（清）士傑抄　清刻本
一册

370000－1502－0002226　jnt09162

大清律例集解四十卷　（清）沈之奇原注
（清）姚潤纂輯　清刻本　四册　存九卷(十
一至十五、十八至十九、三十六至三十七)

370000－1502－0002227　jnt09165

約章分類輯要三十八卷　（清）蔡乃煌編　清
光緒刻本　八册　存十一卷(二、七至八、十
至十一上、十八上、二十至二十一、二十六、三
十七至三十八)

370000－1502－0002228　jnt09166

續纂淮關統志十四卷　（清）李如枚等纂
（清）元成等續纂　清光緒三十二年(1906)刻
本　一册　存三卷(一至三)

370000－1502－0002229　jnt09167

文獻通考詳節二十四卷　（元）馬貴興撰
（清）周鵬錄　清刻本　五册　存十一卷(五
至八、十至十一、十三至十四、十六至十八)

370000－1502－0002230　jnt09168

欽定臺規四十卷首一卷　（清）松筠等奉敕增
輯　清道光七年(1827)官刻本　八册　存十
九卷(二至十九,首一卷)

370000－1502－0002231　jnt09169

文獻通考序一卷欽定續文獻通考序一卷
（元）馬瑞臨等撰　清光緒二十八年(1902)山
東大學堂刻本　一册

370000－1502－0002232　jnt09170

文獻通考序一卷欽定續文獻通考序一卷
（元）馬瑞臨等撰　清光緒二十八年(1902)山
東大學堂刻本　一册

370000－1502－0002233　jnt09172

聖諭像解二十卷　（清）梁延年編輯　清光緒

二十九年(1903)北洋官報局石印本　四册
存九卷(一至二、八至九、十二至十六)

370000－1502－0002234　jnt09173

條例不分卷　（清）□□編　清道光刻本　一
册

370000－1502－0002235　jnt09183

皇清誥封淑人晋封夫人郝母劉太夫人傳一卷
（清）郝廷珍述　清光緒二十二年(1896)刻
本　一册

370000－1502－0002236　jnt09186

歷代名臣傳續編五卷　（清）朱軾　（清）蔡世
遠訂　清同治三年(1864)刻本　四册

370000－1502－0002237　jnt09187

歷代名儒傳八卷　（清）朱軾　（清）蔡世遠訂
清同治三年(1864)刻本　四册

370000－1502－0002238　jnt09188

歷代名臣傳三十五卷首一卷　（清）朱軾
（清）蔡世遠訂　清同治三年(1864)刻本　七
册　存十一卷(十四至十五、十七至二十五)

370000－1502－0002239　jnt09189

吳詩集覽二十卷附吳詩談藪二卷吳詩補注二
十卷　（清）靳榮藩輯　清刻本　十五册　缺
一卷(吳詩集覽一)

370000－1502－0002240　jnt09190

回文類聚四卷首一卷　（宋）桑世昌纂次　織
錦回文圖一卷　（清）玉山仙史摹集　回文類
聚續編十卷　（清）朱象賢集　清刻本　四册

370000－1502－0002241　jnt09191

育正堂重訂幼學須知句解四卷　（清）錢元龍
校梓　清掃葉山房刻本　四册

370000－1502－0002242　jnt09193

豸華堂偶存草不分卷　（清）金應麟撰　清道
光刻本　一册

370000－1502－0002243　jnt09194

切韻指掌圖一卷　（宋）司馬光撰　清光緒九
年(1883)上海同文書局石印本　一册

370000－1502－0002244　jnt09195

文公家禮儀節八卷 （宋）朱熹編 （明）楊慎輯 清金陵蘊古堂刻本 四册 缺三卷（三、五、七）

370000－1502－0002245　jnt09197

繆東麟五十自壽詩艸一卷 （清）繆潤紱撰 清刻本 一册

370000－1502－0002246　jnt09198

浦城遺書一百零七卷 （清）祝昌泰等輯 清嘉慶中浦城祝氏留香室刻本 二十二册 存五十六卷（春渚紀聞十卷、忘筌書八至十、詹元善先生遺集二卷、何博士備論一卷、楊仲宏集八卷、春秋四傳私考卷下、武夷新集三至二十、西山文鈔八卷、四朝聞見錄五卷）

370000－1502－0002247　jnt09199

東萊博議四卷 （宋）呂祖謙撰 清光緒二十九年（1903）書業德刻本 四册

370000－1502－0002248　jnt09206

樂府詩集一百卷 （宋）郭茂倩編次 清同治十三年（1874）湖北崇文書局刻本 八册 存四十二卷（一至四十二）

370000－1502－0002249　jnt09207

比較國法學四編不分卷 （日本）末岡精一撰 商務印書館編譯所譯 清光緒三十二年（1906）上海商務印書館鉛印本 一册

370000－1502－0002250　jnt09208

議會政黨論三編不分卷 （日本）菊池學而撰 （清）商務印書館譯 清光緒二十九年（1903）上海商務印書館鉛印本 一册

370000－1502－0002251　jnt09209

日本帝國憲法解不分卷 （日本）伊藤博文纂 清光緒三十一年（1905）上海商務印書館鉛印本 一册

370000－1502－0002252　jnt09211

日本法規解字不分卷 錢恂 董鴻禕編纂 清宣統二年（1910）商務印書館鉛印本 一册

370000－1502－0002253　jnt09212

國際公法大綱三十四章不分卷 （德國）雷士特撰 （清）商務印書館譯 清光緒二十九年（1903）上海商務印書館鉛印本 一册

370000－1502－0002254　jnt09213

瑞士刑法典案二編不分卷 （清）法律館編 清光緒三十三年（1907）法律館鉛印本 一册

370000－1502－0002255　jnt09217

社會通詮不分卷 （英國）甄克思撰 嚴復譯 清光緒二十九年（1903）鉛印本 一册

370000－1502－0002256　jnt09218

文選六十卷 （南朝梁）蕭統撰 （唐）李善注 文選考異十卷 （清）胡克家撰 清同治八年（1869）湖北崇文書局刻本 二十四册

370000－1502－0002257　jnt09221

重訂文選集評十五卷首一卷末一卷 （清）于光華編次 清同治七年（1868）緯文堂刻本 十五册 缺一卷（十一）

370000－1502－0002258　jnt09222

文選補遺四十卷 （宋）陳仁子輯 清道光刻本 五册 存十九卷（二至四、八至十、二十四至二十七、三十二至四十）

370000－1502－0002259　jnt09223

重訂文選集評十五卷首一卷末一卷 （清）于光華編 清同治十年（1871）刻本 八册 存八卷（一至七,首一卷）

370000－1502－0002260　jnt09229

書業德重訂古文釋義新編八卷 （清）余誠評注 清光緒二十九年（1903）書業德刻本 八册

370000－1502－0002261　jnt09230

書業德重訂古文釋義新編八卷 （清）余誠評注 清光緒十八年（1892）書業德刻本 八册

370000－1502－0002262　jnt09231

書業德重訂古文釋義新編八卷 （清）余誠評注 清光緒十八年（1892）書業德刻本 七册

370000－1502－0002263　jnt09232

玉振堂重訂古文釋義新編八卷 （清）余誠評

注　清道光元年(1821)玉振堂刻本　八册

370000－1502－0002264　jnt09233
古文釋義新編八卷　（清）余誠評注　清嘉慶
三年(1798)文和堂刻本　八册

370000－1502－0002265　jnt09234
古文釋義新編八卷　（清）余誠評注　清嘉慶
三年(1798)文和堂刻本　八册

370000－1502－0002266　jnt09235
寶興堂重訂古文釋義新編八卷　（清）余誠評
注　清光緒十五年(1889)敬文堂刻本　七册

370000－1502－0002267　jnt09236
寶興堂重訂古文釋義新編八卷　（清）余誠評
注　清光緒三年(1877)寶興堂刻本　四册

370000－1502－0002268　jnt09237
書業成重訂古文釋義新編八卷　（清）余誠評
注　清道光二十六年(1846)晋介書業德記刻
本　八册

370000－1502－0002269　jnt09238
書業成重訂古文釋義新編八卷　（清）余誠評
注　清道光八年(1828)書業成刻本　八册

370000－1502－0002270　jnt09238
唐詩百名家全集□□卷　（清）席啓寓輯　清
刻本　六册　存三十九卷(杜荀鶴文集三卷、
浣花集十卷補遺一卷、徐寅詩三卷、張蠙詩集
一卷、翁拾遺詩集一卷、唐任藩詩小集一卷、
孟一之詩集一卷、唐李推官披沙集六卷、黃滔
詩二卷、林寬詩集一卷、曹松詩集二卷、李丞
相詩集二卷、碧雲集三卷、伍喬詩集一卷、王
周詩集一卷)

370000－1502－0002271　jnt09242
欽定熙朝雅頌集一百三十四卷　（清）鐵保纂
輯　清嘉慶九年(1804)刻本　十一册　存五
十卷(首集十六至二十六,正集卷五至十九、
二十五至三十四、七十九至八十二、九十二至
九十七、一百三至一百六)

370000－1502－0002272　jnt09243
欽定熙朝雅頌集一百三十四卷　（清）鐵保纂

輯　清嘉慶刻本　六册　存三十四卷(正集
卷七十五至一百六、餘集卷一至二)

370000－1502－0002273　jnt09245
唐宋八家文讀本三十卷　（清）沈德潛評點
清嘉慶十八年(1813)刻本　十四册　缺四卷
(二十三至二十四、二十七至二十八)

370000－1502－0002274　jnt09246
古唐詩合解十六卷　（清）王堯衢注　清寶興
堂刻本　六册

370000－1502－0002275　jnt09247
古唐詩合解十六卷　（清）王堯衢注　清寶興
堂刻本　五册

370000－1502－0002276　jnt09248
古唐詩合解十六卷　（清）王堯衢注　清寶興
堂刻本　四册

370000－1502－0002277　jnt09249
古唐詩合解十六卷　（清）王堯衢注　清光緒
十三年(1887)文英堂刻本　六册

370000－1502－0002278　jnt09250
古唐詩合解十六卷　（清）王堯衢注　清光緒
善成堂刻本　六册

370000－1502－0002279　jnt09251
古唐詩合解十六卷　（清）王堯衢注　清光緒
七年(1881)京都聚文堂刻本　六册

370000－1502－0002280　jnt09252
古唐詩合解十六卷　（清）王堯衢注　清同治
五年(1866)義忍堂刻本　六册

370000－1502－0002281　jnt09253
古唐詩合解十六卷　（清）王堯衢注　清刻本
六册

370000－1502－0002282　jnt09254
古唐詩合解十六卷　（清）王堯衢注　清光緒
八年(1882)元德昌刻本　四册

370000－1502－0002283　jnt09255
古唐詩合解十六卷　（清）王堯衢注　清周村
益友堂刻本　六册

370000 – 1502 – 0002284　jnt09256

古唐詩合解十六卷　（清）王堯衢注　清光緒七年（1881）書業德刻本　六册

370000 – 1502 – 0002285　jnt09257

古唐詩合解十六卷　（清）王堯衢注　清光緒七年（1881）書業德刻本　六册

370000 – 1502 – 0002286　jnt09258

古唐詩合解十六卷　（清）王堯衢注　清三味堂刻本　一册　存八卷（一至八）

370000 – 1502 – 0002287　jnt09259

御選唐宋文醇五十八卷　（清）高宗弘曆輯　清刻本　七册　存二十一卷（二至十三、十七至二十二、二十五至二十七）

370000 – 1502 – 0002288　jnt09260

東坡事類二十二卷　（清）梁廷枏纂　清道光十年（1830）刻本　七册　存十二卷（三至十二、十七至十八）

370000 – 1502 – 0002289　jnt09261

天根詩鈔二卷天根文鈔四卷天根文鈔續集一卷補遺一卷　（清）何家琪撰　清光緒二年（1876）刻本　六册

370000 – 1502 – 0002290　jnt09265

蘇文忠詩合注五十卷首一卷　（清）馮應榴輯訂　清同治九年（1870）刻本　十一册　缺二十一卷（一至十九、三十八至三十九）

370000 – 1502 – 0002291　jnt09266

丹山堂古文觀止十二卷　（清）吴乘權　（清）吴大職手録　清光緒六年（1880）宏德堂刻本　六册

370000 – 1502 – 0002292　jnt09269

唐詩三百首補注八卷　（清）陳婉俊輯　**唐詩三百首續選不分卷**　（清）于慶元編　清光緒十九年（1893）書業德刻本　三册

370000 – 1502 – 0002293　jnt09270

唐詩三百首補注八卷　（清）陳婉俊輯　**唐詩三百首續選不分卷**　（清）于慶元編　清光緒十九年（1893）書業德刻本　六册

370000 – 1502 – 0002294　jnt09272

唐詩三百首補注八卷　（清）陳婉俊輯　**唐詩三百首續選不分卷**　（清）于慶元編　清光緒十九年（1893）書業德刻本　六册

370000 – 1502 – 0002295　jnt09273

注釋唐詩三百首六卷　（清）孫洙編　清濟南同文堂刻本　一册

370000 – 1502 – 0002296　jnt09274

唐詩三百首補注八卷　（清）陳婉俊輯　清光緒十七年（1891）文英堂刻本　二册

370000 – 1502 – 0002297　jnt09275

唐詩三百首補注八卷　（清）陳婉俊輯　**唐詩三百首續選不分卷**　（清）于慶元編　清光緒十二年（1886）善成堂刻本　六册

370000 – 1502 – 0002298　jnt09276

唐詩三百首注疏六卷　（清）孫洙編　（清）章燮注　清光緒十七年（1891）上海掃葉山房刻本　六册

370000 – 1502 – 0002299　jnt09277

唐詩三百首注疏六卷　（清）孫洙編　（清）章燮注　清刻本　五册　缺一卷（四）

370000 – 1502 – 0002300　jnt09278

唐詩三百首注疏六卷　（清）孫洙編　（清）章燮注　清永順堂刻本　二册　缺二卷（三至四）

370000 – 1502 – 0002301　jnt09279

唐詩三百首補注八卷　（清）陳婉俊輯　清光緒十一年（1885）四藤吟社刻本　三册　存六卷（一至二、五至八）

370000 – 1502 – 0002302　jnt09280

唐詩三百首注釋六卷　（清）孫洙編　（清）章燮注　**唐詩三百首續選不分卷**　（清）于慶元編　清光緒十四年（1888）龍文閣書室刻本　七册　缺一卷（四）

370000 – 1502 – 0002303　jnt09281

唐宋八家文讀本三十卷　（清）沈德潛評點　清刻本　八册　存十六卷（十五至三十）

370000－1502－0002304　jnt09282
古文分編集評三集八卷　（清）于光華編輯
清刻本　四册　存六卷(一至六)

370000－1502－0002305　jnt09283
蔭圃遺稿四卷　（清）李茂春撰　清同治十二
年(1873)沁香吟館刻本　一册

370000－1502－0002306　jnt09285
梅叟閒評四卷　（清）郝培元撰　清光緒十年
(1884)東路廳署刻本　二册

370000－1502－0002307　jnt09290
杜詩鏡銓二十卷　（唐）杜甫撰　（清）楊倫輯
　清同治刻本　五册　存十卷(三至六、十四
至十五、十七至二十)

370000－1502－0002308　jnt09291
增補如面譚新集十卷　（清）李光祚纂輯　清
刻本　三册　存四卷(禮集、數集、元集、貞
集)

370000－1502－0002309　jnts09292
讀杜心解六卷首二卷　（唐）杜甫撰　（清）浦
起龍解　清雍正二年至三年(1724－1725)前
磵浦氏寧我齋刻本　四册　存三卷(首二卷，
二之一至二、三之二至四、四、五之一)

370000－1502－0002310　jnt09293
古文皆鳳新編八卷　（清）汪基鈔輯　清文光
堂刻本　七册　缺一卷(二)

370000－1502－0002311　jnt09296
二曲先生集二十四卷首一卷　（清）李顒撰
清光緒二年(1876)清安刻本　三册　缺四卷
(十六至十九)

370000－1502－0002312　jnt09301
重校字學舉隅不分卷　（清）龍光甸增輯　清
刻本　一册

370000－1502－0002313　jnt09303
思過齋試律二卷　（清）蕭培元撰　清同治刻
本　一册

370000－1502－0002314　jnt09305
滄溟詩選一卷　（明）李攀龍撰　華泉詩選一

卷　（明）邊貢撰　清嘉慶刻本　一册

370000－1502－0002315　jnt09309
試藝彙海不分卷　（清）紫陽主人子清合訂
清末刻本　三册

370000－1502－0002316　jnt09310
國朝詩人徵略六十卷　（清）張維屏輯　清道
光十年(1830)刻本　六册　缺二十二卷(十
八至三十九)

370000－1502－0002317　jnt09312
欽定國朝詩別裁集三十二卷　（清）沈德潛纂
評　清刻本　六册　存十六卷(十七至三十
二)

370000－1502－0002318　jnt09314
壯悔堂文集十卷　（清）侯方域撰　（清）賈開
宗等評點　清刻本　三册　缺三卷(五至七)

370000－1502－0002319　jnt09319
薈暉閣制藝不分卷　（清）孫超撰　清道光二
十七年(1847)刻本　四册

370000－1502－0002320　jnt09320
薈暉閣制藝二集不分卷　（清）孫超撰　（清）
孫椿林編　清同治六年(1867)刻本　二册

370000－1502－0002321　jnt09321
詞律二十卷目錄一卷　（清）萬樹撰　清堆絮
園刻本　十册

370000－1502－0002322　jnt09322
斯文精萃不分卷　（清）尹繼善選　清同治七
年(1868)長沙刻本　二册　存二册(一至二)

370000－1502－0002323　jnt09323
古詩源十四卷　（清）沈德潛選　清刻本　三
册　缺三卷(一至三)

370000－1502－0002324　jnt09325
詞律二十卷目錄一卷　（清）萬樹撰　清刻本
　三册　存六卷(一至二、五至六、十三至十
四)

370000－1502－0002325　jnt09327
靖節先生年譜考異二卷　（清）陶澍撰　清刻
本　一册

370000 – 1502 – 0002326 jnt09328

靖節先生集十卷末一卷 （清）陶澍集注 清光緒九年(1883)江蘇書局刻本 二册 存五卷(一至五)

370000 – 1502 – 0002327 jnt09329

古文辭類纂七十四卷 （清）姚鼐纂輯 清光緒十九年(1893)思賢講舍刻本 七册 存四十一卷(一至九、十五至二十、二十六至三十、四十至四十六、六十一至七十四)

370000 – 1502 – 0002328 jnt09330

續古文辭類纂三十四卷 王先謙纂集 清虛受堂刻本 六册 存二十八卷(四至九、十三至三十四)

370000 – 1502 – 0002329 jnt09331

古文辭類纂七十四卷 （清）姚鼐纂輯 清光緒二十年(1894)湖南書局刻本 九册 存五十七卷(一至三、二十一至七十四)

370000 – 1502 – 0002330 jnt09332

三蘇全集二百四卷 （宋）蘇洵等撰 清道光十二年(1832)刻本 五十册 存一百二十七卷(嘉祐集二十卷,東坡集一至四、三十七至八十四,欒城集四十八卷,欒城後集一至七)

370000 – 1502 – 0002331 jnt09333

庾子山集十六卷附庾子山年譜一卷庾集總釋一卷 （北周）庾信撰 （清）倪璠注釋 清刻本 十册 缺三卷(四至六)

370000 – 1502 – 0002332 jnt09334

韞山堂時文不分卷 （清）管世銘撰 清光緒六年(1880)湖南書局刻本 三册

370000 – 1502 – 0002333 jnt09336

岵屺懷音一卷 （清）奕訢撰 清同治元年(1862)刻本 一册

370000 – 1502 – 0002334 jnt09337

筆花書屋詩鈔二卷 （清）嵇文駿撰 （清）嵇有慶編 清同治三年(1864)刻本 一册 存一卷(上)

370000 – 1502 – 0002335 jnt09339

滄溟先生集三十卷 （明）李攀龍撰 清道光二十七年(1847)景福堂刻本 七册 缺二卷(二十九至三十)

370000 – 1502 – 0002336 jnt09340

滄溟先生集三十卷附錄一卷 （明）李攀龍撰 清道光二十七年(1847)刻本 六册 存二十二卷(一至十五、二十五至三十,附錄一卷)

370000 – 1502 – 0002337 jnt09340

滄溟先生集三十卷附錄一卷 （明）李攀龍撰 清道光二十七年(1847)刻本 一册 存三卷(二十九至三十,附錄一卷)

370000 – 1502 – 0002338 jnt09341

滄溟先生集三十卷 （明）李攀龍撰 清刻本 一册 存四卷(八至十一)

370000 – 1502 – 0002339 jnt09344

彊邨所刻詞十五卷 （宋）陳與義等撰 清刻本 一册 存三卷(無住詞一卷、臨川先生歌曲補遺一卷、東坡樂府卷一)

370000 – 1502 – 0002340 jnt09345

船山詩草選六卷 （清）張問陶撰 （清）石韞玉録 清嘉慶二十二年(1817)刻本 一册 存三卷(一至三)

370000 – 1502 – 0002341 jnt09346

李義山詩集三卷 （唐）李商隱撰 （清）朱鶴齡箋注 （清）沈厚塽輯評 清刻本 一册 存二卷(中、下)

370000 – 1502 – 0002342 jnt09348

唐律賦鈔不分卷 （清）潘霨編 清同治八年(1869)刻本 一册

370000 – 1502 – 0002343 jnt09349

玉谿生詩詳注三卷 （清）馮浩編訂 （清）胡重參校 清刻本 一册 存二卷(一至二)

370000 – 1502 – 0002344 jnt09352

朱子文集□□卷 （宋）朱熹撰 清刻本 二十册 存五十卷(朱文公序文全集三至二十一,朱文公問答全集五至七、十至十一、十六

至二十六、三十至三十一、三十四至三十五，
朱文公書札一至三、七至十四)

370000－1502－0002345　jnt09354

蘭園詩集七卷　(清)許麗京撰　清光緒二十
七年(1901)鉛印本　二冊

370000－1502－0002346　jnt09358

黃山詩留六卷　(清)法若真撰　清刻本　一
冊　存二卷(五至六)

370000－1502－0002347　jnt09362

自遠堂琴譜十二卷　(清)吳虹撰　清自遠堂
刻本　五冊　存五卷(八至十二)

370000－1502－0002348　jnt09363

**白香山詩長慶集二十卷後集十七卷別集一卷
補遺二卷附年譜一卷年譜舊本一卷**　(唐)白
居易撰　(清)汪立名編訂　清汪氏一草隅草
堂刻本　十三冊

370000－1502－0002349　jnt09364

白香山詩後集十七卷　(唐)白居易撰　(清)
汪立名編訂　清汪氏一隅草堂刻本　二冊
存四卷(三至四、八至九)

370000－1502－0002350　jnt09365

國朝六家詩鈔八卷　(清)劉執玉選　清刻本
三冊　存四卷(查初白二卷、王阮亭二卷)

370000－1502－0002351　jnt09366

國朝六家詩鈔八卷　(清)劉執玉選　清刻本
一冊　存一卷(查初白卷上)

370000－1502－0002352　jnt09367

顧氏音學五書三十八卷　(清)顧炎武撰　清
光緒十六年(1890)思賢講舍刻本　四冊　存
十卷(音論三卷,詩本音一至三,唐韻正一至
二、十四至十五)

370000－1502－0002353　jnt09368

樊川詩集四卷別集一卷外集一卷補遺一卷
(唐)杜牧撰　(清)馮集梧注　清德裕堂刻本
三冊　缺一卷(詩集二)

370000－1502－0002354　jnt09369

國朝中州名賢集十卷　(清)黃舒昺編　清光

緒十七年(1891)睢陽洛學書院刻本　八冊
缺二卷(四、八)

370000－1502－0002355　jnt09370

明宮雜詠二十卷　(清)饒智元撰　清刻本
三冊　存九卷(一至六、十五至十七)

370000－1502－0002356　jnt09371

妙香齋詩集四卷　(清)趙德懋撰　清光緒十
年(1884)清白堂刻本　一冊　存二卷(三至
四)

370000－1502－0002357　jnt09373

散原精舍詩二卷　(清)陳三立撰　清宣統元
年(1909)商務印書館鉛印本　一冊　存一卷
(上)

370000－1502－0002358　jnt09374

江左三大家詩鈔三卷　(清)顧有孝　(清)趙
澐輯　清刻本　一冊　存二卷(上、中)

370000－1502－0002359　jnt09376

真研齋詩草一卷　(清)翟凝撰　清李肇慶刻
本　一冊

370000－1502－0002360　jnt09377

有恒心齋駢體文六卷　(清)程鴻詔撰　清刻
本　一冊　存三卷(四至六)

370000－1502－0002361　jnt09378

思綺堂文集十卷　(清)章藻功撰注　清聚錦
堂刻本　十七冊　缺三卷(一下、五下、七上)

370000－1502－0002362　jnt09380

胡文忠公遺集十卷首一卷　(清)胡林翼撰
清末刻本　四冊　存五卷(四至八)

370000－1502－0002363　jnt09385

史忠正公集四卷首一卷末一卷　(明)史可法
撰　(清)史山清等輯　清咸豐二年(1852)刻
本　一冊　存四卷(一至三,首一卷)

370000－1502－0002364　jnt09386

古歡堂集山薑詩選十三卷　(清)田雯撰　清
刻本　二冊　存五卷(古詩卷一至三、律詩卷
一至二)

370000－1502－0002365　jnt09387

古微堂外集七卷 （清）魏源撰 清刻本 二册 存五卷(三至七)

370000－1502－0002366 jnt09388

古文辭類纂七十四卷 （清）姚鼐纂輯 清光緒十八年(1892)掃葉山房刻本 十册 存六十卷(一至六十)

370000－1502－0002367 jnt09389

古文辭類纂七十四卷 （清）姚鼐纂輯 清刻本 二册 存十三卷(十一至十五、三十九至四十六)

370000－1502－0002368 jnt09389

古文辭類纂七十四卷 （清）姚鼐纂輯 清刻本 一册 存八卷(五十二至五十九)

370000－1502－0002369 jnt09389

古文辭類纂七十四卷 （清）姚鼐纂輯 清刻本 五册 存三十卷(十六至二十、二十二至二十五、三十一至三十八、四十六至五十、六十七至七十四)

370000－1502－0002370 jnt09393

楹聯續話四卷 （清）梁章鉅輯 清道光二十三年(1843)南浦寓齋刻本 一册 存二卷(一至二)

370000－1502－0002371 jnt09394

椒筆樓初集二卷附録一卷 （清）胡鉉撰 清光緒三十三年(1907)國粹學報社鉛印本 一册 存一卷(上)

370000－1502－0002372 jnt09395

勸學篇二卷 （清）張之洞撰 清山東書局刻本 一册

370000－1502－0002373 jnt09397

御製圓明園圖詠不分卷 （清）高宗弘曆撰 （清）張廷玉等注 清光緒十三年(1887)天津石印書屋石印本 一册 存一册(上)

370000－1502－0002374 jnt09399

重訂空山堂詩志八卷 （清）牛運震撰 清刻本 三册 存五卷(一、五至八)

370000－1502－0002375 jnt09400

池上草堂筆記□□卷 （清）梁恭辰撰 清刻本 二册 存六卷(勸誡四録卷一至二、三録六、近録四至六)

370000－1502－0002376 jnt09403

邃齋偶筆二卷 （清）徐崑撰 清光緒七年(1881)刻本 一册 存一卷(上)

370000－1502－0002377 jnt09404

浪蹟續談八卷 （清）梁章鉅撰 清末刻本 一册 存六卷(三至八)

370000－1502－0002378 jnt09405

空谷香傳奇二卷 （清）蔣士銓填詞 （清）高文照題評 清刻本 一册

370000－1502－0002379 jnt09406

李厚岡全集六十九卷 （清）李榮陛撰 清亘古齋刻本 六册 存十四卷(厚岡詩集一、尚書考三至六、厚岡文集九至十三、四書解細論四卷)

370000－1502－0002380 jnt09408

橾香山房詩鈔一卷 （清）朱世德撰 清宣統二年(1910)濟南日報館石印本 一册

370000－1502－0002381 jnt09410

曠游偶筆二卷 （清）李雲麟撰 清光緒十年(1884)刻本 一册 存一卷(上)

370000－1502－0002382 jnt09412

思補堂試帖四卷 （清）文格撰 清刻本 二册 存三卷(二至四)

370000－1502－0002383 jnt09413

雲林別墅新輯酬世錦囊書啓合編初集□□卷家禮集成二集七卷三集二卷 （清）謝梅林 （清）鄒可庭定 （清）鄒景揚輯 清刻本 七册 存十一卷(初集五至八,二集一至四、七,三集二卷)

370000－1502－0002384 jnt09415

稷門吟草□□卷河防吟草□□卷 （清）李慶豐撰 清光緒三十四年(1908)刻本 二册 存二卷(稷門吟草一、河防吟草六)

370000－1502－0002385 jnt09416

佩文詩韻釋要五卷　（清）周兆基撰　陸潤庠校　清宣統三年（1911）商務印書館鉛印本　二册

370000－1502－0002386　jnt09417

汪氏兩園圖詠合刻不分卷　（清）汪承鏞輯　清同治十二年（1873）刻本　一册　存一册（四）

370000－1502－0002387　jnt09419

從野堂存稿八卷年譜一卷末一卷外集五卷　（明）繆昌期撰　清光緒刻本　三册

370000－1502－0002388　jnt09421

飴山詩集二十卷　（清）趙執信撰　清刻本　五册　存十七卷（四至二十）

370000－1502－0002389　jnt09423

香草齋詩注六卷　（清）黃任撰　（清）陳應魁注　清刻本　一册　存一卷（三）

370000－1502－0002390　jnt09424

吞松閣集四十卷　（清）鄭虎文撰　（清）馮敏昌編次　清刻本　一册　存四卷（三至六）

370000－1502－0002391　jnt09425

出山爲小草□□卷　（清）劉家麟撰　清刻本　一册　存二卷（三至四）

370000－1502－0002392　jnt09426

紅藕花軒賦草不分卷　（清）馬國翰撰　清刻本　一册

370000－1502－0002393　jnt09427

紅藕花軒賦草不分卷　（清）馬國翰撰　清刻本　一册

370000－1502－0002394　jnt09428

香痕盦影集四卷附一卷　（清）吳仲輯録　清宣統二年（1910）京師國學萃編社鉛印本　五册

370000－1502－0002395　jnt09429

潘陽詩集十二卷補遺一卷　（宋）彭汝礪撰　清刻本　一册　存七卷（七至十二、補遺一卷）

370000－1502－0002396　jnt09430

紅蕉館詩鈔一卷紅蕉館詩鈔續一卷　（清）朱畹撰　清道光二十一年（1841）刻本　二册

370000－1502－0002397　jnt09430

紅蕉館詩鈔續一卷　（清）朱畹撰　清道光二十一年（1841）刻本　一册

370000－1502－0002398　jnt09431

閒放詩集□□卷　（清）李璸撰　清同治七年（1868）刻本　一册　存一卷（一）

370000－1502－0002399　jnt09435

秋來堂詩二卷　（清）林潬撰　清光緒石印本　一册　存一卷（一）

370000－1502－0002400　jnt09437

仁在堂時藝向□□卷　（清）路閏生集　清光緒十二年（1886）解梁書院刻本　一册　存二卷（一至二）

370000－1502－0002401　jnt09440

老學後盦自訂詩六卷　（清）何兆瀛撰　清刻本　一册　存二卷（三至四）

370000－1502－0002402　jnt09442

般陽詩萃十五卷　（清）馮繼照纂　清道光二十八年（1848）刻本　一册　存二卷（一至二）

370000－1502－0002403　jnt09445

秋舲詩草□□卷　（清）馬秋舲撰　清光緒二十五年（1899）刻本　二册　存二卷（一、四）

370000－1502－0002404　jnt09446

洪度集一卷　（唐）薛濤著　（清）陳矩校　清志古堂刻本　一册

370000－1502－0002405　jnt09447

絶妙好詞箋七卷　（宋）周密輯　（清）查爲仁　（清）厲鶚箋　清刻本　一册　存二卷（三至四）

370000－1502－0002406　jnt09456

吾廬筆談八卷　（清）李佐賢編輯　清刻本　一册　存四卷（五至八）

370000－1502－0002407　jnt09457

北江文七卷　吳闓生撰　清末刻本　一册　存一卷（二）

370000 – 1502 – 0002408　jnt09459

函青草堂五十初度唱和詩存一卷　（清）姚書彬撰　清光緒二十四年(1898)刻本　一册

370000 – 1502 – 0002409　jnt09461

煨芋巖居文集不分卷　（清）王寶善著　清光緒十三年(1887)刻本　一册　存一册(上)

370000 – 1502 – 0002410　jnt09462

同館賦鈔二集□□卷首一卷同館試律續鈔二集□□卷　（清）許邦光　（清）李振鈞（清）徐經輯　清刻本　六册　存五卷(賦鈔卷十七至十八,首一卷,試律續鈔卷十七至十八)

370000 – 1502 – 0002411　jnt09465

柏梘山房文集十六卷柏梘山房駢體文二卷（清）梅曾亮撰　清光緒鉛印本　二册　存十卷(柏梘山房文集卷九至十六、柏梘山房駢體文二卷)

370000 – 1502 – 0002412　jnt09466

陳太僕批選八家文抄不分卷　（清）陳兆崙選　清光緒二十六年(1900)天津文美齋據紫草山房家塾本石印本　五册　存七卷(韓文選二卷、柳文選一卷、歐文選一卷、老蘇文選一卷、大蘇文選一卷、小蘇文選一卷)

370000 – 1502 – 0002413　jnt09469

孟塗後集二十二卷附諸家評語一卷　（清）劉開撰　清刻本　一册　存六卷(十七至二十二)

370000 – 1502 – 0002414　jnt09471

二南詩鈔二卷二南詩續鈔二卷　（清）周樂撰　清道光九年至十一年(1829 – 1831)紉香齋刻本　二册　缺一卷(二南詩鈔下)

370000 – 1502 – 0002415　jnt09472

邊華泉集八卷　（明）邊貢撰　清刻本　一册　存三卷(三至五)

370000 – 1502 – 0002416　jnt09474

水流雲在館主人手鈔詩詞不分卷　（清）周天麟輯　清光緒十六年(1890)石印本　二册

370000 – 1502 – 0002417　jnt09475

水流雲在館主人手鈔詩詞不分卷　（清）周天麟輯　清光緒十六年(1890)石印本　二册

370000 – 1502 – 0002418　jnt09476

孫宗伯集十卷　（明）孫繼皋撰　清光緒十八年(1892)鼎元堂刻本　一册　存一卷(十)

370000 – 1502 – 0002419　jnt09477

二南文集二卷　（清）周樂撰　清道光二十二年(1842)枕湖書屋刻本　二册

370000 – 1502 – 0002420　jnt09479

雲臥堂詩續集□□卷　（清）邵承照撰　清刻本　一册　存一卷(一)

370000 – 1502 – 0002421　jnt09482

碩果亭詩二卷　（清）李宣龔撰　清末墨巢叢刻鉛印本　二册

370000 – 1502 – 0002422　jnt09484

春草堂黃河遠二卷　（清）謝堃填詞　清刻本　一册　存一卷(上)

370000 – 1502 – 0002423　jnt09486

分韻試帖青雲集合注四卷　（清）楊逢春輯（清）沈品華等注　清光緒十五年(1889)書業德刻本　四册

370000 – 1502 – 0002424　jnt09487

青草堂集十二卷二集十六卷　（清）趙國華撰　清刻本　五册　存十一卷(青草堂集三至五、二集一至八)

370000 – 1502 – 0002425　jnt09488

春舫詩鈔四卷　（清）蓋方泌撰　清刻本　一册　存二卷(三至四)

370000 – 1502 – 0002426　jnt09489

聰山集三卷　（清）申涵光撰　清刻本　一册　存二卷(二至三)

370000 – 1502 – 0002427　jnt09491

履園叢話二十四卷　（清）錢泳輯　清刻本　一册　存二卷(十一至十二)

370000 – 1502 – 0002428　jnt09492

八銘塾鈔初集不分卷　（清）吳懋政輯　清文

德堂刻本　五册

370000－1502－0002429　jnt09496

含清堂詩存十卷　（清）徐光第撰　清同治三
年(1864)刻本　二册　存五卷(一至五)

370000－1502－0002430　jnt09498

養蒙金鑑二卷首一卷　（清）沈錫慶删訂
（清）林之望編輯　（清）瞿廷韶校刊　清光緒
元年(1875)刻本　二册

370000－1502－0002431　jnt09499

頑潭詩話二卷補遺一卷附錄一卷　（清）陳瑚
輯　清崑山趙氏峭帆樓刻本　一册　存一卷
（上）

370000－1502－0002432　jnt09500

姜貞毅先生靫章□□卷　（清）姜安節輯　清
石印本　一册　存一卷(下)

370000－1502－0002433　jnt09505

七家輯注彙鈔不分卷　（清）張熙宇輯評
（清）王植桂輯注　清刻本　五册　存五册
(二、四至五、七至八)

370000－1502－0002434　jnt09506

評注才子古文十七卷　（清）王之績評注　清
刻本　三册　存五卷(二至三、七至九)

370000－1502－0002435　jnt09507

容齋隨筆十六卷容齋續筆十六卷容齋三筆十
六卷容齋四筆十六卷容齋五筆十卷　（宋）洪
邁撰　清光緒九年(1883)據會通館本重校刻
本　十四册

370000－1502－0002436　jnt09508

金氏家集六卷　（清）金恭壽輯　清致遠堂刻
本　一册　存四卷(三至六)

370000－1502－0002437　jnt09510

瀛壖雜志六卷　（清）王韜撰　清刻本　一册
存三卷(四至六)

370000－1502－0002438　jnt09511

謙受益齋文集一卷　（清）蔣慶篯撰　清刻本
一册

370000－1502－0002439　jnt09513

庚辰集五卷　（清）紀昀編　清刻本　一册
存一卷(二)

370000－1502－0002440　jnt09514

顔山雜記四卷　（清）孫廷銓撰　清刻本　一
册　存二卷(三至四)

370000－1502－0002441　jnt09515

高太史續文鈔□□卷　（清）高熙喆撰　清刻
本　四册　存四卷(一至三、節孝一卷)

370000－1502－0002442　jnt09516

紀文達公遺集十六卷　（清）紀昀撰　（清）紀
樹馨編校　清刻本　六册　存十三卷(一至
八、十一至十二、十四至十六)

370000－1502－0002443　jnt09517

七言詩歌行鈔十五卷　（清）王士禛選　清刻
本　一册　存四卷(十二至十五)

370000－1502－0002444　jnt09519

文章軌範七卷　（宋）謝枋得批點　清刻本
一册　存四卷(四至七)

370000－1502－0002445　jnt09520

六朝唐賦讀本不分卷　（清）馬傳庚選注　清
光緒二年(1876)京都松林齋刻本　二册

370000－1502－0002446　jnt09521

晚悔堂詩集八卷　（清）李西堂撰　清刻本
二册　存四卷(三至四、七至八)

370000－1502－0002447　jnt09522

適齋居士集四卷　（清）舒敏撰　清嘉慶二十
五年(1820)刻本　一册　存二卷(三至四)

370000－1502－0002448　jnt09524

史外書後八卷　（清）柳堂撰　清光緒二十八
年(1902)筆諫堂刻本　一册　存三卷(一至
三)

370000－1502－0002449　jnt09527

小滄浪筆談四卷　（清）阮元撰　清光緒二十
六年(1900)江蘇書局刻本　一册　存二卷
(一至二)

370000－1502－0002450　jnt09528

徐孝穆全集六卷 （陳）徐陵撰 （清）吳兆宜
箋注 清善化經濟堂刻本 三冊 存三卷
（一、五至六）

370000－1502－0002451 jnt09529
洮陽詩集十卷洮陽集句二卷 （清）李苞編輯
清嘉慶四年（1799）刻本 二冊 存四卷
（詩集一至二、集句二卷）

370000－1502－0002452 jnt09530
退思軒詩集六卷補遺一卷 （清）張百熙撰
清宣統三年（1911）鉛印本 一冊

370000－1502－0002453 jnt09531
主客圖詩集二卷 （清）李懷民編次 清嘉慶
十七年（1812）刻本 一冊

370000－1502－0002454 jnt09532
中晚唐詩主客圖二卷 （清）李懷民集 清刻
本 一冊 存一卷（一）

370000－1502－0002455 jnt09534
對聯滙海十四卷 （清）邱日匭編輯 清同治
六年（1867）經綸堂刻本 一冊 存三卷（一
至三）

370000－1502－0002456 jnt09538
青霞沈公遺集十六卷 （明）沈鍊撰 清馬彭
年刻本 一冊 存五卷（八至十二）

370000－1502－0002457 jnt09539
慧山記續編三卷首一卷 （清）邵涵初編 清
同治五年（1866）刻本 一冊 存一卷（首一
卷）

370000－1502－0002458 jnt09540
文徵明懷歸詩不分卷 （明）文徵明撰 清光
緒三十四年（1908）石印本 一冊

370000－1502－0002459 jnt09550
宋元明詩約鈔三百首不分卷 （清）朱梓
（清）冷昌言編輯 清道光南京狀元閣刻本
一冊 存一冊（上）

370000－1502－0002460 jnt09552
與舍弟書十六通一卷 （清）鄭燮撰 清同治
五年（1866）刻本 一冊

370000－1502－0002461 jnt09553
與舍弟書十六通一卷 （清）鄭燮撰 清同治
五年（1866）刻本 一冊

370000－1502－0002462 jnt09554
板橋詞鈔一卷詩鈔□□卷 （清）鄭燮撰 清
司徒文膏刻本 一冊 存二卷（詞鈔一卷、詩
鈔三）

370000－1502－0002463 jnt09555
歷朝賦楷八卷首一卷 （清）王修玉選輯 清
尚德堂刻本 二冊 缺四卷（五至八）

370000－1502－0002464 jnt09556
歷朝賦楷八卷 （清）王修玉選注 清刻本
一冊 存二卷（七至八）

370000－1502－0002465 jnt09557
雪樵遺稿五卷 （清）王乃新撰 （清）繆潤紱
選 清刻本 一冊 存二卷（四至五）

370000－1502－0002466 jnt09558
雲樵詩選一卷 （清）徐子威撰 清嘉慶二十
三年（1818）刻本 一冊

370000－1502－0002467 jnt09560
流覽堂殘稿六卷附傳曁諡議墓表奏疏一卷
（明）姜垓撰 清宣統二年（1910）萊陽通興石
印館石印本 一冊 存二卷（六、附一卷）

370000－1502－0002468 jnt09562
甌北詩話十二卷 （清）趙翼撰 清刻本 一
冊 存六卷（七至十二）

370000－1502－0002469 jnt09564
鄂宰四稿四卷 （清）王筠撰 清咸豐二年
（1852）刻本 二冊

370000－1502－0002470 jnt09566
花樣集錦二卷 （清）張鵬扮輯 清道光刻本
一冊

370000－1502－0002471 jnt09567
古文啙鳳新編八卷 （清）汪基鈔輯 清道光
十二年（1832）刻本 七冊 缺一卷（七）

370000－1502－0002472 jnt09570
述舊三卷 （清）李福祚輯 清咸豐七年

116

(1857)刻本　二册　存一卷(一)

370000－1502－0002473　jnt09571
蘭室製藝不分卷　（清）王蕙蘭撰　清刻本
一册

370000－1502－0002474　jnt09572
小題正鵠不分卷　（清）李元度撰　清光緒五
年(1879)掃葉山房刻本　五册　存五册(初
集二册、三集三册)

370000－1502－0002475　jnt09573
九大家詩選十二卷　（清）陳葵　（清）李昂枝
評選　清服古堂刻本　一册　存二卷(二至
三)

370000－1502－0002476　jnt09574
而庵説唐詩二十二卷首一卷　（清）徐增撰
清九誥堂刻本　四册　存十三卷(十一至二
十三)

370000－1502－0002477　jnt09577
太白山人槲葉集五卷　（清）李柏著　清刻本
一册　存一卷(五)

370000－1502－0002478　jnt09578
對吴試帖二卷　（清）徐守真撰　清光緒二十
四年(1898)嘉裕堂刻本　二册

370000－1502－0002479　jnt09579
施注蘇詩四十二卷年譜一卷王注正譌一卷
(宋)施元之注　（清）張榕端　（清）宋犖閲
定　（清）顧嗣立等删補　蘇詩續補遺二卷
（清）馮景補注　清刻本　九册　缺二十一卷
(一至二十一)

370000－1502－0002480　jnt09580
歷代史案二十卷首一卷　（清）洪亮吉編　清
刻本　三册　存八卷(二至四、十至十二、十
九至二十)

370000－1502－0002481　jnt09587
讀書作文譜十二卷　（清）唐彪輯著　清刻本
二册　存八卷(一至四、九至十二)

370000－1502－0002482　jnt09589
山左校士編□□卷　（清）姚丙然輯　清光緒

二十四年(1898)刻本　一册　存一卷(一)

370000－1502－0002483　jnt09590
經義策論三種不分卷　（清）孫佩南講授　清
光緒二十八年(1902)孫氏經潤樓刻本　三册
缺一種(宋人經義約鈔)

370000－1502－0002484　jnt09591
臨清校士分館課藝不分卷　（清）柳廷詔等評
選　清光緒二十九年(1903)清源署刻本　一
册

370000－1502－0002485　jnt09592
彙纂詩法度鍼三十三卷首一卷　（清）徐文弼
增釋　清刻本　二册　存六卷(五至十)

370000－1502－0002486　jnt09593
御定全唐詩録一百卷　（清）徐倬編　清刻本
二册　存六卷(九十至九十二、九十五至九
十七)

370000－1502－0002487　jnts09598
讀杜心解六卷首二卷　（唐）杜甫撰　（清）浦
起龍解　清雍正二年至三年(1724－1725)前
磵浦氏寧我齋刻本　一册　存一卷(二之一
至二)

370000－1502－0002488　jnt09602
石泉書屋詩鈔八卷　（清）李佐賢撰　清刻本
一册　存五卷(四至八)

370000－1502－0002489　jnt09603
賭棋山莊集詞話續編五卷　（清）謝章鋌撰
清刻本　一册　存二卷(四至五)

370000－1502－0002490　jnt09612
金鐘傳八卷六十四回　（清）正一子　（清）克
明子撰　清樂善堂刻本　二册　存二卷(三、
六)

370000－1502－0002491　jnt09613
唐詩三百首補注八卷　（清）陳婉俊輯　清咸
豐六年(1856)刻本　一册　存四卷(一至四)

370000－1502－0002492　jnt09616
字學舉隅不分卷　（清）龍光甸撰　清光緒十
年(1884)文興堂刻本　一册

370000 – 1502 – 0002493　jnt09621

鄉園憶舊録六卷　（清）王培荀輯　清刻本
四册　存四卷（三至六）

370000 – 1502 – 0002494　jnt09622

白雲草詩八卷　（清）王彬著　清光緒二十四
年(1898)刻本　一册　存四卷（一至四）

370000 – 1502 – 0002495　jnt09623

而庵説唐詩九卷首一卷　（清）徐增撰　清文
茂堂刻本　一册　存二卷（三至四）

370000 – 1502 – 0002496　jnt09625

蒿庵閒話二卷　（清）張爾岐著　清抄本　一
册　存一卷（一）

370000 – 1502 – 0002497　jnt09627

微雲樓詩集五卷　（清）秦昌焯撰　清光緒十
四年(1888)刻本　一册

370000 – 1502 – 0002498　jnt09631

萃錦唫十七卷題詞一卷　（清）奕訢撰　清光
緒十一年(1885)刻本　十九册

370000 – 1502 – 0002499　jnt09633

緑野齋前後合集六卷　（清）劉鴻翔撰　清道
光二十四年(1844)宋鐘鳴刻本　四册　存四
卷（一、三至五）

370000 – 1502 – 0002500　jnt09635

御製詩初集四十八卷目録六卷　（清）仁宗顒
琰撰　（清）慶桂等編　清嘉慶八年(1803)武
英殿刻本　三十册

370000 – 1502 – 0002501　jnt09637

果園詩鈔十卷　（清）郭恩孚撰　清光緒三十
三年(1907)京都松華齋刻本　一册　缺五卷
（六至十）

370000 – 1502 – 0002502　jnt09638

金陵瑣志三種六卷　（清）陳作霖編　清光緒
二十六年(1900)可園刻本　四册

370000 – 1502 – 0002503　jnt09642

笠翁偶集六卷笠翁餘集八卷笠翁別集□□卷
　（清）李漁撰　清刻本　五册　存五卷
（笠翁偶集四、六,笠翁餘集八,笠翁別集九至
十）

370000 – 1502 – 0002504　jnt09643

天下才子必讀書十六卷　（清）金人瑞批　清
刻本　一册　存二卷（四至五）

370000 – 1502 – 0002505　jnt09646

望溪全集　（清）方苞撰　方望溪先生年譜一
卷附録一卷　（清）蘇惇元輯　清刻本　八册
　存十六卷（年譜二卷、文集十七至十八、集
外文一至十、集外文補遺一至二）

370000 – 1502 – 0002506　jnt09647

漱六山房文集十二卷　（清）郝植恭撰　清光
緒四年(1878)刻本　五册　缺二卷（十一至
十二）

370000 – 1502 – 0002507　jnt09648

家言隨記四卷　（清）王賢儀撰　清同治五年
(1866)刻本　三册　缺一卷（三）

370000 – 1502 – 0002508　jnt09649

才調集十卷　（五代）韋縠集　清垂雲堂刻本
　五册　存九卷（一至九）

370000 – 1502 – 0002509　jnt09652

畚史一百卷補遺一卷　（清）王初桐纂述　清
嘉慶二年(1797)古香堂刻本　五册　存二十
四卷（一至四、十五至二十六、五十五至六十
二）

370000 – 1502 – 0002510　jnt09653

蘭雪堂古事苑定本十二卷　（清）鄧志謨編輯
　清蘭雪堂刻本　八册

370000 – 1502 – 0002511　jnt09654

庚子山集十六卷總釋一卷　（北周）庾信撰
（清）倪璠注釋　清同治八年(1869)刻本　十
一册　缺一卷（十四）

370000 – 1502 – 0002512　jnt09656

閒情偶寄十六卷　（清）李漁撰　清刻本　一
册　存二卷（十二至十三）

370000 – 1502 – 0002513　jnt09661

南史節鈔□□卷　（清）李經義節抄　清宣統
二年(1910)蘭笑樓石印蜕廬讀書叢録本　一

册　存四卷(十九至二十二)

370000－1502－0002514　jnt09662

板橋詩鈔不分卷　（清）鄭燮撰　清清暉書屋
刻本　一册

370000－1502－0002515　jnt09663

板橋詩鈔不分卷衛情一卷板橋家書一卷
（清）鄭燮撰　清刻本　二册

370000－1502－0002516　jnt09664

先天易貫五卷　（清）劉元龍撰　清居易齋刻
本　一册　存一卷(三)

370000－1502－0002517　jnt09665

訥盦叢稿十二卷　（清）顧鳴鳳撰　清宣統三
年(1911)訥盦刻本　五册　缺二卷(養間草
堂隨筆二、蝸巢聯語一卷）

370000－1502－0002518　jnt09666

敦園詩談八卷　（清）許丙椿撰　清同治五年
(1866)皖之薇垣刻本　一册

370000－1502－0002519　jnt09667

曹集銓評十卷逸文一卷　（清）丁晏纂　清同
治十一年(1872)金陵書局刻本　一册　存五
卷(一至五)

370000－1502－0002520　jnt09668

蛻廬鐘韻一卷　（清）趙爾莘等訂　清刻本
一册

370000－1502－0002521　jnt09670

東坡樂府三卷　（宋）蘇軾撰　清刻本　一册
　存二卷(二至三)

370000－1502－0002522　jnt09674

硯泉詩草不分卷　（清）李蓮舟撰　清刻本
一册

370000－1502－0002523　jnt09678

王文成公全書三十八卷　（明）王守仁撰　清
刻本　十册　存十六卷(一、四至十、十二至
十八、三十七)

370000－1502－0002524　jnt09679

餐芬華館詩集八卷附一卷　（清）周騰虎撰
清光緒十九年(1893)刻本　一册　存四卷

（一至四）

370000－1502－0002525　jnt09680

新鐫玉茗堂批選王弇洲豔異編四十卷　（明）
王世貞編　清刻本　一册　存三卷(十八至
二十)

370000－1502－0002526　jnt09683

憨山老人夢游集五十五卷　（明）釋德清撰
（明）釋通炯編輯　清光緒五年(1879)江北刻
經處刻本　二十册　缺三卷(二至四)

370000－1502－0002527　jnt09685

唐詩別裁集引典備注二十卷　（清）沈德潛選
　（清）俞汝昌增注　清道光刻本　六册　存
十二卷(一、六至七、十二至二十)

370000－1502－0002528　jnt09686

重訂唐詩別裁集二十卷　（清）沈德潛選　清
教忠堂刻本　六册

370000－1502－0002529　jnt09687

高太史論鈔四卷　（清）高熙喆撰　清刻本
三册　缺一卷(三)

370000－1502－0002530　jnt09689

古文翼八卷　（清）唐德宜編　清同治十二年
(1873)常熟黃氏藝文堂刻本　二册　存二卷
(一至二)

370000－1502－0002531　jnt09690

瓣香齋詩鈔六卷　（清）王明尊撰　清刻本
五册　缺一卷(一)

370000－1502－0002532　jnt09691

西山先生真文忠公讀書記四十卷　（宋）真德
秀撰　清同治三年(1864)刻本　二十五册
存三十二卷(一至十八、二十一至二十二、二
十八至三十八、四十)

370000－1502－0002533　jnt09693

閻氏家乘不分卷　（清）閻朝清記　清光緒二
十三年(1897)刻本　一册

370000－1502－0002534　jnt09698

呻吟語節録六卷　（明）呂坤撰　（清）陳預校
刊　清嘉慶十四年(1809)刻本　二册

370000 – 1502 – 0002535　jnt09699

呻吟語六卷　（明）呂坤撰　清道光七年(1827)刻本　六册

370000 – 1502 – 0002536　jnt09700

虎鈐經二十卷　（宋）許洞編　清刻本　四册

370000 – 1502 – 0002537　jnt09701

巾經纂二十卷　（清）宋宗元撰　清咸豐五年(1855)嘉孚堂刻本　五册

370000 – 1502 – 0002538　jnt09702

巾經纂二十卷　（清）宋宗元撰　清道光二十七年(1847)達觀樓刻本　四册　缺七卷（四至七、十四至十六）

370000 – 1502 – 0002539　jnt09703

唐宋八大家類選八卷　（清）高塘批點　（清）儲欣評　清善成堂刻本　十一册

370000 – 1502 – 0002540　jnt09704

呂先生實政録七卷　（明）呂坤撰　清嘉慶二年(1797)刻本　七册　存六卷（一至六）

370000 – 1502 – 0002541　jnt09706

香祖樓二卷桂林霜二卷空谷香傳奇二卷　（清）蔣士銓填詞　清刻本　六册

370000 – 1502 – 0002542　jnt09708

管子二十四卷　（唐）房玄齡注　清光緒二年(1876)浙江書局刻本　四册　存十六卷（一至十六）

370000 – 1502 – 0002543　jnt09710

諸子平議三十五卷　（清）俞樾輯　清刻本　八册

370000 – 1502 – 0002544　jnt09712

管子二十四卷　（唐）房玄齡注　清光緒二年(1876)浙江書局刻本　六册

370000 – 1502 – 0002545　jnt09714

杜工部集二十卷　（唐）杜甫撰　（清）錢謙益箋注　清刻本　二册　存四卷（八至九、十二至十三）

370000 – 1502 – 0002546　jnt09715

新製靈臺儀象志十六卷　（比利時）南懷仁纂

清刻本　四册　存四卷（八至十一）

370000 – 1502 – 0002547　jnt09716

賦鈔箋略十五卷　（清）雷琳　（清）張杏濱箋　清刻本　一册　存三卷（八至十）

370000 – 1502 – 0002548　jnt09718

河洛理數七卷　（宋）陳搏撰　（宋）邵雍述　清文奎堂刻本　七册　缺一卷（三上）

370000 – 1502 – 0002549　jnt09719

齊民要術十卷　（北魏）賈思勰撰　清光緒二十二年(1896)中江権署刻本　三册　存八卷（一至八）

370000 – 1502 – 0002550　jnt09720

新訂醒閨編不分卷　（清）廖免驕編　清刻本　一册

370000 – 1502 – 0002551　jnt09721

林和靖省心録不分卷　（宋）林逋撰　清同治九年(1870)尚志堂刻本　一册

370000 – 1502 – 0002552　jnt09722

孔氏家語十卷　（三國魏）王肅注　清敬儀堂刻本　四册

370000 – 1502 – 0002553　jnt09725

二十二子三百三十三卷　（清）浙江書局輯　清光緒浙江書局刻本　七十二册　缺十五卷（老子道德經二卷、補注黃帝内經十三卷）

370000 – 1502 – 0002554　jnt09728

黃石公素書一卷　（漢）黃石公撰　清刻本　一册

370000 – 1502 – 0002555　jnt09734

孫子十家注十三卷　（春秋）孫武撰　清刻本　一册　存二卷（六至七）

370000 – 1502 – 0002556　jnt09739

墨子十六卷　（戰國）墨翟撰　（清）畢沅校刊　清光緒二年(1876)浙江書局據畢氏靈岩山館刻本　三册　存十一卷（一至三、九至十六）

370000 – 1502 – 0002557　jnt09741

新刻重校增補圓機活法詩學全書二十四卷圓

機韻學活法全書十四卷 （明）王世貞校正
清刻本 十四冊 存二十三卷(詩學卷一、五
至十、十五至十六、十九至二十、二十三至二
十四,韻學卷二至三、六至十一、十三至十四)

370000－1502－0002558 jnt09742

孫子十家注十三卷附遺說一卷敘錄一卷
（清）孫星衍 （清）吳人驥校 清道光三年
(1823)浙江書局校刻本 六冊

370000－1502－0002559 jnt09743

南華真經解六卷 （清）宣穎撰 清順慶海清
樓書坊刻本 二冊 存二卷(三、五)

370000－1502－0002560 jnt09745

南華真經十卷 （晋）郭象注 （唐）陸德明音
義 清刻本 四冊 存六卷(二至四、八至
十)

370000－1502－0002561 jnt09747

南華真經旁注□□卷 （戰國）莊周撰 （晋）
郭象評 （晋）向秀注 清刻本 二冊 存一
卷(三)

370000－1502－0002562 jnt09748

莊子南華真經□□卷 （戰國）莊周撰 （晋）
郭象注 清刻本 三冊 存三卷(二、四、九)

370000－1502－0002563 jnt09749

莊子十卷 （戰國）莊周撰 （晋）郭象注
（唐）陸德明音義 清光緒二十三年(1897)新
化三味書室刻本 三冊 存六卷(一至六)

370000－1502－0002564 jnt09750

莊子因六卷 （清）林雲銘評述 清刻本 三
冊 存三卷(四至六)

370000－1502－0002565 jnt09752

寒夜叢談三卷 （清）沈赤然撰 清又滿樓刻
本 一冊 存二卷(二至三)

370000－1502－0002566 jnt09754

近思錄十四卷 （宋）朱熹 （宋）呂祖謙編選
（清）江永集注 清書業德刻本 二冊 存
十卷(三至十二)

370000－1502－0002567 jnt09755

朱子原訂近思錄十四卷 （宋）朱熹 （宋）呂
祖謙編選 （清）江永集注 清同治七年
(1868)楚北崇文書局刻本 三冊 存八卷
(一至八)

370000－1502－0002568 jnt09756

近思錄十四卷 （宋）朱熹 （宋）呂祖謙編選
（清）江永集注 清書業德刻本 四冊 缺
五卷(五至九)

370000－1502－0002569 jnt09757

御纂性理精義十二卷 （清）李光地等奉敕撰
清刻本 二冊 存四卷(三至六)

370000－1502－0002570 jnt09758

御纂性理精義十二卷 （清）李光地等奉敕撰
清刻本 一冊 存二卷(二至三)

370000－1502－0002571 jnt09759

御纂性理精義十二卷 （清）李光地等奉敕撰
清刻本 一冊 存二卷(六至七)

370000－1502－0002572 jnt09762

讀書鏡二卷 （明）陳繼儒撰 （清）宮本昂校
刊 清光緒六年(1880)泰州宮氏春雨艸堂刻
本 一冊 存一卷(一)

370000－1502－0002573 jnt09763

呂氏春秋二十六卷附考一卷 （戰國）呂不韋
撰 （清）畢沅校正 清光緒元年(1875)浙江
書局刻本 五冊 缺三卷(十五至十七)

370000－1502－0002574 jnt09764

讀書錄十一卷 （明）薛瑄撰 清刻本 三冊
存九卷(三至十一)

370000－1502－0002575 jnt09765

讀書錄十一卷讀書續錄十二卷 （明）薛瑄撰
清刻本 七冊 缺四卷(讀書錄八至十一)

370000－1502－0002576 jnt09766

孔孟重行周流議一卷 江鍾秀撰 清光緒三
十一年(1905)益美齋刻本 一冊

370000－1502－0002577 jnt09767

御纂性理精義十二卷 （清）李光地奉敕撰
清刻本 一冊 存四卷(三至六)

370000－1502－0002578　jnt09772

十子全書一百三十五卷　（清）王子興輯　清
嘉慶九年(1804)姑蘇聚文堂刻本　十一冊
存五十一卷(沖虛至德真經八卷、揚子法言十
卷、中説十卷、荀子二十卷、鶡冠子三卷)

370000－1502－0002579　jnt09773

小學鉤沈十九卷　（清）任大椿學　（清）王念
孫校正　清嘉慶二十二年(1817)刻本　一冊
存十一卷(九至十九)

370000－1502－0002580　jnt09774

史鑑節要便讀六卷末一卷　（清）鮑東里編輯
清光緒二十八年(1902)三益堂刻本　二冊

370000－1502－0002581　jnt09775

史鑑節要便讀六卷末一卷　（清）鮑東里編輯
清書業德刻本　二冊

370000－1502－0002582　jnt09777

**孔孟志略三卷儒先訓要十四卷續輯四卷小兒
書輯八卷**　（清）張承燮纂　清光緒二十七年
(1901)東聽雨堂刻本　九冊

370000－1502－0002583　jnt09778

**孔孟志略三卷儒先訓要十四卷續輯四卷小兒
書輯八卷**　（清）張承燮纂　清光緒二十七年
(1901)膠州聽雨何時軒刻本　七冊　缺二卷
(小兒書輯五、八)

370000－1502－0002584　jnt09780

女誡文木蘭舟一卷　（清）□□編　清光緒二
十七年(1901)德華堂刻本　一冊

370000－1502－0002585　jnt09781

**勸戒近録六卷勸戒六録六卷勸戒七録六卷勸
戒八録六卷勸戒九録六卷**　（清）梁恭辰撰
清刻本　八冊　存二十卷(近録四至六,六録
四至六,七録六卷,八録一至二,九録六卷)

370000－1502－0002586　jnt09795

聞式堂明文小題傳薪八卷　（清）臧岳評釋
清刻本　五冊　存六卷(三至八)

370000－1502－0002587　jnt09796

唐詩三百首補注四卷　（清）陳婉俊輯　清咸

豐六年(1856)燦花閣刻本　一冊

370000－1502－0002588　jnt09799

[光緒]菏澤縣志十八卷首一卷　（清）凌壽柏
修　（清）葉道源纂　清光緒十一年(1885)刻
本　三冊　存八卷(十一至十八)

370000－1502－0002589　jnt09800

元和郡縣圖志四十卷附闕卷逸文一卷　（唐）
李吉甫撰　**元和郡縣補志九卷**　（清）嚴觀子
輯　清光緒六年(1880)金陵書局刻本　十冊
缺四卷(二十三至二十四、三十五至三十六)

370000－1502－0002590　jnt09801

[光緒]益都縣圖志五十四卷　（清）法偉堂纂
清光緒刻本　三冊　存十一卷(二十九至
三十二、三十七至四十三)

370000－1502－0002591　jnt09809

泰山志二十卷　（清）金棨撰　清光緒刻本
九冊　缺五卷(三至四、七至九)

370000－1502－0002592　jnt09810

泰山志二十卷　（清）金棨撰　清刻本　一冊
存三卷(五至七)

370000－1502－0002593　jnt09811

泰山圖題詞一卷　（清）李祖年等撰　清鉛印
本　一冊

370000－1502－0002594　jnt09812

泰山道里記不分卷　（清）聶欽撰　清光緒雨
山堂刻本　一冊

370000－1502－0002595　jnt09813

泰山道里記不分卷　（清）聶欽撰　清光緒四
年(1878)雨山堂刻本　一冊

370000－1502－0002596　jnt09820

山東教案二編不分卷　（清）祝鋆編輯　清光
緒鉛印本　一冊

370000－1502－0002597　jnt09825

[同治]即墨縣志十二卷　（清）林溥纂修　清
同治十三年(1873)刻本　一冊　存四卷(二
至五)

370000－1502－0002598　jnt09826

[道光]長清縣志十六卷首四卷末二卷 （清）舒化民等修 （清）徐德城纂 清道光十五年（1835）刻本 七册 缺一卷（首一卷）

370000－1502－0002599 jnt09827
[道光]長清縣志十六卷首四卷末二卷 （清）舒化民等修 （清）徐德城纂 清道光十五年（1835）刻本 七册 缺二卷（一至二）

370000－1502－0002600 jnt09831
[光緒]東阿縣志二十四卷 （清）吳怡纂 清光緒九年（1883）刻本 一册 存二卷（十至十一）

370000－1502－0002601 jnt09832
[萬曆]安邱縣志二十八卷 （明）馬文煒撰
[康熙]續安邱縣志二十五卷 （清）王訓撰 清末石印本 二册 存二十八卷（安邱縣志十二至二十八，續縣志一至十一）

370000－1502－0002602 jnt09840
[道光]章邱縣志十六卷首一卷末一卷 （清）吳璋修 （清）曹楙堅纂 清道光刻本 四册 存十一卷（三至七、九至十二、十五至十六）

370000－1502－0002603 jnt09843
[道光]重修博興縣志十三卷 （清）周壬福等修 清道光二十年（1840）刻本 三册 存九卷（一至六、十一至十三）

370000－1502－0002604 jnt09844
[道光]重修博興縣志十三卷 （清）周壬福等修 清道光二十年（1840）刻本 四册

370000－1502－0002605 jnt09845
[道光]博平縣志六卷 （清）楊祖憲重輯 清刻本 一册 存一卷（五）

370000－1502－0002606 jnt09847
[嘉慶]禹城縣志十二卷 （清）董鵬翔修 （清）牟應震纂 清刻本 一册 存三卷（十至十二）

370000－1502－0002607 jnt09849
[嘉慶]莒州志十六卷首一卷 （清）許紹錦纂修 清嘉慶元年（1796）刻本 四册 存十三卷（一至十二，首一卷）

370000－1502－0002608 jnt09850
[嘉慶]長山縣志十六卷首一卷末一卷 （清）倪企望修 （清）鍾廷瑛纂 清刻本 三册 存六卷（二至三、七至十）

370000－1502－0002609 jnt09857
[光緒]東平州志二十七卷首一卷 （清）左宜似等修 （清）盧崟纂 清光緒刻本 十一册 存十八卷（一至七、十至十三、十五至十七、二十一至二十三，首一卷）

370000－1502－0002610 jnt09858
[光緒]東平州志二十七卷首一卷 （清）左宜似等修 （清）盧崟纂 清光緒刻本 六册 存十一卷（四至七、十至十一、十五中至十六下、二十一至二十三）

370000－1502－0002611 jnt09860
海右初集八卷 （清）徐子威撰 清刻本 一册 存一卷（一）

370000－1502－0002612 jnt09861
退食聯吟不分卷 （清）孫松坪輯 清刻本 一册

370000－1502－0002613 jnt09863
慧山記續編四卷 （清）邵涵初輯 清刻本 一册 存一卷（一）

370000－1502－0002614 jnt09864
恩縣志□□卷 （清）李維誠等修 清刻本 一册 存一卷（九）

370000－1502－0002615 jnt09866
[光緒]平定州志不分卷 （清）賴昌期纂修 清末刻本 一册 存一册（人物卷）

370000－1502－0002616 jnt09866
地球韻言四卷 （清）張士瀛撰 清光緒三十二年（1906）聚和堂刻本 二册

370000－1502－0002617 jnt09868
地理問答二卷 王亨統編 清光緒山東官印書局鉛印本 一册 存一卷（下）

370000－1502－0002618 jnt09869

123

漢書地理志校本二卷　（清）汪遠孫撰　清道
光二十八年(1848)振綺堂刻本　一冊　存一
卷(上)

370000－1502－0002619　jnt09871

豫乘識小録二卷　（清）朱雲錦撰　清同治十
二年(1873)郁文齋刻本　二冊

370000－1502－0002620　jnt09875

韻詁不分卷韻詁補遺不分卷　（清）方濬頤輯
清刻本　三冊

370000－1502－0002621　jnt09876

經韻集字析解二卷附拾遺補注一卷　（清）彭
良敞集注　清道光十年(1830)灤源書院刻本
二冊

370000－1502－0002622　jnt09877

說文解字句讀三十卷附句讀補正三十卷
（清）王筠撰集　清同治四年(1865)刻本　十
六冊

370000－1502－0002623　jnt09877

經韻集字析解二卷　（清）彭良敞集注　清道
光十年(1830)灤源書院刻本　一冊　存一卷
(二)

370000－1502－0002624　jnt09878

說文解字句讀三十卷附句讀補正三十卷
（清）王筠撰集　清同治四年(1865)刻本　十
六冊

370000－1502－0002625　jnt09879

說文解字句讀三十卷附句讀補正三十卷
（清）王筠撰集　清同治四年(1865)刻本　十
六冊

370000－1502－0002626　jnt09880

說文解字句讀三十卷附句讀補正三十卷
（清）王筠撰集　清同治四年(1865)刻本　十
五冊　缺二卷(三至四)

370000－1502－0002627　jnt09883

翰苑分書臨文正宗□□卷　（清）張端卿等撰
（清）戴彬元等書　清光緒刻本　五冊　存
五卷(萃林詩賦一卷、鄉會要訣一卷、重校臨

124

文遍覽一卷、字學舉隅一卷、探杏譜一卷)

370000－1502－0002628　jnt09884

群經字詁七十二卷　（清）段諤廷原稿　（清）
黃本驥編訂　清刻本　十七冊　存四十八卷
(一至十六、二十至五十一)

370000－1502－0002629　jnt09885

說文釋例二十卷　（清）王筠撰　清同治四年
(1865)安邱王氏刻本　十冊

370000－1502－0002630　jnt09886

說文釋例二十卷釋例補正二十卷　（清）王筠
撰　清同治四年(1865)安邱王氏刻本　十冊

370000－1502－0002631　jnt09887

說文釋例二十卷說文繫傳校録三十卷　（清）
王筠撰　清同治四年(1865)刻本　十二冊

370000－1502－0002632　jnt09888

說文釋例二十卷說文繫傳校録三十卷　（清）
王筠撰　清同治四年(1865)刻本　十二冊

370000－1502－0002633　jnt09889

說文釋例二十卷說文繫傳校録三十卷　（清）
王筠撰　清同治四年(1865)安邱王氏刻本
十一冊　缺十五卷(校録十六至三十)

370000－1502－0002634　jnt09890

字學舉隅續編二卷　（清）汪敘疇纂　清光緒
二年(1876)刻本　一冊

370000－1502－0002635　jnt09891

字學舉隅續編二卷　（清）汪敘疇纂　清光緒
二年(1876)刻本　一冊

370000－1502－0002636　jnt09892

字學舉隅二卷附摘誤一卷　（清）龍光甸編
清光緒四年(1878)同雅堂刻本　一冊

370000－1502－0002637　jnt09893

字學舉隅二卷附摘誤一卷　（清）龍光甸編
清刻本　一冊

370000－1502－0002638　jnt09894

字學舉隅二卷附摘誤一卷　（清）龍光甸編
清末刻本　一冊

370000 – 1502 – 0002639　jnt09895

翰苑重校字學舉隅二卷附摘誤一卷　（清）龍
光甸編　清光緒十一年(1885)刻本　一冊

370000 – 1502 – 0002640　jnt09896

字學舉隅不分卷　（清）龍光甸編　清末刻本
　一冊

370000 – 1502 – 0002641　jnt09897

字學舉隅二卷附摘誤一卷　（清）龍光甸編
清同治十年(1871)刻本　一冊

370000 – 1502 – 0002642　jnt09898

字學舉隅二卷附摘誤一卷　（清）龍光甸撰
清同治十年(1871)刻本　一冊

370000 – 1502 – 0002643　jnt09899

正字略一卷　（清）王筠撰　清光緒二年
(1876)松竹齋刻本　一冊

370000 – 1502 – 0002644　jnt09900

正字略定本一卷　（清）王筠撰　清道光十九
年(1839)刻本　一冊

370000 – 1502 – 0002645　jnt09901

隸篇十五卷隸篇續十五卷隸篇再續十五卷
（清）翟雲升編　清道光十八年(1838)刻本
十冊

370000 – 1502 – 0002646　jnt09902

續復古編四卷　（元）曹本撰　清光緒十二年
(1886)歸安姚氏據景元抄本刻本　一冊　存
一卷(一)

370000 – 1502 – 0002647　jnt09903

增訂金壺字考一卷附古體假借字一卷　（清）
徐蔭軒原編　（清）張仰山增訂　清光緒二年
(1876)善成堂刻本　一冊

370000 – 1502 – 0002648　jnt09904

文字蒙求四卷　（清）王筠撰　清光緒十三年
(1887)刻本　一冊

370000 – 1502 – 0002649　jnt09905

禹貢正字一卷　（清）王筠撰　清刻本　一冊

370000 – 1502 – 0002650　jnt09906

字林考逸八卷　（清）任大椿輯　清刻本　一

册　存三卷(四至六)

370000 – 1502 – 0002651　jnt09907

臨文便覽一卷　（清）龍啓瑞編　清光緒五年
(1879)刻本　一冊

370000 – 1502 – 0002652　jnt09911

第六才子書八卷　（元）王實甫撰　（清）金聖
嘆批點　清刻本　五冊　存五卷(四至八)

370000 – 1502 – 0002653　jnt09913

四大奇書第一種十九卷首一卷　（明）羅貫中
撰　（清）毛宗崗評　清善成堂刻本　十八冊
　缺二卷(十、十五)

370000 – 1502 – 0002654　jnt09914

四大奇書第一種五十一卷　（明）羅貫中撰
（清）毛宗崗評　清刻本　十四冊　缺六卷
(三十二至三十五、四十六至四十七)

370000 – 1502 – 0002655　jnt09915

四大奇書第一種十九卷首一卷　（明）羅貫中
撰　（清）毛宗崗評　清刻本　十九冊　缺一
卷(十)

370000 – 1502 – 0002656　jnt09916

四大奇書第一種十九卷首一卷　（明）羅貫中
撰　（清）毛宗崗評　清刻本　十冊　存十卷
(一至九,首一卷)

370000 – 1502 – 0002657　jnt09917

評論出像水滸傳二十卷　（元）施耐庵撰　清
刻本　十冊　存十卷(一至十)

370000 – 1502 – 0002658　jnt09918

評論出像水滸傳二十卷　（元）施耐庵撰　清
刻本　九冊　存十一卷(二至十二)

370000 – 1502 – 0002659　jnt09919

繡像京本雲合奇踪玉茗英烈全傳十卷　（明）
徐渭編　清刻本　七冊　存七卷(二至三、六
至十)

370000 – 1502 – 0002660　jnt09920

揀選聊齋志異抄録不分卷　（清）蒲松齡撰
清手抄本　一冊

370000 – 1502 – 0002661　jnt09921

東周列國全志二十三卷一百零八回 （明）馮夢龍撰 （清）蔡昇評點 清光緒十三年（1887）書業德刻本 二十册 缺一卷（二十二）

370000－1502－0002662 jnt09922
東周列國全志二十三卷一百零八回 （明）馮夢龍撰 （清）蔡昇評點 清書業德刻本 十二册

370000－1502－0002663 jnt09923
東周列國全志二十三卷一百零八回 （明）馮夢龍撰 （清）蔡昇評點 清書業德刻本 十七册 存十八卷（二至十二、十七至二十三）

370000－1502－0002664 jnt09924
東周列國全志二十三卷一百零八回 （明）馮夢龍撰 （清）蔡昇評點 清善成堂刻本 二十三册 缺一卷（二十三）

370000－1502－0002665 jnt09925
東周列國全志二十三卷一百零八回 （明）馮夢龍撰 （清）蔡昇評點 清刻本 二十三册 缺一卷（一）

370000－1502－0002666 jnt09926
東周列國全志二十三卷一百零八回 （明）馮夢龍撰 （清）蔡昇評點 清桐石山房刻本 十七册 存十六卷（二、九至二十三）

370000－1502－0002667 jnt09928
新編三元備考二十八卷補編三元備考□□卷 （□）□□編 清手抄本 二十一册 存二十一卷（新編三元備考九至二十八、補編八）

370000－1502－0002668 jnt09929
新鐫先天太極神數不分卷 （□）脱凡子評 清據經本堂刻本抄本 三册

370000－1502－0002669 jnt09930
五音員韻不分卷 （清）胡儒欽撰 清抄本 一册

370000－1502－0002670 jnt09938
蒿庵集不分卷 （清）張爾岐撰 清中葉手抄本 二册

370000－1502－0002671 jnt09939
先君子筆録不分卷 （清）沈廷杞鈔録 清抄本 一册

370000－1502－0002672 jnt09940
朱子家訓排律詩一卷 （明）丘濬輯 清桐香館沈寶瑩手抄本 一册

370000－1502－0002673 jnt09941
古文雜俎不分卷 （清）松軒輯 清桐香館沈氏手抄本 一册

370000－1502－0002674 jnt09942
文獻通考序一卷 （元）馬端臨撰 清桐香館沈氏手抄本 一册

370000－1502－0002675 jnt09943
小倉山房詩集選不分卷 （清）袁枚撰 清桐香館沈氏手抄本 一册

370000－1502－0002676 jnt09946
四書翼注論文摘抄一卷 （清）張甄陶撰 清沈浚手抄本 一册

370000－1502－0002677 jnt09947
桐香館雜記鈔本不分卷 （清）沈廷杞輯鈔 清手抄本 三册

370000－1502－0002678 jnt09948
開元天寶宮詞一卷 （清）成冠甲著 清成氏手抄本 一册

370000－1502－0002679 jnt09950
尺牘集鈔不分卷 （清）鐵莽輯 清抄本 一册

370000－1502－0002680 jnt09953
如意草詩稿一卷 （清）張之洞校録 清手抄本 一册

370000－1502－0002681 jnt09954
桐絃花語集原倡一卷 （□）□□撰 清抄本 一册

370000－1502－0002682 jnt09955
地理腹傳秘旨不分卷 （清）王會魁撰 清手

抄本 一册

370000－1502－0002683　jnt09956

希韓詩艸一卷 （清）陶榮錦撰 清手抄本
一册

370000－1502－0002684　jnt09958

賞松石齋詩存不分卷 （清）蕭端澍撰 清抄
本 一册

370000－1502－0002685　jnt09959

録存讀我書齋尺牘不分卷 （清）沈廷杞輯鈔
清抄本 一册

370000－1502－0002686　jnt09961

鐘鼎集聯不分卷 （□）□□書 清寫本 一
册

370000－1502－0002687　jnt09962

友竹山房雜鈔不分卷 （清）蔣慶第輯鈔 清
手抄本 二册

370000－1502－0002688　jnt09963

含光堂詩存□□卷 （清）繆潤紱撰 清抄本
四册 存八卷（一至二、七至十二）

370000－1502－0002689　jnt09964

農桑輯要七卷 （元）司農司撰 蠶事要略一
卷 （清）張行孚撰 清漸西村舍刻本 一册
缺四卷（一至四）

370000－1502－0002690　jnt09965

測地繪圖□□卷 （英國）富路瑪撰 （英國）
傅蘭雅口譯 （清）徐壽筆述 清末煙臺敬業
書院刻本 一册 存五卷（一至五）

370000－1502－0002691　jnt09966

化學鑑原六卷補編六卷 （英國）韋而司撰
（英國）傅蘭雅口譯 （清）徐壽筆述 化學鑑
原續編二十四卷 （英國）蒲陸山撰 （英國）
傅蘭雅口譯 （清）徐壽筆述 清江南製造總
局刻本 十五册 缺五卷（續編二十至二十
四）

370000－1502－0002692　jnt09967

化學初階四卷 （美國）嘉約翰口譯 （清）何
瞭然筆述 清刻本 二册 存二卷（三至四）

370000－1502－0002693　jnt09968

算學集要略解四卷 （清）黃錫純編集 清書
業德刻本 二册 存二卷（二、四）

370000－1502－0002694　jnt09969

數度衍二十三卷首三卷附録一卷 （清）方中
通撰 清光緒十六年（1890）太原王氏志古堂
刻本 一册 存二卷（首二卷）

370000－1502－0002695　jnt09970

數學精詳十一卷首一卷末一卷 （清）屈曾發
輯 清同治十年（1871）學海堂刻本 一册
存一卷（首一卷）

370000－1502－0002696　jnt09971

形學十卷 （□）□□撰 清末鉛印本 一册
存六卷（五至十）

370000－1502－0002697　jnt09972

四元玉鑑細艸三卷附增一卷 （清）朱世傑編
述 清道光十六年（1836）刻本 三册 存二
卷（上、附增一卷）

370000－1502－0002698　jnt09979

大方廣佛華嚴經八十卷 （唐）釋實叉難陀譯
清刻本 十三册 存二十六卷（一至八、十
五至二十四、四十五至五十二）

370000－1502－0002699　jnt09980

大智度論一百卷 （後秦）釋鳩摩羅什譯 清
光緒九年（1883）姑蘇刻經處謝文翰齋刻本
二十五册

370000－1502－0002700　jnt09982

墨子經説解二卷 （清）張惠言述 清宣統元
年（1909）國學保存會據張皋文手寫本石印本
一册

370000－1502－0002701　jnt09983

農書三十六卷 （元）王禎撰 清刻本 三册
存十六卷（五至十一、二十八至三十六）

370000－1502－0002702　jnt09984

相宗八要解不分卷 （唐）釋玄奘譯 清光緒
二十八年（1902）金陵刻經處刻本 三册

370000－1502－0002703　jnt09986

大佛頂首楞嚴經正脈疏四十卷首一卷 （明）釋真鑑述 清光緒二十三年（1897）金陵刻經處刻本 十四册

370000－1502－0002704 jnt09990

新鐫道書樵陽經二卷 （清）傅金銓輯 清刻本 一册

370000－1502－0002705 jnt09991

妙法蓮華經七卷附諸經集要不分卷 （後秦）釋鳩摩羅什譯 清宣統三年（1911）朝陽孟靜安刻本 五册

370000－1502－0002706 jnt09992

妙法蓮華經七卷附直音一卷 （後秦）釋鳩摩羅什譯 清刻本 四册

370000－1502－0002707 jnt09995

慧命經不分卷 （清）柳華陽撰注 清刻本 二册

370000－1502－0002708 jnt09999

指玄篇不分卷 （唐）呂純陽撰 清光緒二十五年（1899）好善堂守拙子刻本 一册

370000－1502－0002709 jnt00001

[道光]重修平度州志二十七卷 （清）保忠（清）吳慈修 （清）李圖 （清）王大鑰纂 清道光二十九年（1849）刻本 八册

370000－1502－0002710 jnt00002

[光緒]惠民縣志三十卷首一卷末一卷 （清）沈世銓修 （清）李勗纂 清光緒十二年（1886）刻本 六册

370000－1502－0002711 jnt00003

[光緒]高唐州志八卷首一卷末一卷 （清）周家齊修 （清）鞠建章纂 清光緒三十三年（1907）刻本 六册

370000－1502－0002712 jnt00005

[道光]商河縣志八卷首一卷 （清）龔廷煌纂修 清道光十六年（1836）刻本 八册

370000－1502－0002713 jnt00007

[道光]鄒平縣志十八卷首一卷 （清）羅宗瀛修 （清）成瓘纂 清道光十六年（1836）刻民

國二十年（1931）印本 十册

370000－1502－0002714 jnt00010

[道光]招遠縣續志四卷 （清）邊象曾修（清）陳國器纂 清道光二十六年（1846）刻本 四册

370000－1502－0002715 jnt00011

[道光]招遠縣續志四卷 （清）邊象曾修（清）陳國器纂 清道光二十六年（1846）刻本 四册

370000－1502－0002716 jnt00012

[道光]諸城縣續志二十卷 （清）劉光斗修（清）朱學海纂 清道光二十四年（1844）刻本 四册

370000－1502－0002717 jnt00014

[光緒]莘縣志十卷 （清）張朝瑋修 （清）孔廣海纂 清光緒十三年（1887）刻本 七册

370000－1502－0002718 jnt00015

[道光]滕縣志十四卷首一卷 （清）王政修（清）王庸立纂 清道光二十六年（1846）刻本 八册

370000－1502－0002719 jnt00016

[光緒]泗水縣志十五卷首一卷 （清）趙英祚修 （清）黃承暐纂 清光緒十八年（1892）泗水縣署刻本 八册

370000－1502－0002720 jnt00017

[光緒]利津縣志十卷利津文徵五卷 （清）盛讚熙修 （清）余朝菜等纂 清光緒九年（1883）刻本 四册

370000－1502－0002721 jnt00020

[咸豐]金鄉縣志略十二卷首一卷附賦役全書 （清）宗稷辰修 （清）李疉纂 清咸豐十年（1860）修同治元年（1862）刻本 五册

370000－1502－0002722 jnt00021

[嘉慶]莒州志十六卷首一卷 （清）許紹錦纂修 清嘉慶元年（1796）刻本 六册

370000－1502－0002723 jnt00025

[嘉慶]續修郯城縣志十卷 （清）吳楷修

（清）陸繼輅纂　清嘉慶十五年（1810）刻本
四册

370000－1502－0002724　jnt00026
[光緒]費縣志十六卷首一卷　（清）李敬修纂
修　清光緒二十五年（1899）刻本　十册

370000－1502－0002725　jnt00030
[道光]沂水縣志十卷　（清）張爕修　（清）
劉承謙纂　清道光七年（1827）刻本　四册

370000－1502－0002726　jnt00031
[道光]章邱縣志十六卷首一卷末一卷　（清）
吳璋修　（清）曹楙堅纂　清道光十三年
（1833）刻本　八册

370000－1502－0002727　jnt00034
[光緒]壽張縣志十卷首一卷　（清）劉文煒修
　（清）王守謙纂　清光緒二十六年（1900）刻
本　六册

370000－1502－0002728　jnt00035
[同治]臨邑縣志十六卷首一卷末一卷　（清）
陳鴻翽纂修　清同治十三年（1874）刻本　八
册

370000－1502－0002729　jnt00036
[咸豐]濱州志十二卷首一卷　（清）李熙齡纂
修　清咸豐十年（1860）刻本　四册

370000－1502－0002730　jnt00037
[光緒]菏澤縣志十八卷首一卷　（清）凌壽柏
修　（清）葉道源纂　清光緒十一年（1885）刻
本　六册

370000－1502－0002731　jnt00038
[道光]榮成縣志十卷　（清）李天驥修
（清）岳贗廷纂　清道光二十年（1840）刻本
四册

370000－1502－0002732　jnt00039
[道光]重修膠州志四十卷　（清）張同聲修
（清）李圖纂　清道光二十五年（1845）刻本
八册

370000－1502－0002733　jnt00040
[光緒]蓬萊縣續志十四卷　（清）鄭錫鴻修

（清）王爾植纂　清光緒八年（1882）刻本　四
册

370000－1502－0002734　jnt00041
[道光]重修蓬萊縣志十四卷　（清）王文燾修
（清）張本等纂　清道光十九年（1839）刻本
八册

370000－1502－0002735　jnt00042
[嘉慶]清平縣志十七卷　（清）萬承紹修
（清）周以勳纂　清嘉慶三年（1798）刻本　五
册

370000－1502－0002736　jnt00043
[光緒]肥城縣志十卷首一卷　（清）凌紱曾修
　（清）邵承照纂　清光緒十七年（1891）刻本
六册

370000－1502－0002737　jnt00044
[同治]黃縣志十四卷首一卷末一卷　（清）尹
繼美修　（清）王棠纂　清同治十年（1871）刻
本　四册

370000－1502－0002738　jnt00045
[咸豐]武定府志三十八卷首一卷　（清）李熙
齡纂修　清咸豐九年（1859）刻本　二十四册

370000－1502－0002739　jnt00046
[光緒]定陶縣志十卷首一卷附賦役全書
（清）雷宏宇修　（清）劉珠纂　清光緒二年
（1876）刻本　五册

370000－1502－0002740　jnt00047
[光緒]霑化縣志十六卷首一卷　（清）聯印修
　（清）張會一纂　清光緒十七年（1891）刻本
四册

370000－1502－0002741　jnt00048
[康熙]堂邑縣志二十卷　（清）盧承琰修
（清）劉淇纂　清光緒十八年（1892）刻本　三
册

370000－1502－0002742　jnt00050
[咸豐]金鄉縣志略十二卷首一卷　（清）宗稷
辰修　（清）李疊纂　清咸豐十年（1860）年修
同治元年（1862）刻本　四册

370000－1502－0002743　jnt00051

[嘉慶]長山縣志十六卷首一卷　（清）倪企望
修　（清）鍾廷瑛纂　清嘉慶六年(1801)刻本
十冊

370000－1502－0002744　jnt00052

[嘉慶]長山縣志十六卷首一卷　（清）倪企望
修　（清）鍾廷瑛纂　清嘉慶六年(1801)刻本
十冊

370000－1502－0002745　jnt00053

[道光]長清縣志十六卷首四卷末二卷　（清）
舒化民等修　（清）徐德城纂　清道光十五年
(1835)刻本　六冊

370000－1502－0002746　jnt00054

[道光]長清縣志十六卷首四卷末二卷　（清）
舒化民等修　（清）徐德城纂　清道光十五年
(1835)刻本　六冊

370000－1502－0002747　jnt00057

[同治]重修寧海州志二十六卷　（清）舒孔安
修　（清）王厚階纂　清同治三年(1864)刻本
八冊

370000－1502－0002748　jnt00059

[光緒]海陽縣續志十卷首一卷　（清）王敬勳
修　（清）李爾梅纂　清光緒六年(1880)刻本
六冊

370000－1502－0002749　jnt00061

[嘉慶]昌樂縣志三十二卷首一卷　（清）魏禮
祚修　（清）閻學夏纂　清嘉慶十四年(1809)
刻本　六冊

370000－1502－0002750　jnt00062

[嘉慶]昌樂縣志三十二卷首一卷　（清）魏禮
祚修　（清）閻學夏纂　清嘉慶十四年(1809)
刻本　六冊

370000－1502－0002751　jnt00063

[光緒]魚臺縣志四卷首一卷末一卷　（清）趙
英祚纂修　清光緒十五年(1889)刻本　四冊

370000－1502－0002752　jnt00064

[嘉慶]壽光縣志二十卷　（清）劉翰周纂修

清嘉慶五年(1800)刻本　八冊

370000－1502－0002753　jnt00067

[道光]東阿縣志二十四卷首一卷　（清）李賢
書修　（清）吳怡纂　清道光九年(1829)刻本
十二冊

370000－1502－0002754　jnt00068

[光緒]三續掖縣志四卷首一卷　（清）魏起鵬
修　（清）王續藩纂　清光緒十九年(1893)刻
本　十六冊

370000－1502－0002755　jnt00069

[道光]鉅野縣志二十四卷首一卷　（清）黃維
翰等纂修　（清）袁傳裘續纂修　清道光二十
年(1840)刻本　十六冊

370000－1502－0002756　jnt00072

[光緒]曹縣志十八卷首一卷　（清）孟廣來纂
　（清）陳嗣良修　清光緒十年(1884)刻本
十二冊

370000－1502－0002757　jnt00073

[道光]文登縣志十卷附賦役全書　（清）歐文
修　（清）林汝謨等纂　清道光十九年(1839)
刻本　六冊

370000－1502－0002758　jnt00075

[乾隆]新泰縣志二十卷首一卷　（清）江乾達
修　（清）牛士瞻等纂　清乾隆四十九年
(1784)刻本　六冊

370000－1502－0002759　jnt00076

[道光]東平州志三十卷首一卷　（清）唐鑑纂
　（清）周雲鳳修　清道光五年(1825)刻本
十六冊

370000－1502－0002760　jnt00077

[光緒]高密縣志十卷首一卷末一卷　（清）羅
邦彥修　（清）李勷運纂　清光緒二十二年
(1896)刻本　八冊

370000－1502－0002761　jnt00079

[道光]鄒平縣志十八卷　（清）羅宗瀛修
（清）成瓘纂　清道光十六年(1836)刻本　八
冊

370000－1502－0002762　jnt00083

[嘉慶]平陰縣志四卷　（清）喻春林修
(清)朱續孜纂　清嘉慶十三年(1808)刻本
四册

370000－1502－0002763　jnt00086

[光緒]郫城縣志十六卷首一卷　（清）畢炳炎
（清）胡建樞修　（清）趙翰鑾　（清）李承
光纂　清光緒十九年(1893)刻本　八册

370000－1502－0002764　jnt00087

[嘉慶]禹城縣志十二卷　（清）董鵬翔修
(清)牟應震纂　清嘉慶十三年(1808)刻本
四册

370000－1502－0002765　jnt00089

[道光]泰安縣志十二卷首一卷末一卷　（清）
徐宗幹修　（清）蔣大慶纂　清道光八年
(1828)刻同治六年補刻本　十四册

370000－1502－0002766　jnt00092

[道光]博平縣志六卷　（清）楊祖憲修
(清)烏竹芳纂　清道光十一年(1831)刻本
六册

370000－1502－0002767　jnt00093

[光緒]栖霞縣志十卷首一卷　（清）黃麗中修
（清）于如川纂　清光緒五年(1879)刻本
八册

370000－1502－0002768　jnt00097

[光緒]寧陽縣志二十四卷首一卷　（清）高升
榮修　（清）黃恩彤纂　清光緒五年((1879)
刻本　十一册

370000－1502－0002769　jnt00098

[光緒]鄒縣續志十二卷首一卷　（清）吳若灝
修　（清）錢樓纂　清光緒十八年(1892)刻本
四册

370000－1502－0002770　jnt00100

[光緒]陵縣志二十二卷首一卷　（清）沈淮修
　（清）李圖纂　（清）戴傑續纂修　清光緒元
年(1875)刻本　八册

370000－1502－0002771　jnt00106

[光緒]增修登州府志六十九卷首一卷　（清）
方汝翼　（清）賈瑚修　（清）周悦讓　（清）
慕榮幹纂　清光緒七年(1881)刻本　二十二
册

370000－1502－0002772　jnt00107

[宣統]濮州志八卷　高士英修　榮相鼎纂
清宣統元年(1909)刻本　八册

370000－1502－0002773　jnt00109

[道光]續武城縣志十四卷首一卷　（清）厲秀
芳纂修　清道光二十一年(1841)刻本　四册

370000－1502－0002774　jnt00110

[咸豐]青州府志六十四卷　（清）毛永柏修
(清)李圖　（清）劉耀椿纂　清咸豐九年
(1859)刻本　十六册

370000－1502－0002775　jnt00113

[道光]城武縣志十四卷首一卷　（清）袁章華
修　（清）劉士瀛纂　清道光十年(1830)刻本
八册

370000－1502－0002776　jnt00119

十三經古注十三種　（明）金蟠　（明）葛鼐校
　清同治十一年(1872)山東書局刻民國十四
年(1925)後印本　七十册

370000－1502－0002777　jnt00124

明季北略二十四卷明季南略十八卷　（清）計
六奇撰　清光緒十三年(1887)上海圖書集成
印書局鉛印本　十册

370000－1502－0002778　jnt00125

經苑二百五十一卷　（清）錢儀古輯　清同治
十年(1871)刻本　八十册

370000－1502－0002779　jnt00126

山海經十八卷　（晋）郭璞撰　清光緒十四年
(1888)掃葉山房刻本　四册

370000－1502－0002780　jnt00128

説文解字義證五十卷　（清）桂馥撰　清同治
九年(1870)湖北崇文書局刻本　三十二册

370000－1502－0002781　jnt00130

説文外編十六卷　（清）雷浚撰　清光緒二年

（1876）刻本　四册

370000－1502－0002782　jnt00131
苗氏説文四種　（清）苗夔撰　清咸豐元年
（1851）刻本　八册

370000－1502－0002783　jnt00132
説文繫傳校録三十卷　（清）王筠撰　清咸豐
七年（1857）安邱王彦侗刻本　四册

370000－1502－0002784　jnt00133
説文釋例二十卷　（清）王筠撰　清同治四年
（1865）刻本　十册

370000－1502－0002785　jnt00134
説文解字句讀三十卷　（清）王筠撰　清同治
四年（1865）刻本　十六册

370000－1502－0002786　jnt00137
八代詩選二十卷　（清）王闓運輯　清光緒十
六年（1890）江蘇書局刻本　八册

370000－1502－0002787　jnt00138
風角書八卷　（清）張爾岐輯　清道光十四年
（1834）刻本　二册

370000－1502－0002788　jnt00144
四庫存目二十四卷　（清）紀昀撰　清抄本
十册

370000－1502－0002789　jnt00145
歷代畫史彙傳七十二卷首一卷附録二卷目録
三卷引證書目一卷　（清）彭蘊璨輯　清光緒
八年（1882）上海掃葉山房刻本　二十四册

370000－1502－0002790　jnt00147
湖南苗防屯政考十五卷首一卷　（清）但湘良
纂　清光緒九年（1883）蒲圻但氏刻本　十八
册

370000－1502－0002791　jnt00151
左傳事緯十二卷附左傳字釋　（清）馬驌編
清刻本　四册

370000－1502－0002792　jnt00152
[宣統]山東通志二百卷首九卷附録一卷補遺
一卷　（清）楊士驤等修　（清）孫葆田等纂
清宣統三年（1911）刻本　一百二十八册

370000－1502－0002793　jnt00156
許竹篔先生出使函稿十四卷許竹篔先生奏疏
録存二卷　（清）許景澄撰　清光緒鉛印本
五册

370000－1502－0002794　jnt00157
學庸困知録三卷　（清）莊詠輯　清道光城陽
清和堂刻本　四册

370000－1502－0002795　jnt00164
楚辭八卷　（戰國）屈原撰　（宋）朱熹集注
清上海會文堂石印本　四册

370000－1502－0002796　jnt00167
楚漕江程十六卷首一卷　（清）董恂輯　清咸
豐四年（1854）荻芬書屋刻本　十六册

370000－1502－0002797　jnt00168
書經體注大全合參六卷　（清）錢希祥纂　清
光緒三十三年（1907）雙和堂刻本　四册

370000－1502－0002798　jnt00171
續後漢書四十二卷義例一卷音義四卷札記一
卷　（宋）蕭常撰　清道光二十一年（1841）宜
稼堂叢書刻本　六册

370000－1502－0002799　jnt00177
經史百家雜鈔二十六卷　（清）曾國藩輯　清
宣統上海會文堂石印本　十六册

370000－1502－0002800　jnt00184
治河方略十卷首一卷　（清）靳輔撰　清嘉慶
四年（1799）安瀾堂刻本　十一册

370000－1502－0002801　jnt00186
欽定户部漕運全書九十六卷首一卷　（清）載
齡修　（清）福趾纂　清光緒刻本　四十八册

370000－1502－0002802　jnt00189
山東考古録一卷續山東考古録三十二卷首一
卷　（清）顧炎武撰　（清）葉圭綬等編　清光
緒八年（1882）山東書局刻本　七册

370000－1502－0002803　jnt00192
俄游彙編八卷　（清）繆祐孫編　清光緒二十
一年（1895）上海江左書林石印本　六册

370000－1502－0002804　jnt00196

東華續録咸豐朝六十九卷　（清）潘頤福編
清末刻本　二十四冊

370000－1502－0002805　jnt00198
汴京遺蹟志二十四卷　（明）李濂撰　清河南
官書局刻本　六冊

370000－1502－0002806　jnt00199
剔弊廣增分韻五方元音二卷首一卷　（清）樊
騰鳳撰　（清）趙培梓重編　清光緒二十四年
（1898）善成堂刻本　三冊

370000－1502－0002807　jnt00200
大佛頂首楞嚴經十卷　吳芝瑛書　清宣統元
年（1909）石印本　二冊

370000－1502－0002808　jnt00201
谷園印譜四卷　（清）胡介祉藏　（清）許容篆
刻　清上海掃葉山房石印本　四冊

370000－1502－0002809　jnt00204
古文觀止六卷　（清）吳乘權　（清）吳大職選
　清光緒三十一年（1905）益友堂刻本　六冊

370000－1502－0002810　jnt00210
海道圖説十五卷圖一卷附長江圖説一卷
（英國）金約輯　（英國）傅蘭雅口譯　（清）
王德均筆述　清刻本　十冊

370000－1502－0002811　jnt00214
東萊博議四卷　（宋）呂祖謙撰　清善成堂刻
本　四冊

370000－1502－0002812　jnt00217
離騷六卷　（戰國）屈原撰　清上海文瑞樓石
印本　三冊

370000－1502－0002813　jnt00219
聖濟總録二百卷　（宋）徽宗敕編　清上海文
瑞樓石印本　六十冊

370000－1502－0002814　jnt00221
尺木堂綱鑑易知録九十二卷　（清）吳乘權
（清）周之燦　（清）周之炯輯　清光緒二十四
年（1898）上海宏文閣鉛印本　十六冊

370000－1502－0002815　jnt00222
歷代史略六卷　（□）□□著　清末木刻本

八冊

370000－1502－0002816　jnt00230
集聖教字詩二卷　（清）馬慧裕撰　清嘉慶五
年（1800）貽穀堂刻本　八冊

370000－1502－0002817　jnt00231
左繡三十卷首一卷　（清）馮李驊輯　清宣統
三年（1911）上海會文堂石印本　八冊

370000－1502－0002818　jnt00234
爵秩全覽不分卷　（清）□□編　清光緒三年
（1877）榮禄堂刻本　四冊

370000－1502－0002819　jnt00237
左繡三十卷首一卷　（清）馮李驊輯　清光緒
三十年（1904）承文新刻本　十六冊

370000－1502－0002820　jnt00238
春秋左繡三十卷首一卷　（清）馮李驊　（清）
陸浩評輯　清光緒三十年（1904）承文新刻本
　十六冊

370000－1502－0002821　jnt00240
鑑撮四卷附讀史論略一卷　（清）曠敏本撰
清刻本　五冊

370000－1502－0002822　jnt00241
景岳全書六十四卷　（清）張介賓撰　清光緒
二十年（1894）上海圖書集成印書局石印本
十六冊

370000－1502－0002823　jnt00243
文選六十卷　（南朝梁）蕭統撰　（唐）李善注
　文選考異十卷　（清）胡克家撰　清同治八
年（1869）崇文書局刻本　二十四冊

370000－1502－0002824　jnt00246
欽定大清會典一百卷首一卷　（清）高宗弘曆
敕撰　清光緒十九年（1893）上海圖書集成印
書局石印本　八冊

370000－1502－0002825　jnt00249
新雕徂徠石先生文集二十卷　（宋）石介撰
清濟南尚志堂刻本　四冊

370000－1502－0002826　jnt00250
凝香室鴻雪因緣圖記三集　（清）麟慶撰　清

道光二十七年(1847)揚州刻本 六册

370000－1502－0002827 jnt00251

資治通鑑二百九十四卷 （宋）司馬光撰
（元）胡三省音注 清光緒十七年(1891)刻本
一百十册

370000－1502－0002828 jnt00252

[嘉慶]昌樂縣志三十二卷首一卷 （清）魏禮
焯修 （清）閻學夏纂 清嘉慶十四年(1809)
刻本 六册

370000－1502－0002829 jnt00253

[道光]長清縣志十六卷首四卷末二卷 （清）
舒化民等修 （清）徐德城纂 清道光十五年
(1835)刻本 六册

370000－1502－0002830 jnt00257

讀史方輿紀要一百三十卷輿圖要覽四卷
(清)顧祖禹輯著 （清）彭元瑞校定 清敷文
閣刻本 五十六册 缺十七卷(三十五至五
十一)

370000－1502－0002831 jnt00260

史傳三編五十六卷 （清）朱軾編 清同治三
年(1864)刻本 二十八册

370000－1502－0002832 jnt00263

山東運河備覽十二卷圖説一卷 （清）陸耀撰
清同治十年(1871)刻本 六册

370000－1502－0002833 jnt00266

山東考古録一卷續山東考古録三十二卷
(清)顧炎武 （清）葉圭綏撰 清光緒八年
(1882)山東書局刻本 七册

370000－1502－0002834 jnt00268

歷代名臣言行録二十四卷 （清）朱桓編輯
(清)潘永季校定 （清）沈維埁重校 清光緒
十一年(1885)刻本 三十一册

370000－1502－0002835 jnt00272

國朝先正事略六十卷 （清）李元度纂 清光
緒二十五年(1899)上海圖書集成印書局鉛印
本 六册 存五十卷(一至四、十五至六十)

370000－1502－0002836 jnt00272

中興名臣事略八卷 朱孔彰撰 清光緒二十
五年(1899)上海圖書集成印書局鉛印本 四
册

370000－1502－0002837 jnt00274

粟香隨筆八卷二筆八卷三筆八卷 （清）金武
祥撰 清光緒七年(1881)刻本 九册

370000－1502－0002838 jnt00276

醫宗必讀十卷 （明）李中梓撰 清上海會文
堂石印本 五册

370000－1502－0002839 jnt00278

列國政要一百三十二卷首一卷 （清）端方撰
（清）戴鴻慈輯 清光緒三十三年(1907)石
印本 三十二册

370000－1502－0002840 jnt00282

説文解字十五卷六書音均表五卷 （清）段玉
裁注 説文解字注匡謬八卷 （清）徐承慶撰
説文通檢十四卷首一卷末一卷 （清）黎永
椿編 清光緒三十四年(1908)文盛書局石印
民國三年再版 八册

370000－1502－0002841 jnt00283

説文解字十五卷六書音均表五卷 （清）段玉
裁注 説文解字注匡謬八卷 （清）徐承慶撰
説文通檢十四卷首一卷末一卷 （清）黎永
椿編 清光緒十四年(1888)蜚英館石印本
八册

370000－1502－0002842 jnt00284

説文解字十五卷六書音均表五卷 （清）段玉
裁注 説文解字注匡謬八卷 （清）徐承慶撰
説文通檢十四卷首一卷末一卷 （清）黎永
椿編 清光緒十四年(1888)蜚英館石印本
八册

370000－1502－0002843 jnt00285

澄蘭室古緣萃録十八卷 （清）邵松年輯 清
光緒三十年(1904)上海鴻文書局石印本 六
册

370000－1502－0002844 jnt00287

高僧傳四集六卷 （明）釋如惺撰 清光緒十
八年(1892)江北刻經處刻本 二册

370000－1502－0002845　jnt00288

高僧傳三集三十卷　（宋）釋贊寧等撰　清光緒十三年(1887)江北刻經處刻本　八册

370000－1502－0002846　jnt00289

續高僧傳二集四十卷　（唐）釋道宣撰　清光緒十六年(1890)江北刻經處刻本　十册

370000－1502－0002847　jnt00290

高僧傳初集十五卷　（南朝梁）釋慧皎撰　清光緒十年(1884)刻　四册

370000－1502－0002848　jnt00291

江北運程四十卷首一卷　（清）董恂撰　清咸豐十年(1860)刻本　四十册

370000－1502－0002849　jnt00298

文心雕龍十卷　（南朝梁）劉勰撰　（清）黃叔琳注　（清）紀昀評　清光緒二十一年(1895)掃葉山房石印本　四册

370000－1502－0002850　jnt00300

[光緒]大荔縣續志十二卷首一卷附足徵録四卷　（清）周銘旂修　（清）李志復纂　清光緒十一年(1885)刻本　六册

370000－1502－0002851　jnt00301

御撰通鑑綱目三編　（清）朱珪等纂修　清同治十一年(1872)江西書局刻本　十二册

370000－1502－0002852　jnt00303

十朝聖訓十種九百二十二卷　（清）□□輯　清光緒活字印本　二百五十册

370000－1502－0002853　jnt00306

後漢書一百三十卷　（南朝宋）范曄撰　（唐）李賢注　（晉）司馬彪撰　（南朝梁）劉昭注　清光緒三十一年(1905)上海久敬齋石印本　八册

370000－1502－0002854　jnt00306

前漢書一百二十卷　（漢）班固撰　（漢）班昭續　（唐）顏師古注　清光緒三十一年(1905)上海久敬齋石印本　十二册

370000－1502－0002855　jnt00306

三國志六十五卷　（晉）陳壽撰　（南朝宋）裴松之注　清光緒三十一年(1905)上海久敬齋石印本　四册

370000－1502－0002856　jnt00306

史記一百三十卷　（漢）司馬遷撰　（南朝宋）裴駰集解　（唐）司馬貞索隱　（唐）張守節正義　清光緒三十一年(1905)上海久敬齋石印本　八册

370000－1502－0002857　jnt00307

海山仙館叢書五十六種四百八十七卷　（清）潘仕成輯　清道光二十九年(1849)刻本　一百二十册

370000－1502－0002858　jnt00308

徐莊愍公算書　（清）徐有壬撰　清同治十一年至光緒元年(1872－1875)刻本　六册

370000－1502－0002859　jnt00311

古唐詩合解十二卷附古詩四卷　（清）王堯衢注　清刻本　六册

370000－1502－0002860　jnt00312

忠武志十卷　（清）張鵬翮輯　清嘉慶十九年(1814)麻城周畹蘭刻本　六册

370000－1502－0002861　jnt00313

禮記體注大全四卷　（清）范翔參訂　清有益堂刻本　四册

370000－1502－0002862　jnt00314

袁文箋正十六卷　（清）袁枚撰　清光緒十四年(1888)上海蜚英館石印本　五册

370000－1502－0002863　jnt00316

書業德重訂古文釋義新編八卷　（清）余誠評注　清同治十三年(1874)書業德刻本　八册

370000－1502－0002864　jnt00317

黃帝内經靈樞注證發微九卷補遺一卷　（□）□□撰　清光緒五年(1879)刻本　十二册

370000－1502－0002865　jnt00319

歷代史表五十九卷　（清）萬斯同撰　清光緒上海古香閣石印本　八册

370000－1502－0002866　jnt00320

古文觀止十二卷　（清）吳乘權　（清）吳大職

評選　清南京李光明莊刻本　　六册

370000－1502－0002867　jnt00321
東萊博議四卷　（宋）呂祖謙撰　清光緒七年（1881）文選樓刻本　　四册

370000－1502－0002868　jnt00322
古唐詩合解十二卷　（清）王堯衢注　（清）李模　（清）李桓校　清善成堂刻本　六册

370000－1502－0002869　jnt00323
南北史識小録二十八卷　（清）沈名蓀　（清）朱昆田合撰　（清）張應昌補　清同治清末堂刻本　　十册

370000－1502－0002870　jnt00325
春秋左傳五十卷　（晋）杜預注　（宋）林堯叟注釋　清光緒三十一年（1905）上海校經山房石印本　　十二册

370000－1502－0002871　jnt00326
增廣新訂四書補注備旨十卷　（清）鄧林撰（清）杜定基增訂　清光緒十一年（1885）刻本　　八册

370000－1502－0002872　jnt00327
禮記體注大全四卷　（元）陳澔集説　（清）曹士瑋輯　清道光十三年（1833）晋祁書業堂刻本　四册

370000－1502－0002873　jnt00330
禮記易讀二卷　（清）志遠堂主人輯　清光緒善成堂刻本　　二册

370000－1502－0002874　jnt00331
禮記十卷　（元）陳澔集説　（清）丁寶楨校刊清文盛堂刻本　　十册

370000－1502－0002875　jnt00332
書經六卷　（宋）蔡沈傳　清光緒二十年（1894）雙和堂刻本　　四册

370000－1502－0002876　jnt00337
浙江海運全案重編八卷　（清）馬新貽修（清）蔣益澧等纂　清同治六年（1867）刻本六册

370000－1502－0002877　jnt00338

廿四史札記三十六卷　（清）趙翼撰　清光緒二十八年（1902）文淵山房石印本　六册

370000－1502－0002878　jnt00340
新鐫增補周易備旨一見能解六卷　（明）黃淳耀原本　（明）嚴而寬增補　清振賢堂刻本六册

370000－1502－0002879　jnt00341
周易鏡十一卷學易管窺二卷　（清）何毓福注釋　清光緒十年（1884）刻本　　一册

370000－1502－0002880　jnt00342
書經六卷首一卷末一卷　（宋）蔡沈集傳　清光緒益友堂刻本　　四册

370000－1502－0002881　jnt00345
春秋集解十二卷　（宋）蘇轍撰　清刻本　二册

370000－1502－0002882　jnt00357
補羅迦室印譜　（清）趙之琛篆刻　清宣統二年（1910）西泠印社鉛印本　十六册

370000－1502－0002883　jnt00358
欽定春秋左傳讀本三十卷　（清）英和撰　清同治十一年（1872）山東書局刻本　十六册

370000－1502－0002884　jnt00360
釋名疏證補八卷續一卷補遺一卷附一卷（漢）劉熙撰　清光緒二十二年（1896）刻本三册

370000－1502－0002885　jnt00362
洗冤録詳義四卷首一卷　（清）許槤編校　清光緒十二年（1886）山東書局刻本　四册

370000－1502－0002886　jnt00363
東萊博議四卷　（宋）呂祖謙撰　清光緒十九年（1893）刻本　　四册

370000－1502－0002887　jnt00365
欽定四庫全書總目二百卷首一卷　（清）紀昀等編　清同治七年（1868）廣東書局刻本　一百十八册

370000－1502－0002888　jnt00368
河岳英靈集二卷　（唐）殷璠撰　清光緒四年

(1878)揚州遼陽賴豐烈刻本 二册

370000 – 1502 – 0002889 jnt00382

寄傲山房塾課新增幼學故事瓊林四卷首一卷
（清）程允升撰 清光緒十六年（1890）清文
興堂刻本 四册

370000 – 1502 – 0002890 jnt00390

孫子十家注十三卷敘録一卷遺説一卷 （春
秋）孫武撰 （宋）吉天保輯 清光緒二十三
年（1897）文端樓石印本 四册

370000 – 1502 – 0002891 jnt00395

詩經八卷 （宋）朱熹集傳 清宣統三年
（1911）上海章福記石印本 四册

370000 – 1502 – 0002892 jnt00397

重訂幼學須知句解四卷 （清）程允升撰
（清）黄汪若注 清乾隆刻本 四册

370000 – 1502 – 0002893 jnt00398

重訂幼學須知句解四卷 （清）程允升撰
（清）黄汪若注 清嘉慶七年（1802）賜錦堂刻
本 四册

370000 – 1502 – 0002894 jnt00399

改良幼學須知句解四卷 （清）程允升撰
（清）黄汪若注 清光緒三十四年（1908）蔣春
記書莊石印本 四册

370000 – 1502 – 0002895 jnt00402

禮記箋四十九卷 （清）郝懿行撰 清光緒八
年（1882）東路廳署刻本 十册

370000 – 1502 – 0002896 jnt00402

繡像全圖東周列國志二十七卷一百八回
（清）蔡界評點 清光緒三十年（1904）商務印
書館鉛印本 八册

370000 – 1502 – 0002897 jnt00405

繡像後西游記六卷四十回 （清）□□撰 清
光緒三十三年（1907）石印本 六册

370000 – 1502 – 0002898 jnt00422

群書治要五十卷 （唐）魏徵撰 清道光二十
七年（1847）夏靈石楊氏刻本 十二册

370000 – 1502 – 0002899 jnt00424

隷篇十五卷續十五卷再續十五卷 （清）翟雲
升編 清道光十七年至十八年（1837 – 1838）
東萊翟雲升刻本 十册

370000 – 1502 – 0002900 jnt00555

賦學指南十六卷 （清）余丙照輯 清道光二
十八年（1848）文質堂刻本 六册

370000 – 1502 – 0002901 jnt00560

英法俄德四國志略不分卷 沈敦和輯譯 清
光緒二十二年（1896）上海圖書集成印書局鉛
印本 一册

370000 – 1502 – 0002902 jnt00562

館律分韻初編六卷 （清）延清輯 清光緒十
八年（1892）延氏錦官堂石印本 六册

370000 – 1502 – 0002903 jnt00573

醫學三字經四卷 （清）陳念祖撰 清上海大
成書局石印本 一册

370000 – 1502 – 0002904 jnt00587

皇朝政典挈要八卷 （日本）增田貢撰 （清）
毛淦補編 清光緒二十八年（1902）上海中西
譯書會石印本 一册

370000 – 1502 – 0002905 jnt00594

荀子二十卷首一卷 （唐）楊倞注 王先謙集
解 清光緒十七年（1891）長沙王先謙思賢講
舍刻本 八册

370000 – 1502 – 0002906 jnt00598

喉科指掌四卷 （清）張宗良撰 清嘉慶十九
年（1814）薈香齋刻本 一册

370000 – 1502 – 0002907 jnt00605

傷寒明理論四卷 （金）成無己撰 清刻本
一册

370000 – 1502 – 0002908 jnt00606

眼科秘書二卷 （清）釋月潭纂集 清光緒十
二年（1886）慶文堂刻本 一册

370000 – 1502 – 0002909 jnt00607

救人良方 （清）秀耀春撰 清光緒十七年
（1891）上海美華書館鉛印本 一册

370000 – 1502 – 0002910 jnt00611

[光緒]滕縣鄉土志一卷 （清）高熙喆撰修
清光緒三十三年(1907)石印本 一冊

370000－1502－0002911 jnt00617
古詩源十四卷 （清）沈德潛選 清光緒十七
年(1891)湖南思賢書局刻本 四冊

370000－1502－0002912 jnt00625
泰山道里記不分卷 （清）聶欽撰 清光緒雨
山堂刻本 一冊

370000－1502－0002913 jnt00630
書經體注大全合參六卷 （清）錢希祥撰
（清）范翔鑒定 書經六卷 （宋）蔡沈撰 清
嘉慶二十二年(1817)書業堂刻本 四冊

370000－1502－0002914 jnt00631
經字異同四十八卷 （清）張維屏輯 清光緒
五年(1879)清泉精舍刻本 六冊

370000－1502－0002915 jnt00633
淮南天文訓補注二卷 （清）錢塘撰 清光緒
三年(1877)湖北崇文書局刻本 二冊

370000－1502－0002916 jnt00635
黃帝內經素問注證發微九卷 （明）馬蒔注證
清嘉慶十年(1805)善成堂刻本 十二冊

370000－1502－0002917 jnt00637
釁祀備考二卷 （清）林清標纂 清道光二十
八年(1848)刻本 一冊

370000－1502－0002918 jnt00638
群經字詁七十二卷 （清）段諤廷撰 （清）黃
本驥編 清道光二十九年(1849)刻本 十六
冊

370000－1502－0002919 jnt00640
陳書三十六卷 （唐）姚思廉撰 清同治十一
年(1882)金陵書局刻本 四冊

370000－1502－0002920 jnt00641
梁書五十六卷 （唐）姚思廉撰 清同治十三
年(1874)金陵書局刻本 六冊

370000－1502－0002921 jnt00643
北齊書五十卷 （唐）李百藥撰 清光緒三十
四年(1908)上海集成圖書公司鉛印本 六冊

370000－1502－0002922 jnt00644
史記一百三十卷 （漢）司馬遷撰 （南朝宋）
裴駰集解 （唐）司馬貞索隱 （唐）張守節正
義 清光緒三十四年(1908)上海集成圖書公
司鉛印本 十六冊

370000－1502－0002923 jnt00645
宋史四百九十六卷目錄三卷 （元）脫脫等修
清光緒三十三年(1907)上海華商集成圖書
公司鉛印本 六十冊

370000－1502－0002924 jnt00646
前漢書一百二十卷 （漢）班固撰 （漢）班昭
續 （唐）顏師古注 清光緒十三年(1887)金
陵書局刻本 十六冊

370000－1502－0002925 jnt00647
後漢書一百三十卷 （南朝宋）范曄撰 （唐）
李賢注 （晉）司馬彪續纂 （南朝梁）劉昭續
注 清光緒十三年(1887)金陵書局刻本 十
六冊

370000－1502－0002926 jnt00649
呂子遺書 （明）呂坤撰 清道光七年(1827)
河南開封府署刻本 二十四冊

370000－1502－0002927 jnt00653
聖賢像贊三卷 （明）呂維祺編 （清）孔憲蘭
重修 清光緒四年(1878)曲阜會文堂刻本
四冊

370000－1502－0002928 jnt00654
聖門禮志 （清）孔傳鐸纂 （清）孔令貽輯
清光緒十三年(1887)闕里硯寬亭刻本 一冊

370000－1502－0002929 jnt00655
聖門樂志 （清）孔傳鐸纂 （清）孔令貽輯
清光緒十三年(1887)闕里硯寬亭刻本 一冊

370000－1502－0002930 jnt00656
續齊魯古印攈 （清）郭裕之藏并輯 清光緒
十八年(1892)濰縣郭氏鈐印本 十二冊

370000－1502－0002931 jnt00658
四書合講十九卷 （清）翁復輯 清刻本 六
冊

370000－1502－0002932　jnt00662

十一經音訓　（清）楊國楨撰　清道光十一年(1831)刻本　二十六冊

370000－1502－0002933　jnt00664

如酉所刻諸名家評點春秋綱目左傳句解彙雋六卷　（清）韓菼重訂　清光緒十年(1884)刻本　六冊

370000－1502－0002934　jnt00665

道齋正軌二十卷　（清）鄒鳴鶴纂　清光緒七年(1881)刻本　八冊

370000－1502－0002935　jnt00666

枕善堂尺牘一隅十卷　（清）陳大溶撰　清咸豐六年(1856)同文堂刻本　五冊

370000－1502－0002936　jnt00667

南齊書五十九卷　（南朝梁）蕭子顯撰　清光緒三十四年(1908)上海集成圖書公司鉛印本　六冊

370000－1502－0002937　jnt00668

宋書一百卷　（南朝梁）沈約撰　清光緒三十三年(1907)上海華商集成圖書公司鉛印本　十冊

370000－1502－0002938　jnt00669

周書五十卷　（唐）令狐德棻撰　清光緒三十四年(1908)上海集成圖書公司鉛印本　四冊

370000－1502－0002939　jnt00671

舊五代史一百五十卷　（宋）薛居正等撰　清光緒石印本　十二冊

370000－1502－0002940　jnt00672

欽定金史一百三十五卷　（元）脱脱撰　清光緒上海集成圖書公司鉛印本　十六冊

370000－1502－0002941　jnt00963

鄭板橋全集　（清）鄭燮撰　清宣統元年(1909)上海掃葉山房石印本　四冊

370000－1502－0002942　jnt00967

唐詩三百首不分卷　（清）孫洙編　清道光七年(1827)敦化堂刻本　一冊

370000－1502－0002943　jnt00979

春秋經傳集解三十卷　（晋）杜預集解　（唐）陸元朗音釋　（宋）林堯叟附注　（清）馮李驊增訂　清光緒三十一年(1905)益友堂刻本　四冊　存十四卷(一至十四)

370000－1502－0002944　jnt00983

[道光]濟南府志七十二卷首一卷　（清）王贈芳等修　（清）成瓘纂　清道光二十年(1840)刻本　四十冊

370000－1502－0002945　jnt00986

[咸豐]武定府志三十八卷首一卷　（清）李熙齡纂修　清咸豐九年(1859)刻本　十二冊　存十四卷(二十五至三十八)

370000－1502－0002946　jnt00987

[乾隆]歷城縣志五十卷首一卷　（清）胡德琳修　（清）李文藻等纂　清乾隆三十八年(1773)刻本　五冊　存十三卷(一至三、九至十八)

370000－1502－0002947　jnt00990

宋史四百九十六卷目錄三卷　（元）脱脱等修　清光緒元年(1875)浙江書局刻本　四十八冊　存四十八冊

370000－1502－0002948　jnt00991

北史一百卷　（唐）李延壽撰　清同治十一年(1872)金陵書局刻本　十五冊

370000－1502－0002949　jnt00992

王學質疑五卷附錄一卷　（清）張烈撰　（清）張伯行重訂　清同治五年(1866)正誼書局刻正誼堂全書本　一冊

370000－1502－0002950　jnt00992

讀禮志疑六卷首一卷　（清）陸隴其撰　（清）張伯行重訂　清同治五年(1866)正誼書局刻正誼堂全書本　二冊

370000－1502－0002951　jnt00992

讀朱隨筆四卷　（清）顧隴其撰　（清）張伯行重訂　清同治五年(1866)正誼書局刻正誼堂全書本　二冊

370000－1502－0002952　jnt00992

陸桴亭思辨録輯要三十五卷 （清）陸世儀撰
（清）張伯行重訂 清同治五年（1866）正誼
書局刻正誼堂全書本 二冊 存二十一卷
（十二至三十二）

370000－1502－0002953 jnt00992

許魯齋先生集六卷 （元）許衡仲撰 （清）張
伯行輯 清同治五年（1866）正誼書局刻正誼
堂全書本 一冊

370000－1502－0002954 jnt00992

薛敬軒先生文集十卷 （明）薛瑄撰 （清）張
伯行訂 清同治五年（1866）正誼書局刻正誼
堂全書本 二冊 存七卷（一至二、六至十）

370000－1502－0002955 jnt00992

胡敬齋先生文集三卷 （明）胡居仁撰 （清）
張伯行訂 清同治五年（1866）正誼書局刻正
誼堂全書本 一冊 存一卷（一）

370000－1502－0002956 jnt00992

陸宣公文集四卷 （唐）陸贄撰 （清）張伯行
校訂 清同治五年（1866）正誼書局刻正誼堂
全書本 一冊 存二卷（二至三）

370000－1502－0002957 jnt00992

陳克齋先生集五卷 （宋）陳文蔚撰 （清）張
伯行重訂 清同治五年（1866）正誼書局刻正
誼堂全書本 二冊

370000－1502－0002958 jnt00992

李延平集四卷 （宋）李侗撰 （清）張伯行重
訂 清同治五年（1866）正誼書局刻正誼堂全
書本 一冊

370000－1502－0002959 jnt00992

陸桴亭思辨録輯要三十五卷 （清）陸世儀撰
（清）張伯行重訂 清同治五年（1866）正誼
書局刻正誼堂全書本 一冊 存三卷（一至
三）

370000－1502－0002960 jnt00992

謝叠山集二卷 （宋）謝枋得撰 （清）張伯行
重訂 清同治五年（1866）正誼書局刻正誼堂
全書本 一冊

370000－1502－0002961 jnt00992

文山先生文集二卷 （宋）文天祥撰 （清）張
伯行重訂 清同治五年（1866）正誼書局刻正
誼堂全書本 二冊

370000－1502－0002962 jnt00992

司馬温公文集十四卷 （宋）司馬光撰 （清）
張伯行重訂 清同治五年（1866）正誼書局刻
正誼堂全書本 三冊 存十一卷（一至三、七
至十四）

370000－1502－0002963 jnt00992

廣近思録十四卷 （清）張伯行輯 清同治五
年（1866）正誼書局刻正誼堂全書本 三冊

370000－1502－0002964 jnt00992

困學録集粹八卷 （清）張伯行撰 清同治五
年（1866）正誼書院刻正誼堂全書本 二冊

370000－1502－0002965 jnt00992

困知記四卷 （明）羅欽順撰 （清）張伯行訂
清同治五年（1866）正誼書院刻正誼堂全書
本 一冊

370000－1502－0002966 jnt00992

思辨録輯要二十二卷 （清）陸世儀撰 （清）
張伯行訂 清同治五年（1866）正誼書院刻正
誼堂全書本 二冊 存十一卷（一至十一）

370000－1502－0002967 jnt00992

胡敬齋先生居業録八卷 （明）胡居仁撰
（清）張伯行訂 清同治五年（1866）正誼書院
刻正誼堂全書本 一冊 存四卷（五至八）

370000－1502－0002968 jnt00992

道南源委六卷 （明）朱衡撰 （清）張伯行訂
清同治五年（1866）正誼書院刻正誼堂全書
本 一冊 存四卷（三至六）

370000－1502－0002969 jnt00992

吳朝宗先生聞過齋集四卷 （元）吳海撰
（清）張伯行訂 清同治五年（1866）正誼書院
刻正誼堂全書本 二冊

370000－1502－0002970 jnt00992

魏莊渠先生集二卷 （明）魏校撰 （清）張伯

行訂　清同治五年(1866)正誼書院刻正誼堂
全書本　一册

370000－1502－0002971　jnt00992
羅整庵先生存稿二卷　（明）羅欽順撰　（清）
張伯行訂　清同治五年(1866)正誼書院刻正
誼堂全書本　二册

370000－1502－0002972　jnt00992
陳剩夫先生集四卷　（明）陳真晟撰　（清）張
伯行訂　清同治五年(1866)正誼書院刻正誼
堂全書本　一册

370000－1502－0002973　jnt00992
湯潛庵先生集二卷　（清）湯斌撰　（清）張伯
行訂　清同治五年(1866)正誼書院刻正誼堂
全書本　一册

370000－1502－0002974　jnt00992
朱子文集十八卷　（宋）朱熹撰　（清）張伯行
訂　清同治五年(1866)正誼書院刻正誼堂全
書本　十册

370000－1502－0002975　jnt00992
楊龜山先生集六卷　（宋）楊時撰　（清）張伯
行訂　清同治五年(1866)正誼書院刻正誼堂
全書本　二册

370000－1502－0002976　jnt00992
張橫渠先生文集十二卷　（宋）張載撰　（清）
張伯行訂　清同治五年(1866)正誼書院刻正
誼堂全書本　二册

370000－1502－0002977　jnt00992
二程文集十二卷　（宋）程顥　（宋）程頤撰
(清)張伯行訂　清同治五年(1866)正誼書院
刻正誼堂全書本　三册

370000－1502－0002978　jnt00992
陳清瀾先生學蔀通辯十二卷　（明）陳建撰
(清)張伯行訂　清同治五年(1866)正誼書院
刻正誼堂全書本　三册

370000－1502－0002979　jnt00992
薛文清公讀書録八卷　（明）薛瑄撰　（清）張
伯行訂　清同治五年(1866)正誼書院刻正誼

堂全書本　二册

370000－1502－0002980　jnt00992
胡敬齋先生居業録八卷　（明）胡居仁撰
(清)張伯行訂　清同治五年(1866)正誼書院
刻正誼堂全書本　一册　存四卷(一至四)

370000－1502－0002981　jnt00992
尹和靖先生集一卷　（宋）尹焞撰　（清）張伯
行訂　清同治五年(1866)正誼書院刻正誼堂
全書本　一册

370000－1502－0002982　jnt00992
羅豫章先生文集十卷　（宋）羅從彦撰　清同
治五年(1866)正誼書院刻正誼堂全書本　二
册

370000－1502－0002983　jnt00992
唐宋八大家文鈔十九卷　（清）張伯行輯　清
同治八年(1869)正誼書院刻正誼堂全書本
五册　存十五卷(一至八、十三至十九)

370000－1502－0002984　jnt00992
濂洛關閩書十九卷　（清）張伯行輯并注　清
同治八年(1869)正誼書院刻正誼堂全書本
二册　存十一卷(一至十一)

370000－1502－0002985　jnt00992
海剛峰先生文集二卷　（明）海瑞撰　（清）張
伯行編訂　清光緒十三年(1887)正誼書院刻
正誼堂全書本　二册

370000－1502－0002986　jnt00992
范文正公文集九卷　（宋）范仲淹撰　（清）張
伯行訂　清同治八年(1869)正誼書院刻正誼
堂全書本　二册

370000－1502－0002987　jnt00992
續近思録十四卷　（清）張伯行集解　清同治
九年(1870)正誼書院刻正誼堂全書本　三册

370000－1502－0002988　jnt00992
二程語録十八卷　（宋）朱熹輯　清同治五年
(1866)正誼書院刻正誼堂全書本　四册

370000－1502－0002989　jnt00992
朱子語類輯略八卷　（清）張伯行輯　清同治

五年(1866)正誼書院刻正誼堂全書本　三册
　　存六卷(一至六)

370000－1502－0002990　jnt00992
正誼堂續集八卷　(清)張伯行撰　清同治五
年(1866)正誼書院刻正誼堂全書本　二册

370000－1502－0002991　jnt00992
近思録十四卷　(宋)朱熹　(宋)呂祖謙編
(清)張伯行集解　(清)尹會一參訂　清同治
五年(1866)正誼書院刻正誼堂全書本　三册
　　存十二卷(三至十四)

370000－1502－0002992　jnt00992
伊洛淵源録十四卷　(宋)朱熹撰　(清)張伯
行輯　清同治五年(1866)正誼書院刻正誼堂
全書本　二册

370000－1502－0002993　jnt00992
上蔡先生語録三卷　(宋)謝良佐撰　(清)張
伯行訂　清同治五年(1866)正誼書院刻正誼
堂全書本　一册

370000－1502－0002994　jnt00992
程氏家塾讀書分年日程三卷　(元)程端禮撰
　(清)張伯行訂　清同治五年(1866)正誼書
院刻正誼堂全書本　二册

370000－1502－0002995　jnt00992
朱子學的二卷　(明)丘濬輯　(清)張伯行訂
　清同治五年(1866)正誼書院刻正誼堂全書
本　一册　存一卷(下)

370000－1502－0002996　jnt00992
陸稼書先生文集二卷　(清)陸隴其撰　(清)
張伯行訂　清同治五年(1866)正誼書院刻正
誼堂全書本　二册

370000－1502－0002997　jnt00992
道統録二卷附録一卷　(清)張伯行撰　清同
治五年(1866)正誼書院刻正誼堂全書本　二
册

370000－1502－0002998　jnt00992
石守道先生集二卷　(宋)石介撰　清同治五
年(1866)正誼書院刻正誼堂全書本　一册

存一卷(下)

370000－1502－0002999　jnt00992
高東溪先生遺集二卷　(宋)高登撰　(清)張
伯行訂　清同治五年(1866)正誼書院刻正誼
堂全書本　一册

370000－1502－0003000　jnt00992
真西山先生集八卷　(宋)真德秀撰　(清)張
伯行重訂　清同治五年(1866)正誼書院刻正
誼堂全書本　一册　存四卷(五至八)

370000－1502－0003001　jnt00992
熊勿軒先生文集六卷　(宋)熊禾撰　(清)張
伯行訂　清同治五年(1866)正誼書院刻正誼
堂全書本　二册

370000－1502－0003002　jnt00992
朱子語類輯略八卷　(清)張伯行輯　清同治
五年(1866)正誼書院刻正誼堂全書本　一册
　　存二卷(七至八)

370000－1502－0003003　jnt00992
周濂溪先生全集十三卷　(宋)周敦頤撰
(清)張伯行訂　清同治五年(1866)正誼書院
刻正誼堂全書本　三册　存十卷(四至十三)

370000－1502－0003004　jnt00992
正誼堂全書總目二卷　(清)張伯行輯　清同
治五年(1866)正誼書院刻正誼堂全書本　一
册

370000－1502－0003005　jnt00992
黃勉齋先生文集八卷　(宋)黃榦撰　清同治
五年(1866)正誼書院刻正誼堂全書本　三册

370000－1502－0003006　jnt00992
學規類編二十七卷　(清)張伯行撰　清同治
五年(1866)正誼書院刻正誼堂全書本　五册

370000－1502－0003007　jnt00992
養正類編十三卷　(清)張伯行撰　清同治五
年(1866)正誼書院刻正誼堂全書本　二册

370000－1502－0003008　jnt00992
正誼堂文集十二卷　(清)張伯行撰　清同治
五年(1866)正誼書院刻正誼堂全書本　二册

存八卷(五至十二)

370000－1502－0003009　jnt00992
居濟一得八卷　（清）張伯行撰　清同治五年
(1866)正誼書院刻正誼堂全書本　三册

370000－1502－0003010　jnt00992
正誼堂文集十二卷　（清）張伯行撰　清同治
五年(1866)正誼書院刻正誼堂全書本　一册
存四卷(一至四)

370000－1502－0003011　jnt00992
韓魏公集二十卷　（宋）韓琦撰　（清）張伯行
重訂　清同治五年(1866)正誼書院刻正誼堂
全書本　一册　存四卷(一至四)

370000－1502－0003012　jnt00992
張南軒先生文集七卷　（宋）張栻撰　（清）張
伯行訂　清同治五年(1866)正誼書院刻正誼
堂全書本　二册

370000－1502－0003013　jnt00992
二程粹言二卷　（宋）楊時輯　（清）張伯行訂
清同治五年(1866)正誼書院刻正誼堂全書
本　二册

370000－1502－0003014　jnt00992
方正學先生集七卷　（明）方孝孺撰　（清）張
伯行訂　清同治五年(1866)正誼書院刻正誼
堂全書本　一册　存四卷(四至七)

370000－1502－0003015　jnt00992
小學集解六卷　（清）張伯行撰　清同治五年
(1866)正誼書院刻正誼堂全書本　二册

370000－1502－0003016　jnt00992
濂洛風雅九卷　（清）張伯行輯　清同治五年
(1866)正誼書院刻正誼堂全書本　三册

370000－1502－0003017　jnt00995
醫方集解本草備要合刻二種　（清）汪昂撰
清天津直隸書局石印本　七册

370000－1502－0003018　jnt01000
教務紀略四卷首一卷　李剛己編撰　魏家驊
等修訂　清光緒三十年(1904)山東書局鉛印
本　五册

370000－1502－0003019　jnt01002
元詩選六卷補遺一卷　（清）顧奎光選輯　清
刻本　六册

370000－1502－0003020　jnt01003
天下郡國利病書一百二十卷　（清）顧炎武輯
清道光敷文閣刻本　六十四册

370000－1502－0003021　jnt01004
唐書二百二十五卷釋音二十五卷　（宋）歐陽
修撰　清光緒三十四年(1908)上海集成圖書
公司印本　二十八册　缺四十三卷(九十七
至一百二十七、一百五十三至一百六十四)

370000－1502－0003022　jnt01006
遼史一百十六卷　（元）脫脫等修　清光緒三
十四年(1908)上海集成圖書公司印本　八册

370000－1502－0003023　jnt01012
隋書八十五卷　（唐）魏徵撰　清光緒三十四
年(1908)上海集成圖書公司印本　十二册

370000－1502－0003024　jnt01013
元史二百十卷　（明）宋濂等修　清光緒二十
一年(1895)上海華商集成圖書公司印本　二
十四册　缺九十三卷(九十六至一百三十、一
百五十三至二百十)

370000－1502－0003025　jnt01015
十七史商榷一百卷　（清）王鳴盛著　清洞涇
草堂刻本　十九册　缺五卷(八十七至九十
一)

370000－1502－0003026　jnt01016
繪圖定國志八卷　（清）□□著　清宣統二年
(1910)上海章福記書局石印本　八册

370000－1502－0003027　jnt01040
[光緒]泗水縣志十五卷首一卷　（清）趙英祚
修　（清）黃承暐纂　清光緒十八年(1892)泗
水縣署刻本　八册

370000－1502－0003028　jnt01045
[道光]重修平度州志二十七卷　（清）保忠
（清）吳慈修　（清）李圖　（清）王大鑰纂
清道光二十九年(1849)刻本　八册

370000 – 1502 – 0003029　jnt01053

[嘉慶]續修郯城縣志十卷　（清）吳堦修
（清）陸繼輅纂　清嘉慶十五年(1810)刻本
四冊

370000 – 1502 – 0003030　jnt01056

[光緒]定陶縣志十卷首一卷　（清）雷宏宇修
（清）劉珠纂　清光緒二年(1876)刻本　四
冊

370000 – 1502 – 0003031　jnt01060

[光緒]益都縣志五十四卷首一卷　（清）法小
山纂　清光緒三十三年(1907)刻本　十五冊
缺三卷(十九至二十一)

370000 – 1502 – 0003032　jnt01061

[光緒]陵縣志二十二卷首一卷　（清）沈淮修
（清）李圖纂　（清）戴傑續纂修　清光緒元
年(1875)刻本　三冊　存九卷(五至十一、二
十至二十一)

370000 – 1502 – 0003033　jnt01064

[光緒]東阿縣志二十四卷首一卷　（清）吳怡
纂　清光緒九年(1883)刻本　十二冊

370000 – 1502 – 0003034　jnt01066

[同治]黃縣志十四卷首一卷末一卷　（清）尹
繼美修　（清）王棠纂　清同治十年(1871)刻
本　四冊

370000 – 1502 – 0003035　jnt01070

闕里述聞十四卷　（清）鄭曉如述　清同治七
年(1868)廣州華文堂刻本　八冊

370000 – 1502 – 0003036　jnt01071

佩文齋書畫譜一百卷　（清）孫岳頒等纂輯
清光緒九年(1883)上海同文書局石印本　十
六冊

370000 – 1502 – 0003037　jnt01072

增補事類統編九十三卷　（清）黃葆真增輯
清道光二十六年(1846)刻本　三十六冊　缺
十一卷(七十二至八十二)

370000 – 1502 – 0003038　jnt01075

金石萃編一百六十卷　（清）王昶撰　清光緒

十九年(1893)上海寶善堂石印本　十二冊
存一百五卷(一至五十六、一百十二至一百六
十)

370000 – 1502 – 0003039　jnt01076

金石續編二十一卷首一卷　（清）陸耀遹編
清光緒十九年(1893)上海寶善堂石印本　六
冊

370000 – 1502 – 0003040　jnt01078

湖海樓詞集二十卷　（清）陳維崧撰　清光緒
十九年(1893)刻本　八冊

370000 – 1502 – 0003041　jnt01079

春秋左繡三十卷　（晋）杜預原本　清光緒二
十五年(1899)成文信記刻本　十六冊

370000 – 1502 – 0003042　jnt01080

元史二百十卷　（明）宋濂等修　清同治八年
(1869)嶺南蔭古堂刻本　五十四冊

370000 – 1502 – 0003043　jnt01082

驗方新編十六卷　（清）鮑相璈撰　清光緒二
十七年(1901)浙江書局刻本　八十三冊

370000 – 1502 – 0003044　jnt01083

驗方新編十六卷驗方續編二卷　（清）鮑相璈
撰　清光緒二十二年(1896)書業德刻本　八
冊　存六卷(驗方新編一、九至十、十六,驗方
續編二卷)

370000 – 1502 – 0003045　jnt01085

鐘鼎籀篆大觀不分卷　（清）吳大澂輯　清光
緒十三年(1887)碧梧山莊石印本　十冊

370000 – 1502 – 0003046　jnt01086

白雲山房文集九卷　（清）張象津著　清道光
九年(1829)刻本　五冊

370000 – 1502 – 0003047　jnt01098

長白先生集二卷　（清）李士翔著　清道光四
年(1824)刻本　四冊

370000 – 1502 – 0003048　jnt01100

蒿庵集三卷　（清）張爾岐著　清光緒十五年
(1889)山東書局鉛印本　三冊

370000 – 1502 – 0003049　jnt01101

歷代帝王年表不分卷　（清）齊召南編　清道光四年(1824)刻本　三册

370000－1502－0003050　jnt01103
刑案匯覽續編三十二卷　（清）吳潮彙纂　清光緒二十六年(1900)刻本　三十一册

370000－1502－0003051　jnt01105
小檀欒室彙刻閨秀詞　徐乃昌編　清光緒二十四年(1898)刻本　十册

370000－1502－0003052　jnt01107
國朝畫徵録二卷　（清）張庚撰　清光緒十三年(1887)掃葉山房刻本　二册

370000－1502－0003053　jnt01109
胡文忠公遺集十卷首一卷　（清）胡林翼撰　清同治五年(1866)漱芳齋顧廷刻本　四册

370000－1502－0003054　jnt01120
雙辛夷樓詞不分卷　（清）李宗褘撰　清光緒二十三年(1897)鉛印本　一册

370000－1502－0003055　jnt01121
雙辛夷樓詞不分卷　（清）李宗褘撰　清光緒二十三年(1897)鉛印本　一册

370000－1502－0003056　jnt01122
邊華泉集八卷集稿六卷集選四卷　（明）邊貢撰　清嘉慶十年(1805)刻本　七册

370000－1502－0003057　jnt01131
前漢書七十卷　（漢）班固撰　（漢）班昭續(唐)顏師古注　清同治十二年(1873)刻本　十六册

370000－1502－0003058　jnt01132
後漢書九十卷　（南朝宋）范曄撰　（唐）李賢注　（晋）司馬彪續纂　（南朝梁）劉昭續注　清同治十二年(1873)刻本　十六册

370000－1502－0003059　jnt01133
琴學入門二卷　（清）張鶴輯　清光緒七年(1881)中華圖書館石印本　三册

370000－1502－0003060　jnt01134
妙法蓮花經七卷首一卷　（後秦）釋鳩摩羅什譯　清宣統三年(1911)鉛印本　四册

370000－1502－0003061　jnt01036
[光緒]德平縣志十二卷首一卷　（清）凌錫祺修　（清）李敬熙纂　清光緒十九年(1893)天成謙記南紙店鉛印本　六册

370000－1502－0003062　jnt01489
逸農又筆二卷　（清）黃鴻藻撰　清光緒十四年(1888)刻本　一册

370000－1502－0003063　jnt01498
雙桐草堂印譜　（清）項文彥輯　清光緒十九年(1893)鉛印本　四册

370000－1502－0003064　jnt01503
閒談消夏録十二卷　（清）外史氏著　清刻本　十二册

370000－1502－0003065　jnt01504
桃花扇傳奇四卷　（清）孔尚任編　清光緒二十一年(1895)蘭雪堂刻本　五册

370000－1502－0003066　jnt01505
説文新附考六卷　（清）鈕樹玉撰　清同治十三年(1874)湖北崇文書局刻本　二册

370000－1502－0003067　jnt01508
東萊博議四卷　（宋）呂祖謙撰　清光緒七年(1881)刻本　四册

370000－1502－0003068　jnt01510
典集文琳五集不分卷　（清）許壽門撰　清嘉慶十二年(1807)刻本　六册

370000－1502－0003069　jnt01511
欽頒州縣事宜不分卷　（清）田文鏡撰　清刻本　一册

370000－1502－0003070　jnt01511
學治臆説二卷　（清）汪輝祖撰　清嘉慶十八年(1813)刻本　一册

370000－1502－0003071　jnt01511
佐治藥言不分卷　（清）汪輝祖撰　清嘉慶十三年(1808)刻本　一册

370000－1502－0003072　jnt01511
夢痕録節鈔不分卷　（清）何士祁撰　清刻本　一册

370000 – 1502 – 0003073　jnt01512

不自慊齋漫存七卷　（清）徐賡陛著　清光緒八年（1882）刻本　六冊

370000 – 1502 – 0003074　jnt01513

詩志八卷　（清）牛運震撰　清嘉慶五年（1800）空山堂刻本　五冊

370000 – 1502 – 0003075　jnt01515

欽定續通志六百四十卷　（清）嵇璜等纂　清光緒二十七年（1901）上海圖書集成印書局據武英殿聚珍版印本　六十冊

370000 – 1502 – 0003076　jnt01517

皇朝通典一百卷　（清）嵇璜等纂　清光緒二十七年（1901）上海圖書集成印書局據武英殿聚珍版印本　十二冊

370000 – 1502 – 0003077　jnt01531

科名捷訣不分卷　（清）丁心齋撰　清光緒二年（1876）刻本　一冊

370000 – 1502 – 0003078　jnt01533

字學舉隅不分卷　（清）龍啓瑞撰　清道光二十年（1840）刻本　一冊

370000 – 1502 – 0003079　jnt01534

字學舉隅續編不分卷　（清）汪敘疇撰　清光緒二年（1876）刻本　一冊

370000 – 1502 – 0003080　jnt01540

皇經闡微三卷　（清）陳希曾等鑒訂　清刻本　五冊

370000 – 1502 – 0003081　jnt01541

詩韻集成十卷　（清）余照撰　清光緒六年（1880）文英堂刻本　四冊

370000 – 1502 – 0003082　jnt01545

碧雲詞不分卷　（清）董受祺撰　清光緒三十一年（1905）紫蘿紅薇館石印本　一冊

370000 – 1502 – 0003083　jnt01552

昇仙寶錄四卷　（清）退思齋編　清光緒三十年（1904）刻本　四冊

370000 – 1502 – 0003084　jnt01553

新刊纂圖元亨療馬集六卷　（清）喻本元撰

清同治五年（1866）刻本　四冊

370000 – 1502 – 0003085　jnt01556

思辨録十四卷　（清）賈聲槐撰　清道光七年（1827）刻本　六冊

370000 – 1502 – 0003086　jnt01557

伊川經説八卷　（宋）程頤撰　清刻本　一冊

370000 – 1502 – 0003087　jnt01558

國朝六家詩鈔八卷　（清）劉執玉選　清嘉慶八年（1803）刻本　八冊

370000 – 1502 – 0003088　jnt01559

三國志六十五卷　（晋）陳壽撰　（南朝宋）裴松之注　清光緒桂垣書局刻本　二十冊

370000 – 1502 – 0003089　jnt01562

伊川易傳四卷　（宋）程頤撰　清刻本　二冊

370000 – 1502 – 0003090　jnt01563

胭脂牡丹六卷　（□）□□撰　清咸豐刻本　六冊

370000 – 1502 – 0003091　jnt01564

六度集經八卷　（三國吳）釋康僧會譯　清光緒五年（1879）金陵刻經處刻本　二冊

370000 – 1502 – 0003092　jnt01565

禪林寶訓四卷　（明）釋淨善重集　清江蘇常州天甯寺刻本　一冊

370000 – 1502 – 0003093　jnt01566

禪林寶訓四卷　（明）釋淨善重集　清江蘇常州天甯寺刻本　一冊

370000 – 1502 – 0003094　jnt01567

簡明詩韻不分卷　（□）□□撰　清嘉慶刻本　一冊

370000 – 1502 – 0003095　jnt01579

史記菁華録六卷　（清）苧田氏撰　清光緒十六年（1890）濰陽順和恒刻本　六冊

370000 – 1502 – 0003096　jnt01580

天演論二卷　（英國）赫胥黎撰　嚴復譯　清光緒二十四年（1898）鉛印本　二冊

370000 – 1502 – 0003097　jnt01584

惜餘軒簡言二卷惜餘軒古文鈔四卷惜餘軒詩鈔二卷　董錦章著　清光緒三十年(1904)刻本　一册

370000－1502－0003098　jnt01592

道光戊子科直省同年録不分卷　(□)□□撰　清道光十六年(1836)刻本　五册

370000－1502－0003099　jnt01593

五方元音二卷　(清)樊騰鳳編　清光緒十五年(1889)聚元堂刻本　二册

370000－1502－0003100　jnt01594

花月偶聯不分卷　(清)李敷榮撰　清同治四年(1865)聚古堂刻本　一册

370000－1502－0003101　jnt01604

歷代輿地沿革險要圖一卷　楊守敬　(清)饒敦秩撰　清光緒五年(1879)刻本　一册

370000－1502－0003102　jnt01617

紅樓夢一百二十回　(清)曹雪芹撰　清嘉慶九年(1804)耘香閣刻本　九册　缺三十一回(九十至一百二十)

370000－1502－0003103　jnt01618

文帝外函不分卷武帝經懺全部不分卷　(清)培蘭社同人續輯　清同治十二年(1873)吳玉田刻坊刻本　八册

370000－1502－0003104　jnt01621

增廣詩句題解彙編四卷續集五卷姓氏考一卷　(清)同文書局編　清光緒十年(1884)上海同文書局石印本　六册

370000－1502－0003105　jnt01622

文獻通考詳節二十四卷　(元)馬貴興撰　(清)周鵬録　清光緒二十四年(1898)墨潤堂石印本　六册

370000－1502－0003106　jnt01623

括地志八卷　(清)孫星衍輯　清嘉慶三年(1798)刻本　一册

370000－1502－0003107　jnt01623

元和郡縣圖志四十卷　(唐)李吉甫撰　(清)

孫星衍輯　清嘉慶二年(1797)刻本　七册存三十九卷(一至二十五、二十七至四十)

370000－1502－0003108　jnt01625

華不注山房文二卷詩二卷　(清)尹廷蘭著　清道光二十八年(1848)刻本　四册

370000－1502－0003109　jnt01631

浙江海運漕糧全案重編十二卷　(清)蔣益灃等重纂　清刻本　六册　缺三卷(續編二至四)

370000－1502－0003110　jnt01635

大學古本質言一卷　(清)劉沅撰　清咸豐二年(1852)刻本　一册

370000－1502－0003111　jnt01639

孝經一卷　(唐)玄宗李隆基注　清刻本　一册

370000－1502－0003112　jnt01648

李詩桐先生詩集不分卷　(清)李懷民著　清刻本　一册

370000－1502－0003113　jnt01649

叔白詩鈔不分卷　(清)李憲暠撰　清光緒二十三年(1897)西安郡齋刻本　一册

370000－1502－0003114　jnt01650

天方字母解義題不分卷　(清)劉智著　清光緒十二年(1886)成都敬畏堂刻本　一册

370000－1502－0003115　jnt01652

心嚮往齋詩集不分卷　(清)孔繼鑅撰　清道光二十九年(1849)刻本　一册

370000－1502－0003116　jnt01653

翰苑分書十三經集字不分卷　(清)李鴻藻撰　清光緒六年(1880)刻本　一册

370000－1502－0003117　jnt01656

歷代黃河變遷圖考四卷　(清)劉鶚撰　清宣統二年(1910)山東河工研究所石印本　四册

370000－1502－0003118　jnt01657

欽定易經綱領二卷　(□)□□撰　清刻本二册

370000 – 1502 – 0003119　jnt01659

暗室燈六卷　（清）王崇實著　清咸豐九年
（1859）刻本　六冊

370000 – 1502 – 0003120　jnt01671

太平寰宇記二百卷　（宋）樂史撰　清光緒八
年（1882）金陵書局刻本　三十六冊　缺一卷
（四）

370000 – 1502 – 0003121　jnt01676

蠶桑譜二卷　（清）陳啓沅撰　清光緒二十九
年（1903）刻本　一冊

370000 – 1502 – 0003122　jnt01681

[乾隆]夏津縣志十卷　（清）方學成修
（清）梁大鯤纂　清刻本　二冊

370000 – 1502 – 0003123　jnt01724

壺天錄二卷　（清）百一居士著　清光緒七年
（1881）上海申報館鉛印本　一冊

370000 – 1502 – 0003124　jnt01738

宋書一百卷　（南朝梁）沈約撰　清同治十二
年（1873）金陵書局刻本　十六冊

370000 – 1502 – 0003125　jnt01740

魏書一百十四卷　（北齊）魏收撰　清同治十
二年（1873）金陵書局刻本　二十冊

370000 – 1502 – 0003126　jnt01741

晋書一百三十卷　（唐）太宗李世民撰　清同
治十年（1871）金陵書局刻本　二十冊

370000 – 1502 – 0003127　jnt01742

遼史一百十五卷　（元）托克托修　清同治
十二年（1873）江蘇書局刻本　十二冊

370000 – 1502 – 0003128　jnt01743

隋書八十五卷　（唐）魏徵撰　清同治十年
（1871）淮南書局刻本　十六冊

370000 – 1502 – 0003129　jnt01744

梁書五十六卷　（唐）姚思廉撰　清同治十三
年（1874）金陵書局刻本　六冊

370000 – 1502 – 0003130　jnt01745

周書五十卷　（唐）令狐德棻撰　清同治十三
年（1874）金陵書局刻本　四冊

370000 – 1502 – 0003131　jnt01746

北齊書五十卷　（唐）李百藥撰　清同治十三
年（1874）金陵書局刻本　四冊

370000 – 1502 – 0003132　jnt01747

南齊書五十九卷　（南朝梁）蕭子顯撰　清同
治十三年（1874）金陵書局刻本　六冊

370000 – 1502 – 0003133　jnt01748

天下郡國利病書一百二十卷　（清）顧炎武輯
清光緒五年（1879）蜀南桐花書屋薛氏家塾
刻本　二十冊　存五十四卷（一至二十四、五
十五至八十四）

370000 – 1502 – 0003134　jnt01793

佩文韻府二百十二卷　（清）張玉書等編
（清）張廷玉等拾遺　清海山仙館刻本　一百
五十五冊　缺四卷（七下、九、二十九至三十）

370000 – 1502 – 0003135　jnt01794

精訂綱鑑廿四史通俗衍義二十六卷　（清）呂
撫撰　清光緒十三年（1887）上海廣百宋齋石
印本　六冊

370000 – 1502 – 0003136　jnt01796

欽定天祿琳琅書目二十卷　（清）彭元瑞輯
清光緒十年（1884）刻本　五冊

370000 – 1502 – 0003137　jnt01797

詳注聊齋志異圖詠十六卷　（清）蒲松齡撰
（清）呂湛恩注　清光緒十二年（1886）上海同
文書局石印本　八冊

370000 – 1502 – 0003138　jnt01798

御製數理精蘊五十三卷　（清）何國忠撰　清
光緒二十二年（1896）上海博文書局石印本
二十四冊

370000 – 1502 – 0003139　jnt01799

皇朝文獻通考詳節二十六卷　（清）嵇璜等撰
清光緒二十八年（1902）刻本　十二冊

370000 – 1502 – 0003140　jnt01800

**增補葩經錦囊八卷增補尚書錦囊四卷增補禮
記錦囊二卷**　（清）吳培元撰　清光緒五年
（1879）三盛堂刻本　八冊

370000－1502－0003141　jnt01803

歷代黃河變遷圖考四卷　（清）劉鶚撰　清宣統二年(1910)山東河工研究所石印本　三册

370000－1502－0003142　jnt01804

菜根譚二卷　（明）洪應明著　清光緒二年(1876)石印本　二册

370000－1502－0003143　jnt01807

詞律十二卷　（清）萬樹撰　清石印本　五册

370000－1502－0003144　jnt01810

群書拾補不分卷　（清）盧文弨編　清光緒十三年(1887)上海蜚英堂石印本　八册

370000－1502－0003145　jnt01811

海峰先生詩集八卷　（清）劉大櫆撰　清光緒十四年(1888)桐城吳大有堂刻本　三册

370000－1502－0003146　jnt01812

詩料正宗平仄詳注六卷　（清）清溪散人輯　清嘉慶二十年(1815)敬文堂刻本　六册

370000－1502－0003147　jnt01814

心書一卷　（三國蜀）諸葛亮撰　清刻本　一册

370000－1502－0003148　jnt01815

詩□吟館詩鈔七卷　（清）金和著　清光緒刻本　二册

370000－1502－0003149　jnt01818

易經標題題解不分卷　（□）□□撰　清抄本　一册

370000－1502－0003150　市圖01819

古歡堂集二十二卷　（清）田雯撰　清刻本　三册

370000－1502－0003151　jnt01820

退軒詩錄十五卷　（清）鍾廷瑛著　清嘉慶刻本　一册　存十一卷(五至十五)

370000－1502－0003152　jnt01821

通鑑地理通釋十四卷　（宋）王應麟撰　清浙江書局刻本　三册

370000－1502－0003153　jnt01822

中國江海險要圖志十五卷　（清）陳壽彭譯　清光緒三十二年(1906)經世文社石印本　十五册

370000－1502－0003154　jnt01825

古文辭類纂十五卷　（清）姚鼐纂輯　清光緒二十三年(1897)慎記書莊石印本　五册

370000－1502－0003155　jnt01829

大題觀海初集　（清）點石齋主人輯　清光緒十四年(1888)上海點石齋石印本　二十四册

370000－1502－0003156　jnt01830

大題觀海二集　（清）點石齋主人輯　清光緒十四年(1888)上海點石齋石印本　二十五册

370000－1502－0003157　jnt01831

雕蟲要語一卷　（清）柳文洙著　清光緒十二年(1886)刻本　一册

370000－1502－0003158　jnt01833

秋盦詩草不分卷　（清）黃易著　清宣統石印本　一册

370000－1502－0003159　jnt01834

蒼雪山房稿一卷　（清）朱綱撰　**楓香集一卷**　（清）朱緗撰　清刻本　一册

370000－1502－0003160　jnt01835

灤門春餞吟草不分卷　（清）關家祺輯　清光緒二十二年(1896)刻本　一册

370000－1502－0003161　jnt01836

慎節齋文存二卷　（清）陳代卿著　清光緒三十一年(1905)鉛印本　二册

370000－1502－0003162　jnt01837

思過齋雜體詩存十二卷　（清）蕭培元著　清刻本　二册

370000－1502－0003163　jnt01838

思過齋雜體詩存十二卷　（清）蕭培元著　清刻本　一册　存七卷(一至七)

370000－1502－0003164　jnt01840

邵武徐氏叢書　（清）徐幹輯　清刻本　十九册　存八十七卷(琴操二卷首一卷補一卷、支遁集二卷首一卷補遺一卷、靖康傳信錄三卷、

建炎進退志四卷、建炎時政記三卷、小爾雅疏
八卷、東觀餘論二卷附錄一卷、文章緣起一
卷、春秋世族譜一卷、東南紀事十二卷、西南
紀事十二卷、西崑酬唱集二卷、韻補五卷韻補
正一卷、海東逸史十八卷、樵川二家詩六卷)

370000－1502－0003165　jnt01844
古歡堂詩集十四卷　(清)田雯撰　清刻本
三冊

370000－1502－0003166　jnt01845
書目答問不分卷　(清)張之洞編　清光緒十
四年(1888)上海蜚英館石印本　二冊

370000－1502－0003167　jnt01846
南學書目札記八卷　(清)謝崧岱編　清光緒
十一年(1885)湘鄉經榭謝氏刻本　二冊

370000－1502－0003168　jnt01847
左氏節萃十卷　(清)凌斗隍撰　清刻本　九
冊　缺一卷(一)

370000－1502－0003169　jnt01848
海國圖志一百卷　(清)魏源撰　清咸豐二年
(1852)古微堂刻本　十九冊　缺二十五卷
(六十至七十五、七十九至八十七)

370000－1502－0003170　jnt01849
紫栢老人集二十九卷首一卷　(明)釋德清撰
清刻本　九冊　缺三卷(六至八)

370000－1502－0003171　jnt01856
墨林今話十八卷續編一卷　(清)蔣寶齡撰
清宣統三年(1911)掃葉山房石印本　一冊

370000－1502－0003172　jnt01859
文心雕龍十卷　(南朝梁)劉勰撰　(清)黃叔
琳注　(清)紀昀評　清光緒二十一年(1895)
學庫山房刻本　一冊　缺八卷(三至十)

370000－1502－0003173　jnt01861
二知軒文存十九卷　(清)方濬頤著　清刻本
六冊　缺十三卷(一至十三)

370000－1502－0003174　jnt01863
雍正諭旨不分卷　(清)世宗胤禛製　清刻本
十冊

370000－1502－0003175　jnt01865
古泉匯六十四卷首一卷　(清)李佐賢輯　清
刻本　四冊　存十六卷(首集三至四、元集一
至十四)

370000－1502－0003176　jnt01866
續泉彙十四卷首集一卷補遺二卷　(清)李佐
賢輯　清光緒元年(1875)刻本　一冊　存四
卷(元集一至三、首集一)

370000－1502－0003177　jnt01867
詞林正韻二卷　(清)戈載輯　清同治十二年
(1873)刻本　四冊

370000－1502－0003178　jnt01868
古文眉詮六十卷　(清)浦起龍論次　清三吳
書院刻本　八冊　存二十一卷(十九至三十
九)

370000－1502－0003179　jnt01869
東坡瑣言別集四卷　(明)張萱輯　清翠香堂
刻本　四冊

370000－1502－0003180　jnt01870
大清中外一統輿圖三十卷首一卷　(清)嚴樹
森撰　清同治二年(1863)湖北撫署景桓樓刻
本　三十二冊

370000－1502－0003181　jnt01871
中外地輿圖説集成一百三十卷　(清)同康廬
主人輯　清光緒二十年(1894)上海積山書局
石印本　二十冊　存十四卷(四十一至五十
四)

370000－1502－0003182　jnt01875
[咸豐]濟寧直隸州續志四卷　(清)徐宗幹纂
修　(清)盧朝安等續修　清咸豐九年(1859)
刻本　二十

370000－1502－0003183　jnt01886
[道光]長清縣志十六卷首四卷末二卷　(清)
舒化民等修　(清)徐德城纂　清道光十五年
(1835)刻本　八冊

370000－1502－0003184　jnt01887
[道光]長清縣志十六卷首四卷末二卷　(清)

舒化民等修　（清）徐德城纂　清道光十五年
(1835)刻本　八册

370000－1502－0003185　jnt01888

[道光]長清縣志十六卷首四卷末二卷　（清）
舒化民等修　（清）徐德城纂　清道光十五年
(1835)刻本　七册　缺三卷(十四至十六)

370000－1502－0003186　jnt01893

歷城縣現行簡明賦役全書不分卷　（清）□□
撰　清光緒二年(1876)刻本　二册

370000－1502－0003187　jnt01898

[光緒]益都縣圖志五十四卷首一卷　（清）法
偉堂纂　清光緒三十三年(1907)刻本　十六
册

370000－1502－0003188　jnt01902

[嘉慶]續修郯城縣志十卷　（清）吳堦修
（清）陸繼輅纂　清末鉛印本　四册　缺三卷
(五至七)

370000－1502－0003189　jnt01903

[同治]即墨縣志十二卷　（清）林溥輯　清同
治十二年(1873)刻本　七册

370000－1502－0003190　jnt01904

[道光]重修蓬萊縣志十四卷　（清）王文燾修
（清）張本等纂　清道光十九年(1839)刻本
四册　缺六卷(六至十一)

370000－1502－0003191　jnt01906

[道光]武城縣志續編十四卷首一卷　（清）厲
秀芳纂修　清道光二十一年(1841)刻本　一
册　缺九卷(六至十四)

370000－1502－0003192　jnt01909

御製數理精蘊上編五卷下編四十卷表八卷
（清）聖祖玄燁撰　清光緒上海博文書局石印
本　九册

370000－1502－0003193　jnt01911

明史三百三十二卷　（清）張廷玉等奉敕修
清光緒三年(1877)湖北崇文書局刻本　八十
册

370000－1502－0003194　jnt01912

妙法蓮華經四卷　（後秦）釋鳩摩羅什譯　清
刻本　二册

370000－1502－0003195　jnt01913

妙法蓮華經通義二十卷　（明）釋德清述　清
光緒三十四年(1908)金陵刻經處刻本　五册

370000－1502－0003196　jnt01930

前漢書一百二十卷　（漢）班固撰　清光緒三
十一年(1905)久敬齋石印本　十二册

370000－1502－0003197　jnt01931

大方廣圓覺修多羅了義經二卷　（唐）釋佛陀
多羅譯　清光緒元年(1875)杭城慧空經房刻
本　一册

370000－1502－0003198　jnt01933

金剛經如說一卷心經注說一卷　（清）希如居
士說　清道光二十一年(1841)刻本　一册

370000－1502－0003199　jnt01936

康熙字典十二集等韻一卷備考一卷補遺一卷
　（清）張玉書等奉敕撰　清光緒二十八年
(1902)上海積山書局石印本　六册

370000－1502－0003200　jnt01946

如好色齋稿十卷　（清）范垌著　清刻本　五
册　存五卷(三至四、六至七、十)

370000－1502－0003201　jnt01947

儀顧堂集十二卷　（清）陸心源撰　清刻本
一册　存四卷(九至十二)

370000－1502－0003202　jnt01950

白沙子全集六卷　（明）陳獻章撰　清刻本
一册　存二卷(二至三)

370000－1502－0003203　jnt01951

陽春白雪八卷外集一卷　（宋）趙聞禮輯　清
刻本　一册　存四卷(六至八、外集一卷)

370000－1502－0003204　jnt01954

詩經古譜二卷　（清）袁嘉谷編　清光緒三十
四年(1908)學部圖書局石印本　一册

370000－1502－0003205　jnt01955

碧梧軒吟稿二卷　（清）郝簠撰　清抄本　一
册

370000 – 1502 – 0003206　jnt01956

蓮窗雜著不分卷　（清）陳鶴齡撰　清光緒九年(1883)刻本　一册

370000 – 1502 – 0003207　jnt01957

增廣詩韻全璧二十四卷　（清）王慕杜編　清光緒十七年(1891)錦章書局石印本　六册

370000 – 1502 – 0003208　jnt01958

新注韻對千家詩四卷　（宋）王相選注　清文義堂刻本　一册

370000 – 1502 – 0003209　jnt01959

紅蕉館詩鈔不分卷　（清）朱畹著　清種竹山房刻本　一册

370000 – 1502 – 0003210　jnt01961

宋六十名家詞九十卷　（明）毛晋輯　清刻本　二十四册

370000 – 1502 – 0003211　jnt01962

大方廣圓覺修多羅了義經二卷　（唐）釋佛陀多羅譯　清光緒元年(1875)杭城慧空經房刻本　一册

370000 – 1502 – 0003212　jnt01966

四書直解説約二十七卷　（明）張居正著　清八旗經正書院翻刻本　十二册

370000 – 1502 – 0003213　jnt01968

四書直解説約二十七卷　（明）張居正著　清八旗經正書院翻刻本　十二册

370000 – 1502 – 0003214　jnt01969

四書直解説約二十七卷　（明）張居正著　清八旗經正書院翻刻本　十二册

370000 – 1502 – 0003215　jnt01970

四書直解説約二十七卷　（明）張居正著　清八旗經正書院翻刻本　十一册　缺一卷(一)

370000 – 1502 – 0003216　jnt01974

東垣十書十一卷　（明）王肯堂訂正　清萃華堂刻本　七册

370000 – 1502 – 0003217　jnt01976

輿地廣記三十八卷札記二卷　（清）黃丕烈撰　清光緒六年(1880)金陵書局刻本　四册

370000 – 1502 – 0003218　jnt01978

御批歷代通鑑輯覽一百二十卷　（清）傅恒等奉敕撰　清光緒十六年(1890)石印本　二十四册

370000 – 1502 – 0003219　jnt01979

練兵實紀九卷雜集六卷　（清）戚繼光撰　清道光二十一年(1841)刻本　六册

370000 – 1502 – 0003220　jnt01980

詩中畫二卷　（清）馬濤繪　清光緒十一年(1885)刻本　二册

370000 – 1502 – 0003221　jnt01981

綱鑑擇言十卷　（清）司徒修撰　清光緒二十八年(1902)濟南雙和堂刻本　六册

370000 – 1502 – 0003222　jnt01982

綱鑑擇言十卷　（清）司徒修撰　清光緒十六年(1890)東昌書業德刻本　六册

370000 – 1502 – 0003223　jnt01984

紀元編三卷　（清）李兆絡撰　清道光十一年(1831)葷學齋刻本　一册

370000 – 1502 – 0003224　jnt01987

御批歷代通鑑輯覽一百二十卷　（清）傅恒等奉敕撰　清光緒二十四年(1898)掃葉山房石印本　二十册

370000 – 1502 – 0003225　jnt01988

顔山雜記四卷　（清）孫廷銓撰　清刻本　一册　存一卷(三)

370000 – 1502 – 0003226　jnt01994

駁案新編三十二卷　（清）金士潮輯　清光緒九年(1883)圖書集成局鉛印本　十二册

370000 – 1502 – 0003227　jnt01996

綱鑑總論二卷　（清）陳受頤撰　清光緒二十八年(1902)有益堂刻本　二册

370000 – 1502 – 0003228　jnt01998

掌故叢書十六卷　（清）趙翼撰　清光緒二十七年(1901)掃葉山房石印本　八册

370000 – 1502 – 0003229　jnt01999

明季稗史彙編二十七卷　（清）尊聞閣主人撰

清光緒二十二年(1896)圖書集成書局鉛印本 六冊

370000－1502－0003230 jnt06001

四聲猿不分卷 （明)徐渭編 清末夢風樓暖紅室刻本 一冊

370000－1502－0003231 jnt06004

消暑隨筆四卷 （清)潘世恩撰 清宣統三年(1911)上海海左書局鉛印本 三冊

370000－1502－0003232 jnt06006

國朝文才調集不分卷 （清)許振褘集評 清光緒十七年(1891)大梁東河行署刻本 七冊 缺一冊(一)

370000－1502－0003233 jnt06007

雙桐草堂印存不分卷 雙桐草堂輯 清光緒十九年(1893)印本 四冊

370000－1502－0003234 jnt06008

三省黃河全圖不分卷 （清)倪文蔚 清光緒十六年(1890)上海鴻文書局石印本 五冊

370000－1502－0003235 jnt06012

明季稗史彙編 （清)留雲居士輯 清都城琉璃廠刻本 八冊 存二十三卷(行在陽秋二卷、烈皇小識三至八、求野錄一卷、也是錄一卷、江南見聞錄一卷、粵游見聞錄一卷、賜姓始末一卷、兩廣紀略一卷、幸存錄二卷、續幸存錄一卷、東明聞見錄一卷、青燐屑二卷、聖安皇帝本紀二卷、嘉定屠城紀略一卷)

370000－1502－0003236 jnt06013

石室秘錄六卷 （清)陳士鐸撰 清善成堂刻本 六冊

370000－1502－0003237 jnt06015

欽定詩經傳説彙纂二十一卷首二卷詩序二卷 （清)王頊齡等撰 清同治七年(1868)浙江書局刻本 十六冊

370000－1502－0003238 jnt06016

前漢書一百卷 （漢)班固撰 清同治八年(1869)金陵書局刻本 十六冊

370000－1502－0003239 jnt06018

説文解字三十二卷 （清)段玉裁編 清光緒七年(1881)刻本 二十四冊

370000－1502－0003240 jnt06019

説文解字句讀三十卷 （清)王筠撰 清光緒八年(1882)四川尊經書局刻本 十六冊

370000－1502－0003241 jnt06020

九數存古九卷 （清)顧觀光撰 清光緒十八年(1892)蘇州書局刻本 三冊 存五卷(五至九)

370000－1502－0003242 jnt06021

暗室燈二卷 （清)王崇實著 清道光十七年(1837)北京龍光齋刻本 一冊

370000－1502－0003243 jnt06022

暗室燈六卷 （清)王崇實著 清咸豐九年(1859)山東文陞齋刻本 四冊

370000－1502－0003244 jnt06024

詩韻合璧五卷 （清)湯文潞校補 清光緒七年(1881)濟南裕和堂刻本 五冊

370000－1502－0003245 jnt06025

素問釋義十卷 （清)張琦撰 清道光十年(1830)北京文德齋刻本 四冊 存五卷(一至五)

370000－1502－0003246 jnt06026

梅氏叢書輯要六十二卷 （清)梅文鼎著 清光緒石印本 六冊

370000－1502－0003247 jnt06028

八家四六文注八卷首一卷 （清)許貞幹注 清光緒十七年(1891)味青齋刻本 十二冊

370000－1502－0003248 jnt06033

增訂詩韻便覽不分卷 （清)王星奎輯 清同治十三年(1874)山東濟寧會元堂刻本 五冊

370000－1502－0003249 jnt06034

洴澼百金方十四卷 （清)袁宮桂輯 清嘉慶六年(1801)刻本 十冊

370000－1502－0003250 jnt06035

莊子內篇注四卷 （明)釋德清注 清光緒十

四年(1888)金陵刻經處刻本　二册

370000 – 1502 – 0003251　jnt06040

張君印譜不分卷　(清)張君刻印　清鈐印本
　六册

370000 – 1502 – 0003252　jnt06042

説鈴五十六卷　(清)吳震方輯　清光緒五年
(1879)兩儀堂刻本　三十二册

370000 – 1502 – 0003253　jnt06046

紉齋山水畫剩不分卷　(清)陳允升繪　清光
緒三年(1877)刻本　二册

370000 – 1502 – 0003254　jnt06047

新譯日本法規大全　(清)南洋公學譯書院譯
　清宣統二年(1910)上海商務印書館鉛印本
　八十册

370000 – 1502 – 0003255　jnt06049

保産金丹四卷　(清)劉文華輯　清光緒十二
年(1886)仁壽堂刻本　四册

370000 – 1502 – 0003256　jnt06050

醫效秘傳三卷　(清)葉桂撰　清同治十二年
(1873)刻本　二册

370000 – 1502 – 0003257　jnt06051

大生要旨五卷　(清)唐千頃撰　(清)馬振藩
續增　清光緒二十一年(1895)刻本　二册

370000 – 1502 – 0003258　jnt06052

醫方易簡集九卷遂生福幼一卷　(清)趙晋夫
輯　(清)莊在田著　清咸豐二年(1852)杭州
研香齋刻本　四册

370000 – 1502 – 0003259　jnt06053

外科症治全生前集三卷后集三卷　(清)馬文
植撰　清光緒三十三年(1907)書業德刻本
四册

370000 – 1502 – 0003260　jnt06054

藥方三種三卷　(□)□□撰　清抄本　三册

370000 – 1502 – 0003261　jnt06055

六朝文絜四卷　(清)許梿評選　清光緒二十
五年(1899)石潤抄本　二册

370000 – 1502 – 0003262　jnt06056

小知録十二卷　(清)陸鳳藻輯　清同治十二
年(1873)淮南書局刻本　四册

370000 – 1502 – 0003263　jnt06057

經驗簡便醫方二卷　(清)劉烜輯　清道光十
七年(1837)兩廣督署刻本　一册

370000 – 1502 – 0003264　jnt06058

外科證治不分卷　(清)王維德編　清同治十
三年(1874)刻本　二册

370000 – 1502 – 0003265　jnt06062

女科四卷　(清)傅山著　清光緒十六年
(1890)善成堂刻本　四册

370000 – 1502 – 0003266　jnt06066

新刻天花藏批評平山冷燕四卷　(清)荻岸散
人編次　清刻本　四册

370000 – 1502 – 0003267　jnt06069

百將圖傳二卷　(清)丁日昌輯　清同治八年
(1869)江蘇書局刻本　二册

370000 – 1502 – 0003268　jnt06070

傷寒論淺注六卷　(漢)張機原著　(清)陳念
祖淺注　清同治六年(1867)善成堂刻本　六
册

370000 – 1502 – 0003269　jnt06072

天游閣集五卷詩補一卷附録一卷　(清)顧太
清著　清宣統二年(1910)國光印刷所鉛印本
　一册

370000 – 1502 – 0003270　jnt06074

羅眼不分卷　(日本)西師意著　清光緒二十
七年(1901)李茂堂刻本　一册

370000 – 1502 – 0003271　jnt06075

蘇文忠公詩編注集成四卷　(清)王文誥撰
清光緒十四年(1888)浙江書院刻本　二十四
册

370000 – 1502 – 0003272　jnt06076

子書二十二種　(清)浙江書局輯　清光緒二
十三年(1897)上海圖書集成印書局鉛印本
三十六册

370000 – 1502 – 0003273　jnt06078

醫學實在易八卷醫學三字經四卷急救經驗良
方不分卷　（清）陳念祖著　清光緒十五年
(1889)刻本　七册

370000 – 1502 – 0003274　jnt06079

醫學實在易八卷　（清）陳念祖著　清光緒刻
本　六册

370000 – 1502 – 0003275　jnt06081

八銘塾鈔二集不分卷　（清）吳懋政編　清光
緒十年(1884)泰和裕記刻本　五册

370000 – 1502 – 0003276　jnt06087

外交報　（清）上海外交報館編　清光緒三十
四年(1908)上海商務印書館鉛印本　十册
存十號(戊申年一、六、八至十、十四、十六、十
九至二十、二十二)

370000 – 1502 – 0003277　jnt06087

外交報　（清）上海外交報館編　清光緒三十
四年(1908)上海商務印書館鉛印本　二册
存二號(戊申年十、十四)

370000 – 1502 – 0003278　jnt06090

種蕉聽雨軒詩鈔二卷　（清）葛之覃著　清光
緒二十四年(1898)刻本　一册

370000 – 1502 – 0003279　jnt06091

歷代帝王法帖釋文不分卷　（清）徐朝弼集釋
　清嘉慶十七年(1812)刻本　一册

370000 – 1502 – 0003280　jnt06095

白喉丹痧述李弁言一卷　（清）張紹修著　清
光緒十九年(1893)鴻術堂刻本　一册

370000 – 1502 – 0003281　jnt06096

定香亭筆談四卷　（清）阮元撰　清光緒二十
五年(1899)浙江書局刻本　四册

370000 – 1502 – 0003282　jnt06097

御批歷代通鑑輯覽一百二十卷　（清）傅恒等
奉敕撰　清光緒十九年(1893)上海通元書局
石印本　二十四册

370000 – 1502 – 0003283　jnt06100

藝苑捃華四十八種　（清）顧之達輯　清末務
本堂刻本　三十六册

370000 – 1502 – 0003284　jnt06101

明紀六十卷　（清）陳鶴纂　清同治十年
(1871)江蘇書局刻本　二十册

370000 – 1502 – 0003285　jnt06103

八賢手札不分卷　（清）郭慶藩輯　清光緒十
一年(1885)同文書局石印本　四册

370000 – 1502 – 0003286　jnt06105

分類詩腋八卷　（清）李楨編　清嘉慶二十二
年(1817)令德堂刻本　四册

370000 – 1502 – 0003287　jnt06107

珍珠囊指掌補遺藥性賦四卷雷公炮製藥性解
六卷　（金）李杲編輯　清文盛堂刻本　四册

370000 – 1502 – 0003288　jnt06108

本草從新十八卷　（清）吳儀洛輯　清光緒十
二年(1886)刻本　六册

370000 – 1502 – 0003289　jnt06110

周禮六卷　（漢）鄭玄注　（唐）陸德明音義
清同治十一年(1872)山東書局刻本　六册

370000 – 1502 – 0003290　jnt06112

史記菁華錄六卷　（清）姚苧田選　清光緒二
十八年(1902)書業德刻本　六册

370000 – 1502 – 0003291　jnt06113

紉齋畫剩不分卷　（清）陳允升繪　清光緒二
年(1876)石印本　四册

370000 – 1502 – 0003292　jnt06115

吳氏醫學述第三種本草從新六卷　（清）吳儀
洛撰　清善成堂刻本　六册

370000 – 1502 – 0003293　jnt06116

重訂本草綱目五十二卷　（明）李時珍撰　清
光緒十七年(1891)刻本　四十册

370000 – 1502 – 0003294　jnt06117

七家詩合注七卷　（清）張玉田原本　清光緒
十八年(1892)文德堂刻本　八册

370000 – 1502 – 0003295　jnt06122

急救應驗良主方不分卷　（清）孫爲輯　清宣

統三年(1911)鉛印本　一册

370000－1502－0003296　jnt06124

仙傳白喉治法忌表抉微不分卷　(清)耐修子
錄　清光緒十七年(1891)陳藏刻本　一册

370000－1502－0003297　jnt06126

小解草堂古文集不分卷　(清)牟顧相著　清
咸豐三年(1853)牟氏刻本　二册

370000－1502－0003298　jnt06127

萬方類纂八卷　(清)宋穆撰　清光緒二十五
年(1899)桂林毓蘭書屋刻本　六册

370000－1502－0003299　jnt06128

有竹亭詩鈔四卷　(清)陳雪公撰　清同治十
三年(1874)刻本　四册

370000－1502－0003300　jnt06129

兩般秋雨盦隨筆八卷　(清)梁紹壬纂　清道
光十七年(1837)振綺堂刻本　八册

370000－1502－0003301　jnt06130

痧症全書三卷　(清)王凱編輯　清道光五年
(1825)刻本　一册

370000－1502－0003302　jnt06131

四書人物類典串珠四十卷　(清)臧志仁編輯
清嘉慶刻本　十二册

370000－1502－0003303　jnt06133

陶淵明詩集十卷　(晋)陶潛撰　清道光二十
二年(1842)刻本　二册

370000－1502－0003304　jnt06134

史姓韻編六十四卷　(清)汪輝祖輯　(清)馮
祖憲重校　清光緒十年(1884)耕餘樓書局鉛
印本　十六册

370000－1502－0003305　jnt06135

**傷寒真方歌括六卷傷寒醫訣串解六卷十藥神
書注解一卷公餘醫錄六卷景岳新方砭四卷張
仲景傷寒論原文淺注六卷長沙方歌括六卷**
(清)陳念祖著　清光緒十五年(1889)江左書
林刻本　十六册

370000－1502－0003306　jnt06137

經史百家雜鈔二十卷　(清)曾國藩校刊　清

光緒三十二年(1906)上海商務印書館鉛印本
十二册

370000－1502－0003307　jnt06146

神農本草經諸家補注集鈔二卷　(清)蘇龍瑞
手輯　清光緒二十四年(1898)蘇龍瑞手抄本
一册

370000－1502－0003308　jnt06147

重訂事類賦三十卷　(宋)吳淑撰　(明)華麟
祥校刊　清嘉慶四年(1799)劍光閣刻本　六
册

370000－1502－0003309　jnt06149

歷代鐘鼎彝器款識法帖二十卷　(宋)薛尚功
撰　清光緒二十九年(1903)貴池劉氏玉海堂
刻本　四册

370000－1502－0003310　jnt06151

詩經四卷　(清)徐立綱撰　清蘇州玉檢山房
刻本　四册

370000－1502－0003311　jnt06155

士竹尺牘二卷　(清)嚴籟撰　清道光二十五
年(1845)刻本　二册

370000－1502－0003312　jnt06157

人鏡類纂四十六卷　(清)程之楨輯　清同治
十二年(1873)程氏刻本　十二册

370000－1502－0003313　jnt06159

大清新法令十三類　(清)上海商務印書館編
譯所編　清宣統元年(1909)商務印書館鉛印
本　二十册

370000－1502－0003314　jnt06160

[光緒]壽張縣志十卷首一卷　(清)劉文煃修
(清)王守謙纂　清光緒二十六年(1900)刻
本　六册

370000－1502－0003315　jnt06162

章丘縣鄉土志二卷　(清)楊學淵纂修　清末
石印本　二册

370000－1502－0003316　jnt06163

琴學入門二卷　(清)張鶴輯　清末上海玉清
宮刻本　三册

370000－1502－0003317　　jnt06164

品花寶鑑六十回　（清）石函氏撰　清光緒刻本　十五冊　缺七卷（五十四至六十）

370000－1502－0003318　　jnt06165

古玉圖考不分卷　（清）吳大澂撰　清光緒十九年（1893）上海同文書局石印本　二冊

370000－1502－0003319　　jnt06167

四書集注十九卷　（宋）朱熹撰　清同治五年（1866）金陵書局刻本　六冊

370000－1502－0003320　　jnt06171

寄園寄所寄十二卷　（清）趙吉士著　清刻本　十七冊

370000－1502－0003321　　jnt06172

務本堂四書體注合講十九卷　（清）翁復輯　清務本堂刻本　六冊

370000－1502－0003322　　jnt06174

山東考古錄一卷續山東考古錄三十二卷　（清）顧炎武撰　清光緒八年（1882）山東書局刻本　七冊

370000－1502－0003323　　jnt06175

讀史漫錄十四卷　（明）于慎行撰　（明）郭應寵編次　清光緒二十一年（1895）刻本　六冊

370000－1502－0003324　　jnt06176

漢唐詩集十一卷碧香閣遺彙一卷南行吟草一卷滄浪詩話補注一卷　（清）王瑋慶撰　清嘉慶二十五年（1820）蕉葉山房刻本　六冊

370000－1502－0003325　　jnt06180

金匱要略淺注十卷　（清）陳念祖著　清咸豐五年（1855）重慶閭書業堂刻本　六冊

370000－1502－0003326　　jnt06181

金匱要略淺注十卷　（清）陳念祖著　清咸豐五年（1855）重慶閭書業堂刻本　六冊

370000－1502－0003327　　jnt06183

遂初草盧詩集十卷　（清）杜堮著　清同治刻本　四冊

370000－1502－0003328　　jnt06184

圓明園圖錄不分卷　（清）世宗胤禛製　清光

緒十三年（1887）天津石印書屋石印本　二冊

370000－1502－0003329　　jnt06188

正誼堂文集四十卷首二卷　（清）張伯行撰　（清）張師栻　（清）張師載編　清光緒二年（1876）揚烈堂刻本　二十冊

370000－1502－0003330　　jnt06191

珂雪二集一卷　（清）曹貞吉撰　清嘉慶五年（1800）刻本　一冊

370000－1502－0003331　　jnt06191

珂雪集一卷　（清）曹貞吉撰　清嘉慶五年（1800）刻本　一冊

370000－1502－0003332　　jnt06191

珂雪詞二卷補遺一卷　（清）曹貞吉撰　清嘉慶五年（1800 刻本　二冊

370000－1502－0003333　　jnt06191

十子詩略一卷朝天集一卷鴻爪集一卷黃山紀游詩一卷　（清）曹貞吉撰　清嘉慶五年（1800）刻本　三冊

370000－1502－0003334　　jnt06191

南行日記一卷撰　（清）曹申吉撰　清嘉慶五年（1800）刻本　一冊

370000－1502－0003335　　jnt06191

滄餘詩集四卷　（清）曹申吉撰　清嘉慶五年（1800）刻本　二冊

370000－1502－0003336　　jnt06192

大亭山館叢書　（清）楊葆彝輯　清光緒十年（1884）刻本　四冊

370000－1502－0003337　　jnt06193

毓秀堂書傳四卷　（清）王墀書　清光緒九年（1883）上海點石齋石印本　四冊

370000－1502－0003338　　jnt06196

泰山志二十卷　（清）金棨纂　清嘉慶刻本　十冊

370000－1502－0003339　　jnt06198

鴻雪因緣圖記三集　（清）麟慶著　清道光二十九年（1849）桐香館刻本　六冊

370000－1502－0003340　jnt06201

揚州畫舫録十八卷　（清）李斗撰　清同治十一年(1872)刻本　四册

370000－1502－0003341　jnt06202

禮記易讀二卷　（清）志遠堂主人選　清光緒二十八年(1902)成文信刻本　二册

370000－1502－0003342　jnt06203

[光緒]鄆城縣志十六卷首一卷　（清）畢炳炎（清）胡建樞修　（清）趙翰鑾（清）李承光纂　清光緒十九年(1893)刻本　八册

370000－1502－0003343　jnt06207

孟子論文七卷　（清）牛運震撰　清空山堂刻本　二册

370000－1502－0003344　jnt06211

詩問六卷　（清）王照園撰　清光緒八年(1882)東路廳署刻本　六册

370000－1502－0003345　jnt06213

春秋説略十二卷　（清）郝懿行撰　清光緒七年(1881)刻本　四册

370000－1502－0003346　jnt06215

四書便蒙十九卷　（宋）朱熹撰　清光緒五年(1879)善成堂刻本　六册

370000－1502－0003347　jnt06216

訓練操法詳晰圖説不分卷　袁世凱纂　清光緒二十五年(1899)石印本　十二册

370000－1502－0003348　jnt06217

金匱要略淺注十六卷　（清）陳念祖著　清光緒十五年(1889)光裕書屋刻本　九册

370000－1502－0003349　jnt06218

柏梘山房文集三十一卷　（清）梅曾亮撰　清光緒二十七年(1901)鉛印本　六册

370000－1502－0003350　jnt06220

青芝山館詩集二十二卷青芝山館駢體文集二卷　（清）樂鈞撰　清嘉慶二十二年(1817)刻本　七册

370000－1502－0003351　jnt06222

唐月令注一卷世本一卷楚漢春秋一卷伏侯古今注一卷三輔決録一卷古孝子傳一卷司馬彪莊子注一卷淮南萬畢術一卷計然萬物録一卷元中記一卷　（清）苑津林撰　清道光十四年(1834)梅瑞軒刻本　二册

370000－1502－0003352　jnt06227

帝王表三卷　（清）齊召南編　清光緒二十八年(1902)山東書局石印本　三册

370000－1502－0003353　jnt06228

聲調三譜十四卷　（清）王祖源輯　清光緒十八年(1892)關中書院刻本　四册

370000－1502－0003354　jnt06236

韓非子二十卷　（戰國）韓非撰　清嘉慶二十三年(1818)刻本　二册

370000－1502－0003355　jnt06237

唐陸宣公集二十二卷　（唐）陸贄撰　清同治五年(1866)楊氏問竹軒家塾刻本　八册

370000－1502－0003356　jnt06238

庚子銷夏記八卷　（清）孫承澤撰　清刻本　四册

370000－1502－0003357　jnt06241

圖注八十一難經辨真四卷圖注脈訣辨真四卷脈訣考證一卷奇經八脈考一卷　（明）張世賢撰　清宣統三年(1911)書業德刻本　六册

370000－1502－0003358　jnt06242

瘟疫明辨四卷瘟疫明辨方一卷　（清）鄭奠一撰　清光緒十五年(1889)掃葉山房刻本　二册

370000－1502－0003359　jnt06244

重刊麻姑山志十二卷　（清）黃家駒訂　清同治五年(1866)洞天書屋刻本　六册

370000－1502－0003360　jnt06249

書經六卷　（宋）蔡沈集　清光緒三十二年(1906)天津文美齋刻本　四册

370000－1502－0003361　jnt06250

大小雅堂詩集不分卷冰璽詞一卷　（清）承齡撰　清光緒十八年(1892)刻本　二册

370000－1502－0003362　jnt06257

三國志辯誤三卷　（□）□□著　清光緒二十年(1894)武英殿聚珍版增刻本　一册

370000－1502－0003363　jnt06258
説文解字篆韻譜五卷　（五代)徐鍇撰　清刻本　二册

370000－1502－0003364　jnt06259
東甌金石志十二卷　（清)戴咸弼撰　甌江竹枝詞一卷　（清)戴文儁著　清光緒九年(1883)刻本　五册

370000－1502－0003365　jnt06261
詩韻集成十卷　（清)余照輯　清光緒二十三年(1897)寶書堂刻本　四册

370000－1502－0003366　jnt06262
讀史糾繆十五卷　（清)牛運震撰　清空山堂刻本　六册

370000－1502－0003367　jnt06263
增刻紅樓夢圖詠二卷　（清)王雲階繪圖　清光緒八年(1882)點石齋照相石印本　二册

370000－1502－0003368　jnt06266
辛卯待行記六卷　陶保廉撰　清光緒二十三年(1897)養樹山房刻本　六册

370000－1502－0003369　jnt06268
胡文忠公遺集十卷首一卷　（清)胡林翼撰　清同治七年(1868)醉六堂刻本　八册

370000－1502－0003370　jnt06269
[嘉慶]續修郯城縣志十卷　（清)吳堦修（清)陸繼輅纂　清嘉慶十五年(1810)刻本　四册

370000－1502－0003371　jnt06270
牧令書輯要十卷　（清)丁日昌編　清同治八年(1869)湖北崇文書局刻本　十册

370000－1502－0003372　jnt06272
[嘉慶]莒州志十六卷首一卷　（清)許紹錦纂修　清嘉慶元年(1796)刻本　六册

370000－1502－0003373　jnt06273
痘疹詩賦二卷　（清)張鑾撰　清抄本　三册

370000－1502－0003374　jnt06274
五峰山志二卷　（清)邵承照等纂修　清光緒二十一年(1895)刻本　二册

370000－1502－0003375　jnt06275
[道光]沂水縣志十卷　（清)張燮修　（清)劉承謙纂　清道光七年(1827)刻本　六册

370000－1502－0003376　jnt06276
香艷叢書　（清)蟲天子輯　清宣統二年(1910)國學扶輪社鉛印本　十二册　存三集(一、六、八)

370000－1502－0003377　jnt06277
醫宗必讀五卷首一卷　（明)李中梓著　清刻本　五册

370000－1502－0003378　jnt06278
紫柏山志圖一卷　（清)景邦憲編輯　清同治十年(1871)刻本　一册

370000－1502－0003379　jnt06279
岳忠武王文集八卷首一卷末一卷　（宋)岳飛撰　清嘉慶二十一年(1816)刻本　四册

370000－1502－0003380　jnt06281
螢窗異草初編四卷螢窗異草二編四卷螢窗異草三編四卷螢窗異草四編四卷　（清)長白浩歌子著　清光緒上海錦章書局石印本　八册

370000－1502－0003381　jnt06284
翁相國手札七集　（清)翁同龢書　清末上海有正書局石印本　七册

370000－1502－0003382　jnt06285
元史氏族表二卷　（清)錢大昕撰　清嘉慶十一年(1806)刻本　二册

370000－1502－0003383　jnt06287
潭柘山岫雲寺志二卷　（清)神穆德撰　清光緒刻本　二册

370000－1502－0003384　jnt06288
黃帝內經素問靈樞合纂十卷　（清)馬元臺（清)張隱庵合注　清末上海錦章圖書局石印本　八册

370000－1502－0003385　jnt06290

徐氏醫書八種 （清）徐大椿編 清光緒十九年(1893)上海圖書集成印書局鉛印本 十二冊

370000－1502－0003386 jnt06293
芥子園畫傳五卷 （清）王槩摹 清刻本 五冊

370000－1502－0003387 jnt06301
痧症全書三卷 （清）王凱編輯 清道光五年(1825)濟南文華堂刻本 一冊

370000－1502－0003388 jnt06302
梅村詩集箋注十八卷 （清）吳偉業撰 （清）吳翌鳳箋注 清嘉慶十九年(1814)滄浪吟榭刻本 八冊

370000－1502－0003389 jnt06304
續通鑑紀事本末一百十卷 （清）李銘漢編輯 清光緒二十九年(1903)李氏家刻本 三十二冊

370000－1502－0003390 jnt06306
古文雅正十四卷 （清）蔡世遠選評 清光緒二十二年(1896)上海圖書集成印書局石印本 一冊

370000－1502－0003391 jnt06309
閒闢錄十卷明辨錄一卷學蔀通辯十二卷首一卷朱子爲學次第考二卷漢學商兌三卷姚江學辨二卷明辨錄一卷 （清）賀瑞麟輯 清光緒十八年(1892)傳經堂刻本 十四冊

370000－1502－0003392 jnt06310
耄學集不分卷 （清）熊士鵬撰 清但文恭刻本 一冊

370000－1502－0003393 jnt06315
性安廬書稿四卷 （清）姚叔平繪 清光緒二十年(1894)石印本 二冊

370000－1502－0003394 jnt06317
空山堂文集十二卷詩集六卷 （清）牛運震撰 清嘉慶八年(1803)刻本 八冊

370000－1502－0003395 jnt06320
鍼灸大成十卷 （明）楊繼洲撰 （清）李月桂重訂 清道光十四年(1834)聚文堂刻本 十册

冊

370000－1502－0003396 jnt06322
三字經注解備要二卷 （宋）王應麟撰 （清）賀興思注解 清光緒十一年(1885)江左書局石印本 二冊

370000－1502－0003397 jnt06323
御纂醫宗金鑑七十四卷首一卷御纂醫宗外科金鑑十六卷 （清）吳謙等奉敕撰 清光緒二十八年(1902)上海醉六堂石印本 二十冊

370000－1502－0003398 jnt06326
春秋左傳五十卷 （晋）杜預注釋 清光緒書業德刻本 十六冊

370000－1502－0003399 jnt06327
辛丑銷夏記五卷 （清）吳榮光撰 清光緒二十七年(1901)刻本 五冊

370000－1502－0003400 jnt06329
問奇亭印譜不分卷 （清）陸延槐作 清嘉慶印本 四冊

370000－1502－0003401 jnt06330
重纂三遷志十卷首一卷 （清）孫葆田重纂 清光緒十三年(1887)山東書局刻本 六冊

370000－1502－0003402 jnt06331
韻府拾遺一百零六卷 （清）張廷玉等編 清光緒上海同文書局石印本 二冊 存三十卷(六十至八十九)

370000－1502－0003403 jnt06332
經韻集字析解二卷 （清）彭良敞集注 清道光十年(1830)濼源書院刻本 二冊

370000－1502－0003404 jnt06338
四書便蒙十九卷 （宋）朱熹章句 清光緒四年(1878)善成堂刻本 六冊

370000－1502－0003405 jnt06339
莊子集釋十卷 （戰國）莊周撰 （清）郭慶藩輯 清光緒刻本 八冊

370000－1502－0003406 jnt06341
竹葉亭雜記八卷 （清）姚元之撰 清光緒陽湖汪洵暑刻本 二冊

370000－1502－0003407　jnt06342

荀子二十卷校勘補遺一卷　（戰國）荀況撰
清光緒二年(1876)浙江書局刻本　六册

370000－1502－0003408　jnt06343

**四書説略二卷菉友蛾術編二卷禹貢正字一卷
正字略一卷夏小正一卷弟子職正音一卷毛詩
重言一卷菉友肊説一卷毛詩雙聲疊韻説一卷**
　（清）王筠撰　清咸豐十年(1860)刻本　八
册

370000－1502－0003409　jnt06344

新訂四書補注備旨十卷　（清）鄧林撰　（清）
杜定基增訂　清光緒三十二年(1906)成文堂
刻本　六册

370000－1502－0003410　jnt06345

校訂困學紀聞集證二十卷　（宋）王應麟撰
清嘉慶二十四年(1819)山壽齋刻本　十二册

370000－1502－0003411　jnt06349

增訂本草備要四卷醫方湯頭歌訣一卷　（清）
汪昂撰　清光緒十九年(1893)東昌書業德刻
本　五册

370000－1502－0003412　jnt06352

陶齋吉金錄不分卷　（清）端方輯　清光緒二
十四年(1898)上海有正書局鉛印本　十册

370000－1502－0003413　jnt06355

春秋通論六卷春秋筆削微旨二十六卷　（清）
劉紹攽著　清同治十二年(1873)刻本　六册

370000－1502－0003414　jnt06356

古品節錄六卷　（清）松筠撰　清嘉慶四年
(1799)刻本　三册

370000－1502－0003415　jnt06357

四大奇書第一種五十一卷一百二十回　（明）
羅貫中撰　（清）鄒梧岡訂　清刻本　十六册

370000－1502－0003416　jnt06358

四大奇書第一種五十一卷一百二十回　（明）
羅貫中撰　（清）金人瑞評　清光緒三十年
(1904)有益堂刻本　十六册

370000－1502－0003417　jnt06363

文獻通考詳節二十四卷　（元）馬貴興撰
(清)周鵬錄　清光緒二十五年(1899)上海書
局石印本　六册

370000－1502－0003418　jnt06366

删定全書十二卷首一卷　（清）惠覺撰　清末
刻本　十六册

370000－1502－0003419　jnt06367

萬國史記二十卷　（日本）岡本監輔撰　清光
緒二十三年(1897)上海六先書局鉛印本　六
册　存十二卷(一至八、十七至二十)

370000－1502－0003420　jnt06371

指月錄三十二卷　（明）瞿汝稷集　清同治十
年(1871)刻本　十册

370000－1502－0003421　jnt06373

集唐不分卷　（清）韓步鰲輯　清道光四年
(1824)宇正軒刻本　一册

370000－1502－0003422　jnt06374

篤舊集十八卷　（清）劉存仁輯　清咸豐九年
(1859)蘭州刻本　八册

370000－1502－0003423　jnt06375

新刻書經備旨善本輯要六卷　（清）馬大猷輯
　清光緒醉經堂刻本　五册

370000－1502－0003424　jnt06376

韓非子二十卷韓非子識誤三卷　（漢）韓嬰撰
　清光緒元年(1875)浙江書局刻本　六册

370000－1502－0003425　jnt06378

鑑綱詠略八卷　（清）張應鼎撰　清同治刻本
　八册

370000－1502－0003426　jnt06379

清麓答問四卷清麓遺語四卷附遺事一卷
(清)賀復齋手筆　（清）謝化南編輯　清光緒
三十一年(1905)正誼書院刻本　八册

370000－1502－0003427　jnt06382

三國志六十五卷　（晋）陳壽撰　（南朝宋）裴
松之注　清光緒十三年(1887)江南書局刻本
　八册

370000－1502－0003428　jnt06385

[咸豐]濱州志十二卷首一卷 （清）李熙齡纂修 清咸豐十年(1860)刻本 四册

370000－1502－0003429 jnt06386
壬辰科直省同年録 （清）陳寯輯 清道光二十六年(1846)刻本 六册

370000－1502－0003430 jnt06389
金石聚十六卷 （清）張德容撰 清同治十一年(1872)銘草堂刻本 十六册

370000－1502－0003431 jnt06390
圖注八十一難經辨真十卷 （明）張世賢注 清刻本 六册

370000－1502－0003432 jnt06391
楚辭十七卷 （漢）劉向集 清同治十一年(1872)金陵書局刻本 四册

370000－1502－0003433 jnt06392
聖諭像解二十卷 （清）梁延年輯 清光緒二十九年(1903)山東官印書局影印本 十册

370000－1502－0003434 jnt06394
貳臣傳十二卷 （清）國史館編 清道光都城琉璃廠刻本 八册

370000－1502－0003435 jnt06398
開封府志四十卷 （清）管竭忠修 （清）張沐纂 清同治二年(1863)秦堯曦補刻本 十册

370000－1502－0003436 jnt06399
游記十卷補編一卷 （明）徐宏祖撰 清刻本 十册

370000－1502－0003437 jnt06400
金石聚八卷 （清）張德容撰 清同治十年(1871)銘草堂刻本 八册

370000－1502－0003438 jnt06401
三國志六十五卷 （晋）陳壽撰 （南朝宋）裴松之注 清光緒七年(1881)文雅齋刻本 十二册

370000－1502－0003439 jnt06402
孔氏家語十卷 （三國魏）王肅注 清同治十二年(1873)善成堂刻本 四册

370000－1502－0003440 jnt06403
七巧圖不分卷 （清）彭鑑輯 清咸豐十年(1860)歷下鏡暉堂刻本 二册

370000－1502－0003441 jnt06407
小兒書輯八卷 （清）張承燮輯 清光緒膠州聽雨何時軒刻本 三册

370000－1502－0003442 jnt06408
女兒書輯八卷 （清）張承燮輯 清光緒二十六年(1900)聽雨堂刻本 三册

370000－1502－0003443 jnt06409
蜀碧四卷附記一卷 （清）彭遵泗編 清嘉慶刻本 四册

370000－1502－0003444 jnt06410
重訂外科正宗十二卷 （清）張鶯翼重訂 清學海堂刻本 四册

370000－1502－0003445 jnt06412
全校水經注四十三卷補遺一卷附録二卷 （漢）桑欽撰 （北魏）酈道元注 （清）全祖望校 清光緒十四年(1888)無錫薛福成刻本 十二册

370000－1502－0003446 jnt06413
詩畫舫不分卷 （清）上海點石齋輯 清光緒上海文瑞樓刻本 六册

370000－1502－0003447 jnt06414
續廣事類賦三十卷 （清）王鳳喈撰注 清嘉慶二十五年(1820)雲生堂刻本 十六册

370000－1502－0003448 jnt06415
桐陰論畫二卷首一卷二編二卷三編二卷續桐陰論畫一卷桐陰畫訣一卷 （清）秦祖永撰 清同治三年至光緒八年(1864－1882)刻朱墨套印本 四册

370000－1502－0003449 jnt06416
清河書畫舫十二卷 （清）張丑撰 清刻本 十二册

370000－1502－0003450 jnt06417
點石齋叢畫十卷 （清）點石齋輯 清光緒十一年(1885)上海點石齋石印本 八册

370000－1502－0003451　jnt06419

第一才子書六十卷一百二十回　（明）羅貫中撰　（清）金人瑞評　清光緒十一年(1885)上海同文書局石印本　十二册

370000－1502－0003452　jnt06424

醫學心悟六卷　（清）程國彭著　清嘉慶十年(1805)掃葉山房刻本　五册

370000－1502－0003453　jnt06429

傷寒瘟疫條辯六卷　（清）楊璿撰　清光緒十四年(1888)三義堂刻本　六册

370000－1502－0003454　jnt06432

歷代史論十二卷　（清）高士奇撰　清光緒二十九年(1903)書業德刻本　十二册

370000－1502－0003455　jnt06442

國朝先正事略八卷國朝先正事略續編四卷（清）李元度纂　清光緒二十八年(1902)廣益書局石印本　八册

370000－1502－0003456　jnt06444

增補分部書法正傳不分卷　（清）蔣和撰　清光緒五年(1879)酉山堂刻本　一册

370000－1502－0003457　jnt06445

增補分部書法正傳不分卷　（清）蔣和撰　清光緒十三年(1887)刻本　一册

370000－1502－0003458　jnt06446

重校書法正傳不分卷　（清）蔣和撰　清光緒十八年(1892)刻本　一册

370000－1502－0003459　jnt06447

西湖志四十八卷　（清）傅王露撰　清刻本　二十四册

370000－1502－0003460　jnt06449

類證治裁八卷　（清）林佩琴著　清光緒十年(1884)研經堂刻本　九册　缺一卷(八)

370000－1502－0003461　jnt06450

孫思邈眼科諸方一卷經驗急救方一卷　（□）□□撰　清刻本　一册

370000－1502－0003462　jnt06451

佩文韻府二百一十二卷　（清）張玉書等編

（清）張廷玉等拾遺　清積山書局石印本　十册

370000－1502－0003463　jnt06454

語石齋畫譜譯一卷　（清）楊伯潤繪　清光緒二十七年(1901)天津文美齋石印本　一册

370000－1502－0003464　jnt06458

新鋟希夷陳先生紫微斗數全書四卷　（宋）陳摶撰　清繼述堂刻本　四册

370000－1502－0003465　jnt06461

葉氏醫案存真三卷　（清）葉香巖著　清光緒九年(1883)刻本　三册

370000－1502－0003466　jnt06462

有正味齋試帖詩注八卷　（清）吳錫麒著　清嘉慶二十三年(1818)刻本　四册

370000－1502－0003467　jnt06463

良方集腋合璧一卷　（清）謝元慶編集　清咸豐五年(1855)刻本　一册

370000－1502－0003468　jnt06465

龍虎山志十六卷　（清）婁近垣重輯　清道光刻本　六册

370000－1502－0003469　jnt06472

二南文集四卷　（清）周樂著　清道光二十二年(1842)枕湖書屋刻本　二册

370000－1502－0003470　jnt06475

大生要旨六卷　（清）孫義莊輯　清道光二十三年(1843)濟南英華齋刻本　一册

370000－1502－0003471　jnt06476

蘇沈內翰良方十卷　（宋）蘇軾　（宋）沈括合撰　清光緒二十三年(1897)刻本　四册

370000－1502－0003472　jnt06477

臨症經驗方一卷摘録經驗良方一卷　（清）胡大中撰　清光緒二十六年(1900)刻本　一册

370000－1502－0003473　jnt06480

驗方新編十卷驗方續編四卷　（清）鮑相璈輯　清光緒九年(1883)合肥味古齋刻本　十册

370000－1502－0003474　jnt06483

經學不厭精五卷經學不厭精遺編二卷 （清）
花之安撰　清光緒二十年(1894)上海美化書
館鉛印本　七冊

370000－1502－0003475　jnt06488

槐蔭堂自敘冊題跋二卷 （清）魏致和撰　清
道光七年(1827)文華齋刻本　二冊

370000－1502－0003476　jnt06489

外科大成四卷 （清）祁坤輯　清善成堂刻本
八冊

370000－1502－0003477　jnt06490

九九銷夏錄十四卷 （清）俞樾著　清光緒十
八年(1892)刻本　四冊

370000－1502－0003478　jnt06491

國朝畫徵錄三卷 （清）張庚撰　清光緒十三
年(1887)掃葉山房刻本　四冊

370000－1502－0003479　jnt06492

雜病源流犀燭三十卷首二卷傷寒論綱目十六
卷首二卷婦科玉尺六卷幼科釋謎六卷要藥分
劑十卷 （清）沈金鰲著　清宣統元年(1909)
石印本　二十冊

370000－1502－0003480　jnt06498

陶淵明詩一卷陶淵明雜文一卷 （晋）陶潛撰
清光緒元年(1875)石印本　二冊

370000－1502－0003481　jnt06502

歐香館集十二卷首一卷末一卷 （清）惲格著
清光緒七年(1881)刻本　四冊

370000－1502－0003482　jnt06504

賞奇軒四種合編四卷 （清）金古良等輯　清
刻本　四冊

370000－1502－0003483　jnt06506

本草醫方合編十八卷首一卷 （清）汪昂撰
清宣統元年(1909)書業德刻本　六冊　存十
八卷(本草備要十二卷、醫方集解六卷)

370000－1502－0003484　jnt06507

新刊良朋彙集六卷 （清）孫偉輯　清光緒九
年(1883)校經山房刻本　五冊　缺一卷(三)

370000－1502－0003485　jnt06510

欽定四庫全書簡明目錄二十卷首一卷 （清）
紀昀等編　清同治七年(1868)廣東書局刻本
十二冊

370000－1502－0003486　jnt06511

涇野子內篇二十七卷 （明）呂柟撰　清光緒
七年(1881)景槐書院刻本　六冊

370000－1502－0003487　jnt06512

傅氏眼科審視瑤函六卷首一卷 （明）傅仁宇
輯　清經綸堂刻本　六冊

370000－1502－0003488　jnt06514

國朝先正事略續編四卷　朱孔彰撰　清沈寶
瑩抄本　四冊

370000－1502－0003489　jnt06515

本草綱目拾遺十卷 （清）趙學敏輯　清同治
十年(1871)吉心堂刻本　十冊

370000－1502－0003490　jnt06516

資治通鑑二百九十四卷 （宋）司馬光撰
(元)胡三省音注　清同治十年(1871)湖北崇
文書局刻本　九十八冊　缺十二卷(一百六
十七至一百七十八)

370000－1502－0003491　jnt06517

清朝畫徵錄三卷清朝畫徵續錄二卷清朝畫徵
三錄一卷 （清）張庚著　清上海朝記書莊鉛
印本　二冊

370000－1502－0003492　jnt06520

禮記十卷 （元）陳澔集說 （清）丁寶楨校刊
清南京李光明莊刻本　十冊

370000－1502－0003493　jnt06521

皇清經解一百七十九種 （清）阮元輯　清光
緒十三年(1887)上海書局石印本　六十四冊

370000－1502－0003494　jnt06523

金石萃編一百六十卷 （清）王昶撰　清光緒
十九年(1893)鴻寶齋石印本　二十四冊

370000－1502－0003495　jnt06526

山東軍興紀略二十二卷 （清）陘北草堂編
清同治十三年(1874)濟南書局刻本　十冊

370000－1502－0003496　jnt06527

古文雅正十四卷 （清）蔡世遠選評 清道光
六年(1826)錢唐許氏刻本 六冊

370000－1502－0003497 jnt06528
秋根書室詩文集十四卷 （清）孟傳鑄撰 清
宣統二年(1910)緑野堂刻本 八冊

370000－1502－0003498 jnt06531
萬國綱鑑易知録二十卷 （日本）岡本監輔撰
清光緒二十七年(1901)上海書局石印本
六冊

370000－1502－0003499 jnt06532
蘭閨寶録六卷 （清）惲珠輯 清道光十一年
(1831)紅香館刻本 六冊

370000－1502－0003500 jnt06533
通鑑論三卷稽古録論一卷 （宋）司馬光撰
清光緒二十四年(1898)菁華閣刻本 四冊

370000－1502－0003501 jnt06534
攀古樓彝器款識不分卷 （清）潘祖蔭編 清
同治十一年(1872)京師潙喜齋刻本 二冊

370000－1502－0003502 jnt06535
兩罍軒彝器圖釋十二卷 （清）吳雲編輯 清
同治十一年(1872)刻本 六冊

370000－1502－0003503 jnt06537
分韻試帖青雲集合注四卷 （清）楊逢春輯
清光緒五年(1879)善成堂刻本 四冊

370000－1502－0003504 jnt06540
慈幼便覽一卷增訂達生編二卷偏方遺補七卷
藥性摘録一卷内科摘録一卷外科摘録二卷補
遺一卷 （清）文晟輯 清同治四年(1865)萍
卿文延慶堂刻本 六冊

370000－1502－0003505 jnt06541
銅板四書遵注合講十九卷 （清）翁復輯 清
光緒九年(1883)掃葉山房刻本 六冊

370000－1502－0003506 jnt06546
徐雨峰中丞勘語四卷 （清）徐士林撰 清光
緒三年(1877)武進李氏聖譯樓刻本 四冊

370000－1502－0003507 jnt06547
徐雨峰中丞勘語四卷 （清）徐士林撰 清光

緒三年(1877)武進李氏聖譯樓刻本 四冊

370000－1502－0003508 jnt06552
寓意草一卷尚論篇四卷尚論後篇四卷醫門法
律六卷 （清）喻昌撰 清光緒簡青齋書局石
印本 八冊

370000－1502－0003509 jnt06554
新雕徂徠石先生文集二十卷 （宋）石介撰
清光緒九年(1883)濰縣張氏刻本 四冊

370000－1502－0003510 jnt06555
典故列女全傳四卷 （清）曉星樵人校 清末
南京李光明莊刻本 四冊

370000－1502－0003511 jnt06560
諸葛忠武侯兵法六卷首一卷諸葛忠武侯故事
五卷諸葛武侯奇門遁甲六卷諸葛武侯文集一
卷 （清）張澍輯 清末江左書林石印本 八
冊

370000－1502－0003512 jnt06562
書目答問不分卷 （清）張之洞編 清光緒二
十一年(1895)上海蜚英館石印本 二冊

370000－1502－0003513 jnt06563
江邨銷夏録三卷 （清）高士奇撰 清刻本
三冊

370000－1502－0003514 jnt06565
字典考證十二卷 （清）王引之撰 清愛日堂
刻本 六冊

370000－1502－0003515 jnt06569
熙朝紀政六卷 （清）王慶雲述 清光緒二十
四年(1898)石印本 六冊

370000－1502－0003516 jnt06570
驗方新編二十四卷 （清）鮑相璈輯 清光緒
十九年(1893)上海鴻寶齋印本 六冊

370000－1502－0003517 jnt06575
山東省保存古積事項統計表 （清）調查局編
輯 清宣統二年(1910)石印本 一冊

370000－1502－0003518 jnt06576
御纂周易折中二十二卷首一卷 （清）李光地
撰 清同治六年(1867)刻本 十冊

370000 – 1502 – 0003519　jnt06580

揅經室一集十四卷揅經室二集八卷揅經室三集十卷揅經室四集二卷揅經室續集十一卷
(清)阮元著　清道光文選樓刻本　十四冊

370000 – 1502 – 0003520　jnt06581

御樂方本總部不分卷　(□)□□輯　清鈔本
二冊

370000 – 1502 – 0003521　jnt06582

蘇東坡尺牘八卷　(宋)蘇軾撰　清道光二十八年(1848)群山玉房刻本　四冊

370000 – 1502 – 0003522　jnt06583

客窗閒話十六卷　(清)吳熾昌著　清光緒二十五年(1899)味經堂刻本　八冊

370000 – 1502 – 0003523　jnt06584

大清現行刑律六卷　吉同鈞纂　清宣統二年(1910)刻本　十八冊

370000 – 1502 – 0003524　jnt06585

明文小題傳薪不分卷　(清)臧岳評釋　清敬文堂刻本　五冊

370000 – 1502 – 0003525　jnt06586

試帖三種十二卷　(清)張集馨著　清同治十二年(1873)刻本　十二冊

370000 – 1502 – 0003526　jnt06588

外科正宗十二卷　(明)陳實功著　清光緒三十一年(1905)上海福記書局石印本　二冊

370000 – 1502 – 0003527　jnt06590

金匱要略淺注十卷　(清)陳念祖著　清道光十年(1830)刻本　六冊

370000 – 1502 – 0003528　jnt06591

公餘十六種醫學全書六十一卷　(清)陳念祖著　清末善成堂刻本　三十冊

370000 – 1502 – 0003529　jnt06594

人鏡經不分卷　(□)□□著　清抄本　二冊

370000 – 1502 – 0003530　jnt06597

湖山便覽十二卷　(清)翟灝　(清)翟瀚輯　(清)王維翰重訂　清光緒元年(1875)王氏槐蔭堂刻本　六冊

370000 – 1502 – 0003531　jnt06599

吟餘錄二卷　(清)徐縉文著　清道光二十年(1840)刻本　二冊

370000 – 1502 – 0003532　jnt06600

桐蔭清話八卷　(清)倪鴻撰　清同治十三年(1874)刻本　四冊

370000 – 1502 – 0003533　jnt06601

經餘秘書必讀八卷　(清)雷琳編　清嘉慶十一年(1806)文會堂刻本　四冊

370000 – 1502 – 0003534　jnt06602

歸田瑣記八卷　(清)梁章鉅撰　清道光二十五年(1845)北東園刻本　二冊

370000 – 1502 – 0003535　jnt06603

四書人物類典串珠四十卷　(清)臧志仁編輯　清嘉慶六年(1801)聚珍堂刻本　十六冊

370000 – 1502 – 0003536　jnt06604

桃花泉棋譜二卷　(清)范世勛著　清同治十二年(1873)味經堂刻本　二冊

370000 – 1502 – 0003537　jnt06609

韓非子二十卷　(戰國)韓非撰　清嘉慶九年(1804)姑蘇聚文堂刻本　四冊

370000 – 1502 – 0003538　jnt06610

明賢遺翰二卷　(□)□□撰　清末石印本
四冊

370000 – 1502 – 0003539　jnt06611

資治通鑑二百九十四卷釋文辨誤十二卷
(宋)司馬光撰　清胡克家影元刻同治八年(1869)江蘇書局重修本　九十三冊　存九十八卷(一至八十、八十三至一百)

370000 – 1502 – 0003540　jnt06612

續資治通鑑綱目二十七卷末一卷　(明)商輅撰　清聚文堂刻本　四十冊

370000 – 1502 – 0003541　jnt06613

增補事類統編九十三卷　(清)黃葆真增輯　清刻本　四十二冊

370000 – 1502 – 0003542　jnt06619

重訂廣事類賦四十卷　(清)華希閔著　清嘉

慶四年(1799)劍光閣刻本　十冊

370000－1502－0003543　jnt06623

綱鑑擇言十卷　（清）司徒修撰　清道光二十六年(1846)書業德刻本　六冊

370000－1502－0003544　jnt06627

三字經訓詁一卷千字文釋義一卷百家姓考略一卷　（清）徐士業校刊　清光緒二十三年(1897)書業德刻本　三冊

370000－1502－0003545　jnt06628

史記一百三十卷　（漢）司馬遷撰　（南朝宋）裴駰集解　（唐）司馬貞索隱　（唐）張守節正義　清光緒十四年(1888)上海圖書集成印書局鉛印本　十六冊

370000－1502－0003546　jnt06629

鳳洲綱鑑會纂三十九卷首一卷御纂資治通鑑綱目六卷　（明）王世貞編　清光緒二十五年(1899)上海美華書館石印本　十二冊

370000－1502－0003547　jnt06630

欽定續文獻通考輯要二十六卷　湯壽潛輯　清末鉛印本　十冊

370000－1502－0003548　jnt06632

古唐詩合解十二卷　（清）王堯衢注　清光緒九年(1883)文盛堂刻本　五冊

370000－1502－0003549　jnt06634

列女傳八卷　（漢）劉向撰　（清）梁端校注　清光緒元年(1875)刻本　四冊

370000－1502－0003550　jnt06635

壽世編增補不分卷　（清）亞齋居士原編（清）顧奉璋增輯　清道光十七年(1837)貴州永字趙氏刻本　四冊

370000－1502－0003551　jnt06636

歷代鐘鼎彝器款識法帖二十卷　（宋）薛尚功撰　清嘉慶二年(1797)刻本　四冊

370000－1502－0003552　jnt06638

慶典章程五卷　（清）內務府編　清光緒刻本　五冊

370000－1502－0003553　jnt06639

閱微草堂筆記二十四卷　（清）紀昀撰　清道光十五年(1835)廣州財政司刻本　十冊

370000－1502－0003554　jnt06640

策學淵萃四十六卷　（清）京都琉璃廠文萃堂編輯　清光緒四年(1878)刻本　十冊

370000－1502－0003555　jnt06641

周易十卷　（宋）程頤撰　清光緒十五年(1889)江南書局刻本　八冊

370000－1502－0003556　jnt06643

脈經十卷　（晉）王叔和撰　清末上海鴻章書局影印本　六冊

370000－1502－0003557　jnt06646

聖門禮樂志不分卷　（清）孔傳鐸纂　（清）孔令貽輯　清光緒十三年(1887)刻本　二冊

370000－1502－0003558　jnt06647

毛詩復古錄十二卷首一卷　（清）吳懋清著　清光緒二十年(1894)刻本　六冊

370000－1502－0003559　jnt06648

乾坤正氣集二十卷　（清）顧沅輯　清同治六年(1867)刻本　八冊

370000－1502－0003560　jnt06652

養蒙書九種不分卷　（清）賀瑞麟輯　清同治十二年(1873)刻本　二冊

370000－1502－0003561　jnt06655

聽雨軒讀本不分卷　（清）陳鍾麟選　清同治七年(1868)緯文堂刻本　四冊

370000－1502－0003562　jnt06656

閱微草堂筆記二十四卷　（清）紀昀撰　清嘉慶五年(1800)北平盛氏望益書屋刻本　十六冊

370000－1502－0003563　jnt06657

韻字彙錦五卷　（清）顧掄輯　清道光二年(1822)玉冊草堂刻本　五冊

370000－1502－0003564　jnt06658

小題正鵠三集　（清）李元度撰　清光緒八年(1882)善成堂刻本　十冊

370000－1502－0003565　jnt06659

半舫齋編年詩二十卷　（清）夏之蓉撰　清光緒十一年(1885)刻本　四册

370000－1502－0003566　jnt06661

西湖佳話古今遺迹十六卷　（清）墨浪子輯　清大文堂刻本　四册

370000－1502－0003567　jnt06662

古文辭類纂七十五卷　（清）姚鼐纂輯　清光緒二十七年(1891)李氏求要堂刻本　十二册

370000－1502－0003568　jnt06662

續古文辭類纂二十八卷　（清）黎庶昌纂　清光緒二十一年(1885)金陵狀元閣刻本　十二册

370000－1502－0003569　jnt06662

荆園小語集證四卷　（清）申涵光著　清咸豐十年(1860)刻本　二册

370000－1502－0003570　jnt06664

周禮政要二卷　（清）孫詒讓撰　清光緒二十九年(1903)山東書局石印本　二册

370000－1502－0003571　jnt06667

徐靈胎醫書八種　（清）徐大椿撰　清光緒十五年(1889)上海掃葉山房刻本　十六册

370000－1502－0003572　jnt06668

六如居士全集七卷　（明）唐寅著　清光緒十一年(1885)鎮江文成堂刻本　二册

370000－1502－0003573　jnt06669

昭烈忠武陵廟志五卷首一卷　（清）潘時彤纂　清道光九年(1829)刻本　四册

370000－1502－0003574　jnt06670

壽山堂易説　（唐）吕嵒撰　清刻本　六册

370000－1502－0003575　jnt06673

養一齋集二十五卷　（清）潘德輿撰　清道光二十九年(1849)刻本　八册

370000－1502－0003576　jnt06674

李文襄公集十八卷　（清）李雲芳撰　清末刻本　十二册

370000－1502－0003577　jnt06675

湯潛庵先生集二卷　（清）湯斌撰　清同治福州正誼書院刻本　一册

370000－1502－0003578　jnt06676

[嘉慶]禹城縣志十二卷　（清）董鵬翔修　（清）牟應震纂　清嘉慶十三年(1808)刻本　四册

370000－1502－0003579　jnt06681

本草綱目五十二卷　（明）李時珍撰　清光緒十一年(1885)張紹棠味古齋刻本　四十册缺一册(十)

370000－1502－0003580　jnt06682

蠡測偶記二卷　胡贊采著　清宣統元年(1909)刻本　一册

370000－1502－0003581　jnt06686

彭文敬公全集四十三卷　（清）彭蘊章撰　清同治刻本　十一册

370000－1502－0003582　jnt06688

夜雨秋燈録八卷　（清）宣鼎著　清光緒三年(1877)申報館鉛印本　八册

370000－1502－0003583　jnt06690

定性齋集一卷蓮塘遺集一卷　（清）李憲曇著　清光緒十二年(1886)西安郡齋刻本　一册

370000－1502－0003584　jnt06691

求古精會舍金石圖四卷　（清）陳經輯　清嘉慶二十三年(1818)説劍樓刻本　四册

370000－1502－0003585　jnt06693

恒軒所見金石録　（清）吳大澂撰　清光緒十一年(1885)刻本　二册

370000－1502－0003586　jnt06694

禮記易讀二卷　（清）志遠堂主人選　清光緒十四年(1888)寶興堂刻本　二册

370000－1502－0003587　jnt06695

莊子集解八卷　王先謙集解　清宣統元年(1909)思賢書局刻本　三册

370000－1502－0003588　jnt06696

豔雪堂詩集四卷　（清）張晋著　清道光十八

年(1838)香雪庵刻本　四册

370000－1502－0003589　jnt06697

右臺仙館筆記十六卷　（清）俞樾撰　清刻本
六册

370000－1502－0003590　jnt06698

青南輿頌六卷　（清）蕓香草堂諸子編　清咸
豐八年(1858)刻本　八册

370000－1502－0003591　jnt06700

金壺精華不分卷　（清）張仰山增訂　清光緒
二年(1876)北京松竹齋刻本　二册

370000－1502－0003592　jnt06708

山左古文鈔八卷　（清）李景嶧　（清）劉鴻翱
輯　清道光八年(1828)刻本　八册

370000－1502－0003593　jnt06703

慎疾芻言一卷景岳新方砭四卷　（清）徐大椿
撰　（清）陳念祖撰　（清）葛元煦校訂　清光
緒四年(1878)上海縣東目耕齋刻本　一册

370000－1502－0003594　jnt06706

經韻集字析解二卷　（清）彭良敞集注　清道
光十年(1830)灤源書院刻本　二册

370000－1502－0003595　jnt06715

杜詩鈔不分卷　（清）鄭杲選　清鉛印本　四
册

370000－1502－0003596　jnt06717

四書集注十九卷　（清）王賡言集　清道光二
年(1822)刻本　六册

370000－1502－0003597　jnt06720

詩韻全璧五卷　（清）暢懷書屋主人輯　清光
緒十八年(1892)上海鴻寶齋石印本　六册

370000－1502－0003598　jnt06721

四可廬印稿不分卷　（清）胡柏年集　清印本
二册

370000－1502－0003599　jnt06722

鄧石如印存不分卷　（清）鄧石如　清光緒三
十二年(1906)有正書局石印本　二册

370000－1502－0003600　jnt06726

綱鑑會纂四十五卷　（明）王世貞撰　清光緒
二十五年(1899)著易堂石印本　十二册

370000－1502－0003601　jnt06727

呂子遺書三十一卷　（明）呂坤撰　清道光刻
本　二十四册

370000－1502－0003602　jnt06729

龍泉園語十二卷　（清）李江撰　清光緒二十
年(1894)刻本　四册

370000－1502－0003603　jnt06732

佩文齋廣群芳譜一百卷目録二卷　（清）汪灝
等撰　清同治七年(1868)刻本　三十六册

370000－1502－0003604　jnt06734

四述奇十六卷　（清）張在初著　清光緒九年
(1883)著易堂刻本　七册

370000－1502－0003605　jnt06735

冶梅祼譜不分卷　（清）王寅著　清光緒石印
本　四册

370000－1502－0003606　jnt06737

墨池清鑑九卷首一卷　（日本）田能村小虎編
輯　日本明治十三年(1880)刻本　五册　存
六卷(首一卷、一至四)

370000－1502－0003607　jnt06739

聖門樂法不分卷　（清）孔尚任著　清光緒十
三年(1887)刻本　一册

370000－1502－0003608　jnt06741

元亨療馬集六卷附牛經二卷駝經一卷　（清）
喻本元　（清）喻本亨撰　清光緒十一年
(1885)掃葉山房刻本　六册

370000－1502－0003609　jnt06745

歷代畫像傳不分卷　（清）丁善長繪　清光緒
二十二年(1896)刻本　三册

370000－1502－0003610　jnt06747

毓秀堂畫傳四卷　（清）王墀繪　清光緒九年
(1883)石印本　四册

370000－1502－0003611　jnt06748

增訂本草備要四卷　（清）汪昂輯　清光緒十
九年(1893)書業德刻本　六册

370000－1502－0003612　jnt06751

趙撝叔印存不分卷　（清）趙之謙作　清光緒四年(1878)西泠印社石印本　四冊

370000－1502－0003613　jnt06752

趙撝叔印存不分卷　（清）趙之謙作　清末有正書局石印本　二冊

370000－1502－0003614　jnt06755

小辨齋偶存八卷涇皋家塾三卷　（明）顧允成撰　清光緒十二年(1886)涇里宗祠刻本　二冊

370000－1502－0003615　jnt06756

書畫鑑影二十四卷　（清）李佐賢撰　清同治十年(1871)李氏刻本　十二冊

370000－1502－0003616　jnt06757

琴粹四卷首一卷　（清）楊宗稷輯　清咸豐元年(1851)風鶴琴齋刻本　一冊

370000－1502－0003617　jnt06758

醫宗必讀五卷首一卷　（明）李中梓著　清同治五年(1866)書業德刻本　六冊

370000－1502－0003618　jnt06760

新刊增補萬病回春原本八卷　（明）龔廷賢編　清文盛堂刻本　八冊

370000－1502－0003619　jnt06763

編注醫學入門内集五卷首一卷　（明）李梴撰　清光緒二十年(1894)宏道堂刻本　十冊　存三卷(一至二,首一卷)

370000－1502－0003620　jnt06767

醫法必傳一卷　（清）程芝田著　清光緒十三年(1887)養鶴山房刻本　一冊

370000－1502－0003621　jnt06768

醫林改錯二卷　（清）王清任著　清咸豐元年(1851)潘永元堂刻本　二冊

370000－1502－0003622　jnt06769

十竹齋畫譜八卷　（明）胡正言輯　清刻五色套印本　六冊　存五卷(石譜一卷、竹譜一卷、墨華一卷、梅譜一卷、翎毛一卷)

370000－1502－0003623　jnt06772

引痘條約合梓一卷　（清）邱熺等撰　清同治十三年(1874)刻本　一冊

370000－1502－0003624　jnt06773

宋稗類鈔八卷　（清）潘永因編輯　清末有正書局鉛印本　六冊　缺二卷(二、五)

370000－1502－0003625　jnt06774

痘科救刧論一卷治痘經驗隨筆一卷治診經驗隨筆一卷治痘科藥性一卷　（清）李敷榮撰　清道光二十六年(1846)歷城張式穀刻本　一冊

370000－1502－0003626　jnt06775

集蘇一百八喜箋序目一卷集涪翁文一百四十喜箋序目一卷集李杜詩八十四喜箋序目一卷　（清）徐琪集　清光緒刻本　三冊

370000－1502－0003627　jnt06776

樓山堂集二十七卷　（明）吳應箕撰　清末鉛印本　六冊

370000－1502－0003628　jnt06786

俞氏畫稿　（清）俞禮畫　清光緒十五年(1889)上海秀文書局石印本　一冊

370000－1502－0003629　jnt06787

海上名人畫稿不分卷　（清）張熊等繪　清光緒十一年(1885)上海同文書局石印本　二冊

370000－1502－0003630　jnt06791

後漢書九十卷續漢志三十卷　（南朝宋）范曄撰　（唐）李賢注　（晋）司馬彪撰　（南朝梁）劉昭注　清同治八年(1869)金陵書局刻本　十六冊

370000－1502－0003631　jnt06792

人生必讀書十二卷蠶桑事宜一卷　（清）鄒祖堂撰　清同治刻本　十冊

370000－1502－0003632　jnt06793

石堂集十卷　（清）釋祖珍撰　清刻本　三冊

370000－1502－0003633　jnt06794

急救應驗良方一卷　（清）楊昌濬輯　清光緒二年(1876)任有容齋刻本　一冊

370000－1502－0003634　jnt06795

增訂本草備要四卷　（清）汪昂輯　清光緒三十四年(1908)周村承文新刻本　四册

370000－1502－0003635　jnt06796

增訂本草備要四卷醫方湯頭歌訣一卷經絡歌訣一卷　（清）汪昂撰　清咸豐元年(1851)文質堂刻本　四册

370000－1502－0003636　jnt06797

增訂本草備要四卷醫方湯頭歌訣一卷經絡歌訣一卷　（清）汪昂撰　清光緒三十三年(1907)三益堂刻本　四册

370000－1502－0003637　jnt06798

增訂本草備要四卷　（清）汪昂輯　清同治八年(1869)江寧崇文堂刻本　四册

370000－1502－0003638　jnt06799

百美新詠不分卷　（清）顏希源撰　清嘉慶十年(1805)刻本　二册

370000－1502－0003639　jnt06800

語石齋畫譜不分卷　（清）楊伯潤繪　清光緒二十七年(1901)天津文美齋石印本　一册

370000－1502－0003640　jnt06801

語石齋畫譜不分卷　（清）楊伯潤繪　清光緒二十七年(1901)天津文美齋石印本　一册

370000－1502－0003641　jnt06805

積古齋鐘鼎彝器款識十卷　（清）阮元編錄　清光緒五年(1879)上海中華圖書館鉛印本　六册

370000－1502－0003642　jnt06806

醫方擇要二卷　（清）汪廷楷等輯　清道光九年(1829)刻本　一册

370000－1502－0003643　jnt06808

天仙正理二卷　（明）伍守陽撰　清嘉慶二十四年(1819)刻本　二册

370000－1502－0003644　jnt06809

太上老子道德經集解二卷　（宋）董思靖集解　清光緒三年(1877)陸氏十萬卷樓刻本　二册

370000－1502－0003645　jnt06810

老子翼八卷首一卷　（明）焦竑撰　清光緒二十一年(1895)漸西村舍刻本　四册

370000－1502－0003646　jnt06813

三指禪三卷　（清）夢覺道人撰　清同治十三年(1874)撫會堂刻本　一册

370000－1502－0003647　jnt06815

西京清麓叢書　（清）賀瑞麟輯　清同治至民國傳經堂刻本　五百三十八册

370000－1502－0003648　jnt06821

四體字法四卷　（清）鄭虎紋編　清道光六年(1826)刻本　四册

370000－1502－0003649　jnt06825

石室印萃不分卷　（清）丁善長刻　清光緒十四年(1888)印本　一册

370000－1502－0003650　jnt06826

百種花箋不分卷　（清）松小夢繪　清光緒二十八年(1902)天津文美齋石印本　一册

370000－1502－0003651　jnt06830

金石萃編一百六十卷　（清）王昶撰　清光緒十九年(1893)上海寶善石印本　十八册

370000－1502－0003652　jnt06831

痘疹集注不分卷　（清）歐陽秉信　（清）胡延齡等書　清咸豐四年(1854)手抄本　一册

370000－1502－0003653　jnt06836

墨蘭譜不分卷　（清）陳旭繪　清咸豐八年(1858)讀書齋刻本　二册

370000－1502－0003654　jnt06837

墨蘭譜不分卷　（清）陳旭繪　清咸豐八年(1858)讀書齋刻本　一册

370000－1502－0003655　jnt06844

劉涓子鬼遺方五卷　（南朝宋）劉涓子撰　（南朝齊）龔慶宣編　華氏中藏經二卷　（漢）華佗撰　清嘉慶五年(1800)掃葉山房刻本　四册

370000－1502－0003656　jnt06845

御批歷代通鑑輯覽一百二十卷　（清）傅恒等奉敕撰　清光緒二十九年(1903)上海通元書

局石印本　二十四册

370000－1502－0003657　jnt06847

綱鑑擇語十卷　（清）司徒修撰　清光緒二十四年(1898)文盛書局石印本　六册

370000－1502－0003658　jnt06848

綱鑑擇語十卷　（清）司徒修撰　清末上海文盛書局石印本　六册

370000－1502－0003659　jnt06851

列國政治通考十八卷　（清）漸齋等編　清光緒二十八年(1902)天津開文書局石印本　十二册

370000－1502－0003660　jnt06853

東周列國志二十七卷　（明）馮夢龍撰　（清）蔡界評點　清光緒二十二年(1896)掃葉山房石印本　八册

370000－1502－0003661　jnt06857

金石史二卷　（明）郭宗昌著　清手抄本　一册

370000－1502－0003662　jnt06858

周文鈔不分卷唐文鈔不分卷唐詩鈔不分卷宋詩鈔不分卷　（□）□□輯　清手抄本　四册

370000－1502－0003663　jnt06859

巾經纂二十卷　（清）宋宗元撰　清咸豐五年(1855)嘉孚堂刻本　六册

370000－1502－0003664　jnt06860

德恒草堂印存不分卷　（清）□□□著　清印本　四册

370000－1502－0003665　jnt06861

鐵雲藏龜不分卷　（清）劉鶚輯　清石印本　六册

370000－1502－0003666　jnt06863

九通提要十二卷　（清）柴紹炳纂　清光緒二十八年(1902)鉛印本　五册

370000－1502－0003667　jnt06870

袁文合箋十六卷　（清）袁枚撰　（清）王廣業箋　清光緒八年(1882)刻本　六册

370000－1502－0003668　jnt06871

金罍山民印存不分卷　（清）金罍作　清印本　四册

370000－1502－0003669　jnt06873

朱摹阮氏積古齋鐘鼎彝器款識二卷　（清）阮元撰　清朱治選摹抄本　二册

370000－1502－0003670　jnt06878

竹雪軒印譜八卷　（清）蔡濬源輯　清光緒十一年(1885)刻本　三册

370000－1502－0003671　jnt06880

初唐四傑集三十七卷　（清）項家達編　清同治十二年(1873)叢雅居刻本　十册

370000－1502－0003672　jnt06882

蒙養函書初編三十七卷　（清）張承燮輯　清光緒二十七年(1901)山東膠州聽雨堂刻本　十三册

370000－1502－0003673　jnt06883

蒙養函書初編三十七卷　（清）張承燮輯　清光緒二十七年(1901)山東膠州聽雨堂刻本　十三册

370000－1502－0003674　jnt06884

蒙養函書初編三十七卷　（清）張承燮輯　清光緒二十七年(1901)山東膠州聽雨堂刻本　十三册

370000－1502－0003675　jnt06885

蒙養函書初編三十七卷　（清）張承燮輯　清光緒二十七年(1901)山東膠州聽雨堂刻本　十三册

370000－1502－0003676　jnt06897

閱微草堂筆記五種二十四卷首一卷　（清）紀昀撰　清刻本　十二册

370000－1502－0003677　jnt06900

歸田瑣記八卷浪蹟叢談十一卷浪蹟續談八卷　（清）梁章鉅撰　清宣統三年(1911)上海掃葉山房石印本　八册

370000－1502－0003678　jnt06904

吳氏醫學述第三種六卷　（清）吳儀洛輯　清

富春堂刻本　四册

370000－1502－0003679　jnt06905
產後編二卷　（清）傅山撰　清善成堂刻本　二册

370000－1502－0003680　jnt06906
傅氏眼科審視瑤函六卷首一卷　（明）傅仁宇纂輯　清三益堂刻本　四册

370000－1502－0003681　jnt06909
筆花醫鏡四卷　（清）江涵暾撰　清同治十年(1871)濟南英華齋刻本　一册

370000－1502－0003682　jnt06910
珍家正眼二卷本草通元二卷病機沙篆二卷[壽世青編]二卷　（清）李中梓撰　（清）江尤生輯　清善成堂刻本　四册

370000－1502－0003683　jnt06911
增訂本草備要不分卷醫方集解六卷首一卷（清）汪昂等輯　清光緒善成堂刻本　六册

370000－1502－0003684　jnt06912
幼學歌五卷續編一卷　（清）王用臣撰　清光緒十一年(1885)深澤王氏刻本　四册

370000－1502－0003685　jnt06913
吕氏春秋二十六卷　（戰國）吕不韋撰　（漢）高誘注　清光緒元年(1875)浙江書局刻本　六册

370000－1502－0003686　jnt06915
顔魯公文集十五卷補遺一卷　（唐）顔真卿撰　（清）顔崇槼校刊　清嘉慶七年(1802)曲阜顔氏刻本　四册

370000－1502－0003687　jnt06916
居易初集二卷　（清）經元善撰　清光緒二十七年(1901)葡國濠鏡大礮臺刻本　二册

370000－1502－0003688　jnt06919
玲瓏雪月山房畫譜不分卷　（清）鮑筱庵繪　清光緒石印本　四册

370000－1502－0003689　jnt06921
四書反身録六卷　（清）李顒口授　（清）王心敬録　清光緒十三年(1887)萊州郡署刻本　四册

370000－1502－0003690　jnt06924
外科症治全生四卷　（清）王維德纂輯　清手抄本　四册

370000－1502－0003691　jnt06933
新刊良朋彙集五卷　（清）孫偉輯　清嘉慶七年(1802)刻本　七册

370000－1502－0003692　jnt06936
歷代名臣言行録二十四卷　（清）朱桓編輯　清光緒二十八年(1902)鴻寶書局石印本　八册

370000－1502－0003693　jnt06939
奎壁詩經八卷　（宋）朱熹集傳　清光緒三十年(1904)刻本　四册

370000－1502－0003694　jnt06940
增訂本草備要四卷　（清）汪昂輯　清光緒二十七年(1901)有益堂刻本　四册

370000－1502－0003695　jnt06941
張仲景傷寒論原文淺注六卷　（清）陳念祖撰　清刻本　二册

370000－1502－0003696　jnt06949
鴻雪因緣圖記六卷　（清）麟慶著　清道光二十九年(1849)精刻本　六册

370000－1502－0003697　jnt06950
四書合參析疑二十二卷　（清）張權時手撰　清聚秀堂刻本　十五册　缺四卷(論語四、六,孟子六至七)

370000－1502－0003698　jnt06951
書經六卷　（宋）蔡沈集傳　清嘉慶十年(1805)刻本　四册

370000－1502－0003699　jnt06952
詩經八卷　（宋）朱熹集傳　清嘉慶十年(1805)刻本　四册

370000－1502－0003700　jnt06953
禮記十卷　（元）陳澔集説　（清）丁寶楨校刊　清嘉慶十年(1805)鮑氏刻本　十册

370000－1502－0003701　　jnt06954

監本四書十九卷　（宋）朱熹集傳　清嘉慶十年(1805)刻本　六册

370000－1502－0003702　　jnt06956

御纂周易折中二十二卷首一卷　（清）李光地撰　清刻本　二十册

370000－1502－0003703　　jnt06957

壽山堂易説三卷　（唐）無極呂子撰　清同治六年(1867)刻本　六册

370000－1502－0003704　　jnt06959

新刊醫林狀元壽世保元十卷　（明）龔廷賢編　清同文堂刻本　十册

370000－1502－0003705　　jnt06960

經驗方二卷　（清）沈善兼輯　清光緒二十二年(1896)柞溪沈氏刻本　一册

370000－1502－0003706　　jnt06961

古唐詩合解十六卷　（清）王堯衢注　清刻本　八册

370000－1502－0003707　　jnt06962

重訂王鳳洲先生綱鑑會纂四十六卷重訂王鳳洲先生會纂綱鑑二十三卷御撰資治通鑑綱目三編二十卷　（明）王世貞纂　清刻本　四十八册

370000－1502－0003708　　jnt06963

來生福彈詞三十六回　（清）橘中逸叟撰　清刻本　二十八册

370000－1502－0003709　　jnt06964

壽世醫竅二卷　（清）□□撰　清道光十八年(1838)錫羨堂刻本　二册

370000－1502－0003710　　jnt06973

讀史大略六十卷首一卷　（清）沙張白撰　清光緒二十六年(1900)刻本　六册

370000－1502－0003711　　jnt06974

冶梅石譜不分卷　（清）王寅繪　清光緒六年(1880)石印本　二册

370000－1502－0003712　　jnt06975

鼎鍥幼幼集成六卷　（清）陳復正輯訂　清務

本堂刻本　六册

370000－1502－0003713　　jnt06976

國朝畫徵録二卷國朝畫徵録附録一卷國朝畫徵續録二卷　（清）張庚撰　清光緒十九年(1893)上海積山書局石印本　二册

370000－1502－0003714　　jnt06977

國朝畫徵録三卷國朝畫徵續録二卷　（清）張庚撰　清光緒十九年(1893)上海積山書局石印本　二册

370000－1502－0003715　　jnt06989

達生編不分卷　（清）亟齋居士編　清刻本　一册

370000－1502－0003716　　jnt06993

莊子集解八卷　王先謙撰　清宣統元年(1909)掃葉山房石印本　四册

370000－1502－0003717　　jnt06994

封泥考略八卷　（清）吳式芬　（清）陳介祺輯　清光緒三十年(1904)石印本　八册

370000－1502－0003718　　jnt06997

古文審八卷首一卷　（清）劉心源撰　清光緒十七年(1891)嘉魚劉氏龍江樓刻本　四册

370000－1502－0003719　　jnt11035

全唐詩三十二卷　（清）彭定求等編　清光緒十三年(1887)上海同文書局石印本　三十二册

370000－1502－0003720　　jnt11036

四書圖考十三卷　（清）杜炳撰　清光緒十三年(1887)鴻文書局石印本　四册

370000－1502－0003721　　jnt11061

説文繫傳校録三十卷　（清）王筠撰　清咸豐七年(1857)安邱王氏刻本　四册

370000－1502－0003722　　jnt11062

説文繫傳校録三十卷　（清）王筠撰　清末刻本　二册

370000－1502－0003723　　jnt11064

史餘二十卷　（清）陳堯松撰　清同治三年(1864)竹平安齋刻本　四册　存十六卷(一

至七、十一至十九）

370000 – 1502 – 0003724　jnt11069

樊氏族譜三卷　（清）樊維純修　清道光二十
四年(1844)刻本　四册

370000 – 1502 – 0003725　jnt11072

於陵聶氏族譜二十二卷首二卷南固山聶氏宗
譜世系一卷末一卷　（清）聶觀銘謹敍　清光
緒三十年(1904)刻本　六册

370000 – 1502 – 0003726　jnt11080

戴肇辰行述一卷　（清）戴燮元輯　清末刻本
　一册

370000 – 1502 – 0003727　jnt11089

毗陵薛墅吳氏族譜十二卷　（清）吳唐林修
清光緒九年(1883)履成堂刻本　六册　存八
卷(一至二、五至八、十一至十二)

370000 – 1502 – 0003728　jnt11089

吳氏遠祖氏系圖十卷　（清）吳唐林修　清光
緒九年(1883)履成堂刻本　四册　存四卷
(一、三、六、九)

370000 – 1502 – 0003729　jnt11088

毗陵薛墅吳氏族譜十四卷　（清）吳湛修　清
嘉慶二十四年(1819)刻本　八册

370000 – 1502 – 0003730　jnt11090

東興繆氏宗譜四十四卷首一卷末一卷　（清）
繆楷等修　清宣統元年(1909)衍澤堂刻本
十六册　存二十一卷(一至十、十二至二十
一、三十三)

370000 – 1502 – 0003731　jnt11092

毗陵薛墅吳氏族譜　（清）吳溶修　清道光二
十五年(1845)履成堂刻本　十二册

370000 – 1502 – 0003732　jnt11093

陳母李太恭人七十壽言二卷　（清）陳鎮等撰
　清同治十二年(1873)刻本　二册

370000 – 1502 – 0003733　jnt11094

陳母李太恭人七十壽言二卷　（清）陳鎮等撰
　清同治十二年(1873)刻本　二册

370000 – 1502 – 0003734　jnt11095

誥封一品夫人周母吳太夫人榮哀錄不分卷
（清）馬其昶等撰　清光緒三十三年(1907)石
印本　一册

370000 – 1502 – 0003735　jnt11096

武原沈氏始遷宗譜一卷　（清）沈守謙修　清
光緒三十四年(1908)刻本　一册

370000 – 1502 – 0003736　jnt11097

宛氏族譜不分卷　（清）宛錫璋修　清刻本
一册

370000 – 1502 – 0003737　jnt11098

宋氏族譜一卷　（清）孫掄元重修　清同治四
年(1865)手抄本　一册

370000 – 1502 – 0003738　jnt11102

誥授榮禄大夫贈内閣學士衛一品封典二品衛
花翎署永定河首直隸候補道兼襲雲騎尉世職
金公行狀一卷　（清）熊祖貽撰　清刻本　一
册

370000 – 1502 – 0003739　jnt11104

菽莊主人銀婚帳詞一卷　（清）陳榮倫輯　清
鉛印本　一册

370000 – 1502 – 0003740　jnt11116

韓氏族譜不分卷　（清）韓元林等修　清光緒
八年(1882)刻本　一册

370000 – 1502 – 0003741　jnt11117

韓氏族譜不分卷　（清）韓元林等修　清光緒
八年(1882)刻本　一册

370000 – 1502 – 0003742　jnt11119

閔氏家乘不分卷　（清）閔氏修　清抄本　一
册

370000 – 1502 – 0003743　jnt11122

誥授中議大夫晋贈榮禄大夫浙江補用同知加
三級顯考寄舫府君行狀一卷　（清）陳爔唐述
　清宣統二年(1910)刻本　一册

370000 – 1502 – 0003744　jnt11124

錦堂萱壽集不分卷　（清）張桂墀撰　清光緒
二十六年(1900)鉛印本　一册

370000 – 1502 – 0003745　jnt11125

呂氏宗譜三十卷首一卷附下世表節略 （清）呂馥心等纂修 清光緒六年(1880)刻本 十一冊 存十四卷(一至二、六、九至十一、十五至十七、二十、二十七、二十九至三十,首一卷)

370000－1502－0003746 jnt11127

合肥相國七十賜壽圖附壽言不分卷 盛宣懷等跋 清海軍石印書局石印本 六冊

370000－1502－0003747 jnt11128

合肥相國七十賜壽圖附壽言不分卷 盛宣懷等跋 清海軍石印書局石印本 四冊

370000－1502－0003748 jnt11134

黃仁濟行狀不分卷 （清）王之春等撰 清光緒刻本 一冊

370000－1502－0003749 jnt11135

濟剛節公表忠錄不分卷 （清）周莊山撰述 清刻本 一冊

370000－1502－0003750 jnt11137

張氏得姓一脈源流譜系一卷 （清）張大琮錄 清光緒七年(1881)抄本 一冊

370000－1502－0003751 jnt11141

張氏家譜不分卷 （清）張德剛 （清）張安新等編修 清光緒三十年(1904)刻本 三冊

370000－1502－0003752 jnt11146

澆愁集八卷 （清）鄒弢著 清光緒四年(1878)申報館鉛印申報館叢書本 三冊 缺二卷(三至四)

370000－1502－0003753 jnt11147

爾雅三卷 （晉）郭璞注 清光緒二十四年(1898)上海古香閣影印本 一冊

370000－1502－0003754 jnt11148

金玉瑣碎二卷 （清）謝堃編 清光緒六年(1880)刻本 一冊

370000－1502－0003755 jnt11149

鞠部群英二卷 （清）小游仙客編 清同治十二年(1873)刻本 一冊 存一卷(下)

370000－1502－0003756 jnt11150

群經蒙求歌略一卷諸史蒙求歌略一卷 （清）黃焱編 清光緒二十四年(1898)石印本 一冊

370000－1502－0003757 jnt11151

煙霞萬古樓文集六卷 （清）王曇撰 清道光二十年(1840)刻本 二冊

370000－1502－0003758 jnt11152

煙霞萬古樓文集六卷 （清）王曇撰 清道光二十年(1840)刻本 一冊 存三卷(四至六)

370000－1502－0003759 jnt11155

鄉黨圖考十卷 （清）江永撰 清嘉慶二十四年(1819)掃葉山房刻本 四冊

370000－1502－0003760 jnt11158

秋盦詩草不分卷秋盦詞草不分卷 （清）黃易撰 清宣統二年(1910)石印本 一冊

370000－1502－0003761 jnt11159

陶靖節先生詩四卷 （晉）陶潛撰 （宋）湯漢注 清光緒十一年(1885)刻本 一冊

370000－1502－0003762 jnt11162

批點七家詩合注七卷 （清）張熙宇評 清光緒十八年(1892)刻本 八冊

370000－1502－0003763 jnt11163

二南詩鈔二卷二南詩續鈔二卷 （清）周樂撰 清道光九年(1829)刻本 四冊

370000－1502－0003764 jnt11164

二南詩續鈔三卷 （清）周樂撰 清道光十一年(1831)刻本 三冊

370000－1502－0003765 jnt11165

重訂空山堂詩志八卷 （清）牛運震撰 清刻本 三冊 存六卷(一至六)

370000－1502－0003766 jnt11168

通志二百卷附欽定通志考證三卷 （宋）鄭樵撰 清光緒二十七年(1901)上海圖書集成印書局鉛印本 六十冊

370000－1502－0003767 jnt11170

石蘭書屋詩集 （清）高瀛洲撰 清末稿本 一冊

370000－1502－0003768　jnt11172

戊子同年録不分卷　（□）□□著　清抄本
一册

370000－1502－0003769　jnt11175

賢淑必讀一卷女四字經一卷　（清）林淑華鑑
定　清末抄本　一册

370000－1502－0003770　jnt11177

人海記二卷　（清）查慎行編輯　清宣統二年
（1910）掃葉山房石印本　二册

370000－1502－0003771　jnt11183

啓秀軒詩鈔二卷啓秀軒詩浣青吟稿不分卷
（清）劉之葉撰　（清）朱秉璋輯　（清）朱寯
瀛棻　清光緒二十四年（1898）刻本　一册

370000－1502－0003772　jnt11186

唐詩選讀不分卷　（清）步霄抄　清抄本　一
册

370000－1502－0003773　jnt11187

花甲推要不分卷　（□）朱無著推　清末强恕
堂王氏抄本　一册

370000－1502－0003774　jnt11189

古微書三十六卷　（明）孫瑴編　清光緒十四
年（1888）對山問月刻本　四册　存二十四卷
（一至二十四）

370000－1502－0003775　jnt11190

人譜類記增訂六卷　（明）劉宗周撰　清刻本
三册　存五卷（二至六）

370000－1502－0003776　jnt11191

岱宗藏稿　（明）楊夢袞撰　清抄本　四册
存二十卷（十二至三十一）

370000－1502－0003777　jnt11192

公暇墨餘録存稿二卷使黔集一卷　（清）周鳴
鑾撰　雲圃詩存不分卷　（清）周毓桂撰　清
末上海聚珍仿宋印書局鉛印本　二册

370000－1502－0003778　jnt11200

全唐詩話六卷　（宋）尤袤撰　（明）毛晋訂
清宣統三年（1911）三樂堂石印本　五册　存
五卷（一、三至六）

370000－1502－0003779　jnt11202

莊子集解八卷　王先謙輯　清宣統元年
（1909）掃葉山房石印本　四册

370000－1502－0003780　jnt11207

五色瓜廬尺牘四卷　（清）邵慶辰撰　清抄本
一册

370000－1502－0003781　jnt11208

隨意雜鈔不分卷　（清）惟吾民輯　清抄本
四册

370000－1502－0003782　jnt11209

隨意雜鈔不分卷　（清）藺仁氏抄　清抄本
十册

370000－1502－0003783　jnt11210

粟香隨筆　（清）金武祥撰　清光緒刻本　二
册　存四卷（五至八）

370000－1502－0003784　jnt11215

任兆麟述記三卷　（清）任兆麟輯　清光緒二
十年（1894）袖海山房代文林堂石印本　二册

370000－1502－0003785　jnt11216

任兆麟述記三卷　（清）任兆麟輯　清光緒二
十年（1894）袖海山房代文林堂石印本　二册
存二卷（中、下）

370000－1502－0003786　jnt11222

庸盦筆記六卷　（清）薛福成撰　清宣統二年
（1910）上海掃葉山房石印本　三册

370000－1502－0003787　jnt11226

清河書畫舫十二卷　（明）張丑撰　清刻本
五册

370000－1502－0003788　jnt11228

呐於晬編不分卷　（□）趙汝言編　清抄本
一册

370000－1502－0003789　jnt11229

碎錦不分卷　（清）沈浚輯　清抄本　一册

370000－1502－0003790　jnt11230

綱鑑擇録不分卷　（清）□□抄　清抄本　三册

370000－1502－0003791　jnt11232

177

花眉旦二卷　(清)吳依填詞　清抄本　二册

370000－1502－0003792　jnt11233

易筋五段調手一卷　(清)石邁遷口授　(清)王化民校　清抄本　一册

370000－1502－0003793　jnt11234

藥會圖十回　(□)□□撰　清抄本　一册

370000－1502－0003794　jnt11235

金元詩抄不分卷　(□)□□輯　清抄本　一册

370000－1502－0003795　jnt11243

[道光]章邱縣志十六卷首一卷末一卷　(清)吳璋修　(清)曹楙堅纂　清道光十三年(1833)刻本　八册

370000－1502－0003796　jnt11250

時藝偶抄不分卷　(清)高積階抄　清抄本　一册

370000－1502－0003797　jnt11251

遼史國語解不分卷　(清)高宗弘曆敕撰　清抄本　一册

370000－1502－0003798　jnt11254

膠河陳氏誦芬録一卷　(清)陳錦撰　清光緒十年(1884)刻本　一册

370000－1502－0003799　jnt11259

龍威秘書九集　(清)馬俊良輯　清抄本　一册　存五卷(八紘譯史四卷、八紘荒史一卷)

370000－1502－0003800　jnt11262

五經備旨四十五卷　(清)鄒聖脈纂輯　清光緒三十年(1904)上海文盛書局石印本　十二册

370000－1502－0003801　jnt11263

日知録集釋三十二卷首一卷日知録刊誤二卷續刊誤二卷　(清)顧炎武撰　(清)黃汝成集釋　清光緒二十一年(1895)上海點石齋石印本　六册

370000－1502－0003802　jnt11264

文章游戲初編八卷文章游戲二編八卷文章游戲三編八卷　(清)繆艮輯　清中葉藕花館刻

本　六册　存九卷(初編七至八,二編一至二,三編一至二、六至八)

370000－1502－0003803　jnt11265

清河書畫舫十二卷　(明)張丑編　清光緒十四年(1888)朱氏家塾刻本　十二册

370000－1502－0003804　jnt11269

山東全省礦產説帖不分卷　(清)金緘三(清)李朝相抄　清光緒三十二年(1906)抄本　一册

370000－1502－0003805　jnt11270

開平礦務總局條規一卷　(清)開平礦務總局編　清抄本　一册

370000－1502－0003806　jnt11272

山東濟甯直隸州現行賦役全書一卷　(清)濟甯直隸州編　清光緒十二年(1886)刻本　一册

370000－1502－0003807　jnt11272

博興縣田糧串　(清)□□編　清抄本　一册

370000－1502－0003808　jnt11273

山東沂州府費縣現行簡明賦役全書一卷　(清)費縣編　清光緒十二年(1886)刻本　一册

370000－1502－0003809　jnt11278

費縣憲綱册一卷　(清)李敬修造册　清光緒二十一年(1895)抄本　一册

370000－1502－0003810　jnt11280

濟甯直隸州闔境地輿河道全圖　(□)□□繪　清彩繪本　一幅

370000－1502－0003811　jnt11281

滄城殉難雜録四卷　(清)于光甲編纂　清同治二年(1863)刻本　二册

370000－1502－0003812　jnt11288

評選古詩源四卷　(清)沈德潛選　清光緒二十年(1894)上海圖書集成印書局鉛印本　一册

370000－1502－0003813　jnt11290

望眉草堂詩文集　(清)顏嗣徽撰　清光緒十

四年(1888)刻本　四册　存五卷(文集一至二、詩集一至二、五)

370000－1502－0003814　jnt11296

全唐詩話六卷　(宋)王襃撰　(明)毛晋訂
清宣統三年(1911)三樂堂石印本　六册

370000－1502－0003815　jnt11301

皇朝經世文編一百二十卷　(清)賀長齡輯
(清)魏源編次　清光緒十三年(1887)上海廣
百宋齋鉛印本　二十四册

370000－1502－0003816　jnt11302

皇朝經世文編一百二十卷　(清)賀長齡輯
(清)魏源編次　清光緒二十四年(1898)鉛印
本　十七册　存八十四卷(一至三、十五至二
十三、三十至四十、五十四至五十八、六十五
至一百二十)

370000－1502－0003817　jnt11303

皇朝經世文續編一百二十卷　(清)葛士濬輯
清光緒十四年(1888)鉛印本　十八册　存
九十卷(一至六十一、九十二至一百二十)

370000－1502－0003818　jnt11304

皇朝經世文續編一百二十卷　(清)葛士濬輯
清光緒十四年(1888)圖書集成局鉛印本
十七册　存六十七卷(一至二十七、三十二至
六十四、七十二至七十四、九十至九十三)

370000－1502－0003819　jnt11305

皇朝經世文三編八十卷　(清)陳忠倚輯　清
光緒二十七年(1901)上海書局石印本　九册
存四十五卷(一至四十、四十六至五十)

370000－1502－0003820　jnt11306

皇朝五經彙解二百七十卷　(清)抉經心室纂
清光緒十九年(1893)上海寶文書局石印本
二十四册　存二百六卷(易經存四十卷,書
經四十一至九十二,詩經九十三至一百四十
四、一百五十三至一百六十,春秋一百六十九
至一百七十五、一百九十三至二百十,禮記二
百二十六至二百四十一、二百五十八至二百
七十)

370000－1502－0003821　jnt11307

縮本精選經藝淵海十卷　(清)常安室主人選
清光緒十一年(1885)上海點石齋石印本
九册　缺一卷(禮記下)

370000－1502－0003822　jnt11308

皇朝經世文編一百二十卷　(清)賀長齡輯
(清)魏源編次　清光緒石印本　二十九册
存五十六卷(四十三至五十、五十三至五十
七、六十六至七十一、七十四至七十五、七十
八至八十三、八十八至九十四、九十七至一
百、一百三至一百二十)

370000－1502－0003823　jnt11309

皇朝經世文編一百二十卷　(清)賀長齡輯
(清)魏源編次　清光緒十三年(1887)上海點
石齋石印本　十一册　缺十一卷(五十八至
六十八)

370000－1502－0003824　jnt11310

皇朝五經彙解二百七十卷　(清)抉經心室纂
清光緒十四年(1888)鴻文書局石印本　三
十二册

370000－1502－0003825　jnt11311

國朝文録八十二卷　(清)姚春輯　清光緒二
十六年(1900)掃葉山房石印本　十三册　存
七十四卷(一至六、十一至三十五、四十至八
十二)

370000－1502－0003826　jnt11312

國朝文録八十二卷　(清)姚春輯　清光緒二
十六年(1900)掃葉山房石印本　六册　存三
十二卷(一至二、十一至十四、五十一至六十
三、七十至八十二)

370000－1502－0003827　jnt11313

海山仙館叢書五十六種四百八十七卷　(清)
潘仕成輯　清道光至咸豐番禺潘氏刻光緒補
刻本　三十三册　存一百四十一卷[廣名將
傳三至六(缺葉),酌中志一至十五、十八至二
十四,古史輯要一至四,首一卷,高僧傳七至
十,隱居通議十五至三十一,洞天清禄集一
卷,漁隱叢話一至三十四,讀書録四卷,續三
十五舉一卷,宋四六話一至九,全體新論一至
十,揭曼碩詩一至三,詞苑叢談四至六、九至

179

十二,尺牘新鈔一至六,同文算指通編三至八,翼梅一至五,幾何原本四至六]

370000－1502－0003828　jnt11314

國朝先正事略六十卷　（清）李元度纂　清同治五年(1866)森寶齋刻本　十五册　存四十八卷(一、四至五、八至十二、十五至二十五、三十二至六十)

370000－1502－0003829　jnt11320

湖山便覽十二卷　（清）翟瀚　（清）翟灝輯（清）王維翰重訂　清光緒元年(1875)上澣槐陰堂王氏刻本　四册　存八卷(一至二、五至八、十一至十二)

370000－1502－0003830　jnt11320

湖山便覽十二卷　（清）翟瀚　（清）翟灝輯（清）王維翰重訂　清刻本　二册　存五卷(二至四、九至十)

370000－1502－0003831　jnt11324

隨園三十六種　（清）袁枚撰　清光緒三十四年(1908)上海集成圖書公司鉛印本　四十四册　缺三十三卷(小倉山房文集二十五至三十、小倉山房外集五至八、小倉山房詩集十至十七、隨園詩話五至八、隨園隨筆一至七、新齊諧一至四)

370000－1502－0003832　jnt11328

庸庵全集二十一卷　（清）薛福成撰　清光緒二十三年(1897)上海醉六堂石印本　六册存九卷(文編一,續編二卷,外編四卷,海外文編一至二)

370000－1502－0003833　jnt11334

袁文箋正十六卷袁文補注一卷　（清）袁枚撰（清）石韞玉箋　清同治松壽山房刻本　八册

370000－1502－0003834　jnt11347

黃梨洲遺書　（清）黃宗羲撰　清石印本　六册

370000－1502－0003835　jnt11353

金索六卷首一卷石索六卷　（清）馮雲鵬（清）馮雲鵷輯　清光緒十九年(1893)上海積山書局石印本　二十四册

370000－1502－0003836　jnt11355

笠翁偶集六卷　（清）李漁著　清刻本　四册存四卷(三至六)

370000－1502－0003837　jnt11361

子史精華一百六十卷　（清）世宗胤禛敕撰清刻本　二十册　存七十五卷(二十九至五十二、八十一至九十二、九十七至一百三十五)

370000－1502－0003838　jnt11362

江浙四名家時文稿　（清）李小湖鑒定　清同治十二年(1873)磨錪山房刻本　四册

370000－1502－0003839　jnt11365

皇朝武功紀盛四卷　（清）趙翼纂　清刻藝海珠塵本　一册

370000－1502－0003840　jnt11368

直省鄉墨文中不分卷　（清）琴山氏選輯　清咸豐五年(1855)刻本　一册

370000－1502－0003841　jnt11369

諧鐸十二卷　（清）沈起鳳撰　清刻本　三册存九卷(一至九)

370000－1502－0003842　jnt11370

夜譚隨錄十二卷　（清）和邦額撰　清光緒二十二年(1896)慎記書莊石印本　一册

370000－1502－0003843　jnt11372

山東鄉試硃卷　（清）馬國翰撰　清刻本　一册

370000－1502－0003844　jnt11376

養雲山館試帖四卷　（清）許球撰　（清）王榮絨注釋　清道光二十七年(1847)挹爽軒刻本四册

370000－1502－0003845　jnt11378

文津迎機合選四卷　（清）龔文藻編次　（清）陳鳳藻評釋校正　清同治十年(1871)覽輝書屋刻本　二册　存二卷(元、亨)

370000－1502－0003846　jnt11379

批點七家詩合注七卷　（清）張熙宇評　（清）

王植桂輯注　清光緒十七年(1891)書業德刻本　四冊

370000－1502－0003847　jnt11380

小嫏嬛山館彙刊類書十二種二十三卷　（清）□□編　清同治九年(1870)聚錦堂刻本　九冊　缺一卷(左氏蒙求注一)

370000－1502－0003848　jnt11385

新刊大宋宣和遺事四卷　（清）王洛川校正　清末鉛印本　四冊

370000－1502－0003849　jnt11391

繪圖歷代神仙譜二十四卷　（清）三魚書屋主人繪圖　清宣統元年(1909)掃葉山房石印本　六冊　存十八卷(一至六、十至十二、十六至二十四)

370000－1502－0003850　jnt11394

中外地輿圖說集成一百三十卷首一卷　（清）同康廬編輯　（清）胡振元　（清）孫永昌仝校　清光緒二十年(1894)上海積山書局石印本　十六冊　存五十七卷(一至三十四、四十至六十一,首一卷)

370000－1502－0003851　jnt11395

中興名臣事略八卷　朱孔彰撰　清末鉛印本　四冊

370000－1502－0003852　jnt11397

先榮祿公行述　（清）徐宏文述　清刻本　一冊

370000－1502－0003853　jnt11397

皇清經解一千四百零八卷首一卷　（清）阮元輯　清道光九年(1829)廣東學海堂刻本　一百三十四冊　存四百八十五卷(一至四十七、一百九十四至二百十六、四百六十五至五百一、六百至六百七十二、八百二至八百四十五、九百四十九至一千一百十九、一千二百三十四至一千二百九十九、一千三百八十五至一千四百八)

370000－1502－0003854　jnt11398

皇清經解一百九十卷附正訛一卷　（清）阮元輯　清光緒石印本　二十二冊　存一百六十三卷(十三至一百六十七、一百八十三至一百九十)

370000－1502－0003855　jnt11401

歷代名臣言行錄二十四卷　（清）朱桓編輯　（清）潘永季校定　（清）沈維堉重校　清光緒二十四年(1898)上海掃葉山房石印本　八冊

370000－1502－0003856　jnt11402

歷代畫史彙傳七十二卷首一卷附錄二卷　（清）彭蘊璨編　清光緒八年(1882)掃葉山房刻本　二十一冊　存六十五卷(一至十一、十五至四十、四十八至七十二,首一卷,附錄二卷)

370000－1502－0003857　jnt11403

無邪堂答問五卷　（清）朱一新識　清光緒二十二年(1896)上海鴻寶齋石印本　四冊　存四卷(一至二、四至五)

370000－1502－0003858　jnt11410

式古堂書畫彙考六十卷　（清）卞永譽纂輯　清影印本　五冊　存五卷(八至十二)

370000－1502－0003859　jnt11414

欽定四庫全書總目二百卷首四卷　（清）紀昀等編　清刻本　五十四冊　存一百十卷(三十八至一百三十七、一百四十八至一百五十七)

370000－1502－0003860　jnt11415

欽定四庫全書總目二百卷首一卷　（清）紀昀等編　清同治七年(1868)廣東書局刻本　六十六冊　存一百十一卷(一至十八、七十六至九十八、一百十六至一百六十九、一百七十一至一百八十六)

370000－1502－0003861　jnt11416

欽定四庫全書簡明目錄二十卷首一卷　（清）紀昀等編　清刻本　十二冊

370000－1502－0003862　jnt11417

經籍要略一卷附勸學八則一卷　（清）裕德編　清光緒十六年(1890)山東書局刻本　一冊

370000－1502－0003863　jnt11421

書目答問不分卷　(清)張之洞撰　清刻本
二册

370000－1502－0003864　jnt11423
書啓合璧十三卷　(清)汪孝鍾　(清)張宗燾
校訂　清刻本　五册　缺二卷(名人尺牘上、
下)

370000－1502－0003865　jnt11425
帖體詩存詳注　(清)宓如椿撰　(清)李楨注
　　清嘉慶二十一年(1816)英德堂刻本　三册
　　存六卷(一至四、七至八)

370000－1502－0003866　jnt11432
澄懷園語四卷説鈴一卷　(清)張廷玉撰
(清)汪琬撰　清光緒四年(1878)刻本　一册

370000－1502－0003867　jnt11433
增補彙刻書目不分卷　(清)顧修撰　清光緒
元年(1875)京都琉璃廠刻本　六册　存六册
(一至六)

370000－1502－0003868　jnt11435
秋燈叢話　(清)王椷撰　清刻本　二册　存
六卷(七至十二)

370000－1502－0003869　jnt11436
抱膝山房古近體詩稿不分卷　(清)尹恭保撰
　　清光緒五年(1879)刻本　一册

370000－1502－0003870　jnt11438
王氏仁蔭堂全集六卷　(清)王憲曾撰　清光
緒三十年(1904)石印本　六册　存五卷(一
至二、四至六)

370000－1502－0003871　jnt11441
小豆棚十六卷　(清)曾衍東撰　清鉛印本
二册　存六卷(八至十三)

370000－1502－0003872　jnt11442
諧鐸十二卷　(清)沈起鳳撰　清道光十二年
(1832)光華堂刻本　三册　存九卷(一至六、
十至十二)

370000－1502－0003873　jnt11443
諧鐸十二卷　(清)沈起鳳撰　清刻本　五册
　　存十卷(一至十)

370000－1502－0003874　jnt11445
重訂西青散記　(清)史震林撰　清光緒四年
(1878)鉛印本　一册　存三卷(一至三)

370000－1502－0003875　jnt11446
香屑集十八卷首一卷末一卷　(清)黃之雋撰
　　清嘉慶八年(1803)大酉堂刻本　五册　存
　　十六卷(一至十二、十六至十八,首一卷)

370000－1502－0003876　jnt11450
枕善堂尺牘一隅二十卷　(清)陳大溶撰　清
刻本　四册　存十三卷(八至二十)

370000－1502－0003877　jnt11452
詞林紀事二十二卷　(清)張宗橚輯　樂府指
迷一卷　(宋)張炎撰　詞旨一卷　(宋)陸輔
撰　詞韻考略一卷　(清)許昂霄輯　清掃葉
山房石印本　八册　缺六卷(詞林紀事七至
八、十二至十五)

370000－1502－0003878　jnt11455
忠孝勇烈奇女傳四卷　(唐)馬祖演撰　清宣
統二年(1910)京師養真仙苑刻本　三册　存
三卷(一、三至四)

370000－1502－0003879　jnt11462
普天忠憤集十四卷　(清)魯陽生孔氏編　清
光緒二十一年(1895)石印本　十册　存十一
卷(一、三至十二)

370000－1502－0003880　jnt11463
太平廣記五百卷目録十卷　(清)黃晟校刊
清道光二十六年(1846)三讓睦記刻本　二十
六册　存四百十卷(一至三百五十三、三百七
十至三百八十三、三百九十八至四百二十三、
四百六十九至四百八十五)

370000－1502－0003881　jnt11465
子品金函　(明)陳仁錫編　(清)李有芳增訂
　　清刻本　四册　存四十四卷(六至四十九)

370000－1502－0003882　jnt11466
薈香閣尺一書　(清)朱蔭培撰　清刻本　一
册　存一卷(一)

370000－1502－0003883　jnt11467

昭代名人尺牘小傳二十四卷　（清）吳修撰
清藏修書屋刻本　一册　存十四卷（十一至
二十四）

370000－1502－0003884　jnt11469

袁文箋正十六卷　（清）袁枚撰　（清）石韞玉
箋　清光緒三十一年（1905）掃葉山房刻本
七册　存十四卷（一至十四）

370000－1502－0003885　jnt11470

三十家詩鈔六卷首一卷末一卷　（清）曾國藩
纂　（清）王定安增輯　清宣統元年（1909）上
海崇善堂鉛印本　四册　存四卷（一至三、
六）

370000－1502－0003886　jnt11471

文獻通考三百四十八卷欽定通考考證三卷
（元）馬端臨撰　清光緒二十七年（1901）上海
圖書集成印書局遵武英殿鉛印本　四十四册

370000－1502－0003887　jnt11472

國朝先正事略六十卷　（清）李元度纂　清光
緒蛟川方氏刻本　二十二册　存五十卷（一
至三十六、四十一至五十四）

370000－1502－0003888　jnt11474

十七史詳節　（宋）呂祖謙輯　清光緒二十八
年（1902）崇新書局石印本　三十二册　存一
百七十六卷（東萊先生史記詳節二十卷首一
卷、東萊先生西漢詳節三十卷、東萊先生東漢
詳節三十卷、東萊先生三國志詳節二十卷、東
萊先生晋書詳節三十卷、東萊先生南史詳節
八卷、東萊先生北史詳節八卷、東萊先生隋書
詳節六卷、東萊先生唐書詳節二十卷、東萊先
生五代史詳節三卷）

370000－1502－0003889　jnt11475

歷代史略六卷　（□）□□著　清刻本　五册
　存四卷（三至四上、五至六）

370000－1502－0003890　jnt11478

通典二百卷欽定通典考證一卷　（唐）杜佑撰
　清光緒二十七年（1901）上海圖書集成印書
局據武英殿聚珍版鉛印本　十五册　缺十四
卷（一百七十一至一百八十四）

370000－1502－0003891　jnt11479

資治新書二集二十卷　（清）李漁輯　清英德
堂刻本　八册　存十二卷（一、四至五、九至
十、十三至十八、二十）

370000－1502－0003892　jnt11480

資治新書十四卷首一卷二集二十卷　（清）李
漁輯　清刻本　七册　存十二卷（資治新書
一至三、六至七,首一卷,二集一至三、八至
九、二十）

370000－1502－0003893　jnt11481

文獻通考二十四卷首一卷　（元）馬端臨撰
清光緒二十五年（1899）上海點石齋石印本
十六册　存二十卷（一至十、十一下、十二至
十五、二十至二十四）

370000－1502－0003894　jnt11482

歷代名臣言行録二十四卷　（清）朱桓編輯
（清）潘永季校定　（清）沈維堉重校　清光緒
十三年（1887）上海廣百宋齋鉛印本　十二册

370000－1502－0003895　jnt11484

國朝先正事略六十卷首一卷國朝先正事略續
編三十卷　（清）李元度纂續編　朱孔彰撰
清光緒二十五年（1899）石印本　十册　缺二
十六卷（國朝先正事略續編五至三十）

370000－1502－0003896　jnt11485

戰國策三十三卷　（宋）鮑彪校注　（元）吳師
道重校　清刻本　八册　存十卷（一至十）

370000－1502－0003897　jnt11489

甲申朝事小紀八卷二編八卷三編四卷明季續
聞一卷　（清）抱陽生輯　清宣統三年（1911）
上海商務印書館鉛印本　十册

370000－1502－0003898　jnt11489

甲申朝事小紀八卷二編八卷　（清）抱陽生輯
　清宣統三年（1911）上海商務印書館鉛印本
　四册　存十卷（甲申朝事小紀一至二、七至
八,二編三至八）

370000－1502－0003899　jnt11491

改良全圖綴白裘十二集全傳四十八卷　（清）
玩花主人編輯　清光緒三十四年（1908）萃香

社石印本 十二册

370000－1502－0003900 jnt11493
史姓韻編六十四卷 （清）汪輝祖輯 清光緒十年(1884)上海中西書局石印本 三册 存四十八卷(一至十四、三十一至六十四)

370000－1502－0003901 jnt11495
資治通鑑目録三十卷 （宋）司馬光撰 清光緒二十五年(1899)上海蜚英館石印本 四册

370000－1502－0003902 jnt11496
熙朝紀政六卷 （清）王慶雲述 清光緒二十八年(1902)同文仁記石印本 六册

370000－1502－0003903 jnt11498
史論十六卷 （清）徐永隆編輯 清光緒二十八年(1902)政學書社石印本 一册 存二卷(一至二)

370000－1502－0003904 jnt11499
新輯分類史論大成 （清）孫問清鑒定 （清）行素生編輯 清末石印本 十册 存十卷(十至十九)

370000－1502－0003905 jnt11500
史鑑節要便讀六卷 （清）鮑東里編輯 清末鉛印本 四册

370000－1502－0003906 jnt11501
鑑撮四卷 （清）曠敏本編 清刻本 三册 存三卷(一、三至四)

370000－1502－0003907 jnt11503
評鑑闡要十二卷 （清）劉統勛等輯 清光緒二十八年(1902)山東書局石印本 二册 存四卷(一至二、九至十)

370000－1502－0003908 jnt11504
南巡盛典一百二十卷 （清）高晋等纂輯 清光緒八年(1882)上海點石齋石印本 七册 存一百五卷(一至五十、六十六至一百二十)

370000－1502－0003909 jnt11505
史系簡鈔八卷史事簡鈔四卷 （清）邵大緯述 清志仁堂刻本 四册

370000－1502－0003910 jnt11506

資治新書二集十卷 （清）李漁輯 清光緒二十年(1894)上海圖書集成印書局鉛印本 七册 缺三卷(三至五)

370000－1502－0003911 jnt11508
鑑撮六卷讀史論略一卷 （清）曠敏本撰 清光緒二十八年(1902)上洋書局石印本 一册

370000－1502－0003912 jnt11509
廿二史札記三十六卷補遺一卷 （清）趙翼撰 清光緒二十八年(1902)文淵山房石印本 六册

370000－1502－0003913 jnt11510
史論正鵠三集八卷 （清）王樹敏評點 清光緒二十七年(1901)久敬齋石印小本 八册

370000－1502－0003914 jnt11511
兩漢策要十二卷 （宋）陶叔獻等輯 （清）張朝樂校閱 清末石印本 六册

370000－1502－0003915 jnt11512
史通通釋二十卷 （清）浦起龍釋 清光緒二十五年(1899)上海寶文書局石印本 八册

370000－1502－0003916 jnt11513
史腴二卷 （清）周金壇纂輯 清刻本 一册 存一卷(下)

370000－1502－0003917 jnt11518
秋審比照彙案二卷 （清）梅園輯 清光緒三十四年(1908)上海集成圖書公司鉛印本 一册

370000－1502－0003918 jnt11522
吳越春秋六卷 （漢）趙曄撰 （清）汪士漢考校 清刻本 一册 存三卷(一至三)

370000－1502－0003919 jnt11523
十七史商榷一百卷 （清）王鳴盛述 清光緒二十六年(1900)上海點石齋石印本 四册

370000－1502－0003920 jnt11524
二十四史九通政典類要合編三百二十卷 (清)黃書霖輯 清光緒二十八年(1902)約雅堂鉛印本 五十七册 存三百五卷(一至一百十四、一百二十一至二百七十四、二百八十

四至三百二十)

370000－1502－0003921　jnt11525

二十四史九通政典類要合編三百二十卷
(清)黄書霖輯　清光緒二十八年(1902)約雅堂鉛印本　二十九册　存一百六十五卷(一至八、十六至二十二、三十九至九十八、一百二至一百十四、一百三十三至一百三十七、一百四十八至一百五十二、一百五十八至一百六十二、二百十七至二百三十三、二百四十至二百四十五、二百五十一至二百六十四、二百七十至二百七十四、二百八十四至三百三)

370000－1502－0003922　jnt11526

資治通鑑二百九十四卷　(宋)司馬光撰　清光緒二十五年(1899)上海蜚英館石印本　四十五册　缺七卷(一百二十一至一百二十七)

370000－1502－0003923　jnt11527

時務通考三十一卷　(清)杞廬主人輯　清光緒二十三年(1897)上海點石齋石印本　二十三册　缺二卷(三至四)

370000－1502－0003924　jnt11528

資治通鑑綱目前編二十五卷資治通鑑綱目五十九卷　(明)陳仁錫評閲　清刻本　六十六册　缺二十一卷(八上、十一前半卷、二十六至三十四、四十一後半卷、四十二至四十六、四十九、五十一至五十三)

370000－1502－0003925　jnt11529

歷朝紀事本末六百五十八卷　(清)慎記書莊輯　清光緒二十五年(1899)上海慎記書莊石印本　五十三册　缺三十一卷(通鑑紀事本末一百三十四至一百四十二、一百九十二至一百九十九,元史紀事本末十三至二十六)

370000－1502－0003926　jnt11530

歷朝紀事本末五百六十六卷　(清)朱記榮編輯　清光緒十四年(1888)上海書業公所鉛印本　十六册　存二百五卷(左傳紀事本末一至二十一,通鑑紀事本末一至七十八、九十一至一百四十七,宋史紀事本末卷一至三十、九十一至一百九)

370000－1502－0003927　jnt11532

歷代名臣言行録二十四卷　(清)朱桓編輯　(清)潘永季校定　(清)邱興久重校　清光緒二十四年(1898)掃葉山房石印本　八册

370000－1502－0003928　jnt11533

歷代名臣言行録二十四卷　(清)朱桓編輯　(清)潘永季校定　清光緒二十八年(1902)上海文運書莊石印本　四册

370000－1502－0003929　jnt11534

欽定續通典一百五十卷　(清)嵇璜等纂　清光緒二十八年(1902)上海圖書集成印書局石印本　十一册　缺十四卷(一百二十一至一百三十四)

370000－1502－0003930　jnt11535

欽定續文獻通考輯要二十六卷　湯壽潛輯　清通雅堂鉛印本　十册

370000－1502－0003931　jnt11536

文獻統考輯要二十四卷　湯壽潛輯　清通雅堂鉛印本　八册　存十八卷(五至十四、十七至二十四)

370000－1502－0003932　jnt11538

東華録四百九十卷　王先謙編　清上海圖書集成印書局排印本　四十七册　缺一百五十八卷(康熙二十二至二十九、四十六至五十七,乾隆六十五至一百二十,嘉慶一至十三,咸豐一至六十九)

370000－1502－0003933　jnt11540

皇朝文獻通考三百卷　(清)嵇璜等撰　清光緒二十七年(1901)上海圖書集成印書局石印本　四十五册　存二百八十三卷(六至二百三十八、二百五十一至三百)

370000－1502－0003934　jnt11541

重訂王鳳洲先生綱鑑會纂四十六卷附宋元二十三卷明紀二十卷　(明)王世貞撰　(明)陳仁錫訂　清崇文堂刻本　三十六册　缺六卷(宋元五至十)

370000－1502－0003935　jnt11543

獸經一卷　(明)黄省曾撰　**虎苑二卷**　(明)

王穉登撰　清刻本　一册

370000－1502－0003936　jnt11543
述古叢鈔不分卷　（清）劉晚榮撰　清同治至光緒藏修書局刻本　三十册

370000－1502－0003937　jnt11544
隨園三十種　（清）袁枚撰　清刻本　六十九册　存一百六十一卷（小倉山房文集一至十五、十八至二十、小倉山房詩集一至三十七、小倉山房續補詩集一至二、小倉山房外集一至八、女弟子詩一至六、續同人集一至十三、尺牘五至十、隨園詩話三至十六、袁太史稿不分卷、詩話補遺一至十、紅豆村人詩稿一至十四、八十壽言一至六、隨園隨筆一至二十、二十六至二十八,續新齊諧三至五）

370000－1502－0003938　jnt11546
中東戰紀本末八卷末一卷中東戰紀本末續編四卷文學興國策二卷　（美國）林樂知著譯　蔡爾康纂輯　清光緒二十三年（1897）圖書集成局鉛印本　九册　缺三卷（續編四、文學興國策二卷）

370000－1502－0003939　jnt11547
中東戰紀本末續編四卷　（美國）林樂知譯訂　蔡爾康纂輯　清鉛印本　一册　存一卷（四）

370000－1502－0003940　jnt11548
普法戰紀二十卷　（清）王韜撰輯　（清）張宗良口譯　清光緒二十一年（1895）弢園王氏鉛印本　三册　存六卷（一至二、九至十二）

370000－1502－0003941　jnt11549
濟南彙報不分卷　（清）□□編輯　清末鉛印本　八册

370000－1502－0003942　jnt11550
國語二十一卷　（三國吴）韋昭注　國策三十三卷　（漢）高誘注　札記一卷　（清）黄丕烈撰　清光緒二十二年（1896）上海鴻寶齋石印本　八册

370000－1502－0003943　jnt11551
北齊書五十卷　（唐）李百藥撰　清光緒十年

（1884）上海同文書局石印本　七册　存四十四卷（一至十二、十九至五十）

370000－1502－0003944　jnt11552
皇朝通志一百二十六卷　（清）嵇璜　（清）曹仁虎等纂修　清光緒二十七年（1901）上海圖書集成印書局據武英殿聚珍版鉛印本　十一册　缺十二卷（二十四至三十五）

370000－1502－0003945　jnt11553
欽定大清會典一百卷　（清）高宗弘曆敕撰　清刻本　十八册　存六十八卷（三十三至一百）

370000－1502－0003946　jnt11555
新刊鳳雙飛全傳五十二卷　（清）程惠英撰　清光緒二十六年（1900）石印本　二十三册　缺六卷（一至二、十七至二十）

370000－1502－0003947　jnt11559
唐賢三昧集三卷　（清）王士禎選　（清）吴煊　（清）胡棠輯注　（清）黄培芳評　清宣統二年（1910）淵古齋石印本　四册　存二卷（上、中）

370000－1502－0003948　jnt11560
唐詩紀事八十一卷　（宋）計有功撰　（清）無錫丁氏校刊　清鉛印本　七册　存六十卷（七至四十九、五十三至六十九）

370000－1502－0003949　jnt11562
湘綺樓全集三十卷　（清）王闓運撰　清宣統二年（1910）國學扶輪社石印本　十二册　存十二卷（文集一至八、詩集一至四）

370000－1502－0003950　jnt11566
古事比五十二卷　（清）方中德撰　清光緒二十九年（1903）上海點石齋石印本　六册

370000－1502－0003951　jnt11569
甌北詩鈔不分卷　（清）趙翼撰　清宣統三年（1911）掃葉山房石印本　八册

370000－1502－0003952　jnt11570
日本國志四十卷首一卷　（清）黄遵憲編纂　清光緒二十七年（1901）上海書局石印本　八

册

370000－1502－0003953　jnt11571

歷代名臣言行録二十四卷　（清）朱桓編輯
（清）潘永季校定　（清）沈維垍重校　清光緒
二十九年（1903）世德堂鉛印本　十一册　存
二十二卷（一至十、十三至二十四）

370000－1502－0003954　jnt11572

中興名臣事略八卷　朱孔彰撰　清光緒二十
五年（1899）上海圖書集成印書局鉛印本　四
册

370000－1502－0003955　jnt11574

大清律例統籌集成四十卷附督捕則例二卷
（清）沈之奇原注　（清）胡肇楷　（清）周孟
隣增輯　清刻本　六册　存八卷（二十三至
三十）

370000－1502－0003956　jnt11578

戰國策補注三十三卷　吳曾祺補注　（清）朱
元善校訂　清宣統三年（1911）上海商務印書
館鉛印本　四册

370000－1502－0003957　jnt11581

歷代名臣言行録二十四卷　（清）朱桓編輯
清光緒二十九年（1903）京都博文齋石印本
八册

370000－1502－0003958　jnt11582

歷代名臣言行録二十四卷　（清）朱桓編輯
（清）潘永季校定　（清）沈維垍重校　清光緒
二十四年（1898）上海宏文閣石印本　八册

370000－1502－0003959　jnt11583

歷代名臣言行録二十四卷　（清）朱桓編輯
（清）潘永季校定　（清）沈維垍重校　清光緒
十七年（1891）上海廣百宋齋校印鉛印本　五
册

370000－1502－0003960　jnt11589

**京津拳匪紀略八卷圖一卷附前編二卷後編二
卷**　（清）僑析生等輯　清光緒二十七年
（1901）香港書局石印本　二册　存二卷（京
津拳匪紀略前編二卷）

370000－1502－0003961　jnt11591

帝鑑圖説不分卷　（明）張居正等撰　清末石
印本　二册　存二卷（三至四）

370000－1502－0003962　jnt11592

出使英法義比四國日記六卷　（清）薛福成撰
清光緒十八年（1892）石印本　二册　存四
卷（一至四）

370000－1502－0003963　jnt11593

繪圖繪芳録八卷　（清）西泠野樵撰　清鉛印
本　四册　存四卷（五至八）

370000－1502－0003964　jnt11594

兩般秋雨盦隨筆八卷　（清）梁紹壬纂　清宣
統二年（1910）上海掃葉山房石印本　三册
缺二卷（五至六）

370000－1502－0003965　jnt11596

英法俄德四國志略不分卷　沈敦和輯譯　清
光緒二十八年（1902）山東書局石印本　二册

370000－1502－0003966　jnt11598

玉函山房詩集四卷　（清）馬國翰撰　清道光
刻本　一册　存二卷（一至二）

370000－1502－0003967　jnt11600

政藝通報乙巳全書　（□）□□撰　清刻本
八册　存四十一卷（上篇：政書通輯七卷、內
政通紀六卷、皇朝外交政史七卷、萬國外交政
史四卷、萬國現世新史二卷，下篇：藝學文編
五卷、藝事通紀二卷、藝學圖表三卷、附東亞
風雲録一卷、湖海青鐙集二卷、風雨雞聲集二
卷）

370000－1502－0003968　jnt11603

事類統編九十三卷首一卷　（清）林意誠彙刊
（清）林敬昭重校　清道光十九年（1839）柏
溪林氏刻本　四十册　存七十六卷（一至六
十一、六十四至六十七、七十四至七十九、八
十五至八十六、八十九至九十、九十三）

370000－1502－0003969　jnt11605

喉科指掌四卷　（清）張宗良著　清光緒八年
（1882）刻本　一册

370000－1502－0003970　jnt11606

熙朝新語十六卷　（清）余金輯　清刻本　四冊　存十卷（四至十三）

370000－1502－0003971　jnt11607

芥子園重訂本草綱目五十二卷　（明）李時珍撰　清芥子園刻本　四十四冊　缺五卷（三上、四十九、五十上、五十一至五十二）

370000－1502－0003972　jnt11608

本草綱目五十二卷萬方鍼綫八卷　（明）李時珍撰　清三讓睦記刻本　四十二冊　存五十九卷（本草綱目圖中、下,本草綱目序列一,本草綱目三下至十五、十七至十八上、十九至三十八、四十至五十二,萬方鍼綫八卷）

370000－1502－0003973　jnt11614

子書廿五種三百二十五卷　（清）育文書局輯　清光緒三十年（1904）上海育文書局石印本　三十二冊

370000－1502－0003974　jnt11618

陳修園醫書全集九十四卷　（清）陳念祖著　清刻本　二十五冊　存四十七卷（靈素提要淺注一至四、七至九,女科要旨一至四,長沙方歌括一至七,本草經讀一至四,傷寒論淺注一至九,金匱要略淺注一至六,金匱淺注七至十,金匱歌括一至六）

370000－1502－0003975　jnt11619

陳修園醫書二十一種　（清）陳念祖撰　清刻本　十一冊　存十九卷（神農本草經讀三至四、長沙方歌三至四、張仲景傷寒論原文淺注三至四、金匱要略淺注三至四、女科要旨三至四、靈素集注節要四至十二）

370000－1502－0003976　jnt11620

驗方新編八卷首一卷　（清）鮑相璈編輯　清同治十年（1871）山東書局刻本　八冊

370000－1502－0003977　jnt11622

重刊選擇集要七卷　（明）黃一鳳編　清雍正九年（1731）齊安堂刻本　三冊

370000－1502－0003978　jnt11624

本草備要十一卷醫方集解三卷　（清）汪昂撰

輯　清酉山堂刻本　六冊

370000－1502－0003979　jnt11625

馮氏錦囊秘録雜症痘疹藥性主治合參十二卷首一卷　（清）馮兆張纂輯　清集賢堂刻本　八冊

370000－1502－0003980　jnt11626

金匱要略淺注十卷金匱方歌括六卷　（清）陳念祖集注　清道光十七年（1837）刻本　八冊

370000－1502－0003981　jnt11629

醫門法律二十四卷　（清）喻昌撰　清刻本　八冊

370000－1502－0003982　jnt11630

新刊醫林狀元壽世保元十卷　（明）龔廷賢編　清嘉慶七年（1802）同文堂刻本　十冊

370000－1502－0003983　jnt11631

元亨療馬集六卷附牛經二卷駝經一卷　（清）喻本元　（清）喻本亨撰　清經術堂刻本　四冊

370000－1502－0003984　jnt11632

胎産心法二卷　（清）閻純璽著　清道光二十七年（1847）書業德刻本　五冊

370000－1502－0003985　jnt11633

圖注八十一難經辨真四卷　（明）張世賢圖注　清務本堂刻本　二冊

370000－1502－0003986　jnt11634

鍼灸大成十卷　（明）楊繼洲撰　（清）章廷珪重修　（清）鄭維綱校讐　清道光二十三年（1843）經餘堂刻本　十冊

370000－1502－0003987　jnt11636

嗓白辨症一卷　（清）梁守正撰　清刻本　一冊

370000－1502－0003988　jnt11636

元史譯文證補三十卷　（清）洪鈞撰　清光緒二十三年（1897）鉛印本　三冊　存十卷（一、二十二至三十）

370000－1502－0003989　jnt11637

元朝秘史十五卷　（□）□□撰　清末石印本

二册　存八卷(八至十五)

370000－1502－0003990　jnt11642

中西匯通醫學五種二十八卷　（清）唐宗海撰
清光緒三十四年(1908)上海千頃堂書局石
印本　十册　缺五卷(血證論一、傷寒論淺注
補正一上、金匱要略淺注補正四至六)

370000－1502－0003991　jnt11647

藏府脈象不分卷四聖心源不分卷　（清）黃元
御等撰　清抄本　一册

370000－1502－0003992　jnt11652

驚風辨證必讀書一卷　（清）莊一夔撰　清光
緒二十六年(1900)上元江氏刻本　一册

370000－1502－0003993　jnt11656

康熙字典不分卷補遺一卷備考一卷　（清）凌
紹雯等編　清光緒十六年(1890)上海同文書
局石印本　六册

370000－1502－0003994　jnt11657

康熙字典不分卷附補遺一卷備考一卷　（清）
凌紹雯等編　清中華書局石印本　六册

370000－1502－0003995　jnt11658

程書五十一卷　（清）程湛編　（清）程福亮重
訂　清刻本　四册　存十四卷(十二至十九、
四十六至五十一)

370000－1502－0003996　jnt11660

女科二卷產後編二卷　（清）傅山撰　清光緒
善成堂刻本　四册

370000－1502－0003997　jnt11661

鼎鍥幼幼集成六卷　（清）陳復正輯　清學庫
山房刻本　五册　存五卷(一至五)

370000－1502－0003998　jnt11663

新鍥分類評注文武合編百子金丹十卷　（清）
郭偉選注　（清）郭中吉編　清刻本　六册
存五卷(一至五)

370000－1502－0003999　jnt11664

精選黃眉故事十卷　（明）鄧志謨彙編　清刻
本　二册　存二卷(五至六)

370000－1502－0004000　jnt11665

論學書　（□）□□□撰　清刻本　二册　存一
卷(五)

370000－1502－0004001　jnt11666

茶香室三鈔二十九卷　（清）俞樾撰　清刻本
一册　存四卷(十六至十九)

370000－1502－0004002　jnt11667

懷記參藥號不分卷　（清）懷記主人　清光緒
二十七年(1901)鎮江懷記刻本　一册

370000－1502－0004003　jnt11674

尸子二卷附疑存一卷　（戰國）尸佼撰　（清）
王繼培輯　清光緒三年(1877)浙江書局據湖
海樓本刻本　一册

370000－1502－0004004　jnt11675

尸子二卷　（戰國）尸佼撰　清光緒十五年
(1889)蔣氏求實齋刻本　一册

370000－1502－0004005　jnt11676

鶡冠子三卷　（宋）陸佃解　清光緒二十年
(1894)刻本　一册

370000－1502－0004006　jnt11678

**歷代史論十一卷附元史論一卷明史論四卷左
傳史論二卷**　（明）張溥論正　清光緒二十年
(1894)上海袖海山房石印本　三册　缺五卷
(歷代史論七至十一)

370000－1502－0004007　jnt11679

紅樓夢一百二十卷　（清）曹雪芹撰　清刻本
十一册　存五十五卷(四至九、十七至二十
一、六十一至六十四、七十五至八十八、九十
五至一百二十)

370000－1502－0004008　jnt11679

劍南詩鈔不分卷　（宋）陸游撰　（清）楊大鶴
編　清刻本　一册　存一册(劍南詩鈔七言
古詩)

370000－1502－0004009　jnt11680

紅樓夢一百二十回　（清）曹雪芹撰　清藤花
榭刻本　二十四册　缺三十回(三十一至六
十)

370000－1502－0004010　jnt11682

醫方捷徑指南全書二卷　（清）王宗顯輯　清
好友堂刻本　一冊

370000－1502－0004011　jnt11700

後紅樓夢三十回　（□）□□撰　清刻本　八
冊　存十四回(一至十四)

370000－1502－0004012　jnt11701

紅霞傳　（□）□□撰　清刻本　一冊　存三
卷(一至三)

370000－1502－0004013　jnt11702

新刻鍾伯敬先生批評封神演義二十卷一百回
　（明）許仲琳撰　（明）鍾伯敬批評　清品文
堂刻本　十六冊

370000－1502－0004014　jnt11705

小五義一百二十四回　（清）石玉崑撰　清刻
本　八冊　存六十二回(六十三至一百二十
四)

370000－1502－0004015　jnt11709

臙脂牡丹六卷　（清）□□撰　清道光十九年
(1839)澆書攤飯處刻本　六冊

370000－1502－0004016　jnt11710

繪圖定國志八卷　（□）□□撰　清宣統二年
(1910)上海章福記書局石印本　四冊　存四
卷(一、三至四、六)

370000－1502－0004017　jnt11715

增評補圖石頭記一百二十卷首一卷　（清）曹
雪芹撰　清光緒二十四年(1898)石印本　十
五冊　存一百十三卷(一至一百十二,首一
卷)

370000－1502－0004018　jnt11716

石頭記八卷八十回　（清）曹雪芹撰　清末有
正書局石印本　八冊　存三十二回(一至八、
十三至十六、二十一至四十)

370000－1502－0004019　jnt11717

續兒女英雄傳八卷　（清）錢仙撰　清光緒二
十五年(1899)石印本　四冊

370000－1502－0004020　jnt11723

繪圖新石頭記四十回　（清）□□撰　清光緒

三十四年(1908)上海集成書局鉛印本　六冊
存三十回(六至二十、二十六至四十)

370000－1502－0004021　jnt11726

女兒英雄傳四十回　（清）文康撰　清光緒四
年(1878)上海申報館鉛印本　十一冊　存二
十五回(一至六、十五至二十四、三十二至四
十)

370000－1502－0004022　jnt11727

繡像封神演義十卷一百回　（清）許仲琳撰
（清）鍾惺評釋　清末鉛印本　七冊　存七卷
(三至八、十)

370000－1502－0004023　jnt11728

說詩樂趣類編二十卷　（清）伍涵芬定　清嘉
慶六年(1801)經國堂刻本　三冊　存十一卷
(一至三、十至十七)

370000－1502－0004024　jnt11734

破愁城初集　（清）王嘉穀編　清刻本　一冊
存一卷(三)

370000－1502－0004025　jnt11735

天香閣隨筆二卷　（明）李介撰　清咸豐十年
(1860)伍氏粵雅堂刻本　一冊　存一卷(二)

370000－1502－0004026　jnt11736

國朝二十四家文鈔十卷　（清）徐斐然輯評
清刻本　二冊　存十卷(十三至二十二)

370000－1502－0004027　jnt11738

新刻天花藏批評平山冷燕四卷　（清）荻岸散
人編次　清英德堂刻本　四冊

370000－1502－0004028　jnt11741

新鐫三分夢全傳十六回　（清）張士登著
（清）何芳苡評　清道光十五年(1835)刻本
五冊　存十三卷(一至十、十四至十六)

370000－1502－0004029　jnt11743

白門新柳記一卷補記一卷白門衰柳附記一卷
秦淮艷品一卷　（清）許豫編　清刻本　一冊

370000－1502－0004030　jnt11746

增像續小五義六卷一百二十四回　（清）□□
撰　清光緒二十二年(1896)上海廣百宋齋鉛

190

印本　六册

370000－1502－0004031　jnt11750
繡像蘭花夢奇傳八卷六十八回　（清）吟梅山
人撰　清光緒三十一年(1905)錦章書局石印
小本　八册

370000－1502－0004032　jnt11753
繡像木蘭奇女傳辭四卷　（唐）馬祖演　清光
緒二十二年(1896)上海文宜書局石印本　四
册

370000－1502－0004033　jnt11755
繪圖兒女濃情傳六卷　（清）陳朗編　（清）董
孟汾評釋　清末石印本　四册　存四卷（三
至六）

370000－1502－0004034　jnt11756
繪像兒女濃情傳六卷　（清）陳朗編　（清）董
孟汾評釋　清末石印本　一册　存三卷（四
至六）

370000－1502－0004035　jnt11757
譚瀛八種　（清）夏小齋等選　清光緒二十二
年(1896)上海鴻寶齋石印小本　三册　存三
卷［譚瀛八種初集三（下）至四、譚瀛八種二集
一］

370000－1502－0004036　jnt11759
繡像再生緣全傳六卷　（清）□□著　清石印
本　一册

370000－1502－0004037　jnt11762
耳食錄初編十二卷二編八卷　（清）樂鈞撰
清同治十年(1871)敦仁堂刻本　五册　存十
八卷（初編三至十二、二編八卷）

370000－1502－0004038　jnt11763
天雨花三十回　（清）陶貞懷撰　清善成堂刻
本　十六册　存十六回（一至十六）

370000－1502－0004039　jnt11765
繪圖夢中五美緣四卷十五回　（清）李修行撰
　清光緒十九年(1893)石印本　四册

370000－1502－0004040　jnt11767
繡像醒世姻緣傳一百回　（清）西周生輯著

清鉛印本　二册　存二十回（二十一至四十）

370000－1502－0004041　jnt11773
讀史大略六十卷首一卷　（清）沙張白撰　小
沙子史略一卷　（清）沙晉撰　清光緒二十七
年(1901)上海祥記書莊石印本　二册　缺四
十四卷（十三至五十六）

370000－1502－0004042　jnt11776
十二段錦不分卷　（清）潘霨偉撰　清咸豐八
年(1858)刻本　一册

370000－1502－0004043　jnt11777
插花窗詩草　（清）楊昌光撰　清刻本　一册
存三卷（一至三）

370000－1502－0004044　jnt11778
韻石齋筆談二卷書蕉二卷　（清）姜紹書撰
（清）陳繼儒撰　清刻嘯園叢書本　一册

370000－1502－0004045　jnt11783
鄂宰四稿四卷　（清）王筠撰　清咸豐二年
(1852)刻本　二册

370000－1502－0004046　jnt11784
鐵琴銅劍樓藏書目錄二十四卷　（清）瞿鏞編
清光緒二十三年(1897)誦芬室刻本　十册

370000－1502－0004047　jnt11787
呂氏小兒語三種三卷　（明）呂得勝撰　清光
緒三十三年(1907)石印本　一册

370000－1502－0004048　jnt11788
治蝗書一卷　（清）陳崇砥撰　清同治十三年
(1874)蓮池書局刻本　一册

370000－1502－0004049　jnt11790
餐芍華館隨筆二卷　（清）周騰虎撰　清光緒
三十一年(1905)刻本　一册

370000－1502－0004050　jnt11792
樂書要錄七卷　（唐）武則天敕撰　清光緒七
年(1881)刻本　一册　存三卷（五至七）

370000－1502－0004051　jnt11793
尚論篇四卷首一卷尚論後篇四卷　（清）喻昌
撰　清光緒二十年(1894)上海圖書集成印書
局鉛印本　二册　缺三卷（尚論篇二至四）

370000－1502－0004052　jnt11797

新注韻對千家詩二卷　（清）王相選注　清末書業德刻本　一册

370000－1502－0004053　jnt11798

野記四卷　（明）祝允明纂　清光緒四年（1878）申報館鉛印本　二册

370000－1502－0004054　jnt11799

萬國通商史一卷　（英國）瑣米爾土原本（日本）經濟雜志社譯　清光緒山東書局鉛印本　一册

370000－1502－0004055　jnt11800

見聞隨筆二十六卷　（清）齊學裘撰　清刻本　一册　存三卷（二十一至二十三）

370000－1502－0004056　jnt11801

離騷一卷　（戰國）屈原撰　清光緒二十四年（1898）夢鷗鵠樓刻本　一册

370000－1502－0004057　jnt11802

老學庵筆記二卷　（宋）陸游撰　清宣統三年（1911）石印本　二册

370000－1502－0004058　jnt11803

夜譚隨錄十二卷　（清）和邦額撰　清光緒十三年（1887）鴻寶齋石印本　一册　存六卷（一至六）

370000－1502－0004059　jnt11804

大樗堂初集十二卷　（清）王隼著　清詩雪軒刻本　一册

370000－1502－0004060　jnt11805

茶餘客話十二卷　（清）阮葵生撰　清末鉛印本　一册　存六卷（七至十二）

370000－1502－0004061　jnt11810

諧鐸十二卷　（清）沈起鳳撰　清末上海廣百宋齋鉛印本　一册　存三卷（十五至十二）

370000－1502－0004062　jnt11811

醒世小說嫖界現形記續編八回　憂時子撰　清宣統元年（1909）上海匯通信記書局鉛印本　一册

370000－1502－0004063　jnt11814

增圖繡像金瓶梅奇書全集十六卷　（明）王世貞撰　（清）張竹坡評　清末二友印刷所鉛印本　三册　存四卷（一至二、十三、十六）

370000－1502－0004064　jnt11815

靈鶼閣叢書　（清）江標輯　清刻本　一册　存七卷（汪容夫先生國語校文一卷、嘉蔭簃藏器目一卷、愛吾鼎齋藏器目一卷、石泉書屋藏器目一卷、雙虞壺齋藏器目一卷、簠齋藏器目弟二本一卷、選青閣藏器目一卷）

370000－1502－0004065　jnt11816

外金丹五卷　（□）□□撰　清刻本　一册　存一卷（五）

370000－1502－0004066　jnt11817

校正尚友錄二十二卷　（清）廖用賢編纂　清光緒二十四年（1898）上海鴻寶齋石印本　六册

370000－1502－0004067　jnt11818

中西時務類考九卷　（清）華金昆校　清光緒二十三年（1897）石印小本　五册　存六卷（一至二、五至八）

370000－1502－0004068　jnt11819

各國時事類編十八卷　（清）沈純輯　清光緒十年（1884）石印本　四册

370000－1502－0004069　jnt11820

萬國分類時務大成四十卷首一卷　（清）錢豐輯　（清）高味中參訂　清末石印本　一册　存二卷（三十至三十一）

370000－1502－0004070　jnt11821

校正尚友錄全集二十二卷　（清）廖用賢編纂　（清）張伯琮補輯　清光緒二十八年（1902）上海通文書局石印本　十三册　存十七卷（一至五、八至十四、十六至二十）

370000－1502－0004071　jnt11822

格物入門七卷　（美國）丁韙良撰　清光緒二十二年（1896）上海書局石印本　六册　存六卷（一至四、六至七）

370000－1502－0004072　jnt11824

六書分類十二卷　（清）傅世垚撰　清聽松閣
白紙初印刻本　十二冊

370000－1502－0004073　jnt11825

增訂漢魏叢書九十六種四百七十五卷　（清）
王謨輯　清練江汪述古山莊刻本　二十一冊
　存二百六十七卷（釋名四卷、竹書紀年二
卷、穆天子傳六卷、越絕書十五卷、吳越春秋
六卷、漢武帝內傳一卷、飛燕內傳一卷、雜事
秘辛一卷、十六國春秋十六卷、元經薛氏傳十
卷、群輔錄一卷、英雄紀錄一卷、高士傳三卷、
蓮社高賢傳一卷、神仙傳十卷、孔叢子二卷、
詰墨一卷、新語二卷、新書十卷、新序十卷、說
苑十四卷、鹽鐵論十卷附考證一卷、法言十
卷、申鑒五卷、潛夫論十卷附錄一卷、中論二
卷、中說二卷、風俗通義四卷、人物志三卷、新
論十卷、顏氏家訓二卷、參同契一卷、陰符經
一卷、風后握奇經一卷、素書一卷、心書一卷、
列子八卷、傅子一卷、道德經評注一卷、老子
道德經一卷、博物志十卷、古今注一卷、中華
古今注三卷、文心雕龍十卷、詩品三卷、書品
一卷、尤射一卷、拾遺記十卷、述異經一卷、海
內十洲記一卷、洞冥記四卷、枕中書一卷、佛
國記一卷、伽藍記五卷、三輔黃圖六卷、水經
二卷、星經二卷、荊楚歲時記一卷、南方草木
狀二卷、竹譜一卷、禽經一卷、古今刀劍錄一
卷、鼎錄一卷、輶軒絕代語一卷、鄴中記一卷、
博異記一卷、世本一卷附考證一卷）

370000－1502－0004074　jnt11828

千字文釋義不分卷　（清）汪嘯尹纂輯　（清）
孫謙益參注　清刻本　一冊

370000－1502－0004075　jnt11833

福惠全書三十二卷　（清）黃六鴻撰　清濂溪
書屋刻本　十冊　存二十六卷（一至十三、十
七至二十九）

370000－1502－0004076　jnt11834

刑部比照加減成案續編三十二卷首一卷
（清）許槤訂　清光緒鉛印本　十二冊　存二
十五卷（一至十六、二十五至三十二,首一卷）

370000－1502－0004077　jnt11835

時務通考三十一卷時務通考續編三十一卷
（清）杞廬主人等編纂　清光緒二十七年
（1901）上海點石齋石印本　三十九冊　缺一
卷（時務通考十三）

370000－1502－0004078　jnt11838

間處光陰二卷　（清）搏沙拙老撰　清末石印
本　一冊　存一卷（下）

370000－1502－0004079　jnt11839

新增刑案匯覽十六卷　（清）潘文舫編纂　清
光緒十二年（1886）圖書集成局鉛印本　四冊

370000－1502－0004080　jnt11840

大清律例增修統纂集成四十卷督捕則例二卷
（清）姚潤纂輯　清末鉛印本　十八冊　存
三十二卷（九至二十八、三十一至四十,督捕
則例附纂二卷）

370000－1502－0004081　jnt11842

盛世危言六卷盛世危言二編六卷盛世危言三
編六卷　鄭觀應輯　清光緒二十四年（1898）
圖書集成局鉛印本　四冊　存十一卷（一編
一至三、二編三至四、三編六卷）

370000－1502－0004082　jnt11843

秋審實緩比較成案不分卷　（清）□□輯　清
藍格抄本　九冊

370000－1502－0004083　jnt11844

觀乎成山一卷　（清）王錫蕃撰　清宣統二年
（1910）石印本　一冊

370000－1502－0004084　jnt11845

觀乎成山一卷　（清）王錫蕃撰　清宣統二年
（1910）石印本　一冊

370000－1502－0004085　jnt11846

洋務經濟通考十六卷　（清）應祖錫纂定　清
光緒二十八年（1902）鴻寶齋石印本　十二冊

370000－1502－0004086　jnt11848

同治十三年甲戌科會試同年錄不分卷　（清）
□□編　清刻本　一冊

370000－1502－0004087　jnt11849

違禁書籍名目不分卷　（□）□□編　清抄本

一册

370000 - 1502 - 0004088　jnt11858

鴻雪軒尺牘六卷　（清）瞿澄撰　清刻本　五册　存五卷（二至六）

370000 - 1502 - 0004089　jnt11860

宋四六選二十四卷　（清）彭元瑞選　（清）曹振鏞編　清刻本　七册　存二十一卷（一至十四、十八至二十四）

370000 - 1502 - 0004090　jnt11861

金剛般若波羅密經直解二卷般若波羅蜜多心經直解一卷祖師降壇三十二次偈一卷　（唐）釋純陽子直解　清咸豐十年（1860）刻本　二册

370000 - 1502 - 0004091　jnt11865

庸盦海外文編四卷　（清）薛福成撰　清光緒二十二年（1896）石印本　二册

370000 - 1502 - 0004092　jnt11867

幼學求源三十三卷　（清）程登吉撰　（清）鄒聖脈增　清道光二十七年（1847）書業德刻本　五册　存二十二卷（一至十三、二十三至三十一）

370000 - 1502 - 0004093　jnt11872

四庫未收書目提要五卷　（清）阮元撰　清同治七年（1868）黄氏據擘經堂本刻本　三册

370000 - 1502 - 0004094　jnt11876

欽定國朝詩別裁集三十二卷　（清）沈德潛纂　清刻本　十三册　存十五卷（一至三、六、九、十一至十二、二十一至二十二、二十五至三十）

370000 - 1502 - 0004095　jnt11881

蘇長公尺牘三卷　（清）黄始箋輯　清光緒三十四年（1908）上海著易堂石印本　三册

370000 - 1502 - 0004096　jnt11883

紀曉嵐詩注釋四卷　（清）紀昀撰　（清）郭斌評注　清嘉慶二十一年（1816）文富堂刻本　一册　存二卷（一至二）

370000 - 1502 - 0004097　jnt11884

信魁濟瑩傳十八章不分卷　（英國）鮑康甯譯　清光緒二十九年（1903）上海廣學會鉛印本　一册

370000 - 1502 - 0004098　jnt11885

兩當軒集十四卷附録四卷考異二卷　（清）黄景仁撰　清掃葉山房石印本　三册　缺五卷（一至五）

370000 - 1502 - 0004099　jnt11888

歷朝名媛尺牘二卷　（清）水鏡山房輯　清影印本　一册

370000 - 1502 - 0004100　jnt11889

一笠庵北詞廣正譜不分卷　（清）李玄玉更定　清青蓮書屋刻本　四册

370000 - 1502 - 0004101　jnt11892

蓬萊仙館尺牘六卷　（清）翟國棟編輯　清光緒十二年（1886）半舫草堂刻本　三册　存三卷（一、三、六）

370000 - 1502 - 0004102　jnt11895

教案奏議彙編八卷首一卷　（□）□□編　清光緒二十七年（1901）上海書局石印本　六册

370000 - 1502 - 0004103　jnt11896

欽定大清會典一百卷　（清）高宗弘曆敕撰　清光緒十九年（1893）上海圖書集成印書局鉛印本　八册

370000 - 1502 - 0004104　jnt11898

王文成公全書三十八卷　（明）王守仁撰　清末鉛印本　十一册　存三十六卷（三至三十八）

370000 - 1502 - 0004105　jnt11900

天花亂墜二集　（清）寅半生選輯　清刻本　一册　存二卷（七至八）

370000 - 1502 - 0004106　jnt11903

藝風藏書記八卷　繆荃孫編　清刻本　二册

370000 - 1502 - 0004107　jnt11906

東坡尺牘一卷東坡詞鈔一卷山谷詞鈔一卷（清）中華圖書館輯　清宣統元年（1909）上海

中華圖書館石印本　三册

370000－1502－0004108　jnt11907
雨村詩話十六卷　（清）李調元撰　清善成堂
刻本　三册　存六卷（一至二、七至八、十五
至十六）

370000－1502－0004109　jnt11908
士禮居黃氏叢書　（清）黃丕烈輯　清光緒十
三年(1887)上海蟄英館據黃氏本影印本　十
册　存五十卷（梁公九諫一卷、輿地廣記三十
八卷札記二卷、季滄葦藏書目一卷、傷寒雜病
論六卷、百宋一廛賦一卷、汪本隸釋刊誤一
卷）

370000－1502－0004110　jnt11912
小題五集精詣不分卷　（清）王步青評　（清）
王士鰲編　清寶仁堂刻本　四册

370000－1502－0004111　jnt11912
小題五集精詣續編不分卷　（清）王步青評
（清）王士鰲編　清寶仁堂刻本　一册

370000－1502－0004112　jnt11913
昭明文選六臣彙注疏解　（清）顧施禎纂輯
清耕心堂刻本　八册　存十六卷（二十至二
十一、二十四至三十七）

370000－1502－0004113　jnt11919
黃山谷尺牘二卷　（宋）黃庭堅撰　（清）黃始
靜箋　清末上海著易堂石印本　一册

370000－1502－0004114　jnt11920
六梅書屋尺牘四卷　（清）凌丹陛撰　清光緒
三年(1877)申報館仿聚珍鉛印本　一册　存
二卷（一至二）

370000－1502－0004115　jnt11920
六梅書屋尺牘四卷　（清）凌丹陛撰　清刻本
一册　存一卷（三）

370000－1502－0004116　jnt11930
不自量齋稿存　（清）胡光彌撰　（清）徐壽昌
評　清末影印本　一册　存一卷（三）

370000－1502－0004117　jnt11933
古今説部叢書　國學扶輪社輯　清宣統至民

國上海國學扶輪社鉛印本　三册　存十八卷
（戒庵漫筆一卷、蘇談一卷、耳新一至八、傳信
記一卷、野航史話一卷、小隱書一卷、雲蕉館
紀談一卷、汴圍濕襟録一卷、漁洋感舊集小傳
三卷）

370000－1502－0004118　jnt11935
雙楳景闇叢書不分卷　葉德輝輯　清光緒三
十四年(1908)鉛印本　三册

370000－1502－0004119　jnt11938
重增格物入門七卷　（美國）丁韙良撰　清光
緒二十五年(1899)上海美華書館鉛印本　六
册

370000－1502－0004120　jnt11940
全唐詩九百卷　（清）曹寅輯　清光緒十三年
(1887)上海同文書局石印本　十册　存十卷
（六、八、十四、十七至十八、二十、二十二、三
十、三十二、三十八）

370000－1502－0004121　jnt11945
格致鏡原一百卷　（清）陳元龍撰　清光緒二
十二年(1896)積山書局石印本　十五册　缺
五卷（七十四至七十八）

370000－1502－0004122　jnt11946
增訂漢魏叢書九十六種四百七十五卷　（清）
王謨增訂　清上海大通書局石印本　八册
存八十三卷（法言十卷、申鑒五卷、論衡三十
卷、潛夫論十卷、中論二卷、中説二卷、風俗通
義九卷、人物志三卷、新論十卷、顏氏家訓二
卷）

370000－1502－0004123　jnt11951
杜詩詳注二十五卷首一卷附録二卷　（清）仇
兆鰲輯注　清上海掃葉山房石印本　二十一
册　缺六卷（一至六）

370000－1502－0004124　jnt11952
重訂綴白裘十二集四十八卷　（清）玩花主人
編　清道光三年(1823)共賞齋刻本　十二册
存六集（四至六、十至十二）

370000－1502－0004125　jnt11953
重訂綴白裘新編十二集四十八卷　（清）玩花

主人撰　清道光三年(1823)共賞齋刻本　四
册　存二集(十至十一)

370000－1502－0004126　jnt11954

西學自彊叢書　(清)張之洞編　清光緒二十
四年(1898)上海測海山房石印本　八册　存
十二卷(廟學典禮卷一至六、禮部志稿四十
二、雲庵類稿一至二、雲溪居士集二十二、讀
春秋略記十一至十二)

370000－1502－0004127　jnt11957

西學富彊叢書　(清)富彊齋主人輯　清末鉛
印本　四十七册　存二百七十八卷(聲學八
卷、光學二卷、視學諸器一卷、談天十八卷附
表一卷、測候叢談四卷、地學淺釋三十六卷、
列國歲計政要四卷首一卷、各國交涉公法論
十六卷末一卷、英國水師律例四卷、開煤要法
十二卷、井礦工程三卷、銀礦指南一卷、冶金
録三卷、金石識別十二卷、汽機必以十二卷、
汽機新製八卷、鍊石編三卷、海塘輯要十卷、
行軍鐵路工程二卷、匠誨與規三卷、冶管之法
一卷、回熱爐法一卷、鎔金類罐一卷、造硫强
水法一卷、色相留真一卷、水衣全論一卷、垸
髮致美一卷、製肥皂法二卷、製燭法一卷、電
學鍍金四卷、電學鍍鎳一卷、造玻璃法二卷、
鐵船針向一卷、機動圖説一卷、列國陸軍制九
卷、列國水師考三卷、海軍調度要言三卷、輪
船佈陣要言十二卷、製火藥法三卷、兵船礮法
六卷、回特活德鋼礮一卷、克虜伯礮準心法四
卷、克虜伯炮操法四卷、克虜伯炮表六卷、開
地道轟藥法三卷、攻守礮法一卷、克虜伯腰箍
炮説一卷、克虜伯螺繩駁架一卷、克虜伯船礮
操法一卷、俄史輯譯四卷、歐洲東方交涉記十
二卷、列國歲正計要十二卷、萬國總説三卷、
萬國通鑑二卷、營城揭要二卷、營城圖一卷)

370000－1502－0004128　jnt11959

寄園寄所寄十二卷　(清)趙吉士輯　(清)陳
黃永等校訂　清刻本　七册

370000－1502－0004129　jnt11960

唐詩百名家全集不分卷　(清)席啓寓輯　清
末上海掃葉山房石印本　十三册

370000－1502－0004130　jnt11962

隨園詩話十六卷　(清)袁枚撰　清道光七年
(1827)文錦堂刻本　六册

370000－1502－0004131　jnt11966

漁洋詩法三卷詩法淺説二卷　(清)王士禎撰
(清)黃叔琳選　清光緒二十一年(1895)聚
和堂李氏刻本　一册

370000－1502－0004132　jnt11968

棟華書屋近刻四卷　(清)朱緗等撰　清刻本
一册

370000－1502－0004133　jnt11969

華泉詩選一卷滄溟詩選一卷　(明)邊貢撰
清嘉慶十一年(1806)刻本　一册

370000－1502－0004134　jnt11970

無我相齋詩選四卷　(清)何鄰泉撰　清光緒
三十一年(1905)刻本　一册

370000－1502－0004135　jnt11971

**詩經音韻一卷書經音韻一卷易經音韻一卷禮
記音韻一卷春秋音韻一卷**　(清)劉柏編輯
清刻本　一册

370000－1502－0004136　jnt11972

濟上贈言集二卷　(清)蔣慶第等撰　清刻本
一册

370000－1502－0004137　jnt11976

賦役全書不分卷　(清)□□撰　清刻本　一
册

370000－1502－0004138　jnt11978

乘查筆記不分卷　(清)文武椿撰　清同治八
年(1869)刻本　一册

370000－1502－0004139　jnt11987

岑襄勤公勛德介福圖不分卷　(清)趙藩撰
清光緒十六年(1890)石印本　一册

370000－1502－0004140　jnt11988

五色瓜廬尺牘叢殘　(清)邵慶辰撰　清刻本
二册　存二卷(二至三)

370000－1502－0004141　jnt11990

歷代宮閨文選二十六卷　(清)周壽昌輯　清

末鉛印本　一册　存六卷(十七至二十二)

370000－1502－0004142　jnt11991

宋稗類鈔八卷　（清）潘永因輯　（清）潘永圜訂　清末鉛印本　二册

370000－1502－0004143　jnt11994

資治通鑑地理今釋十六卷　（清）吳熙載撰　清末影印本　二册　存九卷(一至九)

370000－1502－0004144　jnt11995

黃氏叢書　（清）黃丕烈輯　清光緒十三年(1887)上海蜚英館石印本　十一册　存九十卷(周禮十二卷附札記十八卷、夏小正戴氏傳四卷附校錄一卷、夏小正經傳集解四卷、博物志十卷、船山詩草選六卷附夢境圖唱和詩集一卷、焦氏易林十六卷、儀禮十七卷附校錄一卷)

370000－1502－0004145　jnt08500

禮記十卷　（元）陳澔集說　（清）丁寶楨校刊　清嘉慶十年(1805)刻本　十册

370000－1502－0004146　jnt08501

御纂七經二百九十四卷　（清）李光地等奉敕纂　清同治浙江巡撫摹刻本　一百三十九册　缺八卷(欽定禮記義疏二十至二十二、六十三至六十七)

370000－1502－0004147　jnt08502

全本禮記體注不分卷禮記十卷　（清）范翔原定　（清）徐旦參訂　（清）徐瑄補輯　（元）陳澔集說　清書業德刻本　十册

370000－1502－0004148　jnt08503

全本禮記體注不分卷禮記十卷　（清）范翔原定　（清）徐旦參訂　（清）徐瑄補輯　（元）陳澔集說　清書業德刻本　十册

370000－1502－0004149　jnt08504

全本禮記體注不分卷禮記十卷　（清）范翔原定　（清）徐旦參訂　（清）徐瑄補輯　（元）陳澔集說　清書業德刻本　十册

370000－1502－0004150　jnt08505

全本禮記體注大全合纂不分卷禮記十卷

（清）范翔原定　（清）徐旦參訂　（清）徐瑄補輯　（元）陳澔集說　清文瑞堂刻本　十册

370000－1502－0004151　jnt08506

五經類編二十八卷　（清）周世樟編輯　清嘉慶三年(1798)刻本　十二册

370000－1502－0004152　jnt08507

七經精義三十八卷　（清）黃淦纂輯　清書業德刻本　十四册

370000－1502－0004153　jnt08508

鄉黨圖考十卷　（清）江永纂　清嘉慶二十一年(1816)刻本　八册

370000－1502－0004154　jnt08510

周禮六卷　（清）黃叔琳原本　（清）許寶香重訂　清道光二十六年(1846)家塾本　一册

370000－1502－0004155　jnt08512

周禮節訓六卷　（清）姚培謙重訂　清光緒三十三年(1907)書業德刻本　二册

370000－1502－0004156　jnt08515

春秋左傳杜注三十卷　（清）姚培謙撰　清同治五年(1866)金陵書局刻本　十册

370000－1502－0004157　jnt08516

周禮節訓六卷　（清）姚培謙重訂　（清）王永祺參閱　清光緒十四年(1888)書業德刻本　二册

370000－1502－0004158　jnt08517

周禮節訓六卷　（清）姚培謙重訂　清光緒三十三年(1907)書業德刻本　二册

370000－1502－0004159　jnt08518

萬充宗先生經學五書十八卷　（清）萬斯大撰　（清）黃梨洲點定　清嘉慶元年(1796)辨志堂刻本　四册

370000－1502－0004160　jnt08522

周禮注疏三十卷　（明）王志長輯　清刻本　十七册　缺二卷(十四至十五)

370000－1502－0004161　jnt08524

周官精義十二卷　（清）連斗山編　清咸豐十一年(1861)集古樓刻本　八册

370000－1502－0004162　jnt08525

周官精義十二卷　（清）連斗山編　清嘉慶七年(1802)官刻本　八册

370000－1502－0004163　jnt08529

周禮精華六卷　（清）陳龍標編輯　清道光十年(1830)姑蘇步月樓刻本　六册

370000－1502－0004164　jnt08530

周禮精華六卷　（清）陳龍標編輯　清光緒二十二年(1896)寶書堂刻本　六册

370000－1502－0004165　jnt08531

周禮精華六卷　（清）陳龍標編輯　清道光六年(1826)山西書業德刻本　六册

370000－1502－0004166　jnt08532

周禮精華六卷　（清）陳龍標編輯　清道光六年(1826)山西書業德刻本　五册　缺一卷（六）

370000－1502－0004167　jnt08533

周禮精華六卷　（清）陳龍標編輯　清光緒十八年(1892)東昌書業德刻本　六册

370000－1502－0004168　jnt08534

奎壁禮記十卷　（元）陳澔集說　清金陵敦化堂刻本　十册

370000－1502－0004169　jnt08536

周禮集解節要六卷　（清）鄧恉纂訂　清道光十三年(1833)金閶步月樓刻本　二册

370000－1502－0004170　jnt08537

儀禮約編三卷　（清）汪基鈔撰　（清）江永校纂　清莘田汪氏家塾刻本　一册

370000－1502－0004171　jnt08539

伊川易傳四卷　（宋）程頤撰　清光緒十八年(1892)劉傳經堂刻本　四册

370000－1502－0004172　jnt08540

伊川經說八卷　（宋）程頤撰　清光緒十八年(1892)劉傳經堂刻本　二册

370000－1502－0004173　jnt08543

夏小正正義不分卷　（清）王筠撰　清咸豐二年(1852)刻本　一册

370000－1502－0004174　jnt08544

禮記體注大全合參不分卷禮記四卷　（清）范翔鑒定　（清）徐旦參訂　（元）陳澔集說　清文聖堂刻本　四册

370000－1502－0004175　jnt08546

漱芳軒合纂禮記體注四卷　（清）范翔參訂　清同治六年(1867)書業德刻本　四册

370000－1502－0004176　jnt08548

禮記體注大全不分卷禮記四卷　（清）范翔鑒定　（清）徐旦參訂　（元）陳澔集說　清善成堂刻本　四册

370000－1502－0004177　jnt08549

禮記十卷　（元）陳澔集說　（清）丁寶楨校刊　清嘉慶十四年(1809)金閶濂溪閣刻本　十册

370000－1502－0004178　jnt08550

禮記十卷　（元）陳澔集說　（清）丁寶楨校刊　清嘉慶十四年(1809)寶善堂刻本　八册　缺二卷(二、十)

370000－1502－0004179　jnt08551

奎壁禮記十卷　（元）陳澔集說　清光緒十七年(1891)善成堂刻本　十册

370000－1502－0004180　jnt08552

禮記十卷　（元）陳澔集說　（清）丁寶楨校刊　清光緒十三年(1887)子雲堂刻本　十册

370000－1502－0004181　jnt08553

奎壁禮記十卷　（元）陳澔集說　清光緒二十二年(1896)周村益友堂刻本　十册

370000－1502－0004182　jnt08554

禮記易讀二卷　（清）志遠堂主人選　清光緒二十六年(1900)書業德刻本　二册

370000－1502－0004183　jnt08555

禮記易讀二卷　（清）志遠堂主人選　清光緒二十六年(1900)　二册

370000－1502－0004184　jnt08556

禮記易讀二卷　（清）志遠堂主人選　清光緒二十六年(1900)書業德刻本　二册

370000－1502－0004185　jnt08557

禮記易讀二卷　（清）志遠堂主人選　清光緒
二十六年（1900）書業德刻本　二冊

370000－1502－0004186　jnt08559

十三經注疏并校勘記七十四卷附十三經注疏
校勘記識語四卷　（清）阮元校勘　清光緒三
十年（1904）點石齋影印阮氏文選校本　二十
八冊　存六十二卷（周易注疏四卷、尚書注疏
四卷、春秋左傳注疏十二卷、毛詩注疏八卷、
公羊傳注疏四卷、周禮注疏六卷、穀梁傳注疏
四卷、儀禮注疏八卷、禮記注疏十二卷）

370000－1502－0004187　jnt08560

十三經注疏并校勘記七十四卷附十三經注疏
校勘記識語四卷　（清）阮元校勘　清光緒十
三年（1887）點石齋刻本　二十五冊

370000－1502－0004188　jnt08562

重刊宋本十三經注疏附校勘記四百十六卷
（清）阮元校勘　清光緒十八年（1892）湖南寶
慶務本書局重鐫刻本　一百五十九冊

370000－1502－0004189　jnt08564

春秋繁露十七卷首一卷　（漢）董仲舒撰　清
光緒三年（1877）湖北崇文書局刻本　二冊

370000－1502－0004190　jnt08564

儀禮古今文疏義十七卷　（清）胡承珙撰　清
光緒三年（1877）湖北崇文書局刻本　四冊

370000－1502－0004191　jnt08564

左傳舊疏考正八卷　（清）劉文淇撰　清光緒
三年（1877）湖北崇文書局刻本　四冊

370000－1502－0004192　jnt08564

九經三傳沿革例不分卷　（宋）岳珂撰　清光
緒三年（1877）湖北崇文書局刻本　一冊

370000－1502－0004193　jnt08564

周易姚氏學十六卷首一卷　　（清）姚配中撰
清光緒三年（1877）湖北崇文書局刻本　　六冊

370000－1502－0004194　jnt08564

尚書大傳四卷考異一卷補遺一卷續補遺一卷
　　（漢）鄭康成注　清光緒三年（1877）湖北崇

文書局刻本　一冊

370000－1502－0004195　jnt08564

韓詩外傳十卷　（漢）韓嬰撰　清光緒三年
（1877）湖北崇文書局刻本　二冊

370000－1502－0004196　jnt08564

周書十卷周書逸文一卷　（清）朱右增集訓校
釋　清光緒三年（1877）湖北崇文書局刻本
二冊

370000－1502－0004197　jnt08567

易經備旨萃精七卷首一卷書經備旨萃精七卷
首一卷詩經備旨萃精八卷首一卷禮記備旨萃
精十一卷首一卷春秋左傳備旨萃精十二卷首
一卷　（清）吳朝贊增輯　（清）吳祖培等編次
　清光緒三十年（1904）聚盛堂刻本　二十四
冊

370000－1502－0004198　jnt08569

四書翼注論文不分卷　（清）張甄陶述　清刻
本　六冊

370000－1502－0004199　jnt08570

袖珍五經揭要二十六卷　（清）許寶善原定
清刻本　十四冊

370000－1502－0004200　jnt08571

五經味根錄三十八卷　（清）關蔚煌輯　清光
緒二十一年（1895）上海凌雲閣石印本　十六
冊

370000－1502－0004201　jnt08572

四書襯十九卷　（清）駱培撰　清坦吉堂刻本
　六冊

370000－1502－0004202　jnt08573

四書地理考十五卷　（清）王鎏撰　清光緒十
七年（1891）習靜齋刻本　六冊

370000－1502－0004203　jnt08575

五經類典囊括六十四卷　（清）同文書局校
清光緒十年（1884）上海同文書局石印本　六
冊

370000－1502－0004204　jnt08576

詩毛氏傳疏三十卷附釋毛詩音四卷毛詩説一

卷毛詩傳義類一卷鄭氏箋考微一卷　（清）陳奐疏　清光緒七年(1881)石印本　四册

370000－1502－0004205　jnt08577

新訂四書補注備旨十卷　（清）鄧林著　（清）鄧煜編次　清光緒七年(1881)上海文盛書局石印本　六册

370000－1502－0004206　jnt08578

四書章句本義匯參三十三卷　（清）王步青輯（清）王士鰲編　清光緒十二年(1886)鉛印本　十二册

370000－1502－0004207　jnt08579

春秋左傳五十卷　（晋）杜預注釋　（宋）林堯叟注釋　（唐）陸元朗音義　清刻本　十二册

370000－1502－0004208　jnt08580

五經備旨四十五卷　（清）鄒聖脈纂輯　清光緒十二年(1886)上海點石齋石印本　十二册

370000－1502－0004209　jnt08581

易經八卷　（宋）程頤傳　清宣統元年(1909)學部圖書局刻本　六册

370000－1502－0004210　jnt08582

四書人物類典串珠四十卷　（清）臧志仁編輯　清光緒二十二年(1896)書業德刻本　十二册

370000－1502－0004211　jnt08583

新刻來瞿唐先生易注十五卷首一卷末一卷（明）來知德撰　清光緒二十一年(1895)江東茂記書局石印本　八册

370000－1502－0004212　jnt08584

片玉四書十九卷　（宋）朱熹章句　清成錦堂刻本　六册

370000－1502－0004213　jnt08585

學庸示掌不分卷　（清）湯自銘纂　清道光二十六年(1846)涇邑雙桂齋刻本　二册

370000－1502－0004214　jnt08586

四書味根錄三十九卷　（清）金澂纂輯　清光緒二十九年(1903)上海久敬齋石印本　六册

370000－1502－0004215　jnt08587

皇清經解靜修堂編目十六卷　（清）陶治元編輯　清光緒十二年(1886)石印本　四册

370000－1502－0004216　jnt08588

新訂四書補注備旨十卷　（清）鄧林撰　（清）杜定基增訂　清光緒九年(1883)善成堂刻本　八册

370000－1502－0004217　jnt08589

增補四書串珠味根錄三十七卷　（清）金澂纂輯　清光緒二十五年(1899)經餘厚刻本　十四册

370000－1502－0004218　jnt08596

爾雅注疏十一卷　（晋）郭璞注　（宋）邢昺疏　清光緒十三年(1887)文成堂刻本　四册

370000－1502－0004219　jnt08597

爾雅注疏十一卷　（晋）郭璞注　（宋）邢昺疏　清光緒十七年(1891)善成堂刻本　六册

370000－1502－0004220　jnt08598

爾雅注疏十一卷　（晋）郭璞注　（宋）邢昺疏　清光緒二十二年(1896)書業德刻本　五册

370000－1502－0004221　jnt08599

爾雅注疏十一卷　（晋）郭璞注　（宋）邢昺疏　清嘉慶七年(1802)汲古閣刻本　六册

370000－1502－0004222　jnt08600

爾雅注疏十一卷　（晋）郭璞注　（宋）邢昺疏　清嘉慶七年(1802)汲古閣刻本　四册

370000－1502－0004223　jnt08601

爾雅讀本十一卷　（晋）郭璞注　（唐）陸德明音義　（宋）邢昺疏　清施肇曾刻本　六册

370000－1502－0004224　jnt08602

爾雅三卷　（晋）郭璞注　（唐）陸德明音義　清嘉慶清芬閣刻本　三册

370000－1502－0004225　jnt08603

爾雅郭注義疏二十卷　（清）郝懿行撰　清同治四年(1865)刻本　八册

370000－1502－0004226　jnt08604

爾雅注疏十一卷　（晋）郭璞注　（宋）邢昺疏　清光緒十三年(1887)四寶堂刻本　六册

370000 – 1502 – 0004227　jnt08606

周易四卷　（宋）朱熹本義　清宣統二年(1910)上海廣益書局石印本　二冊

370000 – 1502 – 0004228　jnt08616

周易四卷　（宋）朱熹集注　清宣統二年(1910)上海會文堂石印本　二冊

370000 – 1502 – 0004229　jnt08619

酌雅齋四書遵注合講不分卷四書十九卷　（清）翁復撰　（宋）朱熹章句　清道光八年(1828)閩漳文瑞堂藏板　六冊

370000 – 1502 – 0004230　jnt08621

四書圖考十三卷　（清）杜炳撰　清光緒十三年(1887)鴻文書局石印本　四冊

370000 – 1502 – 0004231　jnt08625

詩經八卷　（宋）朱熹集傳　清濟南志興堂刻本　四冊

370000 – 1502 – 0004232　jnt08626

禮記約編十卷　（清）汪基鈔撰　（清）江永校纂　清光緒三十三年(1907)文瑞樓石印本　六冊

370000 – 1502 – 0004233　jnt08635

十三經注疏并校勘記四百十六卷　（清）阮元校勘　清光緒二十四年(1898)點石齋石印本　三十一冊　缺八卷(毛詩注疏校勘記一至八)

370000 – 1502 – 0004234　jnt08638

增補蘇批孟子二卷　（宋）蘇洵評　清末著易堂書局石印本　二冊

370000 – 1502 – 0004235　jnt08639

增補蘇批孟子二卷　（宋）蘇洵評　清末著易堂書局石印本　二冊

370000 – 1502 – 0004236　jnt08642

增删卜易六卷　（清）野鶴老人著　清慎德堂刻本　四冊

370000 – 1502 – 0004237　jnt08643

四書人物類典串珠四十卷　（清）臧志仁編輯　清嘉慶六年(1801)刻本　十六冊

370000 – 1502 – 0004238　jnt08644

小學集注六卷附忠經一卷孝經一卷　（宋）朱熹集注　清光緒三十二年(1906)鴻寶齋石印本　四冊

370000 – 1502 – 0004239　jnt08646

小學纂注六卷附文公朱夫子年譜一卷　（清）高愈纂注　清光緒十四年(1888)掃葉山房刻本　四冊

370000 – 1502 – 0004240　jnt08650

欽定書經傳說彙纂二十一卷首二卷欽定詩經傳說彙纂二十一卷首二卷欽定春秋傳說彙纂三十八卷首二卷欽定周官義疏四十八卷首一卷欽定儀禮義疏四十八卷首二卷欽定禮記義疏八十二卷首一卷　（清）傅恒等奉敕纂　清光緒二十六年(1900)煥文書局石印本　三十冊

370000 – 1502 – 0004241　jnt08652

帝王廟諡年諱譜一卷　（清）陸費墀輯　清刻本　一冊

370000 – 1502 – 0004242　jnt08653

諸史拾遺四卷　（清）錢大昕撰　清稻香吟館刻本　一冊

370000 – 1502 – 0004243　jnt08654

皇朝經世文編一百二十卷　（清）賀長齡輯　（清）魏源編次　清光緒十二年(1886)思補樓重校石印本　五十九冊　缺二卷(三至四)

370000 – 1502 – 0004244　jnt08655

皇朝經世文續編一百二十卷　（清）盛康撰　清光緒二十三年(1897)思補樓刻本　六十五冊　缺二十三卷(六至七、十六至十九、三十七至四十一、五十一至五十七、六十九、九十至九十三)

370000 – 1502 – 0004245　jnt08656

明史紀事本末八十卷　（清）谷應泰編輯　清刻本　十冊

370000 – 1502 – 0004246　jnt08661

金史一百三十五卷附欽定金國語解一卷　（元）脫脫等修　清同治十三年(1874)江蘇書

局刻本　十六册

370000－1502－0004247　jnt08662
明史三百三十二卷　（清）張廷玉等奉敕修
清光緒三年(1877)湖北崇文書局刻本　八十
册

370000－1502－0004248　jnt08663
國朝先正事略六十卷　（清）李元度纂　清同
治八年(1869)循陔草堂刻本　二十四册

370000－1502－0004249　jnt08664
宋史四百九十六卷　（元）脱脱撰　清光緒元
年(1875)浙江書局刻本　一百册

370000－1502－0004250　jnt08665
歷代循吏傳八卷　（清）朱軾　（清）蔡世遠合
訂　清同治三年(1864)刻本　四册

370000－1502－0004251　jnt08666
唐書二百二十五卷　（宋）歐陽修　（宋）宋祁
奉敕撰　清同治十二年(1873)浙江書局校刻
本　四十册

370000－1502－0004252　jnt08667
舊五代史一百五十卷　（宋）薛居正等撰　清
咸豐十一年(1861)嘉業堂刻本　三十二册

370000－1502－0004253　jnt08668
舊唐書二百卷　（五代）劉昫等撰　清同治十
一年(1872)定遠方氏據岑氏懼盈齋本刻本
三十六册

370000－1502－0004254　jnt08669
東萊先生音注唐鑑二十四卷　（宋）范祖禹撰
　（宋）呂祖謙注　清同治十三年(1874)尊經
書院刻本　六册

370000－1502－0004255　jnt08671
舊五代史一百五十卷　（宋）薛居正等撰　清
掃葉山房刻本　二十四册

370000－1502－0004256　jnt08672
史記一百三十卷　（漢）司馬遷撰　（南朝宋）
裴駰集解　清光緒四年(1878)金陵書局刻本
　十六册

370000－1502－0004257　jnt08673

史記一百三十卷附方望溪評點史記四卷
（漢）司馬遷撰　（南朝宋）裴駰集解　（唐）
司馬貞索隱　（唐）張守節正義　清光緒二年
(1876)刻本　二十册

370000－1502－0004258　jnt08674
歸方評點史記合筆六卷　（清）王拯纂　清光
緒元年(1875)望三益齋刻本　四册

370000－1502－0004259　jnt08675
漢書一百卷　（漢）班固撰　（唐）顏師古注
清同治八年(1869)金陵書局刻本　十六册

370000－1502－0004260　jnt08676
陳書三十六卷　（唐）姚思廉撰　清同治十一
年(1872)金陵書局仿汲古閣刻本　四册

370000－1502－0004261　jnt08677
後漢書九十卷續漢志三十卷　（南朝宋）范曄
撰　（唐）李賢注　（晉）司馬彪撰　（南朝
梁）劉昭注　清同治八年(1869)金陵書局仿
汲古閣刻本　十六册

370000－1502－0004262　jnt08679
史記一百三十卷　（漢）司馬遷撰　（南朝宋）
裴駰集解　（唐）司馬貞索隱　（唐）張守節正
義　清據聚錦堂本翻刻本　二十一册　缺八
卷(七至十四、目錄)

370000－1502－0004263　jnt08682
繹史一百六十卷　（清）馬驌編　清光緒十五
年(1889)金匱浦氏重修蘇州綠蔭堂刻本　四
十册

370000－1502－0004264　jnt08683
御批歷代通鑑輯覽一百二十卷　（清）傅恒等
奉敕撰　清刻本　六十四册

370000－1502－0004265　jnt08684
御批歷代通鑑輯覽一百二十卷　（清）傅恒等
奉敕撰　清同治十一年(1872)湖北崇文書局
刻本　六十册

370000－1502－0004266　jnt08685
御批歷代通鑑輯覽一百二十卷　（清）傅恒等
奉敕撰　清同治十一年(1872)湖北崇文書局

刻本　六十册

370000－1502－0004267　jnt08687

曹大家女誡二卷　（清）王相箋注　清光緒十三年（1887）上海江左書林刻本　二册

370000－1502－0004268　jnt08688

曹大家女誡二卷　（清）王相箋注　清光緒二十四年（1898）書業德刻本　二册

370000－1502－0004269　jnt08689

曹大家女誡二卷　（清）王相箋注　清光緒六年（1880）李光明莊刻本　二册

370000－1502－0004270　jnt08690

曹大家女誡二卷　（清）王相箋注　清光緒六年（1880）李光明莊刻本　二册

370000－1502－0004271　jnt08691

曹大家女誡二卷　（清）王相箋注　清光緒六年（1880）李光明莊刻本　二册

370000－1502－0004272　jnt08692

曹大家女誡二卷　（清）王相箋注　清光緒十八年（1892）善成堂刻本　二册

370000－1502－0004273　jnt08693

澄衷蒙學堂字課圖説四卷　劉樹屏撰　清光緒三十一年（1905）石印本　四册

370000－1502－0004274　jnt08694

小學纂注六卷附朱子年譜不分卷　（清）高愈纂注　清咸豐七年（1857）古邠唐氏職思堂刻本　三册

370000－1502－0004275　jnt08695

小學纂注六卷附忠經不分卷孝經不分卷文公朱子年譜不分卷　（清）高愈纂注　清光緒二十年（1894）書業德刻本　四册

370000－1502－0004276　jnt08696

小學纂注六卷附忠經不分卷孝經不分卷（清）高愈纂注　清光緒二十年（1894）書業德刻本　二册

370000－1502－0004277　jnt08697

小學纂注六卷忠經不分卷孝經不分卷文公朱子年譜不分卷　（清）高愈纂注　清光緒善成

堂刻本　四册

370000－1502－0004278　jnt08698

小學六卷　（清）高愈纂注　清光緒二十四年（1898）東昌寶興堂刻本　四册

370000－1502－0004279　jnt08699

經餘必讀八卷續編八卷三集四卷　（清）雷琳等輯　清光緒二年（1876）退補齋刻本　十二册

370000－1502－0004280　jnt08700

戰國策三十三卷附重刻剡川姚氏本戰國策并札記三卷　（漢）高誘注　清同治八年（1869）湖北崇文書局刻本　五册

370000－1502－0004281　jnt08701

十三經集字不分卷　（清）李鴻藻集　清光緒八年（1882）京都松竹齋刻本　一册

370000－1502－0004282　jnt08702

十三經集字不分卷　（清）李鴻藻集　清光緒八年（1882）京都琉璃廠寶珍堂刻本　一册

370000－1502－0004283　jnt08703

龍文鞭影二卷　（明）蕭良有著　（明）楊臣諍增訂　清道光三十年（1850）鐵筆齋刻本　四册

370000－1502－0004284　jnt08704

寄傲山房塾課新增幼學故事瓊林四卷首一卷　（清）程允升撰　（清）鄒聖脈增補　清光緒二十六年（1900）書業德刻本　四册

370000－1502－0004285　jnt08705

增訂二論詳解四卷　（清）劉忠輯　清光緒十二年（1886）紫文閣刻本　二册

370000－1502－0004286　jnt08706

小四書六卷　（清）陸稼書校訂　清末經藝堂刻本　四册

370000－1502－0004287　jnt08707

小學韻語不分卷　（清）羅澤南撰　清光緒二十七年（1901）山東書局刻本　一册

370000－1502－0004288　jnt08709

小學集解六卷跋一卷孝經一卷　（清）張伯行

纂輯　（清）李蘭汀校訂　清同治十三年（1874）正誼堂刻本　六册

370000－1502－0004289　jnt08711
資治通鑑綱目五十九卷首一卷　（宋）朱熹撰　清光緒五年（1879）山東書局刻本　七十八册

370000－1502－0004290　jnt08712
資治通鑑綱目五十九卷續資治通鑑綱目二十七卷末一卷　（明）陳仁錫評閱　清春明堂刻本　一百四十八册

370000－1502－0004291　jnt08714
資治通鑑三百九十四卷釋例一卷問疑一卷釋文三十卷釋文辯誤十二卷目錄三十卷考異三十卷　（宋）司馬光撰　（元）胡三省音注　清光緒十四年（1888）刻本　一百十六册　缺一百十卷（缺資治通鑑一至四、九十五至一百、二百九十五至三百九十四）

370000－1502－0004292　jnt08715
御批歷代通鑑輯覽一百二十卷　（清）傅恒等奉敕撰　清光緒二十九年（1903）博通學會石印本　二十四册

370000－1502－0004293　jnt08717
皇朝輿地韻編二卷附圖一卷　（清）李兆洛輯　清光緒十八年（1892）長沙竹素書局刻本　一册

370000－1502－0004294　jnt08718
綱鑑會纂三十九卷首一卷　（明）王世貞編
綱鑑會通明紀十五卷　（清）陳志襄輯　清書業德刻本　三十四册

370000－1502－0004295　jnt08722
續資治通鑑綱目二十七卷末一卷　（明）商輅等奉敕纂　（明）陳仁錫評閱　清崇道堂刻本　三十八册

370000－1502－0004296　jnt08724
唐廓修和記略一卷　（清）趙咸中記　清光緒十四年（1888）石印本　一册

370000－1502－0004297　jnt08725

照錄山東曹州府教案條約不分卷　（清）政府訂　清刻本　一册

370000－1502－0004298　jnt08726
南天痕二十六卷　（清）凌雷纂修　清宣統二年（1910）復古社鉛印本　六册

370000－1502－0004299　jnt08728
四書字詁七十八卷　（清）黃本驥編訂　清咸豐刻本　十四册　存六十九卷（一至二十一、二十五至六十、六十七至七十八）

370000－1502－0004300　jnt08729
靈棋經不分卷　（漢）東方朔撰　（唐）李遠叙　清光緒二十六年（1900）鐵嶺于氏刻本　一册

370000－1502－0004301　jnt08731
史記一百三十卷　（漢）司馬遷撰　（南朝宋）裴駰集解　（唐）司馬貞索隱　（唐）張守節正義　清光緒四年（1878）金陵書局刻本　十六册

370000－1502－0004302　jnt08732
史記一百三十卷　（漢）司馬遷撰　（南朝宋）裴駰集解　（唐）司馬貞索隱　（唐）張守節正義　清光緒四年（1878）金陵書局刻本　十五册　缺八卷（一百二十三至一百三十）

370000－1502－0004303　jnt08733
御批歷代通鑑輯覽一百二十卷　（清）傅恒等奉敕撰　清同治十三年（1874）湖南書局刻本　六十三册　缺三卷（十二至十四）

370000－1502－0004304　jnt08739
讀史方輿紀要序一卷　（清）顧祖禹撰　清光緒二十八年（1902）山東書局鉛印本　一册

370000－1502－0004305　jnt08740
四書集注直解説約二十七卷　（明）張居正撰　（清）顧夢麟　（清）楊彝輯　清八旗經正書院翻刻本　十二册

370000－1502－0004306　jnt08741
尺木堂綱鑑易知錄九十二卷附尺木堂明鑑易知錄七卷　（清）吳乘權　（清）周之燦

(清)周之炯輯　清光緒二十七年(1901)掃葉山房鉛印本　十五册

370000－1502－0004307　jnt08743

尺木堂綱鑑易知録九十二卷附尺木堂明鑑易知録十五卷　(清)吳乘權等輯　清尺木堂刻本　三十五册　缺三卷(綱鑑易知録五十七至五十九)

370000－1502－0004308　jnt08744

富文堂綱鑑易知録九十二卷附御撰資治通鑑綱目三編二十卷　(清)吳乘權等輯　清刻本　四十八册

370000－1502－0004309　jnt08747

加批綱鑑易知録二十四卷　(清)吳乘權輯　清末民初上海會文堂書局石印本　二十四册

370000－1502－0004310　jnt08752

御撰資治通鑑綱目三編二十卷末一卷　(清)張廷玉等奉敕編次　清光緒二十六年(1900)寶興堂刻本　六册

370000－1502－0004311　jnt08752

重訂王鳳洲先生綱鑑會纂四十六卷　(明)王世貞纂　清刻本　二十五册

370000－1502－0004312　jnt08752

重訂王鳳洲先生會纂綱鑑二十三卷　(明)王世貞纂　清刻本　十册

370000－1502－0004313　jnt08753

重訂王鳳洲先生綱鑑會纂四十六卷重訂王鳳洲先生會纂綱鑑二十三卷　(明)王世貞纂　清刻本　四十八册　缺十五卷(會纂綱鑑十二至二十六)

370000－1502－0004314　jnt08754

重訂王鳳洲先生會纂綱鑑二十三卷　(明)王世貞纂　清刻本　五册(一函)　存十卷(一至四、六至十一)

370000－1502－0004315　jnt08754

御撰資治通鑑綱目三編二十卷末一卷　(清)張廷玉等奉敕編次　清刻本　六册

370000－1502－0004316　jnt08754

重訂鳳洲先生綱鑑會纂四十六卷　(明)王世貞纂　清刻本　十七册　存三十卷(一至二十三、三十一至三十七)

370000－1502－0004317　jnt08754

重訂鳳洲先生綱鑑會纂四十六卷　(明)王世貞纂　清刻本　十九册　存二十九卷(十二至三十一、三十八至四十六)

370000－1502－0004318　jnt08755

重訂王鳳洲先生會纂綱鑑二十三卷御撰資治通鑑綱目六卷重訂鳳洲先生綱鑑會纂四十六卷　(明)王世貞纂　清光緒三十三年(1907)書業德刻本　三十六册

370000－1502－0004319　jnt08756

重訂王鳳洲先生會纂綱鑑二十三卷重訂鳳洲先生綱鑑會纂四十六卷　(明)王世貞纂　清光緒三十一年(1905)益友堂刻本　三十八册　缺二十一卷(綱鑑會纂十三至三十一、三十六至三十七)

370000－1502－0004320　jnt08756

御撰資治通鑑綱目三編二十卷末一卷　(清)張廷玉等奉敕編　清光緒二十八年(1902)益友堂刻本　六册

370000－1502－0004321　jnt08761

續漢志三十卷　(南朝梁)劉昭注補　清金陵書局仿汲古閣刻本　二册

370000－1502－0004322　jnt08762

重訂王鳳洲先生綱鑑會纂四十六卷重訂王鳳洲先生會纂綱鑑二十三卷　(明)王世貞撰　(明)陳仁錫訂　清光緒十八年(1892)上海點石齋石印本　十四册

370000－1502－0004323　jnt08763

北史一百卷　(唐)李延壽撰　清光緒十年(1884)上海同文書局石印本　二十四册

370000－1502－0004324　jnt08764

南史八十卷　(唐)李延壽撰　清光緒十年(1884)上海同文書局據武英殿本石印本　二十册

370000－1502－0004325　jnt08765

五代史七十四卷　（宋）歐陽修撰　（宋）徐無黨注　清光緒十年(1884)上海同文書局石印本　十冊

370000－1502－0004326　jnt08766

舊五代史一百五十卷　（宋）薛居正等撰　清光緒十年(1884)上海同文書局石印本　二十三冊　缺九卷(四十至四十八)

370000－1502－0004327　jnt08767

舊唐書二百卷　（五代）劉昫等撰　清光緒十年(1884)上海同文書局石印本　四十六冊　缺四卷(三十八至四十一)

370000－1502－0004328　jnt08768

資治通鑑二百九十四卷續資治通鑑二百二十卷資治通鑑目錄三十卷　（宋）司馬光撰（元）胡三省音注　清光緒十四年(1888)上海蜚英館石印本　六十冊

370000－1502－0004329　jnt08770

前漢書一百卷　（漢）班固撰　（唐）顏師古注　清光緒十四年(1888)上海圖書集成印書局石印本　二十冊

370000－1502－0004330　jnt08771

前漢書一百卷　（漢）班固撰　清光緒十四年(1888)上海圖書集成印書局鉛印本　二十冊

370000－1502－0004331　jnt08772

後漢書一百二十卷附考證　（南朝宋）范曄撰（唐）李賢注　（晋）司馬彪撰　（南朝梁）劉昭注　清光緒十四年(1888)上海圖書集成印書局石印本　十六冊

370000－1502－0004332　jnt08774

欽定二十四史三千二百三十八卷　（清）沈德潛等編校　清光緒十四年(1888)圖書集成印書局鉛印本　一百二十三冊　缺一百九十四卷(三國志三十一至六十五、魏書四十二至八十四、隋書一至八十五、舊唐書一至二十八、宋史二百二十九至二百三十一)

370000－1502－0004333　jnt08775

宋書一百卷　（南朝梁）沈約撰　清光緒十四

年(1888)上海圖書集成印書局石印本　十一冊　缺十卷(九十一至一百)

370000－1502－0004334　jnt08776

後漢書一百二十卷　（南朝宋）范曄撰　（唐）李賢注　（晋）司馬彪撰　（南朝梁）劉昭注　清光緒十四年(1888)上海蜚英館石印本　十二冊

370000－1502－0004335　jnt08777

後漢書一百二十卷　（南朝宋）范曄撰　（唐）李賢注　（晋）司馬彪撰　（南朝梁）劉昭注　清光緒二十一年(1895)耕餘主人石印本　十二冊

370000－1502－0004336　jnt08778

前漢書一百卷　（漢）班固撰　（唐）顏師古注　清光緒二十八年(1902)竢實齋石印本　十冊

370000－1502－0004337　jnt08779

漢書一百卷　（漢）班固撰　（唐）顏師古注　清光緒二十九年(1903)上海點石齋石印本　八冊

370000－1502－0004338　jnt08780

史記一百三十卷首一卷　（漢）司馬遷撰（南朝宋）裴駰集解　（唐）司馬貞索隱（唐）張守節正義　清光緒二十九年(1903)點石齋石印本　六冊

370000－1502－0004339　jnt08781

唐書二百二十五卷附唐書釋音二十五卷（宋）歐陽修撰　清光緒二十八年(1902)上海文瀾書局石印本　八冊

370000－1502－0004340　jnt08782

曾文正公全集一百六十八卷首一卷　（清）曾國藩著　清同治至光緒傳忠書局刻本　一百二十八冊　缺十二卷(曾文正公家書十卷、曾文正家訓二卷)

370000－1502－0004341　jnt08783

曾文正公全集一百六十八卷首一卷　（清）曾國藩撰　清同治至光緒傳忠書局刻本　一百十七冊　缺三十三卷(十八家詩鈔一、八、十

三,經史百家雜鈔一至七、十六,曾文正公書札二十四至三十三,曾文正公家書十卷,曾文正公家訓二卷)

370000－1502－0004342　jnt08785
欽定大清刑律第一編十七章第二編三十六章　沈家本修　清宣統三年(1911)刻本　二冊

370000－1502－0004343　jnt08786
文獻通考紀要二卷　(□)□□編　清光緒二十八年(1902)濟南大學堂刻本　四冊

370000－1502－0004344　jnt08787
釁祀備考二卷　(清)林清標纂　清道光二十八年(1848)刻本　一冊

370000－1502－0004345　jnt08788
御批歷代通鑑輯覽一百二十卷　(清)傅恒等奉敕撰　清光緒三十一年(1905)上海商務印書館鉛印本　六冊　存三十卷(六十一至九十)

370000－1502－0004346　jnt08788
御批歷代通鑑輯覽一百二十卷　(清)傅恒等奉敕撰　清光緒三十一年(1905)上海商務印書館鉛印本　十八冊　缺三十卷(三十一至六十)

370000－1502－0004347　jnt08789
御批歷代通鑑輯覽一百二十卷　(清)傅恒等奉敕撰　清光緒三十一年(1905)上海商務印書館鉛印本　二十四冊

370000－1502－0004348　jnt08790
御批歷代通鑑輯覽一百二十卷　(清)傅恒等奉敕撰　清光緒三十二年(1906)上海商務印書館鉛印本　四十冊

370000－1502－0004349　jnt08791
御批歷代通鑑輯覽一百二十卷　(清)傅恒等奉敕撰　清光緒三十年(1904)上海商務印書館鉛印本　二十四冊

370000－1502－0004350　jnt08792
御批歷代通鑑輯覽一百二十卷　(清)傅恒等

奉敕撰　清光緒三十年(1904)上海商務印書館鉛印本　二十四冊

370000－1502－0004351　jnt08793
御批歷代通鑑輯覽一百二十卷　(清)傅恒等奉敕撰　清光緒十六年(1890)上海日新書局石印本　二十四冊

370000－1502－0004352　jnt08794
御批歷代通鑑輯覽一百二十卷　(清)傅恒等奉敕撰　清光緒二十九年(1903)上海通元書局石印本　二十四冊

370000－1502－0004353　jnt08795
御批歷代通鑑輯覽一百二十卷　(清)傅恒等奉敕撰　清光緒二十九年(1903)上海通元書局石印本　二十四冊

370000－1502－0004354　jnt08796
御批歷代通鑑輯覽一百二十卷　(清)傅恒等奉敕撰　清光緒十三年(1887)上海同文書局石印本　二十冊

370000－1502－0004355　jnt08797
御批歷代通鑑輯覽一百二十卷　(清)傅恒等奉敕撰　清光緒十三年(1887)上海同文書局石印本　二十冊

370000－1502－0004356　jnt08799
王氏家譜不分卷　(清)王瑨纂修　(清)王坖等續修　清嘉慶三年(1798)忠公堂刻本　一冊

370000－1502－0004357　jnt08800
青囊玉尺度金鍼集六卷　(清)舒鳳儀纂圖　清光緒十六年(1890)徐州道署刻本　六冊

370000－1502－0004358　jnt08801
潛庵先生遺稿五卷　(清)湯斌撰　清刻本　六冊

370000－1502－0004359　jnt08801
洛學編五卷　(清)湯斌撰　清刻本　二冊

370000－1502－0004360　jnt08801
潛庵先生疏稿不分卷　(清)湯斌撰　清刻本　二冊

370000 – 1502 – 0004361　jnt08802

御撰資治通鑑綱目三編二十卷　（清）張廷玉
等奉敕編　清刻本　五册

370000 – 1502 – 0004362　jnt08803

北史一百卷　（唐）李延壽撰　清同治十一年
（1872）金陵書局仿汲古閣刻本　二十册

370000 – 1502 – 0004363　jnt08805

式訓堂叢書四十二卷　（清）章碩卿輯　清光
緒刻本　十二册

370000 – 1502 – 0004364　jnt08809

**永甯通書天集三卷地集三卷人集三卷和集三
卷**　（清）王維德纂輯　清光緒十二年（1886）
掃葉山房刻本　六册

370000 – 1502 – 0004365　jnt08810

**望溪先生文集十八卷附望溪先生集外文十卷
望溪集外文補遺二卷方望溪先生年譜一卷附
錄一卷**　（清）方苞輯　清刻本　十四册

370000 – 1502 – 0004366　jnt08812

山左校士錄四卷　（清）馮譽驥輯　清咸豐二
年（1852）刻本　一册　存三卷（一至二、四）

370000 – 1502 – 0004367　jnt08814

教務紀略四卷首一卷　李剛己編撰　魏家驊
等修訂　清光緒三十年（1904）山東書局鉛印
本　五册

370000 – 1502 – 0004368　jnt08816

性命圭旨四卷　（明）尹真人秘授　清善成堂
刻本　四册

370000 – 1502 – 0004369　jnt08817

性命圭旨四卷　（明）尹真人秘授　清善成堂
刻本　四册

370000 – 1502 – 0004370　jnt08818

御撰資治通鑑綱目三編二十卷　（清）張廷玉
等奉敕編　清刻本　二册

370000 – 1502 – 0004371　jnt08819

重訂中晚唐詩主客圖説二卷補遺一卷　（清）
李懷民輯　清嘉慶十年（1805）思誤書齋刻本
　四册

370000 – 1502 – 0004372　jnt08821

在官法戒録摘抄四卷　（清）陳宏謀編輯　清
同治七年（1868）楚北崇文書局刻本　二册

370000 – 1502 – 0004373　jnt08822

捕蝗要訣一卷附除蝻八要　（□）□□著　清
同治八年（1869）楚北崇文書局刻本　一册

370000 – 1502 – 0004374　jnt08823

**勸戒近録六卷勸戒續録六卷勸戒三録六卷勸
戒四録六卷**　（清）梁恭辰撰述　清光緒六年
（1880）盛京彩盛刻字鋪刻本　八册

370000 – 1502 – 0004375　jnt08825

**金剛般若波羅蜜經直解附般若波羅蜜多心經
直解一卷**　（唐）純陽子注講　清咸豐十年
（1860）文華堂刻字店刻本　二册

370000 – 1502 – 0004376　jnt08826

傳家寶吉徵三集八卷　（清）金天基訂補　清
刻本　八册

370000 – 1502 – 0004377　jnt08827

三品彙刊一卷　（唐）司空圖等撰　清光緒刻
本　一册

370000 – 1502 – 0004378　jnt08835

濼源書院課藝二編不分卷五編不分卷　（清）
朱學篤輯　清光緒九年（1883）敬樂堂本　二
册

370000 – 1502 – 0004379　jnt08839

稽垣答問五卷　朱士煥説　清宣統二年
（1910）刻本　一册

370000 – 1502 – 0004380　jnt08840

**山東交代章程一卷山東交代款目一卷山東交
代年款册式一卷**　（清）山東布政使司訂　清
同治刻本　三册

370000 – 1502 – 0004381　jnt08842

莫愁湖楹聯便覽不分卷　（清）釋濤安編輯
清光緒五年（1879）刻本　一册

370000 – 1502 – 0004382　jnt08844

拾雅二十卷　（清）夏味堂述　清嘉慶二十五
年（1820）刻本　八册

370000－1502－0004383　　jnt08845

課土偶存不分卷　（清）汪如洋撰　清刻本
一冊

370000－1502－0004384　　jnt08849

慧命經不分卷華陽金仙證論不分卷　（清）柳
華陽撰　天仙正理直論增注不分卷仙佛合宗
語録不分卷　（明）伍守陽撰　清宣統二年
(1910)善成堂刻本　六冊

370000－1502－0004385　　jnt08850

六家弈譜六卷　（清）王彥侗輯　清咸豐七年
(1857)刻本　二冊

370000－1502－0004386　　jnt08851

甌北詩鈔十九卷　（清）趙翼撰　清同治十三
年(1874)紅杏山房刻本　十二冊

370000－1502－0004387　　jnt08852

孫淵如先生全集二十三卷　（清）孫星衍撰
清光緒十一年(1885)朱氏槐廬家塾刻本　十
二冊

370000－1502－0004388　　jnt08855

臨清校士分館課藝不分卷臨清校士分館課藝
二編不分卷臨清中學堂圖説一卷臨清中學堂
課章一卷臨清州遵設蒙學稿一卷　（清）張樹
德等撰　清光緒二十八年(1902)清源署刻本
四冊

370000－1502－0004389　　jnt08856

上元朱氏忠貞録一卷題詞一卷　（清）李鴻章
等撰　清光緒二十七年(1901)刻本　一冊

370000－1502－0004390　　jnt08856

一家言二卷　（清）朱燮辰集　清石印本　一
冊

370000－1502－0004391　　jnt08857

南史八十卷　（唐）李延壽撰　清同治十二年
(1873)金陵書局仿汲古閣刻本　十二冊

370000－1502－0004392　　jnt08859

憶雲詞四卷　（清）項廷紀撰　清光緒二十五
年(1899)思賢書局刻本　一冊

370000－1502－0004393　　jnt08861

養蒙針度五卷　（清）潘子聲手定　清刻本
二冊

370000－1502－0004394　　jnt08862

友竹草堂詩二卷　（清）蔣慶第著　清刻本
一冊

370000－1502－0004395　　jnt08862

友竹草堂文集不分卷　（清）蔣慶第著　清刻
本　一冊

370000－1502－0004396　　jnt08863

公暇墨餘録不分卷使黔集不分卷雲圃詩存不
分卷　（清）周鳴鑾著　清末上海聚珍仿宋印
書局鉛印本　一冊

370000－1502－0004397　　jnt08864

六齋詩存二卷　（清）丁善寶撰　清光緒九年
(1883)清勤堂刻本　二冊

370000－1502－0004398　　jnt08865

津浦鐵路合同一卷　（清）張之洞　袁世凱
等編　清光緒三十三年(1907)石印本　一
冊

370000－1502－0004399　　jnt08866

郭柳時文合選一卷　（清）郭翊　（清）柳文洙
撰　清光緒十六年(1890)刻本　一冊

370000－1502－0004400　　jnt08878

櫻海詞一卷　葉玉森撰　清宣統元年(1909)
鉛印本　一冊

370000－1502－0004401　　jnt08901

群學肄言十六卷　（英國）斯賓塞爾著　嚴復
譯　清光緒二十九年(1903)上海文明編譯書
局鉛印本　四冊

370000－1502－0004402　　jnt08902

崇雅堂集十五卷附録一卷　（明）鍾羽正撰
清光緒三十三年(1907)鍾氏家塾刻本　一冊
存八卷(一至七、附録一卷)

370000－1502－0004403　　jnt08906

姚氏家訓附文法直指不分卷　（清）姚澍著
清光緒二十五年(1899)刻本　一冊

370000－1502－0004404　　jnt08912

峽江救生船志二卷圖考一卷行川必要一卷
（清）羅縉紳編　清光緒刻本　一册

370000－1502－0004405　jnt08915
憨山老人夢游集五十五卷　（明）釋德清撰
（明）釋通炯編輯　清光緒五年（1879）江北刻
經處刻本　二十册　缺三卷（二至四）

370000－1502－0004406　jnt08936
科名金鍼不分卷　（清）王榕吉撰　清光緒元
年（1875）刻本　一册

370000－1502－0004407　jnt08937
入聲表一卷諧聲表一卷等韻叢説一卷江氏音
學一卷　（清）江有皓撰　清刻本　一册

370000－1502－0004408　jnt08938
三字經注解備要二卷　（宋）王應麟撰　（清）
賀興思注解　清光緒二十三年（1897）書業德
刻本　一册

370000－1502－0004409　jnt08939
三字經注解備要二卷　（宋）王應麟撰　（清）
賀興思注解　清末刻本　一册

370000－1502－0004410　jnt08941
地理問答二卷　王亨統編　清光緒二十七年
（1901）山東官印書局刻本　一册

370000－1502－0004411　jnt08943
覺顛冥齋内言四卷　（清）唐才常撰　清光緒
二十四年（1898）長沙刻本　四册

370000－1502－0004412　jnt08945
治河匯覽八卷　（清）靳輔等撰　清光緒十一
年（1885）刻本　八册

370000－1502－0004413　jnt08946
洗冤録詳義四卷首一卷洗冤録撽遺二卷
（清）許槤編　（清）葛元煦輯　清光緒十年
（1884）刻本　五册

370000－1502－0004414　jnt08947
奏定學堂章程十卷　（清）張承燮輯　清光緒
三十年（1904）臨清中學堂刻本　三册

370000－1502－0004415　jnt08950
爲政忠告二卷　（元）張養浩撰　清道光碧鮮

齋據抄本刻本　一册

370000－1502－0004416　jnt08951
作吏要言一卷　（清）葉玉屏撰　清刻本　一
册

370000－1502－0004417　jnt08954
新增金鑪策楷一卷　（清）陳冠生等撰　清光
緒十六年（1890）上海蜚英館石印本　一册

370000－1502－0004418　jnt08960
隸篇續再續十五卷　（清）翟雲升撰　清道光
二十四年（1844）五經嵗偏齋刻本　二册

370000－1502－0004419　jnt08965
會奏核議各直省土藥稅釐數目辦法摺一卷附
刊會議江蘇徐州土藥稅釐摺一卷附刊會議四
川土藥稅釐摺一卷　（□）□□撰　清光緒十
七年（1891）刻本　一册

370000－1502－0004420　jnt08966
山東同官録一卷　（□）□□撰　清光緒三十
二年（1906）石印本　一册

370000－1502－0004421　jnt08967
上元朱司馬名宦録一卷　（清）李麟書等撰
清光緒二十三年（1897）刻本　一册

370000－1502－0004422　jnt08968
山東法政學堂題名録一卷　（清）山東國文報
館輯　清宣統元年（1909）山東國文報館石印
本　一册

370000－1502－0004423　jnt08970
已故邑舉人前聊城縣教諭孫錫輅事實一卷
（清）陸鍾琦撰　清光緒二十九年（1903）石印
本　一册

370000－1502－0004424　jnt08971
山東法政學堂章程不分卷　（清）山東法政學
堂撰　清光緒鉛印本　一册

370000－1502－0004425　jnt08973
光緒三十年東省考察學堂覈定考成全案不分
卷　（清）□□著　清光緒三十年（1904）鉛印
本　一册

370000－1502－0004426　jnt08975

宗誼録一卷　（清）聶緝槼撰　清光緒刻本
一册

370000－1502－0004427　jnt08976

吉林司法官報不分卷　（清）吉林提法司署司
法官報局編輯　清宣統三年(1911)鉛印本
六册　存六期(一至三、六至八)

370000－1502－0004428　jnt08978

支那通史全編圖表不分卷　（□）□□撰　清
石印本　一册

370000－1502－0004429　jnt08981

東萊博議四卷　（宋）呂祖謙撰　清光緒二十
八年(1902)山東書局鉛印本　一册　存二卷
(三至四)

370000－1502－0004430　jnt08982

東萊博議四卷　（宋）呂祖謙撰　清光緒二十
八年(1902)山東書局鉛印本　二册

370000－1502－0004431　jnt08984

三國志六十五卷　（晋）陳壽撰　（南朝宋）裴
松之注　清同治九年(1870)金陵書局刻本
四册　存二十四卷(魏書一至二十四)

370000－1502－0004432　jnt08988

文獻徵存録十卷　（清）錢林輯　清咸豐八年
(1858)有嘉樹軒刻本　二十三册　缺一卷
(六)

370000－1502－0004433　jnt08989

繹史一百六十卷　（清）馬驌編　清光緒十五
年(1889)金匱浦氏刻本　十六册　存五十六
卷(一至二十三、一百五至一百十九、一百二
十八至一百三十二、一百四十四至一百四十
七、一百五十一至一百五十九)

370000－1502－0004434　jnt08991

史記一百三十卷　（漢）司馬遷撰　（南朝宋）
裴駰集解　（唐）司馬貞索隱　（唐）張守節正
義　清刻本　十三册　存七十一卷(五至六
十五、八十四至九十三)

370000－1502－0004435　jnt08992

昭代名人尺牘二十四卷　（清）吳修審定　清

拓本　二十四册

370000－1502－0004436　jnt08996

史記評林一百三十卷　（明）凌稚隆輯校　清
光緒十年(1884)刻本　二十册　存六十二卷
(一至十七、四十三至八十七)

370000－1502－0004437　jnt08998

史記評林一百三十卷漢書評林一百卷　（明）
凌稚隆輯校　清光緒十年(1884)佩蘭堂刻本
五十七册　存一百七十二卷(史記評林卷
一至六、九至十一、十三至四十三、四十七至
五十五、六十一到一百四,漢書評林一至四十
八、七十至一百)

370000－1502－0004438　jnt08999

明史三百三十二卷　（清）張廷玉等奉敕修
清刻本　四十册　存一百五十五卷(一至八、
七十四至一百二十八、一百八十七至二百五
十五、三百一十至三百三十二)

370000－1502－0004439　jnt07000

續山東考古録三十二卷首一卷　（清）葉圭綬
述　清光緒八年(1882)刻本　六册

370000－1502－0004440　jnt07002

國朝畫家書小傳四卷　（清）葉銘采輯　清宣
統元年(1909)西泠印社鉛印本　一册

370000－1502－0004441　jnt07003

國朝畫家書小傳四卷　（清）葉銘采輯　清宣
統元年(1909)西泠印社鉛印本　一册

370000－1502－0004442　jnt07004

聖武記十四卷　（清）魏源撰　清道光二十四
年(1844)古微堂刻本　十二册

370000－1502－0004443　jnt07006

有正味齋詩集十六卷有正味齋詞集八卷
（清）吳錫麒撰　清刻本　六册

370000－1502－0004444　jnt07008

脈因證治四卷　（元）朱震亨撰　清光緒十七
年(1891)仲冬池陽周氏校刻本　二册

370000－1502－0004445　jnt07010

衛濟餘編十八卷　（清）王纕堂編　清道光二

十二年(1842)寶善堂刻本　六冊

370000－1502－0004446　jnt07011

奩史一百卷補遺一卷　（清）王初桐纂述　清
刻本　十四冊　存三十七卷(三十一至六十
七)

370000－1502－0004447　jnt07012

新刊合并官板音義評注淵海子平五卷　（宋）
徐升編　清刻本　二冊

370000－1502－0004448　jnt07014

好古堂家藏書畫記二卷　（清）姚際恒撰　清
讀畫齋叢書本　一冊

370000－1502－0004449　jnt07015

思古齋雙鉤漢碑篆額不分卷　（清）何澂輯
清光緒九年(1883)思古齋刻本　三冊

370000－1502－0004450　jnt07016

唐陸宣公集二十四卷　（唐）陸贄撰　清道光
二十七(1847)重刊本　十二冊

370000－1502－0004451　jnt07017

柳河東集四十八卷　（唐）柳宗元撰　清同治
五年(1866)刻本　六冊

370000－1502－0004452　jnt07020

新刊醫林狀元壽世保元十卷　（明）龔廷賢編
清刻本　十冊

370000－1502－0004453　jnt07024

本草三家合注六卷附神農本草經百種録一卷
（清）郭汝聰集注　（清）徐靈胎撰　清兩儀
堂刻本　七冊

370000－1502－0004454　jnt07026

神農本草經合注六卷　（清）郭汝聰集注　清
兩儀堂刻本　四冊　缺二卷(五至六)

370000－1502－0004455　jnt07033

春秋十六卷　（清）樗園客隱檢校　清嘉慶十
年(1805)鮑氏刻本　十六冊

370000－1502－0004456　jnt07034

十二種文萃十二集不分卷　（清）丁善寶選
清同治九年(1870)六齋刻本　十二冊

370000－1502－0004457　jnt07035

前漢書一百二十卷　（漢）班固撰　（唐）顏師
古注　清光緒十四年(1888)上海圖書集成印
書局鉛印本　二十冊

370000－1502－0004458　jnt07036

後漢書一百二十卷　（南朝宋）范曄撰　（唐）
李賢注　（晋）司馬彪撰　（南朝梁）劉昭注
清光緒十四年(1888)上海圖書集成印書局鉛
印本　十六冊

370000－1502－0004459　jnt07038

群學肄言十六卷　（英國）斯賓塞爾著　嚴復
翻譯　清光緒二十九年(1903)上海文明書局
鉛印本　四冊

370000－1502－0004460　jnt07039

金石索十二卷　（清）馮雲鵬輯　清光緒三十
二年(1906)上海文新書局石印本　二十四冊

370000－1502－0004461　jnt07041

五燈會元二十卷　（宋）釋普濟撰　清光緒三
十二年(1906)黃岡陶子麟影宋刻本　十二冊

370000－1502－0004462　jnt07051

紀效新書十八卷首一卷練兵實紀九卷練兵實
紀雜集六卷　（明）戚繼光撰　清道光元年
(1821)刻本　十一冊　缺三卷(練兵實紀五
至七)

370000－1502－0004463　jnt07052

性理體注標題講義不分卷性理精解八卷
(宋)周濂溪撰　（宋)朱紫陽注　清咸豐二年
(1852)魁和堂刻本　四冊

370000－1502－0004464　jnt07053

沈氏尊生書六十八卷首二卷　（清）沈金鰲輯
清末鉛印本　十二冊　缺一種三十卷(雜
病源流三十卷)

370000－1502－0004465　jnt07056

南邨帖考不分卷　（清）程文榮撰　清宣統鉛
印本　一冊　存一冊

370000－1502－0004466　jnt07057

銀海指南四卷　（清）顧錫撰　清同治六年

(1867)校經山房刻本　二冊

370000－1502－0004467　jnt07058

晋書校勘記四卷　（清）周雲撰　清光緒十四年(1888)廣雅書局刻本　一冊

370000－1502－0004468　jnt07059

甌北詩話十二卷　（清）趙翼撰　清同治十三年(1874)紅杏山房刻本　六冊

370000－1502－0004469　jnt07061

瘟疫論二卷　（明）吳有性撰　清積秀堂刻本　二冊

370000－1502－0004470　jnt07062

周易四卷首一卷　（宋）朱熹注　清光緒十六年(1890)書業德刻本　二冊

370000－1502－0004471　jnt07064

琴學入門二卷　（清）張鶴輯　清光緒七年(1881)中華圖書館石印本　三冊

370000－1502－0004472　jnt07068

王洪緒先生外科證治全生不分卷　（清）王維德撰　清同治六年(1867)常歡喜齋刻本　二冊

370000－1502－0004473　jnt07070

本草醫方合編十八卷首一卷　（清）汪昂撰　清宣統元年(1910)書業德刻本　六冊

370000－1502－0004474　jnt07073

詩中畫二卷　（清）馬濤繪　清光緒二十年(1894)石印本　二冊

370000－1502－0004475　jnt07074

增刻紅樓夢繪圖不分卷　（清）王墀階繪圖　清光緒八年(1882)點石齋照相石印本　二冊

370000－1502－0004476　jnt07079

綱鑑擇言十卷　（清）司徒修撰　清光緒十六年(1890)東昌書業德刻本　六冊

370000－1502－0004477　jnt07081

金匱要略淺注十卷　（清）陳念祖集注　清咸豐五年(1885)重慶閶書業堂校刻本　六冊

370000－1502－0004478　jnt07083

莊子不分卷　（清）王闓運注　清同治八年(1869)刻本　一冊

370000－1502－0004479　jnt07084

太上混元道德真經不分卷　（□）□□撰　清同治二年(1863)金陵狀元閣刻本　二冊

370000－1502－0004480　jnt07085

文章義法指南三卷　（清）張翔鸞評選　清末有正書局鉛印本　五冊

370000－1502－0004481　jnt07086

王洪緒先生外科證治全生不分卷　（清）王維德撰　清同治八年(1869)孫氏刻本　一冊

370000－1502－0004482　jnt07089

新增脈學本草醫方全書十六卷首一卷　（清）汪昂著輯　清光緒善成堂刻本　六冊

370000－1502－0004483　jnt07090

世補齋醫書五十八卷　（清）陸懋修著輯　清光緒十二年(1886)山左書局刻本　十六冊　缺一卷(後集傷寒論注六)

370000－1502－0004484　jnt07091

琴學入門二卷　（清）張鶴撰　清同治六年(1867)刻本　四冊

370000－1502－0004485　jnt07092

琴譜諧聲六卷　（清）周顯祖撰　清嘉慶二十五年(1820)聽真軒刻本　六冊

370000－1502－0004486　jnt07093

爾雅郭注義疏二十卷　（清）郝懿行撰　清光緒十三年(1887)湖北書局刻本　八冊

370000－1502－0004487　jnt07095

萬國通史前編十卷　（英國）李約翰輯譯　蔡爾康紀述　清光緒二十六年(1900)上海商務印書館聚珍版印本　十冊

370000－1502－0004488　jnt07102

古韻發明不分卷附切字肆考不分卷　（清）張畊撰　清道光六年(1826)蕓心堂刻本　四冊

370000－1502－0004489　jnt07104

茜聰小品不分卷　（清）董邦蓮等繪　清末上

海同文書局石印本　一冊

370000－1502－0004490　jnt07106
守拙齋初稿一卷　蔣式瑆撰　清末刻本　一
冊

370000－1502－0004491　jnt07107
守拙齋初稿一卷　蔣式瑆撰　清末刻本　一
冊

370000－1502－0004492　jnt07108
碧雲軒竹譜不分卷　（明）陳道復輯　清刻本
　一冊

370000－1502－0004493　jnt07109
宋人經義約鈔不分卷　（清）不夜山人選鈔
清光緒二十四年（1898）刻本　一冊

370000－1502－0004494　jnt07111
玉餘尺牘續編四卷　（清）莊士敏撰　清光緒
十年（1884）吳門刻本　四冊

370000－1502－0004495　jnt07114
御批歷代通鑑輯覽一百二十卷　（清）傅恒等
奉敕撰　清光緒二十年（1894）博通學會石印
本　二十四冊

370000－1502－0004496　jnts07115
讀杜心解六卷首二卷　（唐）杜甫撰　（清）浦
起龍解　清雍正二年至三年（1724－1725）前
磵浦氏寧我齋刻本　十冊

370000－1502－0004497　jnt07116
漢儒通義七卷聲律通考十卷切韻考九卷漢書
地理水道圖説七卷附考正德清胡氏禹貢圖一
卷　（清）陳澧撰　清粵東省城西湖街富文齋
刻本　九冊

370000－1502－0004498　jnt07117
書法正傳十卷　（清）馮武編輯　清末教育圖
書局鉛印本　二冊

370000－1502－0004499　jnt07118
尊經堂大學筆記不分卷尊經堂論語筆記四卷
尊經堂中庸筆記不分卷尊經堂孟子筆記二卷
　（清）賈璇撰　清道光二十四年（1844）刻本
七冊

370000－1502－0004500　jnt07120
美術叢書初集十集　（清）鄭寶輯　清宣統三
年（1911）上海神州國光社鉛印本　二十四冊
存七集（二至四、六至九）

370000－1502－0004501　jnt07121
隸辨八卷　（清）顧藹吉撰　清光緒十三年
（1887）上海蜚英館石印本　八冊

370000－1502－0004502　jnt07123
漢銅印叢不分卷　（清）徐子靜輯　清光緒印
本　四冊

370000－1502－0004503　jnt07126
山谷詩集注三十九卷　（宋）黃庭堅撰　清光
緒二十六年（1900）陳氏四覺草堂影宋刻本
二十冊

370000－1502－0004504　jnt07127
歷代策論約編不分卷　（清）孫佩南講授　清
光緒二十七年（1901）麗澤堂刻本　四冊

370000－1502－0004505　jnt07128
寰宇訪碑録三卷　（清）孫星衍　（清）邢澍撰
　清光緒十年（1884）吳縣朱記榮刻本　一冊

370000－1502－0004506　jnt07130
傷寒醫訣串解六卷傷寒真方歌括六卷　（清）
陳念祖撰　清光緒十八年（1892）上海圖書集
成印書局鉛印本　一冊

370000－1502－0004507　jnt07134
禮記十卷　（元）陳澔集説　（清）丁寶楨校刊
　清光緒四年（1878）書業德刻本　十冊

370000－1502－0004508　jnt07135
[道光]長清縣志十六卷首四卷末二卷　（清）
舒化民等修　（清）徐德城纂　清道光十五年
（1835）刻本　六冊

370000－1502－0004509　jnt07135
山東濟南府長清縣現行簡明賦役全書一卷
（清）舒化氏等纂修　清光緒十二年（1886）刻
本　一冊

370000－1502－0004510　jnt07135
長清縣綱文册　（清）孫紹曾撰　清光緒二十

一年(1895)手寫本　一册

370000－1502－0004511　jnt07136

山東運河備覽十二卷圖説一卷　(清)陸耀纂
清同治十年(1871)刻本　六册

370000－1502－0004512　jnt07137

詩品畫譜大觀不分卷　(清)諸乃方繪　清光
緒十四年(1888)上海啓新書局石印本　二册

370000－1502－0004513　jnt07144

[道光]濟南府志七十二卷首一卷　(清)王贈
芳等修　(清)成瓘纂　清道光二十年(1840)
刻本　四十册

370000－1502－0004514　jnt07148

醫學從衆録八卷　(清)陳念祖撰　清光緒十
八年(1892)上海圖書集成印書局鉛印本　二册

370000－1502－0004515　jnt07149

醫學實在易八卷　(清)陳念祖著　清光緒十
八年(1892)上海圖書集成印書局鉛印本　二
册

370000－1502－0004516　jnt07154

監本四書章句二十九卷　(宋)朱熹撰　清光
緒十五年(1889)京都善成東記刻本　六册

370000－1502－0004517　jnt07167

有正味齋駢體文二十四卷　(清)吳錫麒撰
(清)王廣業箋　(清)葉聯芬注　清咸豐九年
(1859)青箱塾刻本　六册

370000－1502－0004518　jnt07178

御製圓明園詩二卷　(清)世宗胤禛製　清光
緒十三年(1887)天津石印書屋石印本　二册

370000－1502－0004519　jnt07181

石渠閣精訂攝生秘剖四卷精訂攝生種子秘剖
二卷種子方剖不分卷　(清)洪基參訂　清光
緒八年(1882)重刻巾箱本　六册　缺一卷
(精訂攝生種秘剖下)

370000－1502－0004520　jnt07184

西園詩鈔四卷西園詩鈔遺編四卷　(清)張擴
庭撰　清同治四年(1865)墨花軒刻本　二册

370000－1502－0004521　jnt07184

墨花軒詩詞删存不分卷詩餘一卷　(清)張葆
謙撰　清同治四年(1865)墨花軒刻本　二册

370000－1502－0004522　jnt07185

綱鑑擇言十卷　(清)司徒修撰　清光緒二十
八年(1902)濟南雙和堂刊本　六册

370000－1502－0004523　jnt07186

環瀛志險不分卷　(奧地利)愛孫孟著　(清)
中國商務印書館編譯　清光緒三十二年
(1906)中國商務印書館鉛印本　一册

370000－1502－0004524　jnt07187

東觀漢記二十四卷　(清)陸錫熊等纂修　清
光緒十九年(1893)武英殿補刻本　四册

370000－1502－0004525　jnt07188

竹葉亭雜記八卷　(清)姚元之撰　清光緒十
九年(1893)刻本　二册

370000－1502－0004526　jnt07189

孫子不分卷　(清)夏壽田選注　清石印本
一册

370000－1502－0004527　jnt07190

孫子不分卷　(清)夏壽田選注　清石印本
一册

370000－1502－0004528　jnt07191

古文辭類纂十五卷　(清)姚鼐纂輯　續古文
辭類纂十卷　王先謙輯　清光緒二十年
(1894)上海圖書集成印書局鉛印本　十册

370000－1502－0004529　jnt07192

北學編　(清)魏一鰲輯　(清)尹會一訂　清
同治七年(1868)蓮池書院刻本　二册　存四
卷(一至四)

370000－1502－0004530　jnt07196

四書典制類聯音注三十三卷　(清)閻其淵編
輯　清嘉慶元年(1796)蕭山縣刻本　十二册

370000－1502－0004531　jnt07198

夏雨軒雜文四卷依隱齋詩抄十二卷香草詞五
卷岷江紀程一卷鴻爪詞一卷哀絲豪竹詞一卷
菊花詞一卷集牡丹詞一卷香草詞補遺一卷附
録一卷　(清)陳鍾祥撰　清咸豐刻本　十册

370000－1502－0004532　jnt07199

詳注聊齋志異圖詠十六卷首二卷　（清）蒲松齡撰　（清）呂湛恩注　清光緒十二年(1886)上海同文書局石印本　八冊

370000－1502－0004533　jnt07202

高常侍集十卷岑嘉州集八卷王摩詰集六卷孟浩然集四卷　（唐）王維等撰　清光緒十年(1884)上海同文書局石印本　八冊

370000－1502－0004534　jnt07203

七家詩選不分卷　（清）張熙宇輯評　清道光十二年(1832)曲江書室刻本　四冊

370000－1502－0004535　jnt07204

金山志二十卷首二卷北固山志十四卷首一卷焦山志二十六卷首一卷　（清）周伯義等錄　（清）吳雲輯　清光緒月圓人壽室合刻本　二十六冊

370000－1502－0004536　jnt07205

佛爾雅八卷　（清）周春撰　清宣統二年(1910)國學扶輪社鉛印本　二冊

370000－1502－0004537　jnt07206

御纂醫宗金鑑九十卷首一卷　（清）吳謙等奉敕撰　清光緒十八年(1892)上海圖書集成印書局鉛印本　二十三冊

370000－1502－0004538　jnt07207

女科二卷產後編二卷　（清）傅山撰　清光緒十六年(1890)善成堂刻本　四冊

370000－1502－0004539　jnt07208

二南詩鈔二卷附二南詩續鈔五卷紀吳試帖一卷　（清）周樂撰　清道光九年(1829)紉香齋刻本　八冊

370000－1502－0004540　jnt07209

唐詩三百首補注八卷唐詩三百首續選不分卷　（清）陳婉俊輯　清光緒十七年(1891)文英堂刻本　六冊

370000－1502－0004541　jnt07210

七子詩話　（清）紀昀鑒定　清光緒二十六年(1900)刻本　五冊

370000－1502－0004542　jnt07211

桐城方氏時文全稿不分卷　（清）韓慕廬評選　清光緒十二年(1886)陳薰德堂刻本　六冊

370000－1502－0004543　jnt07213

驗方新編十六卷末一卷附驗方續編二卷　(清)鮑相璈編輯　清光緒二十二年(1896)書業德刻本　十一冊　存十七卷(驗方新編十六卷、驗方續編二)

370000－1502－0004544　jnt07214

乙巳年交涉要覽三卷　（清）北洋洋務局纂輯　清末北洋官報局鉛印本　五冊

370000－1502－0004545　jnt07216

友松吟館詩鈔十五卷　（清）毓俊撰　清光緒二十五年(1899)刻本　四冊

370000－1502－0004546　jnt07219

類經三十二卷　（明）張介賓編　清嘉慶四年(1799)閶萃英堂刻本　二十三冊　缺二卷(二十三至二十四)

370000－1502－0004547　jnt07220

袖雲石屋詩鈔六卷　（清）李恩黻著　清光緒二十六年(1900)李氏刻本　二冊

370000－1502－0004548　jnt07221

訓練操法詳晰圖說不分卷　袁世凱纂　清光緒二十五年(1899)石印本　十二冊　存十二冊(一至二、四、六、八至九、十一、十三至十四、十六、十九、二十二)

370000－1502－0004549　jnt07222

梅花夢二卷　（清）張道填詞　清光緒二十年(1894)刻本　二冊

370000－1502－0004550　jnt07223

新訂解人頤廣集八卷　（清）胡澹庵訂　（清）錢慎齋增訂　清咸豐九年(1859)宏道堂刻本　八冊

370000－1502－0004551　jnt07226

中華二十二省地理志要四卷　（清）張石閣輯　清宣統元年(1909)石印本　一冊

370000 – 1502 – 0004552　jnt07228

蔚廬文集四卷　（清）劉艮生著　清光緒二十二年(1896)刻本　四冊

370000 – 1502 – 0004553　jnt07230

金粟山房詩鈔十卷　（清）朱寯瀛著　清光緒二十七年(1901)刊本　二冊

370000 – 1502 – 0004554　jnt07233

[康熙]堂邑縣志二十卷　（清）盧承琰修（清）劉淇纂　清光緒十八年(1892)刻本　三冊

370000 – 1502 – 0004555　jnt07236

惜抱先生尺牘八卷　（清）姚鼐著　清宣統元年(1909)小萬柳堂據海源閣本刻本　四冊

370000 – 1502 – 0004556　jnt07242

白石道人詩集二卷拜石山房詞四卷縵雅堂駢體文八卷笙月五卷華景詞一卷山中白雲詞八卷詞源二卷衍波詞二卷　（清）許增輯　清同治至光緒娛園刊本　六冊　缺四卷(縵雅堂駢體文五至八)

370000 – 1502 – 0004557　jnt07243

[道光]沂水縣志十卷　（清）張燮修　（清）劉承謙纂　清道光七年(1827)刻本　四冊

370000 – 1502 – 0004558　jnt07246

山東州縣歌略并圖一卷　（清）潘清蔭編　清光緒三十年(1904)山東新設官書局刻本　一冊

370000 – 1502 – 0004559　jnt07249

雲林別墅繪像妥注第六才子書六卷首一卷（清）鄒聖脈妥注　（清）李卓吾雜説　清光緒三讓堂刻本　六冊

370000 – 1502 – 0004560　jnt07251

泰山等七州縣地輿全圖　（□）□□繪　清刻本　一張

370000 – 1502 – 0004561　jnt07251

金石圖不分卷　（清）褚峻輯　清褚峻摹拓本　四冊

370000 – 1502 – 0004562　jnt07252

唐陸宣公奏議讀本四卷首一卷　（清）汪銘謙編輯　（清）馬傳庚評點　清光緒二十六年(1900)石印本　二冊

370000 – 1502 – 0004563　jnt07253

説餅庵詩集六卷　（清）朱曾傳撰　清道光二十五年(1845)刻本　二冊

370000 – 1502 – 0004564　jnt07254

廣治平略正集三十六卷附廣治平略續集八卷　（清）蔡方炳撰　清光緒十六年(1890)上海廣百齋鉛印本　六冊

370000 – 1502 – 0004565　jnt07255

第一才子書六十卷首一卷　（明）羅貫中編　（清）毛宗崗評　清善成堂刻套印本　十六冊

370000 – 1502 – 0004566　jnt07256

隸法彙纂十卷　（清）項懷述編　清小酉山房刻本　四冊

370000 – 1502 – 0004567　jnt07257

金石苑六卷　（清）劉燕庭輯　清道光二十六(1846)來鳳堂刻本　五冊　缺一卷(二)

370000 – 1502 – 0004568　jnt07258

産後編二卷　（清）傅青主著　清同治七年(1868)濟南刻本　一冊

370000 – 1502 – 0004569　jnt07259

歷代地理沿革圖不分卷　（清）馬徵麟等輯　清光緒十八年(1892)長沙竹素書局刻本　一冊

370000 – 1502 – 0004570　jnt07260

印譜集存　（□）□□集　清鈐印本　二冊

370000 – 1502 – 0004571　jnt07260

慎疾芻言一卷　（清）徐大椿撰　清刻本　一冊

370000 – 1502 – 0004572　jnt07262

孝經不分卷　（唐）玄宗李隆基撰　清同治十一年(1872)山東書局刻本　一冊

370000 – 1502 – 0004573　jnt07263

深州風土記二十七卷　（清）吳汝綸撰　清光緒二十六年(1900)文瑞書院刻本　八冊

370000－1502－0004574　jnt07264

河東先生文集六卷　（唐）劉禹錫編　清宣統二年（1910）上海會文堂石印本　六册

370000－1502－0004575　jnt07264

山海經四卷　（晋）郭璞傳　（清）吳志伊注　清咸豐五年（1855）海清樓刻本　四册

370000－1502－0004576　jnt07266

直省分道屬境歌略并圖不分卷　（清）潘清蔭編　清光緒三十年（1904）山東新設官書局刻本　一册

370000－1502－0004577　jnt07266

字學七種二卷　（清）李祕園撰　清光緒十二年（1886）松竹齋刻本　二册

370000－1502－0004578　jnt07267

西醫內科全書　（美國）嘉士原著　（清）孔慶高筆譯　清光緒九年（1883）刻本　五册　存十三卷（胃腸各症三卷、肝膽各症三卷、腦部各症三卷、熱症總論二卷、雜症總論時疫類二卷）

370000－1502－0004579　jnt07268

達生編二卷　（清）亟齋居士編　清刻本　一册

370000－1502－0004580　jnt07269

經驗婦孺良方三卷　（清）楊以增輯刻　清道光九年（1829）刻本　一册

370000－1502－0004581　jnt07270

女科二卷產後編二卷　（清）傅山撰　清道光二十七年（1847）刻本　四册

370000－1502－0004582　jnt07275

飛鴻堂印譜四十卷　（清）汪啓淑摹　清影印本　二十册

370000－1502－0004583　jnt07276

飛鴻堂印譜四十卷　（清）汪啓淑鑒藏　清石印本　十八册　存三十六卷（初集三至八，二集一至八，三集一至四、七至八，四集一至八，五集一至八）

370000－1502－0004584　jnt07277

圖注八十一難經辨真四卷　（明）張世賢注　清刻本　二册

370000－1502－0004585　jnt07278

中國地理不分卷　（□）□□輯　清鈔本　一册

370000－1502－0004586　jnt07279

温病條辨六卷首一卷　（清）吳瑭撰　清道光十五年（1835）鶴皋葉氏刻本　四册

370000－1502－0004587　jnt07281

本草原始十二卷　（清）李中立纂輯　清善成堂刻本　七册

370000－1502－0004588　jnt07284

竹林寺女科秘方不分卷　（□）□□輯　清光緒十一年（1885）笑峰氏手鈔本　一册

370000－1502－0004589　jnt07285

婦嬰三書十八卷　（清）沈金鰲撰　清光緒十七年（1891）刻本　八册

370000－1502－0004590　jnt07286

丸散膏丹集録不分卷　（清）杭州九元堂藥局集　清道光六年（1826）刻本　一册

370000－1502－0004591　jnt07289

四庫未收書目提要五卷　（清）阮元撰　清末石印本　一册

370000－1502－0004592　jnt07290

太醫院增補青囊藥性賦直解四卷　（清）羅必煒參訂　清李光明莊楊能如刻本　一册

370000－1502－0004593　jnt07291

圖注八十一難經辨真四卷圖注脈訣辨真四卷三頻湖脈學一卷脈訣考證一卷題奇經八脈考一卷　（清）張世賢注　清光緒三十三年（1907）周村益友堂刻本　五册

370000－1502－0004594　jnt07293

產孕集二卷　（清）張曜孫撰　清同治七年（1868）刻本　二册

370000－1502－0004595　jnt07294

水經注四十卷首一卷附今水經一卷　（北魏）酈道元撰　（明）黃宗羲撰　清光緒三年

218

(1877)湖北崇文書局刻本　十三册

370000－1502－0004596　jnt07297

烏石山志九卷首一卷　（清）郭柏蒼等輯　清
道光二十二年(1842)古天開圖畫樓刻本　四
册

370000－1502－0004597　jnt07308

蠶桑萃編十五卷首一卷　（清）衛傑編　清光
緒二十六年(1900)刻本　八册

370000－1502－0004598　jnt07309

史記一百三十卷首一卷　（漢）司馬遷撰
（明）陳子龍　（明）徐孚遠測議　清嘉慶十一
年(1806)同人堂刻本　三十二册

370000－1502－0004599　jnt07310

文選六十卷　（南朝梁）蕭統撰　（唐）李善注
　清光緒二十二年(1896)書業德刻本　二十
四册

370000－1502－0004600　jnt07314

名臣言行録七十六卷前集十卷後集十四卷續
集八卷別集上十三卷別集下十三卷外集十八
卷　（宋）朱熹撰　清道光十年(1830)刻本
十一册

370000－1502－0004601　jnt07318

東醫寶鑑二十三卷　（朝鮮）許浚撰　清道光
十一年(1831)富春堂刻本　二十一册　缺三
卷(雜病五、湯液二至三)

370000－1502－0004602　jnt07319

周易四卷　（宋）朱熹本義　清同治七年
(1868)楚北崇文書局刻本　二册

370000－1502－0004603　jnt07320

周易説略四卷　（清）張爾岐撰　（清）顧炎武
鑒定　清嘉慶十年(1805)奎文堂刻本　四册

370000－1502－0004604　jnt07321

醫醇剩義四卷　（清）費伯雄著　清同治刻本
四册

370000－1502－0004605　jnt07325

悔遲齋印存不分卷　（清）曹蕭苟作　清刻本
二册

370000－1502－0004606　jnt07326

五代史記七十四卷　（宋）歐陽修撰　（宋）徐
無黨注　清道光十六年(1836)據武英殿本刻
本　九册　缺六卷(六十一至六十六)

370000－1502－0004607　jnt07329

書經六卷　（宋）蔡沈集傳　清光緒三十二年
(1906)天津文美齋刻本　四册

370000－1502－0004608　jnt07332

四書釋文不分卷　（宋）朱熹注　清道光二年
(1822)刻本　六册

370000－1502－0004609　jnt07333

書經精義彙鈔六卷　（清）陸錫璞彙鈔　清刻
本　六册

370000－1502－0004610　jnt07337

湘軍記二十卷　（清）王定安撰　清光緒十五
年(1889)江南書局刻本　八册

370000－1502－0004611　jnt07340

辨志堂新輯書經集解六卷　（宋）蔡沈集傳
清嘉慶二十年(1815)西爽堂刻本　四册

370000－1502－0004612　jnt07341

五子近思録隨筆十四卷　（清）李元緗撰　清
同治刻本　八册

370000－1502－0004613　jnt07342

硯壽堂詩鈔八卷附録一卷　（清）吳存楷撰
清嘉慶二十三年(1818)刻本　二册

370000－1502－0004614　jnt07343

芥子園書傳四集四卷附圖章會纂一卷　（清）
丁皋撰繪　清刻本　四册

370000－1502－0004615　jnt07344

荊園小語集證四卷　（清）申涵光撰　清咸豐
十年(1860)刻本　二册

370000－1502－0004616　jnt07345

目耕齋初集二集三集不分卷　（清）徐楷輯
清光緒十八年(1892)灣鎮水龍會刻本　六册

370000－1502－0004617　jnt07346

煙霞萬古樓文集六卷　（清）王曇撰　清刻本
二册

370000 – 1502 – 0004618　jnt07347

泰山圖題詞一卷　（清）黃經藻等作　清末鉛印本　一册

370000 – 1502 – 0004619　jnt07348

越中觀感錄不分卷　（清）陳錦輯　清光緒九年（1883）八杉齋刻本　一册

370000 – 1502 – 0004620　jnt07350

周禮節訓六卷　（清）黃嵐圃原定　（清）姚培謙重訂　清光緒十四年（1888）書業德刻本　二册

370000 – 1502 – 0004621　jnt07351

[嘉慶]長山縣志十六卷首一卷　（清）倪企望修　（清）鍾廷瑛纂　清嘉慶六年（1801）刻本　八册　缺三卷（六、九至十）

370000 – 1502 – 0004622　jnt07353

[道光]長清縣志十六卷首四卷末二卷　（清）舒化民等修　（清）徐德城纂　清道光十五年（1835）刻本　八册

370000 – 1502 – 0004623　jnt07355

一漑詩鈔一卷附怡園詩鈔一卷　（清）田銳撰　清同治十年（1871）太原田氏刻本　一册

370000 – 1502 – 0004624　jnt07357

讀史方輿紀要一百三十卷　（清）顧祖禹輯　清光緒二十五（1899）石印本　三十一册

370000 – 1502 – 0004625　jnt07358

漢書一百卷　（漢）班固撰　（唐）顏師古注　清同治八年（1869）金陵書局重刊汲古閣本　十六册

370000 – 1502 – 0004626　jnt07359

皇朝經世文編一百二十卷　（清）賀長齡輯　（清）魏源編次　清道光七年（1827）刻本　八十册

370000 – 1502 – 0004627　jnt07363

高唐州鄉土志不分卷　（清）周家齊纂修　清光緒三十二年（1906）堂邑溫義集溫宗德刻本　一册

370000 – 1502 – 0004628　jnt07365

370000 – 1502 – 0004629　jnt07368

外科證治全生不分卷　（清）王維德撰　清同治十三年（1874）善成堂刻本　二册

370000 – 1502 – 0004630　jnt07369

濟衆錄不分卷　（清）勞守慎纂　清光緒三十二年（1906）刻本　一册

370000 – 1502 – 0004631　jnt07371

絳雪園古方選注不分卷　（清）王子接注　（清）葉桂校　清掃葉山房刻本　一册

370000 – 1502 – 0004632　jnt07372

欽定續文獻通考輯要二十六卷　湯壽潛輯　清光緒通雅堂鉛印本　十册

370000 – 1502 – 0004633　jnt07377

本草詩箋十卷　（清）朱鑰撰　清光緒二十五年（1899）千頃堂刻本　四册

370000 – 1502 – 0004634　jnt07378

六書通十卷　（清）畢弘述篆訂　清光緒二十一年（1895）上海鴻寶齋石印本　五册

370000 – 1502 – 0004635　jnt07382

牡丹亭還魂記二卷　（明）湯顯祖編　清光緒十二年（1886）上海同文書局石印本　四册

370000 – 1502 – 0004636　jnt07387

四大奇書第一種五十一卷　（明）羅貫中撰　（清）毛宗崗評　清東昌書業德刻本　十六册

370000 – 1502 – 0004637　jnt07388

欽定篆文六經四書不分卷　（清）李光地等訂　清光緒九年（1883）上海同文書局石印本　十册

370000 – 1502 – 0004638　jnt07393

館律分韻初編六卷　（清）春暉閣主人輯　清光緒十四年（1888）上海鴻寶齋石印本　六册

370000 – 1502 – 0004639　jnt07394

中西匯通醫書五種二十九卷　（清）唐宗海編著　清光緒三十四年（1908）上海千頃堂石印本　十二册

370000 - 1502 - 0004640　jnt07396

善卷堂四六十卷　（清）陸繁弨撰　（清）吴自高注　清道光二年(1822)金閶步月樓刻本　六册

370000 - 1502 - 0004641　jnt07400

鄒縣鄉土志不分卷　（清）胡煒修　清光緒三十三年(1907)山東國文報館石印本　一册

370000 - 1502 - 0004642　jnt07401

四書補注備旨十卷　（清）鄧林撰　清光緒十四年(1888)上海石印本　六册

370000 - 1502 - 0004643　jnt07402

漱琴室存稿六卷　（清）高驤雲撰　清道光二十七年(1847)明術堂刻本　二册

370000 - 1502 - 0004644　jnt07403

萬國史記二十卷　（日本）岡本監輔撰　清光緒二十三年(1897)慎記書莊石印本　四册

370000 - 1502 - 0004645　jnt07406

倪氏雜記筆法一卷　（清）黃彥和録　清聽香室石印本　一册

370000 - 1502 - 0004646　jnt07407

十六國宮詞二卷　（清）周昇撰　清道光十四年(1834)櫻西書屋刻本　一册

370000 - 1502 - 0004647　jnt07409

周犢山文稿不分卷周犢山遺稿不分卷　（清）周鎬撰　清光緒十八年(1892)槐蔭山房刻本　二册

370000 - 1502 - 0004648　jnt07410

内科新説二卷　（英國）合信氏　（清）管茂材同撰　清末刻本　一册

370000 - 1502 - 0004649　jnt07418

補勤時藝軼存不分卷　（清）陳錦輯　清光緒元年(1875)橘蔭軒刻本　二册

370000 - 1502 - 0004650　jnt07420

明文才調集不分卷　（清）許振褘輯　清光緒十七年(1891)東河行署刻本　二册

370000 - 1502 - 0004651　jnt07421

不知醫必要四卷　（清）梁廉夫撰　清光緒刻本　四册

370000 - 1502 - 0004652　jnt07427

婦科摘鈔不分卷外科摘鈔不分卷　（□）□□輯　清鈔本　一册

370000 - 1502 - 0004653　jnt07428

文選不分卷　（南朝梁）蕭統撰　清中葉手鈔本　一册

370000 - 1502 - 0004654　jnt07432

評注昭明文選十五卷首一卷　（清）于光華編次　清光緒二十四年(1898)上海掃葉山房石印本　十六册

370000 - 1502 - 0004655　jnt07433

訟過齋日記六卷　（清）毛輝鳳撰　清同治十一年(1872)成都求仁堂刻本　二册

370000 - 1502 - 0004656　jnt07434

眼科叁種七卷　（清）馬化龍撰輯　清手鈔本　一册

370000 - 1502 - 0004657　jnt07435

曹江孝女廟志九卷首一卷末一卷　（清）金廷棟編輯　清嘉慶十三年(1808)深柳書屋刻本　四册

370000 - 1502 - 0004658　jnt07436

甌香館四書説九卷　（清）郝寧愚撰　清同治三年(1864)郝氏柘園刻本　六册

370000 - 1502 - 0004659　jnt07437

六硯草堂詩集四卷　（清）荔浦延撰　清道光六年(1826)刊本　四册

370000 - 1502 - 0004660　jnt07440

雙藤書屋詩集十二卷附試帖詩二卷　（清）河道生撰　清道光元年(1821)刻本　四册

370000 - 1502 - 0004661　jnt07441

廣廣事類賦三十二卷　（清）吳世旃撰注　清嘉慶元年(1796)刻本　六册

370000 - 1502 - 0004662　jnt07445

爾雅郭注義疏二十卷　（清）郝懿行撰　清同治四年(1865)刻本　五册　存八卷(一至八)

370000－1502－0004663　jnt07448

繪像增注第六才子書釋解八卷　（元）王實甫
選　清光緒十三年(1887)石印本　四冊

370000－1502－0004664　jnt07449

西湖游覽志五十卷　（明）田汝成撰　清光緒
二十二年(1896)錢塘丁氏嘉惠堂刻本　十二
冊

370000－1502－0004665　jnt07450

藕香零拾九十四卷　繆荃孫輯　清宣統三年
(1911)江陰繆氏刻本　三十二冊

370000－1502－0004666　jnt07456

徐雨峰中丞勘語四卷　（清）徐士林撰　清光
緒三十二年(1906)武進李氏聖譯樓校刻本
四冊

370000－1502－0004667　jnt07456

山左碑目四卷　（清）段松苓輯　清光緒三十
四年(1908)李氏聖譯樓刻本　二冊

370000－1502－0004668　jnt07459

御製熱河全景不分卷　（清）沈錫齡摹　清光
緒二十年(1894)石印本　二冊

370000－1502－0004669　jnt07460

語石齋畫譜不分卷　（清）楊伯潤繪　清光緒
二十七年(1901)天津文美齋石印本　一冊

370000－1502－0004670　jnt07461

性安廬畫稿　（清）姚淑平繪　清光緒石印本
二冊　存二卷(二至三)

370000－1502－0004671　jnt07462

蔚廬劉子詩集不分卷蔚廬劉子文集四卷
（清）劉艮生撰　清光緒二十二年(1896)刻本
六冊

370000－1502－0004672　jnt07463

六慎齋文存四卷　（清）徐金銘撰　清末刻本
四冊

370000－1502－0004673　jnt07464

六慎齋文存四卷　（清）徐金銘撰　清末刻本
四冊

370000－1502－0004674　jnt07465

紉香草堂制藝不分卷　（清）李廷榮撰　清同
治五年(1866)李氏刻本　六冊

370000－1502－0004675　jnt07465

夏小正詩不分卷　（清）李廷榮撰　清道光十
一年(1831)刻本　一冊

370000－1502－0004676　jnt07469

歷代畫像傳不分卷　（清）丁善長繪　清光緒
二十二年(1896)刻本　四冊

370000－1502－0004677　jnt07472

淞隱漫錄十二卷　（清）王韜撰　清光緒十三
年(1887)上海點石齋石印本　四冊

370000－1502－0004678　jnt07473

白石道人詩集二卷　（宋）姜夔撰　清光緒十
年(1884)有正書局石印本　一冊

370000－1502－0004679　jnt07474

白石道人詩集二卷　（宋）姜夔撰　清光緒十
年(1884)有正書局石印本　一冊

370000－1502－0004680　jnt07475

白石道人詩集二卷　（宋）姜夔撰　清光緒十
年(1884)有正書局石印本　一冊

370000－1502－0004681　jnt07476

白石道人詩集二卷　（宋）姜夔撰　清光緒十
年(1884)有正書局石印本　一冊

370000－1502－0004682　jnt07477

白石道人詩集二卷　（宋）姜夔撰　清光緒十
年(1884)有正書局石印本　一冊

370000－1502－0004683　jnt07479

蜀故二十七卷　（清）彭遵泗纂輯　清光緒二
年(1876)讀書堂刻本　六冊

370000－1502－0004684　jnt07480

胡柯亭印集不分卷　胡柯亭鐫　清末鈐印本
一冊

370000－1502－0004685　jnt07482

南華真經正義不分卷　（清）陳壽昌輯　清光
緒十三年(1887)上海古書流通處影印本　六
冊

370000－1502－0004686　jnt07484

南華真經旁注五卷　（晋）郭象評　清嘉慶十一年(1806)文盛堂刻本　六册

370000－1502－0004687　jnt07487

潘方伯公遺稿六卷　（清）潘駿文撰　清光緒二十二年(1896)刻本　六册

370000－1502－0004688　jnt07488

仿潛齋詩鈔十五卷　（清）李嘉樂撰　清光緒十年(1884)刻本　四册

370000－1502－0004689　jnt07489

禮記二十卷附撫本禮記鄭注考異二卷　（清）張敦仁考異　清同治九年(1870)湖北崇文書局刻本　八册

370000－1502－0004690　jnt07490

迪幼録三卷　（清）程基輯著　清光緒二十八年(1902)翰元齋刊本　三册

370000－1502－0004691　jnt07492

欽定户部軍需則例不分卷　（清）户部纂訂　清咸豐刻本　四册

370000－1502－0004692　jnt07498

後漢紀三十卷附兩漢紀校記二卷　（晋）袁宏撰　清光緒二年(1876)嶺南學海堂刻本　八册

370000－1502－0004693　jnt07499

前漢紀三十卷　（漢）荀悦撰　清光緒二年(1876)嶺南學海堂刻本　六册

370000－1502－0004694　jnt07502

歷代畫史彙傳七十二卷首一卷附録二卷　（清）彭蘊璨録　清光緒五年(1879)北京善成堂刻本　二十四册

370000－1502－0004695　jnt07503

[道光]泰安縣志十二卷首一卷末一卷　（清）蔣大慶纂　（清）徐宗幹修　清道光八年(1828)修同治六年(1867)補刻本　十四册

370000－1502－0004696　jnt07505

瀛環志略十卷　（清）徐繼畲輯著　清同治五年(1866)刻本　六册

370000－1502－0004697　jnt07506

張蘇庵百花賤不分卷　（清）張兆祥繪　清末天津文美齋刻本　二册

370000－1502－0004698　jnt07508

史鑑節要便讀六卷末一卷　（清）鮑東里編輯　清光緒二十二年(1896)書業德刊本　二册

370000－1502－0004699　jnt07510

欽定户部軍需則例不分卷　（清）户部纂訂　清手鈔本　四册

370000－1502－0004700　jnt07512

滄粟奄詩鈔二卷　（清）葉圭書撰　清刻本　一册

370000－1502－0004701　jnt07514

孟浩然集二卷高常侍集二卷嘉州集二卷王摩詰集二卷　（唐）孟浩然等撰　清光緒十年(1884)上海同文書局石印　八册

370000－1502－0004702　jnt07515

滄溟先生集三十卷　（明）李攀龍撰　清道光二十七年(1847)刻本　八册

370000－1502－0004703　jnt07516

滄溟先生集三十集　（明）李攀龍撰　清道光二十七年(1847)刻本　八册

370000－1502－0004704　jnt07517

增注八銘塾鈔初集不分卷　（清）吳懋政編　清光緒六年(1880)紫文閣刻本　五册

370000－1502－0004705　jnt07518

蒙學叢書不分卷　（□）□□輯　清吳縣汪氏校刊本　十八册

370000－1502－0004706　jnt07520

七家詩合注七卷　（清）張玉田原本　清光緒十七年(1891)書業德刻本　七册

370000－1502－0004707　jnt07521

國朝先正事略六十卷中興名臣事略八卷　(清)李元度　朱孔彰撰　清光緒二十五年(1899)上海圖書集成印書局鉛印本　十册

370000－1502－0004708　jnt07522

榟華館試帖彙鈔輯注十卷　（清）路德輯　清

道光二十七年(1847)聚錦旭刻本　十册

370000－1502－0004709　jnt07523
筆花醫鏡四卷　(清)江涵暾撰　清光緒三十三年(1907)書業德刻本　一册

370000－1502－0004710　jnt07524
筆花醫鏡四卷　(清)江涵暾撰　清光緒十八年(1892)京都琉璃廠刻本　一册

370000－1502－0004711　jnt07525
痘疹指南四卷　(清)宗麟祥撰　清刻本　一册

370000－1502－0004712　jnt07526
救急奇方二卷　(□)徐文弼輯　清刻本　一册

370000－1502－0004713　jnt07527
女科二卷　(清)傅青主撰　清道光二十五年(1845)刻本　一册

370000－1502－0004714　jnt07528
回生集二卷續回生集二卷　(清)陳傑集　清道光七年(1827)萬卷樓刻本　四册

370000－1502－0004715　jnt07529
本草三家合注六卷附神農本草經百種録一卷　(清)郭汝聰集注　(清)徐靈胎撰　清兩儀堂刻本　六册

370000－1502－0004716　jnt07530
珍珠囊指掌補遺藥性賦四卷雷公炮製藥性解六卷　(金)李杲編輯　(清)王子接重訂　清道光二十二年(1842)紹城麗澤堂刻本　四册

370000－1502－0004717　jnt07533
醫方集解三卷　(清)汪昂撰　清末三益堂刻本　五册

370000－1502－0004718　jnt07534
詳校醫宗必讀十卷　(明)李中梓撰　清刻本　六册

370000－1502－0004719　jnt07541
四診心法不分卷　(清)吳謙等輯　清鈔本　一册

370000－1502－0004720　jnt07542
補注黃帝內經素問二十四卷黃帝內經靈樞十二卷　(唐)王冰等注　(宋)林億等校正　清光緒二十二年(1896)圖畫集成局鉛印本　六册

370000－1502－0004721　jnt07543
傅氏眼科審視瑤函六卷首一卷　(清)傅仁宇纂輯　(清)林長生校補　清寶興堂刻本　四册

370000－1502－0004722　jnt07546
脈理會參不分卷　(□)□□編　清抄本　一册

370000－1502－0004723　jnt07553
瘟疫明辨四卷末一卷　(清)吳又可編　清光緒十五年(1889)掃葉山房刻本　二册

370000－1502－0004724　jnt07556
華祖青囊再現經不分卷　(□)□□輯　清抄本　四册

370000－1502－0004725　jnt07558
四書集疏附正　(清)張秉直撰　清同治十二年(1873)刻本　十册

370000－1502－0004726　jnt07559
西堂全集六十一卷　(清)尤侗撰　清刻本　二十册

370000－1502－0004727　jnt07562
欽定書經圖説五十卷　(清)孫家鼐等奉敕撰　清光緒三十一年(1905)武英殿石印本　十六册

370000－1502－0004728　jnt07566
徐氏醫學十六種三十一卷　(清)徐大椿釋　清光緒三十三年(1907)上海章福記書局石印本　十六册

370000－1502－0004729　jnt07567
徐氏醫學十六種三十一卷　(清)徐大椿釋　清光緒三十三年(1907)上海章福記書局石印本　三册

370000－1502－0004730　jnt07568

傷寒第一書四卷附餘二卷　（清）車宗輅
（清）胡憲豐等述　清光緒十一年(1885)浙紹
奎照樓刻本　六册

370000－1502－0004731　jnt07569

圖注八十一難經辨真四卷　（戰國）秦越人
（扁鵲）撰　（明）張世賢注　奇經八脈考一卷
脈訣考證一卷脈訣附方一卷　（明）李時珍撰
　（明）張世賢編次　圖注脈訣辨真四卷瀕湖
脈學一卷　（晋）王叔和撰　（明）張世賢注
清懷德堂刻本　六册

370000－1502－0004732　jnt07574

御纂醫宗金鑑九十卷首一卷　（清）吳謙等奉
敕撰　清光緒十八年(1892)上海五彩書屋石
印本　二十四册

370000－1502－0004733　jnt07577

有正味齋全集七十三卷　（清）吳錫麒撰　清
嘉慶十三年(1808)敬書堂刻本　八册

370000－1502－0004734　jnt07578

保赤全書二卷　（明）管橓編輯　清抄本　一
册

370000－1502－0004735　jnt07582

酉陽雜俎續集十卷　（唐）段成式撰　清據汲
古閣校本刻本　四册

370000－1502－0004736　jnt07583

傅青主産後編二卷　（清）傅山撰　清同治八
年(1869)湖北崇文書局刻本　一册

370000－1502－0004737　jnt07583

傅青主男科二卷　（清）傅山撰　清光緒十三
年(1887)湖北官書處刻本　二册

370000－1502－0004738　jnt07583

傅青主女科二卷　（清）傅山撰　清同治八年
(1869)湖北崇文書局刻本　一册

370000－1502－0004739　jnt07586

婦嬰新説不分卷　（英國）合信氏撰　（清）管
茂材同撰　清咸豐八年(1858)上海仁濟堂刻
本　一册

370000－1502－0004740　jnt07587

康熙字典十二集　（清）凌紹雯等編　清光緒
九年(1883)同文書局石印本　六册

370000－1502－0004741　jnt07588

康熙字典十二集　（清）凌紹雯等編　清上海
鴻寶齋書局石印本　三册

370000－1502－0004742　jnt07590

皇清經解一百九十卷　（清）阮元輯　清光緒
十七年(1891)鴻寶齋石印本　二十四册

370000－1502－0004743　jnt07591

外科證治全生集不分卷　（清）王維德撰　清
光緒九年(1883)石印本　二册

370000－1502－0004744　jnt07594

珍珠囊指掌補遺藥性賦二卷雷公炮製藥性解
六卷　（金）李杲編　清光緒三十一年(1905)
福記書局石印本　二册

370000－1502－0004745　jnt07595

神農本草經讀四卷　（清）陳念祖撰　清嘉慶
八年(1803)奎璧堂刻本　二册

370000－1502－0004746　jnt07597

御纂醫宗金鑑九十卷首一卷　（清）吳謙等奉
敕撰　清宣統元年(1909)上海章福記石印本
　二十册

370000－1502－0004747　jnt07602

十藥神書注解一卷張仲景傷寒論原文淺注六
卷　（元）葛可久編　（清）陳念祖注　清咸豐
七年(1857)味根齋刻本　六册

370000－1502－0004748　jnt07605

增訂本草備要四卷醫方集解五卷　（清）汪昂
編輯　清聚盛堂刻本　五册

370000－1502－0004749　jnt07606

筆花醫鏡四卷　（清）江涵暾撰　清同治十年
(1871)濟南東英華齋刻本　一册

370000－1502－0004750　jnt07608

醫書六種不分卷　（清）耐修子等録　清光緒
十七年(1891)掃葉山房刻本　一册

370000－1502－0004751　jnt07610

喉科四卷　（清）包永泰撰　清光緒八年

（1882）善成堂刻本　二冊

370000－1502－0004752　jnt07611

世補齋醫書三十三卷　（清）陸懋修撰　清光
緒十二年（1886）山左書局重印刻本　八冊

370000－1502－0004753　jnt07613

湯頭歌訣一卷　（清）汪昂輯撰　清刻本　一
冊

370000－1502－0004754　jnt07615

御纂醫宗金鑑九十卷首一卷　（清）吳謙等奉
敕撰　清宣統元年（1909）簡青齋書局石印本
二十冊

370000－1502－0004755　jnt07617

繪圖鍼灸大成十卷　（清）章廷珪重修　清光
緒二十二年（1896）上海文瑞樓石印本　二冊

370000－1502－0004756　jnt07620

圖注八十一難經辨真四卷圖注脈訣辨真五卷
附脈訣考證一卷題奇經八脈考一卷　（清）張
世賢編注　清宣統三年（1911）書業德刻本
三冊

370000－1502－0004757　jnt07622

繆篆分韻五卷補一卷　（清）桂馥撰　清末石
印本　四冊

370000－1502－0004758　jnt07623

驗方新編十六卷驗方續編二卷　（清）鮑相璈
編輯　清光緒二十二年（1896）書業德刻本
十二冊

370000－1502－0004759　jnt07626

外科證治全生集不分卷　（清）王維德輯　清
同治十三年（1874）善成堂刻本　二冊

370000－1502－0004760　jnt07627

傷寒瘟疫條辯六卷　（清）楊璿撰　清光緒四
年（1878）書業德刻本　六冊

370000－1502－0004761　jnt07628

傷寒瘟疫條辯六卷　（清）楊璿撰　清光緒四
年（1878）書業德刻本　六冊

370000－1502－0004762　jnt07630

增訂本草備要四卷　（清）汪昂編輯　清文質

堂刻本　四冊

370000－1502－0004763　jnt07631

四書人物類典串珠四十卷　（清）臧志仁編輯
清光緒姑蘇掃葉山房刻本　十二冊

370000－1502－0004764　jnt07636

試體詩鈔五十九卷首一卷末一卷友竹草堂文
集五卷附補集一卷友竹草堂詩二卷謙受益齋
文集一卷　（清）蔣慶第等撰　清光緒刻蔣氏
叢刊本　十三冊

370000－1502－0004765　jnt07637

友竹草堂文集五卷友竹草堂詩集不分卷謙受
益齋文集不分卷　（清）蔣慶第等撰　清光緒
二十九年（1903）刻本　四冊

370000－1502－0004766　jnt07641

集驗良方六卷　（清）梁文科輯　清北京琉璃
廠善成堂刻本　六冊

370000－1502－0004767　jnt07643

山東省五徒表不分卷　（清）□□訂　清刻本
一冊

370000－1502－0004768　jnt07644

山東省五徒表不分卷　（清）□□訂　清刻本
一冊

370000－1502－0004769　jnt07645

焦山續志八卷　（清）陳任暘輯　清光緒刻本
二冊

370000－1502－0004770　jnt07648

歷代鐘鼎彝器款識法帖二十卷　（宋）薛尚功
撰　清光緒二十九年（1903）武昌玉海堂刻本
四冊

370000－1502－0004771　jnt07649

重訂金石契不分卷　（清）張燕昌撰　清光緒
二十二年（1896）年石印本　二冊　缺一冊
（中）

370000－1502－0004772　jnt07659

芥子園畫傳初集六卷二集九卷三集六卷
（清）王槩等摹　清宣統元年（1909）上海章福
記石印本　十一冊　缺一卷（三集五）

370000－1502－0004773　jnt07663

芥子園畫傳五卷二集不分卷三集不分卷四集不分卷　（清）王槩摹　清刻本　十二册

370000－1502－0004774　jnt07665

芥子園畫傳六卷　（清）王槩等摹　清光緒十六年(1890)上海鴻寶齋石印本　四册

370000－1502－0004775　jnt07666

芥子園畫傳初集五卷　（清）王槩等摹　清刻本　五册

370000－1502－0004776　jnt07668

芥子園畫傳第三集六卷　（清）王槩等摹　清光緒石印本　三册　缺一卷(五)

370000－1502－0004777　jnt07674

注解傷寒論四卷　（漢）張仲景著　（晋）王叔和撰次　（宋）聊攝成注解　清道光三年(1823)貴文堂刻本　三册

370000－1502－0004778　jnt07679

歷代地理志韻編今釋二十卷　（清）李光洛輯　清光緒十八年(1892)長沙竹素書局刻本　十一册

370000－1502－0004779　jnt07681

[光緒]利津縣志十卷利津文徵五卷利津文徵續編五卷　（清）盛讚熙修　（清）余朝菜等纂　清末鉛印本　五册

370000－1502－0004780　jnt07683

五峰山志二卷　（清）邵承照纂　清光緒二十一年(1895)刻本　一册　缺一卷(下)

370000－1502－0004781　jnt07684

[乾隆]束鹿縣志十二卷首一卷　（清）李文耀修　清末鉛印本　一册　存七卷(一至七)

370000－1502－0004782　jnt07685

臥龍崗志二卷　（清）羅景輯　清刻本　一册　缺一卷(下)

370000－1502－0004783　jnt07686

寶華山志八卷首一卷　（清）劉名芳纂修　清刻本　二册　缺七卷(九至十五)

370000－1502－0004784　jnt07689

問字堂集六卷　（清）孫星衍撰　清光緒十年(1884)是亦軒刻本　二册

370000－1502－0004785　jnt07690

武夷山志二十四卷首一卷　（清）董天工編　清道光二十六年(1846)五夫尺木軒刻本　六册　缺六卷(十七至二十一、二十四)

370000－1502－0004786　jnt07692

馮氏錦囊秘録二十五卷首一卷　（清）馮楚瞻撰　清嘉慶十八年(1813)會成堂刊本　二十二册　存二十七卷(内經首二卷、雜症一至五、痘疹全集一至十五、女科十六至十八、外科十九、藥按二十)

370000－1502－0004787　jnt07693

歷代鐘鼎彝器款識二十卷　（宋）薛尚功撰　清古書流通處據臨宋寫本石印本　四册

370000－1502－0004788　jnt07696

有竹山房印癖不分卷　（清）鄒瑞纂　清道光有竹山房鈐印本　四册

370000－1502－0004789　jnt07701

十三經讀本　（清）尚志書院編輯　清同治十一年(1872)山東書局刻本　六十六册　缺一種(尚書)

370000－1502－0004790　jnt07706

琴書存目六卷琴書別録二卷　（清）周慶雲纂　清刻本　四册

370000－1502－0004791　jnt07707

外科正宗十二卷　（明）陳實功撰　（清）徐大椿評　清光緒八年(1882)刻本　十一册　存十一卷(一至七、九至十二)

370000－1502－0004792　jnt07713

筆花醫鏡四卷　（清）江涵暾撰　清抄本　二册

370000－1502－0004793　jnt07719

訂正仲景傷寒論釋義不分卷　（清）李纘文補注　清宣統元年(1909)上海文瑞樓刻本　六册

370000－1502－0004794　jnt07721

圖注八十一難經辨真四卷圖注脈訣辨真四卷
脈訣附方一卷　（明）張世賢注　清光緒二十
二年(1896)刻本　四册

370000－1502－0004795　jnt07722

吉金所見錄十六卷首一卷末一卷　（清）初尚
齡纂輯　清道光七年(1827)刻本　三册　缺
五卷(三至七)

370000－1502－0004796　jnt07727

徐孝穆全集六卷　（陳）徐陵撰　清吳氏善化
經濟書堂刻本　六册

370000－1502－0004797　jnt07729

呂子節錄四卷呂子節錄補遺二卷　（明）呂坤
撰　清光緒十三年(1887)江西書局刻本　四
册

370000－1502－0004798　jnt07733

三國志六十五卷　（晋）陳壽撰　（南朝宋）裴
松之注　清光緒十三年(1887)江南書局刻本
八册

370000－1502－0004799　jnt07736

岱頂秦篆殘刻題跋不分卷　（清）翁方綱等撰
清嘉慶二十二年(1817)刻本　一册

370000－1502－0004800　jnt07738

論衡三十卷　（漢）王充撰　清光緒元年
(1875)湖北崇文書局刊本　六册

370000－1502－0004801　jnt07740

桐陰論畫二卷首一卷桐陰畫訣一卷續桐陰論
畫一卷桐陰論畫二編二卷桐陰論畫三編二卷
　（清）秦祖永撰輯　清宣統二年(1910)上海
中國書畫會石印本　六册

370000－1502－0004802　jnt07746

史記一百三十卷　（漢）司馬遷撰　（南朝宋）
裴駰集解　（唐）司馬貞索隱　（唐）張守節正
義　清光緒十四年(1888)上海圖書集成印書
局鉛印本　十三册　缺十卷(十七至二十六)

370000－1502－0004803　jnt07746

後漢書一百二十卷　（南朝宋）范曄撰　（唐）
李賢注　（晋）司馬彪撰　（南朝梁）劉昭注

清光緒十四年(1888)上海圖書集成印書局鉛
印本　十二册

370000－1502－0004804　jnt07746

三國志六十五卷　（晋）陳壽撰　（南朝宋）裴
松之注　清光緒十四年(1888)上海圖書集成
印書局鉛印本　八册

370000－1502－0004805　jnt07746

隋書八十五卷　（唐）魏徵撰　清光緒十四年
(1888)上海圖書集成印書局鉛印本　十二册

370000－1502－0004806　jnt07746

宋書一百卷　（南朝梁）沈約撰　清光緒十四
年(1888)上海圖書集成印書局鉛印本　十二
册

370000－1502－0004807　jnt07746

魏書一百十四卷　（北齊）魏收撰　清光緒十
四年(1888)上海圖書集成印書局鉛印本　十
五册　缺一百七卷(八至十四)

370000－1502－0004808　jnt07747

金石續編二十一卷首一卷　（清）陸耀遹纂
清光緒十九年(1893)上海寶善書局石印本
六册

370000－1502－0004809　jnt07750

制服成誦編不分卷　（清）周桐侯撰　清光緒
十八年(1892)山東書局刻本　一册

370000－1502－0004810　jnt07763

皇朝輿地圖一卷紀元編三卷　（清）李兆洛輯
　（清）徐思鍇等編集　清光緒二十四年
(1898)掃葉山房石印本　一册

370000－1502－0004811　jnt07763

皇朝輿地韻編二卷　（清）李兆洛輯　（清）徐
思鍇等編集　清光緒二十四年(1898)掃葉山
房石印本　一册

370000－1502－0004812　jnt07763

歷代地理沿革圖一卷　（清）李兆洛輯　（清）
徐思鍇等編集　清光緒二十四年(1898)掃葉
山房石印本　一册

370000－1502－0004813　jnt07763

歷代地理志韻編今釋二十卷　（清）李兆洛輯
（清）徐思鍇等編集　清光緒二十四年
(1898)掃葉山房石印本　五册

370000－1502－0004814　jnt07764

四裔編年表四卷　（清）李鳳苞編　（清）嚴良
勳　（美國）林樂知同譯　清光緒二十三年
(1897)仿江南製造局原本石印本　四册

370000－1502－0004815　jnt07765

小蓬萊閣金石文字不分卷　（清）黃秋盦纂
清道光刻本　四册

370000－1502－0004816　jnt07770

兩罍軒彝器圖釋十二卷　（清）吳雲編輯　清
同治十二年(1873)吳氏刻本　六册

370000－1502－0004817　jnt07779

舊唐書二百卷　（五代）劉昫等撰　清同治十
二年(1873)浙江書局刻本　四十册

370000－1502－0004818　jnt07780

史記集解一百三十卷　（漢）司馬遷撰　（南
朝宋）裴駰注　清同治九年(1870)楚北崇文
書局刻本　二十四册

370000－1502－0004819　jnt07784

左傳紀事本末五十三卷　（清）高士奇撰　清
光緒二十四年(1898)思賢書局校刻本　十二
册

370000－1502－0004820　jnt07786

[光緒]陵縣志二十二卷首一卷　（清）沈淮修
（清）李圖纂　（清）戴傑續纂　清光緒元年
(1875)增刻本　八册

370000－1502－0004821　jnt07787

覆麻沙本杜工部艸堂詩箋五十一卷　（宋）魯
岩編次　（宋）蔡夢弼箋　清覆麻沙刻本　十
册

370000－1502－0004822　jnt07788

焦山志二十六卷首一卷　（清）吳雲輯　清同
治十三年(1874)刻本　八册

370000－1502－0004823　jnt07789

資治通鑑綱目五十九卷　（明）陳仁錫評閱
清同文堂刻本　九册　存四卷(一至四)

370000－1502－0004824　jnt07793

孔氏家語十卷　（三國魏）王肅注　清光緒二
十四年(1898)書業德刻本　二册

370000－1502－0004825　jnt07802

匋雅二卷　（清）寂園叟撰　清宣統二年
(1910)上海朝記書莊石印本　四册

370000－1502－0004826　jnt07803

平津讀碑記八卷續記一卷　（清）洪頤煊撰
清光緒十二年(1886)吳縣朱氏家塾刻槐廬叢
書本　三册

370000－1502－0004827　jnt07805

照世盃四卷　（明）酌元亭主人編　清末海寧
陳氏據日本傳抄本鉛印古佚小説叢刊本　一
册

370000－1502－0004828　jnt07806

郝氏祖傳神槍一卷　（清）郝氏編　清光緒十
三年(1887)小酉山房如是小軒抄本　一册

370000－1502－0004829　jnt07808

臥游記不分卷　（宋）范成大等撰　清抄本
一册

370000－1502－0004830　jnt07810

東洋史要二卷　（日本）桑原隲藏撰　（清）樊
炳清譯　清末鉛印本　一册

370000－1502－0004831　jnt07819

石鼓文音訓集證不分卷　（清）尹彭壽纂　清
光緒十九年(1893)諸城尹氏來山園刊本　三
册

370000－1502－0004832　jnt07821

增刻紅樓夢圖詠不分卷　（清）王墀繪圖
清光緒八年(1882)點石齋照相石印本　二册

370000－1502－0004833　jnt07824

文獻通考自序一卷文獻通考紀要二卷　（元）
馬端臨撰　（清）張承燮録　清光緒二十七年
(1901)東聽雨堂刻本　三册

370000－1502－0004834　jnt07826

安邦志二十卷　（清）□□編　清刻本　二十

册

370000－1502－0004835　jnt07828

五代史記七十四卷　（宋）歐陽修撰　（清）彭元瑞注　清道光八年(1828)刻本　四十册

370000－1502－0004836　jnt07829

山東省保存古蹟表不分卷　（清）山東憲政調查局編輯　清宣統二年(1910)石印本　一册

370000－1502－0004837　jnt07830

山東省保存古蹟表不分卷　（清）山東憲政調查局編輯　清宣統二年(1910)石印本　一册

370000－1502－0004838　jnt07832

漢書一百卷　（漢）班固撰　（唐）顔師古注　清光緒十三年(1887)金陵書局刻本　十六册

370000－1502－0004839　jnt07833

三國志六十五卷　（晋）陳壽撰　（南朝宋）裴松之注　清同治九年(1870)金陵書局刻本　八册

370000－1502－0004840　jnt07834

三國志六十五卷　（晋）陳壽撰　（南朝宋）裴松之注　清同治九年(1870)金陵書局刻本　八册

370000－1502－0004841　jnt07840

玉函山房輯佚書四十八卷　（清）馬國翰輯　清刻本　五十二册　存十六卷(目耕帖十七至三十一、玉函山房輯佚書二十三)

370000－1502－0004842　jnt07840

買春詩話一卷　（清）馬國翰撰　清刻本　一册

370000－1502－0004843　jnt07841

繪圖螢窗異草初編四卷二編四卷三編四卷四編四卷　（清）長白浩歌子撰　（清）隨園老人續評　（清）柳橋居士重訂　清光緒二十一年(1895)石印本　八册

370000－1502－0004844　jnt07842

江楚會奏變法全摺三卷　（清）劉坤一　（清）張之洞撰　清光緒二十七年(1901)富強齋石印本　三册

370000－1502－0004845　jnt07846

潛研堂金石文跋尾二十卷　（清）錢大昕撰　清刊本　五册　缺五卷(一至五)

370000－1502－0004846　jnt07847

潛研堂金石文字目録八卷　（清）錢大昕撰　清長沙龍氏刻本　二册

370000－1502－0004847　jnt07848

校正元親征録不分卷　（清）何秋濤撰　清光緒二十三年(1897)蓮池書局刻本　一册

370000－1502－0004848　jnt07851

補寰宇訪碑録五卷　（清）趙之謙纂集　清光緒十二年(1886)吳縣朱氏槐廬校刻金石叢書本　二册

370000－1502－0004849　jnt07852

沈雨塍詩稿不分卷　（清）沈雨塍撰　清稿本　一册

370000－1502－0004850　jnt07853

餘生贅筆不分卷　（清）鐵節山房輯　清抄本　一册

370000－1502－0004851　jnt07854

學宫譜不分卷　（清）孫錫疇輯撰　清光緒十三年(1887)刻本　一册

370000－1502－0004852　jnt07855

文鈔不分卷　（清）高星岳評選　清抄本　一册

370000－1502－0004853　jnt07856

歷代名將事略不分卷　（清）陸軍部鑒定　清光緒三十三年(1907)鉛印本　一册

370000－1502－0004854　jnt07857

孟志編略六卷　（清）孫葆田撰　清光緒十六年(1890)刻本　一册

370000－1502－0004855　jnt07861

金石學録四卷　（清）李遇孫撰　清道光刻本　一册

370000－1502－0004856　jnt07867

金玉瑣碎二卷　（清）謝堃撰　清光緒六年(1880)刻本　一册

370000 – 1502 – 0004857　jnt07868

醫學雜鈔不分卷　（□）□□鈔　清抄本　一冊

370000 – 1502 – 0004858　jnt07870

游歷聞見録十八卷　（清）洪勛輯　清光緒十六年(1890)上海仁記石印本　四冊

370000 – 1502 – 0004859　jnt07871

讀史鏡古編三十二卷　（清）潘世恩輯　清道光四年(1824)鳳池園刻本　八冊

370000 – 1502 – 0004860　jnt07875

史通通釋二十卷　（清）浦起龍釋　清光緒十九年(1893)上海文瑞樓石印本　八冊

370000 – 1502 – 0004861　jnt07880

前漢書一百卷　（漢）班固撰　（唐）顏師古注　清光緒十八年(1892)武林竹簡齋石印本　十二冊

370000 – 1502 – 0004862　jnt07881

後漢書一百二十卷　（南朝宋）范曄撰　（唐）李賢注　（晋）司馬彪撰　（南朝梁）劉昭注　清光緒十八年(1892)武林竹簡齋石印本　八冊

370000 – 1502 – 0004863　jnt07883

蜻階外史四卷　（清）何慶熙撰　清宣統三年(1911)上海廣益書局石印本　二冊

370000 – 1502 – 0004864　jnt07884

資治通鑑地理今釋十六卷　（清）吳熙載撰　清刻本　三冊

370000 – 1502 – 0004865　jnt07885

湄湖吟十一卷附聽松軒遺文一卷　（清）杜漺撰　清道光九年(1829)刻本　四冊

370000 – 1502 – 0004866　jnt07892

日本維新三十年史十二編不分卷附表不分卷　（日本）東京博文館編輯　（清）上海廣智書局譯　清光緒二十九年(1903)上海廣智書局鉛印本　六冊

370000 – 1502 – 0004867　jnt07894

唐陸宣公集二十二卷　（唐）陸贄撰　清道光

四年(1824)刻本　八冊

370000 – 1502 – 0004868　jnt07895

衛道編二卷　（清）劉紹攽編　清光緒元年(1875)帶經堂刻本　二冊

370000 – 1502 – 0004869　jnt07896

陰隲文印譜不分卷　（清）程德壽摹篆　（清）戴文燦書釋　清鈐印本　一冊

370000 – 1502 – 0004870　jnt07902

隨息居重訂霍亂論四卷隨息居飲食譜七卷　（清）王士雄纂　清同治元年(1862)刻本　四冊

370000 – 1502 – 0004871　jnt07904

古泉匯六十四卷首一卷　（清）李佐賢撰　清同治三年(1864)刻本　十冊

370000 – 1502 – 0004872　jnt07904

續泉彙十四卷首集一卷補遺二卷　（清）李佐賢撰　清光緒元年(1875)刻本　十冊

370000 – 1502 – 0004873　jnt07906

薛仁齋先生遺集八卷　（清）薛于瑛撰　清光緒十四年(1888)刻本　八冊

370000 – 1502 – 0004874　jnt07908

沖虛至德真經八卷　（戰國）列禦寇撰　（晋）張湛注　清光緒二十八年(1902)刻本　一冊

370000 – 1502 – 0004875　jnt07911

重刊陽明先生集要三編十六卷首一卷　（明）施邦曜評輯　清光緒三十二年(1906)鉛印本　十二冊

370000 – 1502 – 0004876　jnt07912

歷代名臣言行録二十四卷　（清）朱桓編輯　清光緒二十八年(1902)鴻寶書局鉛印本　十二冊

370000 – 1502 – 0004877　jnt07913

白香山詩長慶集二十卷後集十七卷補遺二卷別集一卷　（唐）白居易撰　（清）汪立名編訂　清一隅草堂刻本　八冊

370000 – 1502 – 0004878　jnt07914

辨證録十四卷　（清）陳士鐸著述　清同治七

年(1868)刻本　八册　缺六卷(九至十四)

370000－1502－0004879　jnt07915
七十二候箋不分卷　(清)錢吉生繪　清光緒
華文書局據文美齋藏板石印本　二册

370000－1502－0004880　jnt07916
淮南子二十一卷　(漢)高誘注　清嘉慶九年
(1804)武進莊逵吉校刻本　六册　缺五卷
(三至五、十七至十八)

370000－1502－0004881　jnt07918
繹史一百六十卷　(清)馬驌撰　清同治七年
(1868)姑蘇亦西齋刻本　三十六册

370000－1502－0004882　jnt07919
說鈴不分卷　(清)吳震方編集　清嘉慶四年
(1799)刻本　二十六册

370000－1502－0004883　jnt07920
九畹古文十卷　(清)劉紹攽撰　清同治十二
年(1873)刻本　十二册

370000－1502－0004884　jnt07921
皇朝事略不分卷　(清)直隸學校司編譯處恭
輯　清光緒二十九年(1903)山東書局石印本
(殘)　一册

370000－1502－0004885　jnt07922
八家四六文注八卷　(清)孫星衍撰　清光緒
十八年(1892)圖書集成印書局鉛印本　八册

370000－1502－0004886　jnt07923
池北偶談二十六卷　(清)王士禎著　清光緒
二十二年(1896)上海慎記書莊石印本　六册

370000－1502－0004887　jnt07924
交涉全案(中俄公文)　(清)海關道編輯　清
刻本　一册

370000－1502－0004888　jnt07925
讀史方輿紀要一百三十卷輿圖要覽四卷
(清)顧祖禹輯著　(清)彭元瑞校定　清敷文
閣刻道光三年(1823)印本　八十册

370000－1502－0004889　jnt07926
詩地理考略二卷附詩地理圖一卷　(清)尹繼
美撰　清咸豐三年(1853)刻本　一册

370000－1502－0004890　jnt07927
蒙學課本地球歌韻四卷　(清)張士瀛撰　清
光緒二十七年(1901)藻文書局石印本　一册

370000－1502－0004891　jnt07929
瀛環志略十卷　(清)徐繼畬輯著　清光緒二
十八年(1902)善成堂刻本　六册

370000－1502－0004892　jnt07931
前漢書一百二十卷　(漢)班固撰　(唐)顏師
古注　清光緒十四年(1888)上海圖書集成印
書局鉛印本　十四册

370000－1502－0004893　jnt07932
後漢書一百二十卷　(南朝宋)范曄撰　(唐)
李賢注　(晉)司馬彪撰　(南朝梁)劉昭注
清光緒十四年(1888)圖書集成書局鉛印本
十六册

370000－1502－0004894　jnt07934
莊子十卷老子二卷墨子十六卷荀子二十卷附
補遺一卷韓非子二十卷附識誤二卷　(清)浙
江書局輯　清光緒二年(1876)浙江書局刻本
二十一册

370000－1502－0004895　jnt07935
富國策三卷　(英國)法思德撰　(清)汪鳳藻
譯　清光緒二十四年(1898)大字鉛印本　三
册

370000－1502－0004896　jnt07937
四子書不分卷　(□)□□編　清江南製造總
局刻本　二册

370000－1502－0004897　jnt07938
老學庵筆記十卷　(宋)陸游撰　清光緒三年
(1877)湖北崇文書局刻本　二册

370000－1502－0004898　jnt07940
陶靖節先生詩四卷　(晉)陶潛撰　(宋)湯漢
注　清嘉慶拜經樓刻本　一册

370000－1502－0004899　jnt07942
歷朝史印十卷　(清)黃學圯篆　(清)吳叔元
釋　清楚橋書局刻本　六册

370000－1502－0004900　jnt07943

于文定公讀史漫録二十卷　（明）于慎行撰
（清）黄恩彤訂　清道光二十六年（1846）存素
齋刻本　十册

370000－1502－0004901　jnt07946

陳書三十六卷　（唐）姚思廉撰　清同治十一
年（1872）金陵書局刻本　四册

370000－1502－0004902　jnt07947

資治通鑑目録三十卷　（宋）司馬光編纂　清
同治八年（1869）江蘇書局仿宋刻本　十册

370000－1502－0004903　jnt07950

重訂王鳳洲先生綱鑑會纂四十六卷重訂王鳳
洲先生綱鑑會纂續二十三卷御撰資治通鑑網
目三編四卷　（明）王世貞纂　清光緒十八年
（1892）上海點石齋石印本　十六册

370000－1502－0004904　jnt07955

春秋世族譜二卷　（清）陳厚耀撰　（清）葉蘭
補抄　清嘉慶五年（1800）刻本　二册

370000－1502－0004905　jnt07956

孔氏家語十卷　（三國魏）王肅注　清光緒上
海同文書局石印本　五册

370000－1502－0004906　jnt07957

白虎通二卷　（漢）班固撰　（清）周夢齡校
清刻本　一册

370000－1502－0004907　jnt07963

歷代地理沿革險要圖注不分卷　楊守敬等撰
　清光緒二十二年（1896）據姚氏本精繪石印
本　一册

370000－1502－0004908　jnt07964

鑄史駢言十二卷　（清）孫玉田撰　清光緒二
年（1876）刻本　四册

370000－1502－0004909　jnt07965

逆臣傳四卷　（清）國史館編　清北京琉璃廠
半松居士活字排印本　四册

370000－1502－0004910　jnt07966

逆臣傳四卷　（清）國史館編　清北京琉璃廠
半松居士活字排印本　三册

370000－1502－0004911　jnt07967

逆臣傳四卷　（清）國史館編　清北京琉璃廠
半松居士活字排印本　二册

370000－1502－0004912　jnt07968

大清搢紳全書不分卷　（清）□□編　清光緒
十九年（1893）榮禄堂刻本　四册

370000－1502－0004913　jnt07969

大清搢紳全書不分卷　（清）□□編　清光緒
三十三年（1907）榮禄堂刻本　四册

370000－1502－0004914　jnt07971

歷代帝王年表不分卷　（清）齊召南編　清光
緒二十八年（1902）山東書局石印本　三册

370000－1502－0004915　jnt07972

韓非子二十卷附韓非子識誤三卷　（戰國）韓
非撰　清光緒元年（1875）浙江書局刻本　六
册

370000－1502－0004916　jnt07974

覆校穆天子傳六卷焦氏易林校略十六卷校正
古今人表不分卷　（清）翟雲升校　清道光五
經歲偏齋刻本　十册

370000－1502－0004917　jnt07976

史通通釋二十卷　（清）浦起龍釋　清光緒十
九年（1893）上海文瑞樓石印本　二册

370000－1502－0004918　jnt07977

國朝先正事略六十卷首一卷　（清）李元度纂
　清光緒十二年（1886）鉛印本　十册

370000－1502－0004919　jnt07978

國朝先正事略六十卷　（清）李元度纂　清光
緒二十五年（1899）上海圖書集成印書局鉛印
本　八册

370000－1502－0004920　jnt07979

國朝先正事略六十卷　（清）李元度纂　清末
山東官印書局鉛印本　十册

370000－1502－0004921　jnt07980

歷代黄河變遷圖考四卷　（清）劉鶚撰　清宣
統二年（1910）山東河工研究所石印本　四册

370000－1502－0004922　jnt07982

晏子春秋七卷附音義二卷校勘二卷　（清）孫

星衍校　清光緒二十三年(1897)文瑞樓據孫氏平津館本鉛印本　一册

370000－1502－0004923　jnt07984

御批歷代通鑑輯覽一百二十卷　(清)傅恒等奉敕撰　清光緒二十八年(1902)山東書業德石印本　二十四册

370000－1502－0004924　jnt07985

積古齋鐘鼎彝器款識十卷　(清)阮元編錄　清嘉慶九年(1804)刻本　四册

370000－1502－0004925　jnt07986

綱鑑擇言十卷　(清)司徒修撰　清光緒二十八年(1902)濟南雙和堂刻本　六册

370000－1502－0004926　jnt07987

綱鑑擇言十卷　(清)司徒修撰　清光緒十六年(1890)東昌書業德刊本　六册

370000－1502－0004927　jnt07989

續資治通鑑綱目二十七卷首一卷　(明)商輅撰　清光緒七年(1881)山東書局刻本　二十八册

370000－1502－0004928　jnt07991

高郵夏氏藏印不分卷　(□)□□輯　清淳菩閣鈐印本　一册

370000－1502－0004929　jnt07993

古任城沙冲如印譜不分卷　(清)沙養壩作　清五百石精舍藏鈐印本　一册

370000－1502－0004930　jnt07994

左傳紀事本末五十三卷　(清)高士奇編　清光緒十四年(1888)上海書業公所鉛印本　五册

370000－1502－0004931　jnt07995

南史節鈔二十二卷　(清)李經義節鈔　清宣統二年(1910)蘭笑樓石印本　四册

370000－1502－0004932　jnt07996

十架齋養新錄二十卷十架齋養新餘錄二卷　(清)錢大昕撰　清光緒二年(1876)浙江書局刻本　八册

370000－1502－0004933　jnt10017

234

高僧傳九十一卷　(南朝梁)釋慧皎等撰　清光緒十八年(1892)江北刻經處刻本　十八册
　　存六十八卷(高僧傳初集十五卷,高僧傳二集一至八、十三至十六、二十五至四十,高僧傳三集一至十一、十五至十八、二十一至二十四、二十八至三十,高僧傳四集四至六)

370000－1502－0004934　jnt10019

道書一貫真機易簡錄十二卷　(清)傅金銓彙輯　清刻本　五册

370000－1502－0004935　jnt10020

金仙證論不分卷　(清)柳華陽撰　清道光二十八年(1848)刻本　一册

370000－1502－0004936　jnt10020

天仙正理直論增注不分卷　(明)伍守陽撰并注　清光緒七年(1881)善成堂刻本　一册

370000－1502－0004937　jnt10021

指月錄三十二卷　(明)瞿汝稷集　清同治十一年(1872)慧空經房刻本　六册　存十八卷(一至三、十八至三十二)

370000－1502－0004938　jnt10022

上品資糧一卷　(清)釋古崑集　清昭慶慧空經房刻本　一册

370000－1502－0004939　jnt10027

佛説長壽滅罪護諸童子陀羅尼經一卷　(唐)釋佛陀波利奉詔譯　清金陵刻經處刻本　一册

370000－1502－0004940　jnt10028

佛説無量壽經二卷　(三國魏)釋康僧鎧譯　清同治十三年(1874)金陵刻經處刻本　一册

370000－1502－0004941　jnt10030

菩提心論教相記二卷　(日本)釋亮汰述　清咸豐四年(1854)金陵刻經處刻本　一册

370000－1502－0004942　jnt10031

大般涅槃經玄義二卷　(隋)釋灌頂撰　清光緒八年(1882)金陵刻經處刻本　一册

370000－1502－0004943　jnt10032

顯密圓通成佛心要集二卷　(唐)釋道啟集

清同治十一年(1872)金陵刻經處刻本　一冊

370000－1502－0004944　jnt10034

華嚴一乘十玄門一卷華嚴五十要問答二卷
(唐)釋智儼撰集　清光緒二十二年(1896)金陵刻經處刻本　一冊

370000－1502－0004945　jnt10035

金剛般若波羅蜜經宗通九卷　(後秦)釋鳩摩羅什譯　清光緒十一年(1885)金陵刻經處刻本　二冊

370000－1502－0004946　jnt10036

景德傳燈録三十卷　(宋)釋道原撰　清刻本　四冊　存十二卷(四至六、十至十五、十九至二十一)

370000－1502－0004947　jnt10037

景德傳燈録三十卷　(宋)釋道原撰　清刻本　四冊　存八卷(十五至十六、十九至二十、二十五至二十八)

370000－1502－0004948　jnt10040

因明入正理論疏卷八卷　(唐)釋窺基撰　清光緒二十二年(1896)金陵刻經處刻本　二冊

370000－1502－0004949　jnt10041

四念處四卷　(隋)釋智者大師説　(□)釋灌頂記　清光緒三年(1877)江北刻經處刻本　一冊

370000－1502－0004950　jnt10042

略釋新華嚴經修行次第決疑論四卷　(唐)李通玄撰　清同治九年(1870)如皋刻經處刻本　二冊

370000－1502－0004951　jnt10050

吕祖全書六十四卷　(清)邵志琳增輯　清武林王世陛刻本　七冊　存十四卷(一至十四)

370000－1502－0004952　jnt10051

卜筮正宗十四卷　(清)王維德輯　清善成堂刻本　二冊　存十卷(一至十)

370000－1502－0004953　jnt10052

佛説無量壽經二卷　(三國魏)釋康僧鎧譯　清同治十三年(1874)金陵刻經處刻本　一冊

370000－1502－0004954　jnt10053

指玄篇一十六首不分卷　(唐)吕洞賓撰　(唐)滄海老人注　清刻本　一冊

370000－1502－0004955　jnt10054

閲藏知津　(明)釋智旭彙輯　清光緒十八年(1892)金陵刻經處刻本　九冊　存四十三卷(一至二十、二十六至四十四,總目四卷)

370000－1502－0004956　jnt10055

勝鬘師子吼一乘大方便方廣經一卷　(南朝宋)釋求那跋陀羅譯　清光緒二十二年(1896)金陵刻經處刻本　一冊

370000－1502－0004957　jnt10056

佛説觀無量壽佛經疏四卷　(唐)釋善道集記　清光緒二年(1876)金陵刻經處刻本　二冊

370000－1502－0004958　jnt10058

佛説觀普賢菩薩行法經不分卷　(南朝宋)曇摩蜜多譯　**無量壽經不分卷**　(南朝齊)曇摩伽陀耶舍第二譯　清光緒七年(1881)金陵刻經處刻本　一冊

370000－1502－0004959　jnt10059

肇論略注六卷　(明)釋德清述　清光緒十四年(1888)金陵刻經處刻本　二冊

370000－1502－0004960　jnt10060

肇論略注六卷　(明)釋德清述　清光緒十四年(1888)金陵刻經處刻本　二冊

370000－1502－0004961　jnt10061

大方廣圓覺經大疏十六卷　(唐)釋宗密述　清宣統元年(1909)金陵刻經處刻本　四冊

370000－1502－0004962　jnt10062

六度集經八卷　(三國吳)釋康僧會譯　清光緒五年(1879)金陵刻經處刻本　二冊

370000－1502－0004963　jnt10064

妙法蓮華經七卷附直音一卷　(後秦)釋鳩摩羅什譯　清刻本　四冊

370000－1502－0004964　jnt10065

禪門鍛煉説一卷　(清)釋戒顯撰　清同治十一年(1872)如皋刻經處刻本　一冊

370000－1502－0004965　　jnt10066

禪門鍛煉説不分卷　（清）釋戒顯撰　清同治
十一年（1872）如皋刻經處刻本　一册

370000－1502－0004966　　jnt10067

教觀綱宗一卷教觀綱宗釋義一卷　（明）釋智
旭重述　清刻本　一册

370000－1502－0004967　　jnt10068

大乘起信論一卷　（南朝梁）釋真諦譯　清光
緒二十四年（1898）金陵刻經處刻本　一册

370000－1502－0004968　　jnt10069

大乘起信論一卷　（唐）釋實叉難陀譯　清光
緒二十四年（1898）金陵刻經處刻本　一册

370000－1502－0004969　　jnt10070

華嚴金師子章不分卷　（唐）釋法藏述　（唐）
釋淨源解　清光緒二十一年（1895）金陵刻經
處刻本　一册

370000－1502－0004970　　jnt10071

大方廣佛華嚴經吞海集三卷附法界觀披雲集
一卷　（唐）釋道通述　清光緒十六年（1890）
金陵刻經處刻本　一册

370000－1502－0004971　　jnt10072

萬善同歸集三卷　（宋）釋延壽述　清同治十
一年（1872）金陵刻經處刻本　三册

370000－1502－0004972　　jnt10073

大乘本生心地觀經八卷　（唐）釋般若等譯
清刻本　二册

370000－1502－0004973　　jnt10074

大乘止觀法門四卷附法界觀一卷　（南朝陳）
釋慧思撰　（唐）釋杜順撰　清光緒六年
（1880）長沙刻經處刻本　一册

370000－1502－0004974　　jnt10075

大佛頂如來密因修證了義諸菩薩萬行首楞嚴
經十卷　（唐）釋般刺密帝譯　清同治八年
（1869）金陵刻經處刻本　二册

370000－1502－0004975　　jnt10076

大佛頂如來密因修證了義諸菩薩萬行首愣嚴
經十卷　（唐）釋般若密帝譯　清同治八年
（1869）金陵刻經處刻本　二册

370000－1502－0004976　　jnt10077

大佛頂如來密因修證了義諸菩薩萬行首愣嚴
經十卷　（唐）釋般刺密帝譯　清同治八年
（1869）金陵刻經處刻本　二册

370000－1502－0004977　　jnt10080

大乘入楞伽經七卷　（唐）釋實叉難陀譯　清
光緒三十四年（1908）金陵刻經處刻本　二册

370000－1502－0004978　　jnt10081

御選語録十九卷　（清）世宗胤禛選　清光緒
四年（1878）金陵刻經處刻本　十四册

370000－1502－0004979　　jnt10082

大佛頂如來密因修證了義諸菩薩萬行首愣嚴
經十卷首一卷　（唐）釋般刺密帝譯　清同治
十三年（1874）金陵刻經處刻本　九册　存十
卷（經十卷）

370000－1502－0004980　　jnt10083

大般涅槃經四十卷附大般涅槃經後分二卷大
般涅槃經玄義二卷　（北涼）釋曇無讖譯　清
光緒八年（1882）金陵刻書處刻本　十二册

370000－1502－0004981　　jnt10084

大乘起信論義記七卷附大乘起信論別記一卷
　（唐）釋法藏撰　清光緒二十四年（1898）金
陵刻經處刻本　二册

370000－1502－0004982　　jnt10085

大方廣佛華嚴經疏鈔懸談二十八卷首一卷
（唐）釋澄觀撰述　清光緒三十三年（1907）金
陵刻經處刻本　八册

370000－1502－0004983　　jnt10086

釋迦譜十卷　（南朝齊）釋僧祐撰　清光緒三
十四年（1908）武昌刻本　四册

370000－1502－0004984　　jnt10088

千佛名經三卷　（宋）釋畺良耶舍譯　清光緒
元年（1875）金陵刻經處刻本　一册

370000－1502－0004985　　jnt10092

金剛般若波羅蜜經宗通九卷　（後秦）釋鳩摩
羅什譯　清光緒十一年（1885）金陵刻經處刻

本　二冊

370000 – 1502 – 0004986　jnt10095

智證傳一卷　（宋）釋覺慈編　清光緒二年
(1876)金陵刻經處刻本　一冊

370000 – 1502 – 0004987　jnt10096

梵網經菩薩戒本疏十卷　（唐）釋法藏撰
清光緒二十五年(1899)金陵刻經處刻本　二
冊

370000 – 1502 – 0004988　jnt10097

金剛經集注四卷大悲咒注像不分卷　（後秦）
釋鳩摩羅什譯　清光緒二十一年(1895)京西
蓮花寺刻本　五冊

370000 – 1502 – 0004989　jnt10099

法界安立圖三卷　（明）釋仁潮集録　清道光
四年(1824)刻本　二冊

370000 – 1502 – 0004990　jnt10103

修習止觀坐禪法要二卷附六妙法門一卷
(隋)釋智顗述　清光緒十八年(1892)金陵刻
經處刻本　一冊

370000 – 1502 – 0004991　jnt10104

修習止觀坐禪法要二卷附六妙法門一卷
(隋)釋智顗述　清光緒十八年(1892)金陵刻
經處刻本　一冊

370000 – 1502 – 0004992　jnt10105

修習止觀坐禪法要二卷附六妙法門一卷
(隋)釋智顗述　清光緒十八年(1892)金陵刻
經處刻本　一冊

370000 – 1502 – 0004993　jnt10106

禪門佛事二卷　（□）□□譯　清光緒七年
(1881)刻本　一冊

370000 – 1502 – 0004994　jnt10113

尊宗贅議不分卷附醫心議一卷　江鍾秀撰
清光緒二十八年(1902)山東書局刻本　一冊

370000 – 1502 – 0004995　jnt10116

佛説觀無量壽佛經一卷　（南朝宋）釋畺良耶
舍譯　佛説阿彌陀經一卷　（後秦）釋鳩摩羅
什譯　稱贊淨土佛攝受經一卷　（唐）玄奘譯

阿彌陀經不思議神力傳一卷拔一切業障根
本得生淨土神咒一卷　（南朝宋）釋求那跋陀
羅譯　後出阿彌陀佛偈經一卷阿彌陀鼓音聲
王陀羅尼經一卷觀世音菩薩得大勢菩薩受記
經一卷　（南朝宋）釋曇無竭譯　無量壽經優
波提舍一卷　（北魏）菩提留支譯　佛説阿彌
陀經疏一卷　（唐）釋元曉述　清光緒七年
(1881)金陵刻經處刻本　一冊

370000 – 1502 – 0004996　jnt10118

念佛切要一卷　（清）陳熙願纂述　清同治八
年(1869)刻本　一冊

370000 – 1502 – 0004997　jnt10121

文昌化書不分卷　（晋）張亞子撰　清光緒三
十四年(1908)仁術堂刻本　一冊

370000 – 1502 – 0004998　jnt10126

大佛頂經序指味疏不分卷　（清）釋林天如撰
序　清光緒二十八年(1902)刻本　一冊

370000 – 1502 – 0004999　jnt10128

陰隲文像注四卷　（清）吳銓校　清道光四年
(1824)刻本　四冊

370000 – 1502 – 0005000　jnt10131

崑陽子龍門心法二卷　（清）王常月傳　清宣
統元年(1909)白雲觀刻本　一冊　存一卷
(上)

370000 – 1502 – 0005001　jnt10134

慈悲道場懺法傳十卷　（南朝梁）蕭衍輯　清
光緒十五年(1889)金陵刻經處刻本　三冊

370000 – 1502 – 0005002　jnt10135

大方廣佛華嚴經普賢行願品別行疏鈔十五卷
　（唐）釋宗密隨疏鈔　清光緒三十二年
(1906)金陵刻經處刻本　五冊

370000 – 1502 – 0005003　jnt10136

維摩詰所説經注八卷　（後秦）釋鳩摩羅什譯
　（後秦）釋僧肇注　清光緒十三年(1887)金
陵刻經處刻本　二冊

370000 – 1502 – 0005004　jnt10137

地藏菩薩本願經三卷　（唐）釋實叉難陀譯

清光緒三十年(1904)金陵刻經處刻本　一冊

370000－1502－0005005　jnt10142

佛本行經七卷　(宋)釋寶雲譯　清宣統三年(1911)江北磚橋刻經處刻本　二冊

370000－1502－0005006　jnt10143

徑中徑又徑徵義三卷　(清)張師誠輯　(清)徐槐廷徵義　清同治七年(1868)刻本　一冊

370000－1502－0005007　jnt10144

仙佛合宗語錄不分卷　(明)伍守陽撰　(明)伍守虛校注　清刻道藏輯要本　一冊　存一冊(畢集一)

370000－1502－0005008　jnt10145

關聖帝君萬應靈籤二卷　(明)張九法撰　清道光十年(1830)北京富文堂刻本　一冊　存一卷(上)

370000－1502－0005009　jnt10151

儒釋道平心論二卷　(元)劉謐撰　清同治二年(1863)法藏寺經房刻本　一冊

370000－1502－0005010　jnt10156

正法華經十卷　(晋)釋竺法護譯　清宣統元年(1909)常州天寕寺刻本　四冊

370000－1502－0005011　jnt10158

淨土警語一卷起一心精進念佛七期規式一卷　(清)釋行策定　清光緒六年(1880)常熟刻經處刻本　一冊

370000－1502－0005012　jnt10159

佛說阿彌陀經二卷　(三國吳)釋支謙譯　清光緒五年(1879)常熟刻經處刻本　一冊

370000－1502－0005013　jnt10160

善住意天子所問經三卷　(北魏)釋毗目智仙等譯　清光緒六年(1880)常熟刻經處刻本　一冊

370000－1502－0005014　jnt10162

顯揚聖教論二十卷　(唐)釋玄奘譯　清宣統元年(1909)揚州藏經院刻本　四冊

370000－1502－0005015　jnt10163

大方廣佛華嚴經入不思議解脫境界普賢行願品不分卷　(唐)釋般若譯　清金陵刻經處刻本　一冊

370000－1502－0005016　jnt10163

金光明經四卷　(北涼)釋曇無讖譯　清同治十年(1871)金陵刻經處刻本　一冊

370000－1502－0005017　jnt10163

大方廣圓覺修多羅了義經二卷　(唐)釋佛陀多羅譯　清同治八年(1869)金陵刻經處刻本　一冊

370000－1502－0005018　jnt10163

佛說七俱胝佛母准提大明陀羅尼經觀行法附一卷　(唐)金剛智譯　千手千眼觀世音菩薩廣大圓滿無礙大悲心陀羅尼經一卷　(唐)伽梵達摩譯　佛頂尊勝陀羅尼經一卷　(唐)波利譯　穢蹟金剛說神通大滿陀羅尼法術靈要門經一卷　(唐)無能勝譯　清光緒八年(1882)金陵刻經處刻本　一冊

370000－1502－0005019　jnt10163

佛教初學課本不分卷　(清)楊文會撰并注　清光緒三十二年(1906)金陵刻經處刻本　一冊

370000－1502－0005020　jnt10163

寶藏論不分卷　(後秦)釋僧肇撰　清光緒二十三年(1897)金陵刻經處刻本　一冊

370000－1502－0005021　jnt10163

性相通說不分卷　(明)釋德清撰　清同治十二年(1873)金陵刻經處刻本　一冊

370000－1502－0005022　jnt10163

唐大薦福寺故寺主翻經大德法藏和尚傳不分卷　(唐)崔致遠撰　清光緒二十三年(1897)金陵刻經處刻本　一冊

370000－1502－0005023　jnt10163

地藏菩薩本願經三卷　(唐)釋實叉難陀譯　清光緒三十年(1904)金陵刻經處刻本　一冊

370000－1502－0005024　jnt10163

佛說觀無量壽佛經一卷　(南朝宋)釋畺良耶舍譯　佛說阿彌陀經一卷　(後秦)釋鳩摩羅

什譯　稱贊淨土佛攝受經一卷　（唐）玄奘譯
阿彌陀經不思議神力傳一卷拔一切業障根
本得生淨土神咒一卷　（南朝宋）釋求那跋陀
羅譯　後出阿彌陀佛偈經一卷阿彌陀鼓音聲
王陀羅尼經一卷觀世音菩薩得大勢菩薩受記
經一卷　（南朝宋）釋曇無竭譯　無量壽經優
波提舍一卷　（北魏）菩提留支譯　佛説阿彌
陀經疏一卷　（唐）釋元曉述　清光緒七年
（1881）金陵刻經處刻本　一册

370000－1502－0005025　jnt10163
妙法蓮華經七卷　（後秦）釋鳩摩羅什譯　清
同治十年（1871）金陵刻經處刻本　三册

370000－1502－0005026　jnt10163
靈峰蕅益大師梵室偶談一卷徹悟禪師語録二
卷　（明）釋蕅益大師談　（明）了亮等集　清
同治十年（1871）金陵刻經處刻本　一册

370000－1502－0005027　jnt10163
慈悲梁皇寶懺十卷　（南朝梁）梁武帝集　清
光緒十五年（1889）金陵刻經處刻本　三册

370000－1502－0005028　jnt10163
相宗八要直解八卷　（明）釋智旭集解　清同
治九年（1870）金陵刻經處刻本　二册

370000－1502－0005029　jnt10163
維摩詰所説經注八卷　（後秦）釋鳩摩羅什譯
（後秦）釋僧肇注　清光緒十三年（1887）金
陵刻經處刻本　二册

370000－1502－0005030　jnt10163
修習止觀坐禪法要二卷附六妙法門一卷
（隋）釋智顗述　（隋）智者大師述　清光緒十
八年（1892）金陵刻經處刻本　一册

370000－1502－0005031　jnt10163
佛説四十二章經解一卷佛遺教經略解一卷八大
人覺經略解一卷　（明）釋蕅益智旭著　清光
緒十一年（1885）金陵刻經處刻本　一册

370000－1502－0005032　jnt10163
觀楞伽阿跋多羅寶經記十八卷首一卷　（宋）
釋求那跋陀羅譯　（明）釋德清記　清光緒三
十一年（1905）金陵刻經處刻本　四册　存十

二卷（一至十二）

370000－1502－0005033　jnt10163
阿彌陀經一卷　（□）□□譯　清光緒十五年
（1889）金陵刻經處刻本　一册

370000－1502－0005034　jnt10163
唯心訣一卷定慧相資歌一卷　（明）釋永明著
高麗國普照禪師修心訣一卷　（元）釋知訥
撰　清同治九年（1870）如皋刻經處刻本　一
册

370000－1502－0005035　jnt10163
妙法蓮華經通義二十卷　（明）釋德清述　清
光緒三十四年（1908）金陵刻經處刻本　五册

370000－1502－0005036　jnt10163
仁王護國般若波羅密多經二卷　（唐）智不空
譯　清同治九年（1870）金陵刻經處刻本　一
册

370000－1502－0005037　jnt10163
佛説無量壽經義疏六卷　（隋）釋慧遠撰疏
清光緒二十年（1894）金陵刻經處刻本　二册

370000－1502－0005038　jnt10163
大方廣圓覺修多羅了義經近釋六卷　（明）釋
通潤述　清光緒十二年（1886）金陵刻經處刻
本　一册　存三卷（四至六）

370000－1502－0005039　jnt10163
無量壽如來會二卷佛説大乘無量壽莊嚴經一
卷　（唐）釋菩提流志譯　（宋）釋法賢譯　清
光緒十年（1884）金陵刻經處刻本　一册

370000－1502－0005040　jnt10163
選佛譜六卷　（明）釋智旭撰　清光緒十七年
（1891）金陵刻經處刻本　二册

370000－1502－0005041　jnt10163
法華經安樂行義一卷　（南朝陳）釋慧思撰
法華龍女成佛權實義一卷　（宋）釋源清撰
清光緒二十三年（1897）金陵刻經處刻本　一
册

370000－1502－0005042　jnt10163
大方廣圓覺修多羅了義經二卷　（唐）釋佛陀

239

多羅譯　清同治八年（1869）金陵刻經處刻本
　一册

370000－1502－0005043　jnt10163

高峰大師語録一卷　（□）參學門人編　清光
緒十五年（1889）金陵刻經處刻本　一册

370000－1502－0005044　jnt10163

淨土資糧全集六卷前集一卷後集一卷　（明）
釋袾宏校正　（明）莊廣還輯　清金陵刻經處
刻本　二册　存五卷（一至四、前集一卷）

370000－1502－0005045　jnt10163

思益梵天所問經四卷　（後秦）釋鳩摩羅什譯
　清光緒五年（1879）金陵刻經處刻本　一册

370000－1502－0005046　jnt10163

大乘起信論不分卷　（南朝梁）釋真諦譯　清
光緒二十四年（1898）金陵刻經處刻本　一册

370000－1502－0005047　jnt10163

大乘起信論不分卷　（唐）釋難陀譯　清光緒
二十四年（1898）金陵刻經處刻本　一册

370000－1502－0005048　jnt10163

顯密圓通乘佛心要集二卷　（唐）釋道啟集
清同治十一年（1872）金陵刻經處刻本　一册

370000－1502－0005049　jnt10163

菩薩戒本經一卷菩薩戒本經箋要一卷　（北
涼）釋曇無讖譯　（明）釋智旭箋　清光緒六
年（1880）金陵刻經處刻本　一册

370000－1502－0005050　jnt10163

佛説阿彌陀經要解不分卷　（後秦）釋鳩摩羅
什譯　清光緒十一年（1885）金陵刻經處刻本
　一册

370000－1502－0005051　jnt10163

佛説阿彌陀經二卷　（三國吴）支謙譯　佛説
無量壽經二卷　（三國魏）康僧鎧譯　清同治
十三年（1874）金陵刻經處刻本　一册

370000－1502－0005052　jnt10163

大方廣圓覺修多羅了義經近釋六卷　（明）釋
通潤述　清光緒十二年（1886）金陵刻經處刻
本　二册

370000－1502－0005053　jnt10163

大佛頂如來密因修證了義諸菩薩萬行首楞嚴
經通義□□卷　（明）釋德清述　清金陵刻經
處刻本　四册　存七卷（一至七）

370000－1502－0005054　jnt10163

老子道德經解二卷觀老莊影響論一卷老子傳
一卷　（明）釋德清撰　清光緒十二年（1886）
金陵刻經處刻本　二册

370000－1502－0005055　jnt10163

筠州藥山斷際禪師傳心法要二卷　（唐）裴休
集并序　清光緒十年（1884）金陵刻經處刻本
　一册

370000－1502－0005056　jnt10163

大乘起信論直解二卷　（明）釋德清著　清光
緒十六年（1890）金陵刻經處刻本　一册

370000－1502－0005057　jnt10163

大乘理趣六波羅密多經十卷　（唐）釋般若譯
　清光緒十九年（1893）金陵刻經處刻本　二
册

370000－1502－0005058　jnt10163

佛説無量清靜平等覺經三卷　（漢）釋支婁迦
讖譯　清同治十年（1871）金陵刻經處刻本
一册

370000－1502－0005059　jnt10163

無量義經一卷佛説觀普賢菩薩行法經一卷
（南朝齊）釋曇摩伽陀耶舍譯　（南朝宋）釋曇
摩蜜多譯　清光緒七年（1881）金陵刻經處刻
本　一册

370000－1502－0005060　jnt10163

無隱禪師略録一卷　（清）普願居士集校　清
光緒十六年（1890）金陵刻經處刻本　一册

370000－1502－0005061　jnt10163

金剛般若波羅蜜經破空論不分卷　（後秦）釋
鳩摩羅什譯　清同治十年（1871）如皋刻經處
刻本　一册

370000－1502－0005062　jnt10163

諸佛要集經二卷佛説菩薩投身飼餓虎起塔因

緣經一卷不思議光菩薩所説經一卷　（晋）釋竺法護譯　（北涼）釋法盛譯　（後秦）釋鳩摩羅什譯　清光緒二十一年(1895)金陵刻經處刻本　一册

370000－1502－0005063　jnt10169
大乘止觀法門釋要六卷　（明）釋智旭述　清光緒二十二年(1896)刻本　二册

370000－1502－0005064　jnt10174
雲棲淨土彙語　（明）釋袾宏著并釋　清刻本　一函　存二卷(十三至十四)

370000－1502－0005065　jnt10175
玉皇寶訓注解不分卷　（□）韓文公注　清光緒二十年(1894)山東興善堂刻本　一册

370000－1502－0005066　jnt10176
瑜伽燄口施食要集不分卷　（□）定庵基删輯　清光緒三十四年(1908)刻本　一册

370000－1502－0005067　jnt10182
聖論廣訓衍説二卷　（清）仁宗顒琰撰　清光緒二十一年(1895)山東書局刻本　一册

370000－1502－0005068　jnt10185
仙佛合宗語録不分卷　（明）伍守陽撰　清末善成堂刻本　一册

370000－1502－0005069　jnt10186
仙佛合宗語録不分卷　（明）伍守陽撰　清宣統二年(1910)善成堂刻本　一册

370000－1502－0005070　jnt10187
天仙正理直論增注不分卷　（明）伍守陽撰并注　清善成堂刻本　一册

370000－1502－0005071　jnt10188
天仙正理直論增注不分卷　（明）伍守陽撰并注　清善成堂刻本　一册

370000－1502－0005072　jnt10189
天仙正理直論增注不分卷　（明）伍守陽撰并注　清善成堂刻本　一册

370000－1502－0005073　jnt10192
太上清靜真經一卷　（清）柏錦林書　清光緒二十七年(1901)刻本　一册

370000－1502－0005074　jnt10194
澹靜齋文鈔八卷　（清）龔景瀚撰　清刻本四册　存七卷(二至八)

370000－1502－0005075　jnt10195
玉曆鈔傳不分卷　（清）□□撰　清光緒三十三年(1907)刻本　一册

370000－1502－0005076　jnt10196
玉曆鈔傳不分卷附經驗良方一卷　（清）□□撰　清刻本　一册

370000－1502－0005077　jnt10197
爲霖和尚靈石俱胝禪寺語録一卷　（□）記室大光録　清刻本　一册

370000－1502－0005078　jnt10200
椒生隨筆八卷　（清）王之春撰　清刻本　三册　存六卷(三至八)

370000－1502－0005079　jnt10201
玉皇心印妙經真解不分卷　（清）覺真子注　清咸豐三年(1853)刻本　一册

370000－1502－0005080　jnt10202
不可録不分卷　（清）陳海曙撰　清嘉慶十五年(1810)刻本　一册

370000－1502－0005081　jnt10203
不可録不分卷　（清）陳海曙撰　清咸豐六年(1856)刻本　一册

370000－1502－0005082　jnt10219
見在龕雜作存稿七卷見在龕雜作附稿二卷（清）濮文暹撰　清宣統三年(1911)山東藝文局刻本　三册　缺二卷(存稿三至四)

370000－1502－0005083　jnt10220
憨山大師蘿游摘要二卷附東游集法語三則（明）釋福善日録　清光緒二十五年(1899)古杭海潮寺刻本　一册

370000－1502－0005084　jnt10222
慶祝表文不分卷　（□）□□撰　清光緒九年(1883)松鶴山房刻本　一册

370000－1502－0005085　jnt10223
慶祝表文不分卷　（□）□□撰　清光緒九年

(1883)松鶴山房刻本　一册

370000－1502－0005086　jnt10224
慶祝表文不分卷　（□）□□撰　清光緒九年
(1883)松鶴山房刻本　一册

370000－1502－0005087　jnt10225
慶祝表文不分卷　（□）□□撰　清光緒九年
(1883)松鶴山房刻本　一册

370000－1502－0005088　jnt10226
慶祝表文不分卷　（□）□□撰　清光緒三十
三年(1907)刻本　一册

370000－1502－0005089　jnt10229
化世歸善六卷　（□）□□撰　清宣統二年
(1910)刻本　二册　存五卷(一至五)

370000－1502－0005090　jnt10233
**文昌帝君陰隲文詩一卷朱柏盧治家格言詩一
卷**　（清）蔡鋠耕撰　清光緒二十年(1894)山
東書局刻本　一册

370000－1502－0005091　jnt10234
佛説梵網經直解二卷　（後秦）釋鳩摩羅什撰
（明）釋寂光直解　清刻本　三册　缺一卷
(上之一)

370000－1502－0005092　jnt10235
妙法蓮華經七卷附諸經集要不分卷　（後秦）
釋鳩摩羅什撰　清宣統三年(1911)朝陽孟静
安刻本　五册

370000－1502－0005093　jnt10236
大般涅槃經四十二卷　（北涼）釋曇無讖譯
清同治八年(1869)刻本　十册

370000－1502－0005094　jnt10237
大智度論一百卷　（後秦）釋鳩摩羅什撰　清
末蘇州謝文齋刻本　十二册　存四十八卷
(五十三至一百)

370000－1502－0005095　jnt10238
大乘起信論疏二卷首一卷　（唐）釋法藏述
清光緒三年(1877)長沙刻經處刻本　二册

370000－1502－0005096　jnt10241
法苑珠林一百卷　（唐）釋道世撰　清宣統二

年(1910)天寧寺刻本　十二册　存四十六卷
(四十六至五十四、六十四至七十七、七十八
到至一百)

370000－1502－0005097　jnt10242
解迷顯智成悲十明論一卷　（唐）李通玄撰
清同治八年(1869)如皋刻經處刻本　一册

370000－1502－0005098　jnt10243
華嚴金師子章一卷　（唐）釋法藏述　（唐）釋
淨源解　清同治九年(1870)如皋刻經處刻本
　一册

370000－1502－0005099　jnt10245
禪林僧寶傳三十卷續補一卷附臨濟宗旨一卷
（宋）釋惠洪撰　清道光六年(1826)常熟刻
經處刻本　三册

370000－1502－0005100　jnt10248
翻譯名義集二十卷　（宋）釋法雲編　清末刻
本　二册　存六卷(一至六)

370000－1502－0005101　jnt10251
妙色四輩天王經不分卷　（唐）釋義淨等譯
清宣統三年(1911)刻本　一册

370000－1502－0005102　jnt10252
蓮修必讀不分卷　（清）釋觀如録　清光緒十
二年(1886)揚州藏經院刻本　一册

370000－1502－0005103　jnt10253
靈峰蕅益大師選定淨土十要十卷　（明）釋蕅
益大師選定　清光緒二十年(1894)廣陵藏經
禪院刻本　四册

370000－1502－0005104　jnt10253
靈峰蕅益大師選定淨土十要十卷　（明）釋蕅
益大師選定　清光緒二十年(1894)廣陵藏經
禪院刻本　四册

370000－1502－0005105　jnt10254
靈峰蕅益大師選定淨土十要十卷　（明）釋蕅
益大師選定　清光緒二十年(1894)廣陵藏經
禪院刻本　四册

370000－1502－0005106　jnt10258
永嘉禪宗集注三卷　（明）釋傳燈重編并注

清光緒二十二年(1896)李培楨捐資刻本　一
册

370000－1502－0005107　jnt10260

大般涅槃經四十卷　（北涼）釋曇無讖譯　大
般涅槃經後分二卷　（唐）釋若那跋陀羅等譯
　清末刻本　十一册

370000－1502－0005108　jnt10261

敬信錄不分卷　（清）丁桐增訂　清末文陞齋
刻本　一册

370000－1502－0005109　jnt10262

增訂敬信錄不分卷　（清）丁桐增訂　清道光
二十三年(1843)刻本　一册

370000－1502－0005110　jnt10264

式古編五卷　（清）莊瑤輯　清道光十八年
(1838)留有餘齋刻本　二册

370000－1502－0005111　jnt10275

雲棲法匯八卷　（明）釋袾宏撰　清光緒二十
五年(1899)金陵刻經處刻本　四册

370000－1502－0005112　jnt10281

廣野歸原寶筏一卷　（□）廣野老人　清光緒
二十九年(1903)靈陽子刻本　一册

370000－1502－0005113　jnt10286

東廚司令竈君靈籤一卷　（清）胡聯如繪像
清如皋穆文秀齋刻字鋪刻本　一册

370000－1502－0005114　jnt10287

大悲咒注像不分卷　（清）釋真慈敬書　清光
緒二十一年(1895)蓮華寺刻本　一册

370000－1502－0005115　jnt10292

柳真君勸孝歌一卷　（清）柳宏教撰　清咸豐
二年(1852)海源閣刻本　一册

370000－1502－0005116　jnt10293

如響錄一卷　（□）善修子增訂重校　清光緒
三十三年(1907)刻本　一册

370000－1502－0005117　jnt10296

重訂教乘法數十二卷　（清）世宗胤禛製　清
光緒四年(1878)刻本　四册　存八卷(一至
八)

370000－1502－0005118　jnt10305

紀慎齋先生求雨文記一卷大雲輪請雨經一卷
重刻木郎祈雨咒一卷　（清）紀大奎撰　清光
緒三十年(1904)歷城刻本　一册

370000－1502－0005119　jnt10306

集義編不分卷　（清）李廷槐輯　清道光十四
年(1834)刻本　一册

370000－1502－0005120　jnt10307

參同契經文直指三卷參同契直指注箋三卷參
同直指三相類二卷　（漢）魏伯陽撰　（清）劉
一明解　清嘉慶二十五年(1820)刻本　二册

370000－1502－0005121　jnt10308

修真指南一卷　（□）□□撰　清咸豐十年
(1860)刻本　一册

370000－1502－0005122　jnt10309

修真指南一卷　（□）□□撰　清咸豐十年
(1860)刻本　一册

370000－1502－0005123　jnt10310

修真指南一卷　（□）□□撰　清咸豐十年
(1860)刻本　一册

370000－1502－0005124　jnt10311

修真指南一卷　（□）□□撰　清咸豐十年
(1860)刻本　一册

370000－1502－0005125　jnt10313

辟邪寶錄不分卷　（□）第一傷心人撰　清同
治九年(1870)刻本　一册

370000－1502－0005126　jnt10314

感善梯航不分卷　（宋）希夷先生(陳摶)
(宋)麻良道人合編　（清）秦遵宗注釋　清光
緒二十一年(1895)灌根書屋刻本　一册

370000－1502－0005127　jnt10318

海南一勺合編外函　（清）鶴洞子纂輯　清四
香堂刻本　五册　存二十四卷(五至十一、十
六至三十二)

370000－1502－0005128　jnt10319

悟真篇三注三卷　（宋）薛道光等撰　（元）陳
致虛注　清刻本　一册　存一卷(上)

370000 – 1502 – 0005129　　jnt10320

華嚴一乘十玄門一卷華嚴五十要問答二卷
（唐）釋智儼撰集　　清光緒二十二年（1896）金陵刻經處刻本　　一册

370000 – 1502 – 0005130　　jnt10323

興儒行教圖考一卷摘録四書玩注詳説一卷御製百家姓一卷聖教治世明心易學正本清源經一卷　　（清）徐蘭畦撰　清同治十二年（1873）刻本　　一册

370000 – 1502 – 0005131　　jnt10324

新鑴七真天仙傳四卷　　（清）海源子校證　　清禮義堂刻本　　三册　　缺一卷（三）

370000 – 1502 – 0005132　　jnt10325

文殊師利菩薩問菩提經論二卷　　（北魏）釋菩提流支譯　　**金剛般若波羅密經破取著不壞假名論二卷**　　（唐）釋地婆呵羅譯　清宣統三年（1911）天寧寺刻本　　一册

370000 – 1502 – 0005133　　jnt10328

壽世格言不分卷　　（清）孟浩編　清同治七年（1868）刻本　　一册

370000 – 1502 – 0005134　　jnt10332

佛説四分戒本一卷　　（唐）釋道宣删定　　清刻本　　一册

370000 – 1502 – 0005135　　jnt10334

返性圖輯要寶録二卷　　（清）洗心覺民校訂　清光緒二年（1876）廣州城内西湖街酌雅齋刻本　　一册

370000 – 1502 – 0005136　　jnt10336

信札不分卷　　（□）□□輯　清手寫本　　十册

370000 – 1502 – 0005137　　jnt10341

華陽金仙證論二十卷　　（清）柳華陽撰　　清善成堂刻本　　一册

370000 – 1502 – 0005138　　jnt10343

古佛應驗名聖經三卷附經驗良方一卷　　（清）胡印田注釋　清同治八年（1869）篆雲齋刻字鋪刻本　　一册

370000 – 1502 – 0005139　　jnt10345

救生船四卷　　（□）□□輯　　清光緒九年（1883）山東公善堂刻本　　四册

370000 – 1502 – 0005140　　jnt10354

昇仙寶録四卷　　（□）正陽孚佑撰　清光緒三十年（1904）刻本　　四册

370000 – 1502 – 0005141　　jnt10358

覺世正宗省心經十卷　　（清）曹鵬齡校定　清光緒五年（1879）刻本　　十册

370000 – 1502 – 0005142　　jnt10359

高僧傳九十一卷　　（南朝梁）釋慧皎撰　　**二集**　（唐）釋道宣撰　　**三集**　（宋）釋贊寧等撰　　**四集**　　（明）釋如惺撰　清光緒刻本　　七册　　存二十七卷（初集四至七、十二至十五，二集五至八、三十三至四十，三集一至四，四集四至六）

370000 – 1502 – 0005143　　jnt10360

大乘入楞伽經七卷　　（唐）釋實叉難陀譯　　清光緒三十四年（1908）金陵刻經處刻本　　二册

370000 – 1502 – 0005144　　jnt10364

大佛頂如來密因修證了義諸菩薩萬行首楞嚴經直指十卷　　（唐）釋般刺密諦譯　　清福緣蓮社刻本　　四册　　存八卷（二（缺頁）至三、五至十）

370000 – 1502 – 0005145　　jnt10366

楞嚴經勢至念佛圓通章疏鈔二卷首一卷　（唐）釋般刺密諦譯　　清末刻本　　一册

370000 – 1502 – 0005146　　jnt10367

大慈恩寺三藏法師傳三卷　　（唐）釋彦悰箋　清末刻本　　一册

370000 – 1502 – 0005147　　jnt10368

佛祖心髓二卷　　（清）釋達如輯　清光緒十七年（1891）刻本　　一册　　存一卷（下）

370000 – 1502 – 0005148　　jnt10369

佛説梵網經二卷　　（後秦）釋鳩摩羅什譯　　清末刻本　　一册

370000 – 1502 – 0005149　　jnt10370

大佛頂如來密因修證了義諸菩薩萬行首楞嚴

經玄義二卷　（明）釋智旭撰述　清末刻本　一冊

370000 – 1502 – 0005150　jnt10371
神僧傳九卷　（明）朱棣撰　清刻本　一冊　存三卷（一至三）

370000 – 1502 – 0005151　jnt10375
佛頂光明摩訶薩怛多般怛囉無上神咒不分卷　（清）釋續法集　清末上海寶山路口佛學書局刻本　一冊

370000 – 1502 – 0005152　jnt10376
禪門佛事二卷　（□）□□撰　清同治八年（1869）刻本　一冊

370000 – 1502 – 0005153　jnt10377
玉谿生詩詳注三卷　（清）馮浩編訂　清刻本　一冊　存一卷（一）

370000 – 1502 – 0005154　jnt10378
太乙數統宗大全四十卷　（元）曉山老人撰　清刻本　十冊　存十三卷（二十二至二十六、二十八至二十九、三十四至三十六、三十八至四十）

370000 – 1502 – 0005155　jnt10380
比丘尼傳四卷　（晋）釋寶唱撰　清光緒十一年（1885）金陵刻經處刻本　一冊

370000 – 1502 – 0005156　jnt10381
大方廣圓覺修多羅了義經二卷　（唐）釋佛陀多羅譯　清同治八年（1869）金陵刻經處刻本　一冊

370000 – 1502 – 0005157　jnt10382
選佛譜六卷　（明）釋智旭撰　清光緒十七年（1891）金陵刻經處刻本　一冊

370000 – 1502 – 0005158　jnt10383
永嘉真覺大師證道歌不分卷　（元）釋宏德禪師注頌　（元）德弘編　清光緒三十四年（1908）金陵刻經處刻本　一冊

370000 – 1502 – 0005159　jnt10389
乾隆辛卯科策對一卷乾隆壬辰科策對一卷乾隆乙未科策對一卷　（清）黃軒等撰　清刻本

一冊

370000 – 1502 – 0005160　jnt10390
仙佛合宗語録一卷　（明）伍守陽撰　清書業德刻本　一冊

370000 – 1502 – 0005161　jnt10390
祖師元要篇一卷　（明）張三豐編輯　清傲雪山房刻本　一冊

370000 – 1502 – 0005162　jnt10390
萬壽仙書　（清）若水甫手輯　清刻本　三冊　存三卷（二至四）

370000 – 1502 – 0005163　jnt10394
道書十二種　（清）劉一明撰注　清嘉慶二十二年至光緒二年（1817 – 1876）刻本　十二冊　存二十七卷（周易闡真四卷首一卷、孔易闡真二卷、陰符經一卷、通關文二卷、象言破疑二卷、參同契經文直指三卷、悟真直指四卷、參同契直指箋注二卷、會心内集二卷、會心外集二卷、參同契直指三相類二卷）

370000 – 1502 – 0005164　jnt10395
濟一子編道書七種　（清）傅金銓釋　清師慎堂刻本　七冊　存二十一卷（新鐫道書五篇注四至八、新鐫道書度人梯經一至八、性天正鵠一卷、自題所畫一卷、道書杯溪録一至三、心學一至三）

370000 – 1502 – 0005165　jnt10396
道德真經注四卷　（元）吳澄述　清刻本　一冊　存二卷（三至四）

370000 – 1502 – 0005166　jnt10398
會試硃卷（道光庚戌科）一卷　（清）鄒石麟撰　清刻本　一冊

370000 – 1502 – 0005167　jnt10399
順天鄉試硃卷（同治癸酉科）不分卷　（清）劉廷枚閱　清刻本　一冊

370000 – 1502 – 0005168　jnt10400
山東鄉試第伍房同門姓氏咸豐戊午科不分卷　（清）汪昉閱　清刻本　一冊

370000 – 1502 – 0005169　jnt10402

汪龍莊先生遺書十四卷 （清）汪輝祖纂 清光緒十二年(1886)山東書局刻本 五册 存十三卷(學治臆説二卷續一卷、學治説贅一卷、病榻夢痕録二卷、夢痕録餘一卷、雙節堂庸訓六卷)

370000－1502－0005170 jnt10405

淨土聖賢録十卷 （清）彭希涑述 清刻本 二册

370000－1502－0005171 jnt10407

新刊合并官板音義評注淵海子平五卷 （宋）徐升編 （明）楊淙增校 清書業德刻本 二册

370000－1502－0005172 jnt10409

四分戒本二卷 （唐）釋懷素集出 清刻本 一册

370000－1502－0005173 jnt10412

養真集二卷 （清）王士瑞注 清光緒三十二年(1906)刻本 一册

370000－1502－0005174 jnt10414

全體大用一卷 （清）樂安居士集 清同治元年(1862)積福堂刻本 一册

370000－1502－0005175 jnt10415

全體大用一卷 （清）樂安居士集 清同治元年(1862)積福堂刻本 一册

370000－1502－0005176 jnt10416

金石要言不分卷 （□）玉山老人講 清光緒十五年(1889)乾元堂刻本 一册

370000－1502－0005177 jnt10417

化學鑑原化學鑑原補編 （英國）韋而司撰 （英國）傅蘭雅口譯 （清）徐壽筆述 清刻本 六册 存七卷(原編一至三,補編一、三至五)

370000－1502－0005178 jnt10419

妙法蓮華經七卷 （後秦）釋鳩摩羅什譯 清光緒六年(1880)刻本 三册

370000－1502－0005179 jnt10420

潙山警策句釋記二卷 （明）釋在犙注 清刻本 一册

370000－1502－0005180 jnt10425

百論疏十六卷 （隋）釋吉藏疏 清刻本 二册 存十一卷(一至七、十一至十四)

370000－1502－0005181 jnt10426

樊山公牘二卷樊山批判十一卷 樊增祥撰 清刻本 六册

370000－1502－0005182 jnt10428

選擇天星秘竅不分卷 （明）甘霖纂撰 清至善堂刻本 一册

370000－1502－0005183 jnt10429

平陽全書十五卷 （清）葉泰輯 清刻本 三册 存十一卷(五至十五)

370000－1502－0005184 jnt10430

選擇揭要不分卷 （清）海澄撰 清刻本 一册

370000－1502－0005185 jnt10433

測字秘牒不分卷 （清）程省撰 清道光四年(1824)百二漢鏡齋刻本 一册

370000－1502－0005186 jnt10434

求雨止雨法不分卷 （明）吳廷舉作序 清光緒三十三年(1907)山東官印書局刻本 一册

370000－1502－0005187 jnt10439

邵夫子神數 （宋）邵雍撰 清抄本 五十五册 存三卷(二至四)

370000－1502－0005188 jnt10440

山東考古録一卷 （清）顧炎武撰 清光緒八年(1882)山東書局刻本 一册

370000－1502－0005189 jnt10440

續山東考古録三十二卷 （清）葉圭綬述 清刻本 二册 存十卷(十八至二十七)

370000－1502－0005190 jnt10443

讀法圖存四卷 （清）邵繩清繪編 清道光十六年(1836)知不足齋刻本 一册 存一卷(一)

370000－1502－0005191 jnt10445

神相全編十二卷 （宋）陳摶撰 （明）袁忠徹
訂正 清刻本 一冊 存三卷（七至九）

370000－1502－0005192 jnt10446

大六壬大全十三卷 （清）郭載騋輯 清刻本
四冊 存四卷（八至十一）

370000－1502－0005193 jnt10447

原本直指算法統十二卷首一卷 （明）程大位
撰 清刻本 四冊

370000－1502－0005194 jnt10448

性命圭旨四卷 （清）尹真人秘授 清掃葉山
房刻本 三冊

370000－1502－0005195 jnt10449

入地眼全書十卷 （宋）釋靜道撰 （清）萬樹
華編次 清刻本 四冊 存七卷（二至八）

370000－1502－0005196 jnt10450

陽齋愛衆篇 （清）張覺正撰 清刻本 三冊
存三卷（二至四）

370000－1502－0005197 jnt10451

陰陽鏡不分卷 （□）□□撰 清刻本 四冊
存四冊（七至九、十二）

370000－1502－0005198 jnt10452

文昌帝君陰隲像注四卷 （清）吳銓校 清道
光四年（1824）繼志堂李氏刻本 二冊 存二
卷（一至二）

370000－1502－0005199 jnt10457

水鏡集四卷 （清）范騋撰 清刻本 二冊
存二卷（三至四）

370000－1502－0005200 jnt10458

景岳全書發揮四卷 （清）葉桂撰 清光緒五
年（1879）吳氏醉六堂刻本 三冊 存三卷
（一至二、四）

370000－1502－0005201 jnt10459

素問靈樞類纂約注三卷 （清）汪昂輯撰 清
刻本 二冊 存二卷（上、中）

370000－1502－0005202 jnt10462

唐王燾先生外臺秘要方四十卷 （唐）王燾撰
（明）程衍道訂 清光緒二十四年（1898）上

海圖書集成印書局鉛印本 十六冊

370000－1502－0005203 jnt10463

慎疾芻言一卷 （清）徐大椿撰 清刻本 一
冊

370000－1502－0005204 jnt10465

信驗方一卷 （清）盧蔭長輯 清刻本 一冊

370000－1502－0005205 jnt10466

合鐫士材三書八卷 （清）李中梓撰 清嘉慶
九年（1804）刻本 三冊 存六卷（一至六）

370000－1502－0005206 jnt10467

桐城吳先生全書五卷 （清）吳汝綸撰 清末
刻本 一冊 存二卷（二至三）

370000－1502－0005207 jnt10468

本草綱目五十二卷附本草綱目圖三卷 （明）
李時珍編輯 清道光六年（1826）刻本 三十
九冊 缺四卷（四上、十七下、四十八、圖卷
下）

370000－1502－0005208 jnt10469

本草綱目五十二卷 （明）李時珍編輯 清刻
本 二十二冊 存三十二卷（一、三、五至七、
九、十二、十六、十八上、二十四至二十五、二
十七至三十五、三十七至四十六、四十九至五
十上）

370000－1502－0005209 jnt10471

本草綱目五十二卷首一卷附本草綱目藥品總
目一卷本草綱目圖三卷奇經八脈一卷瀕湖脈
學一卷本草萬方緘綫八卷本草綱目拾遺十卷
 （明）李時珍編輯 （清）張紹堂校刊 清光
緒十一年（1885）合肥張氏味古齋刻本 二十
九冊 缺二十五卷（本草綱目十二、三十一至
五十二，奇經八脈考一卷，瀕湖脈學一卷）

370000－1502－0005210 jnt10472

圖注八十一難經辨真四卷 （明）張世賢注
清善成堂刻本 三冊 存三卷（一、三至四）

370000－1502－0005211 jnt10474

素問靈樞類纂約注三卷 （清）汪昂輯撰 清
光緒六年（1880）刻本 三冊

370000－1502－0005212　jnt10475

本草經疏三十卷　（明）繆希雍撰　清光緒十七年(1891)池陽周氏校刻本　十二册

370000－1502－0005213　jnt10478

東醫寶鑑二十三卷　（朝鮮）許浚撰　清刻本　八册　存八卷(外形篇三,雜病篇三至七、十一,湯液篇三)

370000－1502－0005214　jnt10480

臥雲軒閒草一卷　（清）李書錦撰　清鈔稿本　一册

370000－1502－0005215　jnt10481

銀海精微二卷　（唐）孫思邈原輯　（清）周高節校正　清文盛堂刻本　一册

370000－1502－0005216　jnt10483

産寶家傳二卷　（清）倪東溟原本　（清）萬縣前輯　清刻本　一册

370000－1502－0005217　jnt10485

新刊增補萬病回春原本八卷　（明）龔廷賢編　（明）周亮登校　清嘉慶二十一年(1816)經餘堂刻本　八册

370000－1502－0005218　jnt10486

新刊增補萬病回春原本八卷　（明）龔廷賢編　清嘉慶八年(1803)經餘堂刻本　三册　存三卷(一、三、六)

370000－1502－0005219　jnt10488

傷寒證治準繩八卷　（明）王肯堂輯　清九思堂刻證治準繩六種本　六册　缺二卷(二、八)

370000－1502－0005220　jnt10488

類方準繩八卷　（明）王肯堂輯　清九思堂刻證治準繩六種本　六册　存六卷(一至四、六、八)

370000－1502－0005221　jnt10488

雜症準繩八卷　（明）王肯堂輯　清九思堂刻證治準繩六種本　四册　存四卷(五至八)

370000－1502－0005222　jnt10488

幼科證治準繩九卷　（明）王肯堂輯　清九思堂刻證治準繩六種本　五册　存四卷(一至三、五)

370000－1502－0005223　jnt10488

女科證治準繩五卷　（明）王肯堂輯　清九思堂刻本　三册　存三卷(一、四至五)

370000－1502－0005224　jnt10489

陳修園醫書全集一百零四卷　（清）陳念祖撰　清刻本　四十一册　缺十三卷(公餘時方歌括二卷、傷寒醫訣串解六卷、十藥神書一卷、潘注十藥神書一卷、急救經驗良方一卷、神授急救異痧奇方一卷、經驗百病內外症良方一卷)

370000－1502－0005225　jnt10490

御纂醫宗金鑑九十卷首一卷　（清）吳謙等奉敕撰　清刻本　五十五册　缺十五卷(一、十至十五、二十三、二十六至三十一、五十三)

370000－1502－0005226　jnt10491

御纂醫宗金鑑六十卷御纂醫宗外科金鑑十六卷御纂醫宗金鑑續編十四卷　（清）吳謙等奉敕撰　清刻本　四十册　存七十二卷(御纂醫宗金鑑一至二十三、三十八至六十,外科十六卷,續編五至十四)

370000－1502－0005227　jnt10494

御纂醫宗金鑑六十卷御纂醫宗金鑑續編十四卷　（清）吳謙等奉敕撰　清善成堂刻本　三十五册　缺一卷(五十八)

370000－1502－0005228　jnt10495

御纂醫宗金鑑六十卷外科金鑑十六卷續編十四卷　（清）吳謙等奉敕撰　清刻本　四十三册　缺五卷(五十七、續編一至四)

370000－1502－0005229　jnt10497

喉科驗方全集一卷　（清）張自友手編　清光緒三十三年(1907)文元堂刻本　一册

370000－1502－0005230　jnt10498

醫書八種　（清）徐大椿輯釋　清光緒十五年(1889)掃葉山房刻本　七册　存九卷(難經經釋上、下,醫學源流論上、下,慎病芻言不分卷,神農本草經百種錄不分卷,醫貫砭上、下,

洄溪醫案一卷)

370000－1502－0005231　jnt10502

東垣十書　(明)王肯堂訂正　清刻本　八冊
　存十卷(東垣先生此事難知集二卷、醫壘元
戎一卷、海藏癍論萃英一卷、醫經口涵集不分
卷、外科精義二卷、湯液本草三卷)

370000－1502－0005232　jnt10505

外科症治全生後集　(清)王維德撰　(清)馮
文植評　清光緒十年(1884)掃葉山房刻本
一冊　存三卷(一至三)

370000－1502－0005233　jnt10508

達生編不分卷附保嬰福幼經驗良方遂生
(清)亟齋居士撰　清同治十三年(1874)濟南
鴻文堂刻本　一冊

370000－1502－0005234　jnt10509

達生編不分卷附保嬰福幼經驗良方遂生
(清)亟齋居士撰　清同治十三年(1874)濟南
鴻文堂刻本　一冊

370000－1502－0005235　jnt10510

達生編一卷保嬰編一卷福幼編一卷遂生編一
卷經驗良方一卷　(清)亟齋居士等撰　清同
治十三年(1874)刻本　一冊

370000－1502－0005236　jnt10513

天花精言六卷　(清)袁句撰　清刻本　一冊
　存三卷(四至六)

370000－1502－0005237　jnt10514

銀海精微二卷　(唐)孫思邈原輯　(清)周高
節校正　清末刻本　一冊

370000－1502－0005238　jnt10515

寓意草不分卷　(明)喻昌撰　清刻本　一冊
　缺一冊(下)

370000－1502－0005239　jnt10516

醫方湯頭歌訣一卷附脈訣歌一卷　(清)汪昂
編輯　清刻本　一冊

370000－1502－0005240　jnt10517

脈訣歌一卷經絡圖說一卷經絡歌訣一卷醫方
湯頭歌訣一卷　(清)汪昂輯撰　清刻本　一

册

370000－1502－0005241　jnt10518

醫方湯頭歌訣一卷附經絡歌訣一卷　(清)汪
昂輯撰　清書業德刻本　一冊

370000－1502－0005242　jnt10519

醫方湯頭歌括不分卷經絡歌訣不分卷　(清)
汪昂輯撰　清刻本　一冊

370000－1502－0005243　jnt10521

讀書雜志八十二卷餘編二卷　(清)王念孫撰
　清同治九年(1870)金陵書局刻本　二十五
冊

370000－1502－0005244　jnt10522

讀書雜志八十二卷餘編二卷　(清)王念孫撰
　清同治九年(1870)金陵書局刻本　十二冊
　存四十四卷(逸周書四卷,戰國策三卷,史
記一至二、四至六,漢書一至十,淮南內篇五
至二十二補遺一卷,漢隸拾遺一卷,讀書雜志
餘編二卷)

370000－1502－0005245　jnt10523

淮南內篇讀書雜志八十二卷　(清)王念孫撰
　清同治九年(1870)金陵書局刻本　一冊
　存五卷(淮南內篇十六至二十)

370000－1502－0005246　jnt10523

讀書雜志八十二卷餘編二卷　(清)王念孫撰
　清同治九年(1870)金陵書局刻本　一冊
　存一卷(讀書雜志餘篇上)

370000－1502－0005247　jnt10523

讀書雜志八十二卷餘編二卷　(清)王念孫撰
　清同治九年(1870)金陵書局刻本　一冊
　存一卷(漢隸拾遺)

370000－1502－0005248　jnt10524

管窺輯要八十卷　(清)黃鼎纂定　清書業德
刻本　四十冊

370000－1502－0005249　jnt10525

素問釋義十卷　(清)張琦撰　清刻本　四冊
　存五卷(六至十)

370000－1502－0005250　jnt10528

詞學叢書二十三卷 （清）秦恩復撰 清享帚
精舍刻本 六册

370000－1502－0005251 jnt10529
文史通義八卷校讎通義三卷 （清）章學誠撰
清道光十三年(1833)刻本 五册

370000－1502－0005252 jnt10530
文史通義八卷校讎通義三卷 （清）章學誠撰
清道光十三年(1833)刻本 五册

370000－1502－0005253 jnt10531
醫石湯頭歌訣一卷附小兒稀痘方一卷 （清）
汪昂編輯 清怡翰齋刻本 一册

370000－1502－0005254 jnt10532
醫石湯頭歌訣一卷附小兒稀痘方一卷 （清）
汪昂編輯 清怡翰齋刻本 一册

370000－1502－0005255 jnt10533
欽定協紀辨方書三十六卷 （清）允祿等奉敕
撰 清刻本 二十四册

370000－1502－0005256 jnt10536
濟陰綱目十四卷附保生碎事不分卷 （明）武
之望輯撰 （□）汪淇箋釋 清刻本 八册

370000－1502－0005257 jnt10537
濟陰綱目十四卷附保生碎事不分卷 （明）武
之望輯撰 （□）汪淇箋釋 清刻本 八册

370000－1502－0005258 jnt10538
濟陰綱目十四卷 （明）武之望輯撰 （□）汪
淇箋釋 清刻本 七册 存十三卷(二至十
四)

370000－1502－0005259 jnt10539
時方妙用四卷 （清）陳念祖著 清刻本 四
册

370000－1502－0005260 jnt10541
外科症治全生前集三卷後集三卷 （清）王維
德撰 清光緒十年(1884)刻本 一册 存三
卷(前集三卷)

370000－1502－0005261 jnt10543
天花八陣編三卷 （清）王廷魁撰 清道光刻
本 一册 存二卷(上、中)

370000－1502－0005262 jnt10544
幼科醫學指南四卷 （清）周震撰 清刻本
二册 存二卷(一、三)

370000－1502－0005263 jnt10545
筆花醫鏡四卷 （清）江涵暾撰 清道光十四
年(1834)刻本 一册

370000－1502－0005264 jnt10546
針灸大成十卷 （清）章廷珪編 清刻本 九
册 缺二卷(一、五)

370000－1502－0005265 jnt10548
臨證指南醫案十卷 （清）葉桂編纂 清刻本
一册 存一卷(三)

370000－1502－0005266 jnt10549
醫鈔類編二十四卷 （清）翁藻編輯 清刻本
一册 存一卷(八)

370000－1502－0005267 jnt10552
仙傳白喉治法忌表抉微一卷 （清）耐修子敬
錄 清光緒十八年(1892)刻本 一册

370000－1502－0005268 jnt10553
仙傳白喉治法忌表抉微一卷 （清）耐修子敬
錄 清光緒十八年(1892)刻本 一册

370000－1502－0005269 jnt10554
仙傳白喉治法忌表抉微一卷 （清）耐修子敬
錄 清光緒十八年(1892)刻本 一册

370000－1502－0005270 jnt10555
仙傳白喉治法忌表抉微一卷 （清）耐修子敬
錄 清光緒十八年(1892)刻本 一册

370000－1502－0005271 jnt10556
洞主仙師白喉治法忌表抉微一卷 （清）耐修
子敬錄 清光緒十八年(1892)年刻本 一册

370000－1502－0005272 jnt10557
黃帝內經素問注證發微九卷 （明）馬蒔注證
清刻本 三册 存二卷(六、八)

370000－1502－0005273 jnt10558
針灸大成十卷 （清）章廷珪編 清刻本 七
册 存七卷(二至四、七至十)

370000－1502－0005274　　jnt10559

傷寒附翼二卷　（清）柯琴編　清刻本　一册　存一卷（下）

370000－1502－0005275　　jnt10560

同壽録四卷　（清）項天瑞撰　清道光十一年（1831）衛生草堂刻本　一册　存一卷（一）

370000－1502－0005276　　jnt10563

重廣補注黃帝内經素問二十四卷　（唐）王冰注　（宋）林億等校正　（宋）孫兆重改誤　清刻本　二册　存五卷（一至五）

370000－1502－0005277　　jnt10564

急救應驗良方一卷　（清）費山壽纂輯　（漢）徐幹選　清光緒十一年（1885）刻本　一册

370000－1502－0005278　　jnt10565

三指禪三卷　（清）夢覺道人撰　清咸豐十一年（1861）三讓堂刻本　二册　存二卷（一、三）

370000－1502－0005279　　jnt10567

醫方叢話八卷　（清）徐士鑾輯　清刻本　一册　存二卷（七至八）

370000－1502－0005280　　jnt10568

西醫内科全書胃腸各症三卷　（清）孔慶高譯　清光緒八年（1882）博濟醫局刻西醫内科全書本　一册

370000－1502－0005281　　jnt10572

胎産輯萃　（□）□□撰　清刻本　一册　存一卷（二）（前面缺葉）

370000－1502－0005282　　jnt10573

種福堂公選良方四卷　（清）葉桂撰　清刻本　一册　存二卷（三至四）

370000－1502－0005283　　jnt10574

痘疹大成四卷　（清）侯功震撰　清光緒二年（1876）刻本　二册　存二卷（一至二）

370000－1502－0005284　　jnt10575

疫喉淺論二卷附疫喉淺論治驗一卷　（清）夏春農撰　清刻本　三册

370000－1502－0005285　　jnt10576

疫喉淺論二卷　（清）夏春農撰　清刻本　一册　存一卷（下）

370000－1502－0005286　　jnt10577

痘疹會通四卷　（清）曾鼎撰　清刻本　一册　存二卷（卷三（不全）至四）

370000－1502－0005287　　jnt10582

仙傳名醫治白喉忌表抉微不分卷　（清）耐修子敬録　清光緒十九年（1893）刻本　一册

370000－1502－0005288　　jnt10584

詳校醫宗必讀十卷　（明）李中梓撰　清掃葉山房刻本　一册　存二卷（一至二）

370000－1502－0005289　　jnt10584

醫宗必讀五卷　（明）李中梓撰　清刻本　二册　存三卷（三至五）

370000－1502－0005290　　jnt10585

校讎通義三卷　（清）章學誠撰　清光緒四年（1878）刻本　一册

370000－1502－0005291　　jnt10586

圖注脈訣辨真四卷附脈訣附方一卷瀕湖脈學一卷奇經八脈考一卷　（晋）王叔和撰　清寶興堂刻本　三册

370000－1502－0005292　　jnt10587

東塾讀書記二十五卷　（清）陳澧撰　清刻本　五册　存十五卷（一至十三、十六、二十一）

370000－1502－0005293　　jnt10588

東塾讀書記二十五卷　（清）陳澧撰　清刻本　五册　存十三卷（一至十二、十五）

370000－1502－0005294　　jnt10589

太平御覽一千卷　（宋）李昉等奉敕撰　清刻本　二册　存十八卷（九百三十六至九百五十三）

370000－1502－0005295　　jnt10590

九曜齋筆記三卷松崖筆記三卷　（清）惠棟撰　清刻聚學軒叢書本　三册

370000－1502－0005296　　jnt10591

咫進齋叢書　（清）姚覲元輯　清光緒九年（1883）歸安姚氏刻本　二册　存七卷（孝經

疑問一、公羊問答二、姚氏藥言一、前徽録一、大雲山房十二章圖説二、大雲山房雜記二、銷毀抽燬書目一)

370000－1502－0005297　jnt10592

論學二卷大學辨業四卷　(清)李塨撰　清刻顏李叢書本　一册

370000－1502－0005298　jnt10593

顧端文公遺書　(明)顧憲成撰　清光緒三年(1877)涇里宗祠刻本　十一册　存三十五卷(經正堂商語一卷、東林商語二卷、還經録一卷、涇皋藏稿二十二卷、小心齋札記十至十八)

370000－1502－0005299　jnt10594

湖海樓叢書一百零八卷　(清)陳春編輯　清嘉慶二十四年(1819)湖海樓刻本　二十八册

370000－1502－0005300　jnt10596

秘書廿一種九十四卷　(清)汪士漢校　清文盛堂刻本　九册　存五十八卷(汲家周書十卷、博物志十卷、續博物志十卷、桂海虞衡志一卷、博異記一卷、高士傳三卷、劍俠傳四卷、楚史檮杌一卷、晋史乘一卷、竹書紀年二卷、中華古今注三卷、古今注三卷、三墳一卷、風俗通義四卷、列仙傳二卷、集異記一卷、續齊諧記一卷)

370000－1502－0005301　jnt10597

西山先生真文忠公讀書記四十卷　(宋)真德秀撰　清刻本　十八册　存三十卷(十一至四十)

370000－1502－0005302　jnt10598

義門讀書記五十八卷　(清)何焯撰　清刻本　六册　存二十六卷(後漢書一至五,四書四至六,前漢書一至六,史記下,詩經上、下,左氏春秋上、下,穀梁春秋一卷,公羊春秋一卷,三國志一至三,五代史一卷)

370000－1502－0005303　jnt10601

船山遺書不分卷　(清)王夫之撰　清道光二十八年(1848)補刻本　八册

370000－1502－0005304　jnt10602

重刊船山遺書二百八十八卷　(清)王夫之撰　清同治四年(1865)湘鄉曾氏金陵節署刻本　九册　存二十七卷(周易内傳一至二、四至六、末一卷,周易大象解一卷,周易稗疏四卷,周易考異一卷,周易外傳一至二、五至七,楚辭通釋六至十四、末一卷)

370000－1502－0005305　jnt10604

續方言二卷　(清)杭世駿撰　(清)張慎儀校補　清光緒三十一年(1905)刻本　一册

370000－1502－0005306　jnt10605

增補萬寶全書二十卷　(清)陳宏謀撰　清咸豐四年(1854)務本堂源記刻本　三册　存十五卷(一至十五)

370000－1502－0005307　jnt10606

澤雅堂詩集六卷　(清)施補華著　清刻本　一册　存三卷(四至六)

370000－1502－0005308　jnt10607

馬戲圖譜一卷　(宋)李清照撰　(明)王蘭芳增輯　清光緒十三年(1887)觀自得齋刻本　一册

370000－1502－0005309　jnt10608

畿輔叢書十一卷　(清)顏元撰　清刻本　二册

370000－1502－0005310　jnt10610

張楊園先生全集五十五卷　(清)張履祥撰　清同治十一年(1872)刻本　四册　存十八卷(言行見聞録二卷、近古録四卷、初學備忘一卷、學規一卷、訓子語二卷、答問一卷、門人所記一卷、近鑑一卷、喪祭雜説一卷、農書二卷、詩一卷、書一卷)

370000－1502－0005311　jnt10616

五種遺規十五卷　(清)陳宏謀撰　清光緒三十至三十二年(1904－1906)刻本　十一册

370000－1502－0005312　jnt10620

急就篇四卷　(唐)顏師古注　(宋)王應麟補注　清光緒六年(1880)福山王氏刻本　二册

370000－1502－0005313　jnt10622

水經注西南諸水考三卷附摹印述説不分卷
(清)陳澧撰　清道光二十七年(1847)湘鄉蔣氏刻本　一册

370000 – 1502 – 0005314　jnt10624
三通序不分卷　蔣德鈞録　清道光十年(1830)湘鄉蔣氏刻本　一册

370000 – 1502 – 0005315　jnt10631
功順堂叢書七十四卷　(清)潘祖蔭輯　清道光元年(1821)刻本　六册　存二十八卷(春秋左氏傳補注十二卷、春秋左氏傳地名補注十二卷、論語孔注辨僞二卷、爾雅補注殘本一卷、急就章一卷)

370000 – 1502 – 0005316　jnt10632
賦彙録要二十八卷附賦彙補遺録要一卷外集一卷　(清)吳光昭箋略　清刻本　十三册　存十五卷(賦彙録要六、九至十二、十四、二十二至二十八補遺一卷外集一卷)

370000 – 1502 – 0005317　jnt10633
琱玉集十五卷　(清)黎度昌輯　清遵義黎氏影印本　一册　存二卷(十二、十四)

370000 – 1502 – 0005318　jnt10634
式訓堂叢書弟二集五十三卷　(清)章碩卿輯　清光緒十二年(1886)式訓堂刻本　六册　存二十四卷(春秋夏正二卷、家語疏證六卷、平津館鑒藏記書籍三卷補遺一卷續編一卷、鐘山札記四卷、龍城札記三卷、知聖道齋讀書跋二卷、廉石居藏書記内編二卷)

370000 – 1502 – 0005319　jnt10635
新增説文韻府群玉二十卷　(元)陰時夫編輯　(元)陰中夫編注　清聚錦堂刻本　二十册

370000 – 1502 – 0005320　jnt10636
古文淵鑒六十四卷　(清)徐乾學等編注　清同治十二年(1873)浙江書局刻本　三十册　存六十一卷(一至三十四、三十八至六十四)

370000 – 1502 – 0005321　jnt10638
元遺山先生集四十卷首一卷附録一卷　(金)元好問撰　(元)張德輝輯　清道光三十年(1850)陽泉山莊刻本　八册　存二十八卷(一至二十八)

370000 – 1502 – 0005322　jnt10639
槐廬叢書第二集　(清)朱記榮輯　清光緒十二年(1886)吳縣朱氏家塾刻本　八册　存十六卷(問字堂集六卷、贈言一卷,岱南閣集二卷,平津館文稿二卷,五松園文稿一卷,嘉穀堂集一卷,吕子校補二卷續補一卷)

370000 – 1502 – 0005323　jnt10641
士禮居黃氏叢書　(清)黃丕烈輯校　清嘉慶至道光吳縣黃氏刻本　三十一册　存一百六十五卷(周禮三至十二附札記一卷、儀禮十七卷附續校一卷校録一卷、夏小正戴氏傳四卷附校録一卷、夏小正經傳集解四卷、梁公九諫一卷、國語二十一卷附札記一卷、戰國策三十三卷附札記三卷、輿地廣記三十八卷附札記二卷、汲古閣珍藏秘本書目一卷、百宋一廛賦注一卷、藏書記要一卷、焦氏易林六至十六卷、汪氏隸釋刊誤一卷、三經音義五卷、船山詩草選六卷、同人唱和詩集一卷)

370000 – 1502 – 0005324　jnt10642
淵鑑類函四百五十卷　(清)張英等撰　清刻本　五十五册　存一百七十六卷(二十三至二十六、三十至三十三、四十四至六十三、六十八至七十二、七十六至八十三、八十七至八十九、一百十二至一百三十二、一百三十八至一百四十一、一百八十一至一百九十八、二百二十至二百四十五、二百五十至二百六十、三百十二至三百三十五、三百四十三至三百四十六、三百八十至四百、四百二十九至四百三十一)

370000 – 1502 – 0005325　jnt10644
玉函山房輯佚書　(清)馬國翰輯　清光緒十五年(1889)刻本　四十七册

370000 – 1502 – 0005326　jnt10645
宋六十名家詞九十卷　(明)毛晉輯　清光緒刻本　十五册　存四十七卷(放翁詞一卷、梅溪詞一卷、白石詞一卷、石林詞一卷、樵隱詞一卷、竹山詞一卷、書舟詞一卷、坦庵詞一卷、惜香樂府十卷、夢窗乙稿一卷、友古詞一卷、石屏詞一卷、海野詞一卷、逃禪詞一卷、空同詞一卷、文溪詞一卷、介庵詞一卷、平齋詞一卷、丹陽詞一卷、克齋詞一卷、孏窟詞一卷、藚窗詞一卷、竹坡詞三卷、聖求詞一卷、審齋詞一卷、東浦詞一卷、琴趣外篇六卷、烘堂詞一卷、無住詞一卷、後山詞一卷、知稼翁詞一卷)

370000－1502－0005327　jnt10646

竹山詞一卷　(宋)蔣捷撰　勿軒長短句一卷　(宋)熊禾撰　山中白雲八卷　(宋)張炎撰　清末刻本　一冊　存四卷(竹山詞一卷、勿軒長短句一卷、山中白雲一至二)

370000－1502－0005328　jnt10647

新增説文韻府群玉　(元)陰時夫編輯　(元)陰中夫編注　清刻本　十二冊　存十二卷(二至十三)

370000－1502－0005329　jnt10648

增訂漢魏叢書九十六種四百七十五卷　(清)王謨輯　清刻本　十冊　存四十五卷(博物志十卷,桂海虞衡志一卷,續博物志十卷,博異記一卷,高士傳三卷,劍俠傳四卷,楚史檮杌一卷,晋史乘一卷,竹書紀年二卷,中華古今注三卷,三墳一卷,風俗通義四卷,列仙傳二卷,集異記一卷,續齊諧記一卷)

370000－1502－0005330　jnt10649

增訂漢魏叢書九十六種四百七十五卷　(清)王謨輯　清刻本　八冊　存三十一卷(逸周書十卷附校正補遺一卷,竹書紀年二卷,新語二卷,新書一至二、七至十,申鑒五卷,中論二卷,佛國記一卷,伽藍記二卷)

370000－1502－0005331　jnt10650

日下舊聞四十二卷　(清)朱彝尊撰　清刻本　十冊　存二十一卷(二至二十二)

370000－1502－0005332　jnt10652

新斠平津館叢書十集　(清)孫星衍輯　清光緒朱氏槐廬家塾刻本　十冊　存一百七卷(魏三體石經遺字考一卷,琴操二卷補遺一卷,黃帝五書六卷,孫吳司馬法八卷,尸子二卷,燕丹子三卷,牟子一卷,續古文苑十一至十三,抱朴子內篇二十卷外篇五十卷附篇十

卷)

370000－1502－0005333　jnt10652

佩文齋廣群芳譜一百卷　(清)汪灝等撰　清刻本　一冊　存三卷(四十一至四十三)

370000－1502－0005334　jnt10654

二程全書　(宋)程顥　(宋)程頤撰　清同治十年(1871)六安求我齋刻本　十七冊　存五十三卷(河南程氏遺書一至二十二、河南程氏外書一至十二、河南程氏文集一至十、周易程氏傳一至四、河南程氏經説一至三、河南程氏粹言一至二)

370000－1502－0005335　jnt10655

世説新語六卷　(南朝宋)劉義慶撰　(南朝梁)劉孝標注　清末刻本　三冊　存五卷(二至六)

370000－1502－0005336　jnt10656

神異經一卷海內十洲記一卷別國洞冥記四卷穆天子傳六卷　(漢)東方朔撰　(漢)郭憲撰　(晋)郭璞注　清光緒元年(1875)湖北崇文書局刻本　一冊

370000－1502－0005337　jnt10656

潛夫論十卷　(漢)王符撰　清光緒元年(1875)湖北崇文書局刻本　一冊　存四卷(一至四)

370000－1502－0005338　jnt10656

管子二十四卷　(春秋)管仲撰　清刻本　三冊　存十九卷(六至二十四)

370000－1502－0005339　jnt10657

讀書録十一卷讀書續録十二卷附文清公薛先生文集二十四卷　(明)薛瑄撰　清刻本　十冊　存二十九卷(讀書録十一卷、讀書續録十二卷、文清公薛先生文集十九至二十四)

370000－1502－0005340　jnt10658

王陽明集　(明)王守仁撰　清刻本　五冊　存五卷(八至十二)

370000－1502－0005341　jnt10659

字學舉隅不分卷　(清)龍光甸編　清同治十

年(1871)刻本　一册

370000－1502－0005342　jnt10660

字學舉隅不分卷　（清）龍光甸編　清光緒二年(1876)刻本　一册

370000－1502－0005343　jnt10661

經餘必讀續編八卷　（清）雷琳等輯　清嘉慶十二年(1807)刻本　三册　存六卷(一至六)

370000－1502－0005344　jnt10662

近思録十四卷　（宋）朱熹　（宋）呂祖謙輯（清）江永集注　清刻本　二册　存六卷(一至二、六至九)

370000－1502－0005345　jnt10673

西清古鑑四十卷附錢録十六卷　（清）梁詩正等輯　清光緒集成圖書公司刻本　一册　存七卷(西清古鑑十至十六)

370000－1502－0005346　jnt10674

制義文統類編不分卷　（清）趙國麟選注　清刻本　三册

370000－1502－0005347　jnt10678

積古齋鐘鼎彝器款識十卷　（清）阮元編録清刻本　三册　存三卷(六至八)

370000－1502－0005348　jnt10679

積古齋鐘鼎彝器款識十卷　（清）阮元編録清刻本　一册　存一卷(四)

370000－1502－0005349　jnt10680

積古齋鐘鼎彝器款識十卷　（清）阮元編録清光緒五年(1879)刻本　三册　存六卷(五至十)

370000－1502－0005350　jnt10682

古玉圖考不分卷　（清）吳大澂撰　清末影印本　二册　存二册(二、四)

370000－1502－0005351　jnt10685

賴古堂印譜四卷　（清）周亮工輯　清末民初朱墨影印本　一册　存一卷(四)

370000－1502－0005352　jnt10686

友石山房印存不分卷　（清）崔氏家藏　清末民初石印本　一册

370000－1502－0005353　jnt10687

濱虹集印存不分卷　（清）濱虹藏　清石印本二册

370000－1502－0005354　jnt10689

小石山房印存　（清）顧湘等編輯　清石印本一册　存一卷(二)

370000－1502－0005355　jnt10690

潘根石印存四卷　（清）潘根石篆刻　清印本四册

370000－1502－0005356　jnt10691

六吉盦印存一卷　（清）潘根石珍賞　清石印本　一册

370000－1502－0005357　jnt10692

三餘印可四卷　（清）黄鵷篆　清咸豐三年(1853)石印本　一册　存一卷(四)

370000－1502－0005358　jnt10693

百壽圖一卷　（清）馮曉亭篆刻　清光緒十九年(1893)刻本　一册

370000－1502－0005359　jnt10694

千秋集印留不分卷伴石草堂印存一卷　（清）牛雲生篆刻　清光緒四年(1878)仁山館影印本　四册

370000－1502－0005360　jnt10696

章氏印譜不分卷　（清）章氏篆刻　清石印本一册

370000－1502－0005361　jnt10697

完白山人篆刻偶存　（清）劉石如篆刻　清光緒三十二年(1906)上海有正書局影印本　一册　存一卷(一)

370000－1502－0005362　jnt10698

濱虹草堂藏古鉢印　（□）□□集　清石印本一册

370000－1502－0005363　jnt10699

印苑不分卷　（□）棠蔭軒輯　清鈐印粘貼本　一册

370000－1502－0005364　jnt10701

清潤齋印譜一卷　（□）□□篆　清印本　一

册

370000 – 1502 – 0005365　jnt10702

十硯齋印存一卷　（清）灌園叟藏　清灌園叟
印本　一册

370000 – 1502 – 0005366　jnt10703

飛鴻治印譜　（□）□□篆　清鈐印本　三册

370000 – 1502 – 0005367　jnt10705

德音堂琴譜十卷　（清）汪天榮輯　清刻本
三册　缺二卷（九至十）

370000 – 1502 – 0005368　jnt10706

琴學二卷　（清）曹庭棟撰　清刻本　一册
存一卷（内篇一卷）

370000 – 1502 – 0005369　jnt10707

歷代畫像傳不分卷　（清）丁善長繪　清光緒
二十三年（1897）刻本　一册

370000 – 1502 – 0005370　jnt10713

芥子園畫傳四集四卷　（清）丁皋撰　清刻本
四册

370000 – 1502 – 0005371　jnt10714

芥子園畫傳五卷　（清）王槩摹　清刻本　五
册

370000 – 1502 – 0005372　jnt10716

申江勝景圖二卷　（□）□□繪　清末石印本
一册

370000 – 1502 – 0005373　jnt10718

書畫鑑影二十四卷　（清）李佐賢編輯　清刻
本　二册　存六卷（七至十二）

370000 – 1502 – 0005374　jnt10719

芥子園畫傳三集不分卷　（清）王槩摹并編
清金陵文光堂刻本　三册　存三册（翎毛花
卉譜二册，畫傳卷末一册）

370000 – 1502 – 0005375　jnt10720

芥子園畫傳二集八卷首一卷　（清）王槩等摹
清金陵同文堂刻本　四册

370000 – 1502 – 0005376　jnt10721

芥子園畫傳六卷　（清）王槩等摹　清末上海

天寶書局影印本　四册

370000 – 1502 – 0005377　jnt10722

芥子園畫傳二集　（清）王槩等摹　清刻本
四册

370000 – 1502 – 0005378　jnt10723

芥子園畫傳六卷　（清）王槩摹　清光緒十三
年（1887）上海鴻文書局石印本　四册

370000 – 1502 – 0005379　jnt10724

甌鉢羅室書畫過目考四卷首一卷附一卷
（清）李玉棻編輯　清刻本　三册　缺二卷
（一，首一卷）

370000 – 1502 – 0005380　jnt10725

甌鉢羅室書畫過目考四卷首一卷附一卷
（清）李玉棻編輯　清刻本　一册　存二卷
（四、附一卷）

370000 – 1502 – 0005381　jnt10726

芥子園畫傳四集四卷　（清）丁皋著　清小酉
山房刻本　四册

370000 – 1502 – 0005382　jnt10727

芥子園畫傳四集四卷　（清）丁皋著　清金陵
抱青閣刻本　四册

370000 – 1502 – 0005383　jnt10728

芥子園畫傳四集四卷附圖章會纂一卷　（清）
丁皋撰　清末刻本　三册　缺一卷（二）

370000 – 1502 – 0005384　jnt10729

芥子園畫傳六卷　（清）王槩等摹　清光緒十
四年（1888）石印本　四册

370000 – 1502 – 0005385　jnt10732

國朝畫徵續録二卷　（清）張庚撰　清刻本
一册

370000 – 1502 – 0005386　jnt10734

點石齋畫報　（清）點石齋輯　清末上海點石
齋石印本　六册　存五集（庚、辰、巳、午、未）

370000 – 1502 – 0005387　jnt10735

吳友如畫寶十三集不分卷　（清）吳友如作
民國五年（1916）中華圖書館石印本　十九册
缺七册（二上、四下、六上、七下、十一下、十

二下、十三下）

370000－1502－0005388　jnt10736

吳友如畫寶十三集不分卷　（清）吳友如作
民國十四年(1925)中華圖書館石印本　十六
冊　存十六冊(六至七、十一至二十、二十三
至二十六)

370000－1502－0005389　jnt10741

列國政要一百三十二卷首一卷　（清）端方撰
（清）戴鴻慈輯　清光緒三十三年(1907)石
印本　十五冊　存四十八卷(一至二十、二十
四至五十一)

370000－1502－0005390　jnt10742

明史三百三十二卷　（清）張廷玉等奉敕修
清揚州書局仿汲古閣本刻本　一冊　存四卷
(二百十一至二百十四)

370000－1502－0005391　jnt10742

宋史四百九十六卷　（元）脫脫撰　清揚州書
局仿汲古閣本刻本　一冊　存八卷(一百三
十九至一百四十六)

370000－1502－0005392　jnt10742

隋書八十五卷　（唐）魏徵撰　清揚州書局仿
汲古閣本　一冊　存八卷(六十六至七
十三)

370000－1502－0005393　jnt10742

元史二百十卷　（明）宋濂等修　清揚州書局
仿汲古閣本刻本　四冊　存十七卷(五十五
至五十七、一百五十八至一百六十二、一百六
十七至一百七十五)

370000－1502－0005394　jnt10743

唐陸宣公奏議讀本四卷首一卷　（清）汪銘謙
編輯　（清）馬傳庚評點　清光緒二十六年
(1900)會稽馬氏影印本　一冊　存二卷(三
至四)

370000－1502－0005395　jnt10744

覺世格言　（□）□□撰　清道光刻本　一冊
存一卷(下)

370000－1502－0005396　jnt10745

周書十卷附錄一卷　（清）朱右曾集訓校釋
清光緒三年(1877)湖北崇文書局刻本　一冊
存五卷(一至五)

370000－1502－0005397　jnt10746

學規舉隅二卷首一卷　尹銘綬述　清光緒二
十七年(1901)濟南使院刻本　一冊　存一卷
(首一卷)

370000－1502－0005398　jnt10747

康熙政要二十四卷　（清）章梫纂　清末鉛印
本　一冊　存二卷(九至十)

370000－1502－0005399　jnt10749

辛亥流年事欵不分卷　（□）□□編　清末石
印本　一冊

370000－1502－0005400　jnt10750

孫氏家乘五卷　（清）孫伯龍重修　清光緒十
二年(1886)刻本　二冊

370000－1502－0005401　jnt10751

明季稗史彙編二十七卷　（清）留雲居士編輯
清都城琉璃廠留雲居士排字本　五冊

370000－1502－0005402　jnt10752

文獻通考紀要二卷首一卷　（清）張承燮重校
清光緒二十七年(1901)膠州東聽雨堂刻本
一冊　存二卷(上,首一卷)

370000－1502－0005403　jnt10753

天方性理圖傳五卷首一卷　（清）劉智撰　清
刻本　一冊　存一卷(三)

370000－1502－0005404　jnt10754

水經注四十卷首一卷末一卷　（北魏）酈道元
注　清光緒十八年(1892)長沙王氏刻本　六
冊　存十五卷(一至二、十三至二十五)

370000－1502－0005405　jnt10754

水經注四十卷首一卷末一卷附錄二卷　（北
魏）酈道元撰　清光緒十八年(1892)思賢講
舍刻本　十冊　存三十卷(一至十二、十六至
十八、二十九至四十,首一卷,附錄二卷)

370000－1502－0005406　jnt10756

從政遺規摘抄二卷　（清）陳宏謀編輯　清同

治七年(1868)崇文書局刻本　一册　存一卷
(一)

370000－1502－0005407　jnt10759
皇朝文獻通考序一卷　(清)劉錦藻撰　清刻
本　一册

370000－1502－0005408　jnt10761
綱鑑總論二卷　(明)顧充著　清光緒二十八
年(1902)巴蜀善成堂刻本　一册　存一卷
(上)

370000－1502－0005409　jnt10765
丹霞姓氏彙典二卷　(明)邢參撰　清濟美堂
刻本　一册　存一卷(上)

370000－1502－0005410　jnt10767
忠武志八卷　(清)張鵬翮輯　清刻本　二册
　　存五卷(四至八)

370000－1502－0005411　jnt10769
史記一百三十卷　(漢)司馬遷撰　(南朝宋)
裴駰集解　(唐)司馬貞索隱　(唐)張守節正
義　清刻本　五册　存十八卷(三至十二、二
十三至二十六、一百十七至一百二十)

370000－1502－0005412　jnt10770
折獄龜鑑八卷　(宋)鄭克撰　清刻本　一册
　　存四卷(五至八)

370000－1502－0005413　jnt10771
澄衷蒙學堂字課圖説四卷　劉樹屏撰　清光
緒三十一年(1905)澄衷學堂石印本　五册

370000－1502－0005414　jnt10774
新增龍文鞭影初集二卷　(清)楊古度增定
清道光二十九年(1849)刻本　二册

370000－1502－0005415　jnt10774
龍文鞭影二集二卷　(清)李暉吉　(清)徐瓚
輯　清咸豐二年(1852)刻本　二册

370000－1502－0005416　jnt10775
寄傲山房塾課新增幼學故事瓊林四卷首一卷
　　(清)程允升原本　(清)鄒聖脈增補　清拾
芥園刻本　二册

370000－1502－0005417　jnt10777
書業德重訂幼學須知句解四卷　(清)程允升
撰　(清)錢元龍校梓　清書業德刻本　四册

370000－1502－0005418　jnt10778
女千字文一卷　(□)□□撰　清光緒十三年
(1887)刻本　一册

370000－1502－0005419　jnt10779
女千字文一卷　(□)□□撰　清光緒十三年
(1887)刻本　一册

370000－1502－0005420　jnt10780
史統啓蒙二卷　(清)徐承頤編述　清光緒二
十二年(1896)刻本　二册

370000－1502－0005421　jnt10781
三字經訓詁一卷　(清)王相纂　清善成堂刻
本　一册

370000－1502－0005422　jnt10782
三字經注解備要二卷　(宋)王應麟撰　(清)
賀興思注解　清光緒七年(1881)刻本　一册

370000－1502－0005423　jnt10783
蒙學叢書四集　(清)□□編　清吳縣汪氏石
印本　十一册　存十一册(春五至六,夏七至
八、十至十二,秋十五,冬二十、二十二至二十
三)

370000－1502－0005424　jnt10784
百家姓考略一卷　(清)徐士業校刊　清刻本
　　一册

370000－1502－0005425　jnt10785
百家姓考略一卷　(清)徐士業校刊　清光緒
二十三年(1897)善成堂刻本　一册

370000－1502－0005426　jnt10786
經餘必讀八卷　(清)雷琳等輯　清嘉慶八年
(1803)刻本　二册

370000－1502－0005427　jnt10787
家塾蒙求五卷　(清)康鎜淵輯　清嘉慶十七
年(1812)綠玉堂刻本　三册　存三卷(一至
三)

370000－1502－0005428　jnt10788

高厚蒙求不分卷　（清）徐朝俊輯　清嘉慶十二年（1807）雲間徐氏刻本　一冊

370000－1502－0005429　jnt10789

小學韻語不分卷　（清）羅澤南撰　清光緒三十年（1904）刻本　一冊

370000－1502－0005430　jnt10791

小學人子禮一卷　（清）戴汝舟撰　清光緒二十八年（1902）沙堤棐鶴堂趙刻本　一冊

370000－1502－0005431　jnt10792

父師善誘法二卷　（清）唐彪輯撰　清刻本　一冊

370000－1502－0005432　jnt10793

二十四孝合刊不分卷　（清）蕭培元撰　（清）李錫彤繪圖　清同治十二年（1873）山東省城鮑連元刻本　一冊

370000－1502－0005433　jnt10794

仁孝必讀六卷　（清）周梅梁注　清刻本　一冊　存二卷（三至四）

370000－1502－0005434　jnt10795

注釋字體蒙求二卷　（清）易本烺撰　（清）李天根注　清刻本　一冊　存一卷（下）

370000－1502－0005435　jnt10796

原富不分卷　（英國）斯密亞丹原本　嚴復翻譯　清光緒二十七年（1901）南洋公學譯書院鉛印本　八冊　存五卷（甲至戊）

370000－1502－0005436　jnt10797

原富不分卷　（英國）斯密亞丹原本　嚴復翻譯　清刻本　一冊　存一卷（甲上）

370000－1502－0005437　jnt10798

資治通鑑綱目五十九卷　（明）陳仁錫評閱　清刻本　八冊　存四卷（三十四至三十七）

370000－1502－0005438　jnt10799

憑山閣彙輯留青新集　（清）陳枚輯　清刻本　二冊　存三卷（十五、二十八至二十九）

370000－1502－0005439　jnt10800

[道光]濟南府志七十二卷首一卷　（清）王贈芳等修　（清）成瓘纂　清道光二十年（1840）

刻本　八冊　存十四卷（一至二、四至十二、十八至十九，首一卷）

370000－1502－0005440　jnt10801

士材三書八卷　（清）李中梓撰　（清）尤乘增訂　清善成堂刻本　五冊　缺二卷（一至二）

370000－1502－0005441　jnt10802

針灸甲乙經十二卷　（晋）皇甫謐撰　清刻本　一冊　存三卷（七至九）

370000－1502－0005442　jnt10803

經餘必讀八卷　（清）錢樹棠　（清）雷琳（清）錢樹立輯　清刻本　二冊　存四卷（三至六）

370000－1502－0005443　jnt10847

河上語一卷　（清）蔣楷録　清刻本　一冊

370000－1502－0005444　jnt10849

中學地理中國志四卷　（清）王達輯　清末鉛印本　四冊

370000－1502－0005445　jnt10856

遠春樓四史筆存四卷　（清）汪科爵輯　清光緒三十二年（1906）錢塘汪氏刻本　一冊　存二卷（一至二）

370000－1502－0005446　jnt10856

詩序辨證九卷　（明）汪大受撰　清光緒三十二年（1906）錢塘汪氏刻本　一冊　存一卷（八）

370000－1502－0005447　jnt10861

二曲全集二十六卷　（清）李顒撰　清小嬭嬡山館刻本　一冊　存四卷（十四至十七）

370000－1502－0005448　jnt10882

二如亭群芳譜三十卷首一卷　（明）王象晋撰　清書業古講堂刻本　六冊　存九卷（天譜三卷，首一卷，歲譜四卷，首一卷）

370000－1502－0005449　jnt10883

二如亭群芳譜三十卷首一卷　（明）王象晋撰　清刻本　一冊　存五卷（卉譜二卷首一卷、鶴魚譜一卷首一卷）

370000－1502－0005450　jnt10885

二如亭群芳譜三十卷首一卷 （明）王象晋撰
清刻本 二册

370000－1502－0005451 jnt10888

十子全書一百二十八卷 （清）王子興輯 清
嘉慶九年(1804)刻本 二十四册 存七十一
卷(新纂門目五臣音注揚子法言一至十,中説
一至十,荀子一至七,沖虛至德真經一至四,
韓非子一至十七,管子一至十七、二十一至二
十四,淮南子十七至十八)

370000－1502－0005452 jnt10889

荀子二十卷首一卷 （唐）楊倞注 王先謙集
解 清刻本 三册 存十一卷(二至四、十三
至二十)

370000－1502－0005453 jnt10894

山東官報 （清）山東官報局編輯部編輯 清
宣統二年至宣統三年(1910－1911)鉛印本
三十册 存二十九期(宣統二年四、七至九、
十四至十五、十七、二十、二十三、二十六至二
十七、二十九至三十、三十三、三十五、三十
九、四十一、四十五,宣統三年三、六、十二、十
五至十七、二十一至二十二、二十四、二十六、
三十八)

370000－1502－0005454 jnt10894

山東官報 （清）山東官報局編輯部編輯 清
光緒三十二年(1906)鉛印本 一册 存三期
(旬報一至三期)

370000－1502－0005455 jnt10895

桐城吳氏法律學教科書二卷 （日本）織田萬
原撰 吳闓生翻譯 清光緒三十一年(1905)
華北書局鉛印本 二册

370000－1502－0005456 jnt10896

奏定陸軍衣制圖説一卷 （清）奕劻等奏 清
光緒三十一年(1905)石印本 一册

370000－1502－0005457 jnt10897

大清刑律總則草案不分卷 （清）法律館輯
清光緒三十二年(1906)農工商部印刷科鉛印
本 二册 存二編(一至二)

370000－1502－0005458 jnt10911

曾文正公文集四卷 （清）曾國藩撰 清光緒
二十四年(1898)三味書室刻本 四册

370000－1502－0005459 jnt10921

曾文正公雜著鈔一卷義學觀條一卷學究語一
卷附牧令書鈔一卷 蔣德鈞節編 清刻本
一册

370000－1502－0005460 jnt10922

求闕齋文鈔 （清）曾國藩撰 清同治十二年
(1873)刻本 一册 存四卷(一至四)

370000－1502－0005461 jnt10923

曾文正公事略四卷 （清）王定安撰 清刻本
一册 存二卷(三至四)

370000－1502－0005462 jnt10924

曾文正公大事記四卷 （清）王定安撰 清刻
本 二册

370000－1502－0005463 jnt10925

曾文正公大事記四卷 （清）王定安撰 清光
緒二年(1876)傳忠書局刻本 一册 存二卷
(一至二)

370000－1502－0005464 jnt10929

周禮讀本六卷 （漢）鄭玄注 清鈔本 三册
存三卷(春官一卷、天官一卷、冬官考工記
一卷)

370000－1502－0005465 jnt10940

曾文正公奏稿三十六卷 （清）曾國藩撰 清
光緒二年(1876)傳忠書局刻本 十八册

370000－1502－0005466 jnt10941

經史百家雜鈔二十六卷 （清）曾國藩撰
（清）李鴻章校刊 清光緒二年(1876)傳忠書
局刻本 二十一册 缺四卷(五至八)

370000－1502－0005467 jnt10942

曾文正公全集十三種一百五十六卷首一卷
（清）曾國藩撰 清同治至光緒傳忠書局刻本
一百七册 缺二十七卷(曾文正公奏稿八、
十四、十七至十九、二十四至二十五、二十九、
三十一至三十六,經史百家雜鈔三至四、六至
八、十六、十八,書札二十五至二十六,十八家

詩鈔二十七,孟子要略附錄一卷,家書試卷家訓二卷)

370000－1502－0005468　jnt10945

小學韻語不分卷　（清）羅澤南撰　清光緒二
　十七年(1901)刻本　一冊

370000－1502－0005469　jnt10946

六也堂訓蒙草不分卷附訓蒙虛字詳解一卷
　（清）路德敘　清善成堂刻本　一冊

370000－1502－0005470　jnt10947

韻法橫圖一卷辨似一卷韻法直圖一卷　（清）
　梅膺祚撰　清刻本　一冊

370000－1502－0005471　jnt10948

澄衷蒙學堂字課圖說四卷首一卷　劉樹屏撰
　清光緒石印本　四冊　缺一卷(首一卷)

370000－1502－0005472　jnt10949

澄衷蒙學堂字課圖說四卷首一卷　劉樹屏撰
　清末石印本　一冊　存一卷(一)

370000－1502－0005473　jnt10950

石迷印存不分卷　（清）石迷篆刻　清鈐印本
　二冊

370000－1502－0005474　jnt10950

石迷學印一卷　（清）石迷篆刻　清鈐印本
　一冊

370000－1502－0005475　jnt10951

佩文韻府一百六卷韻府拾遺一百六卷　（清）
　張玉書等編　（清）張廷玉等拾遺　清刻本
　五十七冊　存九十六卷(佩文韻府一至十六、
　三十四(下)至六十三,韻府拾遺五至七、十六
　至二十五、三十一至三十四、四十三至六十
　六、八十一至八十九)

370000－1502－0005476　jnt10953

錢氏印存不分卷　（清）錢廷棟篆刻　清印本
　一冊

370000－1502－0005477　jnt10955

續同書八卷　（清）福申輯　清刻本　一冊
　存二卷(二至三)

370000－1502－0005478　jnt10956

法界聖凡水陸普度大齋勝會儀軌會本六卷
（南朝梁)志公大師等撰　（明)雲棲袾宏補儀
　清刻本　一冊　存二卷(三至四)

370000－1502－0005479　jnt10957

皇朝文獻通考輯要二十六卷　湯壽潛輯　清
　末通雅堂鉛印本　十冊

370000－1502－0005480　jnt10984

見聞隨筆二十六卷　（清)齊學裘撰　清同治
　十年(1871)刻本　四冊　存十九卷(一至十
　九)

370000－1502－0005481　jnt10985

鐵厓三種二十六卷　（明)楊維禎著　清宣統
　二年(1910)掃葉山房石印本　九冊　缺四卷
　(鐵厓樂府注四至七)

370000－1502－0005482　jnt10988

更事良言二十六卷首一卷　（清)周百順編輯
　清道光十一年(1831)刻本　十一冊　缺二
　卷(十六至十七)

370000－1502－0005483　jnt10989

更事良言二十六卷首一卷　（清)周百順編輯
　清道光十一年(1831)刻本　七冊　存十五
　卷(一至十三、十六至十七)

370000－1502－0005484　jnt12001

適軒尺牘八卷　（清)徐菊生撰　清同治十三
　年(1874)刻本　四冊　存六卷(一、四至八)

370000－1502－0005485　jnt12003

不是集二卷　（清)浦起龍撰　清末石印本
　一冊　存一卷(二)

370000－1502－0005486　jnt12004

四書改錯二十二卷首一卷　（清)毛奇齡撰
　清末石印本　三冊

370000－1502－0005487　jnt12005

日本陸軍政要不分卷　（清)方燕年記　清光
　緒三十年(1904)鉛印本　一冊

370000－1502－0005488　jnt12006

曲律易知二卷　（清)吳梅訂　（清)許之衡撰

述　清飲流齋刻本　一册　存一卷（下）

370000－1502－0005489　jnt12008
繪圖綴白裘十二集　（清）玩花主人編輯
（清）錢德荃增輯　清末石印本　四册　存十
六卷（第五集一至四、第六集一至四、第八集
一至四、第十一集一至四）

370000－1502－0005490　jnt12009
重學二十卷　（英國）艾約瑟口譯　（清）李善
蘭筆述　清刻本　一册　存三卷（五至七）

370000－1502－0005491　jnt12011
[道光]重修平度州志二十七卷　（清）保忠
（清）吳慈修　（清）李圖　（清）王大鏞纂
清道光二十九年（1849）刻本　一册　存三卷
（一至三）

370000－1502－0005492　jnt12015
薆窗古今體詩不分卷　（清）朱浚慶撰　清抄
本　一册

370000－1502－0005493　jnt12018
歷朝興亡禪代圖一卷文廟從祀沿革表一卷
（□）□□撰　清抄本　一册

370000－1502－0005494　jnt12019
皇朝經世文編一百二十卷　（清）賀長齡輯
（清）魏源編次　清刻本　十二册　存十六卷
（十五至十六、十八至二十一、二十三至二十
六、二十九至三十四）

370000－1502－0005495　jnt12019
皇朝經世文編一百二十卷　（清）賀長齡輯
（清）魏源編次　清刻本　四十一册　存四十
七卷（七到十三、三十五至五十、五十二至五
十八、八十三至八十八、九十八、一百至一百
一、一百三、一百五至一百八、一百十一至一
百十三）

370000－1502－0005496　jnt12020
**玉函山房輯佚書八十卷目錄一卷附目耕帖三
十一卷**　（清）馬國翰輯　清娜嬛館刻本　十
册　存十七卷（十一至十二、十六至二十三、
五十三至五十四、五十六至五十七、五十九至
六十,目錄一卷）

370000－1502－0005497　jnt12022
皇朝經世文續編一百二十卷　（清）葛士濬輯
清光緒十四年（1888）圖書集成局鉛印本
二十五册　缺三十二卷（八至二十七、四十至
四十七、六十一至六十四）

370000－1502－0005498　jnt12024
格致叢書四百五十卷　（清）徐建寅編次　清
光緒二十七年（1901）鉛印本　十八册　存九
十六卷（格致略論十二卷、格致新法一卷續一
卷、格致理三家論一卷、格物雜說四卷、博物
新聞一卷、互相問答八卷、算器圖說一卷、算
學奇論一卷、算學奇題圖解一卷、算學奇題答
問一卷、算學難題問答一卷、重學器圖說一
卷、論電二卷、電學問答一卷附磨吸鐵器圖
說、化學器圖說三卷、測西書初學六卷、農事
略論一卷、農器彙說一卷、農務圖說一卷、紡
織機器圖說一卷、西圖漂染棉布論一卷、製蔗
製糖論一卷、養蜂之法一卷、講求礦務一卷、
煉鐵論一卷、練鋼說一卷、考化白金一卷、汽
機命名說一卷附候代電機說一卷、工程機
器器具圖說一卷、新式壓成金類器皿機器圖說
一卷、汽機鍋爐圖說一卷、機器擇要圖說一
卷、造瓷機器擇要一卷附景鎮瓷器燒花法略
一卷、鐵路工程一卷、火車鐵路論一卷、汽電
車論一卷、黃河論一卷附河工紀一卷、西國造
橋略論一卷、工藝知新一卷、英國鑄鐵說一
卷、藝學採新一卷、西國造糖法一卷、論機器
造水法一卷、製造紙法一卷、論印寫新法一
卷、造玻璃法一卷、磚瓦灰石造法一卷、造針
製鈕法一卷、西國法發藍一卷、入水衣略論一
卷、棉油廠說一卷、照像法原一卷、魚雷圖說
名目問答六至九、克鹿卜新式陸路礮專圖說
一卷附表附圖、克鹿卜電光瞄準器具圖說一
卷附圖、量藥漲力羅德滿器具說略一卷附表
附圖、量藥漲力銅柱器具說略一卷附表、量藥
漲力微尺說略一卷附圖、子藥銅殼機器圖說
一卷、論火藥機器一卷）

370000－1502－0005499　jnt12029
庚子北京事變紀略不分卷　（美國）鹿完天記
清光緒二十七年（1901）刻本　一册

370000 – 1502 – 0005500　jnt12031

宣講白話野人新語一卷　（清）繡川山人撰
清宣統三年（1911）石印本　一册

370000 – 1502 – 0005501　jnt12034

隨園詩話補遺十卷　（清）袁枚撰　清隨園刻
本　二册

370000 – 1502 – 0005502　jnt12035

唐賢三昧集三卷　（清）王士禎撰　清末石印
本　一册　存一卷（下）

370000 – 1502 – 0005503　jnt12037

古今説海　（明）陸楫撰　清宣統元年（1909）
上海圖書集成印書局鉛印本　一册　存四集
（庚、辛、壬、癸）

370000 – 1502 – 0005504　jnt12038

繡像三賢傳□□回　（清）□□著　清光緒三
十四年（1908）武郡笙益堂刻本　一册　存八
回（一至八）

370000 – 1502 – 0005505　jnt12045

聖武記十四卷　（清）魏源撰　清刻本　四册
存八卷（六至十三）

370000 – 1502 – 0005506　jnt12046

御定萬年書二卷　（清）穆宗載淳敕撰　清刻
本　一册　存一卷（下）

370000 – 1502 – 0005507　jnt12047

草廬經略十二卷　（明）□□撰　清刻本　一
册　存三卷（十至十二）

370000 – 1502 – 0005508　jnt12048

鋤經書舍零墨四卷　（清）黄協塤撰　清光緒
四年（1878）上海申報館鉛印本　一册　存二
卷（一至二）

370000 – 1502 – 0005509　jnt12049

蟲鳴漫録二卷　（清）採蘅子纂　清光緒上海
申報館鉛印本　一册　存一卷（二）

370000 – 1502 – 0005510　jnt12050

盛世危言六卷盛世危言續編四卷　鄭觀應輯
撰　清光緒二十八年（1902）煥文書局石印本
八册　存八卷（盛世危言一至二、四至六，

續編一、三至四）

370000 – 1502 – 0005511　jnt12051

息影偶録八卷　（清）張埏輯　清刻本　三册
存三卷（四、七至八）

370000 – 1502 – 0005512　jnt12054

分類尺牘備覽三十卷　（清）王虎榜輯　清光
緒上洋珍藝書局鉛印本　六册

370000 – 1502 – 0005513　jnt12055

嘯亭雜録十卷　（清）昭槤撰　清刻本　四册
存四卷（一至二、五至六）

370000 – 1502 – 0005514　jnt12059

**袁文箋正十六卷附袁文補注一卷增訂袁文箋
正四卷**　（清）袁枚撰　（清）石韞玉箋　清光
緒十四年（1888）上海蜚英館石印本　三册

370000 – 1502 – 0005515　jnt12060

道光朝籌辦夷務始末八十卷　（清）文慶等輯
清石印本　一册　存二卷（四十三至四十
四）

370000 – 1502 – 0005516　jnt12061

海山仙館叢書五十六種四百八十七卷　（清）
潘仕成輯　清道光至咸豐刻本　七十六册
存二百八十七卷（一切經音義十三至二十一，
尚書注考一卷，洛陽名園記一至二，龍筋鳳髓
判四卷，晁具茨先生詩集十五卷，宋四六話十
至十二，菰中隨筆一卷，顏氏家藏尺牘一至
四，圜容較義一卷，女科二卷，海録一卷，茶董
補三卷，尺牘新鈔七至十二，翼海六至八，幾
何原本一至三，桂苑筆耕集二十卷，揭曼碩詩
一至三，婦人集一卷，青藤書屋文集一至三
十，漁隱叢話六至六十，二十二史感應録二
卷，庚申外史二卷，古史輯要五至六，高僧傳
一至六、十一至十三，同文算指前編二卷、通
編一至二，新釋地理備考全書十卷，四溟詩話
一至四，竹雲題跋四卷，顏氏家藏尺牘姓氏考
一卷，敬齋古今黈八卷，雲谷雜紀四卷末一
卷，九國志十二卷，考古質疑六卷，隱居通議
一，明夷待訪録一卷，慎守要録九卷，讀書敏
求記四卷，廣名將傳七至二十，史記短長説二
卷，順宗實録一至五，四書逸箋一至六，靖康

263

傳信録一至三,酌中志十六至十七,調燮類編四卷)

370000－1502－0005517　　jnt12062

知不足齋叢書二百零八種　（清）鮑廷博輯（清）鮑士恭輯　清刻本　三十四冊　存二十七種一百二卷(赤雅二卷,猗覺寮雜記二卷,對林夜語一至五,石墨鐫華一至八,蘋洲漁笛譜一至二,今水經一卷,石湖詞一卷,石湖詞補遺一卷,和石湖詞一卷,花外集一卷,籟紀一卷,潛虛一卷,離騷草木疏一至四,金樓子一至六,武林舊事一至十附錢塘先賢傳贊,西塘集耆舊續聞四至十,宋遺民録五至十,夢粱録一至二十,相臺書塾刊正九經三傳沿革例一卷,元真子上中下,翰林志上中下,朝野類要一至五,碧血録上下附録一卷,逍遙集上中下,張子野詞一至二附補遺二卷,貞居詞一卷)

370000－1502－0005518　　jnt12065

海山仙館叢書五十六種四百八十七卷　（清）潘仕成輯　清道光至咸豐刻本　十八冊　存五十四卷(青藤書屋集三十卷附補遺一卷、婦人集一卷、新釋地理備考全書十卷、讀書敏求記四卷、七科二卷、産後編二卷、一切經音義九至十二)

370000－1502－0005519　　jnt12066

詠物詩選注釋　（清）易開緒　（清）孫洧鳴注　清刻本　四冊　存五卷(四至八)

370000－1502－0005520　　jnt12071

佩文齋書畫譜一百卷　（清）孫岳頒等纂輯　清光緒九年(1883)上海同文館石印本　十三冊　存八十卷(一至十五、二十四至二十九、三十七至四十九、五十五至一百)

370000－1502－0005521　　jnt12080

帶經堂詩話三十卷　（清）王士禎撰　清刻本　四冊　存十一卷(十三至十五、十八至二十二、二十五至二十七)

370000－1502－0005522　　jnt12082

唐人説薈十六集　（明）蓮塘居士纂　清宣統三年(1911)掃葉山房石印本　十六冊

370000－1502－0005523　　jnt12083

臨證指南醫案十卷附續選臨證指南四卷（清）葉桂撰　清刻本　六冊　存八卷(臨證指南醫案七至十,續選臨證指南一至四)

370000－1502－0005524　　jnt12084

夜譚隨録十二卷　（清）和邦額撰　清刻本一冊　存二卷(九至十)

370000－1502－0005525　　jnt12085

音釋坐花志果八卷　（清）汪道鼎撰　清光緒四年(1878)石印本　二冊　存四卷(一至四)

370000－1502－0005526　　jnt12089

紀氏嘉言四卷　（清）紀昀撰　（清）徐瑋摘録　清北京英華齋刻本　一冊　存一卷(一)

370000－1502－0005527　　jnt12091

陳眉公重訂野客叢書十二卷　（宋）王楙輯（明）張晍閱　清末鉛印本　一冊　存三卷(四至六)

370000－1502－0005528　　jnt12094

無稽讕語八卷　（清）蘭皋居士撰　清奎文閣刻本　二冊　存二卷(一至二)

370000－1502－0005529　　jnt12096

蕉軒摭録十二卷　（清）俞夢蕉撰　清刻本四冊　存四卷(七、十至十二)

370000－1502－0005530　　jnt12101

胡文忠公全集八十六卷首一卷　（清）胡林翼撰　（清）曾國荃纂輯　清光緒二十七年(1901)上海圖書集成印書局鉛印本　八冊

370000－1502－0005531　　jnt12103

牡丹亭還魂記二卷　（明）湯顯祖撰　清光緒十二年(1886)同文書局石印本　二冊

370000－1502－0005532　　jnt12104

參同契秘解　（漢）魏伯陽撰　（清）吕惠連解　清宣統三年(1911)萬全堂刻本　四冊　存五卷(一至二、五至七)

370000－1502－0005533　　jnt12108

盛世危言二編四卷三編六卷　（清）杞憂生輯撰　鄭觀應輯撰　清光緒二十四年(1898)圖

書集成局鉛印本　二册　存五卷(二编一至二、三编一至三)

370000－1502－0005534　jnt12109
清史攬要六卷　(日本)增田貢撰　清光緒鉛印本　一册　存三卷(四至六)

370000－1502－0005535　jnt12110
孔門之德育一卷　(日本)亘理章三郎撰　讀書法一卷　(日本)澤柳政太郎撰　二十世紀之家庭一卷　(日本)古川花子撰　清末鉛印本　一册

370000－1502－0005536　jnt12116
汲古閣説文訂一卷　(清)段玉裁编　清同治十一年(1872)湖北崇文書局刻本　一册

370000－1502－0005537　jnt12117
草韻辨體五卷　(清)趙如鶱輯　清刻本　一册　存一卷(五)

370000－1502－0005538　jnt12118
説文解字十五卷　(漢)許慎撰　(宋)徐鉉校定　清光緒七年(1881)據汲古閣舊藏本刻本　四册　存十二卷(一至九、十三至十五)

370000－1502－0005539　jnt12119
汗簡七卷附目録一卷　(宋)郭忠恕撰　(清)鄭珍箋正　清光緒十五年(1889)廣雅書局刻本　三册　存五卷(一至三、六至七)

370000－1502－0005540　jnt12130
普通百科新大詞典十二集附分類目録異名目録補遺别表各一卷　(清)黃摩西编輯　清宣統三年(1911)上海國學扶輪社鉛印本　十五册

370000－1502－0005541　jnt12134
六書分類十二卷首一卷　(清)傅世垚撰　清聽松閣刻本　十册　缺三卷(三、五至六)

370000－1502－0005542　jnt12229
昭代名人尺牘續编六卷　(清)抉隱主人编　清宣統元年(1909)抉隱室石印本　六册

370000－1502－0005543　jnt12230
昭代名人尺牘續编六卷　(清)抉隱主人编

清宣統元年(1909)抉隱室石印本　六册

370000－1502－0005544　jnt12814
秋盦遺稿不分卷　(清)黃易撰　清宣統二年(1910)石印本　一册

370000－1502－0005545　jnt13200
昭代名人尺牘續集二十四卷　(清)陶湘輯　清末石印本　二十册　存二十一卷(二至十七、十九至二十三)

370000－1502－0005546　jnt13386
虛齋名畫録十六卷　龐元濟撰　清宣統元年(1909)烏程龐氏刻本　十六册

370000－1502－0005547　jnt13397
蜀典十二卷　(清)張澍编輯　清光緒二年(1876)尊經書院刻本　六册

370000－1502－0005548　jnt13403
惜抱先生尺牘八卷　(清)姚鼐撰　清咸豐五年(1855)海原閣刻本　二册

370000－1502－0005549　jnt13408
宸垣識略十六卷　(清)吳長元輯　清光緒二年(1876)刻本　八册

370000－1502－0005550　jnt13411
荒政輯要九卷首一卷　(清)汪志伊纂　清道光二十一年(1841)聚文齋刻本　三册

370000－1502－0005551　jnt13413
考工記要十七卷附圖一卷　(英國)瑪體生撰　清光緒二十三年(1897)小倉山房石印本　四册

370000－1502－0005552　jnt13414
崇雅堂集十五卷　(明)鍾羽正撰　清光緒三十三年(1907)鍾氏家塾刻本　四册

370000－1502－0005553　jnt13415
原富不分卷　(英國)斯密亞丹原本　嚴復翻譯　清光緒二十八年(1902)南洋公學譯書院鉛印本　八册

370000－1502－0005554　jnt13421
十駕齋養新録二十卷　(清)錢大昕撰　清嘉慶九年(1804)刻本　六册

370000－1502－0005555　jnt13428

秣陵集六卷附秣陵集表一卷圖考一卷　（清）陳文述撰　清光緒十年(1884)淮南書局刻本　三冊

370000－1502－0005556　jnt13433

精選黃眉故事十卷　（明）鄧志謨撰　清咸豐四年(1854)崇順堂刻本　四冊

370000－1502－0005557　jnt13434

乾隆殿試冊不分卷　（清）□□編　清刻本　六冊　存丁丑科至庚戌科

370000－1502－0005558　jnt13513

種福堂公選良方四卷　（清）葉桂撰　清文富堂刻本　一冊　存二卷(一至二)

370000－1502－0005559　jnt13514

國朝名人書札二卷　吳曾祺編纂　清宣統元年(1909)上海商務印書館鉛印本　四冊

370000－1502－0005560　jnt13515

論語十卷　（宋）朱熹集注　清刻本　二冊

370000－1502－0005561　jnt13516

福幼編一卷遂生編一卷　（清）莊一夔撰　清光緒十五年(1889)黃縣西順軒刻本　一冊

370000－1502－0005562　jnt13517

醫學實在易八卷　（清）陳念祖撰　清光緒三十四年(1908)上海章福記石印本　一冊

370000－1502－0005563　jnt13523

奉政大夫同知衛山東魚臺縣知縣先考蔭軒府君行述一卷　（清）趙黻鴻等撰　清末刻本　一冊

370000－1502－0005564　jnt13524

清贈一品夫人繼祖妣潘太夫人傳一卷　（清）沈俊撰　清抄本　一冊

370000－1502－0005565　jnt13525

蘇氏族譜不分卷　（清）蘇維新撰　清咸豐四年(1854)蘇啓太藍格抄本　一冊

370000－1502－0005566　jnt13526

李氏族譜圖次一卷　（清）李其樑編　清咸豐七年(1857)藍格抄本　一冊

370000－1502－0005567　jnt13527

四書説略四卷附教童子法一卷　（清）王筠撰　清道光三十年(1850)刻本　一冊

370000－1502－0005568　jnt13528

中西匯通醫經精義二卷傷寒淺注補正七卷首一卷本草問答二卷金匱要略淺注補正九卷血證論八卷　（清）唐宗海撰　清光緒三十四年(1908)千頃堂書局石印本　十二冊

370000－1502－0005569　jnt13529

三指禪脈理精蘊三卷　（清）夢覺道人撰　清光緒二年(1876)刻本　二冊

370000－1502－0005570　jnt13532

求闕齋日記類鈔二卷首一卷　（清）曾國藩撰　（清）王啓原校編　清光緒二年(1876)傳忠書局刻本　一冊

370000－1502－0005571　jnt13538

醫方簡明六卷　（清）徐友琴撰　清光緒十三年(1887)有益堂刻本　四冊

370000－1502－0005572　jnt13541

傷寒懸解十四卷首一卷末一卷　（清）黃元御撰　清末石印本　一冊　存八卷(一至八)

370000－1502－0005573　jnt13542

瀕湖脈學一卷　（明）李時珍撰　清光緒二十九年(1903)有益堂刻本　一冊

370000－1502－0005574　jnt13543

陳修園七十種　（清）陳念祖撰　清光緒三十四年(1908)上海章福記石印本　十冊　存十五種(張仲景傷寒論原文淺注三至六、眼科捷徑不分卷、傷寒舌鑑不分卷、達生篇不分卷、景岳新方砭四卷、大生要旨不分卷、保嬰要旨不分卷、外科證治全生不分卷、醫學從衆錄一至四、金匱要略淺注十卷、長沙方歌括六卷、金匱方歌括六卷、醫經溯洄集不分卷、癍論萃英不分卷、脈訣不分卷)

370000－1502－0005575　jnt13546

陳修園七十種　（清）陳念祖撰　清光緒三十四年(1908)上海章福記石印本　十冊　存二十三種(神農本草經讀四卷、張仲景傷寒論原文淺注六卷、女科要旨四卷、靈素節要淺注五至十二、達生篇不分卷、婦科雜症不分卷、引症略不分卷、引痘略不分卷、救迷良方不分卷、太乙神鍼方不分卷、福幼篇不分卷、長沙方歌括六卷、傷寒醫訣串解六卷、傷寒真方歌括六卷、眼科捷徑不分卷、傷寒舌鑑不分卷、咽喉脈症論通不分卷、白喉治法扶微不分卷、春溫三字訣不分卷、痢症三字訣不分卷、溫熱條辨不分卷、溫熱贅言不分卷、疟疾論不分卷）

370000－1502－0005576　jnt13549

萬氏家傳片玉心書五卷　（明）萬全編　清忠信堂刻本　二册

370000－1502－0005577　jnt13550

外科症治全生前集三卷後集三卷　（清）王維德纂輯　清道光十六年(1836)祖石山房刻本　一册

370000－1502－0005578　jnt13551

陳修園醫書全集　（清）陳念祖撰　清末石印本　四册　存九種(醫學三字經四卷、時方妙用四卷、醫學從眾錄八卷、達生篇不分卷、春溫三字訣不分卷、痢症三字訣不分卷、保嬰要旨不分卷、引痘略圖不分卷、濕熱條辨不分卷）

370000－1502－0005579　jnt13552

太醫院增補珍珠囊藥性賦直解四卷　（清）羅必煒訂　（清）李東垣編　清聚和堂刻本　一册

370000－1502－0005580　jnt13554

傷寒論淺注補正七卷首一卷　（漢）張仲景撰　清光緒三十四年(1908)千頃堂書局石印本　四册

370000－1502－0005581　jnt13555

本草問答二卷　（清）唐宗海撰　清光緒三十四年(1908)千頃堂書局石印本　一册

370000－1502－0005582　jnt13556

本草問答二卷　（清）唐宗海撰　清光緒三十四年(1908)千頃堂書局石印本　一册

370000－1502－0005583　jnt13558

本草問答二卷　（清）唐宗海撰　清光緒三十四年(1908)千頃堂書局石印本　一册

370000－1502－0005584　jnt13561

太醫院增補珍珠囊藥性賦直解四卷　（清）李東垣編　（清）羅必煒參訂　清光緒二十二年(1896)書業德刻本　一册

370000－1502－0005585　jnt13563

評選環溪草堂醫案三卷　（清）王泰林撰（清）柳寶詒選評　清光緒二十六年(1900)石印本　一册

370000－1502－0005586　jnt13570

醫學實在易八卷　（清）陳念祖撰　清光緒十八年(1892)上海圖書集成印書局石印本　一册

370000－1502－0005587　jnt13571

醫學三字經四卷　（清）陳念祖撰　清光緒十八年(1892)上海圖書集成印書局石印本　一册

370000－1502－0005588　jnt13573

中西匯通醫書五種　（清）唐宗海撰　清光緒三十四年(1908)上海千頃堂書局石印本　七册

370000－1502－0005589　jnt13575

增訂本草備要四卷附重校醫方湯頭歌訣一卷經絡歌訣一卷藥性歌括一卷　（清）汪昂輯撰　清光緒上海大成書局石印本　五册

370000－1502－0005590　jnt13577

女科要旨四卷　（清）陳念祖撰　清光緒十八年(1892)上海圖書集成印書局石印本　一册

370000－1502－0005591　jnt13578

增補瘟疫論五卷　（清）吳有性撰　清善成堂刻本　一册

370000－1502－0005592　jnt13579

增補瘟疫論五卷　（清）吳有性撰　清善成堂刻本　一册

370000－1502－0005593　jnt13580

濟陰綱目十四卷　(明)武之望撰　清刻本
七册　存十一卷(一至五、九至十四)

370000－1502－0005594　jnt13581

寓意草一卷　(明)喻昌撰　清光緒二十年
(1894)上海圖書集成印書局石印本　一册

370000－1502－0005595　jnt13583

增廣達生編一卷　(清)亟齋居士著　清同治
十三年(1874)德華堂刻本　一册

370000－1502－0005596　jnt13586

集驗良方六卷　(清)梁文科輯　清刻本　一
册

370000－1502－0005597　jnt13588

李長吉歌詩四卷　(唐)李賀撰　(清)王琦琢
解　清末影印本　一册

370000－1502－0005598　jnt13590

御纂醫宗金鑑三十卷首一卷　(清)吳謙等奉
敕撰　清刻本　二十九册　存二十八卷(一
至八、十至十三、十五至三十)

370000－1502－0005599　jnt13591

欽定書經圖說五十卷　(清)孫家鼐等撰　清
光緒三十一年(1905)石印本　九册　存三十
三卷(一至二、七至十五、十七、三十至五十)

370000－1502－0005600　jnt13594

金匱要略淺注補正九卷　(清)唐宗海撰　清
光緒三十四年(1908)千頃堂書局石印本　三
册

370000－1502－0005601　jnt13595

金匱要略淺注補正九卷　(清)唐宗海撰　清
光緒三十四年(1908)千頃堂書局石印本　三
册

370000－1502－0005602　jnt13596

金匱要略淺注補正九卷　(清)唐宗海撰　清
光緒三十四年(1908)千頃堂書局石印本　三
册

370000－1502－0005603　jnt13597

御纂醫宗金鑑九十卷　(清)吳謙等奉敕撰
清刻本　三十六册　存六十七卷(一至十六、

二十四至七十四)

370000－1502－0005604　jnt13598

漢書一百卷　(漢)班固撰　(唐)顏師古注
清光緒十三年(1887)金陵書局刻本　十六册

370000－1502－0005605　jnt13599

後漢書九十篇一百卷續漢志三十卷　(南朝
宋)范曄撰　(唐)李賢注　(晋)司馬彪撰
(南朝梁)劉昭注　清光緒十三年(1887)金陵
書局刻本　十六册

370000－1502－0005606　jnt13605

瘍醫大全四十卷　(清)顧世澄纂輯　清刻本
七册　存七卷(三十四至四十)

370000－1502－0005607　jnt13607

集驗良方拔萃二卷癸卯年續補集驗拔萃良方
一卷　(清)黃省齋撰　清咸豐九年(1859)蘇
城中街路陶升甫刻本　一册

370000－1502－0005608　jnt13608

治病符咒一卷　(清)萬秀峰鈔　清抄本　一
册

370000－1502－0005609　jnt13609

傷寒論淺注補正七卷首一卷　(清)陳念祖注
(清)唐宗海補正　清光緒三十四年(1908)
千頃堂書局石印本　四册

370000－1502－0005610　jnt13614

欽定書經傳說彙纂二十一卷首二卷書序一卷
(清)王頊齡撰　清刻本　十八册　存十九
卷(一至四、七、十一至二十四)

370000－1502－0005611　jnt13615

欽定書經傳說彙纂二十一卷首二卷書序一卷
(清)王頊齡撰　清刻本　九册　存十八卷
(一至十三、十七至二十一)

370000－1502－0005612　jnt13618

爾雅注疏十一卷　(晋)郭璞注　(宋)邢昺疏
清嘉慶十六年(1811)汲古閣刻本　六册

370000－1502－0005613　jnt13619

皇朝五經彙解二百七十卷　(清)抉經心室纂
清光緒十四年(1888)鴻文書局石印本　八

冊　存七十卷(易四十卷、書三十卷)

370000－1502－0005614　jnt13620

增補五經備旨精萃四十五卷首五卷　(清)鄒
聖脈纂輯　清善成堂刻本　十二冊　存二十
二卷(書七卷、詩八卷、易七卷)

370000－1502－0005615　jnt13622

御纂詩義折中二十卷　(清)傅恒奉敕撰　清
東昌書業德刻本　六冊

370000－1502－0005616　jnt13625

女兒書輯八卷　(清)張承燮輯　清光緒二十
六年(1900)聽雨堂刻本　二冊

370000－1502－0005617　jnt13626

小兒書輯八種　(清)張承燮輯　清光緒二十
七年(1901)聽雨堂刻本　三冊

370000－1502－0005618　jnt13628

禮記十卷　(元)陳澔集説　(清)丁寶楨校刊
清同治五年(1866)金陵書局刻本　五冊
存五卷(一至五)

370000－1502－0005619　jnt13629

書經六卷首一卷末一卷　(宋)蔡沈集傳　清
同治五年(1866)金陵書局刻本　四冊

370000－1502－0005620　jnt13633

四書集注直解二十七卷　(明)張居正撰
(清)顧夢麟　(清)楊彝輯　清八旗經正書院
刻本　八冊　存十七卷(一至二、六至十二、
二十至二十七)

370000－1502－0005621　jnt13635

欽定書經傳説彙纂三十八卷首二卷　(清)王
頊齡等撰　清刻本　十冊　存二十卷(一至
十四、十七至二十一、序一)

370000－1502－0005622　jnt13636

欽定春秋傳説彙纂三十八卷首二卷　(清)王
掞等撰　清刻本　十冊　存二十一卷(十八
至三十八)

370000－1502－0005623　jnt13638

爾雅注疏十一卷　(晋)郭璞注　(宋)邢昺疏
清嘉慶七年(1802)據汲古閣藏版刻本　四

冊

370000－1502－0005624　jnt13639

爾雅注疏十一卷　(晋)郭璞注　(宋)邢昺疏
清嘉慶七年(1802)據汲古閣藏版刻本　四
冊

370000－1502－0005625　jnt13640

欽定儀禮義疏四十八卷首二卷　(清)允禄等
纂　清光緒十四年(1888)江南書局刻本　十
八冊　存三十卷(一至十四、十九至三十四)

370000－1502－0005626　jnt13642

周官恒解六卷　(清)劉沅輯注　清同治十一
年(1872)刻本　五冊　存五卷(二至六)

370000－1502－0005627　jnt13644

尚書説要五卷　(明)吕柟撰　清惜陰軒刻本
二冊

370000－1502－0005628　jnt13645

**浙紹奎照樓書莊精校新增繪圖幼學故事瓊林
四卷首一卷新增應酬彙選四卷**　(清)程允升
撰　(清)鄒聖脈增補　(清)陸九如纂輯
(清)王秉楠增補　清光緒三十一年(1905)奎
照樓石印本　五冊

370000－1502－0005629　jnt13646

爾雅注疏十一卷　(晋)郭璞注　(宋)邢昺疏
清嘉慶十六年(1811)書業德據汲古閣原本
刻本　六冊

370000－1502－0005630　jnt13647

春秋穀梁注疏二十卷　(晋)范甯集解　(唐)
陸德明音義　(唐)楊士勛疏　清同治十年
(1871)刻本　七冊

370000－1502－0005631　jnt13648

爾雅三卷　(晋)郭璞注　(唐)陸德明音義
清李光明莊刻本　四冊

370000－1502－0005632　jnt13649

朱子家禮十卷首一卷　(明)丘濬輯　清嘉慶
六年(1801)寶寧堂刻本　三冊　存六卷(一
至三、七至八,首一卷)

370000－1502－0005633　jnt13651

礼书纲目八十五卷 （清）江永编 清刻本
七册 存三十六卷（十七至四十三、六十五至
六十九、七十七至八十）

370000－1502－0005634 jnt13652

礼记附考证二十卷 （汉）郑玄注 清刻本
九册 存十八卷（一至十、十三至二十）

370000－1502－0005635 jnt13653

重刊宋本十三经注疏附校勘记四百十六卷
（清）阮元撰 清嘉庆二十年（1815）刻道光六
年（1826）重校本 二十五册 存六十卷（尚
书二十卷、谷梁传二十卷、周易正义十卷、尔
雅注疏十卷）

370000－1502－0005636 jnt13654

附释音毛诗注疏二十卷附校勘记 （汉）毛亨
撰 （汉）郑玄笺 （唐）孔颖达疏 清同治十
二年（1873）江西书局刻本 二十四册

370000－1502－0005637 jnt13655

重刊宋本十三经注疏附校勘记四百十六卷
（清）阮元撰 清刻本 八十册 存一百九十
卷（周易兼义一至三，毛诗注疏一、三至四、七
至十四、十七至二十四，仪礼疏四至三十四、
三十八至五十，附释音礼记注疏二十五至四
十二，附释音春秋左传注疏十四至四十一、五
十二至五十三、五十六至六十，论语注疏解经
七至十二、十六至二十，附释音尚书注疏一至
十七，监本附音春秋公羊注疏二十至二十四，
尔雅疏一至四，监本附音春秋谷梁注疏一至
十，附释音礼记注疏一至二十四）

370000－1502－0005638 jnt13656

重刊宋本十三经注疏附校勘记四百十六卷
（清）阮元撰 （清）卢宣旬摘录 清光绪十八
年（1892）湖南宝庆务本书局刻本 九十六册
存一百七十四卷（周易兼义二至八，附释音
毛诗注疏存一至十一，附释音周礼注疏一至
二、五至八、十二至十四、十九至四十二，仪礼
疏一至二十四，附释音礼记注疏一至十六，附
释音春秋左传注疏一至三十五、三十九至四
十、四十五至六十，监本附音春秋谷梁注疏一
至三、十三至二十，论语注疏解经六至十、十

五至二十,孟子注疏解经一至四、七至十）

370000－1502－0005639 jnt13660

御纂周易折中二十二卷首一卷 （清）李光地
撰 清刻本 六册 存十一卷（一至十,首一
卷）

370000－1502－0005640 jnt13661

四书纂疏二十六卷 （宋）赵顺孙纂疏 清刻
本 一册 存五卷（孟子五至九）

370000－1502－0005641 jnt13666

孟子七卷 （宋）朱熹集注 清刻本 二册

370000－1502－0005642 jnt13667

孟子七卷 （汉）赵岐注 （宋）朱熹集注 清
稽古楼刻本 四册 存四卷（一、四、六至七）

370000－1502－0005643 jnt13668

诗毛氏传疏三十卷 （清）陈奂撰 清光绪九
年（1883）刻本 八册 存二十三卷（一至十、
十八至三十）

370000－1502－0005644 jnt13669

四书图考十三卷 （清）杜炳辑 清刻本 六
册 存六卷（八至十三）

370000－1502－0005645 jnt13671

新编救急奇方一卷 （清）徐文弼辑 清道光
二十三年（1843）济南府会文斋刻本 一册

370000－1502－0005646 jnt13673

古香斋鉴赏袖珍初学记三十卷 （唐）徐坚等
撰 清刻本 四册 存八卷（三至四、十一至
十二、十七至二十）

370000－1502－0005647 jnt13674

曾文正公家书十卷家训二卷 （清）曾国藩撰
清光绪五年（1879）传忠书局刻本 八册

370000－1502－0005648 jnt13677

拾遗记十卷 （晋）王嘉撰 （南朝梁）萧绮录
清嘉庆九年（1804）汪氏刻秘书二十一种本
一册

370000－1502－0005649 jnt13681

康熙字典十二集检字一卷辨似一卷等韵一卷
备考一卷补遗一卷 （清）张玉书等奉敕撰

清光緒十六年(1890)上海鴻文書局石印本
六冊

370000－1502－0005650　jnt13682

康熙字典十二集檢字一卷辨似一卷等韻一卷
備考一卷補遺一卷　(清)張玉書等奉敕撰
清道光七年(1827)刻本　四十冊

370000－1502－0005651　jnt13683

康熙字典十二集檢字一卷辨似一卷等韻一卷
備考一卷補遺一卷　(清)張玉書等奉敕撰
清刻本　四十冊

370000－1502－0005652　jnt13684

康熙字典十二集檢字一卷辨似一卷等韻一卷
備考一卷補遺一卷　(清)張玉書等奉敕撰
清刻本　四十冊

370000－1502－0005653　jnt13687

康熙字典十二集檢字一卷辨似一卷等韻一卷
備考一卷補遺一卷　(清)張玉書等奉敕撰
清刻本　三十八冊　缺二卷(備考一卷、補遺
一卷）

370000－1502－0005654　jnt13693

汲古修緶四卷古錦囊二卷　(□)王衍慶鈔
清抄本　六冊

370000－1502－0005655　jnt13694

康熙字典十二集檢字一卷辨似一卷等韻一卷
備考一卷補遺一卷　(清)張玉書等奉敕撰
清刻本　四十冊

370000－1502－0005656　jnt13701

康熙字典十二集檢字一卷辨似一卷等韻一卷
備考一卷補遺一卷　(清)張玉書等奉敕撰
清光緒三十二年(1906)上海商務印書館石印
本　六冊

370000－1502－0005657　jnt13702

康熙字典十二集檢字一卷辨似一卷等韻一卷
備考一卷補遺一卷　(清)張玉書等奉敕撰
清光緒十三年(1887)上海點石齋石印本　六
冊

370000－1502－0005658　jnt13703

四音字彙十二卷　(清)鄭長庚輯　清道光二
十七年(1847)錦華堂刻本　十二冊

370000－1502－0005659　jnt13704

剔弊廣增分韻五方元音二卷首一卷　(清)樊
騰鳳撰　(清)趙培梓編　清光緒三十年
(1904)書業德刻本　二冊

370000－1502－0005660　jnt13708

五方元音十二卷　(清)樊騰鳳撰　(清)年希
堯增補　清光緒十七年(1891)聚盛堂刻本
二冊

370000－1502－0005661　jnt13713

五方元音二卷　(清)樊騰鳳撰　(清)年希堯
增補　清光緒二十五年(1899)藝德堂刻本
一冊

370000－1502－0005662　jnt13714

説文繫傳校錄三十卷　(清)王筠撰　清咸豐
七年(1857)刻本　三冊

370000－1502－0005663　jnt13718

説文解字句讀三十卷　(清)王筠撰　清同治
四年(1865)刻本　十三冊　存十六卷(一至
十二、二十七至三十)

370000－1502－0005664　jnt13730

康熙字典十二集檢字一卷辨似一卷等韻一卷
備考一卷補遺一卷　(清)張玉書等奉敕撰
清光緒元年(1875)湖北崇文書局刻本　二十
五冊　缺七集(子集、丑集、寅集、巳集、午集、
丙集、亥集)

370000－1502－0005665　jnt13731

康熙字典十二集檢字一卷辨似一卷等韻一卷
備考一卷補遺一卷　(清)張玉書等奉敕撰
清光緒元年(1875)湖北崇文書局刻本　三十
六冊　缺四卷(未中、下,申中、下)

370000－1502－0005666　jnt13732

康熙字典十二集檢字一卷辨似一卷等韻一卷
備考一卷補遺一卷　(清)張玉書等奉敕撰
清刻本　四十冊

370000－1502－0005667　jnt13735

續哲學妖怪百談 （日本）井上圓了輯 （清）徐渭臣譯 清光緒二十九年(1903)上海文明書局鉛印本 一册

370000－1502－0005668 jnt13736

六書通十卷 （明）閔齊伋撰 （清）畢弘述篆訂 清刻本 六册 缺二卷(三、八)

370000－1502－0005669 jnt13739

策府統宗六十五卷 （清）劉昌齡撰 清光緒十五年(1889)珍藝書局鉛印本 二十三册 存六十二卷(四至六十五)

370000－1502－0005670 jnt13740

山東鄉試硃卷(道光甲辰恩科)一卷 （清）寧廷莊撰 清刻本 一册

370000－1502－0005671 jnt13741

山東鄉試硃卷(道光丙午恩科)一卷 （清）楊延烈撰 清道光刻本 一册

370000－1502－0005672 jnt13742

山東鄉試硃卷(道光辛卯恩科)一卷 （清）楊開運撰 清道光刻本 一册

370000－1502－0005673 jnt13743

迴瀾紀效詞一卷 （清）陳錦撰 清刻本 一册

370000－1502－0005674 jnt13744

山東鄉試硃卷(道光丁酉科)不分卷 （清）焦肇盈撰 （清）馮森堂撰 清道光刻本 二册

370000－1502－0005675 jnt13745

[同治]甯海州志二十六卷 （清）王厚階纂 (清)舒孔安修 清刻本 一册 存一卷(二十五上)

370000－1502－0005676 jnt13746

山東鄉試硃卷(咸豐戊午科)不分卷 （清）馮允煦等撰 清刻本 二册

370000－1502－0005677 jnt13747

山東鄉試硃卷(光緒戊子科)不分卷 （清）張元寳等撰 清刻本 一册

370000－1502－0005678 jnt13748

欽定學堂章程一卷 （清）張百熙撰 清光緒二十八年(1902)山東書局石印本 一册

370000－1502－0005679 jnt13749

山東鄉試硃卷(道光己亥科)不分卷 （清）李金鼇等撰 清刻本 一册

370000－1502－0005680 jnt13750

會試硃卷(道光戊戌科)一卷 （清）李鴻撰 清道光刻本 一册

370000－1502－0005681 jnt13751

山東清訟章程一卷 （清）山東布政使司(清)按察使司會詳 清光緒刻本 一册

370000－1502－0005682 jnt13752

酌定營規一卷 （清）馬丕瑤撰 清光緒十五年(1889)刻本 一册

370000－1502－0005683 jnt13757

繹史一百六十卷 （清）馬驌編 清刻本 一册 存二卷(一百五十九至一百六十)

370000－1502－0005684 jnt13760

和蘭刑法三編不分卷 汪有齡校正 清光緒三十三年(1907)鉛印本 一册

370000－1502－0005685 jnt13761

山東法政學堂講義不分卷 （清）楊肇培講述 （清）山東法政學堂輯 清光緒三十三年(1907)山東法政學堂石印本 二册

370000－1502－0005686 jnt13764

御纂醫宗金鑑十六卷首一卷 （清）吳謙等奉敕撰 清光緒九年(1883)上海掃葉山房刻本 十一册 存十四卷(一至五、八至十六)

370000－1502－0005687 jnt13765

御纂醫宗金鑑十六卷 （清）吳謙等奉敕撰 清善成堂刻本 六册 存十卷(七至十六)

370000－1502－0005688 jnt13766

御纂醫宗金鑑九十卷首一卷 （清）吳謙等奉敕撰 清刻本 五册 存十五卷(三十六至五十)

370000－1502－0005689 jnt13767

御纂醫宗金鑑九十卷首一卷 （清）吳謙等奉敕撰 清刻本 十八册 存三十一卷(三十

六至四十七、五十八至七十六）

370000－1502－0005690　jnt13769

新增龍文鞭影全集十四卷　（清）吳汝綸編錄
清光緒三十一年(1905)藝德堂刻本　六册

370000－1502－0005691　jnt13770

龍文鞭影二卷二集二卷　（明）蕭良有著
（明）楊臣諍增訂　清光緒十一年(1885)彙文
堂刻本　四册

370000－1502－0005692　jnt13771

龍文鞭影二卷二集二卷　（明）蕭良有著
（明）楊臣諍增訂　清光緒十一年(1885)彙文
堂刻本　四册

370000－1502－0005693　jnt13772

龍文鞭影二卷二集二卷　（明）蕭良有著
（明）楊臣諍增訂　清光緒十一年(1885)彙文
堂刻本　四册

370000－1502－0005694　jnt13773

程書五十一卷　（清）程湛編　清抄本　一册
存十一卷(二十六至三十六)

370000－1502－0005695　jnt13774

管窺輯要八十卷　（清）黃鼎纂定　清刻本
五册　存十卷(二十四至二十五、二十八至三
十五)

370000－1502－0005696　jnt13775

法學通論講義　（清）裴子晏講述　清宣統元
年至宣統三年(1909－1911)山東政法學堂石
印本　十七册

370000－1502－0005697　jnt13779

山東法政學堂章程一卷　（清）山東法政學堂
撰　清末石印本　一册

370000－1502－0005698　jnt13780

李文忠公奏稿八十卷　（清）吳汝綸編錄　清
光緒刻本　三册　存三卷(七十八至八十)

370000－1502－0005699　jnt13784

小學紺珠纂要一卷　（清）潘清蔭撰　清光緒
二十年(1894)刻本　一册

370000－1502－0005700　jnt13785

日知錄集釋三十二卷　（清）顧炎武撰　（清）
黃汝成集釋　清刻本　二册　存六卷(十九
至二十一、二十四至二十六)

370000－1502－0005701　jnt13787

道書一貫真機易簡錄十二卷　（清）傅金銓彙
輯　清刻本　一册　存二卷(三至四)

370000－1502－0005702　jnt13788

道書一貫真機易簡錄十二卷　（清）傅金銓彙
輯　清刻本　一册　存一卷(三)

370000－1502－0005703　jnt13790

**馮氏錦囊秘錄雜症痘疹藥性主治合參十二卷
首一卷**　（清）馮兆張輯　清刻本　三册

370000－1502－0005704　jnt13792

繪圖綴白裘十二集四十八卷　（清）玩花主人
編輯　清末石印本　一册　存四卷(十二集
一至四)

370000－1502－0005705　jnt13793

外科症治全生後集三卷　（清）王維德撰　清
光緒九年(1883)刻本　一册

370000－1502－0005706　jnt13794

孔孟志略三卷　（清）張承燮纂　清光緒二十
七年(1901)山東聽雨堂刻本　二册　存二卷
(上、中)

370000－1502－0005707　jnt13797

字音考異一卷　（□）□□撰　清光緒九年
(1883)善成堂刻本　一册

370000－1502－0005708　jnt13798

詩集二卷　（清）□□撰　清同治稿本　一册

370000－1502－0005709　jnt13800

邵氏九族五譜一卷　（清）邵克明撰　清道光
寫本　一册

370000－1502－0005710　jnt13800

邵氏家譜(十一房)一卷　（□）□□撰　清抄
本　一册

370000－1502－0005711　jnt13801

書經　（漢）孔安國撰　清抄本　二册

370000 – 1502 – 0005712　jnt13804

孔子集語十七卷　（清）孫星衍撰　清抄本
一册　存八卷(一至八)

370000 – 1502 – 0005713　jnt13808

王氏家乘一卷　（□）□□撰　清稿本　一册

370000 – 1502 – 0005714　jnt13809

造送省城四□廂修築圩工案内收款銀錢各數
目清册稿　（清）□□抄　清抄本　一册

370000 – 1502 – 0005715　jnt13817

詳送省城四關廂挑濠築圩收支捐借工料銀錢
各細數清册稿　（清）□□抄　清抄本　一册

370000 – 1502 – 0005716　jnt13818

山東通省候補道府同知直隸州通判州縣各官
簡明履歷錦擢不分卷　（清）沈寶瑩輯　清末
寫本　一册

370000 – 1502 – 0005717　jnt13819

大清搢紳全書不分卷　（清）榮録堂輯　清宣
統元年(1909)榮録堂刻本　四册

370000 – 1502 – 0005718　jnt13820

大清搢紳全書四卷　（清）榮録堂輯　清光緒
十九年(1893)榮録堂刻本　四册

370000 – 1502 – 0005719　jnt13821

大清中樞備覽　（清）榮録堂輯　清光緒十九
年(1893)榮録堂刻本　二册

370000 – 1502 – 0005720　jnt13822

大清搢紳全書不分卷　（清）榮寶齋輯　清光
緒三十一年(1905)榮寶齋刻本　四册　存二
册(一至二)

370000 – 1502 – 0005721　jnt13823

爵秩全覽不分卷　（清）□□編　清光緒二十
四年(1898)刻本　三册

370000 – 1502 – 0005722　jnt13824

大清搢紳全書不分卷　（清）榮寶齋輯　清宣
統元年(1909)榮寶齋刻本　三册

370000 – 1502 – 0005723　jnt13825

最新職官全録四卷附增補最新職官全録不分
卷　（清）榮寶齋輯　清宣統二年(1910)榮寶

齋刻本　四册

370000 – 1502 – 0005724　jnt13826

大清中樞備覽　（清）榮録堂輯　清宣統二年
(1910)榮録堂刻本　一册　存一册(上)

370000 – 1502 – 0005725　jnt13827

大清搢紳全書不分卷　（清）榮寶齋輯　清宣
統元年(1909)榮寶齋刻本　一册

370000 – 1502 – 0005726　jnt13828

大清搢紳全書不分卷　（清）榮寶齋輯　清光
緒三十二年(1906)榮寶齋刻本　一册

370000 – 1502 – 0005727　jnt13829

增補最新職官全録　（清）榮寶齋輯　清光緒
三十三年(1907)榮寶齋刻本　一册

370000 – 1502 – 0005728　jnt13830

大清搢紳全書不分卷　（清）榮録堂輯　清光
緒三十年(1904)榮録堂刻本　一册

370000 – 1502 – 0005729　jnt13831

大清搢紳全書不分卷　（清）榮録堂輯　清光
緒二十八年(1902)榮録堂刻本　一册

370000 – 1502 – 0005730　jnt13833

大清搢紳全書不分卷　（清）榮録堂輯　清光
緒三十三年(1907)榮録堂刻本　一册

370000 – 1502 – 0005731　jnt13834

大清最新百官録　（清）榮録堂輯　清榮録堂
刻本　一册

370000 – 1502 – 0005732　jnt13835

中樞備覽　（清）榮録堂輯　清光緒三十一年
(1905)榮録堂刻本　一册

370000 – 1502 – 0005733　jnt13836

爵秩全函二卷　（清）榮録堂輯　清光緒三十
一年(1905)榮録堂刻本　一册

370000 – 1502 – 0005734　jnt13847

墨香居畫識十卷　（清）馮金伯撰　清刻本
一册　存二卷(四至五)

370000 – 1502 – 0005735　jnt13848

邵氏印譜不分卷　（清）邵元瀚收藏　清末鈐

印本　一册

370000 – 1502 – 0005736　jnt13865

沈氏藏印　（清）沈氏收藏　清鈐印本　十一册

370000 – 1502 – 0005737　jnt13866

印粹不分卷　（清）汪秀峰集　清末鈐印本　四册

370000 – 1502 – 0005738　jnt13873

新編日用涓旨奇門五總龜四卷　（明）池本理注　清刻本　二册　存三卷（二至四）

370000 – 1502 – 0005739　jnt13874

篆刻集存不分卷　（清）□□藏　清鈐印本　九册

370000 – 1502 – 0005740　jnt13875

吳氏印存一卷　（清）吳咨篆刻　清鈐印本　一册

370000 – 1502 – 0005741　jnt13876

落伽山館印存不分卷　（清）許芳和藏　清鈐印本　一册

370000 – 1502 – 0005742　jnt13879

訥齋印存不分卷　（明）何震篆　清鈐印本　一册

370000 – 1502 – 0005743　jnt13880

三十六峰草堂印存一卷　（清）石庚藏　清鈐印本　一册

370000 – 1502 – 0005744　jnt13881

論語最豁集四卷　（清）劉珍輯　清光緒三十四年（1908）上海章福記石印本　四册

370000 – 1502 – 0005745　jnt13883

小學集注六卷附忠經一卷　（宋）朱熹撰（漢）鄭玄集注　清光緒三十二年（1906）鴻寶齋石印本　四册

370000 – 1502 – 0005746　jnt13884

書札不分卷　（清）綏言輯藏　清稿本　一册

370000 – 1502 – 0005747　jnt13885

書札不分卷　（清）鏡嵐輯藏　清稿本　一册

370000 – 1502 – 0005748　jnt13886

圖注八十一難經辨真四卷　（戰國）秦越人述（明）張世賢注　清刻本　二册

370000 – 1502 – 0005749　jnt13889

圖注脈訣辨真四卷　（晋）王叔和撰　（明）張世賢注　清善成堂刻本　二册

370000 – 1502 – 0005750　jnt13889

脈訣附方一卷八裏脈方一卷九道脈方一卷奇經八脈考一卷　（明）張世賢編次　（明）李時珍撰輯　清刻本　一册

370000 – 1502 – 0005751　jnt13890

檢驗新知識不分卷　（清）王賡甲等述録　清宣統二年（1910）山東官報事務所鉛印本　一册

370000 – 1502 – 0005752　jnt13891

軍官學堂教科書日俄戰紀　（清）任衣洲譯（清）壽永康編　（清）雷啓元修　清光緒三十四年（1908）石印本　二册

370000 – 1502 – 0005753　jnt13891

日俄戰紀二卷　（清）壽永康撰　清光緒三十四年（1908）石印本　一册

370000 – 1502 – 0005754　jnt13892

佐治藥言一卷續佐治藥言一卷　（清）汪輝祖撰　清光緒八年（1882）山東書局刻本　一册

370000 – 1502 – 0005755　jnt13893

全體闡微三卷　（美國）柯爲良撰　清光緒十五年（1889）福州聖教醫館鉛印本　三册

370000 – 1502 – 0005756　jnt13894

竈君真經三卷附案證一卷　（□）□□撰　清同治七年（1868）刻本　一册

370000 – 1502 – 0005757　jnt13895

壽言二卷　（清）陳鎮等輯　清同治十二年（1873）刻本　一册　存一卷（上）

370000 – 1502 – 0005758　jnt13898

鄧璞君先生輓弟詩一卷　（清）鄧際昌撰　清末鉛印本　一册

370000 – 1502 – 0005759　jnt13899

275

鄧璞君先生輓弟詩一卷　(清)鄧際昌撰　清末鉛印本　一冊

370000－1502－0005760　jnt13901

劉敬穆先生鄉諡議一卷　(清)劉敬穆撰　清石印本　一冊

370000－1502－0005761　jnt13902

劉敬穆先生鄉諡議一卷　(清)劉敬穆撰　清石印本　一冊

370000－1502－0005762　jnt13909

淨宗法要一卷　(清)趙鉞撰　清道光二十四年(1844)浙杭武林昭慶慧空經房刻本　一冊

370000－1502－0005763　jnt13915

夢鶴軒楳澥詩鈔六卷　(清)繆公恩撰　清抄本　一冊

370000－1502－0005764　jnt13916

資治通鑑二百九十四卷　(宋)司馬光奉敕編集　(元)胡三省音注　清嘉慶二十一年(1816)刻本　四十四冊　存一百二十六卷(三十四至三十九、四十三至六十三、七十六至八十一、八十五至八十七、九十四至一百十七、一百二十一至一百二十九、一百三十三至一百三十五、一百三十九至一百八十、二百八十三至二百九十四)

370000－1502－0005765　jnt13917

慧命經三卷　(清)柳華陽撰注　清光緒十一年(1885)刻本　一冊

370000－1502－0005766　jnt13925

論語十卷　(宋)朱熹集注　清同治十一年(1872)山東書局刻本　二冊

370000－1502－0005767　jnt13926

論語十卷　(宋)朱熹集注　清刻本　二冊

370000－1502－0005768　jnt13927

孟子七卷　(宋)朱熹集注　清刻本　一冊　存二卷(一至二)

370000－1502－0005769　jnt13927

孟子七卷　(宋)朱熹集注　清同治十年(1871)山東書局刻本　三冊

370000－1502－0005770　jnt13928

瀕湖脈學一卷　(明)李時珍撰　清宣統三年(1911)書業德刻本　一冊

370000－1502－0005771　jnt13932

竹如意二卷　(清)馬國翰撰　清玉函山房刻本　一冊　存一卷(上)

370000－1502－0005772　jnt13933

陰隲文圖説不分卷　(清)黃正元纂輯　清刻本　一冊

370000－1502－0005773　jnt13936

三經解三卷　(明)釋智旭撰　清刻本　一冊

370000－1502－0005774　jnt13939

欽定四庫全書簡明目録二十卷　(清)紀昀等編　清刻本　六冊

370000－1502－0005775　jnt13943

韻辨二卷　(清)余子屬訂　清末手抄本　一冊　存一卷(上)

370000－1502－0005776　jnt13944

廿二史札記三十六卷　(清)趙翼撰　清光緒二十七年(1901)上海文盛書局石印本　五冊　存二十三卷(一至十九、二十五至二十八)

370000－1502－0005777　jnt13946

鹽筴指掌不分卷　(□)步霄輯　清抄本　一冊

370000－1502－0005778　jnt13947

占驗秘集　(□)崔國彦集録　清抄本　四冊

370000－1502－0005779　jnt13948

灘江泛棹圖五集一卷續泛槎圖六集一卷　(清)張寶繪　清光緒六年(1880)上海點石齋照相石印本　一冊

370000－1502－0005780　jnt13949

庸盦海外文編四卷　(清)薛福成撰　清末石印本　一冊　存二卷(三至四)

370000－1502－0005781　jnt13950

曾文正公榮哀録一卷　(清)國史館撰　清著易堂書局石印本　一冊

370000 – 1502 – 0005782　jnt13952

東三省輿地圖説　（清）曹廷傑撰　清稿本
一册

370000 – 1502 – 0005783　jnt13953

清人列傳摘鈔不分卷　（□）過廷□鈔　清朱
絲欄抄本　一册

370000 – 1502 – 0005784　jnt13956

滄州防次信稿不分卷　（清）袁世坦撰　清抄
本　一册

370000 – 1502 – 0005785　jnt13958

治河方略十卷首一卷　（清）靳輔撰　清安瀾
堂刻本　二册　存二卷(二,首一卷)

370000 – 1502 – 0005786　jnt13962

樊山判牘續編四卷　樊增祥撰　清宣統三年
(1911)大同書局石印本　三册　存三卷(一
至三)

370000 – 1502 – 0005787　jnt13963

軍官學校教科書十五種　（清）陸軍行營軍官
學堂編　清陸軍行營軍官學堂石印本　二十
二册

370000 – 1502 – 0005788　jnt13964

水道提綱二十八卷　（清）齊召南撰　清末石
印本　一册　存七卷(十四至二十)

370000 – 1502 – 0005789　jnt13965

精印原本八賢手札不分卷　（清）郭慶藩輯
清光緒十年(1884)岵瞻堂摹刻石印本　四册

370000 – 1502 – 0005790　jnt13966

温熱暑疫全書四卷　（清）周揚俊輯　清道光
二十年(1840)寶善堂刻本　二册

370000 – 1502 – 0005791　jnt13967

鑑綱詠略八卷　（清）張應鼎　（清）柯龍章輯
注　清刻本　二册　存二卷(三至四)

370000 – 1502 – 0005792　jnt13969

盧氏世譜不分卷　（清）盧作興修　清道光二
十七年(1847)抄本　一册

370000 – 1502 – 0005793　jnt13974

四書順義解十九卷　（清）劉琴撰　清刻本

七册　存七卷(孟子一至七)

370000 – 1502 – 0005794　jnt13976

痘診正宗二卷　（清）宋麟祥撰　清同治八年
(1869)善成堂刻本　四册

370000 – 1502 – 0005795　jnt13977

讀史鏡古編三十二卷　（清）潘世思輯　清刻
本　一册　存五卷(七至十一)

370000 – 1502 – 0005796　jnt13978

廿二史紀略八卷　（清）羅聘撰　清末善成堂
刻本　四册

370000 – 1502 – 0005797　jnt13980

大學衍義四十三卷　（宋）真德秀撰　清同治
十三年(1874)金陵書局刻本　四册　存二十
四卷(一至二十四)

370000 – 1502 – 0005798　jnt13981

四書或問三十八卷　（宋）朱熹撰　清刻本
二册　存二十六卷(論語或問一至十、孟子或
問一至十四、中庸輯略一至二)

370000 – 1502 – 0005799　jnt13981

山蠶譜二卷　（清）張崧編　清末濟南後宰門
街善成印務局鉛印本　一册

370000 – 1502 – 0005800　jnt13982

鍼灸大成十卷　（明）楊繼洲撰　（清）章廷珪
重修　清光緒六年(1880)校經山房刻本　十
册

370000 – 1502 – 0005801　jnt13983

世補齋醫書三十三卷　（清）陸懋修撰　清光
緒十二年(1886)山丘書局刻本　八册

370000 – 1502 – 0005802　jnt13986

痘科辨證四卷　（清）林愈蕃撰　（清）陳堯道
輯　清咸豐二年(1852)聚奎堂刻本　三册
存三卷(一、三至四)

370000 – 1502 – 0005803　jnt13987

宋文憲公全集五十三卷首一卷　（明）宋濂撰
（清）孫鏘校　清刻本　一册　存三卷(八
至十)

370000 – 1502 – 0005804　jnt13988

呂晚村手書家訓五卷　（清）呂留良撰　清光緒三年(1877)同學保存會石印本　一冊　存三卷(三至五)

370000－1502－0005805　jnt13989

續菜根譚六卷　（明）洪應明撰　（清）華松森　（清）查日莘編輯　清歙州查氏紫藤華館刻本　二冊

370000－1502－0005806　jnt13990

讀史大略六十卷　（清）沙張白撰　清道光二十五年(1845)刻本　三冊　存十七卷(七至十四、四十八到五十六)

370000－1502－0005807　jnt13993

潛齋醫書五種二十卷　（清）王士雄撰　清光緒三十年(1904)上海鴻文書局石印本　八冊

370000－1502－0005808　jnt13996

蠶桑學堂章程一卷小學堂章程一卷閱報所章程一卷工藝商局章程一卷自新習藝所章程一卷　（清）祖年纂　清光緒二十九年(1903)石印本　一冊

370000－1502－0005809　jnt13998

國語二十一卷　（三國吳）韋昭注　清同治八年(1869)崇文書局刻本　二冊　存十卷(一至三、十至十六)

370000－1502－0005810　jnt14000

高子摘要不分卷　（明）高攀龍撰　清同治九年(1870)梁錫天爵堂刻本　一冊

370000－1502－0005811　jnt14001

錦字箋四卷　（清）黃澐輯　清道光三十年(1850)三益堂刻本　四冊

370000－1502－0005812　jnt14002

袁文箋正十六卷附袁文補注一卷　（清）袁枚撰　（清）石韞玉箋　清同治八年(1869)松壽山房刻本　五冊　存十五卷(袁文箋正一至六、九至十六,附錄補注一卷)

370000－1502－0005813　jnt14003

說文外編十六卷附劉氏碎金一卷　（清）雷浚撰　清光緒十四年(1888)同文書局石印小本

二冊

370000－1502－0005814　jnt14005

昭代名人尺牘小傳　（清）吳修撰　清末石印本　一冊　存十四卷(十一至二十四)

370000－1502－0005815　jnt14006

中西算學大成一百卷　陳維祺纂輯　清末同文書局石印本　十一冊　存五十五卷(十四至十七、二十五至三十、三十五至四十五、五十三至六十三、七十二至七十九、八十五至九十九)

370000－1502－0005816　jnt14007

談天十八卷首一卷附表　（英國）侯失勒原本　（英國）偉烈亞力口譯　（清）李善蘭刪述　（清）徐建寅續述　清光緒二十二年(1896)上海著易堂石印本　三冊　存十五卷(一至十、十五至十八,首一卷、附表)

370000－1502－0005817　jnt14008

四書經注集證十九卷　（清）吳昌宗撰　清嘉慶三年(1798)江都汪氏刻本　五冊　存六卷(大學一卷、中庸一卷、論語一至三、孟子七)

370000－1502－0005818　jnt14010

小石山房印譜四卷列集一卷附集一卷　（清）顧湘　（清）顧浩輯　清道光八年(1828)石印本　六冊

370000－1502－0005819　jnt14014

介眉藏印不分卷　（清）邵元瀚藏　清末鈐印本　六冊

370000－1502－0005820　jnt14015

翕盦印存不分卷　（清）馬惟浚篆　清鈐印本　四冊

370000－1502－0005821　jnt14020

補羅迦室印譜　（清）趙之琛篆刻　清宣統二年(1910)西泠印社鉛印本　十八冊

370000－1502－0005822　jnt14024

介眉藏印不分卷　（清）邵元瀚藏　清末鈐印本　四冊

370000－1502－0005823　jnt14026

小夢印存不分卷　（清）松年藏　清鈐印本
六册

370000－1502－0005824　jnt14029
周禮政要二卷　（清）孫詒讓撰　清光緒二十
九年(1903)山東書局石印本　二册

370000－1502－0005825　jnt14030
周禮政要二卷　（清）孫詒讓撰　清光緒二十
九年(1903)山東書局石印本　一册　存一卷
（上）

370000－1502－0005826　jnt14031
時文輯要四卷附時文輯要瑣言　（清）孫伯龍
輯　清光緒七年(1881)書業德刻本　一册
存三卷(時文輯要一至三、瑣言)

370000－1502－0005827　jnt14032
西漢文選四卷　（清）儲欣評　清刻本　一册
存二卷(三至四)

370000－1502－0005828　jnt14033
四書題鏡三十六卷　（清）汪鯉翔纂述　清刻
本　十一册　存三十五卷(大學一卷、中庸二
卷、論語一至二十、孟子一至十二)

370000－1502－0005829　jnt14034
雪樵遺稿五卷　（清）王乃新撰　（清）繆潤紱
選　清光緒十年(1884)含光堂刻本　二册

370000－1502－0005830　jnt14035
雪樵遺稿五卷　（清）王乃新撰　（清）繆潤紱
選　清光緒十年(1884)含光堂刻本　二册

370000－1502－0005831　jnt14036
雪樵遺稿五卷　（清）王乃新撰　（清）繆潤紱
選　清光緒十年(1884)含光堂刻本　二册

370000－1502－0005832　jnt14037
雪樵遺稿五卷　（清）王乃新撰　（清）繆潤紱
選　清光緒十年(1884)含光堂刻本　二册

370000－1502－0005833　jnt14040
秦狀元稿不分卷附蔡狀元稿一卷　（清）秦大
士撰　（清）蔡以□撰　清刻本　一册

370000－1502－0005834　jnt14041
項太史全稿不分卷　（明）項煜撰　清刻本

一册

370000－1502－0005835　jnt14043
東華錄三十二卷　（清）蔣良騏撰　清刻本
六册　存十六卷(十七至三十二)

370000－1502－0005836　jnt14046
策府統宗六十五卷目錄一卷　（清）劉昌齡撰
清石印本　十七册　存六十一卷(一至三、
六至十、十三至六十五)

370000－1502－0005837　jnt14048
策學備纂三十二卷首一卷　（清）蔡啓盛
（清）吳潁炎輯　清光緒二十六年(1900)點石
齋石印本　三十册

370000－1502－0005838　jnt14049
策府統宗六十五卷　（清）劉昌齡撰　清末石
印本　十六册　存六十卷(一至六、八至十
一、十三至五十一、五十五至六十五)

370000－1502－0005839　jnt14050
佩文韻府一百六卷韻府拾遺一百六卷　（清）
張玉書等編　（清）張廷玉等拾遺　清末鉛印
本　四十册　存一百七十七卷(佩文韻府十
九至八十九、韻府拾遺一百六卷)

370000－1502－0005840　jnt14052
經學輯要二十四卷　（清）吳澄夫輯　清光緒
二十六年(1900)上海點石齋石印本　二十九
册

370000－1502－0005841　jnt14053
五經備旨四十五卷　（清）鄒聖脈纂輯　清光
緒十三年(1887)上海大同書局石印本　九册
存三十五卷(春秋一至十二、禮記一至十
一、書經一至四、禮記一至八)

370000－1502－0005842　jnt14054
五經備旨四十五卷　（清）鄒聖脈纂輯　清光
緒十三年(1887)上海大同書局石印本　十一
册　存四十三卷(易經一至七、書經一至四、
詩經一至八、春秋一至十二、禮記一至十二)

370000－1502－0005843　jnt14055
賦海大觀三十二卷　（清）鴻寶齋書局輯　清

光緒十四年(1888)鴻寶齋書局石印本　二十冊　存二十卷(一至十、十二至二十一)

370000－1502－0005844　jnt14056

藝林珠玉十卷　(清)玉玲瓏山館主人編　清道光二十四年(1844)刻本　八冊

370000－1502－0005845　jnt14057

五經合纂大成四十四卷　(清)同文書局輯　清光緒十二年(1886)同文書局石印本　十七冊　存三十五卷(詩經一至二、五至八,周易四卷,春秋一至三、四至十一,書經六卷,禮記一至二、五至十)

370000－1502－0005846　jnt14058

四書典類淵海五十二卷　(清)點鐵齋主人輯　清光緒十四年(1888)上海鴻文書局石印小本　五冊　存三十一卷(一至九、三十一至五十二)

370000－1502－0005847　jnt14059

四書五經類典集成　(□)□□輯　清末石印本　九冊　存十六卷(二、五至十四、十六至二十)

370000－1502－0005848　jnt14060

五經文府不分卷　(清)鄧濂輯　清光緒二十年(1894)蜚英館石印本　十四冊　存十四冊(易經五冊、詩經四冊、書經一冊、春秋一冊、禮記三冊)

370000－1502－0005849　jnt14061

五經合纂大成　(清)同文書局輯　清光緒十一年(1885)同文書局石印巾箱本　十九冊　存四十七卷(春秋十六卷首一卷、詩經八卷首一卷、書經六卷首一卷、周易二至四、禮記十卷首一卷)

370000－1502－0005850　jnt14062

四書朱子本義匯參　(清)王步青輯　清光緒十五年(1889)上海積山書局石印本　六冊　存五卷(大學一卷、中庸一卷、論語二卷、孟子卷上)

370000－1502－0005851　jnt14063

御案春秋左傳經解備旨十二卷首一卷　(清)

鄒聖脈輯　清刻本　六冊

370000－1502－0005852　jnt14064

經籍纂詁一百零六卷附補遺　(清)阮元撰集　清末鉛印本　四冊　存二十六卷(八十一至一百六)

370000－1502－0005853　jnt14065

禮記備旨萃精十一卷首一卷　(清)鄒聖脈輯　清刻本　六冊

370000－1502－0005854　jnt14066

四書古人典林十二卷　(清)江永編　清道光七年(1827)同文堂刻本　三冊　存七卷(一至五、七至八)

370000－1502－0005855　jnt14067

四書會要録三十卷　(清)黃瑞撰　清同治十一年(1872)漁古軒刻本　八冊　存八卷(大學一至二、中庸一至四、論語一至二)

370000－1502－0005856　jnt14068

爾雅音圖三卷　(晋)郭璞注　(清)姚之麟摹圖　清光緒二十二年(1896)文海書局石印本　二冊

370000－1502－0005857　jnt14069

縮本精選經藝淵海不分卷　(清)常安室主人輯　清光緒十一年(1885)上海點石齋石印本　六冊

370000－1502－0005858　jnt14070

幼學求源三十三卷　(清)程登吉撰　清刻本　六冊　存二十五卷(四至二十五、三十一至三十三)

370000－1502－0005859　jnt14072

四書典制類聯音注三十三卷　(清)閻其淵輯　清嘉慶二年(1797)龍江書屋刻本　六冊　存十九卷(一至三、七至十、十五至二十六)

370000－1502－0005860　jnt14073

四書反身録十八卷　(清)李顒口授　(清)王心敬録　清刻本　四冊　存十四卷(論語十卷,大學一卷,中庸一卷,孟子一至二)

370000－1502－0005861　jnt14075

皇朝經世文編一百二十卷 （清）賀長齡輯（清）魏源編次 清末鉛印本 十九册 存九十六卷(三至四、六至十、二十七至一百十五)

370000－1502－0005862　jnt14075

皇朝經世文編一百二十卷 （清）賀長齡輯（清）魏源編次 清末鉛印本 二册 存十卷(八十四至九十三)

370000－1502－0005863　jnt14077

峴傭説詩一卷 （清）峴傭撰 清光緒十三年(1887)朱毓廣刻本 一册

370000－1502－0005864　jnt14078

劉氏族譜不分卷 （清）劉氏修 清抄本 一册

370000－1502－0005865　jnt14087

聲明查覆實在情形一卷 （清）德壽覆奏 清刻本 一册

370000－1502－0005866　jnt14089

四書題鏡十九卷 （清）汪鯉翔纂述 清晉江施志鋭刻巾箱本 十二册

370000－1502－0005867　jnt14090

説文解字義證五十卷 （清）桂馥撰 清同治九年(1870)湖北崇文書局刻本 二册 存四卷(一至二、四十六至四十七)

370000－1502－0005868　jnt14091

皇清經解一千四百卷 （清）阮元編 清學海堂刻本 十册 存十卷(六百四十一至六百四十二、六百四十四至六百四十七、六百四十九至六百五十、六百五十二至六百五十三)

370000－1502－0005869　jnt14094

逸園印譜不分卷 （清）葉爲銘篆 清光緒三十年(1904)鈐印本 六册

370000－1502－0005870　jnt14095

池北偶談二十六卷 （清）王士禎撰 清刻本 七册 存二十卷(一至七、十一至十六、二十至二十六)

370000－1502－0005871　jnt14096

漁洋山人精華録會心偶筆六卷 （清）王士禎撰 （清）伊應鼎編述 清刻本 一册 存二卷(三至四)

370000－1502－0005872　jnt14098

漁洋山人精華録十卷 （清）王士禎撰 清刻本 四册 存八卷(一至五、八至十)

370000－1502－0005873　jnt14099

洗冤録詳義四卷首一卷 （清）許槤編校 清光緒十二年(1886)刻本 三册 存三卷(一至二,首一卷)

370000－1502－0005874　jnt14438

清吕聲芬爲達卿書詩 （清）吕聲芬撰 清稿本 一册

370000－1502－0005875　jnt14597

張文襄公手書 （清）張之洞撰 清末石印本 二册

370000－1502－0005876　jnt14598

昭代名人尺牘續集小傳二十四卷 （清）陶湘輯 清宣統三年(1911)天寶石印局石印本 五册 存九卷(一至二、五至六、十五、二十一至二十四)

370000－1502－0005877　jnt14620

松岩存書札不分卷 （清）馮光通等撰 清稿本 一册

370000－1502－0005878　jnt14643

唐人萬首絶句選七卷 （清）王士禎選 清同治十二年(1873)刻本 三册 存六卷(一至六)

370000－1502－0005879　jnt14683

地理志略 （美國）江戴德編輯 清光緒三十年(1904)福音印刷合資會社印本 一册

370000－1502－0005880　jnt14882

海參崴通商管見一卷 （清）李祖范撰 清光緒石印本 一册

370000－1502－0005881　jnt14883

龍文鞭影二卷 （明）蕭良有著 （明）楊臣諍增訂 清光緒七年(1881)文成堂刻本 二册

370000－1502－0005882　jnt14884

外交報第二百三十七期　　（清）上海外交報館
編　　清宣統元年(1909)商務印書館鉛印本
一册

370000－1502－0005883　　jnt14886

濟南于氏家譜　　（清）于氏纂修　　清光緒十三
年(1887)抄本　　一册

370000－1502－0005884　　jnt14889

歸去來辭古樂譜一卷　　（□）□□撰　　清抄本
一册

370000－1502－0005885　　jnt14898

董氏族譜肆支　　（清）董氏修　　清末刻本　　一
册　　存一卷(十五)

370000－1502－0005886　　jnt14900

山東調查局公牘録要初編不分卷　　（清）山東
調查局編　　清光緒三十四年(1908)濟南日報
鉛印本　　一册

370000－1502－0005887　　jnt14913

宮肅毅七袠壽序　　（清）湯聘珍等撰　　清光緒
十八年(1892)石印本　　一册

370000－1502－0005888　　jnt11473

金史紀事本末五十二卷首一卷　　（清）李有棠
編　　清光緒十四年(1888)上海書局石印本
四册

370000－1502－0005889　　jnt11473

遼史紀事本末四十卷首一卷　　（清）李有棠編
清光緒十四年(1888)上海書局石印本　　四
册

370000－1502－0005890　　jnt11473

明史紀事本末八十卷　　（清）谷應泰編輯　　清
光緒十四年(1888)上海書業公所崇德堂校鑄
板鉛印本　　八册

370000－1502－0005891　　jnt11473

三藩紀事本末二十二卷　　（清）楊陸榮編輯
清光緒十四年(1888)上海書業公所崇德堂校
鑄板鉛印本　　一册

370000－1502－0005892　　jnt11473

宋史紀事本末一百九卷　　（明）陳邦瞻編輯

清光緒十四年(1888)上海書業公所崇德堂校
鑄板鉛印本　　八册

370000－1502－0005893　　jnt11473

通鑑紀事本末二百三十九卷　　（宋）袁樞等編
輯　　清光緒十四年(1888)上海書業公所崇德
堂校鑄板鉛印本　　二十四册

370000－1502－0005894　　jnt11473

西夏紀事本末三十六卷首二卷　　（清）張鑒撰
清光緒十四年(1888)上海書業公所崇德堂
校鑄板鉛印本　　二册

370000－1502－0005895　　jnt11473

元史紀事本末二十七卷　　（明）陳邦瞻撰
（明）臧懋循補輯　　（明）張溥論正　　清光緒十
四年(1888)上海書業公所崇德堂校鑄板鉛印
本　　二册

370000－1502－0005896　　jnt11597

玉函山房目耕帖三十一卷　　（清）馬國翰輯
清光緒九年(1883)長沙嫏嬛館刻本　　十册
存十五卷(十七至三十一)

370000－1502－0005897　　jnt14051

明史紀事本末八十卷　　（清）谷應泰撰　　清宣
統二年(1910)上海文盛書局石印本　　六册

370000－1502－0005898　　jnt14051

三藩紀事本末二十二卷　　（清）楊陸榮撰　　清
宣統二年(1910)上海文盛書局石印本　　一册

370000－1502－0005899　　jnt14051

元史紀事本末二十七卷　　（明）陳邦瞻撰
（明）張溥論正　　清宣統二年(1910)上海文盛
書局石印本　　一册

370000－1502－0005900　　jnt14051

西夏紀事本末三十六卷表一卷　　（清）張鑑撰
清宣統二年(1910)上海文盛書局石印本
二册

370000－1502－0005901　　jnt14051

宋史紀事本末一百九卷　　（明）馮琦撰　　（明）
陳邦瞻增訂　　（明）張溥論正　　清宣統二年
(1910)上海文盛書局石印本　　五册

370000－1502－0005902　jnt14051

遼史紀事本末四十卷首一卷末一卷　　（清）
李有棠撰　清宣統二年(1910)上海文盛書局
石印本　二册

370000－1502－0005903　jnt14051

金史紀事本末五十二卷首一卷末一卷　（清）
李有棠撰　清宣統二年(1910)上海文盛書局
石印本　一册　存二十六卷(一至二十六)

370000－1502－0005904　jnt14051

左傳紀事本末五十三卷　（清）高士奇撰　清
宣統二年(1910)上海文盛書局石印本　四册

370000－1502－0005905　jnt14051

通鑑紀事本末二百三十九卷　（宋）袁樞撰
(明)張溥論正　清宣統二年(1910)上海文盛
書局石印本　十六册　存二百三十一卷(一
至二百三十一)

370000－1502－0005906　jnt14071

五經備旨四十五卷　（清）鄒聖脈纂輯　清光
緒十二年(1886)上海點石齋石印本　九册
存三十五卷(易四至七、書一至四、詩五至八、
春秋一至十二、禮記一至十一)

370000－1502－0005907　jnt14071

易經備旨七卷　（清）鄒聖脈纂輯　清光緒十
二年(1886)上海點石齋石印本　一册

370000－1502－0005908　jnts00013

[乾隆]陽信縣志八卷首一卷　（清）王允深纂
修　清乾隆二十四年(1759)刻本　五册

370000－1502－0005909　jnts00018

[康熙]齊東縣志八卷　（清）余爲霖纂修　清
康熙二十四年(1685)刻本　六册

370000－1502－0005910　jnts00019

[乾隆]青城縣志十二卷　（清）方鳳修
(清)戴文熾等纂　清乾隆二十四年(1759)刻
本　四册

370000－1502－0005911　jnts00024

[乾隆]昌邑縣志八卷　（清）周來邰纂修　清
乾隆七年(1742)刻本　四册

370000－1502－0005912　jnts00027

[乾隆]樂陵縣志八卷　（清）王謙益修
(清)鄭成中纂　（清）莊肇奎參訂　清乾隆二
十七年(1762)刻本　八册

370000－1502－0005913　jnts00029

[康熙]新城縣志十四卷首一卷　（清）崔懋纂
修　續志二卷　（清）孫元衡纂修　清康熙三
十三年(1694)刻本　六册

370000－1502－0005914　jnts00032

[乾隆]平原縣志十卷首一卷　（清）黄懷祖修
清乾隆十四年(1749)刻本　四册

370000－1502－0005915　jnts00033

[乾隆]即墨縣志十二卷　（清）尤淑孝修
(清)李元正纂　清乾隆二十九年(1764)刻本
六册

370000－1502－0005916　jnts00049

[乾隆]平原縣志十卷首一卷　（清）黄懷祖修
清乾隆十四年(1749)刻本　四册

370000－1502－0005917　jnts00055

[康熙]臨朐縣志四卷　（清）屠壽徵修
(清)尹所遴纂　清康熙十一年(1672)刻本
四册

370000－1502－0005918　jnts00056

[乾隆]濟寧直隸州志三十四卷首一卷附賦役
全書　（清）胡德琳　（清）藍應桂修
(清)周永年　（清）盛百二纂　清乾隆四十三
年(1778)刻五十年(1785)王道亨、盛百二增
刻本　二十一册

370000－1502－0005919　jnts00066

[乾隆]曲阜縣志一百卷　（清）潘相纂修　清
乾隆三十九年(1774)刻本　十二册

370000－1502－0005920　jnts00070

[康熙]沂州志八卷　（清）邵士修　（清）王
壎纂　清康熙十三年(1674)刻本　八册

370000－1502－0005921　jnts00071

[康熙]沂州志八卷　（清）邵士修　（清）王
壎纂　清康熙十三年(1674)刻本　八册

370000－1502－0005922　jnts00080

[乾隆]兗州府志三十二卷首二卷圖考一卷
(清)覺羅普爾泰修　(清)陳顧灝纂　清乾隆
三十五年(1770)刻本　十二册

370000－1502－0005923　jnts00082

[康熙]萊蕪縣志十卷附光緒十二年賦役全書
一卷憲綱册一卷　(清)鍾國義纂修　清康熙
十二年(1673)刻本　四册

370000－1502－0005924　jnts00084

[乾隆]夏津縣志十卷首一卷　(清)方學成修
　(清)梁大鯤纂　清乾隆六年(1741)刻本
四册

370000－1502－0005925　jnts00085

[康熙]茌平縣志五卷　(清)王世臣修
(清)孫克緒纂　清康熙四十九年(1710)刻本
五册

370000－1502－0005926　jnts00088

[乾隆]淄川縣志八卷首一卷　(清)張鳴鐸修
　(清)張廷寀纂　清乾隆四十一年(1776)刻
本　八册

370000－1502－0005927　jnts00090

[乾隆]高苑縣志十卷　(清)張耀壁纂　清乾
隆二十二年(1757)刻本　二册

370000－1502－0005928　jnts00091

[康熙]滋陽縣志四卷　(清)李濚修　(清)
仲弘道纂　清康熙十一年(1672)刻本　四册

370000－1502－0005929　jnts00094

汶上縣舊志八卷　(明)栗可仕修　(明)王命
新纂　清康熙五十六年(1717)刻本　二册

370000－1502－0005930　jnts00095

[康熙]續修汶上縣志六卷附賦役全書　(清)
聞元炅纂修　清康熙五十六年(1717)刻本
二册

370000－1502－0005931　jnts00096

[康熙]益都縣志十四卷首一卷　(清)陳食花
修　(清)鍾諤纂　清康熙十一年(1672)刻本
六册

370000－1502－0005932　jnts00097

[康熙]鄒縣志三卷附帖文　(清)婁一均修
(清)周翼等纂　清康熙五十五年(1716)刻本
四册

370000－1502－0005933　jnts00101

[乾隆]泰安府志三十卷前一卷首二卷　(清)
成城纂　清乾隆二十五年(1760)刻本　十九
册　缺三卷(一至三)

370000－1502－0005934　jnts00103

[雍正]樂安縣志二十卷　(清)李方應纂修
清雍正十一年(1733)刊本　四册

370000－1502－0005935　jnts00104

[乾隆]嶧縣志十卷首一卷　(清)忠連等纂修
　清乾隆二十六年(1761)刻本　四册　存九
卷(一至六、九至十,首一卷)

370000－1502－0005936　jnts00108

[康熙]臨淄縣志十五卷　(清)鄧性修
(清)李煥章纂　清康熙十一年(1672)刻本
四册

370000－1502－0005937　jnts00115

[雍正]恩縣續志五卷　(清)陳學海修
(清)韓天篤纂　清雍正元年(1723)刻本　一
册

370000－1502－0005938　jnts00118

博古圖三十卷　(宋)王黼等撰　清乾隆十七
年(1752)亦政堂刻本　四十八册

370000－1502－0005939　jnts00122

史緯三百三十卷首一卷　(清)陳允錫删修
清康熙湖海樓刻本　一百二十册

370000－1502－0005940　jnts00123

文獻通考三百四十八卷　(元)馬端臨編纂
清乾隆十二年(1747)武英殿刻本　八十八册

370000－1502－0005941　jnts00129

續後漢書九十卷附札記四卷　(元)郝經撰
清道光二十一年至二十二年(1841－1842)郁
松年宜稼堂叢書本　二十六册

370000－1502－0005942　jnts00136

經典釋文三十卷 （唐）陸德明撰 清康熙十九年(1680)通志堂經解本 八冊

370000－1502－0005943 jnts00140

讀易大旨五卷 （清）孫奇逢撰 清康熙刻本 四冊

370000－1502－0005944 jnts00142

蘇黃題跋五卷 （宋）蘇軾 （宋）黃庭堅撰 清乾隆五十年(1785)吳興溫氏又賞齋刻本 五冊

370000－1502－0005945 jnts00148

新編古今事文類聚前集六十卷後集五十卷續集二十八卷別集三十二卷新集三十六卷外集十五卷 （宋）祝穆編 明萬曆三十二年(1604)唐富春德壽堂刻本 七十冊

370000－1502－0005946 jnts00153

漁洋山人詩集二十二卷續集十六卷 （清）王士禎撰 清康熙八年(1669)吳郡沂詠堂刻本 一百一冊

370000－1502－0005947 jnts00158

隨園續同人集十七卷 （清）袁枚輯 清乾隆五十五年(1790)刻本 六冊

370000－1502－0005948 jnts00166

史通削繁四卷 （唐）劉知幾撰 （清）紀昀撰 （清）浦起龍注 清道光十三年(1833)兩廣節署刻朱墨套印本 四冊

370000－1502－0005949 jnts00172

忠武志八卷附臥龍崗志二卷 （清）張鵬翮輯 清康熙冰雪堂刻本 十冊

370000－1502－0005950 jnts00176

闕里志二十四卷 （明）陳鎬著 清雍正修補印本 十冊

370000－1502－0005951 jnts00179

古懷錄八卷 （清）王士禎撰 清康熙刻本 二冊

370000－1502－0005952 jnts00180

韻府群玉二十卷 （元）陰時夫編輯 （元）陰中夫編注 清康熙五十年(1711)文盛堂刻本 二十冊

370000－1502－0005953 jnts00183

孫文定公全集六種十二卷 （清）孫廷銓撰 清康熙師儉堂刻本 四冊

370000－1502－0005954 jnts00185

莊子真解四卷 （清）劉勗注評 清刻本 四冊

370000－1502－0005955 jnts00190

漁洋山人文略十四卷 （清）王士禎撰 清康熙刻本 五冊

370000－1502－0005956 jnts00191

漁洋詩話三卷 （清）王士禎撰 清雍正梁溪刻本 三冊

370000－1502－0005957 jnts00254

天下郡國利病書一百二十卷 （清）顧炎武撰 清抄本 一百八冊

370000－1502－0005958 jnts00256

天下郡國利病書一百二十卷 （清）顧炎武撰 清道光十四年(1834)濟南雅鑒齋木活字本 四十二冊 存七十二卷(五至二十一、五十至五十四、六十五至一百六、一百十三至一百二十)

370000－1502－0005959 jnts00258

詞綜三十八卷 （清）朱彝尊輯 清康熙十七年(1678)刻本 八冊

370000－1502－0005960 jnts00258

明詞綜十二卷 （清）王昶輯 清嘉慶七年(1802)刻本 二冊

370000－1502－0005961 jnts00261

[雍正]山東通志三十六卷首一卷 （清）岳濬修 （清）法敏修 （清）杜詔纂 清雍正七年(1729)修乾隆元年(1736)刻本 四十二冊

370000－1502－0005962 jnts00262

江陵張文忠公全集四十七卷 （明）張居正撰 明江陵鄧氏二房刻本 十六冊 存二十五卷(一至二十五)

370000－1502－0005963 jnts00264

宋史紀事本末一百九卷　（明）馮琦編　（明）陳邦瞻輯　（明）張溥論正　明末太倉張溥刻本　十六册

370000－1502－0005964　jnts00265

漁洋山人精華録十卷　（清）王士禎撰　（清）林佶編　清康熙刻本　九册　存九卷（一至九）

370000－1502－0005965　jnts00267

潛庵先生擬明史稿二十卷　（清）湯斌撰　（清）田蘭芳評　清康熙二十七年(1688)刻本　四册　存十二卷（一至十二）

370000－1502－0005966　jnts00273

陶淵明集八卷首一卷末一卷　（晋）陶潛撰　清光緒六年(1880)刻三色套印本　四册

370000－1502－0005967　jnts00292

漁洋山人精華録會心偶筆六卷　（清）王士禎撰　（清）伊應鼎注　清乾隆刻本　四册

370000－1502－0005968　jnts00293

南華發覆八卷　（戰國）莊周撰　（明）釋性通注　清乾隆十四年(1749)雲林懷德堂刻本　四册

370000－1502－0005969　jnts00297

隋書八十五卷　（唐）魏徵　（唐）長孫無忌撰　明萬曆二十三年(1595)南京國子監刻本　二十册

370000－1502－0005970　jnts00304

甲遁真授秘集六卷　（明）薛鳳祚撰　清抄本　六册

370000－1502－0005971　jnts00309

日知會説四卷　（清）高宗弘曆敕撰　清乾隆殿本　四册

370000－1502－0005972　jnts00310

五大部直音不分卷　（□）□□撰　清嘉慶十一年(1806)刻本　二册

370000－1502－0005973　jnts00324

淮南鴻烈解二十一卷　（漢）劉安撰　（漢）高誘注　明光啓堂刻本　六册

370000－1502－0005974　jnts00339

易經旁訓辨體合訂三卷　（清）徐立綱撰　清乾隆五十四年(1789)循陔堂刻本　二册

370000－1502－0005975　jnts00339

書經旁訓辨體合訂四卷　（清）徐立綱撰　清乾隆五十四年(1789)循陔堂刻本　二册

370000－1502－0005976　jnts00339

詩經旁訓辨體合訂四卷　（清）徐立綱撰　清乾隆五十四年(1789)循陔堂刻本　四册

370000－1502－0005977　jnts00381

華泉先生集選四卷　（明）邊貢撰　睡足軒詩選一卷　（明）邊習撰　徐詩二卷　（清）徐夜撰　蕭亭詩選六卷　（清）張實居選　迪功集選一卷　（明）徐禎卿撰　蘇門集選一卷　（明）高叔嗣撰　清康熙刻本　四册

370000－1502－0005978　jnts00387

漁洋山人詩集二十二卷　（清）王士禎撰　清康熙刻本　四册

370000－1502－0005979　jnts00609

出師出行寶鏡圖一卷　（□）□□撰　清抄本　一册

370000－1502－0005980　jnts00618

十種唐詩選十七卷　（清）王士禎删纂　清康熙刻本　三册　缺一種（文粹詩一種）

370000－1502－0005981　jnts00628

御批資治通鑑綱目續編二十七卷　（明）商輅撰　（清）聖祖玄燁批　清雍正刻本　八册　存十一卷（一至六、九至十三）

370000－1502－0005982　jnts00632

五方元音二卷　（清）樊騰鳳撰　（清）年希堯增補　清雍正刻本　二册

370000－1502－0005983　jnts00634

居士傳五十六卷　（清）知歸子撰　清乾隆四十年(1775)刻本　四册

370000－1502－0005984　jnts00636

存誠堂詩集二十五卷　（清）張英撰　清康熙刻本　六册

370000 – 1502 – 0005985　jnts00639

詞學全書十四卷　（清）查培繼輯　清乾隆十一年(1746)致和堂刻本　七册

370000 – 1502 – 0005986　jnts00648

渭南文集五十卷　（宋）陸游撰　明崇禎毛氏汲古閣刻本　十二册

370000 – 1502 – 0005987　jnts00657

御撰資治通鑑綱目三編二十卷　（清）張廷玉等奉敕編　清乾隆十一年(1746)刻本　四册

370000 – 1502 – 0005988　jnts00661

鼎鍥趙田了凡袁先生編纂古本歷史大方綱鑑補三十九卷首一卷　（明）袁黄編纂　明萬曆刻本　三十二册

370000 – 1502 – 0005989　jnts01017

烈皇小識八卷　（明）文秉撰　清刻本　七册

370000 – 1502 – 0005990　jnts01062

[康熙]蒙陰縣志八卷　（清）劉德芳等修（清）王運昇編輯　清手抄本　三册　存六卷（一至四、七至八）

370000 – 1502 – 0005991　jnts01068

闕里志二十四卷　（明）陳鎬撰　清雍正刻本　九册

370000 – 1502 – 0005992　jnts01069

闕里文獻考一百卷　（清）孔繼芬纂輯　清乾隆刻本　八册

370000 – 1502 – 0005993　jnts01073

全唐詩鈔八十卷附補遺十六卷　（清）吳成儀編　清乾隆萬卷堂刻本　二十册

370000 – 1502 – 0005994　jnts01077

史記鈔四卷　（清）高嵣集評　清乾隆五十三年(1788)刻本　四册

370000 – 1502 – 0005995　jnts01091

齊乘六卷　（元）于欽纂修　清乾隆四十六年(1781)刻本　四册

370000 – 1502 – 0005996　jnts01110

貸園叢書初集十二種四十九卷　（清）周永年輯　清乾隆五十四年(1789)歷城周氏竹西書屋刻本　十六册

370000 – 1502 – 0005997　jnts01124

劉氏家藏闡微通書八卷　（清）劉春沂撰　清康熙刻本　十二册

370000 – 1502 – 0005998　jnts01506

御製曆象考成上編十六卷下編十卷表十六卷　（清）聖祖玄燁撰　清雍正元年(1723)刻本　三十册

370000 – 1502 – 0005999　jnts01528

陶説六卷　（清）朱琰撰　清乾隆三十九年(1774)刻本　四册

370000 – 1502 – 0006000　jnts01616

詩經標題題解四卷　（□）□□撰　明拱宸堂抄本　一册

370000 – 1502 – 0006001　jnts01672

晋書地理志新補正五卷　（清）畢沅撰　清乾隆刻本　一册

370000 – 1502 – 0006002　jnts01711

福壽全書六卷　（清）□□撰　清抄本　七册

370000 – 1502 – 0006003　jnts01786

漁洋山人精華錄會心偶筆六卷　（清）王士禎撰　（清）伊應鼎注　清乾隆刻本　四册

370000 – 1502 – 0006004　jnts01790

曲江書屋新訂批注左傳快讀十八卷首一卷　(清)李紹崧輯　清經元堂刻本　十六册

370000 – 1502 – 0006005　jnts01792

廣漢魏叢書　（明）何允中輯　明萬曆刻本　四十册　存四十三種

370000 – 1502 – 0006006　jnts01816

南史藁不分卷　（明）陳朝璋纂　明刻本　一册

370000 – 1502 – 0006007　jnts01817

史綱要領　（明）姚舜牧删訂　明萬曆三十八年(1610)刻本　一册

370000 – 1502 – 0006008　jnts01831

四松齋文一卷詩集二卷　（清）謝子超撰　清

乾隆二十三年(1758)刻本　一册

370000－1502－0006009　jnts01850

薛氏醫案十二種　(明)吴琯輯　明萬曆刻本
十八册

370000－1502－0006010　jnts01877

制義類編二十卷　(清)周永年選　清乾隆四
十九年(1784)林汲山房刻本　二十四册

370000－1502－0006011　jnts01881

[乾隆]吴縣志一百十二卷　(清)施謙等纂修
清乾隆十年(1745)刻本　十二册　存五十
五卷(一至二、十一至十五、二十五至三十、四
十四至五十二、五十六至五十九、六十至七十
七、一百二至一百十二)

370000－1502－0006012　jnts01905

[乾隆]博山縣志十卷首一卷　(清)田士麟纂
(清)富申修　清乾隆十八年(1753)刻本
四册

370000－1502－0006013　jnts01908

[康熙]沂州志八卷　(清)邵士修　(清)王
壎纂　清康熙十三年(1674)刻本　五册　存
五卷(一、三至五、八)

370000－1502－0006014　jnts01943

通志堂經解一千八百六十卷　(清)納蘭成德
撰　清康熙十九年(1680)通志堂刻本　五百
六十七册

370000－1502－0006015　jnts01963

過眼録四卷　(清)朱芳衡撰　清抄本　一册
存一卷(四)

370000－1502－0006016　jnts01964

新語二卷　(漢)陸賈撰　(明)程榮校　明萬
曆新安程氏刻漢魏叢書本　一册

370000－1502－0006017　jnts01975

元豐九域志十卷　(宋)王存等撰　清刻本
五册

370000－1502－0006018　jnts01992

吴越春秋六卷　(漢)趙曄撰　(清)汪士漢考
校　清康熙七年(1668)刻本　二册

370000－1502－0006019　jnts02102

金史一百三十五卷目録二卷　(元)脱脱撰
明嘉靖八年(1529)南京國子監刻本　二册
存十五卷(七十八至八十四、一百二十八至一
百三十五)

370000－1502－0006020　jnts02116

説文解字十五卷　(漢)許慎撰　(宋)徐鉉校
定　明毛氏汲古閣刻本　六册

370000－1502－0006021　jnts02145

揚侍郎集一卷　(漢)揚雄撰　(明)張溥閲
明婁東張溥刻漢魏六朝一百三家集本　一册

370000－1502－0006022　jnts02154

東坡詩選十二卷目録一卷附本傳年譜一卷
(宋)王宗稷撰　(明)譚元春選　(明)袁宏
道評　明天啓元年(1621)文盛堂刻本　五册
存十一卷(一至十、本傳年譜一卷)

370000－1502－0006023　jnts02171

補注洗冤録集證四卷　(宋)宋慈撰　(清)王
又槐集證　(清)阮其新補注　清刻三色套印
本　五册

370000－1502－0006024　jnts02206

篆書正四卷　(清)戴明説纂　清順治十四年
(1657)鴻遠堂刻本　四册

370000－1502－0006025　jnts02207

古唐詩合解十六卷　(清)王堯衢注　清雍正
十年(1732)刻本　三册

370000－1502－0006026　jnts02208

文選集評十五卷　(清)于光華編次　清乾隆
四十六年(1781)刻本　十六册

370000－1502－0006027　jnts02241

此宜閣增訂金批西廂記四卷　(元)王實甫撰
(清)金聖嘆批　清刻朱墨套印本　十册

370000－1502－0006028　jnts02293

楚辭十七卷　(漢)劉向編輯　(漢)王逸章句
明萬曆十四年(1586)三樂齋刻本　六册

370000－1502－0006029　jnts02337

聊齋志異十六卷　(清)蒲松齡撰　(清)王士

禎評　（清)但明倫新評　（清)呂湛恩注　清
同治八年(1869)刻朱墨套印本　十四册　缺
二卷(七至八)

370000－1502－0006030　jnts02392

欽定康濟録四卷　（清)陸曾禹撰　（清)倪國
璉厘正　清乾隆五十八年(1793)刻本　六册

370000－1502－0006031　jnts02399

律例便覽八卷處分則例圖要四卷　（清)蔡逢
年撰　清同治十一年(1872)刻朱墨套印本
六册

370000－1502－0006032　jnts02439

岱史十八卷　（明)查志隆輯　（清)張緝彦删
補　（清)傅應星重刻　清刻本　七册

370000－1502－0006033　jnts02466

三國志六十五卷　（晋)陳壽撰　（南朝宋)裴
松之注　明崇禎十七年(1644)毛氏汲古閣刻
本　八册

370000－1502－0006034　jnts02469

前漢書一百卷　（漢)班固撰　（唐)顏師古注
　明崇禎十五年(1642)毛氏汲古閣刻本　二
十四册

370000－1502－0006035　jnts02470

三國志六十五卷　（晋)陳壽撰　（南朝宋)裴
松之注　明崇禎十七年(1644)毛氏汲古閣刻
本　十二册

370000－1502－0006036　jnts02473

續資治通鑑綱目二十七卷　（明)商輅撰　明
弘治刻本　八册　存八卷(十五至十七)

370000－1502－0006037　jnts02496

通鑑釋文辨誤十二卷　（元)胡三省撰　明刻
本　二册

370000－1502－0006038　jnts02500

廿一史約編八卷首一卷　（清)鄭元慶述　清
魚計亭刻本　八册

370000－1502－0006039　jnts02517

六書通十卷　（明)閔齊伋撰　（清)畢弘述篆
訂　清康熙五十九年(1720)基聞堂刻本　十

册

370000－1502－0006040　jnts02527

昌黎先生詩集注十一卷　（唐)韓愈撰　（清)
朱彝尊　（清)何焯評　（清)顧嗣立删補　清
道光二十五年(1845)膺德堂刻朱墨套印本
八册

370000－1502－0006041　jnts02549

六藝綱目二卷　（元)舒天民撰　清咸豐三年
(1853)海源閣刻本　二册

370000－1502－0006042　jnts02553

邊華泉全集　（明)邊貢撰　清康熙四十四年
(1705)刻嘉慶十年(1805)補刻咸豐元年
(1851)補刻本　六册

370000－1502－0006043　jnts02555

文心雕龍十卷　（南朝梁)劉勰撰　（清)黃叔
琳注　（清)紀昀評　清道光十三年(1833)兩
廣節署刻朱墨套印本　四册

370000－1502－0006044　jnts02560

李義山詩集三卷　（唐)李商隱撰　（清)朱鶴
齡箋注　（清)沈厚塽輯評　清同治九年
(1870)廣州倅署三色套印本　四册

370000－1502－0006045　jnts02573

重刻添補傳家寶俚言新本三十二卷　（清)石
成金撰　清乾隆四年(1739)三美堂刻本　三
十二册

370000－1502－0006046　jnts02593

聊齋志異十六卷　（清)蒲松齡撰　清道光二
十二年(1842)但明倫朱墨套印本　十六册

370000－1502－0006047　jnts02609

聊齋志異十六卷　（清)蒲松齡撰　清道光二
十二年(1842)但明倫朱墨套印本　十六册

370000－1502－0006048　jnts02610

聊齋志異十六卷　（清)蒲松齡撰　清道光二
十二年(1842)但明倫朱墨套印本　十六册

370000－1502－0006049　jnts02685

廿一史約編八卷首一卷　（清)鄭元慶述　清
魚計亭刻本　八册

370000－1502－0006050　jnts02714

六祖大師法寶壇經一卷　（唐）釋法海編集
（元）釋德異校　明萬曆四十八年（1620）刻清
補刻本　一册

370000－1502－0006051　jnts02717

廿一史約編八卷首一卷末一卷　（清）鄭元慶
述　清康熙魚計亭刻本　八册

370000－1502－0006052　jnts02718

廣輿記二十四卷　（明）陸應陽纂　（清）蔡方
炳增輯　清康熙二十五年（1686）吳郡寶翰樓
刻本　十二册

370000－1502－0006053　jnts02719

類編標注文公先生經濟文衡前集二十五卷後
集二十五卷　（宋）滕拱編　明萬曆三十四年
（1606）朱崇沐刻本　八册

370000－1502－0006054　jnts02720

楞嚴經三卷　（唐）釋般刺密帝譯　明末刻本
三册

370000－1502－0006055　jnts02723

御撰資治通鑑綱目三編二十卷　（清）張廷玉
等奉敕編　清乾隆十一年（1746）刻本　六册

370000－1502－0006056　jnts02724

匡繆正俗八卷　（唐）顏師古撰　清乾隆二十
一年（1756）雅雨堂叢書本　一册

370000－1502－0006057　jnts02724

尚書大傳四卷補遺一卷續補遺一卷考異一卷
（漢）伏勝撰　（漢）鄭玄注　（清）盧見曾
補遺　清乾隆二十一年（1756）雅雨堂叢書本
一册

370000－1502－0006058　jnts02724

大戴禮記十三卷　（北周）盧辯注　清乾隆二
十五年（1760）雅雨堂叢書本　二册

370000－1502－0006059　jnts02724

文昌雜録六卷補遺一卷　（宋）龐元英撰　清
乾隆二十一年（1756）雅雨堂叢書本　一册

370000－1502－0006060　jnts02725

張子全書十五卷　（宋）張載撰　（宋）朱熹注

釋　清康熙五十八年（1719）高安朱軾刻本
六册

370000－1502－0006061　jnts02744

禮記十卷　（元）陳澔集說　（清）丁寶楨校刊
清乾隆五十九年（1794）敦化堂刻本　六册

370000－1502－0006062　jnts02751

斯文精萃不分卷　（清）尹繼善選　清乾隆刻
本　五册

370000－1502－0006063　jnts02754

長白山録一卷補遺一卷　（清）王士禛撰　清
康熙刻本　一册

370000－1502－0006064　jnts02763

唐女郎魚玄機詩一卷　（唐）魚玄機撰　薛濤
詩一卷　（唐）薛濤撰　楊太后宮詞一卷
（宋）楊皇后撰　（宋）周密輯　（清）沈恕編
清嘉慶十五年（1810）沈氏古倪園影宋刻本
三册

370000－1502－0006065　jnts02764

蘇文忠公詩集五十卷目録二卷　（宋）蘇軾撰
（清）紀昀評點　清同治八年（1869）韞玉山
房刻朱墨套印本　八册

370000－1502－0006066　jnts02765

七十二家評注楚辭十九卷讀楚辭語一卷附録
一卷　（明）陸時雍纂輯　明學山堂刻本　一
册　存二卷（讀楚辭一卷、附録一卷）

370000－1502－0006067　jnts02786

周禮便讀不分卷　（漢）鄭玄注　清抄本　一
册

370000－1502－0006068　jnts02834

春秋左傳類對賦不分卷　（宋）徐晉卿纂録
清康熙刻本　二册

370000－1502－0006069　jnts02846

國語裁注九卷　（明）閔齊伋裁注　明萬曆四
十七年（1619）閔氏刻本　四册

370000－1502－0006070　jnts02867

封氏聞見記十卷　（唐）封演撰　清乾隆二十
一年（1756）雅雨堂叢書本　一册

370000 – 1502 – 0006071　　jnts02871

蔡中郎集十卷外紀一卷外集四卷末一卷
（漢）蔡邕撰　清咸豐二年(1852)海源閣仿宋
刻本　三册　存七卷(蔡中郎集一至五、十、
外紀一)

370000 – 1502 – 0006072　　jnts02873

一切經音義二十五卷　（唐）釋玄應撰　（清）
孫星衍等校正　清乾隆五十一年(1786)刻本
八册

370000 – 1502 – 0006073　　jnts02881

盧陵宋丞相信國公文忠烈先生全集十六卷
（宋）文天祥撰　（清）文有煥等編　清乾隆刻
本　十二册

370000 – 1502 – 0006074　　jnts02906

八銘堂塾鈔初集　（清）吳懋政輯　清乾隆五
十八年(1793)書業德刻本　五册

370000 – 1502 – 0006075　　jnts02928

六朝文絜四卷　（清）許槤評選　清光緒三年
(1877)刻朱墨套印本　二册

370000 – 1502 – 0006076　　jnts02946

大六壬十三卷　（清）郭載騋輯　清康熙四十
三年(1704)懷慶楊衙刻本　六册

370000 – 1502 – 0006077　　jnts02947

撼龍經一卷　（唐）楊益撰　清乾隆六年
(1741)味和堂刻本　一册

370000 – 1502 – 0006078　　jnts02947

疑龍經一卷　（唐）楊益撰　清乾隆六年
(1741)味和堂刻本　一册

370000 – 1502 – 0006079　　jnts02949

詩經體注八卷　（清）范紫登訂　清康熙四十
二年(1703)刻本　四册

370000 – 1502 – 0006080　　jnts02973

新刻陶顧二會元精校蘇長公全集十卷首一卷
　（宋）蘇軾撰　（明）陶望齡選　（明）顧起
元補訂　明萬曆刻本　十册

370000 – 1502 – 0006081　　jnts02974

林和靖詩集不分卷附諸家詩話一卷　（宋）林

逋撰　（清）陳梓纂輯　清刻本　二册

370000 – 1502 – 0006082　　jnts02981

宋文鑑删十二卷　（宋）呂祖謙選　（明）張溥
删閱　明刻本　八册

370000 – 1502 – 0006083　　jnts02987

金石三例十五卷　（清）盧見曾輯　清乾隆二
十年(1755)盧氏雅雨堂刻本　四册

370000 – 1502 – 0006084　　jnts02999

孔子家語十卷　（三國魏）王肅撰　清乾隆四
十六年(1781)刻本　二册

370000 – 1502 – 0006085　　jnts03003

安雅堂未刻稿八卷　（清）宋琬撰　清乾隆三
十一年(1766)刻本　九册

370000 – 1502 – 0006086　　jnts03006

有懷堂集一卷　（清）田肇麗撰　清乾隆七年
(1742)刻本　一册

370000 – 1502 – 0006087　　jnts03007

周易會歸不分卷　（清）鄧齊撰　清康熙五十
一年(1712)龍南學署刻本　十册

370000 – 1502 – 0006088　　jnts03008

墨池編二十卷　（宋）朱長文編　清雍正寶硯
山房刻本　八册

370000 – 1502 – 0006089　　jnts03025

明詩別裁集十二卷　（清）沈德潛　（清）周准
輯　清乾隆五十九年(1794)刻本　六册

370000 – 1502 – 0006090　　jnts03026

蜀碧四卷　（清）彭遵泗撰　清活字本　二册

370000 – 1502 – 0006091　　jnts03030

滄浪詩話一卷　（宋）嚴羽撰　明汲古閣刻津
逮秘書本　一册

370000 – 1502 – 0006092　　jnts03031

惜香樂府十卷　（宋）趙長卿撰　明崇禎毛氏
汲古閣刻本　二册

370000 – 1502 – 0006093　　jnts03041

蔡中郎文集十卷外傳一卷　（漢）蔡邕撰　明
萬曆元年(1573)陳留令徐子器刻本　四册

370000－1502－0006094　jnts03043

金臺集二卷　（元）廼賢撰　明崇禎毛氏汲古閣刻元人十種詩本　二册

370000－1502－0006095　jnts03044

疑耀七卷　（明）李贄撰　（明）張萱訂　明萬曆三十六年(1608)張萱刻本　四册

370000－1502－0006096　jnts03047

臨川先生文集一百卷　（宋）王安石撰　明嘉靖二十五年(1546)應雲鷟刻本　三十册　存八十二卷(一至二十、三十九至一百)

370000－1502－0006097　jnts03048

杜少陵先生分類集注二十三卷首一卷　（唐）杜甫撰　明萬曆二十年(1592)周子文刻本　十册　存十一卷(一至十,首一卷)

370000－1502－0006098　jnts03053

東周列國志二十七卷一百零八回　（清）蔡昇評點　清乾隆同德堂刻本　二十册

370000－1502－0006099　jnts03054

本事詩十二卷　（清）徐釚編輯　清乾隆二十二年(1757)半松書屋刻本　二册

370000－1502－0006100　jnts03057

夢鶴軒楳澥詩鈔六卷　（清）繆公恩撰　清抄本　六册

370000－1502－0006101　jnts03061

阮亭選徐詩二卷　（清）徐庭撰　（清）王士禛評選　清康熙三十七年(1698)抄本　一册

370000－1502－0006102　jnts03062

石鼓文碧落碑臨本不分卷　（清）茅塡臨摹　清乾隆六十年(1795)刻本　二册

370000－1502－0006103　jnts03065

桃花扇二卷　（清）孔尚任撰　清道光二十四年(1844)抄本　二册

370000－1502－0006104　jnts03070

漁洋山人精華錄會心偶筆六卷　（清）王士禛撰　（清）伊應鼎注　清乾隆二十四年(1759)刻本　四册

370000－1502－0006105　jnts03076

重刊幼學須知句解四卷　（清）程允升撰（清）錢元龍校梓　清乾隆礙眉書屋刻本　二册

370000－1502－0006106　jnts03079

通鑑紀事本末二百三十九卷　（宋）袁樞編（明）張溥論正　明太倉張氏刻本　四十八册

370000－1502－0006107　jnts03094

正字通十二卷　（清）廖文英輯　清康熙九年(1670)刻本　三十册

370000－1502－0006108　jnts03112

刑部新定現行則例二卷　（清）黃機等撰　清康熙十九年(1680)刻本　一册

370000－1502－0006109　jnts03113

碧溪詩話十卷　（宋）黃徹撰　清武英殿聚珍本　一册

370000－1502－0006110　jnts03129

秘書廿一種　（清）汪士漢輯　清乾隆文盛堂刻本　十五册　存二十種八十五卷(吴越春秋六卷、拾遺記十卷、白虎通二卷、山海經十八卷、博物志十卷、桂海虞衡志一卷、續博物志十卷、博異記一卷、高士傳三卷附錄一卷、劍俠傳四卷、楚史檮杌一卷、晋史乘一卷、竹書紀年二卷、中華古今注三卷、古今注三卷、三墳一卷、風俗通義四卷、列仙傳二卷、集異記一卷、續齊諧記一卷)

370000－1502－0006111　jnts03135

陰宅集要四卷　（清）姚廷鑾撰　清乾隆刻本　四册

370000－1502－0006112　jnts03149

御撰資治通鑑綱目三編二十卷　（清）張廷玉等奉敕編　清乾隆十一年(1746)内府刻本　四册

370000－1502－0006113　jnts03155

顔氏家訓二卷　（北齊）顔之推撰　明萬曆三年(1575)重刊成化程伯祥本　二册

370000－1502－0006114　jnts03161

吕氏四禮翼不分卷　（明）吕坤撰　（清）朱軾

評點　清康熙刻本　一册

370000－1502－0006115　jnts03178

補注洗冤録集證四卷　（宋）宋慈撰　（清）王
又槐集證　清道光刻三色套印本　二册

370000－1502－0006116　jnts03179

補注洗冤録集證四卷　（宋）宋慈撰　（清）王
又槐集證　（清）阮其新補注　清道光二十三
年(1843)刻三色套印本　八册

370000－1502－0006117　jnts03180

重刊補注洗冤録集證六卷　（宋）宋慈撰
（清）王又槐增輯　（清）李觀瀾補輯　（清）
阮其新補注　清道光二十四年(1844)翰墨園
刻四色套印本　五册

370000－1502－0006118　jnts03186

重刊補注洗冤録集證六卷　（宋）宋慈撰
（清）王又槐增輯　（清）李觀瀾補輯　（清）
阮其新補注　清道光二十四年(1845)翰墨園
刻四色套印本　五册

370000－1502－0006119　jnts03189

蘇評孟子二卷　（宋）蘇洵評　清康熙慎詒堂
刻本　二册

370000－1502－0006120　jnts03192

天演論二卷　（英國）赫胥黎撰　嚴復譯　清
光緒二十七年(1901)上海富文書局石印本
二册

370000－1502－0006121　jnts03195

三命通會十二卷　（明）育吾山人撰　清雍正
金陵李氏刻本　十五册

370000－1502－0006122　jnts03197

日知録三十二卷　（清）顧炎武撰　清乾隆六
十年(1795)刻本　十二册

370000－1502－0006123　jnts03208

山洋指迷原本四卷　（明）周景一撰　清乾隆
善成堂刻本　四册

370000－1502－0006124　jnts03210

補注洗冤録集證四卷　（宋）宋慈撰　（清）王
又槐集證　（清）阮其新補注　清道光刻三色

套印本　四册

370000－1502－0006125　jnts03212

湯子遺書六卷　（清）湯斌撰　清康熙刻本
六册

370000－1502－0006126　jnts03243

桐陰論畫二卷首一卷二編二卷三編二卷續桐
陰論畫一卷桐陰畫訣一卷　（清）秦祖永撰
清同治三年至光緒八年(1864－1882)刻朱墨
套印本　四册　缺一編(初編下)

370000－1502－0006127　jnts03264

補注洗冤録集證四卷　（宋）宋慈撰　（清）王
又槐集證　（清）阮其新補注　清道光刻三色
套印本　四册

370000－1502－0006128　jnts03286

十三經注疏三百三十三卷　（明）毛晋輯　明
崇禎毛氏汲古閣刻本　一百三十五册

370000－1502－0006129　jnts03306

前漢書一百卷　（漢）班固撰　（唐）顏師古注
　明崇禎十五年(1642)毛氏汲古閣刻本　二
十四册

370000－1502－0006130　jnts03308

賈長沙集一卷　（漢）賈誼撰　（明）張溥閲
明婁東張溥刻漢魏六朝一百三家集本　一册

370000－1502－0006131　jnts03320

梁書五十六卷　（唐）姚思廉撰　明崇禎六年
(1633)毛氏汲古閣刻本　六册

370000－1502－0006132　jnts03337

文獻通考三百四十八卷　（元）馬端臨撰　明
刻本　九十八册　存三百四十二卷(一至二
百六十九、二百七十六至三百四十八)

370000－1502－0006133　jnts03391

御製文初集三十卷　（清）高宗弘曆敕撰
（清）于敏中等編　清乾隆二十九年(1764)武
英殿刻本　六册

370000－1502－0006134　jnts03421

禹貢錐指二十卷略例一卷圖一卷　（清）胡渭
撰　清康熙四十四年(1705)漱六軒刻本　五

册　存九卷(十二至二十)

370000－1502－0006135　jnts03422

臺灣外紀三十卷　(清)江日昇撰　清求無不
獲齋木活字印本　三册　存八卷(四至十一)

370000－1502－0006136　jnts03433

秋審實緩比較八卷　(□)□□撰　清光緒抄
本　八册

370000－1502－0006137　jnts03437

兼濟堂纂刻梅勿庵先生曆算全書三十種七十
卷　(清)梅文鼎撰　(清)魏荔彤輯　清雍正
刻本　八册

370000－1502－0006138　jnts03444

百末詞六卷　(清)尤侗撰　清康熙刻本　一
册

370000－1502－0006139　jnts03476

嶺表録異三卷　(唐)劉恂撰　清閩覆刻武英
殿聚珍版　一册

370000－1502－0006140　jnts03478

資治新書十四卷首一卷　(清)李漁輯　清康
熙英德堂刻本　八册

370000－1502－0006141　jnts03480

握機經傳一卷　(明)王應電撰　清抄本　一
册

370000－1502－0006142　jnts03508

春秋體注深詮四卷　(清)徐枚臣纂輯　清乾
隆五十四年(1789)三多齋刻本　四册

370000－1502－0006143　jnts03510

新刻爾雅翼三十二卷　(宋)羅願撰　(明)畢
效欽校　明刻本　四册

370000－1502－0006144　jnts03512

四禮初稿四卷四禮約言四卷　(明)宋纁輯
(明)呂維祺撰　明刻本　一册

370000－1502－0006145　jnts03521

十竹齋書畫譜八種　(清)胡正言輯并繪　清
彩色套印本　十册　缺二册(四、十)

370000－1502－0006146　jnts03527

祭皋陶一卷　(清)宋琬撰　清康熙十一年
(1672)刻本　一册

370000－1502－0006147　jnts03529

堪輿指原八集　(明)邵涵初撰　清抄本　一
册

370000－1502－0006148　jnts03541

重刊補注洗冤録集證六卷　(清)阮其新撰
清道光二十四年(1844)四色套印本　六册

370000－1502－0006149　jnts03591

鼎鍥趙田了凡袁先生編纂古本歷史大方綱鑑
補三十九卷首一卷　(明)袁黄編纂　明經元
堂刻本　三十三册　缺四卷(四、十四、二十
四至二十五)

370000－1502－0006150　jnts03596

古文析義二編十六卷　(清)林雲銘評注　清
康熙刻本　八册

370000－1502－0006151　jnts03599

續金針詩格一卷　(宋)梅堯臣撰　(明)梅鼎
祚校　明胡文煥刻格致叢書本　一册

370000－1502－0006152　jnts03602

榕園詞韻一卷發凡一卷　(清)吳寧撰　清乾
隆抄本　二册

370000－1502－0006153　jnts03265

重刊補注洗冤録集證六卷　(清)阮其新撰
清同治三年(1864)刻四色套印本　六册

370000－1502－0006154　jnts03630

異典隨筆卷數不詳　(清)陳宏謀撰　清抄本
一册

370000－1502－0006155　jnts03633

重刊校正笠澤叢書四卷補遺一卷續補遺一卷
(唐)陸龜蒙撰　清雍正大叠山房刻本　一
册

370000－1502－0006156　jnts03664

東山草一卷滇游草一卷燕邸草一卷附伯兄遺
草一卷　(清)呂琨撰　清康熙四十二年
(1703)拙存齋自刻本　一册

370000－1502－0006157　jnts03665

桂花廳詩草一卷　（清)已亭氏撰　清刻本
一冊

370000－1502－0006158　jnts03666

瘦吟草二卷　（清)梁樞撰　（清)周天益評點
清刻本　一冊　存一卷(一)

370000－1502－0006159　jnts03690

西堂雜俎初集不分卷　（清)尤侗著　清康熙
刻本　一冊

370000－1502－0006160　jnts03701

文選六十卷　（南朝梁)蕭統輯　（唐)李善注
（清)葉樹藩訂　清乾隆三十七年(1772)葉
氏海緑軒套印本　十二冊

370000－1502－0006161　jnts03725

博物志十卷　題(晉)張華撰　博異記一卷
題(唐)穀神子撰　集異記一卷　（唐)薛用弱
撰　古今注三卷　（晉)崔豹撰　清康熙刻本
一冊

370000－1502－0006162　jnts03742

祭皋陶一卷　（清)宋琬撰　清康熙刻本　一
冊

370000－1502－0006163　jnts03748

蒿庵閒話二卷　（清)張爾岐撰　清乾隆四十
年(1775)刻本　一冊

370000－1502－0006164　jnts03754

遺山詩集二十卷　（金)元好問撰　明崇禎毛
氏汲古閣刻本　五冊　存十七卷(一至十七)

370000－1502－0006165　jnts03764

祝由科六卷　（□)□□撰　清抄本　二冊

370000－1502－0006166　jnts03767

詩鈔二卷　（清)沈廷杞鈔輯　清道光沈廷杞
抄本　一冊

370000－1502－0006167　jnts03768

杜詩摘句一卷　（清)沈毓瑛摘鈔　清道光沈
廷杞抄本　一冊

370000－1502－0006168　jnts03769

沈氏書牘手稿　（清)沈廷杞撰　清沈寶瑩抄
本　一冊

370000－1502－0006169　jnts03770

詩鐘會聯句摘録一卷　（清)王陰昌等撰　清
沈廷杞抄本　一冊

370000－1502－0006170　jnts03771

公牘雜鈔　（清)黄體芳撰　清沈寶瑩抄本
一冊

370000－1502－0006171　jnts03970

日知録三十二卷之餘四卷　（清)顧炎武撰
清乾隆六十年(1795)刻本　十六冊

370000－1502－0006172　jnts03793

温飛卿詩集六卷　（唐)温廷筠撰　（明)曾益
注　（清)顧予咸補注　清康熙三十六年
(1697)長洲顧氏秀野草堂刻本　一冊

370000－1502－0006173　jnts03794

乾坤法竅三卷陰符玄解一卷八宅明鏡二卷
(清)范宜賓輯　清乾隆刻本　五冊　存五卷
(乾坤法竅二卷、陰符玄解一卷、八宅明鏡二
卷）

370000－1502－0006174　jnts03811

六書通十卷　（明)閔齊伋撰　（清)畢弘述篆
訂　清乾隆刻本　六冊

370000－1502－0006175　jnts03812

六書通十卷　（明)閔齊伋撰　（清)畢弘述篆
訂　清乾隆刻本　四冊

370000－1502－0006176　jnts03817

安雅堂詩一卷安雅堂書啓一卷文集二卷重刻
文集二卷　（清)宋琬撰　清初刻本　六冊
缺一卷(重刻文集一)

370000－1502－0006177　jnts03819

桐陰書屋詩二卷附湖上草堂詩一卷　（清)朱
崇勛撰　清乾隆刻本　一冊

370000－1502－0006178　jnts03828

呻吟語六卷　（明)呂坤撰　清乾隆五十一年
(1786)刻本　六冊

370000－1502－0006179　jnts03829

李義山詩集三卷　（唐)李商隱撰　（清)朱鶴
齡箋注　（清)沈厚塽輯評　清同治九年

（1870）萃文堂刻三色套印本　　四册

370000－1502－0006180　　jnts03831
明七言古詩鈔不分卷　（清）黃光煦輯録　清嘉慶元年(1796)手抄本　　二册

370000－1502－0006181　　jnts03832
金瓶梅二十卷一百回　（明）蘭陵笑笑生撰清康熙三十四年(1695)刻本　　二十三册　缺三回(七十三至七十五)

370000－1502－0006182　　jnts03833
紀效新書十八卷　（明）戚繼光撰　清抄本四册

370000－1502－0006183　　jnts03836
亭林遺書十種　（清）顧炎武撰　清初刻本四册

370000－1502－0006184　　jnts03840
檇李詩繫四十二卷　（清）沈季友輯　清康熙敦素堂刻本　　十六册

370000－1502－0006185　　jnts03843
膽餘軒集不分卷　（清）孫光祀撰　清康熙三十三年(1694)刻本　　八册

370000－1502－0006186　　jnts03847
御製人臣儆心録一卷　（清）世祖福临撰　清中期刻本　　一册

370000－1502－0006187　　jnts03854
漁洋詩話三卷　（清）王士禎撰　清雍正三年(1725)刻本　　三册

370000－1502－0006188　　jnts03858
四書精義　（清）潘克溥撰　清道光手抄本二册

370000－1502－0006189　　jnts03867
孫文定公全集十二卷　（清）孫廷銓撰　清康熙師儉堂刻本　　九册

370000－1502－0006190　　jnts03868
唐宋八大家類選十四卷　（清）儲欣選　清乾隆四十九年(1784)受祉堂刻本　　八册

370000－1502－0006191　　jnts03869

歷代詩家選集八十六卷　（清）范士楫　（清）戴明説選定　清初刻本　七册　缺十卷(十四至十五、三十四、六十至六十三、七十四至七十六)

370000－1502－0006192　　jnts03874
宋詩別裁八卷　（清）姚培謙輯　清乾隆二十六年(1761)文光堂刻本　　四册

370000－1502－0006193　　jnts03888
昭代叢書甲集五十卷　（清）張潮輯　清康熙刻本　　六册

370000－1502－0006194　　jnts03889
栖雲閣詩十六卷　（清）高珩撰　清乾隆三年(1738)刻本　三册　存十二卷(一至四、九至十六)

370000－1502－0006195　　jnts03891
二如亭群芳譜三十卷　（明）王象晋撰　明崇禎刻本　　二十八册

370000－1502－0006196　　jnts03892
薛文清公行實録五卷　（明）王鴻撰　（明）張鼒重校　明萬曆刻本　　四册

370000－1502－0006197　　jnts03894
重訂唐詩別裁集二十卷　（清）沈德潛撰　清乾隆二十八年(1763)刻本　　十册

370000－1502－0006198　　jnts03917
六朝文絜四卷　（清）許槤評選　清光緒三年(1877)上海朱墨套印本　　一册

370000－1502－0006199　　jnts03936
圖繪寶鑑八卷　（元）夏文彥纂　清初借绿草堂刻本　　四册

370000－1502－0006200　　jnts03959
安雅堂未刻稿八卷附入蜀記二卷　（清）宋琬撰　清乾隆三十一年(1766)刻本　　七册

370000－1502－0006201　　jnts03961
寄園寄所寄十二卷　（清）趙吉士著　清康熙刻本　十一册　存九卷(一至七、九、十一)

370000－1502－0006202　　jnts03966
陸宣公集二十二卷　（唐）陸贄撰　清雍正元

年(1723)刻本　四册

370000－1502－0006203　jnts03977

七巧原編不分卷七巧圖録不分卷游戲機杼不
分卷游戲機杼二編不分卷　（清）海濱游子等
編輯　清咸豐七年(1857)海濱游子抄本　五
册

370000－1502－0006204　jnts04003

古歡堂詩集十三卷　（清）田雯撰　清康熙刻
本　三册

370000－1502－0006205　jnts04016

詠物詩選八卷　（清）俞琰選　清雍正二年
(1724)寧儉堂刻本　四册

370000－1502－0006206　jnts04020

考功集選四卷　（清）王士禄撰　（清）王士禎
批點　清康熙刻本　一册

370000－1502－0006207　jnts04021

迪功集選一卷　（明）徐禎卿撰　（清）王士禎
選　清康熙刻本　一册

370000－1502－0006208　jnts04035

音注小倉山房尺牘八卷　（清）袁枚著　（清）
胡光斗輯　清光緒十四年(1888)奎照樓雙色
套印本　四册

370000－1502－0006209　jnts04049

漁洋山人精華録箋注十二卷　（清）王士禎撰
　（清）金榮箋注　清康熙鳳翮堂刻本　十册

370000－1502－0006210　jnts04050

漁洋山人精華録箋注十二卷　（清）王士禎撰
　（清）金榮箋注　清康熙鳳翮堂刻本　十册

370000－1502－0006211　jnts04062

小倉山房尺牘八卷　（清）袁枚撰　清光緒十
四年(1888)浙江奎照樓朱墨套印本　四册

370000－1502－0006212　jnts04063

悦心集一卷　（清）世宗胤禎輯　清雍正四年
(1726)刻本　一册

370000－1502－0006213　jnts04072

邊李詩選不分卷　（明）邊貢　（明）李攀龍撰
　清嘉慶十一年(1806)二願齋刻本　一册

370000－1502－0006214　jnts04081

左傳選十四卷　（清）儲欣評　清乾隆五十年
(1785)二南堂刻本　六册

370000－1502－0006215　jnts04085

參同契闡幽七卷　（漢）魏伯陽著　（清）朱元
育闡幽　清康熙六十年(1721)貴文堂刻本
五册

370000－1502－0006216　jnts04089

漁洋山人詩集二十二卷　（清）王士禎撰　清
康熙八年(1669)吳郡沂詠堂刻本　四册

370000－1502－0006217　jnts04089

南來志一卷北歸志一卷廣州游覽小志一卷
（清）王士禎撰　清康熙刻本　一册

370000－1502－0006218　jnts04089

漁洋山人詩集十六卷　（清）王士禎撰　清康
熙二十三年(1684)刻本　四册

370000－1502－0006219　jnts04089

唐賢三昧集三卷　（清）王士禎編　清康熙二
十七年(1688)吳門刻本　一册

370000－1502－0006220　jnts04089

蠶尾集十卷續集二卷後集二卷　（清）王士禎
撰　清康熙刻本　六册

370000－1502－0006221　jnts04089

徐詩二卷　（清）徐夜撰　（清）王士禎批點
清康熙刻本　一册

370000－1502－0006222　jnts04089

蜀道驛程記二卷　（清）王士禎撰　清康熙刻
本　一册

370000－1502－0006223　jnts04089

雍益集一卷　（清）王士禎撰　清康熙刻本
一册

370000－1502－0006224　jnts04089

分甘餘話四卷　（清）王士禎撰　清康熙刻本
　一册

370000－1502－0006225　jnts04089

漁洋山人精華録十卷　（清）王士禎撰　清康
熙刻本　四册

370000－1502－0006226　jnts04089

皇華紀聞四卷　（清）王士禎撰　清康熙刻本
二冊

370000－1502－0006227　jnts04089

歷仕錄一卷　（明）王之垣撰　清康熙刻本
一冊

370000－1502－0006228　jnts04089

迪功集選一卷　（明）徐禎卿撰　（清）王士禎
輯　蘇門集選一卷　（明）高叔嗣撰　（清）王
士禎輯　清康熙刻本　一冊

370000－1502－0006229　jnts04089

隴首集一卷　（清）王與胤撰　（清）王士禎校
清康熙刻本　一冊

370000－1502－0006230　jnts04089

蕭亭詩選六卷　（清）張實居撰　（清）王士禎
批點　清康熙刻本　二冊

370000－1502－0006231　jnts04089

華泉先生集選四卷　（明）邊貢著　（清）王士
禎選　清康熙刻本　一冊

370000－1502－0006232　jnts04089

剪桐載筆一卷　（明）王象晋撰　清康熙刻本
一冊

370000－1502－0006233　jnts04089

清寤齋心賞編一卷　（明）王象晋撰　清康熙
刻本　一冊

370000－1502－0006234　jnts04089

漁洋山人文略十四卷　（清）王士禎撰　清康
熙刻本　四冊

370000－1502－0006235　jnts04089

長白山錄一卷補遺一卷　（清）王士禎撰　清
康熙刻本　一冊

370000－1502－0006236　jnts04089

浯溪考二卷　（清）王士禎撰　清康熙刻本
一冊

370000－1502－0006237　jnts04089

載書圖詩一卷撰　（清）王士禎撰　清康熙刻
本　一冊

370000－1502－0006238　jnts04089

國朝謚法考一卷　（清）王士禎編輯　清康熙
刻本　一冊

370000－1502－0006239　jnts04089

考功集選四卷　（清）王士祿撰　（清）王士禎
批點　清康熙刻本　一冊

370000－1502－0006240　jnts04089

抱山集選一卷　（清）王士禧著　（清）王士禎
批點　清康熙刻本　一冊

370000－1502－0006241　jnts04089

隴蜀餘聞一卷　（清）王士禎撰　清康熙刻本
一冊

370000－1502－0006242　jnts04089

香祖筆記十二卷　（清）王士禎撰　清康熙刻
本　四冊

370000－1502－0006243　jnts04089

居易錄三十四卷　（清）王士禎撰　清康熙刻
本　八冊

370000－1502－0006244　jnts04089

南海集二卷　（清）王士禎撰　清康熙三十九
年(1700)刻本　一冊

370000－1502－0006245　jnts04089

古鉢集選一卷　（清）王士禎撰　清康熙三十
九年(1700)刻本　一冊

370000－1502－0006246　jnts04098

居易錄三十四卷　（清）王士禎撰　清康熙刻
本　八冊

370000－1502－0006247　jnts04114

敬齋古今黈八卷　（元）李冶撰　清乾隆刻本
四冊

370000－1502－0006248　jnts04130

陽宅集成八卷　（清）姚廷鑾輯　清乾隆十九
年(1754)刻本　八冊

370000－1502－0006249　jnts04150

宮太保丁文誠公年譜一卷　（清）丁寶禎手訂
清手寫本　一冊

370000 - 1502 - 0006250　jnts04160

小學六卷　（清）高愈纂注　清乾隆十三年(1748)刻本　二册

370000 - 1502 - 0006251　jnts04163

文選六十卷　（南朝梁）蕭統輯　（唐）李善注　清海綠軒刻本套印本　十二册

370000 - 1502 - 0006252　jnts04171

南華真經解內篇七卷外篇十五卷雜篇十一卷　（戰國）莊周撰　（清）瞿宣穎解　清康熙六十年(1721)積秀堂刻本　八册

370000 - 1502 - 0006253　jnts04224

奇門要略□□卷　（□）□□撰　清抄本　二十六册

370000 - 1502 - 0006254　jnts04265

漁洋山人精華錄箋注十二卷　（清）王士禛撰　（清）金榮箋注　清康熙刻本　八册

370000 - 1502 - 0006255　jnts04269

管窺輯要八十卷　（清）黃鼎纂定　清順治十年(1653)東粵拱星堂刻本　四十二册　缺十卷(五十至五十九)

370000 - 1502 - 0006256　jnts04274

聖門樂志一卷　（清）孔尚任纂　清康熙五十五年(1716)刻本　一册

370000 - 1502 - 0006257　jnts04309

問奇一覽二卷　（清）李書雲撰　清康熙二十九年(1690)秘園刻本　二册

370000 - 1502 - 0006258　jnts04313

欽定國朝詩別裁集三十二卷　（清）沈德潛纂評　清乾隆二十六年(1761)刻本　十六册

370000 - 1502 - 0006259　jnts04314

國朝畫徵錄二卷　（清）張庚撰　清乾隆四年(1739)刻本　一册

370000 - 1502 - 0006260　jnts04334

虞初新志二十卷　（清）張潮輯　清乾隆刻本　十册

370000 - 1502 - 0006261　jnts04343

復古編二卷附錄一卷　（宋）張有撰　清乾隆四十六年(1781)葛氏刻本　四册

370000 - 1502 - 0006262　jnts04352

唐宋八大家類選十四卷　（清）儲欣選　清乾隆十年(1745)同文堂刻本　八册

370000 - 1502 - 0006263　jnts04366

御纂性理精義十二卷　（清）李光地等纂　清康熙五十六年(1717)武英殿刻本　四册

370000 - 1502 - 0006264　jnts04390

顏氏家訓二卷　（北齊）顏之推撰　明萬曆元年(1573)顏志邦刻本　二册

370000 - 1502 - 0006265　jnts04447

補注洗冤錄集證四卷　（宋）宋慈撰　（清）王又槐集證　（清）阮其新補注　清道光刻三色套印本　四册

370000 - 1502 - 0006266　jnts04485

王文成公全書三十八卷　（明）王守仁撰　清刻本　二十四册

370000 - 1502 - 0006267　jnts04507

周官精義十二卷　（清）連斗山編　清乾隆四十一年(1776)刻本　六册

370000 - 1502 - 0006268　jnts04518

青草堂文約鈔二卷　（清）趙國華著　清光緒二十二年(1896)刻本　一册

370000 - 1502 - 0006269　jnts04520

楓香集一卷　（清）朱緗撰　清康熙刻本　一册

370000 - 1502 - 0006270　jnts04521

七種古文選五十二卷　（清）儲欣選輯　清乾隆五十年(1785)二南堂刻本　十五册　缺六卷(左傳選一至六)

370000 - 1502 - 0006271　jnts04526

蘇文忠公詩集五十卷目錄一卷　（宋）蘇軾撰　（清）紀昀評點　清道光十四年(1834)兩廣節署刻朱墨套印本　十二册

370000 - 1502 - 0006272　jnts04531

文選纂注十二卷　（明）張鳳翼撰　明萬曆四十年(1612)陳理刻本清繆湘芷批點　四册

299

存八卷(一至八)

370000－1502－0006273　jnts04532

硃批諭旨不分卷　（清）世宗胤禛御批　清雍正十年(1732)刻本　一百九冊

370000－1502－0006274　jnts04550

兩漢策要十二卷　（宋）陶叔獻等輯　（清）張朝樂校閱　清乾隆刻本　六冊　缺一卷(三)

370000－1502－0006275　jnts04560

詩鈔一卷　（□）□□輯　清鈔本　一冊

370000－1502－0006276　jnts04561

會心偶筆六卷　（清）伊應鼎撰　清乾隆刻本四冊

370000－1502－0006277　jnts04562

四書琳琅冰鑑五十四卷　（清）董餘峰輯（清）高其閌注釋　清乾隆三十九年(1774)刻本　十冊

370000－1502－0006278　jnts04567

推背圖不分卷　（唐）袁天罡撰　清抄本　二冊

370000－1502－0006279　jnts04577

昌黎先生詩集注十一卷年譜一卷　（清）顧嗣立删補　（清）朱彝尊　（清）何焯評　清道光膺德堂刻朱墨套印本　四冊

370000－1502－0006280　jnts04586

文選六十卷　（南朝梁）蕭統撰　清乾隆三十七年(1772)刻朱墨套印本　二十四冊

370000－1502－0006281　jnts04609

錦字箋良四卷　（清）黃澐撰　清康熙二十八年(1689)刻本　四冊

370000－1502－0006282　jnts04614

六經□□卷　（清）黃晟輯　清乾隆亦政堂刻本　十六冊　存四種四十八卷(春秋一至三十、詩經一至八、周易一至四、書經一至六)

370000－1502－0006283　jnts04630

郝文忠公陵川文集三十九卷首一卷附錄一卷　　（元）郝經撰　（清）王鏐編　清乾隆三年(1738)王氏刻嘉慶三年(1798)印本　十冊

370000－1502－0006284　jnts04640

陶淵明集八卷首末各一卷　（晋）陶潛撰　清光緒六年(1880)刻三色套印本　四冊

370000－1502－0006285　jnts04649

忠雅堂評選四六法海八卷　（清）蔣士銓評選　清同治十年(1871)刻朱墨套印本　八冊　缺一卷(七)

370000－1502－0006286　jnts04671

余青園詩集四卷　（清）焦式沖著　（清）邵希曾　（清）韓天驥選　清嘉慶二十二年(1817)余青園刻本　二冊

370000－1502－0006287　jnts04672

增補五代詩話八卷　（清）鄭方坤删補　清乾隆耕禮堂刻本　五冊

370000－1502－0006288　jnts04680

南江邵氏遺書十四種　（清）邵晋涵撰　清乾隆至嘉慶邵氏刻本　二十九冊　存四十三卷(爾雅正義二十卷釋文三卷、南江文鈔十二卷、南江詩鈔四卷、南江札記四卷)

370000－1502－0006289　jnts04681

詞學全書十四卷　（清）查培繼輯　清乾隆十一年(1746)刻本　六冊　存十四卷(填詞名解四卷、古今詞論一卷、詞韻二卷、填詞圖譜二至五、續集三卷)

370000－1502－0006290　jnts04688

因樹屋書影十卷　（清）周亮工撰　清雍正刻本　八冊

370000－1502－0006291　jnts04717

重訂唐詩別裁集二十卷　（清）沈德潛選　清乾隆二十八年(1763)刻本　十冊

370000－1502－0006292　jnts04719

文選注六十卷　（南朝梁）蕭統撰　（唐）李善注　明毛氏汲古閣刻本　十二冊

370000－1502－0006293　jnts04720

文選注六十卷　（南朝梁）蕭統撰　（唐）李善注　明崇禎毛氏汲古閣刻本　十二冊

370000－1502－0006294　jnts04724

有正味齋駢文十六卷　（清）吳錫麒撰　（清）葉聯芬箋注　清道光二十年(1840)慈北葉氏刻本　十冊

370000－1502－0006295　jnts04763

北夢瑣言二十卷　（唐）孫光憲撰　明刻本一冊　存九卷(一至九)

370000－1502－0006296　jnts04765

湧幢小品三十二卷　（明）朱國禎撰　明刻本一冊　存二卷(三十一至三十二)

370000－1502－0006297　jnts04785

西山先生真文忠公文章正宗二十四卷　（宋）真德秀撰　明刻本　一冊　存二卷(九至十)

370000－1502－0006298　jnts04786

徐文長秘集六卷　（明）徐渭輯　（明）孫一觀校　明刻本　一冊　存三卷(四至六)

370000－1502－0006299　jnts04787

廣金石韻府五卷　（清）林尚葵輯　（清）李根校　清康熙九年(1670)大業堂刻套印本　二冊

370000－1502－0006300　jnts04792

御纂詩義折中二十卷　（清）陳北崑　（清）金甡等纂修　清乾隆寶興堂刻本　六冊

370000－1502－0006301　jnts04793

漢書鈔□□卷　（□）□□纂　明嘉靖刻本二冊　存五卷(十八至十九、二十一至二十三)

370000－1502－0006302　jnts04797

唐丞相曲江張文獻公集十二卷附錄一卷（唐）張九齡撰　清雍正刻本　二冊　存三卷(四至五、附錄一卷)

370000－1502－0006303　jnts04801

竹坡詩話一卷　（宋）周紫芝撰　明汲古閣刻津逮秘書本　一冊

370000－1502－0006304　jnts04802

含章館唐詩選七卷　（清）黃培選　明末刻本一冊　存四卷(四至七)

370000－1502－0006305　jnts04806

古詩歸五十一卷　（明）鍾惺　（明）譚元春選定　明萬曆閔振業刻三色套印本　八冊　存十五卷(一至十五)

370000－1502－0006306　jnts04816

東村集十卷　（清）李星祥撰　清康熙五十八年(1719)儀一堂刻本　二冊　存五卷(一至五)

370000－1502－0006307　jnts04821

管子二十四卷　（春秋）管仲撰　（唐）房玄齡注　明萬曆十年(1582)趙甲賢刻本　十二冊

370000－1502－0006308　jnts04822

古今楹聯四卷　（□）□□輯　清抄本　四冊

370000－1502－0006309　jnts04823

文選菁華不分卷　（□）□□輯　清抄本　一冊

370000－1502－0006310　jnts04824

牧民忠告二卷風憲忠告一卷廟堂忠告一卷（元）張養浩撰　明隆慶元年(1567)鄭瑛刻本　一冊

370000－1502－0006311　jnts04826

白香山詩長慶集二十卷後集十七卷別集一卷補遺二卷　（唐）白居易撰　（清）汪立名編訂　清康熙四十二年(1703)一隅草堂刻本　十二冊

370000－1502－0006312　jnts04827

新鐫通鑑集要十卷附總論一卷　（明）諸燮輯（明）董其昌重校　明刻本　十三冊

370000－1502－0006313　jnts04838

征緬紀略一卷蜀徼紀聞一卷　（清）王昶撰清乾隆刻本　一冊

370000－1502－0006314　jnts04840

榕村詩選八卷首一卷　（清）李光地選　清雍正八年(1730)石川方氏刻本　三冊

370000－1502－0006315　jnts04842

封氏聞見記十卷　（唐）封演撰　清乾隆二十一年(1756)雅雨堂刻本　二冊

370000－1502－0006316　jnts04844

采薇堂古詩選三十八卷補遺四卷 （清）陳祚明選 清乾隆刻本 一册 存三卷（四至六）

370000－1502－0006317　jnts04852

六臣注文選六十卷 （南朝梁）蕭統撰 （唐）李善等注 明嘉靖二十八年（1549）洪楩覆茶陵本 六册 存十二卷（六至九、二十三至二十四、五十五至六十）

370000－1502－0006318　jnts04854

昭明文選集成六十卷首二卷 （清）方廷珪評點 清乾隆三十二年（1767）方輝祖仿范軒刻本 十九册 存五十二卷（一至十九、二十四至二十九、三十六至六十、首二卷）

370000－1502－0006319　jnts04856

唐會要一百卷 （宋）王溥撰 清乾隆木活字本 八册 存三十卷（二十一至五十）

370000－1502－0006320　jnts04857

納書楹邯鄲記全譜二卷納書楹南柯記全譜二卷納書楹紫釵記全譜二卷 （清）葉堂訂譜 （清）王文治訂 清乾隆五十七年（1792）納書楹刻本 六册

370000－1502－0006321　jnts04860

李義山詩集十六卷 （唐）李商隱撰 （清）朱鶴齡箋注 （清）沈厚塽輯評 清乾隆松桂讀書堂刻本 二册 存十二卷（五至十六）

370000－1502－0006322　jnts04861

桐蔭堂讀易知新未定本八卷 （清）孫寶忠撰 清咸豐九年（1859）手稿本 八册

370000－1502－0006323　jnt04871

文始真經不分卷 （戰國）尹喜撰 （宋）陳顯微解 清嘉慶刻本 二册

370000－1502－0006324　jnts04872

沖虛至德真經八卷 （戰國）列禦寇撰 （晋）張湛注 清嘉慶刻本 五册

370000－1502－0006325　jnts04885

舒嘯閣詩集十二卷 （清）李兆齡撰 清乾隆刻本 一册 存二卷（一至二）

370000－1502－0006326　jnts04886

三命通會十二卷 （明）萬民英撰 明萬曆六年（1578）刻本 三册 存二卷（六至七）

370000－1502－0006327　jnts04913

浮來先生詩集十四卷 （明）公鼐撰 （明）王象春校 明刻本 一册 存二卷（一至二）

370000－1502－0006328　jnts04914

蜚雲閣凌氏叢書四十卷 （清）凌曙輯 清嘉慶十三年至道光二十六年（1808－1846）刻本 十二册 存四十一卷（四書典故覈八卷、春秋公羊禮疏十一卷、公羊禮説一卷、公羊問答二卷、春秋繁露十七卷附錄一卷、禮論略鈔一卷）

370000－1502－0006329　jnts04922

曝書亭集詩注二十二卷 （清）朱彝尊撰 （清）楊謙注 清乾隆刻本 六册

370000－1502－0006330　jnts04923

杠工部集二十卷首一卷 （唐）杜甫撰 清光緒二年（1876）粵東翰墨園刻六色套印本 十册

370000－1502－0006331　jnts04937

冷齋小言不分卷 （清）王一峰撰 清光緒稿本 十一册

370000－1502－0006332　jnts04979

東皋唱和詩一卷 （清）錢襄等撰 （清）沈歸愚評閱 清乾隆二十二年（1757）刻本 一册

370000－1502－0006333　jnts04982

全唐詩話六卷 （宋）尤袤撰 明汲古閣刻本 五册 缺一卷（三）

370000－1502－0006334　jnts04984

三命通會十二卷 （明）萬民英撰 明萬曆六年（1578）刻本 十一册 缺一卷（一）

370000－1502－0006335　jnts04985

三命通會十二卷 （明）萬民英撰 明萬曆六年（1578）刻本 七册 存七卷（二至六、十一至十二）

370000－1502－0006336　jnts04999

蘇文忠公策論十二卷 （宋）蘇軾撰 （明）茅

坤　（明）鍾惺批評　明萬曆閔氏刻三色套印本　二册　存四卷(七至八、十一至十二)

370000－1502－0006337　jnts05008

篆刻鍼度八卷　（清）陳克恕撰　清乾隆五十一年(1786)刻本　一册　存四卷(一至四)

370000－1502－0006338　jnts05015

錢陸園考訂資治通鑑綱目全書五十九卷首一卷　（清）錢選考訂　清康熙二十七年(1688)刻本　六十册

370000－1502－0006339　jnts05017

小學紺珠十卷　（宋）王應麟撰　清乾隆十七年(1752)恕堂刻本　四册　存八卷(一至八)

370000－1502－0006340　jnts05023

禮記十卷　（元）陳澔集説　（清）丁寶楨校刊　清康熙三十七年(1698)文靖書院刻本　九册　缺一卷(八)

370000－1502－0006341　jnts05028

三禮約編十九卷　（清）汪基撰　（清）江永校　清乾隆汪氏敬堂刻本　三册　存五卷(儀禮約編三卷、禮記約編五、周禮約編三)

370000－1502－0006342　jnts05044

東京夢華録十卷　（宋）孟元老撰　明末刻本　一册

370000－1502－0006343　jnts05045

史記節讀八卷　（清）韓昭松選　（清）韓令熊校　清抄本　四册

370000－1502－0006344　jnts05046

孔子家語十卷　（三國魏）王肅撰　明崇禎毛氏汲古閣刻本　二册

370000－1502－0006345　jnts05069

茶經一卷　（唐）陸羽撰　十六湯品一卷（唐）蘇廙撰　煎茶水記一卷　（唐）張又新撰　明刻本　一册

370000－1502－0006346　jnts05070

崇雨舲詩稿一卷　（清）崇恩撰　清稿本　一册

370000－1502－0006347　jnts05077

毛詩古音考四卷　（明）陳第撰　清乾隆二十七年(1762)刻本　三册　存三卷(一至三)

370000－1502－0006348　jnts05078

春秋左傳五十卷　（晉）杜預注　（宋）林堯叟補　明刻本　二十一册　存四十四卷(一至三十一、三十六至三十九、四十二至五十)

370000－1502－0006349　jnts05083

前漢書一百卷　（漢）班固撰　（唐）顏師古注　明崇禎十五年(1642)毛氏汲古閣刻本　二十四册

370000－1502－0006350　jnts05101

御撰資治通鑑綱目三編二十卷　（清）張廷玉等奉敕編　清乾隆刻本　六册

370000－1502－0006351　jnts05116

邵氏手鈔三書　（清）邵玉樵手書　清抄本六册

370000－1502－0006352　jnts05121

碻山駢體文四卷　（清）宋世犖撰　清抄本一册

370000－1502－0006353　jnts05150

大六壬大全十三卷　（清）郭載騋輯　清康熙刻本　十二册　存十二卷(一至六、八至十三)

370000－1502－0006354　jnts05153

格致鏡原一百卷　（清）陳元龍撰　清初刻本十八册　存七十三卷(二十八至一百)

370000－1502－0006355　jnts05175

乾坤法竅三卷附八宅明鏡二卷　（清）范宜賓編　清乾隆三十一年(1766)掃葉山房刻本五册

370000－1502－0006356　jnts05189

國朝畫徵録三卷續録二卷　（清）張庚撰　清乾隆刻本　一册

370000－1502－0006357　jnts05198

新鋟希夷陳先生紫微斗數全書四卷　（宋）陳搏撰　清文誠堂刻本　三册　存三卷(一至三)

370000－1502－0006358　jnts05207

明清書畫家小傳一卷　（清）秦祖永輯　清抄本　一册

370000－1502－0006359　jnts05209

春秋經傳集解三十卷　（晋）杜預撰　（唐）陸明德音義　清乾隆五十九年(1794)崇義書院刻本　十二册

370000－1502－0006360　jnts05216

文章練要左傳評十卷　（清）王源評　清康熙居業堂精刻本　四册

370000－1502－0006361　jnts05217

國語選四卷　（明）鍾惺選　明刻本　一册存一卷(三)

370000－1502－0006362　jnts05218

四書備考二十八卷　（明）陳仁錫撰　明末刻本　一册　存二卷(十七至十八)

370000－1502－0006363　jnts05233

謝疊山先生文章軌范七卷　（宋）謝枋得輯清謝氏家塾刻朱墨套印本　四册

370000－1502－0006364　jnts05244

古文觀止六卷　（清）吳乘權選　清康熙刻本　六册

370000－1502－0006365　jnts05258

安雅堂全集　（清）宋琬撰　清順治至乾隆刻本　十四册

370000－1502－0006366　jnts05261

子史輯要詩賦題解四卷　（清）胡本淵輯　清乾隆三十九年(1774)刻本　四册

370000－1502－0006367　jnts05274

六書通不分卷　（明）閔齊伋撰　（清）畢弘述篆訂　清乾隆六十年(1795)刻本　六册

370000－1502－0006368　jnts05276

增訂唐詩摘抄十四卷　（清）黃白山選評（清）朱之荊增訂　清乾隆十五年(1750)南屏草堂刻本　四册

370000－1502－0006369　jnts05300

文心雕龍十卷　（南朝梁）劉勰撰　（明）楊慎

批點　（清）張松孫輯注　清乾隆五十六年(1791)刻本　四册

370000－1502－0006370　jnts05305

詩竹堂彙稿十六卷　（清）田同之撰　清乾隆刻本　五册

370000－1502－0006371　jnts05321

明儒學案六十二卷　（清）黃宗羲撰　清康熙刻本　十五册　缺二卷(一至二)

370000－1502－0006372　jnts05338

藝苑名言八卷首一卷　（清）蔣瀾輯　清乾隆四十年(1775)刻本　六册

370000－1502－0006373　jnts05354

歲寒堂詩話二卷　（宋）張戒撰　清乾隆三十年(1765)武英殿刻本　一册

370000－1502－0006374　jnts05374

鐵盦詞甲稿一卷　（清）黃錫慶撰　清道光刻本　一册

370000－1502－0006375　jnts05394

讀書作文譜十二卷　（清）唐彪著　清初刻本　三册

370000－1502－0006376　jnts05420

五方元音二卷　（清）樊騰鳳撰　（清）年希堯增補　清蔚文書局刻本　一册

370000－1502－0006377　jnts05433

唐詩選七卷　（明）李攀龍選　（清）吳儀一附注　清康熙中瀛經堂刻本　二册

370000－1502－0006378　jnts05453

問渠詩草八卷　（清）陳濤撰　清乾隆五十四年(1789)刻本　二册

370000－1502－0006379　jnts05499

滇南試牘一卷　（清）汪如洋鑒定　清乾隆五十二年(1787)刻本　一册

370000－1502－0006380　jnts05502

清史摘鈔　（□）□□輯　清鈔本　二册

370000－1502－0006381　jnts05514

憑山閣增輯留青新集三十卷　（清）陳枚選

清康熙聯墨堂刻本　十七冊　存二十六卷
（一至十二、十七至三十）

370000－1502－0006382　jnts05515
周文六種初選未定本　（清）邵元瀚選　清邵
元瀚左手抄本　六冊

370000－1502－0006383　jnts05519
潛庵先生遺稿五卷潛庵先生擬明史稿二十卷
（清）湯斌撰　清康熙刻本　八冊　缺十二
卷（潛庵先生擬明史稿一至十二）

370000－1502－0006384　jnts05541
李文敏公遺集定本三卷　（明）李國楨撰
（清）李霨輯　清康熙刻本　三冊

370000－1502－0006385　jnts05532
文心雕龍十卷　（南朝梁）劉勰撰　（清）黃叔
琳注　（清）紀昀評　清道光十三年（1833）兩
廣節署刻朱墨套印本　四冊

370000－1502－0006386　jnts05559
考槃餘事四卷　（明）屠隆著　清乾隆五十年
（1785）刻本　四冊

370000－1502－0006387　jnts05592
唐詩選紀述六卷　（明）孫慎行選　明萬曆中
刻本　一冊　存一卷（二）

370000－1502－0006388　jnts05595
李太白集三十卷　（唐）李白撰　清康熙五十
六年（1717）吳門繆氏刻本　六冊

370000－1502－0006389　jnts05597
昭代叢書乙集四十卷　（清）張潮輯　清康熙
刻本　六冊

370000－1502－0006390　jnts05610
水鏡集約篇四卷　（清）范駸撰　清康熙十九
年（1680）掃葉山房刻本　四冊

370000－1502－0006391　jnts05649
管子二十四卷　（春秋）管仲撰　（唐）房玄齡
注　明刻朱墨套印本　十二冊

370000－1502－0006392　jnts05650
圖書編一百二十七卷　（明）章潢編　明刻本
十二冊　存二十卷（四十七至五十七、六十

至六十七、八十六）

370000－1502－0006393　jnts05654
詩料英華十四卷　（清）劉豹君撰　清乾隆六
十年（1795）聚錦堂刻本　四冊

370000－1502－0006394　jnts05662
文選六十卷　（南朝梁）蕭統輯　（唐）李善注
（清）葉樹藩訂　清乾隆三十七年（1772）葉
氏海綠軒套印本　二十二冊　缺六卷（二十
五至二十七、三十二至三十四）

370000－1502－0006395　jnts05663
詩料英華十四卷　（清）劉豹君撰　清乾隆六
十年（1795）聚錦堂刻本　四冊

370000－1502－0006396　jnts05669
重訂唐詩別裁集二十卷　（清）沈德潛選　清
乾隆二十八年（1763）刻本　十冊

370000－1502－0006397　jnts05685
施注蘇詩四十二卷目錄二卷蘇詩續補遺二卷
（宋）蘇軾撰　（宋）施元之注　（清）邵長
蘅等刪補　清康熙三十八年（1699）宋犖刻本
十冊

370000－1502－0006398　jnts05720
佩文韻府一百六卷拾遺一百六卷　（清）張玉
書等編　（清）張廷玉等拾遺　清中葉刻本
一百二十冊

370000－1502－0006399　jnts05737
佩文韻府一百六卷　（清）張玉書　（清）蔡升
元等輯　佩文韻府拾遺一百六卷　（清）汪灝
（清）何焯等輯　清康熙五十年（1711）刻本
一百七冊

370000－1502－0006400　jnts05745
說文字原一卷　（漢）許慎撰　（宋）徐鉉切音
清乾隆四十四年（1779）福禮堂刻本　一冊

370000－1502－0006401　jnts05782
歷代神仙通鑒三集二十二卷目錄一卷　（清）
徐道編　清康熙刻本　十六冊　缺七卷（一
至二、九、十三、十七、十九、二十二）

370000－1502－0006402　jnts05791

莊子翼八卷莊子闕誤一卷附録一卷　（明）焦竑撰　明萬曆十六年(1588)王元貞刻本　四册　存四卷(二至四、七)

370000－1502－0006403　jnts05799

欽定春秋傳説彙纂三十八卷首二卷　（清）王掞等纂　清康熙刻本　二十四册

370000－1502－0006404　jnts05801

醫學心悟五卷附外科十法一卷　（清）程國彭撰　清乾隆五十六年(1791)刻本　四册

370000－1502－0006405　jnts05818

鹿洲初集二十卷修史試筆二卷棉陽學準五卷東征集六卷平臺紀略一卷鹿洲公案二卷女學六卷　（清）藍鼎元撰　清雍正十年(1732)刻本　二十册　存四十二卷(東征集六卷、平臺紀略一卷、修史試筆二卷、棉陽學準五卷、女學六卷、鹿洲初集二十卷、鹿洲公案二卷)

370000－1502－0006406　jnts05847

救偏瑣言　（清）費啓泰撰　清康熙惠迪堂刻本　六册

370000－1502－0006407　jnts05861

濟陰綱目十四卷　（明）武之望撰　清貴文堂刻本　八册

370000－1502－0006408　jnts05862

嵩崖尊生書十五卷　（清）景日珍纂　清乾隆十五年(1750)致和堂刻本　五册　缺二卷(十二至十三)

370000－1502－0006409　jnts05868

全本禮記體注五卷　（清）范紫登訂　（清）徐瑄補輯　清乾隆三十一年(1766)刻本　五册

370000－1502－0006410　jnts05880

夢溪筆談二十六卷　（宋）沈括撰　明刻本　三册

370000－1502－0006411　jnts05883

西溪叢語二卷　（宋）姚寬撰　明嘉靖刻本　一册

370000－1502－0006412　jnts05889

輟耕録三十卷　（明）陶宗儀撰　明崇禎毛氏汲古閣刻本　六册　存十四卷(四至九、二十三至三十)

370000－1502－0006413　jnts05904

天衢公手抄李義山詩　（唐）李商隱撰　清手抄本　一册

370000－1502－0006414　jnts05905

景岳全書六十四卷　（明）張介賓撰　（清）魯超訂　清初大文堂刻本　二十四册

370000－1502－0006415　jnts05907

女科證治準繩五卷　（明）王肯堂輯　清九思堂刻本　八册

370000－1502－0006416　jnts05908

醫經溯洄集一卷　（元）王履撰　（明）吳勉學校　明刻本　一册

370000－1502－0006417　jnts05910

石室秘録六卷　（清）陳士鐸敬習　（清）金以謀訂定　（清）李祖詠參考　清康熙二十六年(1687)緑蔭堂刻本　六册

370000－1502－0006418　jnts05919

新刊增補萬病回春　（明）龔廷賢編　（明）周亮登校　清刻本　四册

370000－1502－0006419　jnts05920

醫方集解三卷　（清）汪昂撰　清康熙二十一年(1682)大文堂刻本　六册

370000－1502－0006420　jnts05922

正蒙初義十七卷　（清）王植撰　清雍正元年(1723)刻本　五册

370000－1502－0006421　jnts05925

新刊萬病回春原本八卷　（明）龔廷賢編　（明）周亮登校　明萬曆四十三年(1615)刻本　六册

370000－1502－0006422　jnts05935

痘科彙編釋意二卷　（明）翟良撰　明刻本　二册

370000－1502－0006423　jnts05944

王文成公全書三十八卷　（明）王守仁撰　清刻本　二十四册

370000 – 1502 – 0006424　jnts05953

庚辰集五卷　（清）紀昀編　清乾隆二十七年(1762)學源堂刻本　五册

370000 – 1502 – 0006425　jnts05954

權衡一書四十一卷　（清）王植撰　清乾隆刻本　二十四册

370000 – 1502 – 0006426　jnts05971

金匱要略方論本義二十二卷　（清）何炫（清）冀棟評定　（清）魏荔彤釋義　清初刻本　三册　存十七卷(一至十、十六至二十二)

370000 – 1502 – 0006427　jnts05983

傷寒論三注十八卷　（漢）張仲景等輯　清乾隆五十年(1785)二南堂刻本　六册

370000 – 1502 – 0006428　jnts05995

南齊書五十九卷　（南朝梁）蕭子顯撰　明萬曆十六年(1588)南監刻本　八册

370000 – 1502 – 0006429　jnts05999

莊子因六卷　（清）林雲銘評述　清康熙五十五年(1716)刻本　四册

370000 – 1502 – 0006430　jnts06002

御批歷代通鑑輯覽一百二十卷　（清）傅恒撰　清同治十年(1871)浙江書局刻朱墨套印本　四十八册

370000 – 1502 – 0006431　jnts06009

金石圖不分卷　（清）牛運震集説　（清）褚峻摹圖　清乾隆八年至十年(1743－1745)刻本暨拓本　四册

370000 – 1502 – 0006432　jnts06010

御纂詩義折中二十卷　（清）陳北嵩等纂　清乾隆二十年(1755)刻本　八册

370000 – 1502 – 0006433　jnts06017

説文繫傳四十卷　（宋）徐鍇撰　清乾隆四十七年(1782)新安汪啓淑刻本　八册

370000 – 1502 – 0006434　jnts06023

形家彙要秘竅不分卷　（明）甘霖撰　清初至善堂刻本　一册

370000 – 1502 – 0006435　jnts06059

痘科類編釋意三卷　（明）翟良輯　清乾隆三十八年(1773)致和堂刻本　四册

370000 – 1502 – 0006436　jnts06063

篆刻鍼度八卷　（清）陳克恕撰　清乾隆五十一年(1786)刻本　四册

370000 – 1502 – 0006437　jnts06136

九經五十三卷　（明）秦鐌輯　明崇禎十三年(1640)刻本　三十二册

370000 – 1502 – 0006438　jnts06145

宋元詩六十一種二百七十三卷　（明）潘是仁輯　明萬曆四十三年(1615)潘氏自刻本　五册　存二十二卷(楊鐵崖古樂府三卷、張蜕庵詩集四卷、傅玉樓詩集四卷、柳初陽詩集三卷、句曲張外史詩集六卷、陳荔溪詩集二卷)

370000 – 1502 – 0006439　jnts06150

莊子因六卷　（戰國）莊周撰　（清）林雲銘評述　清乾隆四十五年(1780)刻本　五册　存五卷(一至四、六)

370000 – 1502 – 0006440　jnts06161

[康熙]費縣志十卷　（清）黃學夔輯　清康熙二十八年(1689)刻本　四册

370000 – 1502 – 0006441　jnts06168

御纂周易述義十卷　（清）傅恒等纂　清乾隆二十年(1755)刻本　六册

370000 – 1502 – 0006442　jnts06170

六朝文絜四卷　（清）許槤評選　清光緒三年(1877)刻朱墨套印本　四册

370000 – 1502 – 0006443　jnts06173

説文解字十五卷　（漢）許慎撰　（宋）徐鉉校定　清乾隆三十八年(1773)大興朱筠椒華吟舫刻本　八册

370000 – 1502 – 0006444　jnts06185

六書通不分卷　（明）閔齊伋撰　（清）畢弘述篆訂　清乾隆六十年(1795)刻本　六册

370000 – 1502 – 0006445　jnts06186

食物本草會纂十二卷　（清）沈李龍纂輯　清康熙三十年(1691)刻本　五册　存十卷(三

至十二)

370000－1502－0006446　jnts06197

權衡一書四十一卷　（清）王植輯　清乾隆崇
雅堂刻本　二十四册

370000－1502－0006447　jnts06208

國語二十一卷　（三國吳）韋昭解　清乾隆三
十年（1765）刻本　六册

370000－1502－0006448　jnts06219

北夢瑣言二十卷　（唐）孫光憲撰　清乾隆二
十一年（1756）雅雨堂叢書本　二册

370000－1502－0006449　jnts06229

朱飲山千金譜三十九卷　（清）朱燮著　清乾
隆刻本　十册　存二十九卷（一至二十九）

370000－1502－0006450　jnts06231

升庵外集一百卷　（明）楊慎撰　（明）顧起元
校　明萬曆刻本　十二册　存四十七卷（五
十四至一百）

370000－1502－0006451　jnts06232

重校古荊釵記二卷　（明）朱權撰　明金陵唐
氏文林閣刻本　一册

370000－1502－0006452　jnts06240

大宋重修廣韻五卷　（宋）陳彭年修　清康熙
四十三年（1704）澤存堂刻本　五册

370000－1502－0006453　jnts06243

朱批增注七家詩選七卷　（清）張熙宇輯　清
同治六年（1867）連元閣套印本　四册

370000－1502－0006454　jnts06246

猗覺寮雜記二卷　（宋）朱翌撰　清乾隆三十
九年（1774）武英殿刻本　二册

370000－1502－0006455　jnts06248

范文正公集二十卷別集四卷補編五卷年政府
奏議二卷尺牘三卷褒賢集五卷言行拾遺事録
四卷遺迹一卷義莊規矩一卷年譜補遺一卷
（宋）范仲淹撰　清康熙歲寒堂刻本　八册

370000－1502－0006456　jnts06251

漁洋山人精華録十卷　（清）王士禎撰　清康
熙刻本　四册

370000－1502－0006457　jnts06253

醫方集解本草備要合刻二種　（清）汪昂撰
清乾隆五年（1740）刻本　六册

370000－1502－0006458　jnts06260

秘傳花鏡六卷　（清）陳淏子輯　清康熙二十
七年（1688）刻本　二册　存四卷（一至二、五
至六）

370000－1502－0006459　jnts06291

芥子園畫傳第一集五卷　（清）王槩等摹　清
康熙刻套印本　五册

370000－1502－0006460　jnts06292

芥子園畫傳二集　（清）王槩摹并編　清乾隆
四十七年（1782）金閶書業堂刻套印本　四册

370000－1502－0006461　jnts06311

善卷堂四六十卷　（清）陸繁弨撰　（清）吳自
高注　清乾隆三十五年（1770）亦園刻本　六
册

370000－1502－0006462　jnts06312

［乾隆］單縣志十三卷圖一卷　（清）普爾泰修
（清）傅爾德纂　清乾隆二十四年（1759）刻
本　十三册

370000－1502－0006463　jnts06313

［乾隆］曲阜縣志一百卷　（清）潘相纂修　清
乾隆三十九年（1774）刻本　十二册

370000－1502－0006464　jnts06319

集古録十卷　（宋）歐陽修撰　（明）謝啓光校
訂　清刻本　四册

370000－1502－0006465　jnts06333

松鶴堂紀事初草二卷　（清）唐傳獻撰　清光
緒八年（1882）抄本　二册

370000－1502－0006466　jnts06334

西陂類稿五十卷　（清）宋犖撰　（清）周龍藻
（清）宋之□編　清康熙五十年（1711）刻本
十六册

370000－1502－0006467　jnts06337

何燕泉先生餘冬序録六十五卷　（明）何孟春
撰　清乾隆二十三年（1758）世讀軒刻本　十

三册

370000－1502－0006468　jnts06365

朱子家禮八卷首一卷　（明）丘濬輯　清康熙
刻本　五册

370000－1502－0006469　jnts06370

御録宗鏡大綱二十卷　（宋）釋延壽撰　（清）
世宗胤禛節録　清雍正武英殿刻本　四册

370000－1502－0006470　jnts06372

御纂詩義折中二十卷　（清）陳北崙等撰　清
乾隆二十年(1755)刻本　十六册

370000－1502－0006471　jnts06383

天蓋樓四書語録四十六卷　（清）周在延編次
清康熙金陵大業堂刻本　十六册

370000－1502－0006472　jnts06387

新纂門目五臣音注揚子法言十卷　（漢）揚雄
撰　（晋）李軌注　（唐）柳宗元注　（宋）宋
咸等重添注　明嘉靖十二年(1533)顧春世德
堂刻六子本　三册

370000－1502－0006473　jnts06393

澹香樓詩草二卷澹香樓詞草一卷　（清）葛秀
英撰　清乾隆五十七年(1792)刻本　二册

370000－1502－0006474　jnts06397

十三經源流　（□）□□□輯　清抄本　二册

370000－1502－0006475　jnts06404

六氏印譜　（□）□□輯　清鈐印剪貼本　四
册

370000－1502－0006476　jnts06411

水經注四十卷　（漢）桑欽撰　（北魏）酈道元
注　（清）戴震校　清乾隆曲阜孔繼涵刻本
十四册

370000－1502－0006477　jnts06455

寧致堂增訂武經體注不分卷　（清）夏振翼纂
輯　清康熙四十四年(1705)三多齋刻本　四
册

370000－1502－0006478　jnts06462

雜鈔不分卷　（□）□□□輯　清鈔本　四册

370000－1502－0006479　jnts06487

張會卿脈神全録三卷　（清）趙德椿鈔　清抄
本　二册

370000－1502－0006480　jnts06501

玉臺新詠十卷　（南朝陳）徐陵編　（清）吳兆
宜注　（清）程琰删補　清乾隆三十九年
(1774)稻香樓刻本　四册　存七卷(一至四、
七至九)

370000－1502－0006481　jnts06503

回文類聚四卷首一卷　（宋）桑世昌輯　回文
類聚續編十卷　（清）朱象賢集　清洞庭楊氏
刻本　四册

370000－1502－0006482　jnts06508

聞見前録二十卷後録三十卷　（宋）邵伯温
（宋）邵博撰　明崇禎毛氏汲古閣刻津逮秘書
本　六册

370000－1502－0006483　jnts06519

禮器圖考　（□）□□撰　清抄本　五册

370000－1502－0006484　jnts06522

**綱鑑易知録九十二卷御撰資治通鑑綱目三編
二十卷**　（清）吳乘權　（清）周之燦　（清）
周之炯輯　清康熙五十年(1711)刻本　四十
八册

370000－1502－0006485　jnts06524

小學紺珠十卷　（宋）王應麟撰　清乾隆十七
年(1752)恕堂刻本　五册

370000－1502－0006486　jnts06539

九經古義十六卷古文尚書考二卷　（清）惠棟
撰　石經考一卷　（清）萬斯同撰　清乾隆五
十七年(1792)讀經樓刻本　六册

370000－1502－0006487　jnts06544

關尹子二卷　（陳）陳顯微撰　（明）朱蔚然校
明朱氏刻本　二册

370000－1502－0006488　jnts06548

雜録不分卷　（清）覺羅炳成輯　清抄本　六
册

370000－1502－0006489　jnts06549

王子安集四卷 （唐）王勃撰 清抄本 二册

370000－1502－0006490 jnts06550

宋大家歐陽文忠公文抄三十二卷 （宋）歐陽
修撰 （明）茅坤 （明）吴紹陵重訂 明刻本
十册

370000－1502－0006491 jnts06553

白雲山房文集六卷附考工釋車一卷離騷經章
句義疏一卷等韻簡明指掌圖一卷 （清）張象
津撰 清道光捧經堂刻本 五册

370000－1502－0006492 jnts06558

隸辨八卷 （清）顧藹吉撰 清乾隆玉淵堂刻
本 七册 存七卷(一、三至八)

370000－1502－0006493 jnts06631

管子二十四卷 （春秋）管仲撰 （唐）房玄齡
注 清嘉慶九年(1804)姑蘇聚文堂刻本 七
册 缺三卷(十三至十五)

370000－1502－0006494 jnts06633

左國類典詳注六卷 （清）吴模輯 清乾隆五
十二年(1787)餘慶堂刻本 六册

370000－1502－0006495 jnts06645

四書典林三十卷 （清）江慎修編 清乾隆五
十四年(1789)述聖堂刻本 十八册

370000－1502－0006496 jnts06651

日知錄三十二卷 （清）顧炎武撰 清康熙刻
本 八册

370000－1502－0006497 jnts06653

盤山志十卷首一卷 （清）釋智樸纂輯 清康
熙刻同治印本 四册

370000－1502－0006498 jnts06666

壯悔堂文集十卷 （清）侯方域撰 清順治刻
本 六册

370000－1502－0006499 jnts06672

鹽鐵論十二卷 （漢）桓寬撰 （明）張之象注
明嘉靖刻本 一册

370000－1502－0006500 jnts06677

[乾隆]新泰縣志二十卷首一卷 （清）江乾達
修 （清）牛士瞻等纂 清乾隆四十九年

(1784)刻本 六册

370000－1502－0006501 jnts06680

史通削繁四卷 （唐）劉知幾撰 （清）紀昀撰
（清）浦起龍注 清道光十三年(1833)兩廣
節署刻朱墨套印本 四册

370000－1502－0006502 jnts06685

子史精華一百六十卷 （清）吴士玉 （清）吴
襄等輯 清雍正五年(1727)武英殿刻本 四
十八册

370000－1502－0006503 jnts06687

安雅堂全集 （清）宋琬撰 清順治至乾隆刻
本 十二册

370000－1502－0006504 jnts06692

帝鑑圖説不分卷 （明）張居正等撰 清刻本
四册

370000－1502－0006505 jnts06701

錦字箋四卷 （清）黄澐輯 清初刻本 二册

370000－1502－0006506 jnts06707

廬陵宋丞相信國公文忠烈先生全集十六卷
（宋）文天祥撰 （清）文有焕等編 清乾隆五
十年(1785)刻本 十六册

370000－1502－0006507 jnts06718

漢溪書法通解八卷 （清）戈守智撰 清乾隆
刻本 四册

370000－1502－0006508 jnts06777

康熙字典十二集三十六卷檢字辨似一卷等韻
一卷補遺一卷備考一卷 （清）張玉書等奉敕
撰 清康熙武英殿刻本 三十八册

370000－1502－0006509 jnts06834

精鑒指南不分卷 （□）□□撰 清抄本 四
册

370000－1502－0006510 jnts06835

清異錄二卷 （宋）陶穀撰 清康熙四十七年
(1708)陳氏刻本 二册

370000－1502－0006511 jnts06835

名句文身表異錄二十卷 （明）王志堅輯 清
康熙四十七年(1708)陳氏刻本 二册

370000－1502－0006512　jnts06839

回文類聚四卷首一卷　（宋）桑世昌纂　回文類聚續編十卷　（清）朱象賢集　清麟玉堂刻本　四册

370000－1502－0006513　jnts06841

德州田氏叢書　（清）田雯等撰　清康熙至乾隆刻本　二十八册　存四十一卷（硯思集六卷、鬲津草堂詩二卷、鬲津草堂乃子集一卷、安德明詩選遺一卷、晚香詞一卷、有懷堂文集一卷、有懷堂詩集一卷、水東草堂詩一卷、古歡堂題辭一卷、古歡堂記二卷、古歡堂銘表二卷、古歡堂傳一卷、古歡堂跋一卷、古歡堂雜文三卷、長河志籍考十卷、黔書二卷、西圃文說三卷、西圃詩說一卷、西圃文詞說一卷）

370000－1502－0006514　jnts06856

白石道人詩集二卷附錄一卷白石道人歌曲四卷歌曲別集一卷　（宋）姜夔撰　清知不足齋叢書本　二册

370000－1502－0006515　jnts06862

漁洋山人精華錄會心偶筆六卷　（清）伊應鼎編述　（清）張永瑗同訂　（清）袁佐同校　清乾隆二十四年(1759)刻本　四册

370000－1502－0006516　jnts06865

杜詩會稡二十四卷　（清）張遠箋　清康熙二十七年(1688)有文堂刻本　十二册

370000－1502－0006517　jnts06866

古泉叢話三卷　（清）戴熙撰　清同治十一年(1872)滂喜齋刻本　一册

370000－1502－0006518　jnts06867

南華經解三十三卷　（清）宣穎撰　（清）胡志章校　清同治五年(1866)半畝園刻本　六册

370000－1502－0006519　jnts06874

唐詩鼓吹十卷　（金）元好問選　清乾隆二十七年(1762)刻本　六册

370000－1502－0006520　jnts06876

治政集要十六卷　（清）王又槐增輯　清乾隆刻本　八册

370000－1502－0006521　jnts06886

潛研堂金石文跋尾六卷　（清）錢大昕撰　清刻本　二册

370000－1502－0006522　jnts06886

潛研堂金石文跋尾續四卷　（清）錢大昕撰　清刻本　一册

370000－1502－0006523　jnts06886

潛研堂金石文跋尾續三卷　（清）錢大昕撰　清刻本　一册

370000－1502－0006524　jnts06895

庚子銷夏記八卷　（清）孫承澤撰　清乾隆二十六年(1761)鮑氏知不足齋刻本　二册

370000－1502－0006525　jnts06896

西湖志纂十五卷首一卷　（清）沈德潛　（清）傅王露　（清）梁詩正撰　清乾隆二十年(1755)賜經堂刻本　八册

370000－1502－0006526　jnts06918

琴譜新聲六卷首一卷　（清）曹尚絅　（清）蘇璟等訂　清乾隆九年(1744)刻本　四册

370000－1502－0006527　jnts06920

尚書十三卷　（漢）孔安國傳　清乾隆四十八年(1783)仿宋刻本　三册

370000－1502－0006528　jnts06934

陶淵明集八卷首二卷末一卷　（晋）陶潛撰　清光緒六年(1880)北京文萃堂刻三色套印本　四册

370000－1502－0006529　jnts06935

協紀辨方書三十六卷　（清）李廷耀撰　清內府刻本　二十四册

370000－1502－0006530　jnts06945

協紀辨方書三十六卷　（清）李廷耀撰　清內府刻本　十五册

370000－1502－0006531　jnts06946

玉海纂二十二卷　（明）劉鴻訓纂輯　清順治四年(1647)刻本　十六册

370000－1502－0006532　jnts06958

曝書亭詩錄十二卷　（清）江浩然箋注　清乾

311

隆三十年(1765)惇裕堂刻本　六册

370000－1502－0006533　jnts06966

尚論張仲景傷寒論重編三百九十七法前篇四卷首一卷後篇四卷　(清)喻昌撰　清乾隆六十年(1795)博古堂刻本　六册

370000－1502－0006534　jnts07013

澄懷園語四卷　(清)張廷玉撰　清乾隆十一年(1746)刻本　二册

370000－1502－0006535　jnts07019

東坡題跋二卷　(宋)蘇軾撰　(清)溫一貞録　清乾隆五十年(1785)又賞齋刻本　二册

370000－1502－0006536　jnts07019

山谷題跋三卷　(宋)黃庭堅撰　(清)溫一貞録　清乾隆五十年(1785)又賞齋刻本　三册

370000－1502－0006537　jnts07025

而庵説唐詩二十二卷首一卷　(清)徐增撰　清康熙九誥堂刻本　八册

370000－1502－0006538　jnts07027

四書十九卷　(宋)朱熹注　清抄本　七册

370000－1502－0006539　jnts07031

重訂四書析疑二十二卷　(清)張權時輯　清乾隆三十二年(1767)文盛堂刻本　二十册

370000－1502－0006540　jnts07044

香屑集十八卷首一卷末一卷　(清)黃之雋集　(清)陳邦直注　清遂初園刻本　三册　存十三卷(一至十三)

370000－1502－0006541　jnts07046

明詩別裁集十二卷　(清)沈德潛　(清)周准輯　清乾隆四年(1739)刻本　六册

370000－1502－0006542　jnts07047

姓氏詳注四卷附姓譜補遺一卷　(清)周魯輯　清初刻本　六册　缺一卷(姓譜補遺一卷)

370000－1502－0006543　jnts07048

補注洗冤録集證四卷　(宋)宋慈撰　(清)王又槐增輯　(清)李觀瀾補輯　(清)阮其新補注　清道光二十四年(1844)刻四色套印本　四册

370000－1502－0006544　jnts07055

五知齋琴譜八卷　(清)徐祺撰　(清)周魯封匯纂　清乾隆十一年(1746)刻本　三册　存五卷(四至八)

370000－1502－0006545　jnts07082

南華發覆八卷　(戰國)莊周撰　(明)釋性通注　清文秀堂刻本　六册

370000－1502－0006546　jnts07087

欽定書經圖説五十卷　(清)孫家鼐等奉敕撰　清光緒三十一年(1905)武英殿石印本　十六册

370000－1502－0006547　jnts07088

疹科纂要一卷　(清)馬之騏纂　(明)翟良定　明刻本　一册

370000－1502－0006548　jnts07099

芥子園畫傳　(清)王槩摹并編　清乾隆四十七年(1782)金閶書業堂刻套印本　四册　存十六卷(本草花卉淺説一卷、草□翎毛淺説一卷、畫翎毛淺説一卷、花卉起手式一卷、翎毛起手式一卷、木花起手式一卷、書竹淺説一卷、竹譜起手式一卷、竹譜一卷、書畫卷末一卷、草木花卉淺説一卷、草蟲淺説一卷、草卉起手式一卷、草蟲起手式一卷、草卉起手式一卷、草虫花卉譜一卷)

370000－1502－0006549　jnts07100

芥子園畫傳　(清)王槩摹并編　清乾隆四十七年(1782)金閶書業堂刻套印本　四册　存十三卷(竹譜起手式一卷、竹譜一卷、書竹淺説一卷、書菊淺説一卷、菊譜起手式一卷、菊譜一卷、書梅淺説一卷、梅譜起手式一卷、梅譜一卷、書傳卷首一卷、書蘭淺説一卷、蘭譜起手式一卷、蘭譜一卷)

370000－1502－0006550　jnts07101

芥子園畫傳二集　(清)王槩等摹　清嘉慶五年(1800)刻套印本　四册

370000－1502－0006551　jnts07139

[雍正]山東通志三十六卷首一卷　(清)岳濬修　(清)法敏修　(清)杜詔纂　清雍正七年

(1729)修清乾隆元年(1736)刻本　四十册

370000－1502－0006552　jnts07141

大廣益會玉篇三十卷　（南朝梁）顧野王撰
清康熙四十三年(1704)張氏澤存堂仿宋刻本
　三册

370000－1502－0006553　jnts07142

江邨銷夏録三卷　（清）高士奇撰　清康熙三
十二年(1693)刻本　三册

370000－1502－0006554　jnts07143

庚子銷夏記八卷　（清）孫承澤撰　清乾隆二
十六年(1761)鮑廷博刻本　四册

370000－1502－0006555　jnts07146

**癸辛雜識前集一卷後集一卷續集二卷別集二
卷**　（宋）周密輯　（明）毛晋訂　明崇禎毛氏
汲古閣刻本　六册

370000－1502－0006556　jnts07147

四書參注不分卷　（清）王植輯撰　清崇雅堂
刻本　八册

370000－1502－0006557　jnts07173

劍南詩鈔不分卷　（宋）陸游撰　（清）楊大鶴
編　清康熙二十四年(1685)武進楊氏刻本
六册

370000－1502－0006558　jnts07176

[乾隆]陽信縣志八卷首一卷　（清）王允深纂
修　清乾隆二十四年(1759)刻本　五册

370000－1502－0006559　jnts07183

蔡中郎集六卷　（漢）蔡邕撰　（清）劉嗣奇校
　清康熙刻本　四册

370000－1502－0006560　jnts07193

四辰堂通鑑易知録十四卷　（清）王仕雲輯
清光啓堂刻本　六册

370000－1502－0006561　jnts07195

明詩善鳴集二卷　（清）陸次雲輯　清初蓉江
懷古堂刻本　四册

370000－1502－0006562　jnts07197

日下舊聞四十二卷　（清）朱彝尊輯　（清）朱
昆田補遺　清康熙二十七年(1688)六峰閣刻

本　二十册

370000－1502－0006563　jnts07212

詩詞鈔四卷　（清）沈楚卿輯　清抄本　三册

370000－1502－0006564　jnts07215

庚子銷夏記八卷　（清）孫承澤撰　清乾隆二
十六年(1761)鮑廷博刻本　四册

370000－1502－0006565　jnts07224

新訂解人頤廣集八卷　（清）胡澹庵撰　清善
成堂刻本　四册

370000－1502－0006566　jnts07237

六書通十卷　（明）閔齊伋撰　（清）畢弘述篆
訂　清乾隆六十年(1795)刻本　八册

370000－1502－0006567　jnts07245

唐宋八大家鈔四卷　（□）□□輯　清鈔本
四册

370000－1502－0006568　jnts07251

[乾隆]泰安府志三十卷前一卷首二卷　（清）
顏希深等修　（清）成城纂　清乾隆二十五年
(1760)泰安府署刻本　二十册

370000－1502－0006569　jnts07261

御纂醫宗金鑑九十卷首一卷　（清）吳謙等奉
敕撰　清刻本　四十八册

370000－1502－0006570　jnts07274

河工紀要十二卷　（清）□□輯　清抄本　四
册

370000－1502－0006571　jnts07306

[雍正]齊河縣志十卷首一卷　（清）上官有儀
修　（清）許琰纂　清乾隆元年(1736)刻本
四册

370000－1502－0006572　jnts07307

小倉山房詩集三十六卷續補詩集三卷　（清）
袁枚撰　清乾隆刻本　沈廷杞鈔補　十二册

370000－1502－0006573　jnts07317

推拿廣意三卷　（清）陳世凱重訂　清乾隆金
閶書業堂刻本　二册

370000－1502－0006574　jnts07327

五代史記七十四卷 （宋）歐陽修撰 （宋）徐
無黨注 明崇禎三年（1630）毛氏汲古閣刻本
六册

370000－1502－0006575 jnts07328

河洛理數七卷 （宋）陳摶撰 （宋）邵雍述
清英德堂刻本 八册

370000－1502－0006576 jnts07338

爾雅注疏十一卷 （晋）郭璞注 （宋）邢昺疏
清乾隆刻本 四册

370000－1502－0006577 jnts07339

載詠樓重鐫硃批孟子二卷 （宋）蘇洵評 清
嘉慶八年（1803）晋介書業德刻朱墨套印本
二册

370000－1502－0006578 jnts07364

古今類傳四卷 （清）董穀士 （清）董炳文輯
清康熙三十一年（1692）刻本 四册

370000－1502－0006579 jnts07375

陶淵明集十卷 （晋）陶潛撰 清初旌邑李文
韓刻本 四册

370000－1502－0006580 jnts07395

笠翁一家言全集五種 （清）李漁撰 清雍正
八年（1730）刻本 十六册

370000－1502－0006581 jnts07397

松劍子詩文不分卷 （□）□□撰 清抄本
三册

370000－1502－0006582 jnts07398

齒德錄四卷 （□）□□撰 清司馬芙生抄本
四册

370000－1502－0006583 jnts07408

齊乘六卷 （元）于欽纂修 清乾隆四十六年
（1781）登州桂林胡德琳刻本 二册

370000－1502－0006584 jnts07411

安雅堂全集 （清）宋琬撰 清順治至乾隆刻
本 十七册 存二十卷（文集二卷、詩一卷、
又文集二卷、未刻稿十卷、二鄉亭詞三卷、書
啓一卷、祭皋陶一卷）

370000－1502－0006585 jnts07413

宋名家詞九十卷 （明）毛晋輯 明崇禎毛氏
汲古閣刻本 七册 存二十卷（片玉詞卷上、
梅溪詞一卷、白石詞一卷、石林詞一卷、酒邊
詞一卷、溪堂詞一卷、樵隱詞一卷、竹山詞一
卷、書舟詞一卷、坦庵詞一卷、海野詞一卷、逃
禪詞一卷、芥庵詞一卷、平齋詞一卷、文溪詞
一卷、克齋詞一卷、丹陽詞一卷、孏窟詞一卷、
蕓窗詞一卷、空同詞一卷）

370000－1502－0006586 jnts07424

呂氏春秋二十六卷 （戰國）呂不韋撰 （漢）
高誘注 （清）畢沅輯校 清乾隆五十三年
（1788）靈岩山館刻本 六册

370000－1502－0006587 jnts07428

文選不分卷 （南朝梁）蕭統輯 清中葉抄本
一册

370000－1502－0006588 jnts07430

鍾伯敬先生五經纂注 （明）鍾惺纂注 清抄
本 一册 存二卷（易經一至二）

370000－1502－0006589 jnts07438

五經類編二十八卷 （清）周世樟編 清康熙
縠詒堂刻本 十册

370000－1502－0006590 jnts07439

周易課講日箋不分卷 （清）劉銘彝纂輯 清
同治劉氏抄本 四册

370000－1502－0006591 jnts07442

四書課講記要不分卷 （清）劉銘彝纂輯 清
同治元年（1862）劉氏抄本 七册

370000－1502－0006592 jnts07451

祝由科天醫十三科二卷增補一卷 （□）□□
撰 清朱墨套印本 二册

370000－1502－0006593 jnts07483

春秋體注大全四卷 （清）徐寅賓新纂 （清）
范翔撰 清雍正四年（1726）刻本 四册

370000－1502－0006594 jnts07509

本朝館閣賦十二卷後集七卷補遺一卷稻香樓
試帖二卷附錄一卷 （清）程洵等輯 清乾隆
二十九年（1764）困學齋刻本 十册

370000－1502－0006595　　jnts07513

聯經四卷　（清）李學禮述　清乾隆五十五年
(1790)補過堂刻本　四册

370000－1502－0006596　　jnts07540

本草從新六卷　（清）吴儀洛輯　清乾隆善成
堂刻本　六册

370000－1502－0006597　　jnts07544

清河書畫舫十二卷　（明）張丑輯　清乾隆二
十八年(1763)池北草堂刻本　十二册

370000－1502－0006598　　jnts07547

新增説文韻府群玉二十卷　（元）陰時夫編輯
（元）陰中夫編注　清崇文堂刻本　二十册

370000－1502－0006599　　jnts07548

御纂詩義折中二十卷　（清）傅恒奉敕撰　清
乾隆二十年(1755)書業德刻本　六册

370000－1502－0006600　　jnts07551

本草綱目易知録八卷　（清）戴葆元編輯　清
光緒十二年(1886)手抄本　三册　存三卷
（一、四、七）

370000－1502－0006601　　jnts07555

增訂本草備要四卷醫方集解三卷醫方湯頭歌
括一卷　（清）汪昂撰　清乾隆五年(1740)聚
錦堂刻本　六册

370000－1502－0006602　　jnts07557

史記論文一百三十卷　（漢）司馬遷撰　（清）
吴見思評點　清康熙二十六年(1687)尺木堂
刻本　二十四册

370000－1502－0006603　　jnts07560

曝書亭集八十卷附録一卷　（清）朱彝尊撰
笛漁小稿十卷　（清）朱昆田撰　清康熙刻本
十二册

370000－1502－0006604　　jnts07562

欽定書經圖説五十卷　（清）孫家鼐等奉敕撰
清光緒三十一年(1905)武英殿石印本　十
六册

370000－1502－0006605　　jnts07563

吕新吾全集　（明）吕坤撰　明刻本　五十册

370000－1502－0006606　　jnts07570

山東運河備覽十二卷　（清）陸耀纂　清乾隆
四十一年(1776)切問齋刻本　六册

370000－1502－0006607　　jnts07573

痘疹詩賦二卷附治痘寶册一卷　（清）張鑾著
清道光二十年(1840)對山書屋手抄本　三
册

370000－1502－0006608　　jnts07575

[乾隆]濰縣志六卷首一卷末一卷　（清）張耀
璧修　（清）王誦芬纂　清乾隆二十五年
(1760)刻本　六册

370000－1502－0006609　　jnts07576

[乾隆]濰縣志六卷首一卷末一卷　（清）張耀
璧修　（清）王誦芬纂　清乾隆二十五年
(1760)刻本　五册

370000－1502－0006610　　jnts07580

唐陸宣公集二十二卷　（唐）陸贄撰　明萬曆
九年(1581)光裕堂刻本　六册

370000－1502－0006611　　jnts07584

左傳選十四卷　（清）儲欣評　清乾隆刻本
六册

370000－1502－0006612　　jnts07604

醫方集解三卷　（清）汪昂輯撰　清康熙敬文
堂刻本　六册

370000－1502－0006613　　jnts07618

内外傷辨三卷　（金）李杲撰　明刻本　一册

370000－1502－0006614　　jnts07618

外科精義二卷　（元）齊德之纂集　明刻本
一册

370000－1502－0006615　　jnts07619

輟耕録三十卷　（明）陶宗儀撰　明崇禎毛氏
汲古閣刻本　十册

370000－1502－0006616　　jnts07635

御纂醫宗金鑑九十卷首一卷　（清）吴謙等奉
敕撰　清乾隆七年(1742)刻本　三十册

370000－1502－0006617　　jnts07639

廣金石韻府五卷　（清）林尚葵輯　清康熙九

年(1670)朱墨套印本　六册

370000－1502－0006618　jnts07651

文選章句二十八卷　（南朝梁）蕭統輯　（唐）李善注　（明）陳與郊編　明萬曆二十五年(1597)刻本　六册

370000－1502－0006619　jnts07666

芥子園畫傳初集五卷　（清）王槩等摹　清刻本　五册

370000－1502－0006620　jnts07669

芥子園畫傳二集不分卷　（清）王槩等摹　清嘉慶五年(1800)金陵芥子園六色套印本　四册

370000－1502－0006621　jnts07670

芥子園畫傳五卷　（清）王槩摹　清嘉慶刻套印本　四册

370000－1502－0006622　jnts07676

重刊補注洗冤錄集證六卷　（清）王又槐增輯　（清）李觀瀾補輯　清同治十一年(1872)刻三色套印本　六册

370000－1502－0006623　jnts07678

[乾隆]利津縣志補六卷　（清）程士範纂輯　清乾隆三十五年(1770)刻本　一册

370000－1502－0006624　jnts07687

[乾隆]歷城縣志五十卷首一卷　（清）胡德琳修　（清）李文藻等纂　清乾隆三十八年(1773)刻本　十六册

370000－1502－0006625　jnts07697

集古錄十卷　（宋）歐陽修撰　金石錄三十卷（宋）趙明誠編著　清順治謝世箕刻本　十册

370000－1502－0006626　jnts07698

金石圖不分卷　（清）牛運震集説　（清）褚峻摹圖　清乾隆八年至十年(1743－1745)刻本暨拓本　四册

370000－1502－0006627　jnts07704

桐陰論畫二卷首一卷二編二卷三編二卷續桐陰論畫一卷桐陰畫訣一卷　（清）秦祖永撰　清同治三年至光緒八年(1864－1882)刻朱墨

套印本　四册

370000－1502－0006628　jnts07705

桐陰論畫二卷首一卷二編二卷三編二卷續桐陰論畫一卷桐陰畫訣一卷　（清）秦祖永撰　清同治三年至光緒八年(1864－1882)刻朱墨套印本　六册

370000－1502－0006629　jnts07711

[乾隆]濟寧直隸州志三十四卷首一卷（清）胡德琳　（清）藍應桂修　（清）周永年　（清）盛百二纂　清乾隆四十三年(1778)刻本　二十册

370000－1502－0006630　jnts07745

淵鑑類函四百五十卷　（清）張英纂　清康熙刻本　一百四十二册

370000－1502－0006631　jnts07760

字鑑五卷　（元）李文仲編　清康熙澤存堂刻本　四册

370000－1502－0006632　jnts07769

元經薛氏傳十卷　（隋）王通撰　（唐）薛收傳（宋）阮逸注　清乾隆刻本　二册

370000－1502－0006633　jnts07771

新唐書二百二十五卷　（宋）歐陽修　（宋）宋祁等撰　明崇禎二年(1629)毛氏汲古閣刻本　三十六册

370000－1502－0006634　jnts07782

晏子春秋八卷　（春秋）晏嬰撰　（清）孫星衍校　清嘉慶二十一年(1816)吳氏刻本　四册

370000－1502－0006635　jnts07789

資治通鑑綱目前編二十五卷　（明）陳仁錫評　明萬曆同文堂刻本　八十五册

370000－1502－0006636　jnts07790

[乾隆]德州志十二卷首一卷　（清）王道亨等修　（清）張慶源纂　清乾隆刻本　八册

370000－1502－0006637　jnts07797

積古齋鐘鼎彝器款識十卷　（清）阮元編錄清嘉慶九年(1804)刻本　四册

370000－1502－0006638　jnts07817

陸宣公奏議四卷　（唐）陸贄撰　清乾隆刻本
四册

370000－1502－0006639　jnts07827
南史八十卷　（唐）李延壽撰　明萬曆三十一
年(1603)北監刻崇禎十三年(1640)汲古閣補
刻本　十四册

370000－1502－0006640　jnts07844
醫學心悟五卷附外科十法一卷　（清）程國彭
撰　清乾隆五十六年(1791)大文堂刻本　六
册

370000－1502－0006641　jnts07849
金剛般若波羅蜜經不分卷　（唐）釋玄藏譯
清嘉慶十六年(1811)鈔本　一册

370000－1502－0006642　jnts07859
新纂氏族箋釋八卷　（清）熊峻運著　（清）楊
煌義編　清文秀堂刻本　四册

370000－1502－0006643　jnts07865
清凉山志十卷　（明）釋鎮澄編　清乾隆二十
年(1755)淮陰祁豐元刻本　四册

370000－1502－0006644　jnts07887
繪風亭評第七才子書琵琶記六卷　（元）高明
撰　清康熙五年(1666)吳郡大來堂刻本　六
册

370000－1502－0006645　jnts07888
詩所五十六卷首一卷　（明）臧懋循輯　明萬
曆刻本　十六册

370000－1502－0006646　jnts07889
國朝畫徵録三卷明人附録一卷續録二卷
(清)張庚撰　清乾隆四年(1739)刻本　二册

370000－1502－0006647　jnts07891
同庵史彙十卷　（清）蔣善選評　清康熙思永
堂刻本　六册

370000－1502－0006648　jnts07898
周易折中撮要不分卷　（清）李光地等奉敕纂
清抄本　五册

370000－1502－0006649　jnts07903
左繡三十卷首一卷　（清）馮李驊　（清）陸浩

輯　春秋經傳集解三十卷首一卷　（晋）杜預
撰　（宋）林堯叟注　清康熙緑蔭堂刻本　十
六册

370000－1502－0006650　jnts07905
五子近思録發明十四卷　（宋）朱熹　（宋）吕
祖謙撰　（清）施璜纂注　清康熙英秀堂刻本
八册

370000－1502－0006651　jnts07907
詞譜四十卷　（清）王奕清等奉敕撰　清康熙
五十四年(1715)朱墨套印殿本　十册　存二
十卷(二十一至四十)

370000－1502－0006652　jnts07939
戰國策去毒二卷首一卷　（清）陸隴其撰　清
康熙三十三年(1694)三魚堂刻本　二册

370000－1502－0006653　jnts07941
東周列國全志二十三卷　（清）蔡昇評點　清
乾隆十七年(1752)大文堂刻本　二十二册

370000－1502－0006654　jnts07945
明朝紀事本末八十卷　（清）谷應泰撰　清順
治刻本　十六册

370000－1502－0006655　jnts07959
子史輯要詩賦題解四卷續編四卷　（清）胡本
淵編輯　清乾隆三十九年(1774)積秀堂刻本
二册

370000－1502－0006656　jnts07975
日知録三十二卷　（清）顧炎武撰　清乾隆三
十四年(1769)潘氏遂初堂刻本　八册

370000－1502－0006657　jnts07988
周官精義十二卷　（清）連斗山編次　清乾隆
五十九年(1794)刻本　六册

370000－1502－0006658　jnts07990
欽定古今圖書集成一萬卷目録四十卷　（清）
蔣廷錫　（清）陳夢雷等輯　清雍正四年
(1726)內府銅活字印本　九十九册

370000－1502－0006659　jnts07992
史通削繁四卷　（清）紀昀撰　清道光十三年
(1833)刻套印本　四册

317

370000－1502－0006660　jnts08002

六書分類十二卷首一卷　（清）傅世垚撰　清乾隆五十四年(1789)刻本　七册　缺六卷（七至十二）

370000－1502－0006661　jnts08003

六書通十卷　（明）閔齊伋撰　（清）畢弘述篆訂　清康熙五十九年(1720)基聞堂刻本　五册

370000－1502－0006662　jnts08005

子史精華一百六十卷　（清）吳士玉　（清）吳襄等輯　清雍正五年(1727)武英殿刻本　四十八册

370000－1502－0006663　jnts08006

綱鑑易知錄九十二卷明鑑易知錄十五卷　（清）吳乘權等輯　清康熙五十年(1711)三讓堂刻本　四十八册

370000－1502－0006664　jnts08008

四書朱子本義彙參四十三卷首四卷　（清）王步青輯　（清）王士鰲編　清乾隆十年(1745)敦復堂刻本　三十册　存十卷(十一至二十)

370000－1502－0006665　jnts08015

明詩別裁集十二卷　（清）沈德潛　（清）周准輯　清乾隆五十九年(1794)刻本　三册　存九卷(一至三、七至十二)

370000－1502－0006666　jnts08016

唐詩類苑二百卷　（明）張之象輯　（明）王徹補訂　明刻清印本　四册　存十一卷(一百二十九至一百三十、一百八十至一百八十八)

370000－1502－0006667　jnts08021

漁洋山人詩集二十二卷　（清）王士禎撰　清康熙八年(1669)吳郡沂詠堂刻本　四册

370000－1502－0006668　jnts08021

漁洋山人詩集續集十六卷　（清）王士禎撰　清康熙刻本　四册

370000－1502－0006669　jnts08021

蠶尾集十卷續集二卷後集二卷　（清）王士禎撰　清康熙刻本　六册

370000－1502－0006670　jnts08021

漁洋山人文略十四卷　（清）王士禎撰　清康熙刻本　五册

370000－1502－0006671　jnts08021

皇華紀聞四卷　（清）王士禎撰　清康熙刻本　二册

370000－1502－0006672　jnts08021

雍益集一卷　（清）王士禎撰　清康熙三十六年(1697)刻本　一册

370000－1502－0006673　jnts08021

二家詩選二卷　（清）王士禎選　清康熙刻本　一册

370000－1502－0006674　jnts08021

蜀道驛程記二卷　（清）王士禎撰　清康熙刻本　一册

370000－1502－0006675　jnts08021

歷仕錄一卷　（明）王之垣撰　（清）王士禎校　清康熙王氏家塾惺心樓刻本　一册

370000－1502－0006676　jnts08021

秦蜀驛程後記二卷　（清）王士禎撰　清康熙刻本　一册

370000－1502－0006677　jnts08021

漁洋山人精華錄十卷　（清）王士禎撰　（清）林佶編　清康熙三十九年(1700)刻本　四册

370000－1502－0006678　jnts08021

隴首集一卷　（清）王與胤撰　（清）王士禎校　清康熙刻本　一册

370000－1502－0006679　jnts08021

長白山錄一卷補遺一卷　（清）王士禎輯　清康熙三十六年(1697)刻本　一册

370000－1502－0006680　jnts08021

南來志一卷北歸志一卷廣州游覽小志一卷　（清）王士禎撰　清康熙刻本　一册

370000－1502－0006681　jnts08021

南海集二卷　（清）王士禎撰　清康熙刻本　一册

370000－1502－0006682　jnts08021

浯溪考二卷　（清）王士禎撰　清康熙刻本
一册

370000－1502－0006683　jnts08021

分甘餘話四卷　（清）王士禎撰　清康熙四十
八年(1709)刻本　一册

370000－1502－0006684　jnts08021

國朝謚法考一卷　（清）王士禎編輯　清康熙
刻本　一册

370000－1502－0006685　jnts08021

池北偶談二十六卷　（清）王士禎撰　清康熙
四十年(1701)臨汀高都廷掄刻本　八册

370000－1502－0006686　jnts08022

漁洋山人詩集二十二卷　（清）王士禎撰　清
康熙八年(1669)吳郡沂詠堂刻本　四册

370000－1502－0006687　jnts08022

漁洋山人詩集續集十六卷　（清）王士禎撰
清康熙刻本　四册

370000－1502－0006688　jnts08022

蠶尾集十卷續集二卷後集二卷　（清）王士禎
撰　清康熙刻本　六册

370000－1502－0006689　jnts08022

漁洋山人文略十四卷　（清）王士禎撰　清康
熙刻本　五册

370000－1502－0006690　jnts08022

隴蜀餘聞一卷南來志一卷北歸志一卷廣州游
覽小志一卷　（清）王士禎撰　清康熙刻本
一册

370000－1502－0006691　jnts08022

漁洋山人精華錄十卷　（清）王士禎撰　（清）
林佶編　清康熙三十九年(1700)刻本　四册

370000－1502－0006692　jnts08022

池北偶談二十六卷　（清）王士禎撰　清康熙
刻本　八册

370000－1502－0006693　jnts08022

秦蜀驛程後記二卷　（清）王士禎撰　清康熙
刻本　一册

370000－1502－0006694　jnts08022

隴蜀餘聞一卷　（清）王士禎撰　清康熙刻本
一册

370000－1502－0006695　jnts08022

分甘餘話四卷　（清）王士禎撰　清康熙四十
八年(1709)刻本　一册

370000－1502－0006696　jnts08022

長白山錄一卷補遺一卷　（清）王士禎撰　清
康熙三十六年(1697)刻本　一册

370000－1502－0006697　jnts08022

南海集二卷　（清）王士禎撰　清康熙刻本
一册

370000－1502－0006698　jnts08022

蜀道驛程記二卷　（清）王士禎撰　清康熙刻
本　一册

370000－1502－0006699　jnts08022

皇華紀聞四卷　（清）王士禎撰　清康熙刻本
二册

370000－1502－0006700　jnts08023

蠶尾集十卷續集二卷後集二卷　（清）王士禎
撰　清康熙刻本　六册

370000－1502－0006701　jnts08023

漁洋山人精華錄十卷　（清）王士禎撰　（清）
林佶編　清康熙三十九年(1700)刻本　四册

370000－1502－0006702　jnts08023

漁洋山人詩集二十二卷　（清）王士禎撰　清
康熙刻本　四册

370000－1502－0006703　jnts08023

池北偶談二十六卷　（清）王士禎撰　清康熙
刻本　八册

370000－1502－0006704　jnts08023

漁洋山人文略十四卷　（清）王士禎撰　清康
熙刻本　四册

370000－1502－0006705　jnts08023

蜀道驛程記二卷　（清）王士禎撰　清康熙刻
本　一册

370000 – 1502 – 0006706　jnts08023

皇華紀聞四卷　（清）王士禎撰　清康熙刻本
一册

370000 – 1502 – 0006707　jnts08023

分甘餘話四卷　（清）王士禎撰　清康熙四十
八年(1709)刻本　一册

370000 – 1502 – 0006708　jnts08023

隴蜀餘聞一卷　（清）王士禎撰　清康熙刻本
一册

370000 – 1502 – 0006709　jnts08023

南來志一卷北歸志一卷廣州游覽小志一卷
（清）王士禎撰　清康熙刻本　一册

370000 – 1502 – 0006710　jnts08024

漁洋山人文略十四卷　（清）王士禎撰　清康
熙刻本　四册

370000 – 1502 – 0006711　jnts08024

池北偶談二十六卷　（清）王士禎撰　清康熙
刻本　六册

370000 – 1502 – 0006712　jnts08024

居易錄三十四卷　（清）王士禎撰　清康熙刻
本　六册

370000 – 1502 – 0006713　jnts08025

香祖筆記十二卷　（清）王士禎撰　清康熙刻
本　四册

370000 – 1502 – 0006714　jnts08026

香祖筆記十二卷　（清）王士禎撰　清康熙刻
本　四册

370000 – 1502 – 0006715　jnts08031

漁洋山人精華錄箋注十二卷附補一卷　（清）
金榮箋注　（清）徐准纂輯　清康熙金氏鳳翮
堂刻本　八册　缺一卷(十一)

370000 – 1502 – 0006716　jnts08032

漁洋山人詩集二十二卷續集十六卷　（清）王
士禎撰　清康熙八年(1669)吳郡沂詠堂刻本
四册

370000 – 1502 – 0006717　jnts08033

漁洋山人詩集二十二卷　（清）王士禎撰　清

康熙八年(1669)吳郡沂詠堂刻本　四册　缺
九卷(十四至二十二)

370000 – 1502 – 0006718　jnts08034

欽定武英殿聚珍版程式一卷　（清）金簡撰
清乾隆四十二年(1777)武英殿聚珍版刻本
一册

370000 – 1502 – 0006719　jnts08038

續藏書二十七卷　（明）李贄撰　明刻本　十
二册

370000 – 1502 – 0006720　jnts08077

泰山小史一卷　（清）蕭協中撰　清乾隆五十
四年(1789)刻本　一册

370000 – 1502 – 0006721　jnts08086

春秋傳説薈要十二卷　（清）聖祖玄燁案　清
乾隆五十七年(1792)刻本　四册

370000 – 1502 – 0006722　jnts08087

欽定春秋傳説彙纂三十八卷首二卷　（清）王
掞等撰　清康熙六十年(1721)刻本　三十二
册

370000 – 1502 – 0006723　jnts08088

欽定春秋傳説彙纂三十八卷首二卷　（清）王
掞等撰　清康熙六十年(1721)刻本　二十四
册

370000 – 1502 – 0006724　jnts08089

欽定春秋傳説彙纂三十八卷首二卷　（清）王
掞等撰　清康熙六十年(1721)刻本　三十册

370000 – 1502 – 0006725　jnts08093

尚書譜五卷　（明）梅鷟撰　清抄本　一册

370000 – 1502 – 0006726　jnts08095

尚書古文疏證八卷　（清）閻若璩撰　**朱子古
文書疑一卷**　（清）閻詠撰　清康熙閻氏眷西
堂刻本　十册

370000 – 1502 – 0006727　jnts08096

南游紀略二卷　（清）張譜撰　清抄本　一册

370000 – 1502 – 0006728　jnts08098

宋詩鈔一百六卷　（清）吳之振等選　清康熙
十年(1671)内府刻本　七册　存三十五卷

(誠齋詩鈔一卷、荊溪集鈔一卷、西歸集一卷、南海集鈔一卷、朝天集鈔一卷、江西道院集鈔一卷、朝天續集鈔一卷、江西集鈔一卷、退休集鈔一卷、二薇亭詩鈔一卷、廬西集鈔一卷、漫塘詩鈔一卷、義豐集鈔一卷、浪語集鈔一卷、水心詩鈔一卷、艾軒詩鈔一卷、清苑齋詩鈔一卷、葦碧軒詩鈔一卷、芳蘭軒詩鈔一卷、宛丘詩鈔一卷、具茨集鈔一卷、陵陽詩鈔一卷、雞肋集鈔一卷、道鄉詩鈔一卷、淮海集鈔一卷、劍南詩鈔一卷、止齋詩鈔一卷、香溪集鈔一卷、屏山集鈔一卷、葦齋詩鈔一卷、玉瀾集鈔一卷、北山小集鈔一卷、竹洲詩鈔一卷、益公省齋稿鈔一卷、益公平園續稿鈔一卷)

370000－1502－0006729　jnts08101

馮氏家譜不分卷　(清)馮佺等修　清光緒七年(1881)手寫本　四册

370000－1502－0006730　jnts08104

來青館雜體詩剩二卷　(清)李慶翱撰　(清)李福淶編輯　清李福淶手抄本　一册　存一卷(上)

370000－1502－0006731　jnts08108

南游行吟記　(清)萍香使者撰　清光緒三十年(1904)鈔稿本　一册

370000－1502－0006732　jnts08110

金石例十卷　(清)潘昂霄撰　清光緒四年(1878)讀有用書齋套印本　一册

370000－1502－0006733　jnts08110

墓銘舉例四卷　(清)王行撰　清光緒四年(1878)讀有用書齋套印本　一册

370000－1502－0006734　jnts08113

四書朱子本義匯參四十七卷　(清)王步青輯　(清)王士鰲編　清乾隆敦復堂刻本　四十册

370000－1502－0006735　jnts08129

增補蘇批孟子二卷　(宋)蘇洵批點　(清)趙大浣增補　清嘉慶二十年(1815)醉經樓刻朱墨套印本　二册

370000－1502－0006736　jnts08135

崇道堂四書集注大全十九卷　(清)張廷玉等編次　清康熙十八年(1679)紫陽朱氏刻本　六册

370000－1502－0006737　jnts08139

四書大全辯三十八卷附錄六卷　(明)張自烈刪繁　清順治八年(1651)督學察院刻本　二十六册

370000－1502－0006738　jnts08140

楊素蘊全集不分卷　(清)楊素蘊撰　清康熙刻本　五册　存西臺奏議、撫楚治略、撫楚通飭、撫皖治略、穀城水運紀略、學政條約、京兆奏議

370000－1502－0006739　jnts08141

十七史一千五百七十四卷　(明)毛晉編　明崇禎毛氏汲古閣刻本　一百六十九册

370000－1502－0006740　jnts08149

大學衍義四十三卷　(宋)真德秀撰　(明)陳仁錫評　大學衍義補一百六十卷首一卷(明)丘濬進呈　(明)陳仁錫評閱　明崇禎五年(1632)陳仁錫刻本　四十七册　存一百六十五卷(大學衍義一、六至四十三,大學衍義補一至一百二十六)

370000－1502－0006741　jnts08150

大學衍義四十三卷　(宋)真德秀撰　(明)陳仁錫評　大學衍義補一百六十卷首一卷(明)丘濬進呈　(明)陳仁錫評閱　明崇禎五年(1632)陳仁錫刻本　五册　存三十七卷(一至十四、十六至三十八)

370000－1502－0006742　jnts08179

漱芳軒合纂四書體注十七卷　(清)范翔參訂　清康熙五十六年(1717)刻本　四册

370000－1502－0006743　jnts08180

四書古人典林十二卷　(清)江永編　清乾隆金閶寶仁堂刻本　四册　存八卷(一至八)

370000－1502－0006744　jnts08183

集虛齋四書口義十卷　(清)方桱如撰　(清)于光華編次　清乾隆五十九年(1794)文盛堂刻本　十册

370000－1502－0006745　jnts08184

集虛齋四書口義十卷　（清）方楘如撰　（清）
于光華編次　清乾隆五十九年(1794)文盛堂
刻本　八册

370000－1502－0006746　jnts08189

新訂四書人物備考十二卷　（清）陳仁錫增訂
清雍正十一年(1733)榮茂堂刻本　六册

370000－1502－0006747　jnts08196

古今評録四卷　（明）商維濬輯　明刻本　一
册　存一卷(四)

370000－1502－0006748　jnts08205

四書約旨十九卷　（清）任啓運撰　清乾隆刻
本　五册　缺三卷(孟子一至三)

370000－1502－0006749　jnts08208

周秦古璽二卷　（清）尹彭壽集　清光緒九年
(1883)鈐印本　二册

370000－1502－0006750　jnts08216

增删四書朱子大全精言四十二卷　（清）周大
璋重訂　清乾隆刻本　九册　存三十八卷
(大學一至三、中庸一至四、論語一至二十,孟
子一至三、七至十四)

370000－1502－0006751　jnts08217

四書朱子大全精言四十二卷　（清）周大璋纂
清康熙寶旭齋刻本　七册

370000－1502－0006752　jnts08218

駁呂留良四書講義八卷　（清）朱軾等撰　清
雍正刻本　六册　存六卷(中庸一卷、上論二
卷、下論一卷、下孟二卷)

370000－1502－0006753　jnts08220

四書便蒙十九卷　（清）許寶善訂　清乾隆自
貽軒刻本　六册

370000－1502－0006754　jnts08229

四書朱子本義匯參四十三卷首四卷　（清）王
步青輯　（清）王士鰲編　清乾隆十年(1745)
敦復堂刻本　三十册

370000－1502－0006755　jnts08230

四書朱子本義匯參四十三卷首四卷　（清）王

步青輯　（清）王士鰲編　清乾隆敦復堂刻本
三十二册

370000－1502－0006756　jnts08231

四書朱子本義匯參四十三卷首四卷　（清）王
步青輯　（清）王士鰲編　清乾隆十年(1745)
敦復堂刻本　二十九册　缺二卷(論語五至
六)

370000－1502－0006757　jnts08232

四書朱子本義匯參四十三卷首四卷　（清）王
步青輯　（清）王士鰲編　清乾隆敦復堂刻本
二十九册　缺一卷(孟子四)

370000－1502－0006758　jnts08234

四書題鏡　（清）汪鯉翔纂述　清初刻小字本
五册　存十四卷(中庸上下、上論一至十、
下論一至二)

370000－1502－0006759　jnts08240

四書章句十九卷　（宋）朱熹集注　清乾隆五
十九年(1794)東郡文苑堂刻本　六册

370000－1502－0006760　jnts08241

四書正義十九卷　（清）周大璋纂　清雍正元
年(1723)四美堂刻本　七册

370000－1502－0006761　jnts08301

讀左補義五十卷首一卷　（清）姜炳璋輯　清
乾隆蔚文堂刻本　十六册

370000－1502－0006762　jnts08303

左傳事緯十二卷　（清）馬驌撰　清乾隆刻本
六册

370000－1502－0006763　jnts08305

增删四書朱子大全精言四十二卷　（清）周大
璋輯　清乾隆三年(1738)刻本　二十六册
存三十卷(大學一至二,中庸一至三,論語一
至十、十四、十七至二十,孟子三至四、六至十
二、十四)

370000－1502－0006764　jnts08313

春秋杜林左傳匯參三十卷　（清）周正思纂
清乾隆三十九年(1774)嵩山書屋刻本　八册

370000－1502－0006765　jnts08314

左傳翼三十八卷 （清）周大璋輯評 清乾隆
遂初堂刻本 十三册 存三十卷（一至二十
四、二十六至二十七、三十、三十三至三十四、
三十八）

370000－1502－0006766 jnts08317

御纂周易折中二十二卷首一卷 （清）李光地
等纂 清康熙刻本 十册

370000－1502－0006767 jnts08319

御纂周易折中二十二卷首一卷 （清）李光地
等纂 清康熙五十四年（1715）刻本 十二册

370000－1502－0006768 jnts08330

周易四卷 （宋）朱熹集注 清乾隆三十七年
（1772）九思堂刻本 二册

370000－1502－0006769 jnts08331

周易四卷 （宋）朱熹集注 清乾隆五十九年
（1794）敦化堂刻本 二册

370000－1502－0006770 jnts08336

御纂周易折中二十二卷首一卷 （清）李光地
等纂 清康熙五十四年（1715）刻本 十二册

370000－1502－0006771 jnts08345

春秋左傳杜注三十卷 （清）姚培謙輯 清嘉
慶元年（1796）金閶書業堂刻本 九册 存二
十一卷（一至二、九至二十二、二十六至三十）

370000－1502－0006772 jnts08354

春秋左傳補注六卷 （清）惠棟撰 清潮陽縣
衙刻本 一册 存三卷（一至三）

370000－1502－0006773 jnts08357

元詩別裁八卷補遺一卷 （清）張景星 （清）
姚培謙 （清）王永祺點閱 清乾隆二十九年
（1764）刻本 一册 存四卷（一至四）

370000－1502－0006774 jnts08359

春秋公羊傳不分卷 （明）閔齊伋注 明天啓
元年（1621）刻本 三册

370000－1502－0006775 jnts08372

曲江書屋新訂批注左傳快讀十八卷首一卷
（清）李紹崧選訂 清乾隆五十四年（1789）經
綸堂刻本 十二册

370000－1502－0006776 jnts08373

曲江書屋新訂批注左傳快讀十八卷首一卷
（清）李紹崧選訂 清乾隆經元堂刻本 十六
册

370000－1502－0006777 jnts08400

御纂詩義折中二十卷 （清）傅恒等撰 清乾
隆二十年（1755）刻本 八册

370000－1502－0006778 jnts08401

御纂詩義折中二十卷 （清）傅恒等撰 清乾
隆二十年（1755）内府刻本 十六册

370000－1502－0006779 jnts08416

書經六卷 （宋）蔡沈集傳 清乾隆三十八年
（1773）文盛堂刻本 四册

370000－1502－0006780 jnts08452

詩經增訂旁訓四卷 （清）徐立綱撰 （清）張
大受重校 清乾隆四十七年（1782）匠門書屋
刻本 四册

370000－1502－0006781 jnts08453

書經增訂旁訓四卷 （清）徐立綱撰 清乾隆
四十七年（1782）金閶書業德刻本 二册

370000－1502－0006782 jnts08461

欽定書經圖説五十卷 （清）孫家鼐等奉敕撰
清光緒三十一年（1905）武英殿石印本 十
六册

370000－1502－0006783 jnts08466

穀梁傳鈔一卷 （清）高塘集評 清乾隆五十
三年（1788）刻本 一册

370000－1502－0006784 jnts08473

初刻黄維章先生詩經嬝嬛體注八卷 （明）黄
文煥輯著 （清）范翔重訂 詩經八卷 （宋）
朱熹集傳 清康熙十九年（1680）金陵穆綏廷
刻本 四册

370000－1502－0006785 jnts08484

孝經刊誤辯説一卷附孝經一卷 （清）倪上述
撰 清乾隆二十七年（1762）刻本 一册

370000－1502－0006786 jnts08496

仿宋相臺五經九十三卷附考證一卷 （宋）岳

珂校刻　清乾隆四十八年(1783)刻本　二十九册　存八十二卷(禮記二十卷、春秋三十卷附春秋名號歸一圖二卷、周易十卷、毛詩二十卷)

370000 – 1502 – 0006787　jnts08499

禮記十卷　(元)陳澔集說　明刻本　十册

370000 – 1502 – 0006788　jnts08509

周禮六卷　(清)姚培謙重訂　清乾隆家塾刻本　一册

370000 – 1502 – 0006789　jnts08511

周禮節訓六卷　(清)姚培謙重訂　清乾隆五十五年(1790)刻本　二册

370000 – 1502 – 0006790　jnts08513

禮記增訂旁訓六卷　(清)徐立綱撰　清乾隆匠門書屋刻沈廷杞等鈔補本　六册

370000 – 1502 – 0006791　jnts08514

五經類編二十八卷　(清)周世樟編輯　清康熙轂詒堂刻本　十五册　缺一卷(二十八)

370000 – 1502 – 0006792　jnts08520

雅雨堂叢書一百三十一卷　(清)盧見曾輯　清乾隆二十一年(1756)雅雨堂刻本　二十二册　存一百三十七卷(撝言十五卷、封氏聞見記十卷、匡謬正俗八卷、周易乾鑿度二卷、尚書大傳四卷附補遺一卷續補遺一卷考異一卷、大戴禮記十三卷、文昌雜録六卷附補遺一卷、北夢瑣言二十卷、易傳十七卷附釋文一卷、戰國策三十三卷、鄭氏周易三卷附鄭司農集一卷)

370000 – 1502 – 0006793　jnts08535

儀禮經注十七卷　(漢)鄭玄注　清嘉慶二十年(1815)刻本　二册

370000 – 1502 – 0006794　jnts08538

周禮注疏刪翼三十卷　(清)王志長輯　清乾隆六十年(1795)醉墨齋刻本　十六册

370000 – 1502 – 0006795　jnts08541

元豐題跋一卷　(宋)曾鞏撰　(明)毛晉訂　明崇禎汲古閣刻津逮秘書本　一册

370000 – 1502 – 0006796　jnts08545

漱芳齋合纂禮記體注四卷　(清)范翔輯　清康熙五十二年(1713)聚盛堂刻本　四册

370000 – 1502 – 0006797　jnts08547

漱芳齋合纂禮記體注四卷　(清)范翔輯　清康熙五十二年(1713)書業德刻本　四册

370000 – 1502 – 0006798　jnts08641

文苑聯珠八卷　(清)李承祖輯　清乾隆六十年(1795)五福堂刻本　四册

370000 – 1502 – 0006799　jnts08648

書經六卷　(宋)蔡沈集傳　清乾隆十五年(1750)刻本　四册

370000 – 1502 – 0006800　jnts08649

書經六卷　(宋)蔡沈集傳　清乾隆十五年(1750)刻本　四册

370000 – 1502 – 0006801　jnts08651

歷代帝王紀要二卷　(清)王大煇輯撰　清乾隆二年(1737)王氏石溪之陶齋書舍刻本　一册

370000 – 1502 – 0006802　jnts08678

史記一百三十卷　(漢)司馬遷撰　(明)陳子龍　(明)徐孚遠測議　清初聚錦堂刻本　三十二册

370000 – 1502 – 0006803　jnts08681

尚史七十卷世系圖一卷序傳一卷　(清)李鍇纂　清乾隆三十八年(1773)悅道樓刻本　二十五册　缺七卷(世家十一至十三,列傳九至十、十七至十八)

370000 – 1502 – 0006804　jnts08686

詩刪二十三卷　(明)李攀龍選　明刻朱墨套印本　一册　存二卷(一至二)

370000 – 1502 – 0006805　jnts08716

通鑑紀事本末二百三十九卷　(宋)袁樞編　(明)張溥論正　清康熙二十四年(1685)興賢堂刻本　六十册

370000 – 1502 – 0006806　jnts08721

國語九卷戰國策十二卷　(三國吳)韋昭

（漢）高誘等注　清康熙四十二年（1703）學聚堂刻本　九册　存十七卷（國語九卷、戰國策一至八）

370000－1502－0006807　jnts08723

通鑑紀事本末二百三十九卷　（宋）袁樞編（明）張溥論正　清康熙二十四年（1685）興賢堂刻本　三十八册　存一百六十九卷（四十二至一百二十五、一百三十七至一百三十八、一百四十八至一百五十七、一百六十七至二百三十九）

370000－1502－0006808　jnts08727

資治通鑑綱目五十九卷　（宋）朱熹撰　（元）汪克寬考異　（元）徐文昭考證　明弘治十一年（1498）黄仲昭刻本　三册　存三卷（五十三至五十四、五十八）

370000－1502－0006809　jnts08734

史記菁華録六卷　（清）姚苧田摘　清道光四年（1824）吳興姚氏刻朱墨套印本　六册

370000－1502－0006810　jnts08735

前漢書一百卷　（漢）班固撰　（唐）顏師古注　明崇禎十五年（1642）毛氏汲古閣刻本　三十三册

370000－1502－0006811　jnts08807

名法指掌增訂四卷　（清）沈辛田著　清乾隆八年（1743）刻本　四册

370000－1502－0006812　jnts08820

六圍沈新周先生地學二卷　（清）沈鎬撰　清康熙五十二年（1713）刻本　二册

370000－1502－0006813　jnts08828

重刊補注洗冤録集證五卷寶鑑編一卷石香秘録一卷洗冤録解一卷洗冤録辨正一卷檢驗合參一卷　（清）王又槐增輯　清同治四年（1865）刻三色套印本　六册

370000－1502－0006814　jnts08831

山法全書十九卷首二卷　（清）葉泰撰　（清）李觀瀾補輯　（清）阮其新補注　清康熙三十五年（1696）三德堂刻本　十六册

370000－1502－0006815　jnts08911

吳詩集覽二十卷　（清）靳榮藩輯　清乾隆四十年（1775）凌雲亭刻道光七年（1827）後印本　十册　存八卷（一至五、七至八、十）

370000－1502－0006816　jnts08985

前後漢書二百三十卷　（漢）班固　（南朝宋）范曄撰　明崇禎十五年（1642）毛氏汲古閣刻本　五十一册　缺二十二卷（後漢書二十七至三十一、三十七至四十一、五十七至六十一、七十六至八十二）

370000－1502－0006817　jnts08986

史記論文一百三十卷　（漢）司馬遷撰　（清）吳見思評點　（清）吳興祚參訂　清康熙二十六年（1687）尺木堂刻本　二十二册　缺十三卷（七十三至七十九、一百一至一百六）

370000－1502－0006818　jnts08987

史記論文一百三十卷　（漢）司馬遷撰　（清）吳見思評點　（清）吳興祚參訂　清康熙刻本　八册　存四十卷（五至六、三十二至三十八、四十一至五十、七十七至九十二、一百十七至一百二十一）

370000－1502－0006819　jnts08990

尚史七十卷世系圖一卷　（清）李鍇撰　清乾隆三十八年（1773）悦道樓刻本　四册　存六卷（列傳二十一至二十二、表一至二、志一至二）

370000－1502－0006820　jnts08994

前後漢書二百三十卷　（漢）班固　（南朝宋）范曄撰　明崇禎十五年（1642）汲古閣刻本　二十三册　存七十一卷（前漢書一至三十一、後漢書三十四至七十三）

370000－1502－0006821　jnts08995

五代史七十四卷　（宋）歐陽修撰　（宋）徐無黨注　明崇禎三年（1630）毛氏汲古閣刻本　六册

370000－1502－0006822　jnts09005

史記一百三十卷　（漢）司馬遷撰　（明）陳子龍　（明）徐孚遠測議　明刻本　十三册　存

七十三卷(七至十二、十八至四十、八十七至
一百三十)

370000－1502－0006823　jnts09006

史記一百三十卷　(漢)司馬遷撰　(明)陳子
龍　(明)徐孚遠測議　明末刻本　十二冊
存五十六卷(四十一至六十九、一百四至一百
三十)

370000－1502－0006824　jnts09007

前漢書一百卷　(漢)班固撰　(唐)顏師古注
明毛氏汲古閣刻本　二十冊　存六十四卷
(一至五、十一至十六、二十七至七十九)

370000－1502－0006825　jnts09008

後漢書一百三十卷　(南朝宋)范曄撰　(唐)
李賢注　(晉)司馬彪撰　(南朝梁)劉昭注
明崇禎十六年(1643)毛氏汲古閣刻本　二十
五冊　存一百五卷(後漢書一至七十五、續漢
志一至三十)

370000－1502－0006826　jnts09014

後漢書一百三十卷　(南朝宋)范曄撰　(唐)
李賢注　(晉)司馬彪撰　(南朝梁)劉昭注
明崇禎毛氏汲古閣刻本　十八冊

370000－1502－0006827　jnts09018

函史上編八十一卷下編二十一卷　(明)鄧元
錫纂　明刻本　十一冊　存四十二卷(上編
十至十一、二十三至二十四、三十一至三十
四、四十二至四十四、四十六至四十七、六十
一至六十二、六十五至六十八、七十一至七十
二,下編卷一至二十一)

370000－1502－0006828　jnts09019

竹書紀年二卷　(南朝梁)沈約注　(明)吳琯
校　明刻本　一冊

370000－1502－0006829　jnts09020

北史一百卷　(唐)李延壽撰　明萬曆二十一
年(1593)南京國子監刻清順治補刻本　十七
冊　存五十八卷(六至九、二十九至四十、五
十五至六十二、六十七至一百)

370000－1502－0006830　jnts09023

晉書一百三十卷　(唐)太宗李世民撰　明南

監刻正德、嘉靖、萬曆遞修本　一冊　存三卷
(二十九至三十一)

370000－1502－0006831　jnts09034

明史紀事本末八十卷　(清)谷應泰撰　清順
治十五年(1658)築益堂刻本　十二冊　存四
十七卷(一至四十七)

370000－1502－0006832　jnts09038

史記一百三十卷　(漢)司馬遷撰　明刻本
二十冊

370000－1502－0006833　jnts09041

讀史漫録十四卷　(明)于慎行撰　(明)郭應
寵編次　明刻清補修本　四冊　存十卷(三
至九、十二至十四)

370000－1502－0006834　jnts09042

忠武志八卷　(清)張鵬翮輯　清康熙冰雪堂
刻本　七冊

370000－1502－0006835　jnts09042

臥龍崗志二卷　(清)羅景輯　清康熙刻本
一冊

370000－1502－0006836　jnts09043

忠武志八卷　(清)張鵬翮輯　清康熙五十一
年(1712)刻本　二冊　存二卷(七至八)

370000－1502－0006837　jnts09045

綱鑑正史約三十六卷　(明)顧錫疇編纂　明
刻本　一冊　存二卷(七至八)

370000－1502－0006838　jnts09048

周書五十卷　(唐)令狐德棻撰　明崇禎五年
(1632)毛氏汲古閣刻本　三冊　存二十七冊
(一至二十七)

370000－1502－0006839　jnts09049

國語二十一卷戰國策十二卷　(明)陳仁錫
(明)鍾惺合評　清雍正二年(1724)三元堂刻
本　十二冊　存十九卷(國語十至十八、戰國
策三至十二)

370000－1502－0006840　jnts09053

史通削繁四卷　(清)紀昀撰　清道光十三年
(1833)廣州翰墨園刻朱墨套印本　三冊　存

三卷(一、三至四)

370000－1502－0006841　jnts09054

史通削繁四卷　(清)紀昀撰　清道光十三年
(1833)廣州翰墨園刻朱墨套印本　二册　存
二卷(二、四)

370000－1502－0006842　jnts09066

資治通鑑綱目八十六卷　(明)陳仁錫評閲
清康熙四十年(1701)刻本　六十九册　存六
十二卷(正編一、四至六、九下至十一、十三至
十八、二十二至二十三、二十五至二十九、三
十四至五十二、五十四至五十六、五十八至五
十九,續編一至十一、十四至十六、十八至二
十、末一卷)

370000－1502－0006843　jnts09088

帝鑑圖説不分卷　(明)張居正等撰　清純忠
堂刻本　二册

370000－1502－0006844　jnts09090

歷代名賢齒譜九卷歷代名媛齒譜三卷　(清)
易宗涒纂輯　清雍正三年(1725)賜書堂刻本
　十九册　存八卷(歷代名賢齒譜一至三、七
至八,歷代名媛齒譜四至六)

370000－1502－0006845　jnts09138

可儀堂一百二十名家制義四十八卷　(清)俞
長城編　清康熙刻本　三十八册

370000－1502－0006846　jnts09144

尺木堂綱鑑易知録九十二卷　(清)吳乘權
(清)周之燦　(清)周之炯輯　清康熙五十年
(1711)尺木堂刻本　十五册

370000－1502－0006847　jnts09146

尺木堂綱鑑易知録九十二卷　(清)吳乘權
(清)周之燦　(清)周之炯輯　清康熙五十年
(1711)尺木堂刻本　三十四册　存七十七卷
(一至四十三、四十七至四十八、五十一至五
十二、五十八至六十一、六十七至九十二)

370000－1502－0006848　jnts09147

欽定户部則例一百二十六卷　(清)蔡履元等
奉敕撰　清乾隆刻本　十册　存四十一卷
(一至四十一)

370000－1502－0006849　jnts09155

重刊補注洗冤録集證六卷　(宋)宋慈撰
(清)王又槐增輯　(清)李觀瀾補輯　清道光
二十四年(1844)四色套印本　六册

370000－1502－0006850　jnts09157

幸魯盛典四十卷　(清)金居敬等纂修　清康
熙二十八年(1689)紅蕚軒刻本　十二册

370000－1502－0006851　jnts09159

南巡盛典一百二十卷　(清)高晋撰　清乾隆
刻本　六册　存十二卷(九十四至一百五)

370000－1502－0006852　jnts09163

補注洗冤録集證四卷附作吏要言一卷　(宋)
宋慈撰　(清)王又槐集證　(清)阮其新補注
　清道光刻三色套印本　二册

370000－1502－0006853　jnts09164

**補注洗冤録集證四卷附作吏要言一卷檢骨圖
格一卷重刊補注洗冤録集證五卷附檢骨圖格
一卷寶鑑編一卷急救方一卷石香秘録一卷**
(宋)宋慈撰　(清)王又槐增輯　(清)李觀
瀾補輯　清刻三色套印本　三册　缺六卷
(補注洗冤録集證一、三至四,重刊補注洗冤
録集證一至三)

370000－1502－0006854　jnts09171

戰國策十卷　(宋)鮑彪校注　(元)吳師道注
(明)穆文熙編　明嘉靖刻本　六册　存七
卷(三、五至十)

370000－1502－0006855　jnts09196

韓五泉詩四卷附録二卷　(明)韓邦靖撰　明
刻本　一册　存二卷(附録二卷)

370000－1502－0006856　jnts09219

增訂昭明文選集成詳注六十卷首一卷　(清)
方廷珪評點　(清)陳雲程補訂　(清)于光華
輯注　清乾隆四十八年(1783)龍江書屋刻本
　二十五册　存四十九卷(一至十四、二十
五、二十八至六十,首一卷)

370000－1502－0006857　jnts09220

文選六十卷首二卷　(南朝梁)蕭統撰　清乾
隆三十七年(1772)刻朱墨套印本　十一册

存三十六卷(七至十二、三十一至六十)

370000 – 1502 – 0006858　jnts09224

文選六十卷　(南朝梁)蕭統撰　(唐)李善注　(清)葉樹藩參訂　清乾隆海録軒刻本　十二冊　存五十五卷(一至三十九、四十五至六十)

370000 – 1502 – 0006859　jnts09226

重訂文選集評十五卷首一卷末一卷　(清)于光華編次　清乾隆四十六年(1781)刻本　十冊　存十卷(一至七、九至十,首一卷)

370000 – 1502 – 0006860　jnts09227

新刊文選考注十四卷　(唐)李善等考注　(明)郭正域評　明贈言堂刻本　六冊　存八卷(七至十四)

370000 – 1502 – 0006861　jnts09239

全唐詩不分卷　(清)聖祖玄燁御定　清雍正內府刻本　一百二十冊

370000 – 1502 – 0006862　jnts09240

全唐詩不分卷　(清)聖祖玄燁輯　清康熙刻本　六十四冊　存六十四冊(第一函二至五、八、十,第二函二、四至七、九,第三函一至二、七至十,第四函一、三至五、七、九至十,第五函一至九,第六函一至四、六至七,第七函九至十,第八函二至三、五、九至十,第九函一、三、五至八、十,第十函二至三、五至十,第十一函一至二)

370000 – 1502 – 0006863　jnts09286

宗定九新柳堂集十六卷首一卷末一卷集後一卷　(清)宗元鼎撰　清康熙十九年(1680)刻本　三冊　缺四卷(四至七)

370000 – 1502 – 0006864　jnts09287

李太白文集三十六卷　(唐)李白撰　(清)王琦輯注　清乾隆二十四年(1759)聚錦堂刻本　六冊　存二十一卷(一至二十一)

370000 – 1502 – 0006865　jnts09288

李太白文集三十六卷　(唐)李白撰　(清)王琦輯注　清乾隆二十四年(1759)聚錦堂刻本　十四冊　存二十九卷(一至九、十五至二十

二、二十五至三十六)

370000 – 1502 – 0006866　jnts09289

杜工部集二十卷　(唐)杜甫撰　(清)錢謙益箋注　清道光刻六色套印本　七冊　存十七卷(四至二十)

370000 – 1502 – 0006867　jnts09294

古文啫鳳新編八卷　(清)汪基鈔輯　清乾隆四十年(1775)大盛堂刻本　四冊

370000 – 1502 – 0006868　jnts09295

增訂古文集解八卷　(清)程潤德評注　清乾隆立雪軒刻本　四冊　存四卷(一、五至七)

370000 – 1502 – 0006869　jnts09297

古文八大家公暇録六卷　(清)王應鯨選評　清乾隆三十年(1765)刻本　五冊　存五卷(一至二、四至六)

370000 – 1502 – 0006870　jnts09304

全唐詩不分卷　(清)聖祖玄燁輯　清康熙四十五年(1706)竹紙刻本　二十冊　存二十冊(第五函十冊、第六函十冊)

370000 – 1502 – 0006871　jnts09311

有懷堂詩稿六卷有懷堂文稿二十二卷　(清)韓菼撰　清康熙刻本　五冊　存十二卷(詩稿一至三,文稿一至二、十二至十六、二十一至二十二)

370000 – 1502 – 0006872　jnts09317

西堂全集六十一卷　(清)尤侗撰　清順治十二年(1655)刻本　二冊　存九卷(右北平集一卷、西堂小草一卷、論語詩序一卷、哀絃集二卷、述祖詩一卷、西堂剩稿二卷、西堂秋夢録一卷)

370000 – 1502 – 0006873　jnts09338

國朝三家文鈔三十卷　(清)宋犖輯　(清)許汝霖選　清康熙三十三年(1694)刻本　三冊　存九卷(侯朝宗文鈔一至四、魏叔子文鈔七至九、汪鈍翁文鈔三至四)

370000 – 1502 – 0006874　jnts09347

李義山詩集三卷　(唐)李商隱撰　(清)朱鶴

齡箋注 （清）沈厚塽輯評 清同治九年(1870)廣州倅署刻三色套印本 三册 缺一卷(下)

370000－1502－0006875 jnts09353
宋黃文節公文集三十二卷首四卷外集二十四卷別集十九卷 （宋）黃庭堅撰 清乾隆三十年(1765)江右寧州緝香堂刻本 十三册 存五十一卷(正集三十二卷、外集一至十九)

370000－1502－0006876 jnts09355
國朝山左詩鈔六十卷 （清）盧見曾纂 清乾隆二十三年(1758)雅雨堂刻本 十二册

370000－1502－0006877 jnts09356
國朝山左詩鈔六十卷 （清）盧見曾纂 清乾隆雅雨堂刻本 二十册

370000－1502－0006878 jnts09357
國朝山左詩鈔六十卷 （清）盧見曾纂 清乾隆二十三年(1758)雅雨堂刻本 五册 存十五卷(三至十四、五十四至五十六)

370000－1502－0006879 jnts09359
北夢瑣言二十卷 （唐）孫光憲撰 清乾隆二十一年(1756)雅雨堂刻本 二册

370000－1502－0006880 jnts09359
易傳十七卷附易釋文一卷 （唐）李鼎祚集解 清乾隆二十九年(1764)雅雨堂刻本 六册

370000－1502－0006881 jnts09359
尚書大傳四卷補遺一卷續補遺一卷考異一卷 （漢）鄭玄注 清乾隆雅雨堂刻本 一册

370000－1502－0006882 jnts09359
摭言十五卷 （唐）王定保撰 清乾隆二十一年(1756)雅雨堂刻本 二册

370000－1502－0006883 jnts09359
封氏聞見記十卷 （唐）封演撰 清乾隆二十一年(1756)雅雨堂刻本 一册

370000－1502－0006884 jnts09359
鄭氏周易三卷 （宋）王應麟撰集 （清）惠棟增補 附鄭司農集一卷 （漢）鄭玄撰 清乾隆雅雨堂刻本 一册

370000－1502－0006885 jnts09359
戰國策三十三卷 （宋）鮑彪校注 （元）吳師道重校 清乾隆二十一年(1756)雅雨堂刻本 四册

370000－1502－0006886 jnts09360
北夢瑣言二十卷 （唐）孫光憲撰 清乾隆二十一年(1756)雅雨堂刻本 三册

370000－1502－0006887 jnts09372
唐宋八家文讀本三十卷 （清）沈德潛評點 清乾隆十五年(1750)小嶼林刻本 八册 存十四卷(一至十四)

370000－1502－0006888 jnts09383
倚華樓詩四卷 （清）朱琦撰 清乾隆二十六年(1761)刻本 一册

370000－1502－0006889 jnts09392
楚詞約注不分卷 （清）曹同春纂述 清刻本 一册

370000－1502－0006890 jnts09409
叩鉢齋纂行廚集十八卷 （清）李之澎 （清）汪建封輯 清康熙刻本 十一册 存七卷(二至四、六至七、十三、十七)

370000－1502－0006891 jnts09418
全唐詩鈔八十卷附補遺十六卷 （清）宋成儀選輯 清康熙刻本 三册 存十二卷(五十七至六十八)

370000－1502－0006892 jnts09434
崇雅堂詩鈔十一卷 （清）李開葉撰 （清）鄧以臨選 清乾隆六年(1741)刻本 一册 存一卷(一)

370000－1502－0006893 jnts09443
小倉山房尺牘十卷 （清）袁枚撰 清乾隆五十四年(1789)隨園刻本 三册 存七卷(一至七)

370000－1502－0006894 jnts09444
胡敬齋先生居業録十二卷 （清）余祐編輯 清李楨校刻本 三册 存十卷(三至十二)

370000－1502－0006895 jnts09449

329

司馬文正公集八十二卷首一卷　（宋）司馬光撰　清乾隆刻本　五册　存二十八卷（三十七至六十四）

370000－1502－0006896　jnts09450

御製詩初集四十四卷　（清）高宗弘曆輯　清乾隆刻本　十二册　存二十四卷（二十一至四十四）

370000－1502－0006897　jnts09451

御製文初集三十卷　（清）高宗弘曆輯　清刻本　五册　存二十五卷（六至三十）（卷二十八至三十殘）

370000－1502－0006898　jnts09464

桃花泉奕譜二卷　（清）范世勳撰　清乾隆三十年（1765）進道堂刻本　二册

370000－1502－0006899　jnts09473

邊華泉集八卷邊華泉集稿六卷　（明）邊貢撰　清刻本　二册　存六卷（邊華泉集三至五、邊華泉集稿四至六）

370000－1502－0006900　jnts09494

梅崖居士全集三十卷外集八卷　（清）朱仕琇撰　清乾隆四十七年（1782）刻本　九册　存三十一卷（文集一至十八、二十一至三十，外集四至六）

370000－1502－0006901　jnts09502

唐人五言長律清麗集　（清）徐曰璉　（清）沈士駿同輯　清乾隆刻本　二册　存三卷（二至三、六）

370000－1502－0006902　jnts09504

七家詩選七卷　（清）張熙宇輯評　清同治刻朱墨套印本　二册　存三卷（三至五）

370000－1502－0006903　jnts09518

耕獵齋詠史樂府二卷補遺一卷　（清）周懷綬撰　（清）呂振騏輯注　清光緒七年（1881）刻朱墨套印本　一册　存一卷（下）

370000－1502－0006904　jnts09523

湖海詩傳四十六卷　（清）王昶輯　清乾隆刻本　一册　存三卷（三十四至三十六）

370000－1502－0006905　jnts09535

説鈴九十八卷　（清）吳震方輯　清康熙刻本　一册　存三卷（述異記上、中、下）（卷上前有缺頁）

370000－1502－0006906　jnts09565

彙纂詩法度鍼十一卷　（清）徐文弼編輯　清乾隆三十六年（1771）謙牧堂刻本　一册　存二卷（一至二）

370000－1502－0006907　jnts09569

王右丞集二十八卷　（唐）王維撰　（清）趙殿成箋注　清初刻本　一册　存四卷（十一至十四）

370000－1502－0006908　jnts09575

才調集補注十卷　（五代）韋縠撰　（清）殷元勳箋注　（清）宋邦綏補注　清乾隆五十八年（1793）宋思仁校刻本　三册　存四卷（一至四）

370000－1502－0006909　jnts09576

國朝山左詩鈔六十卷　（清）盧見曾纂　清乾隆二十一年（1756）雅雨堂刻本　二册　存五卷（四至六、二十五至二十六）

370000－1502－0006910　jnts09583

墨莊漫録十卷　（宋）張邦基撰　明刻本　一册　存六卷（五至十）

370000－1502－0006911　jnts09588

我法集二卷　（清）紀昀撰　（清）紀樹馨編　清乾隆六十年（1795）閲微草堂刻本　一册　存一卷（上）

370000－1502－0006912　jnts09594

東坡詩選十二卷目録一卷本傳一卷年譜一卷　（明）譚元春選　明天啓元年（1621）文盛堂刻本　八册

370000－1502－0006913　jnts09595

增補六臣注文選六十卷　（南朝梁）蕭統輯　（唐）李善等注　明刻本　五册

370000－1502－0006914　jnts09596

集千家注杜工部詩集二十卷文集二卷　（唐）

杜甫撰 （元）高楚芳編 （明）許自昌校 明萬曆許自昌刻本 一册 存七卷(詩集十四至二十)

370000－1502－0006915 jnts09597

桯史十五卷附録一卷 （宋）岳珂撰 明刻本 一册 存六卷(十至十五)

370000－1502－0006916 jnts09600

世説新語八卷 （南朝宋）劉義慶撰 明凌氏刻五色套印本 二册 存二卷(四、六)

370000－1502－0006917 jnts09604

五燈會元二十卷 （宋）釋普濟撰 明嘉靖中馮汝弼刻本 一册 存二卷(十三至十四)

370000－1502－0006918 jnts09605

太史升庵全集八十一卷 （明）楊慎撰 （明）楊有仁録 （明）張士佩彙 明萬曆中張士佩刻本 一册 存三卷(四十四至四十六)

370000－1502－0006919 jnts09608

六朝詩彙一百一十四卷目録九卷詩評一卷 （明）張謙輯 （明）王宗聖增輯 明嘉靖三十一年(1552)金城陸師道刻本 一册 存五卷(九十六至一百)

370000－1502－0006920 jnts09609

南村輟耕録三十卷 （元）陶宗儀撰 明萬曆玉蘭草堂刻本 一册 存四卷(八至十一)

370000－1502－0006921 jnts09611

漢劉子駿集一卷 （漢）劉歆撰 （明）張溥閱 明婁東張溥刻漢魏六朝一百三家集本 一册

370000－1502－0006922 jnts09614

詠物詩選八卷 （清）俞琰輯 清雍正刻本 一册 存二卷(一至二)

370000－1502－0006923 jnts09617

集蜀官印不分卷 （□）□□輯 清鈐印剪貼本 一册 存一册(第二册)

370000－1502－0006924 jnts09618

唐陸宣公集二十二卷 （唐）陸贄撰 明吳繼武光紹堂刻本 五册 存二十卷(十五、十八至二十二)

370000－1502－0006925 jnts09619

新刻類編蘇文忠公全集十卷首一卷 （宋）蘇軾撰 明新刻類編蘇文忠公全集本 一册 存一卷(首一卷)

370000－1502－0006926 jnts09623

而庵説唐詩二十二卷首一卷 （清）徐增撰 清康熙五年(1666)文茂堂刻本 六册 存十四卷(五至六、十至十五、十八至二十二,首一卷)

370000－1502－0006927 jnts09624

蒿庵集三卷附録一卷 （清）張爾岐撰 清乾隆三十八年(1773)聽泉齋刻本 一册

370000－1502－0006928 jnts09626

文選六十卷 （南朝梁）蕭統撰 （唐）李善等注 清乾隆四十九年(1784)汲古閣刻本 十二册

370000－1502－0006929 jnts09632

魯公文集十五卷 （唐）顏真卿撰 明萬曆二十四年(1596)刻本 二册 存七卷(四至七、十三至十五)

370000－1502－0006930 jnts09645

五子近思録發明十四卷 （清）施璜纂注 （清）汪三省 （清）趙繼抃閱正 清康熙四十四年(1705)刻本 六册 缺二卷(一、三)

370000－1502－0006931 jnts09657

删訂唐詩解二十四卷 （清）唐汝詢選輯 （清）吳昌祺評定 清康熙四十年(1701)誦懿堂刻本 八册 缺五卷(五至六、十至十二)

370000－1502－0006932 jnts09658

删訂唐詩解二十四卷 （清）唐汝詢選輯 （清）吳昌祺評定 清康熙刻本 八册 存十六卷(四至十七、二十至二十一)

370000－1502－0006933 jnts09659

廿一史彈詞 （明）楊慎編 清康熙刻本 一册 存一卷(上)

370000－1502－0006934 jnts09660

閒情偶寄十六卷　（清）李漁撰　清康熙刻本
　二冊　存三卷（一、十三至十四）

370000－1502－0006935　jnts09671
東坡先生志林二卷　（宋）蘇軾撰　明閔氏刻
朱墨套印本　一冊　存一卷（二）

370000－1502－0006936　jnts09681
西漢文二十卷　（明）張采輯　（明）周鍾
（明）張溥鑑定　明崇禎六年（1633）金閶委宛
齋刻本　六冊　存九卷（一至九）

370000－1502－0006937　jnts09688
聲調譜三卷談龍録一卷　（清）趙執信撰　清
乾隆三十九年（1774）因園刻本　一冊

370000－1502－0006938　jnts09694
御選唐宋詩醇四十七卷　（清）高宗弘曆敕撰
　清乾隆刻本　三冊　存六卷（十九至二十
二、二十五至二十六）

370000－1502－0006939　jnts09696
淮南子二十一卷　（漢）高誘注　清乾隆莊逵
吉白紙刻本　二冊　存六卷（八至十三）

370000－1502－0006940　jnts09697
孫子書三卷　（明）趙本學校解　（明）王朝相
録　明刻本　一冊　存一卷（下）

370000－1502－0006941　jnts09705
膽餘軒集不分卷　（清）孫光祀撰　清康熙刻
本　四冊

370000－1502－0006942　jnts09711
聖學知統録二卷　（清）魏裔介撰　（清）魏荔
彤編輯　清康熙五年（1666）龍江書院刻本
二冊

370000－1502－0006943　jnts09712
文選六十卷　（南朝梁）蕭統撰　（唐）李善等
注　清乾隆海緑軒刻朱墨套印本　七冊　存
三十六卷（六至二十、二十六至三十、三十一
至三十五、四十六至五十、五十五至六十）

370000－1502－0006944　jnts09713
山曉閣重訂昭明文選十二卷　（南朝梁）蕭統
撰　（清）孫琮（清）孫洙評　清康熙二十五

年（1686）山曉閣刻本　一冊　存一卷（一）

370000－1502－0006945　jnts09726
寄園寄所寄十二卷　（清）趙吉士輯　清康熙
刻本　一冊　存一卷（四）

370000－1502－0006946　jnts09732
周禮節訓六卷　（清）黃崑圃撰　（清）姚培謙
重訂　清乾隆刻本　二冊

370000－1502－0006947　jnts09733
南華真經解不分卷　（清）宣穎撰　清康熙六
十年（1721）寶旭齋刻本　四冊

370000－1502－0006948　jnts09735
武經七書彙解七卷　（清）朱墉纂輯　清初懷
山園刻本　一冊　存一卷（六）

370000－1502－0006949　jnts09768
楚辭後語六卷　（宋）朱熹撰　明刻本　一冊
　存二卷（一至二）

370000－1502－0006950　jnts09769
新增願體集四卷　（清）李仲麟重輯　清乾隆
甯郡汲綆齋刻本　一冊

370000－1502－0006951　jnts09779
初學行文語類三卷　（清）孫埏編輯　清乾隆
三年（1738）刻本　一冊　存一卷（上）

370000－1502－0006952　jnts09806
[乾隆]曲阜縣志一百卷　（清）潘相纂修　清
乾隆三十九年（1774）聖化堂刻本　十一冊
存八十五卷（一至三十、四十六至一百）

370000－1502－0006953　jnts09808
萬里志二卷　（明）張弘至撰　明萬曆元年
（1573）張氏刻本　一冊　存一卷（上）

370000－1502－0006954　jnts09816
[乾隆]濟陽縣志十四卷首一卷　（清）胡德琳
修　（清）何明禮　（清）章承茂纂　清乾隆三
十年（1765）刻本　一冊　存三卷（一至二，首
一卷）

370000－1502－0006955　jnts09833
[雍正]齊河縣志十卷首一卷　（清）上官有儀
修　（清）許琰纂　清乾隆刻本　二冊　存四

卷(一至二、九至十)

370000－1502－0006956　jnts09834

[乾隆]歷城縣志五十卷首一卷　（清）胡德琳修　（清）李文藻等纂　清乾隆三十八年(1773)刻本　十二冊　存三十九卷(一至三、十一至十六、十九至二十二、二十六至三十四、三十五至五十,首一卷)

370000－1502－0006957　jnts09835

[乾隆]歷城縣志五十卷首一卷　（清）胡德琳修　（清）李文藻等纂　清乾隆三十八年(1773)刻本　十一冊　存三十五卷(一至九、十一至十三、十七至十八、二十一至二十五、三十至三十六、四十二至五十)

370000－1502－0006958　jnts09836

[乾隆]歷城縣志五十卷首一卷　（清）胡德琳修　（清）李文藻等纂　清乾隆三十八年(1773)刻本　十三冊　存四十五卷(四至六、九至五十)

370000－1502－0006959　jnts09837

[乾隆]歷城縣志五十卷首一卷　（清）胡德琳修　（清）李文藻等纂　清乾隆三十八年(1773)刻本　九冊　存三十五卷(十一至十三、十九至五十)

370000－1502－0006960　jnts09838

[乾隆]歷城縣志五十卷首一卷　（清）胡德琳修　（清）李文藻等纂　清乾隆三十八年(1773)刻本　十一冊　存三十四卷(六至七、十至十一、十五至二十五、三十至四十、四十三至五十)

370000－1502－0006961　jnts09839

[乾隆]歷城縣志五十卷首一卷　（清）胡德琳修　（清）李文藻等纂　清乾隆三十八年(1773)刻本　四冊　存十五卷(二十至二十二、三十四至三十六、四十一至四十六、四十八至五十)

370000－1502－0006962　jnts09848

[康熙]臨淄縣志十五卷　（清）鄧性修（清）李煥章纂　清康熙十一年(1672)刻本

三冊　存九卷(一至五、十二至十五)

370000－1502－0006963　jnts09853

[乾隆]歷城縣志五十卷首一卷　（清）胡德琳修　（清）李文藻等纂　清乾隆三十八年(1773)刻本　十一冊　存三十八卷(一至十三、十九至二十、二十三至二十九、三十五至五十)

370000－1502－0006964　jnts09854

[乾隆]歷城縣志五十卷首一卷　（清）胡德琳修　（清）李文藻等纂　清乾隆三十八年(1773)刻本　十一冊　存三十四卷(一至九、十二至二十九、三十四至四十)

370000－1502－0006965　jnts09859

[雍正]山東通志三十六卷首一卷　（清）岳濬修　（清）法敏修　（清）杜詔纂　清雍正七年(1729)修清乾隆元年(1736)刻本　四十二冊

370000－1502－0006966　jnts09862

疹科一卷　（明）呂坤輯　明萬曆三十二年(1604)刻本　一冊

370000－1502－0006967　jnts09870

地理大全一集三十卷二集二十五卷　（明）李國林輯　（明）李國木刪定　清初刻本　二十二冊　存四十一卷(一集形勢真訣一至十一、十五至二十四、二集索隱玄宗一至八、十三至二十三、二十五)

370000－1502－0006968　jnts09908

新編古今事文類聚別集三十二卷　（宋）祝穆輯　外集十五卷　（元）富大用輯　明刻本九冊　存二十二卷(別集四至八、十一至二十一、二十五至二十六、二十九至三十,外集九至十)

370000－1502－0006969　jnts09935

夢鶴軒楳澥文鈔不分卷　（清）繆公恩撰　清道光自抄本　一冊

370000－1502－0006970　jnts09936

夢花草堂詩稿　（清）韓鳳翔撰　清道光手稿本　一冊　存一卷(五)

370000－1502－0006971　jnts09937

素齋詩集不分卷 （清）素齋撰　清聊城傅筦泉藏稿本　一册

370000－1502－0006972　jnts09945

山法全書二卷 （清）葉泰撰　（清）高其倬批注　清手抄本　二册

370000－1502－0006973　jnts09951

均父近詩二卷 （清）沈准撰　清末手稿本　一册

370000－1502－0006974　jnts09952

雪樵詩存二卷 （清）王乃新撰　清抄本　一册

370000－1502－0006975　jnts09957

借竹軒詩集不分卷 （清）朱治撰　清手稿本　一册

370000－1502－0006976　jnts09978

六祖大師法寶壇經 （元）釋德異撰　明萬曆刻本　一册

370000－1502－0006977　jnts10108

新鐫許真君玉匣記增補諸家選擇日用通書六卷 （晋）許遜等撰　清康熙二十三年(1684)刻本　一册

370000－1502－0006978　jnts10140

羅經秘竅十卷 （明）甘霖撰　清初至善堂刻本　二册　存三卷(一、四至五)

370000－1502－0006979　jnts10199

庚辰集五卷 （清）紀昀編　清乾隆二十七年(1762)刻本　三册　存三卷(一至三)

370000－1502－0006980　jnts10216

東坡先生全集 （宋）蘇軾撰　明刻本　六册　存十一卷(十三至二十三)

370000－1502－0006981　jnts10217

柳文四十三卷 （唐）柳宗元撰　明閔氏刻朱墨套印本　一册　存一卷(五)

370000－1502－0006982　jnts10221

卷施閣文乙集八卷詩二十卷 （清）洪亮吉撰　清乾隆六十年(1795)刻本　三册　存十二卷(施閣文乙集八卷、施閣詩九至十二)

370000－1502－0006983　jnts10273

畫史一卷 （宋）米芾撰　明海虞毛氏汲古閣刻本　一册

370000－1502－0006984　jnts10276

大般涅槃經四十卷後分二卷 （北涼）釋曇無讖譯　清雍正殿板初印本　五册　存二十七卷(十一至三十、三十六至四十、後分二卷)

370000－1502－0006985　jnts10384

切問齋文鈔三十卷 （清）陸燿輯　清乾隆四十一年(1776)吳門劉萬傳局刻本　六册　存十七卷(一至十一、十五至十八、二十五至二十六)

370000－1502－0006986　jnts10388

杜詩鏡銓二十卷 （唐）杜甫撰　（清）楊倫輯　清乾隆五十七年(1792)九柏山房刻本　九册　存十八卷(一、四至二十)

370000－1502－0006987　jnts10401

古文淵鑒六十四卷 （清）徐乾學等編注　清康熙二十四年(1685)刻五色套印本　三十九册　存六十三卷(一至二十五、二十七至六十四)

370000－1502－0006988　jnts10436

女才子十二卷首一卷 （清）煙水散人撰　清乾隆十五年(1750)大德堂刻本　一册　存二卷(一至二)

370000－1502－0006989　jnts10455

選擇天鏡二卷 （清）任端書輯　清乾隆十三年(1748)錫山寶綸堂刻本　一册　存一卷(上)

370000－1502－0006990　jnts10456

地理孝思集十五卷首一卷 （清）舒鳳儀撰　清雍正八年(1730)刻本　一册　存一卷(首一卷)

370000－1502－0006991　jnts10460

太醫院校注婦人良方大全二十四卷 （宋）陳自明編　（明）薛己校注　明嘉靖二十六年

(1547)唐氏富春堂刻本　　五册　　存十四卷
(一至五、十一至十六、二十一至二十三)

370000－1502－0006992　　jnts10461
太醫院校注婦人良方大全二十四卷　　(宋)陳
自明編　　(明)薛己校注　　明嘉靖二十六年
(1547)唐氏富春堂刻本　　一册　　存一卷(一)

370000－1502－0006993　　jnts10476
養生雜纂二十二卷附月覽二卷　　(宋)周守忠
撰　　明刻本　　一册　　存八卷(十五至二十二)

370000－1502－0006994　　jnts10477
辨證録十四卷附胎産秘書二卷　　(清)陳士鐸
著述　　清乾隆十二年(1747)刻本　　十九册
缺二册(四下、八下)

370000－1502－0006995　　jnts10482
飲食須知不分卷　　(清)朱本中撰　　清康熙刻
本　　一册

370000－1502－0006996　　jnts10487
至誠感神不分卷　　(清)張槃記　　清光緒元年
(1875)張小蓬手抄本　　一册

370000－1502－0006997　　jnts10492
御纂醫宗金鑑九十卷首一卷　　(清)吳謙等奉
敕撰　　清乾隆刻本　　三十五册　　存四十三卷
(十七、二十二至三十四、三十九至四十、四十
三至四十五、四十九、五十一、六十一、六十七
至六十八、七十、七十二至七十五、七十七至
九十)

370000－1502－0006998　　jnts10493
御纂醫宗金鑑九十卷首一卷　　(清)吳謙等奉
敕撰　　清乾隆武英殿刻本　　二十七册　　存三
十九卷(一至十五、十九、二十四至二十五、三
十至三十三、三十九至四十二、四十四至四十
五、四十八至四十九、六十五、七十一至七十
七,首一卷)

370000－1502－0006999　　jnts10496
婦嬰至寶三卷首一卷　　(清)巫齋居士編
(清)三農老人注　　清嘉慶元年(1796)抄本
一册

370000－1502－0007000　　jnts10499
咽喉論一卷　　(清)汪璿作序　　清道光二十七
年(1847)葉圭禮刻本　　一册

370000－1502－0007001　　jnts10501
河間傷寒三書二十卷　　(金)劉完素撰　　明刻
本　　二册　　存八卷(黃帝素問宣明論方三至
七、十三至十五)

370000－1502－0007002　　jnts10503
傷寒六書六卷　　(明)陶華撰　　明吳勉學刻本
二册　　存三卷(二下、三、六)

370000－1502－0007003　　jnts10506
傅氏眼科審視瑤函六卷醫案一卷首一卷
(明)傅仁宇輯　　(清)林長生校補　　(清)傅
維藩編　　明崇禎十七年(1644)醉耕堂刻本
三册　　存五卷(一至二、四,醫案一卷,首一
卷)

370000－1502－0007004　　jnts10507
尚論篇四卷首一卷後篇四卷　　(清)喻昌撰
清乾隆七年(1742)葵錦堂刻本　　三册　　存四
卷(後二至四,首一卷)

370000－1502－0007005　　jnts10520
東坡全集　　(宋)蘇軾撰　　明刻本　　一册　　存
二卷(六十八至六十九)

370000－1502－0007006　　jnts10526
摭言十五卷　　(唐)王定保撰　　清乾隆二十一
年(1756)雅雨堂刻本　　四册

370000－1502－0007007　　jnts10527
摭言十五卷　　(唐)王定保撰　　清乾隆二十一
年(1756)雅雨堂刻本　　二册

370000－1502－0007008　　jnts10534
欽定協紀辨方書三十六卷　　(清)允禄等奉敕
撰　　清乾隆刻本　　二十四册

370000－1502－0007009　　jnts10535
欽定協紀辨方書三十六卷　　(清)允禄等奉敕
撰　　清乾隆六年(1741)刻本　　二册　　存四卷
(一至二、七至八)

370000－1502－0007010　　jnts10566

重廣補注黄帝内經素問二十四卷 （唐）王冰
注 明刻本 一册 存二卷（二十至二十一）

370000－1502－0007011 jnts10569

黄帝内經素問二十四卷 （明）吳崐注 明刻
本 一册 存四卷（十至十三）

370000－1502－0007012 jnts10571

活幼心法大全九卷 （明）聶尚恒撰 （清）黄
光會校 清康熙刻本 一册 存五卷（一至
五）

370000－1502－0007013 jnts10595

湖海樓詩集十二卷 （清）陳維崧撰 清乾隆
六十年（1795）浩然堂刻湖海樓叢書本 六册
存九卷（一至九）

370000－1502－0007014 jnts10599

張子全書十五卷 （宋）張載撰 （宋）朱熹注
釋 清康熙五十八年（1719）刻本 六册

370000－1502－0007015 jnts10600

劉河間傷寒六書二十七卷 （金）劉完素撰
明萬曆吳勉學刻本 七册 存十九卷（宣明
論方卷一至十五、保命集卷下、傷寒直格卷
下、標本上、素問玄機原病式一）

370000－1502－0007016 jnts10603

嬰童百問十卷 （明）魯伯嗣撰 （明）王肯堂
訂 明天啓刻本 一册 存二卷（三至四）

370000－1502－0007017 jnts10609

薛氏醫按二十四種百七卷 （明）吳琯輯 明
萬曆刻本 三册 存八卷（十四經發揮一至
三,保嬰撮要七至八、十八至二十）

370000－1502－0007018 jnts10617

湯液本草三卷 （元）王好古類集 明吳勉學
刻本 二册 存二卷（中、下）

370000－1502－0007019 jnts10618

湯液本草三卷 （元）王好古類集 明吳勉學
刻本 二册 存二卷（中、下）

370000－1502－0007020 jnts10619

王宇泰先生訂補古今醫鑑十六卷 （明）王肯
堂訂補 （明）龔信輯 （明）龔廷賢續編 明

萬曆刻本 一册 存二卷（七、十二）

370000－1502－0007021 jnts10623

痘疹正宗二卷 （清）宋麟祥撰 清康熙六十
年（1721）宛平李芳英刻本 二册

370000－1502－0007022 jnts10625

傷寒明理論四卷 （金）成無己撰 （明）吳勉
學閱 （明）徐鎔校 明刻本 一册 存二卷
（三至四）

370000－1502－0007023 jnts10626

金丹正理大全悟真篇注疏三卷 （宋）翁葆光
（元）戴起宗撰 明萬曆十九年（1591）刻本
一册 存二卷（中、下）

370000－1502－0007024 jnts10626

金丹正理大全諸真玄奧集成九卷 （宋）白玉
蟾述 （□）涵蟾子輯 明萬曆十九年（1591）
刻本 一册 存四卷（一至四）

370000－1502－0007025 jnts10626

金丹正理大全群仙珠玉集成四卷 （□）□□
輯 明萬曆十九年（1591）刻本 二册 存三
卷（二至四）

370000－1502－0007026 jnts10627

黄帝素問宣明論方十五卷 （金）劉完素撰
明萬曆刻本 一册 存六卷（四至九）

370000－1502－0007027 jnts10630

文苑英華選六十卷 （清）宮夢仁輯 清康熙
光明正大之堂刻本 六册 存十五卷（一至
十五）

370000－1502－0007028 jnts10643

古文淵鑒六十四卷 （清）徐乾學等編注 清
刻五色套印本 二十四册 存四十五卷（二
十至六十四）

370000－1502－0007029 jnts10651

欽定日下舊聞考一百二十卷 （清）高宗弘曆
敕撰 清乾隆刻本 七册 存十九卷（五十
四至七十二）

370000－1502－0007030 jnts10665

唐宋八家文讀本三十卷 （清）沈德潛評點

清乾隆十五年(1750)懷德堂刻本　十一冊
存二十七卷(一至十一、十五至三十)

370000－1502－0007031　jnts10666
類纂精華三十卷　(清)吳壽昌等纂　清乾隆
二十三年(1758)豐玉堂刻本　一冊　存三卷
(一至三)

370000－1502－0007032　jnts10717
五知齋琴譜八卷　(清)周魯封彙纂　清乾隆
三年(1738)刻本　二冊　存五卷(二至四、七
至八)

370000－1502－0007033　jnts10730
芥子園畫傳二集不分卷　(清)王槩等摹　清
嘉慶五年(1800)金陵芥子園刻六色套印本
六冊

370000－1502－0007034　jnts10733
晚笑堂畫傳一卷明太祖功臣圖一卷　(清)上
官周繪　清乾隆八年(1743)刻本　二冊

370000－1502－0007035　jnts10740
南史八十卷　(唐)李延壽撰　清乾隆四年
(1739)武英殿刻本　一冊　存五卷(四十三
至四十七)

370000－1502－0007036　jnts10763
律例館校正洗冤錄四卷　(清)律例館校正
清初刻本　一冊　存一卷(三)

370000－1502－0007037　jnts10864
二如亭群芳譜三十卷首一卷　(明)王象晉纂
輯　明天啓、崇禎刻本　三冊　存四卷(果譜
三卷,首一卷)

370000－1502－0007038　jnts10865
二如亭群芳譜三十卷首一卷　(明)王象晉纂
輯　明天啓、崇禎刻本　十四冊　存二十卷
(天譜一至三首一卷,歲譜一至四首一卷,花
譜一至四首一卷,卉譜一至二首一卷,鶴魚譜
一首一卷,總卷首一卷)

370000－1502－0007039　jnts10873
歷代史纂左編一百四十二卷　(明)唐順之撰
明刻本　一冊　存三卷(三十至三十二)

370000－1502－0007040　jnts10875
資治通鑑綱目五十九卷　(宋)朱熹撰　明刻
本　一冊　存二卷(二十至二十一)

370000－1502－0007041　jnts10877
亦政堂重修考古圖十卷附古玉圖二卷　(宋)
呂大臨撰　清乾隆十七年(1752)亦政堂刻本
八冊　存八卷(亦政堂重修考古圖三下至
四、六、八至十,古玉圖二卷)

370000－1502－0007042　jnts10878
亦政堂重修考古圖十卷　(宋)呂大臨撰　清
乾隆十七年(1752)亦政堂刻本　一冊　存二
卷(六至七)

370000－1502－0007043　jnts10878
亦政堂重修宣和博古圖錄三十卷　(宋)王黼
等撰　清乾隆黃氏亦政堂刻本　八冊　存六
卷(四、十五至十九)

370000－1502－0007044　jnts10881
二如亭群芳譜二十八卷　(明)王象晉撰　明
刻本　二冊　存二卷(木譜一至二)

370000－1502－0007045　jnts10884
二如亭群芳譜二十八卷　(明)王象晉撰　明
刻本　二冊　存二卷(蔬譜一、谷譜一)

370000－1502－0007046　jnts10886
二如亭群芳譜二十八卷　(明)王象晉纂輯
明崇禎刻本　十一冊　存十一卷(花譜一至
二、卉譜一至二、鶴魚譜一、穀譜一、藥譜一至
三、木譜一至二)

370000－1502－0007047　jnts10893
亦政堂重修宣和博古圖錄三十卷　(宋)王黼
等撰　清乾隆黃氏亦政堂刻本　二冊　存二
卷(十五下、十九上)

370000－1502－0007048　jnts10910
資治通鑑綱目五十九卷　　(宋)朱熹撰　明
末刻本　一冊　存凡例、後語、考異、總目

370000－1502－0007049　jnts10926
史記一百三十卷　(漢)司馬遷撰　(南朝宋)
裴駰集解　(唐)司馬貞索隱　(唐)張守節正

337

義 明刻本 三册 存十卷(本紀一至六、年表一至三,首一卷)

370000－1502－0007050 jnts10927

史記一百三十卷 （漢）司馬遷撰 （南朝宋）裴駰集解 （唐）司馬貞索隱 （唐）張守節正義 明刻本 一册 存一卷(首一卷)

370000－1502－0007051 jnts10928

新刊諸史綱目通鑑全備摘題雲龍便覽 （□）□□撰 明刻本 四册 存四卷(後集二、四至六)

370000－1502－0007052 jnts10930

重訂王鳳洲先生會纂綱鑑四十六卷 （明）王世貞撰 明刻本 一册 存一卷(九)

370000－1502－0007053 jnts10931

薛氏全書幼科一卷 （宋）薛巳注 明刻本 一册

370000－1502－0007054 jnts10933

史記評林一百三十卷 （明）凌稚隆輯 明萬曆五年(1577)吳興凌稚隆刻本 一册 存二卷(八至九)

370000－1502－0007055 jnts10952

子牧印存 （清）李子牧篆刻 清乾隆九年(1744)鈐印剪貼本 一册

370000－1502－0007056 jnts10954

夢鶴軒楳澥詩鈔六卷夢鶴軒楳澥詩鈔續編十二卷 （清）繆公恩撰 清抄本 五册 存五卷(詩鈔三、五,續編九至十一)

370000－1502－0007057 jnts11063

王漁洋遺書 （清）王士禛撰 清康熙刻本 六册 存十四卷(雍益集一卷、蜀道驛程記二卷、香祖筆記六卷、秦蜀驛程後記二卷、粵行三志三卷)

370000－1502－0007058 jnts11197

白虎通德論二卷 （漢）班固纂 （清）汪士漢校 清康熙刻本 一册

370000－1502－0007059 jnts11211

大六壬群書類纂管輅神書二卷 （清）雲湖樂

道人編輯 （清）石長璞參訂 清抄本 四册

370000－1502－0007060 jnts11227

占驗風雨秘訣二卷 （清）福慶輯鈔 清嘉慶十年(1805)抄本 一册

370000－1502－0007061 jnts11231

龍圖耳録十二卷一百二十回 （清）石玉昆述 清光緒六年(1880)漁山聯璧氏手録清稿本 三册 存三卷(一、九、十一)

370000－1502－0007062 jnts11237

二如亭群芳譜六卷 （明）王象晉撰 清乾隆二十四年(1759)手抄本 一册 存一卷(一)

370000－1502－0007063 jnts11238

說文發疑縮鈔六卷 （清）張行孚述 清諸城王雲瞿抄本 一册

370000－1502－0007064 jnts11249

教規家訓不分卷 （清）馬道真鈔 清據松鶴堂藏本抄本 一册

370000－1502－0007065 jnts11294

通志堂經解 （清）納蘭成德(納蘭性德)編 清康熙十九年(1680)通志堂刻本 五十四册 存一百二卷(周易義海撮要十二卷、大易緝說十卷、易小傳六卷、經典釋文三十卷、周易玩辭十六卷、俞氏易集說十三卷、易璇璣三卷、六經奧論六卷首一卷、南軒先生孟子說七卷、禮經會元四卷、水村易鏡一卷、丙子學易編一卷、易學啓蒙小傳一卷、易學啓蒙古經傳一卷

370000－1502－0007066 jnts11316

陽宅大成四種十五卷 （清）魏若述編 清乾隆大文堂刻本 十五册 存七十一卷(一至二十八、六十三至八十、一百三十六至一百六十)

370000－1502－0007067 jnts11354

諏吉便覽不分卷附寶鏡圖一卷 （清）費淳鑑定 清嘉慶四年至八年(1799－1803)金閶節署刻朱墨套印本 三册

370000－1502－0007068 jnts11361

子史精華一百六十卷　（清）世宗胤禛敕撰
清雍正五年(1727)武英殿刻本　十九册　存
七十一卷(一至二十八、六十三至八十、一百
三十六至一百六十)

370000－1502－0007069　jnts11381
國朝麗體金膏八卷　（清）馬俊良輯　清乾隆
五十九年(1794)石門馬氏大酉山房刻龍威秘
書本　五册　存五卷(一至四、八)

370000－1502－0007070　jnts11382
御選唐宋詩醇四十七卷目錄二卷　（清）高宗
弘曆敕選　清乾隆二十五年(1760)陳弘謀刻
本　五册　存九卷(一至七、目錄二卷)

370000－1502－0007071　jnts11390
御選唐宋詩醇四十七卷目錄二卷　（清）高宗
弘曆敕選　清乾隆二十五年(1760)陳弘謀刻
本　十二册　存三十卷(一至五、九至十二、
十七至二十一、二十五至二十六、三十至三十
二、三十九至四十七,目錄二卷)

370000－1502－0007072　jnts11392
通鑑輯要前編二卷正編十九卷續編八卷明史
輯要八卷　（清）姚培謙　（清）張景星同錄
清乾隆二十六年(1761)飛鴻堂刻本　二十册
缺四卷(正編二至五)

370000－1502－0007073　jnts11412
桐陰論畫二卷首一卷二編二卷三編二卷續桐
陰論畫一卷桐陰畫訣一卷　（清）秦祖永撰
清同治三年至光緒八年(1864－1882)刻朱墨
套印本　八册

370000－1502－0007074　jnts11440
甕牖閒評八卷　（宋）袁文撰　清乾隆四十年
(1775)武英殿聚珍版印本　一册　存四卷
(一至四)

370000－1502－0007075　jnts11573
通鑑輯要前編二卷正編十九卷續編八卷
（清）姚培謙　（清）張景星同錄　清乾隆二十
六年(1761)飛鴻堂刻本　十一册　存十八卷
(前編二卷、正編一至八、續編八卷)

370000－1502－0007076　jnts11575

歷代史論十二卷　（明）張溥論正　清光緒十
三年(1887)洪州文盛堂刻朱墨套印本　四册

370000－1502－0007077　jnts11609
景岳全書六十四卷　（明）張介賓撰　（明）賈
棠訂　明末刻本　七册　存十三卷(十二至
十九、三十八至四十、五十八至五十九)

370000－1502－0007078　jnts11611
劉河間傷寒三書二十卷　（金）劉完素撰
（明）薛時平注釋　明萬曆金谿吳起祥刻本
四册　存五卷(素問玄機原病式一至二、素問
病機氣宜保命集一至三)

370000－1502－0007079　jnts11613
漁洋山人精華錄訓纂十卷年譜二卷目錄二卷
　（清）惠棟撰　清紅豆齋刻本　十一册　存
十三卷(一、三至十,年譜二卷,目錄二卷)

370000－1502－0007080　jnts11627
新鎸本草醫方合編　（清）汪昂撰　清乾隆天
德堂刻本　五册

370000－1502－0007081　jnts11635
類經圖翼十一卷　（明）張介賓撰　明刻本
二册　存三卷(五至六、八)

370000－1502－0007082　jnts11659
素問玄機原病式不分卷　（金）劉完素撰
（明）吳勉學校　明萬曆二十八年(1600)吳勉
學刻本　一册

370000－1502－0007083　jnts11671
本草滙十八卷補遺一卷　（清）郭佩蘭撰　清
康熙五年(1666)梅花嶼刻本　一册　存二卷
(三至四)

370000－1502－0007084　jnts11687
日知錄三十二卷日知錄之餘四卷　（清）顧炎
武撰　清乾隆六十年(1795)刻本　十七册
存三十卷(日知錄一、四、九至三十二,日知錄
之餘四卷)

370000－1502－0007085　jnts11749
呂氏四禮翼不分卷　（明）呂坤撰　（清）朱軾
評點　清康熙刻本　一册

370000－1502－0007086　jnts11785

佩觿三卷　（宋）郭忠恕撰　清康熙四十九年（1710）張氏澤存堂刻本　一册

370000－1502－0007087　jnts11794

禹貢指南四卷　（宋）毛晃撰　清乾隆武英殿聚珍版印本　一册　存二卷（一至二）

370000－1502－0007088　jnts11882

拙軒集六卷　（金）王寂撰　清乾隆四十一年（1776）武英殿聚珍版印本　一册　存三卷（一至三）

370000－1502－0007089　jnts11887

錦字箋四卷　（清）黃㳆纂　清康熙金閶書業堂刻本　一册　存二卷（一至二）

370000－1502－0007090　jnts11902

懷永堂繪像第六才子書八卷　（元）王實甫撰　（清）金聖嘆批　清味蘭軒刻朱墨套印本　六册

370000－1502－0007091　jnts11958

子史精華一百六十卷　（清）世宗胤禛敕撰　清雍正五年（1727）刻本　三十册　存一百二十一卷（一至一百二十一）

370000－1502－0007092　jnts11979

貸園叢書初集　（清）周永年輯　清乾隆五十四年（1789）歷城周氏竹西書屋據益都李氏版刻本　一册　存八卷（石刻鋪敘二卷、鳳墅殘帖釋文二卷、三事忠告四卷）

370000－1502－0007093　jnts11981

明理學月川曹先生年譜纂一卷　（明）張信民編　（明）王以悟訂正　明萬曆三十四年（1606）曹繼儒刻本　一册

370000－1502－0007094　jnts11983

天中記六十卷　（明）陳耀文撰　明萬曆三十七年（1609）刻本　一册　存一卷（三十四）

370000－1502－0007095　jnts11984

豐對樓詩選四十三卷　（明）沈明臣撰　（明）沈九疇選　明萬曆中刻本　一册　存三卷（十九至二十一）

370000－1502－0007096　jnts11985

孟子集注十四卷序説一卷　（宋）朱熹集注　明嘉靖刻本　一册　存三卷（一至三）

370000－1502－0007097　jnts11986

然燈記聞一卷附律詩定體一卷　（清）王士禛撰　（清）何世璂録　清康熙三十六年（1697）王兆森刻本　一册

370000－1502－0007098　jnts12039

古香齋鑒賞袖珍施注蘇詩四十二卷續補遺二卷年譜一卷墓志銘一卷本傳一卷王注正譌一卷總目二卷　（宋）蘇軾撰　（宋）施元之注　（清）邵長蘅删補　清康熙內府刻古香齋十種本　十二册　存二十卷（四至八、二十六至三十六，續補遺下，年譜一卷，正譌一卷，總目一卷）

370000－1502－0007099　jnts12040

古香齋鑒賞袖珍施注蘇詩四十二卷續補遺二卷年譜一卷墓志銘一卷本傳一卷王注正譌一卷總目二卷　（宋）蘇軾撰　（宋）施元之注　（清）邵長蘅删補　清康熙內府刻古香齋十種本　八册　存二十四卷（一至十八、年譜一卷、墓志銘一卷、本傳一卷、王注正譌一卷、總目二卷）

370000－1502－0007100　jnts12063

唐代叢書二十卷　（清）蓮塘居士（陳世熙）輯　清乾隆五十七年（1792）挹秀軒刻本　十四册　存十三卷（一至三、五至六、十一至十二、十四至十七、十九至二十）

370000－1502－0007101　jnts12072

漁洋全集　（清）王士禛撰　清刻本　二十二册　存五十卷（萬首絕句選四至七，蠶尾集三至十，蠶尾續集一至二，蠶尾後集一至二，精華錄十卷，池北偶談卷一至十二、十五至二十六）

370000－1502－0007102　jnts12073

漁洋山人精華錄十卷　（清）王士禛撰　（清）林佶編　清康熙三十九年（1700）刻本　四册

370000－1502－0007103　jnts12074

漁洋山人精華録十卷 （清）王士禎撰 （清）林佶編 清康熙三十九年(1700)刻本 四册

370000 – 1502 – 0007104　jnts12075

漁洋山人精華録十卷 （清）王士禎撰 （清）林佶編 清康熙三十九年(1700)刻本 八册

370000 – 1502 – 0007105　jnts12076

蠶尾集十卷續集二卷後集二卷 （清）王士禎撰 清康熙刻本 六册

370000 – 1502 – 0007106　jnts12077

蠶尾集十卷續集二卷後集二卷 （清）王士禎撰 清康熙刻本 五册 缺二卷(續集二卷)

370000 – 1502 – 0007107　jnts12078

漁洋山人精華録箋注十二卷 （清）金榮箋注 清康熙金氏鳳翽堂刻本 一册 存卷七、年譜、神道碑、墓志

370000 – 1502 – 0007108　jnts12079

帶經堂集九十二卷 （清）王士禎撰 （清）程哲校編 清康熙刻本 一册 存四卷(六十九至七十二)

370000 – 1502 – 0007109　jnts12121

説文解字十五卷 （漢）許慎撰 （宋）徐鉉校定 明毛氏汲古閣刻本 七册 存十卷(標目、二上、二下、三上、五至七、九下、十、十五)

370000 – 1502 – 0007110　jnts12122

説文解字十五卷 （漢）許慎撰 （宋）徐鉉校定 明毛氏汲古閣刻本 一册 存三卷(四至六)

370000 – 1502 – 0007111　jnts12123

重刊許氏説文解字五音韻譜十二卷 （宋）李燾重編 明萬曆刻本 二册 存二卷(二、四)

370000 – 1502 – 0007112　jnts12128

古今韻略五卷 （清）邵長蘅纂 （清）陳守誠重訂 清乾隆十八年(1753)刻本 五册

370000 – 1502 – 0007113　jnts13037

愚谷詩草一卷 （清）袁守侗撰 清乾隆袁守侗手書本 一册

370000 – 1502 – 0007114　jnts13400

讀書日記六卷補編二卷 （清）劉源渌撰 清雍正十一年(1733)刻本 四册

370000 – 1502 – 0007115　jnts13419

陳學士文集十八卷 （清）陳儀撰 清乾隆十八年(1753)蘭雪齋刻本 八册

370000 – 1502 – 0007116　jnts13432

新刻訂補彙解故事白眉八卷 （明）鄧志謨編纂 清乾隆二十四年(1759)登雲堂刻本 四册

370000 – 1502 – 0007117　jnts13496

後漢書九十卷志三十卷 （南朝宋）范曄撰 （唐）李賢注 （晋）司馬彪撰 （南朝梁）劉昭注 明崇禎十六年(1643)毛氏汲古閣刻本 五册 存三十三卷(帝紀一至十、列傳十一至三十三)

370000 – 1502 – 0007118　jnts13499

地藏菩薩本願經三卷 （唐）釋法登譯 明萬曆二十年(1592)刻本 三册

370000 – 1502 – 0007119　jnts13500

泰山東嶽十王寶卷二卷 （明）悟空撰 清乾隆五十七年(1792)孫玉禎寫本 二册

370000 – 1502 – 0007120　jnts13501

地藏王菩薩執掌幽冥寶卷二卷 （□）□□撰 清康熙五十年(1711)濱州杜氏抄本 二册

370000 – 1502 – 0007121　jnts13504

删補古今文致十卷 （明）劉士燐選 （明）王宇增删 明末刻本 一册 存二卷(九至十)

370000 – 1502 – 0007122　jnts13505

北史一百卷 （唐）李延壽撰 清乾隆四年(1739)武英殿刻本 一册 存七卷(八十五至九十一)

370000 – 1502 – 0007123　jnts13523

五經旁訓辨體二十一卷 （清）徐立綱輯 清乾隆五十四年(1789)懋德堂刻本 八册 存十五卷(易經三卷、書經四卷、詩經四卷、春秋四卷)

370000 – 1502 – 0007124　jnts13553

回生集二卷補遺二卷　（清）陳傑集　清乾隆刻本　二册

370000 – 1502 – 0007125　jnts13616

欽定春秋左傳讀本三十卷　（清）程恩澤（清）祁寯藻纂集　清道光三年（1823）武英殿刻本　五册　存十二卷（一至十二）

370000 – 1502 – 0007126　jnts13618

十三經注疏三百三十卷　（明）毛晋輯　明崇禎毛氏汲古閣刻本　二十册　存六十八卷（春秋左傳注疏四十一至六十、春秋公羊傳注疏二十八卷、春秋穀梁傳注疏二十卷）

370000 – 1502 – 0007127　jnts13624

欽定儀禮義疏四十八卷　（清）允禄等撰　清乾隆刻本　二十八册　存三十一卷（十九至四十八、二十八）

370000 – 1502 – 0007128　jnts13624

欽定儀禮義疏四十八卷　（清）允禄等撰　清乾隆刻本　一册　存一卷（二十八）

370000 – 1502 – 0007129　jnts13627

四書朱子本義匯參四十七卷　（清）王步青輯（清）王士鰲編　清乾隆敦復堂刻本　十六册　存二十七卷（大學三卷，首一卷，中庸六卷，首一卷，論語一至十二、十八至二十，首一卷）

370000 – 1502 – 0007130　jnts13631

周禮注疏删翼三十卷　（明）王志長輯　清乾隆六十年（1795）醉墨齋刻本　十八册

370000 – 1502 – 0007131　jnts13632

御纂周易折中二十二卷首一卷　（清）李光地撰　清康熙五十四年（1715）刻本　八册　存十卷（一至十）

370000 – 1502 – 0007132　jnts13641

周官精義十二卷　（清）連斗山撰　清乾隆四十一年（1776）刻本　五册　存十卷（一至九、十二）

370000 – 1502 – 0007133　jnts13650

讀禮通考一百二十卷　（清）徐乾學撰　清康熙三十五年（1696）刻本　二册　存七卷（六十一至六十七）

370000 – 1502 – 0007134　jnts13658

亦陶書室新增幼學故事群芳四卷首一卷　（清）程允升撰　（清）周達用增訂　清乾隆四十三年（1778）刻本　四册

370000 – 1502 – 0007135　jnts13675

四書章句集注十九卷　（宋）朱熹集注　清乾隆二十六年（1761）雅雨堂刻本　十一册　存十五卷（大學一卷、中庸一卷、論語四至九卷、孟子一至七卷）

370000 – 1502 – 0007136　jnts13676

春秋左傳注疏六十卷末一卷附考證一卷　（晋）杜預注　（唐）陸德明音義　清乾隆四年（1739）武英殿刻十三經注疏本　二册　存六卷（一至六）

370000 – 1502 – 0007137　jnts13680

尚書注疏十九卷附考證一卷　（漢）孔安國撰　（唐）陸德明音義　清乾隆四年（1739）武英殿刻十三經注疏本　一册　存三卷（十四至十六）

370000 – 1502 – 0007138　jnts13706

隸辨八卷　（清）顧藹吉撰　清乾隆刻本　二册　存二卷（二、四）

370000 – 1502 – 0007139　jnts13707

隸辨八卷　（清）顧藹吉撰　清乾隆刻本　一册　存一卷（二）

370000 – 1502 – 0007140　jnts13756

大清律纂修條例不分卷　（清）刑部纂修　清乾隆三十二年（1767）武英殿刻本　一册

370000 – 1502 – 0007141　jnts13786

御纂醫宗金鑑九十卷首一卷　（清）吴謙等纂　清乾隆武英殿刻本　五册　存六卷（七十二、七十七至七十八、八十一至八十二、八十九）

370000 – 1502 – 0007142　jnts13789

素問病機氣宜保命集三卷　（金）劉完素撰
明怀德堂刻本　三册

370000－1502－0007143　jnts13795

春秋十二卷　（清）姜兆錫參義　清雍正元年
(1723)寅清樓刻本　三册　存九卷(一至九)

370000－1502－0007144　jnts13810

詩韻歌訣初步二卷　（清）倪璐輯撰　清乾隆
二十六年(1761)克復堂刻本　一册

370000－1502－0007145　jnts13887

脈訣類編説統不分卷　（明）翟良纂　清順治
十四年(1657)刻本　一册

370000－1502－0007146　jnts13888

誠書十六卷附誠書痘疹天集不分卷　（清）談
金章撰　清雍正十一年(1733)傅經堂刻本
七册

370000－1502－0007147　jnts13929

妙法蓮華經知音七卷　（明）釋如愚撰　明刻
本　一册　存一卷(二)

370000－1502－0007148　jnts13970

四書琳琅冰鑑五十四卷　（清）董餘峰輯
（清）高其閌注釋　清乾隆正誼堂刻本　二册
存十卷(四至九、四十四至四十七)

370000－1502－0007149　jnts13971

孟子注疏解經十四卷　（漢）趙岐注　（宋）孫
奭疏　清康熙二十五年(1686)重修本　二册
存五卷(八至十二)

370000－1502－0007150　jnts13972

道元一炁五卷　（明）曹士珩撰　明崇禎九年
(1636)汪瀚刻本　五册

370000－1502－0007151　jnts13981

景岳全書六十四卷　（明）張介賓撰　清康熙
五十年(1711)刻本　十五册　存二十八卷
(一至三、七至十、十四至十五、二十至二十
四、三十二至三十四、三十九至四十、四十四
至四十五、四十八至五十一、五十五至五十
七)

370000－1502－0007152　jnts13984

漢書一百卷　（漢）班固撰　（唐）顏師古注
明末毛氏汲古閣刻本　六册　存十九卷(二
十一至三十九)

370000－1502－0007153　jnts13999

御纂醫宗金鑑九十卷首一卷　（清）吳謙等
纂　清乾隆武英殿刻本　四十八册

370000－1502－0007154　jnts14028

御批歷代通鑑輯覽一百二十卷　（清）傅恒等
奉敕撰　清光緒五年(1879)刻朱墨套印本
五十八册

370000－1502－0007155　jnts14044

十三經注疏三百四十六卷　（唐）陸德明音義
（清）鄂爾泰等校　清乾隆四年(1739)武英
殿本刻本　一百五册

370000－1502－0007156　jnts14084

良方廣記不分卷　（清）三近堂輯　清抄本
三册

370000－1502－0007157　jnts14086

昌黎先生集四十卷外集十卷遺文一卷　（唐）
韓愈撰　（宋）廖瑩中輯注　明萬曆徐時泰刻
本　一册　存三卷(三十七至三十九)

370000－1502－0007158　jnts14099

補注洗冤錄集證四卷附刊檢骨圖格一卷作吏
要言一卷管見十二則　（宋）宋慈撰　（清）王
又槐增輯　（清）阮其新補注　清王鼎淳刻三
色套印本　一册　缺二卷(一至二)

370000－1502－0007159　jnts14103

新城王餘人先生稿不分卷　（清）王祖熙撰
清乾隆五十五年(1790)紅蕉館刻本　一册

370000－1502－0007160　jnts14893

尚書説統四十卷　（明）張雲鸞編輯　明崇禎
元年(1628)刻本　一册　存六卷(一至六)

370000－1502－0007161　jnts00004

[康熙]高唐州志十二卷首一卷　（清）龍圖躍
修　（清）李霖臣纂　清康熙五十一年(1712)
刻本　五册

370000－1502－0007162　jnts00004

343

[乾隆]高唐州續志二卷首一卷　（清）畢一謙修　（清）耿舉賢等纂　清乾隆七年(1742)刻本　一冊

370000－1502－0007163　jnts00006

[乾隆]濰縣志六卷首一卷末一卷　（清）張耀璧修　（清）王誦芬纂　清乾隆二十五年(1760)刻本　六冊

370000－1502－0007164　jnts00008

[康熙]日照縣志十二卷　（清）楊士雄修（清）丁峕纂　（清）成永健增修　清康熙五十四年(1715)刻本　五冊

370000－1502－0007165　jnts00009

[康熙]海豐縣志十二卷首一卷　（清）胡公著修　（清）張克家纂　清康熙九年(1670)刻本四冊　缺二卷(九、十二)

370000－1502－0007166　jnts00022

[乾隆]沂州府志三十五卷首一卷　（清）李希賢修　（清）潘遇莘等纂　清乾隆二十五年(1760)刻本　十一冊　缺三卷(三十三至三十五)

370000－1502－0007167　jnts00023

[乾隆]昌邑縣志八卷　（清）周來邰纂修　清乾隆七年(1742)刻本　四冊

370000－1502－0007168　jnts00058

[乾隆]海陽縣志八卷　（清）包桂纂修　清乾隆七年(1742)刻本　四冊

370000－1502－0007169　jnts00060

[康熙]萊陽縣志十卷首一卷　（清）萬邦維修　（清）衛元爵　（清）張重潤纂　清康熙十七年(1678)刻本　四冊

370000－1502－0007170　jnts00065

[乾隆]蒲臺縣志四卷首一卷　（清）嚴文典修　（清）任相纂　清乾隆二十八年(1763)刻本四冊

370000－1502－0007171　jnts00074

[乾隆]新泰縣志二十卷首一卷　（清）江乾達修　（清）牛士瞻等纂　清乾隆四十九年(1784)刻本　六冊

370000－1502－0007172　jnts00081

[雍正]齊河縣志十卷首一卷　（清）上官有儀修　（清）許琰纂　清乾隆元年(1736)刻本五冊

370000－1502－0007173　jnts00102

[乾隆]濟陽縣志十四卷首一卷　（清）胡德琳修　（清）何明禮　（清）章承茂纂　清乾隆三十年(1765)刻本　八冊

370000－1502－0007174　jnts00105

[乾隆]曹州府志二十二卷　（清）周尚質修（清）李登明　（清）謝冠纂　清乾隆二十一年(1756)刻本　十一冊　缺三卷(一至三)

370000－1502－0007175　jnts00111

[乾隆]萊州府志十六卷首一卷　（清）嚴有禧修　（清）張桐續纂修　清乾隆五年(1740)刻本　七冊　存十五卷(二至十六)

370000－1502－0007176　jnts00114

[萬曆]恩縣志六卷　（明）孫居相修　（明）雷金聲纂　明萬曆二十六年(1598)刻本　一冊

370000－1502－0007177　jnts00135

雅雨堂叢書一百三十一卷　（清）盧見曾輯清乾隆二十一年(1756)雅雨堂刻本　二十八冊

370000－1502－0007178　jnts00178

佳山堂詩集十卷二集九卷　（清）馮溥撰（清）毛奇齡等校　清康熙益都馮氏家刻本六冊

370000－1502－0007179　jnts00197

湖海集十三卷　（清）孔尚任撰　清康熙孔氏介安堂刻本　六冊

370000－1502－0007180　jnts00255

讀史方輿紀要一百三十卷　（清）顧祖禹撰清抄本　一百二十冊

370000－1502－0007181　jnts00259

宋史紀事本末一百九卷元史紀事本末二十七

卷 （明）馮琦編 （明）陳邦瞻輯 （明）臧懋循補輯 明末張氏刻清印本 三十冊

370000－1502－0007182 jnts00406
西游真詮一百回 （清）陳士斌詮解 清康熙刻本 十冊 存五十回（五十一至一百）

370000－1502－0007183 jnts00650
行水金鑑一百七十五卷首一卷 （清）傅澤洪撰 清雍正三年（1725）淮揚官署刻本 三十六冊

370000－1502－0007184 jnts01047
[康熙]鄒縣志三卷 （清）婁一均修 （清）周翼等纂 清康熙五十五年（1716）刻本 四冊

370000－1502－0007185 jnts01084
兩漢金石記二十二卷 （清）翁方綱撰 清乾隆五十四年（1789）南昌書院刻本 八冊

370000－1502－0007186 jnts01535
平叛記二卷 （清）毛霦撰 清康熙五十五年（1716）刻本 二冊

370000－1502－0007187 jnts01542
山中白雲詞八卷 （宋）張炎著 清雍正刻本 二冊

370000－1502－0007188 jnts01546
三事忠告四卷 （元）張養浩撰 清康熙二十四年（1685）刻本 一冊

370000－1502－0007189 jnts01627
重訂唐詩別裁集二十卷 （清）沈德潛輯 清乾隆教忠堂刻本 六冊

370000－1502－0007190 jnts01660
古詩箋三十二卷 （清）王士禎選 清乾隆三十一年（1766）止蘭堂刻本 十六冊

370000－1502－0007191 jnts01802
智囊補二十八卷 （明）馮夢龍重輯 清乾隆五十九年（1794）刻本 八冊

370000－1502－0007192 jnts01841
國朝三家文鈔三十二卷 （清）宋犖輯 （清）許汝霖選 清康熙刻本 九冊 存二十八卷
（汪鈍翁文鈔十二卷、侯朝宗文鈔一至四、魏叔子文鈔十二卷）

370000－1502－0007193 jnts01879
西圃文說三卷 （清）田同之撰 清康熙至乾隆刻德州田氏叢書本 一冊

370000－1502－0007194 jnts01879
西圃叢辨三十二卷 （清）田同之撰 清康熙至乾隆刻德州田氏叢書本 六冊

370000－1502－0007195 jnts01879
高津草堂詩 （清）田霡撰 清康熙至乾隆刻德州田氏叢書本 二冊

370000－1502－0007196 jnts01879
安德明詩選遺一卷 （清）田同之輯 清康熙至乾隆刻德州田氏叢書本 一冊

370000－1502－0007197 jnts01879
硯思集六卷 （清）田同之撰 清康熙至乾隆刻德州田氏叢書本 二冊

370000－1502－0007198 jnts01879
二學亭文涘四卷 （清）田同之撰 清康熙至乾隆刻德州田氏叢書本 一冊

370000－1502－0007199 jnts01879
水東草堂詩一卷 （清）田需撰 清康熙至乾隆刻德州田氏叢書本 一冊

370000－1502－0007200 jnts01879
有懷堂文集一卷詩集一卷 （清）田肇麗撰 清康熙至乾隆刻德州田氏叢書本 一冊

370000－1502－0007201 jnts01879
晚香詞一卷 （清）田同之撰 （清）張鳳孫評 清康熙至乾隆刻德州田氏叢書本 一冊

370000－1502－0007202 jnts01880
唐詩貫珠六十卷 （清）胡以梅輯并箋釋 清康熙五十四年（1715）素心堂刻本 十三冊 存四十一卷（一至四十一）

370000－1502－0007203 jnts01882
[康熙]錢塘縣志三十六卷首一卷 （清）魏嵋修 （清）裴璉等纂 清康熙五十七年（1718）刻本 六冊 存二十一卷（二、八至十、十四

至十八、二十四至三十二、三十四至三十六）

370000－1502－0007204　jnts01889

[康熙]東阿縣志十二卷　（清）劉沛先重編
（清）鄭廷瑾續編　清康熙五十六年（1717）刻
本　六册

370000－1502－0007205　jnts01893

[乾隆]歷城縣志五十卷首一卷　（清）胡德琳
修　（清）李文藻等纂　清乾隆三十八年
（1773）刻本　十六册

370000－1502－0007206　jnts01948

二十四泉草堂集十二卷　（清）王蘋撰　清康
熙五十六年（1717）于熙學刻本　一册

370000－1502－0007207　jnts01972

楓香集一卷　（清）朱緗著　清康熙刻本　一
册

370000－1502－0007208　jnts01977

三國志六十五卷　（晋）陳壽撰　（南朝宋）裴
松之注　明崇禎十七年（1644）琴川毛氏汲古
閣刻本　六册

370000－1502－0007209　jnts02101

明鑑紀事本末八十卷　（清）谷應泰撰　清順
治刻本　二十四册

370000－1502－0007210　jnts02114

秋谷先生遺文不分卷　（清）趙執信撰　清乾
隆十六年（1751）刻本　二册

370000－1502－0007211　jnts02121

蓼村集四卷　（清）王蘋撰　清乾隆三十八年
（1773）聽泉齋刻本　一册

370000－1502－0007212　jnts02130

楚辭六卷　（戰國）屈原撰　（清）姚培謙節注
清乾隆五十七年（1792）博斯堂刻本　二册

370000－1502－0007213　jnts02141

古夫于亭稿二卷　（清）王士禎撰　（清）林佶
輯　（清）成文昭校刊　清康熙四十六年
（1707）刻本　一册

370000－1502－0007214　jnts02184

新增説文韻府群玉二十卷　（元）陰時夫輯

（元）陰中夫注　清乾隆二十四年（1759）刻本
八册

370000－1502－0007215　jnts02205

飴山文集十二卷附録一卷飴山詩集二十卷禮
俗權衡二卷聲調譜三卷談龍録不分卷　（清）
趙執信撰　清乾隆三十九年（1774）刻本　十
一册

370000－1502－0007216　jnts02359

三餘印可四卷　（清）黃鵷篆　清咸豐三年
（1853）鈐印刻本　四册

370000－1502－0007217　jnts02471

資治通鑑二百九十四卷通鑑釋文辨誤十二卷
（宋）司馬光撰　（元）胡三省注　（明）吳
勉學校　明萬曆二十年（1592）刻本　九十四
册　缺二十五卷（一至三、四十五至四十八、
一百二十七至一百三十、一百七十二至一百
七十四、二百十八至二百二十、二百八十三至
二百九十）

370000－1502－0007218　jnts02485

繹史一百六十卷世系圖一卷年表一卷　（清）
馬驌編　清康熙刻本　四十四册

370000－1502－0007219　jnts02509

文道十書四種　（清）陳景雲撰　清乾隆十九
年（1754）刻本　二册

370000－1502－0007220　jnts02575

文選六十卷　（南朝梁）蕭統撰　（唐）李善注
文選考異十卷　（清）胡克家撰　清胡克家
仿宋刻本　十六册

370000－1502－0007221　jnts02579

綱鑑纂略鴻猷六卷首一卷　（清）王鳴昌
（清）周亮輔撰　清康熙本立堂刻本　七册

370000－1502－0007222　jnts02588

古文釋義新編八卷　（清）余誠評注　清乾隆
四十五年（1780）三槐堂刻本　八册

370000－1502－0007223　jnts02702

天位德元一卷　（清）劉墉撰　清劉墉手抄本
一册

370000 – 1502 – 0007224　jnts02707

新刊文選考注前集十五卷新刊文選考注後集十四卷　（南朝梁）蕭統選　（唐）李善等注　明刻本　二十四册

370000 – 1502 – 0007225　jnts02713

二如亭群芳譜三十卷首一卷　（明）王象晋撰　明崇禎二如亭刻本　二十四册

370000 – 1502 – 0007226　jnts02715

石墨鐫華八卷　（明）趙崡撰　明萬曆四十六年(1618)刻本　四册

370000 – 1502 – 0007227　jnts02716

淮南鴻烈解二十一卷　（漢）劉安撰　（漢）高誘注　（明）茅坤　（明）袁宏道等評　明萬曆烏程閔氏刻朱墨印本　八册

370000 – 1502 – 0007228　jnts02761

楊升庵先生批點文心雕龍十卷　（南朝梁）劉勰撰　（明）梅慶生音注　明天啓二年(1622)金陵聚錦堂刻本　四册

370000 – 1502 – 0007229　jnts02951

南豐曾先生文粹十卷　（宋）曾鞏撰　明嘉靖二十八年(1549)安如石刻本　六册

370000 – 1502 – 0007230　jnts02972

聖像像贊三卷　（明）冠洋子撰　明刻本　三册

370000 – 1502 – 0007231　jnts02975

東萊先生隋書詳節二十卷　（宋）呂祖謙輯　明正德劉氏慎獨齋刻本　六册

370000 – 1502 – 0007232　jnts02976

東萊先生南史詳節二十五卷　（宋）呂祖謙輯　明正德劉氏慎獨齋刻本　八册

370000 – 1502 – 0007233　jnts02977

賜閒堂集四十卷　（明）申時行撰　明萬曆四十四年(1616)刻本　十七册　存三十四卷（三至三十六）

370000 – 1502 – 0007234　jnts03000

易圖明辨十卷　（清）胡渭撰　清康熙耆學齋刻本　二册

370000 – 1502 – 0007235　jnts03019

而庵説唐詩二十二卷首一卷　（清）徐增撰　清乾隆二十三年(1758)文茂堂刻本　十册

370000 – 1502 – 0007236　jnts03020

聯經四卷　（清）李學禮纂　清乾隆五十五年(1790)補過堂刻本　四册

370000 – 1502 – 0007237　jnts03024

重訂唐詩別裁集二十卷　（清）沈德潛選評　清乾隆二十八年(1763)教忠堂刻本　八册

370000 – 1502 – 0007238　jnts03027

飴山文集十二卷附録一卷飴山詩集二十卷禮俗權衡二卷聲調譜一卷談龍録一卷　（清）趙執信撰　清乾隆三十九年(1774)因園刻本　十册

370000 – 1502 – 0007239　jnts03029

陶淵明集十卷　（晉）陶潛撰　清嘉慶十二年(1807)魯銓仿宋刻本　三册

370000 – 1502 – 0007240　jnts03040

新增説文韻府群玉二十卷　（元）陰時夫編輯　（元）陰中夫編注　（明）王元貞校　明萬曆十八年(1590)王元貞增修刻本　十册

370000 – 1502 – 0007241　jnts03042

草堂詩餘五卷　（明）楊慎評點　明萬曆閔暎璧刻朱墨套印本　五册

370000 – 1502 – 0007242　jnts03045

南豐先生元豐類稿五十一卷　（宋）曾鞏撰　（明）譚鍇校　明譚氏澹園刻本　十二册

370000 – 1502 – 0007243　jnts03049

古文品外録二十四卷　（明）陳繼儒評選　（明）董其昌　（明）黃汝亨校　明萬曆中喬山堂劉龍田刻本　八册

370000 – 1502 – 0007244　jnts03050

杜工部集二十卷年譜一卷諸家詩話一卷唱酬題詠附録一卷附録一卷　（唐）杜甫撰　（清）錢謙益箋注　清康熙六年(1667)靜思堂刻本　六册

370000 – 1502 – 0007245　jnts03051

李太白全集三十卷 （唐）李白撰 清康熙五十六年(1717)繆氏雙泉堂重刻宋本 四册

370000－1502－0007246 jnts03052

馮氏五先生集五卷 （明）馮琦編輯 明萬曆刻本 二册

370000－1502－0007247 jnts03055

李氏焚書六卷 （明）李贄撰 明萬曆閔氏刻朱墨套印本 六册

370000－1502－0007248 jnts03056

唐詩百名家全集 （清）席啓寓輯 清康熙四十一年(1702)刻本 三十七册

370000－1502－0007249 jnts03058

庚子銷夏記八卷 （清）孫承澤撰 清乾隆二十六年(1761)鮑氏刻本 四册

370000－1502－0007250 jnts03059

白沙子全集十卷首一卷末一卷 （明）陳獻章撰 清乾隆三十六年(1771)碧玉樓刻本 十册

370000－1502－0007251 jnts03060

玉谿生詩箋注三卷首一卷 （唐）李商隱撰 清乾隆聚德堂刻本 四册

370000－1502－0007252 jnts03064

應試唐詩類釋十九卷 （清）臧岳編次 清乾隆二十八年(1763)三樂齋刻本 六册

370000－1502－0007253 jnts03096

重訂王鳳洲先生綱鑑會纂四十六卷續宋元紀二十三卷 （明）王世貞撰 （明）陳仁錫訂 明末維新堂刻本 三十二册

370000－1502－0007254 jnts03102

宋名臣言行録前集十卷後集十四卷續集八卷別集二十六卷外集十七卷 （宋）朱熹 （宋）李幼武撰 明崇禎十一年(1638)刻本 二十册

370000－1502－0007255 jnts03287

新刊一行禪師演禽命書六卷 （明）喻冕編 清書林龍峰山人東軒熊輔刻本 六册

370000－1502－0007256 jnts03314

才調集十卷 （五代）韋縠集 清康熙四十三年(1704)刻本 六册

370000－1502－0007257 jnts03338

增訂漢魏叢書九十六種四百七十五卷 （明）何鏜原輯 （清）王謨重輯 清乾隆五十六年(1791)刻本 八十九册

370000－1502－0007258 jnts03344

思綺堂文集十卷 （清）章藻功撰 清康熙六十一年(1722)聚錦堂刻本 十册

370000－1502－0007259 jnts03369

增廣龍舒淨土文十二卷 （宋）王日休撰 清乾隆四十九年(1784)刻本 二册

370000－1502－0007260 jnts03370

增廣龍舒淨土文十二卷 （宋）王日休撰 清乾隆四十九年(1784)刻本 二册

370000－1502－0007261 jnts03375

禮俗權衡二卷 （清）趙執信撰 清康熙刻本 一册

370000－1502－0007262 jnts03392

春秋公羊穀梁二傳十二卷附左氏傳 （清）姜兆錫彙編 清乾隆五年(1740)刻本 六册

370000－1502－0007263 jnts03393

鄉黨圖考十卷 （清）江永撰 清乾隆五十二年(1787)致和堂刻本 六册

370000－1502－0007264 jnts03447

佩文齋書畫譜一百卷 （清）孫岳頒等撰 清康熙靜永堂刻本 四十七册 缺十八卷(八至十、五十三至六十四、七十六至七十八)

370000－1502－0007265 jnts03447

佩文齋書畫譜一百卷 （清）孫岳頒等撰 清康熙靜永堂刻本 一册 存三卷(六十七至六十九)

370000－1502－0007266 jnts03477

柳河東詩集二卷 （唐）柳宗元撰 清康熙刻本 一册

370000－1502－0007267 jnts03492

歷城三子詩不分卷 （清）桑調元輯 清乾隆

348

二十六年(1761)刻本　一册

370000 – 1502 – 0007268　jnts03497

事物異名録四十卷　(清)厲荃輯　(清)關槐
增纂　清乾隆五十三年(1788)刻本　九册
缺十卷(九至十三、二十八至三十二)

370000 – 1502 – 0007269　jnts03504

儀禮鄭注句讀十七卷　(清)張爾岐撰　清乾
隆八年(1743)刻本　六册

370000 – 1502 – 0007270　jnts03505

小四書五卷　(清)朱昇輯　清雍正刻本　四
册

370000 – 1502 – 0007271　jnts03530

四書釋地一卷續一卷又續一卷三續一卷
(清)閻若璩撰　清乾隆八年(1743)太原閻氏
眷西堂刻本　三册

370000 – 1502 – 0007272　jnts03561

禮俗權衡二卷　(清)趙執信撰　清康熙二十
四年(1685)刻本　一册

370000 – 1502 – 0007273　jnts03572

字彙十二集首一卷末一卷　(明)梅膺祚撰
清康熙晋祁書業成刻本　十四册

370000 – 1502 – 0007274　jnts03601

唱喁集一卷　(明)唐仲賢撰　明萬曆二十五
年(1597)刻本　一册

370000 – 1502 – 0007275　jnts03606

二十四泉草堂集十二卷　(清)王苹撰　清康
熙刻本　二册

370000 – 1502 – 0007276　jnts03741

二鄉亭詞三卷　(清)宋琬撰　清康熙刻本
一册

370000 – 1502 – 0007277　jnts03746

漁洋山人詩問二卷　(清)王士禛撰　清乾隆
刻本　一册

370000 – 1502 – 0007278　jnts03752

盧忠肅公集三卷　(明)盧象昇撰　清乾隆二
十七年(1762)刻本　一册

370000 – 1502 – 0007279　jnts03791

河工便覽不分卷　(□)□□撰　清抄本　一
册

370000 – 1502 – 0007280　jnts03799

來青館詩鈔不分卷　(清)李慶翱撰　清中葉
抄本　二册

370000 – 1502 – 0007281　jnts03810

吴詩集覽二十卷　(清)靳榮藩輯　清乾隆四
十年(1775)凌雲亭刻本　十五册　缺二卷
(八至九)

370000 – 1502 – 0007282　jnts03834

尊西詩話未定草不分卷　(清)張曰斑撰　清
嘉慶三年(1798)手稿本　二册

370000 – 1502 – 0007283　jnts03835

中晚唐詩叩彈集十二卷　(清)杜詔　(清)杜
庭珠輯　清康熙四十三年(1704)采山亭刻本
四册

370000 – 1502 – 0007284　jnts03837

朱文公校昌黎先生文集四十卷外集十卷遺文
一卷傳一卷　(唐)韓愈撰　(宋)朱熹校并考
異　(宋)王伯大音釋　(明)朱吾弼重編　明
萬曆三十三年(1605)朱崇沐刻本　八册

370000 – 1502 – 0007285　jnts03845

滄溟先生三十卷附録一卷　(明)李攀龍撰
清刻本　四册　存十五卷(一至十五)

370000 – 1502 – 0007286　jnts03887

匠門書屋文集三十卷　(清)張大受撰　清雍
正八年(1730)刻本　四册

370000 – 1502 – 0007287　jnts03893

重刊許氏説文解字五音韻譜十二卷　(宋)李
燾撰　明天啓七年(1627)世裕堂刻本　六册

370000 – 1502 – 0007288　jnts03941

東坡先生編年詩五十卷東坡先生年表一卷
(宋)蘇軾撰　(清)查慎行補注　清乾隆二十
六年(1761)刻本　十六册

370000 – 1502 – 0007289　jnts03970

日知録三十二卷　(清)顧炎武撰　清乾隆六

十年(1795)刻本 十六册

370000－1502－0007290 jnts04013

東坡先生全集錄九卷 (宋)蘇軾撰 清遺清堂刻本 八册

370000－1502－0007291 jnts04014

漁洋山人精華錄十卷 (清)王士禎撰 清康熙三十九年(1700)林佶寫刻本 四册

370000－1502－0007292 jnts04028

讀杜心解六卷首一卷 (唐)杜甫撰 (清)浦起龍講解 清雍正三年(1725)浦起龍寧我齋刻本 十册

370000－1502－0007293 jnts04059

白香山詩集四十卷 (唐)白居易撰 清康熙一隅草堂刻本 十二册

370000－1502－0007294 jnts04084

考功集選四卷 (清)王士祿撰 (清)王士禎選 清康熙刻本 二册

370000－1502－0007295 jnts04084

隴蜀餘聞一卷 (清)王士禎選 清康熙刻本 一册

370000－1502－0007296 jnts04084

浯溪考二卷 (清)王士禎撰 清康熙刻本 一册

370000－1502－0007297 jnts04084

隴首集一卷 (清)王與胤撰 (清)王士禎校 清康熙刻本 一册

370000－1502－0007298 jnts04084

清寤齋心賞編一卷 (明)王象晋輯 清康熙刻本 一册

370000－1502－0007299 jnts04084

華泉先生集選四卷 (明)邊貢撰 (清)王士禎撰 清康熙刻本 一册

370000－1502－0007300 jnts04084

諡法考一卷 (清)王士禎編輯 清康熙刻本 一册

370000－1502－0007301 jnts04084

粵行三志三卷 (清)王士禎撰 清康熙刻本 一册

370000－1502－0007302 jnts04084

剪桐載筆一卷 (明)王象晋撰 清康熙刻本 一册

370000－1502－0007303 jnts04089

池北偶談二十六卷 (清)王士禎撰 清康熙三十九年(1700)刻本 八册

370000－1502－0007304 jnts04116

杜律啓蒙十二卷 (唐)杜甫撰 (清)邊連寶集注 清乾隆四十二年(1777)刻本 六册

370000－1502－0007305 jnts04135

爲霖和尚泉州開元語錄一卷 (清)釋等炤 (清)釋方桓錄 清康熙二十八年(1689)刻本 一册

370000－1502－0007306 jnts04143

中晚唐詩叩彈集十二卷續集三卷 (清)杜詔 (清)杜庭珠輯 清康熙采山亭刻本 六册

370000－1502－0007307 jnts04156

論語注疏解經二十卷 (三國魏)何晏集解 (宋)邢昺疏 明崇禎毛氏汲古閣刻本 三册

370000－1502－0007308 jnts04188

[康熙]長河志籍考十卷 (清)田雯編 清康熙刻本 一册

370000－1502－0007309 jnts04216

歸餘鈔四卷 (清)高嶟輯 清乾隆五十三年(1788)刻本 八册

370000－1502－0007310 jnts04217

隸辨八卷 (清)顧藹吉撰 清乾隆八年(1743)黃晟翻刻項氏玉淵堂本 八册

370000－1502－0007311 jnts04310

音韻須知二卷 (清)李書雲撰 清康熙二十九年(1690)刻本 二册

370000－1502－0007312 jnts04322

律例館校正洗冤錄四卷 (清)律例館編校 清乾隆武英殿刻本 二册

370000 – 1502 – 0007313　jnts04342

古今類傳四卷　（清）董穀士等輯　清康熙三十一年(1692)未學齋刻本　二册

370000 – 1502 – 0007314　jnts04529

四書釋地不分卷　（清）閻若璩撰　清乾隆五十二年(1787)吳氏聽雨齋刻本　四册

370000 – 1502 – 0007315　jnts04530

昌黎先生集四十卷外集十卷遺文一卷　（唐）韓愈撰　（宋）廖瑩中輯注　明萬曆徐時泰東雅堂重刻宋本　十三册　存三十一卷(五至十七、二十六至二十八、三十一至三十三,外集十卷,遺文一卷,集傳一卷)

370000 – 1502 – 0007316　jnts04533

滄溟先生集三十卷附錄一卷　（明）李攀龍撰　明隆慶刻本　七册　存二十九卷(三至三十、附錄一卷)

370000 – 1502 – 0007317　jnts04558

南州草一卷　（清）高鳳翰撰　清康熙四十八年(1709)刻本　一册

370000 – 1502 – 0007318　jnts04575

蓮洋集二十卷附錄一卷　（清）吳雯撰　清乾隆三十九年(1774)荊圃草堂刻本　八册

370000 – 1502 – 0007319　jnts04607

唐詩解五十卷首一卷　（明）唐汝詢撰　清順治十六年(1659)萬笈堂刻本　十册

370000 – 1502 – 0007320　jnts04643

談龍錄一卷聲調前譜一卷聲調後譜一卷聲調續譜一卷詩問三卷　（清）趙執信　（清）張篤慶　（清）王士禛等撰　清抄本　一册

370000 – 1502 – 0007321　jnts04674

前唐十二家詩二十四卷　（明）許自昌輯　明萬曆中鄭能刻本　一册　存六卷(陳子昂集二卷、杜審言集二卷、沈銓期集二卷)

370000 – 1502 – 0007322　jnts04675

徐文長文集三十卷　（明）徐渭撰　（明）袁宏道評點　明萬曆刻本　六册　存二十六卷(一至二十四、補遺一卷、傳一卷)

370000 – 1502 – 0007323　jnts04721

文選六十卷　（南朝梁）蕭統撰　（唐）李善等注　清乾隆四十九年(1784)刻本　十二册

370000 – 1502 – 0007324　jnts04728

莊學士集八卷　（明）莊天合撰　明刻本　一册　存三卷(一至三)

370000 – 1502 – 0007325　jnts04762

蕭碧堂集二十卷　（明）袁宏道撰　明萬曆三十六年(1608)吳士冠書學袁叔度書種堂刻本　一册　存五卷(六至十)

370000 – 1502 – 0007326　jnts04764

琪山集十二卷　（明）趙秉忠撰　明刻本　二册　存八卷(二至三、七至十二)

370000 – 1502 – 0007327　jnts04783

龍谿王先生全集二十二卷　（明）王畿撰　（明）丁賓編　明萬曆四十三年(1615)張汝霖刻本　六册　存九卷(一、六至十、十五至十六、二十)

370000 – 1502 – 0007328　jnts04784

中州集十卷首一卷樂府一卷　（金）元好問撰　明崇禎毛氏汲古閣刻本　一册　存二卷(中州集十、樂府一卷)

370000 – 1502 – 0007329　jnts04811

古史六十卷　（宋）蘇轍撰　明萬曆四十年(1612)南京國子監刻本　六册　存三十八卷(二十三至六十)

370000 – 1502 – 0007330　jnts04837

越絕書十五卷　（漢）袁康撰　明刻本　四册

370000 – 1502 – 0007331　jnts04843

憑山閣增輯留青新集三十卷　（清）陳枚選（清）陳德裕增輯　清康熙文光堂刻本　二十四册

370000 – 1502 – 0007332　jnts04845

本朝館閣詩二十卷附錄一卷續附錄一卷　（清）阮學浩編次　清乾隆二十三年(1758)困學書屋刻本　十六册

370000 – 1502 – 0007333　jnts04846

諸子彙函二十六卷 （明）歸有光輯 明天啓五年(1625)刻本 十四册 存二十四卷(一至三、六至二十六)

370000－1502－0007334 jnts04849

說詩樂趣類編二十卷 （清）伍涵芬編 清康熙四十年(1701)刻本 八册

370000－1502－0007335 jnts04910

宋史紀事本末一百九卷元史紀事本末二十七卷 （明）馮琦撰 （明）陳邦瞻補 （明）張溥評 明萬曆刻本 二十册

370000－1502－0007336 jnts04928

樊南文集箋注八卷 （唐）李商隱撰 （清）馮浩編 清乾隆三十年(1765)刻本 四册

370000－1502－0007337 jnts04932

元詩百一鈔八卷補遺一卷 （清）張景星等選 清乾隆二十九年(1764)然藜閣刻本 四册

370000－1502－0007338 jnts04976

明詩正聲十八卷 （明）穆光胤刪訂 明萬曆中陳素蘊刻本 三册 存十卷(六至十五)

370000－1502－0007339 jnts04977

增訂金壺字考十九卷金壺字考二集二十一卷補注一卷 （清）釋適之原編 （清）田朝恒增訂 清乾隆刻本 二册

370000－1502－0007340 jnts04983

重刊蔡虛齋先生四書蒙引十五卷 （明）蔡清撰 明刻本 一册 存一卷(十五)

370000－1502－0007341 jnts04986

戰國策裁注十二卷 （明）閔齋伋裁注 明萬曆四十八年(1620)閔氏刻本 六册

370000－1502－0007342 jnts04995

河南程氏全書 （宋）程顥 （宋）程頤撰 （宋）朱熹輯 清康熙刻本 十册

370000－1502－0007343 jnts05016

宋葉文康公禮經會元四卷 （宋）葉時撰 （清）陸隴其評點 清乾隆五十年(1785)刻本 四册

370000－1502－0007344 jnts05027

儀禮節略二十卷 （清）朱軾撰 清康熙至乾隆刻本 十四册 缺二卷(二至三)

370000－1502－0007345 jnts05027

家範十卷 （宋）司馬光撰 （清）朱軾評點 清康熙至乾隆刻本 二册

370000－1502－0007346 jnts05027

顏氏家訓二卷 （北齊）顏之推撰 （清）朱軾評點 清康熙至乾隆刻本 二册

370000－1502－0007347 jnts05027

大戴禮記十三卷 （漢）戴得撰 （清）朱軾句讀 清康熙至乾隆刻本 二册

370000－1502－0007348 jnts05027

孝經一卷 （元）吳澄校訂 （清）朱軾按 孝經三本管窺一卷 （清）吳隆元撰 清康熙至乾隆刻本 一册

370000－1502－0007349 jnts05030

霧市選言四卷 （明）王宇輯 （明）林永平評 明金陵葉均宇刻本 一册 存二卷(一至二)

370000－1502－0007350 jnts05076

周易説略四卷 （清）張爾岐撰 （清）顧炎武鑒定 清乾隆二十七年(1762)三與堂刻本 三册 存三卷(一至三)

370000－1502－0007351 jnts05100

五經類編二十八卷 （清）周世樟編 清乾隆三十七年(1772)博雅堂刻本 十二册

370000－1502－0007352 jnts05251

河南程氏遺書二十五卷附錄一卷 （宋）程顥 （宋）程頤撰 清康熙刻本 五册 缺二卷(一至二)

370000－1502－0007353 jnts05251

河南程氏經說八卷 （宋）程頤撰 清康熙刻本 二册

370000－1502－0007354 jnts05251

河南程氏粹言二卷 （宋）程顥 （宋）程頤撰 （宋）楊時訂定 （宋）張栻編次 清康熙刻本 二册

370000－1502－0007355　jnts05260

周易四卷　（宋）朱熹集注　（清）黃晟校刊
清乾隆十五年(1750)亦政堂刻本　二册

370000－1502－0007356　jnts05260

書經六卷　（宋）蔡沈集傳　（清）黃晟校刊
清乾隆十五年(1750)亦政堂刻本　四册

370000－1502－0007357　jnts05260

詩經八卷　（宋）朱熹集傳　（清）黃晟校刊
清乾隆十五年(1750)亦政堂刻本　四册

370000－1502－0007358　jnts05260

春秋三十卷　（清）黃晟校刊　清乾隆十五年
(1750)亦政堂刻本　八册

370000－1502－0007359　jnts05260

四書十九卷　（宋）朱熹集注　（清）黃晟校刊
　清乾隆十五年(1750)亦政堂刻本　五册

370000－1502－0007360　jnts05466

游藝山房文集二卷家訓二卷詩集四卷雜記二
卷　（清）丁明善撰　清末抄本　四册

370000－1502－0007361　jnts05505

太史升庵先生文集八十一卷目錄四卷　（明）
楊慎撰　（明）楊友仁輯　明萬曆刻本　十六
册

370000－1502－0007362　jnts05507

納書楹曲譜補遺二卷　（清）葉堂訂　清乾隆
五十七年(1792)納書楹刻本　四册

370000－1502－0007363　jnts05507

納書楹曲譜外集二卷　（清）葉堂訂　清乾隆
五十七年(1792)納書楹刻本　二册

370000－1502－0007364　jnts05508

王右丞集二十八卷首一卷末一卷　（唐）王維
撰　（清）趙殿成箋注　清乾隆刻本　十一册
　存二十五卷(一至六、十至二十八)

370000－1502－0007365　jnts05526

精選舉業切要諸子粹言分類評林文源宗海四
卷　（明）陶望齡選輯　（明）董其昌評　明書
林余良木刻本　四册

370000－1502－0007366　jnts05531

楊忠烈公文集十卷補遺一卷　（明）楊漣撰

表忠錄一卷　（清）閔致編　表忠歌一卷
（清）周嘉謨編　清順治十八年(1661)刻本
六册　存八卷(五至十、補遺一卷、表忠錄一
卷)

370000－1502－0007367　jnts05537

客窗漫憶二卷　（□）□□著　清稿本　二册

370000－1502－0007368　jnts05571

唐陸宣公集二十二卷　（唐）陸贄撰　清雍正
元年(1723)刻本　六册

370000－1502－0007369　jnts05624

杜律通解四卷　（唐）杜甫撰　清刻本　四册

370000－1502－0007370　jnts05628

談龍錄一卷　（清）趙執信撰　清康熙二十四
年(1685)刻本　一册

370000－1502－0007371　jnts05632

適盦賦鈔一卷　（清）姚錫華鈔　清刻本　一
册

370000－1502－0007372　jnts05793

二十一史二千五百六十七卷　（□）□□輯
明刻明清遞修本　四百九十九册

370000－1502－0007373　jnts05845

皇極經世書八卷首一卷　（清）王植輯錄　清
乾隆二十一年(1756)刻本　八册

370000－1502－0007374　jnts05855

黃詩全集五十八卷　（宋）黃庭堅撰　清乾隆
五十四年(1789)樹經堂刻本　二十册

370000－1502－0007375　jnts05863

迦陵詞全集三十卷　（清）陳維崧撰　清康熙
二十五年至二十九年(1686－1690)宜興陳氏
患立堂刻本　五册

370000－1502－0007376　jnts05863

湖海樓詩集八卷　（清）陳維崧撰　清康熙二
十五年至二十九年(1686－1690)宜興陳氏患
立堂刻本　二册

370000－1502－0007377　jnts05863

陳迦陵儷體文集十卷　（清）陳維崧撰　清康

熙二十五年至二十九年(1686－1690)宜興陳氏患立堂刻本　三册

370000－1502－0007378　jnts05863

陳迦陵文集六卷　（清）陳維崧撰　清康熙二十五年至二十九年(1686－1690)宜興陳氏患立堂刻本　二册

370000－1502－0007379　jnts05878

草堂詩餘正集六卷續集二卷別集四卷新集四卷　（明）沈際飛　（明）錢允治等編　（明）沈際飛評點　明刻本　八册

370000－1502－0007380　jnts05879

楊忠愍公集四卷　（明）楊繼盛撰　清康熙十二年(1673)楊聰福刻本　二册

370000－1502－0007381　jnts05881

隨題日講不分卷　（清）張夢犖撰　清乾隆五十四年(1789)刻本　二册

370000－1502－0007382　jnts05884

秘書廿一種　（清）汪士漢輯　清康熙刻本　十二册

370000－1502－0007383　jnts05891

增訂金壺字考十九卷金壺字考二集二十一卷金壺字考補注一卷外錄一卷　（清）釋適之原編　（清）田朝恒增訂　清乾隆二十七年(1762)貽安堂刻本　二册

370000－1502－0007384　jnts05895

甌北詩鈔不分卷　（清）趙翼撰　清乾隆刻本　七册　存十八卷(一至二、五至二十)

370000－1502－0007385　jnts05921

陳檢討四六二十卷　（清）陳維崧撰　清乾隆三十五年(1770)亦園刻本　六册

370000－1502－0007386　jnts05966

[乾隆]臨清直隸州志十一卷首一卷　（清）張度修　清乾隆五十年(1785)刻本　六册　存六卷(四至七、八上、九,首一卷)

370000－1502－0007387　jnts06065

秦漢瓦當文字一卷　（清）程敦輯　清乾隆五十二年(1787)橫渠書院刻本　一册

370000－1502－0007388　jnts06120

[乾隆]曲阜縣志一百卷　（清）潘相纂修　清乾隆三十九年(1774)刻本　十二册

370000－1502－0007389　jnts06144

泊如齋重修宣和博古圖三十卷　（宋）王黼撰　（明）丁南羽　（明）吳左幹繪　（明）劉季然書錄　明萬曆十六年(1588)泊如齋刻本　十九册　存二十八卷(一至十一、十四至三十)

370000－1502－0007390　jnts06144

泊如齋重修宣和博古圖三十卷　（宋）王黼撰　（明）丁南羽　（明）吳左幹繪　（明）劉季然書錄　明萬曆十六年(1588)泊如齋刻本　一册　存二卷(二十二至二十三)

370000－1502－0007391　jnts06148

通鑑紀事本末二百三十九卷　（宋）袁樞編　宋史紀事本末一百零九卷　（明）馮琦編　（明）陳邦瞻輯　元史紀事本末二十七卷　（明）陳邦瞻編　（明）臧懋循補輯　明末張氏刻本　八十册

370000－1502－0007392　jnts06166

壯悔堂文集十卷　（清）侯方域撰　清順治刻本　六册

370000－1502－0007393　jnts06194

山曉閣重訂昭明文選十二卷　（南朝梁）蕭統撰　（清）孫琮　（清）孫洙評　清康熙二十五年(1686)刻本　六册

370000－1502－0007394　jnts06195

[康熙]靈壽縣志十卷末一卷　（清）陸隴其修　（清）傅維橒纂　清康熙二十五年(1686)刻本　四册

370000－1502－0007395　jnts06205

東坡先生詩集注三十二卷　（宋）蘇軾撰　（宋）王十朋集注　明茅維刻本　十六册

370000－1502－0007396　jnts06206

楊忠愍公集四卷　（明）楊繼盛撰　清康熙刻本　四册

370000－1502－0007397　jnts06209

戰國策十卷　（宋）鮑彪校注　清乾隆三十年(1765)文盛堂刻本　六册

370000－1502－0007398　jnts06210

清涼山志十卷　（明）釋鎮澄修　清乾隆二十年(1755)刻本　四册

370000－1502－0007399　jnts06234

全唐詩話六卷中山詩話一卷六一詩話一卷石林詩話一卷滄浪詩話一卷後山詩話一卷竹坡詩話一卷續詩話一卷彦周詩話一卷二老堂詩話一卷紫薇詩話一卷　（明）毛晋訂　明崇禎毛氏汲古閣刻津逮秘書本　六册

370000－1502－0007400　jnts06286

讀杜心解六卷首二卷　（唐）杜甫撰　（清）浦起龍解　清雍正二年至三年(1724－1725)前硼浦氏寧我齋刻本　十册

370000－1502－0007401　jnts06303

寧都三魏全集八十三卷　（清）林時益輯　清康熙刻本　四十六册

370000－1502－0007402　jnts06340

三魚堂文集十二卷外集六卷　（清）陸隴其撰　清康熙三十二年(1693)琴川書屋刻本　八册

370000－1502－0007403　jnts06351

西湖志四十八卷　（清）傅王露纂　（清）李衛等修　清雍正十三年(1735)初刻本　二十册

370000－1502－0007404　jnts06384

唐詩別裁集二十卷　（清）沈德潛選評　清乾隆二十八年(1763)教忠堂刻本　八册

370000－1502－0007405　jnts06406

劍南詩鈔不分卷　（宋）陸游撰　（清）楊大鶴編　清康熙二十四年(1685)刻本　八册

370000－1502－0007406　jnts06509

中州集十卷　（金）元好問撰　明崇禎毛氏汲古閣刻本　三册　存三卷(六至八)

370000－1502－0007407　jnts06518

禮記集説十卷　（元）陳澔撰　明毛晋汲古閣刻本　十册

370000－1502－0007408　jnts06542

增訂四書析疑二十四卷　（清）張權時輯　清乾隆三十二年(1767)文盛堂刻本　二十册

370000－1502－0007409　jnts06543

楊升庵先生批點文心雕龍十卷　（南朝梁）劉勰撰　（明）楊慎評點　（明）梅慶生音注　明天啓二年(1622)金陵聚錦堂刻本　二册

370000－1502－0007410　jnts06561

圖注脈訣四卷　（晋）王叔和撰　（明）張世賢注　清康熙三十九年(1700)光啓堂刻本　一册

370000－1502－0007411　jnts06671

唐陸宣公集二十二卷　（唐）陸贄撰　清乾隆五年(1740)刻本　六册

370000－1502－0007412　jnts06766

鍼灸大成十卷　（明）楊繼洲撰　（清）章廷珪重修　清乾隆五十九年(1794)文光堂刻本　十册

370000－1502－0007413　jnts06832

醫宗必讀五卷　（明）李中梓撰　明崇禎十年(1637)刻本　五册

370000－1502－0007414　jnts06833

耳談類增五十四卷　（明）王同軌撰　明萬曆三十一年(1603)唐晟唐昶刻本　十二册

370000－1502－0007415　jnts06842

仕隱霞標四卷　（明）龍遇奇撰　明龍氏自刻本　七册　存三卷(二至四)

370000－1502－0007416　jnts06843

日講易經解義十八卷　（清）牛鈕等撰　清康熙二十二年(1683)刻本　八册

370000－1502－0007417　jnts06926

春秋穀梁傳不分卷　（明）閔齊伋裁注　明天啓元年(1621)閔氏刻本　四册

370000－1502－0007418　jnts07005

周易廣義四卷　（清）鄭敷教撰　清乾隆五十四年(1789)松月樓刻本　三册

370000－1502－0007419　jnts07029

春秋四傳三十八卷　（□）□□撰　明嘉靖刻本　五册　存二十卷（一至二十）

370000－1502－0007420　jnts07140

[乾隆]歷城縣志五十卷首一卷　（清）胡德琳修　（清）李文藻等纂　清乾隆三十八年（1773）刻本　十六册

370000－1502－0007421　jnts07145

泊如齋重修宣和博古圖三十卷　（宋）王黼撰　（明）丁南羽　（明）吳左幹繪　（明）劉季然書録　明萬曆十六年（1588）泊如齋刻本　十二册　存二十八卷（一至十一、十四至三十）

370000－1502－0007422　jnts07180

訂補簡易備驗方十六卷　（明）胡正言　（明）胡正心輯　明末胡氏十竹齋刻本　十五册　存七卷（十至十六）

370000－1502－0007423　jnts07217

新刊五百家注音辯昌黎先生文集四十卷　（唐）韓愈撰　（宋）祝充音注　清乾隆四十九年（1784）刻本　十六册

370000－1502－0007424　jnts07265

史記鈔九十一卷　（明）茅坤評選　明泰昌元年（1620）閔振業刻朱墨印本　二十四册

370000－1502－0007425　jnts07271

莊子獨見不分卷　（戰國）莊周撰　（清）胡文英評釋　清乾隆十七年（1752）刻本　四册

370000－1502－0007426　jnts07280

纂圖互注揚子法言十卷　（漢）揚雄撰　（晋）李軌注　（唐）柳宗元注　（宋）宋咸等重添注　元建安刻六子本　四册

370000－1502－0007427　jnts07288

泰山小史一卷　（清）蕭協中撰　清乾隆五十四年（1789）刻本　一册

370000－1502－0007428　jnts07295

佩文韻府一百六卷　（清）張玉書等編　（清）張廷玉等拾遺　清康熙五十年（1711）刻本

二百册　缺六卷（九十三至九十八）

370000－1502－0007429　jnts07305

艮齋文選一卷滇南集一卷滇行日紀二卷臥象山房詩集□□卷臥象山房文集一卷臥象山房賦集一卷　（清）李澄中撰　清康熙刻本　六册　存八卷（艮齋文選一卷、滇南集一卷、滇行日紀二卷、臥象山房詩集二十二至二十三卷、臥象山房文集一卷、臥象山房賦集一卷）

370000－1502－0007430　jnts07312

崇雅堂稿八卷　（清）王植撰　清乾隆刻本　八册

370000－1502－0007431　jnts07313

金石録三十卷　（宋）趙明誠撰　清順治七年（1650）刻本　六册

370000－1502－0007432　jnts07314

壯悔堂文集十卷　（清）侯方域撰　（清）賈開宗等評點　清順治十三年（1656）刻本　六册

370000－1502－0007433　jnts07314

四憶堂詩集六卷　（清）侯方域撰　（清）賈開宗等評點　清同治十三年（1874）刻本　二册

370000－1502－0007434　jnts07324

松雪堂印萃不分卷　（清）郭啓翼篆刻　清乾隆鈐印本　四册

370000－1502－0007435　jnts07391

才調集十卷　（五代）韋縠集　（明）沈春澤校　明萬曆四十六年（1618）吳興沈氏秋雪堂刻本　一册　存五卷（一至五）

370000－1502－0007436　jnts07405

唐陸宣公集二十二卷　（唐）陸贄撰　（明）吳繼武校　明萬曆三十四年（1606）光裕堂刻本　六册

370000－1502－0007437　jnts07422

長河志籍考十卷　（清）田雯編　清康熙三十七年（1698）古歡堂刻本　一册

370000－1502－0007438　jnts07431

晚笑堂竹莊畫傳不分卷　（清）上官周撰并繪　清乾隆刻本　二册

370000－1502－0007439　jnts07444

守令懿範四卷　（明）蔡國熙撰　（明）管志道纂輯　明隆慶三年(1569)刻本　八册

370000－1502－0007440　jnts07446

西石梁農圃便覽五卷　（清）丁宜曾輯　清乾隆二十年(1755)强善齋刻本　四册

370000－1502－0007441　jnts07519

增注類證活人書二十二卷　（宋）朱肱撰　（明）吳勉學校　明刻本　一册　存八卷(一至四、十七至二十)

370000－1502－0007442　jnts07539

圖注脈訣辨真四卷　（晉）王叔和撰　（明）張世賢注　明刻本　一册

370000－1502－0007443　jnts07561

醫宗必讀五卷　（明）李中梓撰　明崇禎十年(1637)文秀堂刻本　四册

370000－1502－0007444　jnts07564

文選六十卷　（南朝梁）蕭統撰　（唐）李善注　明崇禎中毛氏汲古閣刻清乾隆十一年(1746)懷德堂刻本　十册

370000－1502－0007445　jnts07572

活法機要一卷　（元）朱震亨撰　明刻本　一册

370000－1502－0007446　jnts07572

丹溪先生心法五卷　（元）朱震亨撰　（明）吳中珩校　明刻本　四册　存四卷(一至四)

370000－1502－0007447　jnts07572

儒門事親十五卷　（金）張從正撰　（明）吳勉學校　明刻本　五册　存八卷(四至六、十一至十二、十三至十五)

370000－1502－0007448　jnts07572

注解傷寒論十卷　（漢）張仲景撰　（晉）王叔和編次　（金）成無己注解　明步月樓刻本　四册

370000－1502－0007449　jnts07572

祕傳證治要訣十二卷　（明）戴元禮述　明刻本　一册

370000－1502－0007450　jnts07579

醫經原旨六卷　（清）薛雪集注　清乾隆十九年(1754)掃葉莊刻本　六册

370000－1502－0007451　jnts07688

[乾隆]歷城縣志五十卷首一卷　（清）胡德琳修　（清）李文藻等纂　清乾隆三十八年(1773)刻本　十六册

370000－1502－0007452　jnts07751

史漢方駕三十五卷　（明）許相卿撰　明萬曆十三年(1585)徐禾刻本　八册

370000－1502－0007453　jnts07759

史記評林一百三十卷　（明）凌稚隆輯　（唐）司馬貞補撰并注　明萬曆五年(1577)凌氏刻本　三十二册

370000－1502－0007454　jnts07809

黔書二卷　（清）田雯編　清康熙刻本　一册

370000－1502－0007455　jnts07811

泰山道里記一卷　（清）聶欽撰　清乾隆四十年(1775)雨山堂刻本　一册

370000－1502－0007456　jnts07864

春秋左傳十五卷　（明）孫月峰批點　明萬曆四十四年(1616)閔齊伋朱墨套印本　八册

370000－1502－0007457　jnts07879

東周列國全志二十三卷　（清）蔡昇評點　清乾隆星聚堂刻本　十八册

370000－1502－0007458　jnts07890

大廣益會玉篇三十卷廣韻指南一卷　（南朝梁）顧野王撰　（唐）孫强增字　（宋）陳彭年等重修　明刻本　四册

370000－1502－0007459　jnts07917

晏子春秋四卷　（春秋）晏嬰撰　（明）黃之寀校　明萬曆刻本　一册

370000－1502－0007460　jnts07954

史懷十七卷　（明）鍾惺撰　（明）陶珽評　明陶珽刻本　四册

370000－1502－0007461　jnts08001

宋元詩會一百卷　（清）陳焯編　清康熙二十

二年(1683)刻本　六册

370000－1502－0007462　jnts08027
蠶尾集十卷續集二卷後集二卷　（清）王士禛
撰　清康熙刻本　七册

370000－1502－0007463　jnts08028
歷仕録一卷　（明）王之垣撰　（清）王士禛校
清康熙四十一年(1702)刻本　一册

370000－1502－0007464　jnts08029
漁洋山人精華録箋注十二卷補一卷年譜一卷
附録一卷　（清）金榮箋注　（清）徐淮纂輯
清康熙金氏鳳翙堂刻本　八册

370000－1502－0007465　jnts08030
漁洋山人精華録箋注十二卷補一卷年譜一卷
　（清）金榮箋注　（清）徐淮纂輯　清雍正十
二年(1734)鳳翙堂刻本　六册

370000－1502－0007466　jnts08102
丹霞姓氏彙典二卷　（明）邢參撰　清康熙十
四年(1675)濟美堂刻本　二册

370000－1502－0007467　jnts08109
紅蕉館詩鈔不分卷　（清）朱畹撰　清稿本
一册

370000－1502－0007468　jnts08293
朱子周易本義啓蒙十六卷首一卷　（清）吳世
尚重訂　清雍正十二年(1734)光德堂刻本
八册

370000－1502－0007469　jnts08304
左傳事緯十二卷左傳字釋一卷　（清）馬驌撰
清乾隆四十九年(1784)刻本　十二册

370000－1502－0007470　jnts08384
遵注詩經能解指南彙編二十六卷　（清）葉義
昂纂輯　清初致和堂刻本　十册

370000－1502－0007471　jnts08523
儀禮鄭注句讀十七卷附監本正誤一卷石本誤
字一卷　（清）張爾岐句讀　清乾隆刻本　四
册

370000－1502－0007472　jnts08658
東萊先生西漢書詳節三十卷　（宋）呂祖謙輯

明正德十五年(1520)劉氏慎獨齋刻本　一
册　存二卷(十七至十八)

370000－1502－0007473　jnts08659
東萊先生東漢書詳節三十卷　（宋）呂祖謙輯
明正德劉氏慎獨齋刻本　一册　存三卷
(十六至十八)

370000－1502－0007474　jnts08660
東萊先生隋書詳節二十卷　（宋）呂祖謙輯
明正德十五年(1520)劉氏慎獨齋刻本　三册
存十三卷(一至十三)

370000－1502－0007475　jnts08670
趵突泉志二卷　（清）任弘遠撰　清乾隆七年
(1742)刻本　一册　存一卷(下)

370000－1502－0007476　jnts08680
史記評林一百三十卷　（明）凌稚隆輯　（明）
李光縉增補　明萬曆熊宗立種德堂增補刻本
二十三册　存六十五卷(一至二十、三十八
至三十九、四十三至六十五、一百十一至一百
三十)

370000－1502－0007477　jnts08713
資治通鑑音注二百九十四卷　（宋）司馬光撰
　（元）胡三省音注　明萬曆二十年(1592)吳
中珩刻本　九十六册　存二百八十三卷(一
至二百十、二百十四至二百十五、二百二十一
至二百六十四、二百六十八至二百九十四)

370000－1502－0007478　jnts08841
雪月梅傳十卷五十回　（清）陳朗編輯　（清）
董孟汾評釋　清乾隆四十年(1775)德華堂刻
本　九册　缺八回(六至十、四十六至四十
八)

370000－1502－0007479　jnts09016
書經四卷　（清）秦鐄訂正　清康熙刻本　一
册

370000－1502－0007480　jnts09145
尺木堂綱鑑易知録九十二卷　（清）吳乘權
(清)周之燦　（清）周之炯輯　清康熙五十年
(1711)尺木堂刻本　三十八册　缺六卷(十
九至二十二、五十九至六十)

370000－1502－0007481　jnts09201

笠山詩選五卷　（清）孫蕙撰　（清）王士禛選
　　清康熙二十一年(1682)刻本　二册

370000－1502－0007482　jnts09241

御定歷代題畫詩類一百二十卷　（清）陳邦彥
編　清康熙四十六年(1707)内府刻本　六册
　　存二十九卷（五十六至六十四、七十至七十
　　四、七十九至八十三、九十四至九十八、一百
　　四至一百八）

370000－1502－0007483　jnts09244

唐宋八家古文析解十二卷　（清）璩紹傑評選
　　清雍正十年(1732)澄鑑堂刻本　十册　缺
　　二卷（九、十一）

370000－1502－0007484　jnts09284

詩槩六卷　（清）陳毅撰　清乾隆二十五年
(1760)眠雲草堂刻本　一册　存二卷（一至
二）

370000－1502－0007485　jnts09326

陶詩集注四卷附東坡和陶詩一卷　（清）詹夔
錫纂輯　清康熙寶墨堂刻本　一册

370000－1502－0007486　jnts09601

南皋鄒先生會語合編二卷講義合編二卷續編
一卷　（明）鄒元標撰　（明）李日宣輯　明天
啓三年(1623)關中書院刻本　三册　存三卷
（會語上，講義二卷）

370000－1502－0007487　jnts09606

宋文文山先生全集十八卷　（宋）文天祥撰
（明）鍾越評　明崇禎二年(1629)鍾氏刻本
一册　存一卷（指南錄一卷）

370000－1502－0007488　jnts09610

文選尤十四卷　（明）鄒思明編　（明）鄒德遷
校　明天啓中烏程閔氏刻三色套印本　一册
存二卷（四至五）

370000－1502－0007489　jnts09615

唐宋叢書九十種三百二十一卷　（明）鍾人傑
（明）張遂辰編　明刻本　十五册

370000－1502－0007490　jnts09628

選賦六卷附名人世次爵里一卷　（南朝梁）蕭
統選輯　明烏程閔氏刻朱墨套印本　一册
存一卷（六）

370000－1502－0007491　jnts09630

文選章句二十八卷　（明）陳與郊編　明萬曆
二十五年(1597)刻本　十一册　存十九卷
（一至四、六至十二、十七至十八、二十一至二
十二、二十五至二十八）

370000－1502－0007492　jnts09634

獨漉堂詩集十五卷　（清）陳恭尹撰　清康熙
陳氏晚成堂刻本　六册

370000－1502－0007493　jnts09855

[康熙]陽信縣志八卷首一卷　（清）周虔森修
　（清）張璥等纂　清康熙二十一年(1682)刻
本　一册　存二卷（一至二）

370000－1502－0007494　jnts09856

[康熙]沂水縣志六卷　（清）黄艫登纂修　清
康熙十一年(1672)刻本　一册　存三卷（四
至六）

370000－1502－0007495　jnts10091

宗鏡錄一百卷　（宋）釋延壽集　清雍正十三
年(1735)武英殿刻本　十册　存五十卷（二
十一至二十五、三十六至四十、四十六至五
十、六十六至一百）

370000－1502－0007496　jnts10139

禪宗永嘉集注解二卷　（明）釋鎮澄注　（明）
沈受祉校　明萬曆四十二年(1614)菼蘆庵刻
本　一册　存一卷（下）

370000－1502－0007497　jnts10215

古今彝語十二卷　（明）汪應蛟撰　清康熙汪
氏刻本　六册　存六卷（七至十二）

370000－1502－0007498　jnts10349

聊齋呈稿一卷　（清）蒲松齡撰　清抄本　一
册

370000－1502－0007499　jnts10379

居易錄三十四卷　（清）王士禛撰　清雍正刻
本　七册　存三十卷（五至三十四）

370000 – 1502 – 0007500　　jnts10435

地理正義鉛彈子砂水要訣　（清）張鳳藻撰
清康熙三十四年（1695）刻本　六册　缺一卷
（四）

370000 – 1502 – 0007501　　jnts10470

類經三十二卷圖翼十一卷附翼四卷　（明）張
介賓編　明天啓刻本　二十册　存三十二卷
（類經卷四至六、八至十三、十五至十七、二十
三至二十四、二十七、二十九至三十,圖翼十
一卷,附翼四卷）

370000 – 1502 – 0007502　　jnts10484

證治要訣類方四卷　（明）戴元禮輯　明刻本
　一册　存三卷（二至四）

370000 – 1502 – 0007503　　jnts10547

廣博物志五十卷　（明）董斯張輯　明萬曆高
暉堂刻本　八册　存十四卷（十四至二十七）

370000 – 1502 – 0007504　　jnts10628

黄帝素問宣明論方十五卷　（金）劉完素撰
明萬曆刻本　一册　存六卷（一至六）

370000 – 1502 – 0007505　　jnts10664

朱子古文讀本四卷　（宋）朱熹撰　（清）周大
璋輯　清寶旭齋刻本　三册　存三卷（二至
四）

370000 – 1502 – 0007506　　jnts10874

御定歷代題畫詩類一百二十卷　（清）陳邦彦
編　清康熙四十六年（1707）刻本　二册　存
九卷（六十六至七十、七十九至八十二）

370000 – 1502 – 0007507　　jnts10876

宋元通鑑一百五十七卷　（明）薛應旂編集

（明）陳仁錫評閱　明陳仁錫刻本　二册　存
十一卷（十至十五、三十五至三十九）

370000 – 1502 – 0007508　　jnts11065

西漢文選四卷　（清）儲欣評　清乾隆五十年
（1785）刻本　二册

370000 – 1502 – 0007509　　jnts11065

公穀選四卷　（清）儲欣評　清乾隆五十年
（1785）刻本　二册

370000 – 1502 – 0007510　　jnts11065

國語選八卷　（清）儲欣評　清乾隆五十年
（1785）刻本　二册

370000 – 1502 – 0007511　　jnts11087

海國聞見錄二卷　（清）陳倫炯撰　清乾隆五
十八年（1793）刻本　一册

370000 – 1502 – 0007512　　jnts11612

劉河間傷寒三書二十卷　（金）劉完素撰
（明）薛時平注釋　明萬曆金谿吳起祥刻本
一册　存二卷（素問原病式一至二）

370000 – 1502 – 0007513　　jnts11623

**字彙十二卷首一卷末一卷韻法直圖一卷橫圖
一卷**　（明）梅膺祚音釋　明萬曆四十三年
（1615）刻本　十四册

370000 – 1502 – 0007514　　jnts11982

月川曹夫子通書述解二卷　（明）曹端撰　明
萬曆石允珍刻本　一册

370000 – 1502 – 0007515　　jnts12120

韻譜本義十卷　（明）茅溱輯　（明）范科校
明萬曆三十二年（1604）刻本　一册　存二卷
（一至二）

書名筆畫字頭索引

九畫

十一畫

十二畫

368

十三畫

書名筆畫索引

三畫

四畫

385

387

五畫

391

六畫

400

七畫

八畫

407

411

九畫

十畫

十一畫

431

432

433

434

442

十三畫

447

454

十五畫

十六畫

十九畫

二十畫

二十一畫

471